Kohlhammer

# *Vorwort*

Das vorliegende Buch befasst sich mit einem Themengebiet ohne wissenschaftliche Heimat. Fragen zum „Organizational Behaviour" werden in sehr unterschiedlichen wissenschaftlichen Fachgebieten behandelt, in Grundlagenfächern (z.b. Sozialpsychologie, Mikrosoziologie, Arbeitswissenschaften) ebenso wie in speziellen Fachgebieten (z.b. Industriesoziologie, Berufspädagogik, Arbeitsmedizin). Am ehesten denkt man beim Begriff „Organizational Behaviour" an Teildisziplinen wie die Organisationspsychologie und die Organisationssoziologie, die Wirtschaftssoziologie und die Arbeitspsychologie. Aber auch die Organisationstheorie, die Managementtheorie und die Personalwirtschaftslehre beschäftigen sich mit dem menschlichen Verhalten in Organisationen – und mittlerweile sogar die Volkswirtschaftslehre mit ausgewählten mikroökonomischen Ansätzen. Die Vielfalt der Perspektiven, aus denen heraus die Wissenschaftler das Verhalten in Organisationen betrachten, trägt nicht dazu bei, dass sich so etwas wie eine eigenständige Disziplin herausbilden kann.

Im deutschen Sprachraum hat sich nicht einmal eine einheitliche Bezeichnung für das Themengebiet durchgesetzt, das wir in diesem Buch behandeln. Und auch in der Lehre findet es meist nicht die Beachtung, die es verdient. Dies gilt insbesondere für die wirtschaftswissenschaftlichen Studiengänge, in denen die Vermittlung von Wissen über die Grundlagen menschlichen Verhaltens in Unternehmen und sonstigen Organisationen immer noch eine eher randständige Rolle spielt. Im angelsächsischen Raum ist dies gänzlich anders. Dort gehört das Lehrgebiet „Organizational Behaviour" ganz selbstverständlich zu den Grundlagenfächern auch in den wirtschaftswissenschaftlichen Studiengängen. Dennoch hat sich das „Organizational Behaviour" auch dort nicht zu einer eigenständigen Disziplin entwickelt. Das hat seinen guten Grund. Das menschliche Verhalten ist viel zu vielschichtig, als dass es aus nur einem Standpunkt heraus zu verstehen wäre. Wer es dennoch versucht und das Verhalten in Organisationen ausschließlich aus dem Blickwinkel einer einzigen Disziplin (oder gar einer einzigen Theorie) betrachten will, ist im tatsächlichen Sinne einseitig.

Im vorliegenden Buch sollen Einseitigkeiten vermieden werden. Aus diesem Grund wird bewusst auf sehr unterschiedliche theoretische Traditionen Bezug genommen. Motivations- und Persönlichkeitstheorien werden ebenso referiert wie Vertrags- und Tauschtheorien, sozial- und entwicklungspsychologische Überlegungen kommen ebenso zu Wort wie macht- und sozialtheoretische Ansätze. Inhaltlich geht es einerseits um „klassische" Themen. Hierzu gehören Studien zur Arbeitsmotivation, zur Arbeitszufriedenheit und zur Art und Qualität der Leistungserbringung, zum Rollen- und Extrarollenverhalten und zu der Frage, in welcher Weise sich Persönlichkeitseigenschaften, Einstellungen und Werthaltungen im Arbeitsverhalten niederschlagen. Betrachtet werden andererseits aber auch Themen, die erst in neuerer Zeit besondere Aufmerksamkeit gefunden haben. Zu nennen sind hier insbesondere Fragen zu den Voraussetzungen einer gelingenden Kooperation. Näher beschäftigen sich hiermit die Aufsätze zu den Themen Vertrauen und Teamentwicklung. Zwei weitere Beiträge (zur Sozialisation und zur Macht) befassen sich mit dem Tatbestand, dass Organisationsmitglieder häufig nur bedingt wirklich autonom handeln und handeln können. Berührt wird dieses Thema auch in den beiden Beiträgen zum Betriebsklima und zur Organisationskultur. Sie zeigen, wie stark das Verhalten des Einzelnen von dem sozialen Handlungsfeld beeinflusst wird, in dem er sich bewegt. Nicht selten wird das Forschungsfeld des Organizational Behaviour mit der Forschung über Arbeitszufriedenheit und Arbeitsleistung gleichgesetzt. Wie allein unsere begrenzte Auswahl an Themen für dieses Buch zeigt, ist das Themenspektrum der Forschung zum organisationalen Verhalten aber wesentlich umfassender. Es berührt alles, was das Geschehen in Organisationen erfreulich und unerfreulich, betulich und spannend, banal und mysteriös, harmonisch oder konfliktgeladen erscheinen lässt.

Und auch ein weiteres häufig geäußertes Vorurteil erweist sich bei näherem Hinsehen als falsch. Die Vorstellung nämlich, dass die Forschung zum organisationalen Verhalten ein einseitiges bzw. sehr enges Erkenntnisinteresse hat und vor allem nach Rezepten sucht, um die Organisationsmitglieder zu größerer Leistung anzustacheln. Zwar soll nicht geleugnet werden, dass in nicht wenigen einschlägigen Studien geradezu reflexhaft der Versuch unternommen wird, das jeweils untersuchte Verhalten auf Erfolgsgrößen einer Organisation zu beziehen. Dieser unmittelbare Verwertungsbezug ist tatsächlich aber kein notwendiges Kennzeichen der Organizational Behaviour Forschung. Gerade die seriösen Studien zeichnen sich durch Bescheidenheit gegenüber dem Anspruch aus, immer gleich die richtigen Lösungen für alle Praxisprobleme präsentieren zu wollen. Forschung hat zunächst ein Erkenntnisinteresse, und es ist schon viel gewonnen, wenn man lernt, das Geschehen in Organisationen mit einem geschärften Blick zu betrachten. Das vorliegende Buch soll hierzu einen Beitrag leisten. Es liefert eine Einführung in die wissenschaftlichen Bemühungen, das Verhalten von Menschen in Organisationen zu verstehen und zu erklären. Die einzelnen Beiträge zu Teilaspekten des Verhaltens in Organisationen geben einen Überblick über wichtige Einsichten in den jeweiligen Forschungsfeldern. Exemplarisch soll damit die Leistungsfähigkeit wissenschaftlicher Untersuchungen deutlich werden: die Erkenntnismöglichkeiten, die sie bieten ebenso wie die Grenzen, die ihnen gesetzt sind. Jeder Beitrag schließt mit Empfehlungen zur weiterführenden Lektüre. Es ist die Hoffnung aller Autoren, dass ihre Ausführungen zu einer weitergehenden Beschäftigung mit der Thematik anregen, deren Relevanz für das eigene Handeln und Empfinden ja fast jeder aus täglich neuer Anschauung unmittelbar erfährt.

Ich darf an dieser Stelle allen danken, die an diesem Buch mitgearbeitet haben. Namentlich herausstellen möchte ich Frau Birgit Gralla, die in geduldiger Weise die Eigenwilligkeiten der Autoren in der formalen Aufbereitung ihrer Texte auf eine Linie gebracht und durch ihre unerschütterliche Beständigkeit der Terminplanung eine solide Grundlage gegeben hat.

Lüneburg, im März 2003

Albert Martin

# Inhaltsverzeichnis

# Arbeitszufriedenheit

## Albert Martin

*„Es ist ja in Wirklichkeit ein Fluch, 50 Bücher im Jahr lesen zu müssen. Von hundert Büchern, die erscheinen, sind 99 schlecht und das 100. ist schwach. Ich mag das nicht mehr." (Marcel Reich-Ranicki anlässlich des Endes der Sendungen des „Literarischen Quartetts")[1]*

*Ein Mitarbeiter Herrn K's wurde beschuldigt, er nehme eine unfreundliche Haltung zu ihm ein. „Ja, aber nur hinter meinem Rücken", verteidigte ihn Herr K. (Bertolt Brecht, Kalendergeschichten)*

*Wunsiedel war einer von den Leuten, die morgens kaum erwacht, schon entschlossen sind, zu handeln. „Ich muss handeln", denken sie, während sie energisch den Gürtel des Bademantels zuschnüren ... Wenn er sein Büro betrat, rief er seiner Sekretärin als Gruß zu: „Es muss etwas geschehen" und diese rief frohen Mutes: „Es wird etwas geschehen." Wunsiedel ging dann von Abteilung zu Abteilung, rief sein fröhliches: „Es muss etwas geschehen." Alle antworteten: „Es wird etwas geschehen!" und auch ich rief ihm, wenn er mein Zimmer betrat, strahlend zu: „Es wird etwas geschehen!" (Heinrich Böll, Es wird etwas geschehen. Eine handlungsstarke Geschichte)*

*Der Mensch ist zur Arbeit geboren, wie der Vogel zum fliegen. (Martin Luther)*

*Stöhnen ist die halbe Arbeit. (Sprichwort)*

## 1 Was ist schon Zufriedenheit?

Die Bedeutung eines Begriffs erschließt sich aus seinem Gebrauch. Danach könnte man gleich aufhören, sich mit dem Zufriedenheitsbegriff näher zu beschäftigen. Denn zufrieden oder unzufrieden ist man mit allem und jedem und was zufrieden sein bedeutet, darüber sagt der Wortgebrauch sehr Verschiedenes. Zufrieden bzw. unzufrieden ist man ebenso sehr mit einer Auskunft bei der Bahn, wie mit der eigenen Gesundheit, dem Ehepartner, dem Wetter, dem Leben oder dem Fernsehprogramm. Man ist zufrieden, wenn man erfolgreich ist, wenn das Unheil gerade noch einmal an einem vorüber geht, wenn alles einigermaßen gut läuft oder wenn alles besser zu werden verspricht. Es gibt eine kalte und eine heiße Zufriedenheit. Man macht Bilanz und ist alles in allem einigermaßen zufrieden oder man denkt gar nicht viel nach, sondern ist einfach nur vergnügt. Wer zufrieden ist, fühlt sich behaglich oder euphorisch, er ist gelassen, aufgeräumt, tatendurstig oder nur angeregt und unter Umständen sogar faul oder müßig. Zufriedenheit entsteht durch das Vollbringen von Wohltaten ebenso wie durch die Befriedigung von Rachebedürfnissen. Zufrieden ist man häufig nur sehr flüchtig, manchmal aber auch einigermaßen beständig, man ist tief oder nur oberflächlich zufrieden, sehr umfassend berührt oder nur peripher angesprochen. Zusammengefasst: Zufriedenheit ist ein Zustand mit einer sehr mannigfaltigen Beschaffenheit und das Wort „Zufriedenheit" offenbar ein Allerweltsbegriff, der mit den gegensätzlichsten Inhalten gefüllt werden kann. Das stimmt skeptisch und berechtigt zu der Frage, wie erfolgversprechend der Versuch sein kann, „die" Zufriedenheit wissenschaftlich untersuchen zu wollen. Macht es Sinn, sich mit einem Phänomen zu befassen, das die unterschiedlichsten Erlebnisqualitäten, Verhaltensaufforderungen und Bewertungsdimensionen enthält? Offenbar wenig.

11

Andererseits muss man die begriffliche Verwirrung nicht dramatisieren. Zufriedenheit ist – wie fast alle anderen Begriffe aus den Verhaltens- und Sozialwissenschaften – auch ein Alltagsbegriff und derartige Begriffe haben es so an sich, dass sie mehrdeutig sind. Normalerweise lässt sich ein Wissenschaftler davon nicht beirren. Notwendig ist für ihn lediglich, dass er sich über den gewollten Bedeutungsgehalt eines Begriffes Klarheit verschaffen kann und dass es ihm gelingt, ihn dann folgerichtig zu verwenden. Leider zeichnet sich jedoch die wissenschaftliche Verwendungsweise des Zufriedenheitsbegriffs auch nicht gerade durch eine hohe Genauigkeit aus. Dies liegt allein schon daran, dass es eine kaum mehr zu übersehende Zahl an theoretischen und vor allem an empirischen Studien zur Zufriedenheit und insbesondere zur Arbeitszufriedenheit gibt und die Forschungsfragen, theoretischen Ansätze und Messkonzepte sich nur sehr bedingt miteinander vergleichen lassen. Aber nicht nur im Verhältnis zwischen den verschiedenen Studien gibt es Schwierigkeiten, nicht selten existieren konzeptionelle Unklarheiten selbst innerhalb ein und derselben Arbeitszufriedenheitsstudie. Auf zwei häufig zu beobachtende „Konfusionen" sei besonders hingewiesen. Die erste ergibt sich aus einer unterschiedlichen Auffassung über die Natur des Arbeitszufriedenheitsphänomens, die zweite daraus, dass der Begriff der Zufriedenheit für ganz unterschiedliche Verhaltensebenen Verwendung findet.

### *Konfusion 1: Gefühl oder Urteil*

Zufriedenheit ist der Wortbedeutung nach ein Gefühl, eine angenehme Empfindung. Man wendet sich dem Objekt der Zufriedenheit (also z.B. der Arbeit) gern zu. Unzufriedenheit ist eine unangenehme Empfindung, man wird versuchen, das Objekt der Unzufriedenheit zu vermeiden. Und umgekehrt, mit einem Arbeitsplatz, an dem man sich wohl fühlt, ist man auch zufrieden; ein Arbeitsplatz, der Unbehagen auslöst, ist dagegen unbefriedigend. Das scheint einsichtig, ist aber nicht der gängige Ansatzpunkt der Arbeitszufriedenheitsforschung (vgl. auch Martin 1992). Diese fragt nämlich selten nach den *Gefühlen*, die die Arbeitnehmer bei ihren Arbeitstätigkeiten empfinden. Stattdessen untersucht sie *Urteile*, die arbeitende Menschen über ihre Arbeitssituation abgeben. In den Fragebögen, die von der Arbeitszufriedenheitsforschung normalerweise benutzt werden, wird zwar durchaus nach der „Zufriedenheit" mit den Arbeitsbedingungen, mit dem Lohn, den Kollegen usw. gefragt, bei den vorgegebenen Antwortmöglichkeiten geht es aber gar nicht um die Wiedergabe emotionaler Erfahrungen, sondern um Bewertungen.

Das kennt man ja aus dem Alltag. Wenn man nach seiner Zufriedenheit mit einer Angelegenheit oder einer Sache (z.B. seinem Automobil) gefragt wird, dann richtet sich die Frage nicht auf die Gefühle, die man bezüglich der Angelegenheit empfindet, sondern danach, was man von der Angelegenheit bzw. der Sache hält. Bewertungen und Gefühle sind aber nicht notwendigerweise eng miteinander verkoppelt (vgl. z.B. die Studie von Bradburn/Caplovitz 1965). Man kann bei seiner Arbeit durchaus angenehme Gefühle empfinden und seine Arbeitssituation dennoch schlecht bewerten – und in diesem Sinne auch seine Unzufriedenheit äußern – z.B. weil man einen relativ geringen Lohn erhält. Eine derartige Beurteilung hat aber im engeren Sinne nichts mit täglich empfundenen Unzufriedenheitsgefühlen zu tun, sie ist vielmehr bestimmt von der Abwägung darüber, ob der Lohn als angemessen gelten kann oder nicht. Zusammengefasst: Zwar wird in den Arbeitszufriedenheitsstudien vorderhand durchaus nach der Zufriedenheit gefragt, die Frageformulierungen fordern den Befragten aber nicht dazu auf, über seine Gefühle bei der Arbeit zu berichten, vielmehr wird von ihm verlangt, dass er eine Note vergibt, eine Einschätzung darüber, wie die Arbeit einzustufen ist – wobei es, nebenbei bemerkt, dem Befragten überlassen bleibt, welchen Maßstab er seiner Beurteilung zugrunde legt.

### Konfusion 2: Mikro oder Makro

Neben der Verwechslung von Gefühl und Urteil findet sich in der Arbeitszufriedenheitsforschung eine zweite Konfusion. Sie ergibt sich durch die Verwechslung von Aussagen über makroskopische Verhaltensdispositionen mit Aussagen, die sich mit Mikroprozessen des Verhaltens befassen. So wird die normalerweise geringe Korrelation zwischen der Arbeitszufriedenheit und der Arbeitsleistung häufig so interpretiert, als gäbe es keinen Zusammenhang zwischen Zufriedenheit und Leistungsverhalten. Und praktisch wird daraus die Empfehlung abgeleitet, zur Förderung des Arbeitseinsatzes nicht so sehr auf die Befindlichkeit der Arbeitnehmer Rücksicht zu nehmen, sondern vor allem auf die Anreizsituation zu achten. Eigentlich eine erstaunliche Argumentation. Denn ist es nicht ein Allgemeinplatz, dass die Arbeit wesentlich besser vorangeht, wenn man gut gestimmt ist, als wenn man seiner Arbeit nur mit Verdruss nachgeht? Der Widerspruch löst sich auf, wenn man berücksichtigt, dass die Autoren oft von sehr unterschiedlichen Arbeitszufriedenheiten sprechen. In den meisten Studien werden die Arbeitnehmer nach ihrer durchschnittlichen Zufriedenheit innerhalb eines mittleren Zeithorizonts gefragt. Es soll untersucht werden, mit welcher Grundhaltung die Arbeitnehmer ihrer Arbeit begegnen, welche „Einstellung" sie ihr entgegenbringen. Und man prüft dann, in welcher Weise diese Einstellung mit der *durchschnittlichen* Leistung korreliert (wobei für die Leistungsbestimmung meist recht lange Zeitintervalle herangezogen werden).

Man befasst sich also mit hoch aggregierten Größen und daran anschließend mit entsprechend „makroskopischen" Zusammenhängen. Dabei stellt sich dann auch tatsächlich – und eigentlich wenig überraschend – heraus, dass die Bezüge zwischen diesen Größen eher gering sind. Wenig überraschend ist dieser Tatbestand allein schon deshalb, weil eigentlich jedem klar sein dürfte, dass die Leistung nicht allein von einer sehr global ermittelten Durchschnittszufriedenheit, sondern auch von einer Vielzahl weiterer Größen (Anreizen, Normen, Kontrollmaßnahmen usw.) bestimmt wird. Dies ist anders im Mikrobereich des Verhaltens. Hier kommt eine ganz andere Art der Zufriedenheit ins Spiel als im Makrobereich, eine Zufriedenheit, die im Verhaltensprozess eine ganz zentrale Rolle spielt. Mikroanalysen befassen sich mit dem Hier und Jetzt, mit konkreten Verhaltensabläufen und mit deren Bestimmungsgrößen. Und auf dieser konkreten Verhaltensebene hängen die Zufriedenheit und das Leistungsverhalten ganz unmittelbar zusammen. Zur Illustration soll meine Beschäftigung mit der Arbeitszufriedenheitsforschung dienen. Meine Lektüre und mein Nachdenken über die Arbeitszufriedenheit – und damit auch meine darauf bezogene Lern- und Lehrleistung – ist erheblichen Schwankungen ausgesetzt. Diese Leistungsschwankung hat aber nichts mit meiner allgemeinen Zufriedenheit zu tun, die ich gegenüber meiner Forschertätigkeit hege. Diese im Durchschnitt zu beobachtende Unabhängigkeit von Zufriedenheit und Leistung löst sich auf der Mikroebene allerdings auf. Denn wenn es in einer konkreten Situation beispielsweise darum geht, ob ich nun noch einen umständlichen Aufsatz mehr über die Facettenanalyse in der Arbeitszufriedenheitsforschung lesen soll, dann hängt das sehr stark von meiner konkret gegebenen Stimmung (und der damit verbundenen Zufriedenheit) ab. Wenn ich unzufrieden bin (z.B. weil ich unter Zeitdruck stehe und denke, dass ich schon viel zu viele belanglose Aufsätze dieser Art gelesen habe), dann werde ich den Aufsatz ignorieren und lieber faul sein – und damit vielleicht wichtige Informationen verpassen, die ausgerechnet dieser Aufsatz bereithält. Bin ich dagegen gut gestimmt, z.B. weil ich Muße habe und es sich bei dem Aufsatz um die Arbeit eines Freundes handelt, werde ich mich mit Eifer der Lektüre widmen – und höchstwahrscheinlich auch etwas dabei lernen.

## Begriffe

„Arbeitszufriedenheit ist einfach, wie Personen ihre Arbeit (und Teilaspekte ihrer Arbeit) empfinden. Sie ist das Ausmaß, in dem Personen ihre Arbeit mögen (Zufriedenheit) oder nicht mögen (Unzufriedenheit)." (Spector 1997, S. 2) Die bisherigen Ausführungen sollten gezeigt haben, dass sich die Arbeitszufriedenheit „so einfach" eben nicht fassen lässt. Wir haben vielmehr festgestellt, dass es mindestens vier ganz unterschiedliche Bedeutungsgehalte der Arbeitszufriedenheit gibt. Die in der Literatur vorgeschlagenen Definitionen spiegeln diese Unterschiede denn auch wieder. So heben manche Definitionen den emotionalen Aspekt hervor (Zufriedenheit als „... an emotional reaction", Locke 1976, S. 1307), während andere Definitionen auf die Urteilsdimension (Zufriedenheit als „... an evaluative judgement about one's job", Weiss/Cropanzano 1996, S. 2) abstellen. Wieder andere Definitionen begreifen Arbeitszufriedenheit als spezielle, dabei aber relativ globale Einstellung (vgl. z.B. Brief 1998, zum Einstellungskonzept vgl. den Beitrag von Thomas in diesem Band), andere stellen auf die Rolle der Zufriedenheit innerhalb von Problemlösungsprozessen ab (vgl. Gaugler u.a. 1985, S. 28). Allerdings ist bezüglich der Definitionen, die die Forscher anbieten, durchaus Vorsicht geboten, weil sich die begrifflichen Festlegungen oft nur bedingt mit den konzeptionellen Ausführungen eines Autors oder gar mit der Art und Weise verträgt, in der er das Arbeitszufriedenheitskonstrukt empirisch verwendet. Viele empirische Forscher lassen sogar ganz bewusst offen, was sie denn nun genau unter Arbeitszufriedenheit verstehen wollen. Als Arbeitszufriedenheit gilt das, was das Instrument zur Erhebung der Arbeitszufriedenheit misst. Damit kann man aber eigentlich nicht zufrieden sein. Denn schließlich steht hinter jeder Studie ja eine Erkenntnisabsicht und damit unvermeidlich auch eine theoretische Vorstellung. Auch aus diesem Grund müssen wir uns jetzt einigen theoretischen Überlegungen zuwenden.

# 2 Theorie

Die im letzten Abschnitt aufgeführten Differenzierungen sind nicht die einzigen, die zu beachten sind. Neuberger (1974) hat überzeugend dargelegt, dass der Bedeutungsgehalt des Arbeitszufriedenheitsbegriffs ganz elementar von der theoretischen Position abhängt, aus der heraus man die Arbeitszufriedenheit betrachtet. Im Einzelnen unterscheidet er zwischen bedürfnis- und anreizorientierten theoretischen Konzeptionen, zwischen kognitiven und humanistischen Ansätzen. Ich will im folgenden Abschnitt 2.1 auf einige weitere theoretische Grundpositionen hinweisen. Anschließend werde ich in den Abschnitten 2.2 und 2.3 exemplarisch zwei Ansätze beschreiben, in denen sich die oben angeführten Dimensionen (Gefühl versus Urteil sowie Mikro- versus Makrobetrachtung) geradezu idealtypisch wiederfinden.

## 2.1 Theoretische Perspektiven

### Intensitäten oder Sprünge

Wie kann man sich das Entstehen von Unzufriedenheit vorstellen? Wächst die Unzufriedenheit ähnlich wie sich ein Gefäß mit Wasser füllt und immer schwerer wird? Spürt man also steigende Unzufriedenheit wie man z.B. die Zunahme des Fiebers immer intensiver spürt? Oder ist das Gefühl der Unzufriedenheit plötzlich da, etwa so wie der Zahnschmerz? Gibt es ein plötzliches Umschalten vom Zustand „zufrieden" zum Zustand „unzufrieden"? Smith (1992) beschreibt die Entstehung der Arbeitszufriedenheit am Bild eines verzweigten Flusssystems, das sich aus vielen Quellen speist. Einzelne Ereignisse (z.B. ein unfreundliches Verhalten des Vorgesetzten, die Verweigerung einer Lohnerhöhung) sammeln sich zu Rinnsalen, die sich zu kleinen Bächen ausweiten, mit weiteren Bächen vereinigen und einen Fluss bilden. Ein Fluss versinnbildlicht dann z.B. die Zufriedenheit mit der Führung, ein anderer die Zufriedenheit mit den Arbeitsbedingungen. Die Flüsse verbinden sich zu Strömen (Arbeitszufriedenheit, Zufriedenheit mit dem Beruf, Zufriedenheit mit der Familie usw.), die gemeinsam das „Meer der Lebenszufriedenheit" auffüllen. Hinter diesem Bild steckt ganz offenbar die Vorstellung eines kontinuierlichen Wachstums und/oder einer kontinuierlichen Verringerung der Unzufriedenheit. Es macht einen durchaus plausiblen Eindruck. Wohl jeder kann die Abstufung von Zufriedenheits- und Unzufriedenheitszuständen an sich selbst beobachten. Leichte Irritationen werden als weniger schlimm erlebt als echte Besorgnis oder gar handfester Ärger. Und Anregung ist nicht identisch mit Wohlbefinden und Wohlbefinden ist kein Glück.

Dennoch sind Zweifel an der Kontinuitätsthese angebracht – zumindest was die Stetigkeit der Gefühlssteigerung angeht. Niemand wird normalerweise in einen Zweifel darüber geraten, ob er nun zufrieden oder unzufrieden ist. Aber im Zustand mittlerer Zufriedenheit oder Unzufriedenheit ist das Unterscheidungsvermögen nicht besonders hoch. Das liegt u.a. daran, dass mittlere Gefühlslagen leicht etwas „flau" und undeutlich werden. Waren sie vorher eher positiv, dann mischt sich in sie leicht ein gewisser Überdruss. Waren sie eher negativ, dann sorgen Anflüge von freundlicheren Gefühlen für Erleichterungsempfindungen.

Man kann daher die Auffassung vertreten, dass Zufriedenheit und Unzufriedenheit nur im Bereich deutlich positiver oder deutlich negativer Gefühlslagen Kontur gewinnen und deshalb Alles oder Nichts Phänomene sind. Das heißt, der negative und der positive Pol sind klar ausgeprägt, der Mittelbereich fluktuiert dagegen in undeutlicher Manier und wird – wenn danach gefragt wird – eher zufällig der einen oder anderen Seite zugeordnet.

Die Auffassung vom binären Charakter der Zufriedenheit wird insbesondere von kybernetischen Vorstellungen über das menschliche Verhalten gestützt. Danach entstehen Verhaltensimpulse primär aufgrund von Abweichungen eines gegebenen Ist-Zustands von vorgegebenen Sollwerten. Der Organismus sendet gewissermaßen Unlustsignale (Dörner 1999) aus, die auf einen Missstand, ein Ungleichgewicht im Regulierungssystem der menschlichen Psyche hinweisen. Ungleichgewichte entstehen auf allen Verhaltensebenen. So dient beispielsweise auf der physiologischen Ebene der Durst als Unlustsignal, das den Organismus dazu veranlasst, nach Möglichkeiten einer Flüssigkeitszufuhr Ausschau zu halten. Aber nicht nur elementare Bedürfnisse nach Nahrung usw., sondern auch kulturnahe und angelernte Bedürfnisse melden ihre Ansprüche über Unzufriedenheitsgefühle an. Gleiches gilt für „geistige" Grundbedürfnisse.

Das Streben nach einem stimmigen Weltbild beispielsweise ergibt sich nicht etwa aus höherer Einsicht, sondern deswegen, weil geistige Unordnung als unangenehm empfunden wird. Passen zwei Informationen nicht zusammen (Beispiel: ich denke, dass ich ein fleißiger Mensch bin, komme aber mit meiner Arbeit nicht voran), dann entsteht kognitive Dissonanz, ein Zustand, der – wie schon der Name sagt – nach Auflösung drängt. Zusammengefasst: Ungleichgewichte (Soll-Ist-Diskrepanzen) führen zu Unzufriedenheit. Ihre Beseitigung löst Zufriedenheit aus. Zwischen diesen beiden Zuständen gibt es nichts Drittes.

### Einheitsgefühl oder Formvielfalt

Gibt es reine Gefühle? Gibt es eine reine Zufriedenheit? Oder fällt nicht auf jede Gefühlsempfindung der Schatten von Erfahrungen, Gedanken, Erwartungen und gibt nicht dieser Schatten den Gefühlsempfindungen ihre jeweils eigene Qualität? Und kommt es bei der Zufriedenheit nicht darauf an, worauf sie sich gründet? Auch bezüglich dieser Fragen kann man unterschiedlicher Meinung sein. Jedenfalls gibt es eine Reihe von Ansätzen, die verschiedene Formen der Zufriedenheit unterscheiden und diesen jeweils eigene Charakteristika zuschreiben. Häufig zitiert wird das Schema von Bruggemann (1974). Dieses stellt auf die Frage ab, auf welchem Wege Zufriedenheit oder Unzufriedenheit zustande kommt. Eine Schlüsselrolle kommt hierbei – so Bruggemann – dem Anspruchsniveau zu. Die Verfehlung des Anspruchsniveaus definiert gewissermaßen die Zufriedenheit oder anders ausgedrückt: Lassen sich die Ansprüche, die jemand an seine Arbeit stellt, in der Wirklichkeit nicht einlösen, dann entsteht Unzufriedenheit. Unzufriedenheit ist ein unangenehmes Gefühl. Menschen versuchen, diesem Gefühl zu entrinnen. Es gibt nun drei Möglichkeiten, die Zufriedenheit wiederzugewinnen. Entweder die Person senkt ihr Anspruchsniveau. Die hieraus resultierende Zufriedenheit nennt Bruggemann „resignative Zufriedenheit". Oder es gelingt der Person durch geeignete Problemlösungsversuche, ihre Ansprüche doch (wieder) zu verwirklichen. Die hieraus resultierende Zufriedenheit wird von Bruggemann „konstruktive Arbeitszufriedenheit" genannt. Und schließlich ist es noch möglich, sich etwas vorzumachen, also die Wirklichkeit verzerrt wahrzunehmen, um sich damit vor Unzufriedenheitsgefühlen zu schützen. Die hieraus resultierende Zufriedenheit lässt sich am besten als Pseudozufriedenheit kennzeichnen.[2] Das klingt ungemein plausibel. Doch was ist damit gewonnen? Fühlt man sich anders zufrieden, wenn man konstruktiv, pseudomäßig oder resignativ zufrieden ist? Das kann man bezweifeln.

Andererseits: Wird sich jemand, der sich seine Zufriedenheit durch aktives Bemühen um Problemlösungen zurückerobert, nicht bei seiner Arbeit ambitionierter verhalten als jemand, der resigniert? Wahrscheinlich. Aber das liegt – ebenso wahrscheinlich – nicht daran, dass seine Zufriedenheit eine andere Qualität hat als vielmehr an einer – aus positiven Erfahrungen gewonnenen – andersartigen Arbeitsorientierung. Anders ausgedrückt: Zwar postuliert Bruggemann unterschiedliche Formen der Arbeitszufriedenheit, sie unterlässt es aber zu klären, in welcher Weise diese tatsächlich unterschiedliche Gefühlswelten ausmachen. Dabei wäre es eine durchaus interessante Frage, welche Gefühlsqualitäten ein bestimmtes Grundgefühl (also z.B. Zufriedenheit, aber auch Angst, Ärger, Gelassenheit, Begeisterung) annehmen kann oder wie sich verschiedene Gefühlselemente zu einem Gesamtgefühl oder zu einer Gesamtstimmung verbinden. Aber darum geht es in der Bruggemannschen Typologie gar nicht. Sie weist eigentlich nur darauf hin, dass Zufriedenheit unterschiedlich zustande kommen kann. Und sie beschreibt im Weiteren nicht unterschiedliche Zufriedenheitsgefühle, sondern unterschiedliche Handlungsdispositionen (eine aktive oder resignative Arbeitshaltung usw.), die mit der Zufriedenheit – näher betrachtet – nichts zu tun haben.

### Nutzen oder Sinn

An der Wiege der ersten arbeits- und betriebspsychologischen Studien stand die Hoffnung auf die motivierende Wirkung der Arbeitszufriedenheit: Wenn man froh an die Arbeit geht, dann sollte man auch etwas vollbringen. Die sogenannten Wert-Erwartungs-Theorien stellen diesen Gedanken auf den Kopf. Ihre zentrale Aussage ist, dass man sich anstrengen wird, wenn einem hieraus ein angenehmes Gefühl erwächst. Wert-Erwartungs-Theorien sehen im Menschen einen Nutzenmaximierer (die Standardtheorie der Mikroökonomie ist im Übrigen eine spezielle Wert-Erwartungs-Theorie!). Danach wird jeder Mensch das Arbeitsverhalten wählen, das ihm den größten Nutzen verspricht (vgl. u.a. Porter/Lawler 1968 und Katzell/Thompson 1990).

Der Nutzen ergibt sich einmal aus dem (subjektiven) Wert der Ergebnisse, die mit dem Verhalten erreicht werden können (ist mir der Lohn wichtiger oder ein angenehmer Arbeitsplatz usw.) und zum anderen aus der (subjektiv eingeschätzten) Wahrscheinlichkeit, dass durch das jeweilige Verhalten (z.B. faul sein, fleißig sein, sich mit dem Vorgesetzten gut stellen usw.) die gewünschten Ergebnisse (Lohnsteigerung, angenehmer Arbeitsplatz, Ansehen, Karriere usw.) auch tatsächlich erreicht werden. Motivierend sind nach diesen Theorien also – in einem Wort zusammengefasst – die möglichen positiven Konsequenzen eines

Verhaltens. Bei genauerer Betrachtung geht es aber nur vordergründig um diese Verhaltenskonsequenzen (höherer Lohn, bessere Stellung usw.). Denn diese sind auch nur Mittel zum Zweck der Verarbeitung von Zufriedenheitsgefühlen. Das letztlich motivierende Element ist also nicht das äußere Verhaltensergebnis (der höhere Lohn, die bessere Position), sondern die vorgestellte Befriedigung, die dieses Ergebnis verschafft. Der Grundgedanke der Wert-Erwartungs-Theorien ist zweifellos nicht verkehrt. Jeder weiß, dass er bei seinem Handeln seinen Nutzen im Auge hat. Warum sollte man sich beispielsweise mit einer unangenehmen Arbeit abgeben, wenn die Arbeit von niemandem kontrolliert wird und wenn man seinen Lohn erhält, gleichgültig ob man sich nun anstrengt oder nicht? Aber das ist nur die halbe Wahrheit. Denn für den Menschen zählen nicht nur Belohnungen, sondern auch Gesichtspunkte, die über die reine Nutzenbetrachtung hinausgehen.

Shamir (1991) nennt verschiedene Gründe für ein „nutzentranszendierendes" Verhalten, also für ein Verhalten, das nicht nur auf den blanken Nutzwert zielt. Zu nennen wäre etwa die Moral, die einen davon abhalten kann, seine egoistischen Strebungen auszuleben. Außerdem möchte man vor sich selbst bestehen, also nicht Dinge tun, deren man sich schämen muss. Und schließlich möchte man manchmal auch einfach nur man selbst sein, ohne immer gleich an die Konsequenzen des eigenen Handelns denken zu müssen. In Abbildung 1 sind einige Beispiele aufgeführt, die diese Motivationen illustrieren. Letztlich geht es hierbei immer darum, einen Sinn in seinem Tun zu finden – ein durchaus menschliches Grundbedürfnis. Menschen sind keine hedonistischen Automaten. Sie wollen nicht nur „angenehme Gefühle", sie wollen in ihrem Verhalten auch vor sich selbst bestehen. Und sie stellen die angenehmen Gefühle auch nicht nur kurzfristig zurück, um später das größere angenehme Gefühl zu „konsumieren", sondern sie verzichten darauf – im wahrsten Sinne des Wortes. Will man angesichts dieses Sachverhalts mit dem Begriff der Zufriedenheit operieren, dann gerät man offenbar in eine Sackgasse. Was geschieht, wenn ich beispielsweise faul bin, weil ich von meinem Dienstherrn nicht beaufsichtigt werde, Faulheit aber meinem Selbstverständnis widerspricht? Bin ich dann zufrieden (weil ich dem natürlichen Bequemlichkeitsbedürfnis nachgebe) oder bin ich unzufrieden (weil ich mich „sinnwidrig" verhalte)?

| Ansatz | Theoretische Hintergrundaussage | Beispiel |
|---|---|---|
| Identität | Die Wahrung des Selbstbildes ist letztlich wichtiger als die Bedürfnisbefriedigung. | Standhaftigkeit gegenüber Versuchungen. |
| Moral | Menschen orientieren sich an für richtig gehaltenen Maßstäben, selbst dann, wenn ihnen das schadet. | „Hier stehe ich, ich kann nicht anders." |
| Expressivität | Menschen verhalten sich nicht immer zielorientiert, sondern bringen oft auch einfach ihre Befindlichkeit zum Ausdruck. | Orientierung am Eigensinn („Was ich mache, mache ich richtig."). |

Abb. 1: Ansatzpunkte für nutzentranszendierendes Verhalten

Nun, wenn mich das schlechte Gewissen plagt, dann ist das kein angenehmes Gefühl. Ist also sinnorientiertes Verhalten auch nur hedonistisches Verhalten? Manchmal scheint es so, z.B. weil es oft leichter ist, das Gewissen zu beruhigen als auf unmittelbare Befriedigungen zu verzichten. Aber manchmal erscheint es einem auch schlichtweg absurd, sich überhaupt Gedanken darüber zu machen, ob man zufrieden ist oder nicht. Zusammengefasst: Menschen streben nicht nur nach Bedürfnisbefriedigung und damit nach Zufriedenheit. Sie wollen auch Sinn in ihrem Tun finden. Und beides ist nicht immer miteinander vereinbar. Um Sinn zu gewinnen, muss man sich nicht selten mit Angelegenheiten abgeben, die nur unbefriedigend sein können. Gleichzeitig vermittelt Sinngewinn aber auch wieder Zufriedenheit.

## *Problembeseitigung oder Problemverarbeitung*

Wer ein Ziel erreicht hat, wer seine Meinung bestätigt findet, wer ein Problem gelöst hat, der ist zufrieden. Sollte man meinen. Leider will sich aber häufig die Zufriedenheit selbst im Falle des Erfolgs nicht so recht einstellen. Und oft ist sie nicht besonders dauerhaft. Das liegt u.a. daran, dass man selten nur mit einem einzigen Problem beschäftigt ist. Ist nämlich ein Problem gelöst, steht schon das nächste an. Und außerdem bringt die Lösung eines Problems nicht selten neue Probleme hervor. Es gibt eine Reihe von Theorien, die sich mit diesen Phänomenen beschäftigen. Sie sehen in menschlichen Verhaltensweisen vor allem den Versuch, Probleme zu lösen (vgl. Martin 1989, S. 276 ff.).
Die Zufriedenheit gewinnt in dieser Betrachtung eine elementare Bedeutung. Denn Probleme existieren im buchstäblichen Sinne nur, wenn sie als solche „empfunden" werden. Als Ursache von Problemen kommen z.B. Bedürfnisspannungen in Frage oder die Verfehlung von individuellen Werthaltungen oder die Verletzung von Normen. Aber auch Orientierungsunsicherheiten, die Störung normaler Verhaltensabläufe und kognitive Dissonanzen führen zu Unzufriedenheit. Unzufriedenheitsgefühle haben dabei häufig zunächst keine klare Kontur, sondern vermitteln lediglich ein diffuses Unbehagen. Und außerdem gelingt es oft nicht auf Anhieb, die Quelle dieses Unbehagens genau zu lokalisieren. Die Definition des Problems ist aus diesem Grund der Dreh- und Angelpunkt erfolgreichen Verhaltens. Denn schließlich ist es nicht gerade hilfreich, wenn die falschen Probleme angegangen werden oder wenn das Problem in seiner Dimension unter- oder überschätzt wird.
Aber nicht nur die Problemdefinition ist wichtig. Es ist eine ganze Reihe von Schritten abzugehen, bis ein Problem gelöst ist. Es müssen Handlungsalternativen erarbeitet werden, der Lösungsweg ist zu entwerfen, der Handlungsplan ist umzusetzen, und es muss kontrolliert werden, ob die Verhaltensziele erreicht wurden bzw. ob man sich ihnen zumindest annähert. Außerdem müssen ständig neue Präferenzen gesetzt werden. Es muss z.B. darüber entschieden werden, welches Problem gerade behandelt werden soll. Denn es sind immer mehrere Probleme, die um die Aufmerksamkeit konkurrieren. Aus diesem Grund werden Probleme selten „in einem Zug" gelöst. Der Prozess bei der Behandlung eines Problems wird vielmehr häufig unterbrochen, damit andere Probleme in Angriff genommen werden können. Und schließlich werden die wenigsten Probleme

wirklich vollständig gelöst – was aber auch nicht notwendig ist, denn es reicht normalerweise aus, wenn die Probleme einigermaßen „gehandhabt" werden. Anders ausgedrückt: Probleme müssen nur so weit aufgearbeitet werden, dass sie nicht weiter stören. Aus dieser Analyse ergibt sich nun aber ein Problem mit dem Zufriedenheitskonzept. Denn wenn nun Probleme gar nicht gelöst werden: wo bleibt dann die Befriedigung? Wenn es keine richtigen Erfolgserlebnisse gibt, wie sollte sich da Zufriedenheit einstellen? Theorien der Problemhandhabung kümmern sich in der Tat nicht allzu sehr um die Zufriedenheit. *Zufriedenheit* ist kein Verhaltensantrieb. Die motivierende Kraft im menschlichen Handeln entsteht vielmehr aus dem Bestreben, *Unzufriedenheit* zu vermeiden. Das bedeutet nicht, dass das Positive nicht existiert. Es ist lediglich kein Motiv, Zufriedenheit ist kein „Ziel", kein Zustand, den man anstreben kann, sie ist gewissermaßen nur als „Nebenergebnis" möglich und stellt sich z.B. dann ein, wenn der Problemhandhabungsprozess „reibungslos" läuft und wenn gute Aussichten bestehen, die eigenen Probleme bewältigen zu können.

### 2.2 Das theoretische Modell von March und Simon: emotionsgesteuerte Mikroprozesse

Im Abschnitt 1 wurde ausgeführt, dass in manchen Konzepten der Arbeitszufriedenheit die emotionale und in anderen Konzepten die urteilsbezogene Komponente herausgestellt wird. Außerdem finden sich in der Forschung sowohl Makro- als auch Mikroanalysen der Zufriedenheit. Im Folgenden werde ich zwei theoretische Ansätze beschreiben, die diese Unterscheidungen in gegensätzlicher Weise kombinieren (es gibt eine Vielzahl weiterer theoretischer Modelle zur Arbeitszufriedenheit, auf die hier nur verwiesen sei, vgl. Martin 1992). Zunächst werde ich auf das Modell motivierten Verhaltens von March/Simon eingehen. Dieses behandelt Mikroprozesse des Verhaltens, und es stellt die emotionale Komponente der Arbeitszufriedenheit heraus. Im darauf folgenden Abschnitt 2.3 gehe ich auf das Modell von Fogarty u.a. ein. Dieses Modell kann als Musterbeispiel für den „Mainstream" der empirischen Arbeitszufriedenheitsforschung gelten. Es behandelt die Zufriedenheit als makroskopische Größe und betont insbesondere den Urteilsaspekt. Doch zunächst zum Modell motivierten Verhaltens von March/Simon (1958). In diesem Modell ist die Unzufriedenheit der zentrale Verhaltensantrieb. Sie ist gewissermaßen der Motor des Denkens und Handelns. Nur wenn man spürt, dass etwas nicht stimmt und dass sich etwas ändern muss, also wenn man unzufrieden ist, wird man sich – so die Grundüberlegung dieses Modells – mental und physisch bewegen.

Wie entsteht nun aber Unzufriedenheit? Menschen sind unzufrieden, wenn die Ergebnisse ihres Verhaltens nicht dem persönlichen Anspruchsniveau entsprechen. Wer sich beispielsweise besonders anstrengt und erkennen muss, dass die Ergebnisse, die er mit seinem Verhalten erzielt, nicht seinen Vorstellungen entsprechen (weil z.B. die Qualität der Arbeit schlecht ist oder weil er für seine Arbeit kein Lob erhält), der wird unzufrieden sein. Wer allerdings an seine Arbeit nur mindere Ansprüche stellt (keine besonderen Qualitätserwartungen hat, kein Lob erwartet usw.), wird sich von schlechten Ergebnissen auch weniger leicht beeindrucken lassen und nicht so leicht unzufrieden werden. Unzufriedenheit löst

Suchverhalten aus. Gesucht wird nach alternativen Verhaltensweisen, nach Verhaltensweisen, die das Problem, das sich hinter der empfundenen Unzufriedenheit verbirgt, beseitigen. Welche Verhaltensweisen das sind, lässt das Modell von March/Simon unbestimmt. Eine mögliche Verhaltensweise wäre, einen anderen Problemlösungsansatz zu suchen: Man könnte z.B. versuchen, sich bei der Arbeit helfen zu lassen. Eine andere Verhaltensweise könnte darin bestehen, den Vorgesetzten darauf hinzuweisen, wie schwierig die Aufgabe ist; möglicherweise ist dieser dann weniger sparsam mit seinem Lob. Es gibt aber auch die Möglichkeit, das Feld zu verlassen, d.h. man kann sich im Rahmen seiner Arbeitsaufgaben anderen Tätigkeiten zuwenden oder auch einen neuen Arbeitgeber suchen. Gelingt es nicht, Verhaltensweisen zu entdecken, die die Ergebnisse verbessern, dann sinkt notgedrungen das Anspruchsniveau, denn niemand will dauerhaft unzufrieden sein.

March/Simon gehen aber davon aus, dass sich Suchverhalten normalerweise „lohnt", dass es also gelingt, alternative Verhaltensweisen zu entdecken, die das Ergebnis verbessern. Erfolgsaussichten aber erhöhen – in einem Rückkopplungsprozess – die Zufriedenheit. Sie führen allerdings auch zu einer Steigerung des Anspruchsniveaus und mit steigendem Anspruchsniveau steigt andererseits wieder die Unzufriedenheit. Umgekehrt wirkt das Anspruchsniveau als Unzufriedenheitspuffer: Wenn keine Aussichten bestehen, eine bessere Alternative zu finden, dann sinkt das Anspruchsniveau und die Unzufriedenheit kann nicht ins Bodenlose fallen. Man arrangiert sich gewissermaßen mit den Verhältnissen (in Abbildung 2 sind die angeführten Zusammenhänge grafisch veranschaulicht).

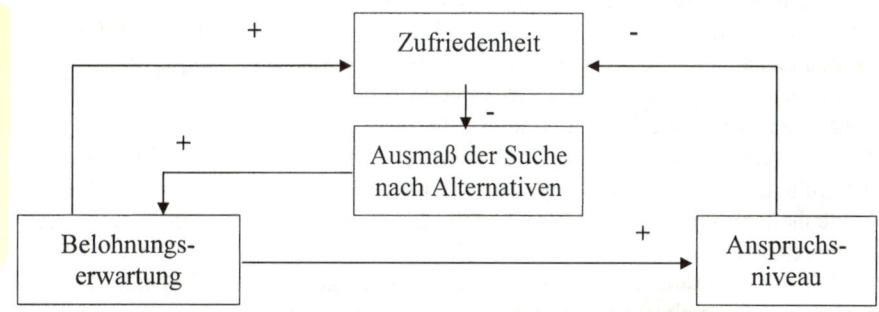

Abb. 2: Das Modell motivierten Verhaltens (nach March/Simon 1958)

So weit, so plausibel und so gut. Wie sind die Aussagen des March/Simon-Modells aber im Lichte von empirischen Untersuchungen zu beurteilen, die aufzeigen, dass das Anspruchsniveau und die Arbeitszufriedenheit nicht oder nur in geringem Maße miteinander korrelieren (vgl. Martin 1994, S. 82 f.)? Wird damit der von March/Simon postulierte Zusammenhang widerlegt? Nein. Das March/Simon-Modell sagt aus, dass immer dann, wenn das Anspruchsniveau steigt, die Zufriedenheit sinkt und wenn das Anspruchsniveau sinkt, die Zufriedenheit steigt. Und zwar bei jeder Person und immer. Die üblichen empirischen Studien zur Arbeitszufriedenheit untersuchen diesen Zusammenhang aber normalerweise gar nicht. Sie prüfen lediglich, ob Personen, die ein hohes/geringes Anspruchsniveau haben (bzw. denen bestimmte Aspekte der Arbeit besonders wichtig sind), auch eine hohe/geringe Zufriedenheit (mit den jeweiligen „wichtigen" Arbeitsaspekten) aufweisen. Und dabei stellt sich heraus, dass dies nur sehr bedingt der Fall ist. Dass ein derartiger Zusammenhang bestehen sollte, wird nun aber von March und Simon tatsächlich gar nicht behauptet.

Das March/Simon-Modell befasst sich – wie gesagt – (a) mit psychischen *Mikroprozessen* und (b) mit der *Veränderung* des innerhalb dieses Mikroprozesses gegebenen Anspruchsniveaus und des auf den jeweiligen Problemlösungsprozess bezogenen Zufriedenheitszustands für die jeweils betrachteten Personen. Die üblichen empirischen Studien dagegen befassen sich (a) nicht mit derartigen Mikroprozessen, sondern begnügen sich mit Durchschnittsbetrachtungen, also mit der im „Großen und Ganzen" vorliegenden Zufriedenheit bzw. mit dem „im Allgemeinen" gegebenen Anspruchsniveau, d.h. mit *aggregierten Größen*, und sie befassen sich (b) auch nicht mit den Veränderungen dieser Größen, sondern mit der Frage, ob die *Niveaus* der beiden betrachteten Variablen – über unterschiedliche Personen hinweg – miteinander korrespondieren.

Doch davon ganz abgesehen. Was lehrt uns das March/Simon-Modell? Drei Besonderheiten will ich herausstellen. Einen ersten wichtigen Punkt habe ich schon weiter oben angesprochen, nämlich die zentrale Bedeutung der Zufriedenheit für das psychische Geschehen und damit auch für das äußere Verhalten von Menschen. Unzufriedenheit dient als Warnsignal. Sie zeigt mögliche Gefährdungen der persönlichen Vorstellungen und Ziele an und sorgt dafür, dass sich die Aufmerksamkeit auf diese Gefährdungen richtet. Gleichzeitig wirkt die Unzufriedenheit damit als Lernstimulanz. Sie veranlasst die Suche nach alternativen Lösungen und liefert auch die Rückmeldung darüber, ob die neuen Lösungen als erfolgreich gelten können. Der zweite Punkt bezieht sich auf den Gleichgewichtsmechanismus, den das Modell beschreibt und der dafür sorgt, dass die Zufriedenheit auf einem relativ gleichmäßigen Niveau bleibt. Die postulierten Zusammenhänge sind ja einigermaßen überraschend. Normalerweise würde man die Wirksamkeit des folgenden einfachen Mechanismus erwarten: Sinkt die Zufriedenheit, dann sinkt auch das Anspruchsniveau, wodurch wiederum die Zufriedenheit steigt. Steigt die Zufriedenheit, dann steigt auch das Anspruchsniveau, wodurch wiederum die Zufriedenheit sinkt. Nun behauptet das Modell die Wirksamkeit einer Kausalkette, die ausgehend von steigender Zufriedenheit zu einem sinkenden Anspruchsniveau führt (vgl. Abbildung 2): Je zufriedener jemand also wird, desto stärker sinkt sein Anspruchsniveau.

Daraus ergäbe sich aber ein positiver Rückkopplungseffekt. Denn ein sinkendes Anspruchsniveau steigert die Zufriedenheit, wodurch das Anspruchsniveau weiter sinkt usw. Und umgekehrt führt ein steigendes Anspruchsniveau zu sinkender Zufriedenheit, was wiederum das Anspruchsniveau sinken lässt usw. Zum Schluss müsste jeder also entweder ungeheuer glücklich oder maßlos unglücklich sein, ein Zustand der Welt, den wir bekanntlich nicht beobachten. Es stellen sich daher die folgenden beiden Fragen: (1) Wie wird diese „Explosion" der Wirkungen verhindert? (2) Warum nehmen March/Simon eine negative Beziehung zwischen der Zufriedenheit und dem Anspruchsniveau an? Die erste Frage beantwortet sich relativ leicht. Durch die Einführung der Variablen „Lösungssuche" und „Belohnungserwartung" wird das Variablensystem wieder stabilisiert.

Die beiden Variablen sorgen für die notwendige negative Rückkopplung und damit für Stabilität. Unzufriedenheit regt die Problemlösungsaktivität an und diese fördert wiederum die Zufriedenheit. Steigende Unzufriedenheit führt zu einem Nachlassen der Problemlösungsbemühungen, was wiederum schlechtere Erfolgserwartungen auslöst und damit zu größerer Unzufriedenheit führt.

Die zweite Frage lässt sich nicht so leicht beantworten. Es lässt sich nur präzisieren, dass March/Simon eigentlich gar keine Aussage über eine direkte Kausalwirkung der Unzufriedenheit auf das Anspruchsniveau machen. Die von mir herausgestellte negative Beziehung ergibt sich lediglich durch den „intervenierenden" Prozess der durch die Unzufriedenheit stimulierte Lösungssuche. Dieser Zusammenhang ist wiederum durchaus plausibel. Es bleibt dennoch die Frage, ob es nicht sinnvoll ist, zusätzlich auch den direkten Einfluss der Zufriedenheit auf das Anspruchsniveau zu berücksichtigen.

Schließlich sei noch kurz auf einen dritten Punkt eingegangen. Zwar sind – wie deutlich geworden sein sollte – die Zusammenhänge des Modells etwas verzwickter als man auf den ersten Blick vermutet, insgesamt ist das Modell mit seinen vier Variablen aber ein sehr einfaches Modell und man fragt sich, ob es damit überhaupt in der Lage sein kann, das komplexe menschliche Motivationsgeschehen hinreichend abzubilden. Die Frage stellen heißt sie zu verneinen. Das March/Simon-Modell stellt nur *einen* Grundzusammenhang der menschlichen Motivation heraus. Es stellt hierbei insbesondere auf die aktivierende Komponente der Unzufriedenheit ab. Daneben gibt es viele weitere Vorgänge, die auf die Motivation einwirken. Man denke nur an die Denkprozesse, die notwendig sind, um die jeweils gegebene Handlungssituation einschätzen zu können. Aber das March/Simon-Modell schließt derartige Zusammenhänge ja nicht aus. Es ist im Gegenteil in hohem Maße „anschlussfähig", kann also zusätzliche Überlegungen gut integrieren. So ließen sich die angeführten Denkprozesse dadurch in das Modell einführen, dass man die Variable „Lösungssuche" weiter ausdifferenziert.

### 2.3 Das empirische Modell von Forgarty u.a.: Belastung, Beanspruchung und Zufriedenheit

Als Beispiel für die empirische Arbeitszufriedenheitsforschung soll kurz das Modell von Fogarty u.a. (1999) dargestellt werden. Es ist insoweit typisch für die einschlägige Forschung, als es die Arbeitszufriedenheit als makroskopische Größe begreift und außerdem nicht die Gefühls-, sondern die Urteilskomponente betont. Viele empirische Modelle sind weitgehend „theorielos". Sie begnügen sich mit der Darstellung empirischer Zusammenhänge, ohne auf Gesetzmäßigkeiten einzugehen, die diese Zusammenhänge begründen können. Diesbezüglich macht das Fogarty-Modell eine gewisse Ausnahme, weil ihm zumindest rudimentäre theoretische Überlegungen zugrunde liegen.

Das Fogarty-Modell ist nämlich ein Belastungs-Beanspruchungs-Modell. Unter Belastungen (die manchmal auch Stressfaktoren genannt werden) versteht man die Gesamtheit der Einflüsse, die innerhalb eines Arbeitssystems auf den Menschen einwirken. Bestimmte Umgebungsbedingungen (z.B. Lärm, Licht, Schmutz) gehören ebenso zu den Belastungen wie bestimmte Arbeitsinhalte (z.B.

anspruchsvolle Aufgaben) oder auch soziale und organisatorische Faktoren (z.B. ungerechtes Führungsverhalten, Zeitdruck). Von der Belastung zu unterscheiden ist die tatsächliche Beanspruchung (oder die Stresswirkung). Belastungen äußern sich unmittelbar auf der physiologischen Ebene (z.B. durch die Ausschüttung von Stresshormonen) aber auch in körperlich längerfristig wirkenden Folgeerscheinungen (z.B. Haltungsschäden) und in verhaltensbezogenen Reaktionen – zu denen auch die Arbeitszufriedenheit gerechnet wird. Die zentrale Aussage des Belastungs-Beanspruchungs-Konzepts besagt nun, dass die Beanspruchungswirkung von Belastungen sehr stark davon abhängt, welche persönlichen Arbeitsvoraussetzungen der von der Belastung betroffene Mitarbeiter jeweils mitbringt (vgl. z.B. Bokranz/Landau 1991). Im Modell von Fogarty u.a. wird nun eine derartige persönliche Voraussetzung herausgestellt: die Ausstattung mit psychischen Ressourcen, die eine Stressbewältigung unterstützen können.

Diese sogenannten „coping skills" umfassen schlichtweg Dinge wie die gegebenen Erholungsmöglichkeiten und das Vorhandensein sozialer Unterstützung, aber auch die Frage, welche mentalen Mittel eine Person besitzt, um mit Arbeitsbelastungen zurechtzukommen. Als Belastungsgrößen wurden in der Studie von Fogarty u.a. verschiedene Umwelteinflüsse und besondere Anforderungen der Arbeitsstelle (z.B. Arbeitsumfang, unklare und sich widersprechende Rollenerwartungen) erfasst. Um die Stresswirkungen zu ermitteln, wurden von den Arbeitnehmern Einstufungen zum physischen, psychischen und interpersonellen Stress erbeten.

Zur Messung der Arbeitszufriedenheit diente der „Job Satisfaction Inventory" (vgl. Brayfield/Rothe 1951). Dieses Instrument besteht aus 18 Aussagen zur subjektiven Einschätzung der Arbeitssituation. Beispiele für diese Aussagen sind: „Meine Arbeit ist für mich wie ein Hobby", „Ich kann meine Arbeit überhaupt nicht leiden" und „Ich bin enttäuscht, dass ich diese Arbeit überhaupt genommen habe".[3] Abbildung 3 zeigt die Ergebnisse der Studie. Die durchgezogenen Pfeile stehen für positive, die unterbrochenen Pfeile für negative Kausalwirkungen. Die gefundenen Zusammenhänge sind fast durchweg plausibel. Die Haupteinflussgröße auf die Arbeitszufriedenheit ist in diesem Modell die wahrgenommene Beanspruchung (also der empfundene Stress, Pfadkoeffizent p=-0,39). Die Belastung hat ebenfalls eine große Bedeutung. Sie wirkt so wie vermutet. Eine hohe Belastung führt zu einer hohen Beanspruchung (also zu einem hohen wahrgenommenen Stress, p=0,36) und vermindert damit indirekt – über die Beanspruchungswirkung – auch die Arbeitszufriedenheit. Unabhängig davon kommt der Belastung aber auch noch ein direkter Einfluss auf die Arbeitszufriedenheit zu (p=-0,27). Etwas erstaunlich ist die negative Wirkung, die von der Ressourcenausstattung auf die Arbeitszufriedenheit ausgeht. Allerdings bewegt sich die Stärke dieses Zusammenhangs (Pfadkoeffizient p=0,14) an der Relevanzgrenze und kann eigentlich vernachlässigt werden.

Der theoretischen Erwartung entspricht dagegen die negative Wirkung der Ressourcenausstattung auf den empfundenen Stress (p=-0,21). Ein Hauptziel der Studie von Fogarty u.a. bestand im Übrigen in der Untersuchung des Einflusses von Persönlichkeitsfaktoren auf die Wahrnehmung von Belastung, Beanspruchung und Zufriedenheit. Betrachtet wurden hierzu zwei „emotionsbezogene"

Persönlichkeitseigenschaften, die Negative und die Positive Affektivität. Personen mit einer hohen Positiven Affektivität sind leicht zu begeistern, sie zeichnen sich durch hohe Energie, Selbstbestimmung und konzentriertes Arbeiten aus. Alle diese Eigenschaften fehlen den Personen mit einer geringen Positiven Affektivität. Personen, die sich durch eine hohe Negative Affektivität auszeichnen, neigen dazu, die negativen Seiten des Lebens zu betonen, und sie sind auch erlebnismäßig eher auf der dunkleren Stimmungsseite angesiedelt.

Für Personen mit einer geringen Negativen Affektivität gilt tendenziell das Gegenteil. Zu beachten ist, dass die Negative Affektivität konzeptionell eine andere Qualität hat als die Positive Affektivität (vgl. Judge/Larsen 2001). Positive Affektivität ist nicht das Gegenstück der Negativen Affektivität. Sie bildet sich aufgrund anderer Erfahrungen und löst auch andere Verhaltensprozesse aus. Prinzipiell ist es also möglich, dass Personen, die eine hohe Negative Affektivität haben, gleichzeitig auch eine hohe Positive Affektivität besitzen. Die Studie bestätigt die vermutete Wirkung der beiden Persönlichkeitsfaktoren. Personen mit einer hohen Negativen Affektivität fühlen sich stärker unter Stress und sind tendenziell unzufriedener.

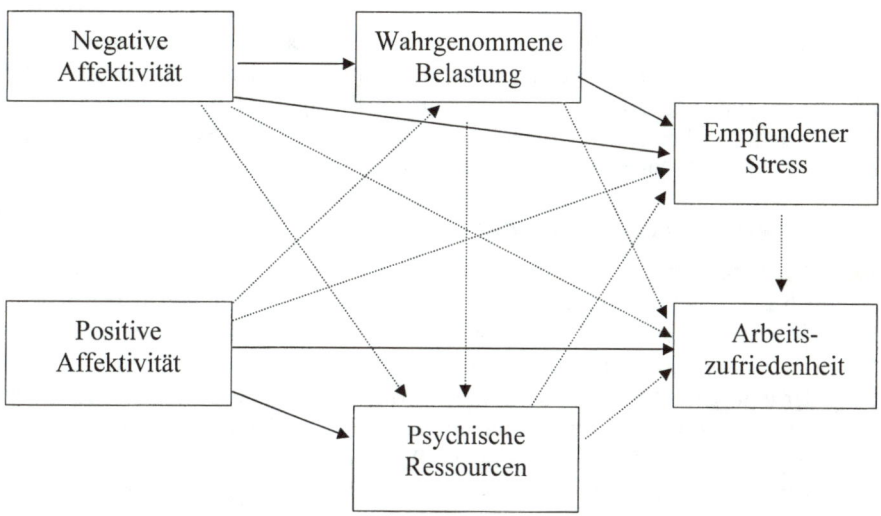

Abb. 3: Das Belastungs-Beanspruchungs-Modell von Forgaty u.a.

Für Personen mit Positiver Affektivität gilt das Umgekehrte (eine Metaanalyse von 27 Studien bestätigt diese Ergebnisse, vgl. Connolly/Viswes-Varan 2000). Bemerkenswert ist vor allem, dass auch die Wahrnehmung der objektiven Situation (also der Beanspruchung) von den beiden Persönlichkeitsfaktoren beeinflusst wird. Daraus kann nun aber nicht gefolgert werden, dass Belastung, Stress und Zufriedenheit letztlich alles nur eine Frage der subjektiven Dispositionen sei. Letztere sind lediglich *auch* von Belang, und sie sind in der Lage, die Wirkung der objektiven Verhältnisse in gewissen Grenzen zu modifizieren.

## 3  Empirische Effekte: Die Beurteilung der Arbeitssituation

Die Arbeitszufriedenheit behauptet in der Hitliste der Themen der empirischen Organisationsforschung seit Jahrzehnten unangefochten den ersten Platz. Entsprechend schwierig ist es, den Überblick zu behalten. Aber das Mengenproblem ist nicht das Hauptproblem. Schwierigkeit bereitet vor allem der Versuch, die in der Forschung gewonnenen Ergebnisse miteinander zu vergleichen und dies liegt daran, dass – wie oben beschrieben – die Vorstellungen über das angemessene Zufriedenheitskonzept sehr unterschiedlich sind und weil auch die Messung der Arbeitszufriedenheit alles andere als einheitlich ist. Dennoch wird immer wieder der Versuch unternommen, den Stand der Forschung zu dokumentieren (vgl. March/Simon 1958, Vroom 1964, Locke 1976, Briefs 1998). Außerdem wird versucht, in so genannten Meta-Analysen die Ergebnisse der vielen Einzelstudien zusammenzufassen. Interesse finden vor allem die Beziehungen zwischen Arbeitszufriedenheit, Leistung, Fluktuation und Absentismus, aber auch die Wirkungen von Arbeitsmerkmalen und Personenmerkmalen (vgl. Iaffaldona/Muchinsky 1985, Six/Eckes 1991, Mitra/Jenkins/Gupta 1992, Tett/Meyer 1993, Judge u.a. 2001). Naturgemäß finden sich in derartigen Studien keine sehr tiefgründigen Erörterungen über die theoretische Fundierung der gewonnenen Ergebnisse. Im Wesentlichen werden empirische Effekte betrachtet, wobei die Arbeitszufriedenheit einerseits als abhängige Variable und andererseits als unabhängige Variable fungiert. Ich will hierauf im Folgenden kurz eingehen. Zuvor will ich jedoch über einige Ergebnisse berichten, die eine Abschätzung darüber erlauben, wie viele Menschen mit ihrer Arbeit denn nun zufrieden sind.

### 3.1 Ausmaß der Arbeitszufriedenheit

Fast alle Arbeitnehmer sind zufrieden. Dieses Ergebnis ist gleichermaßen erstaunlich und einleuchtend. Nur jeder zehnte Arbeitnehmer äußert Unzufriedenheit mit seiner Arbeit. Und zwar konstant über die Jahre hin (so jedenfalls die Daten des Wohlfahrtsurvey, siehe Abbildung 4; zu einer etwas anderen Einschätzung der zeitlichen Entwicklung kommen Matiaske/Mellewigt 2001 anhand der Daten des Sozioökonomischen Panels). Soziographische Unterschiede gibt es diesbezüglich nicht: Männer und Frauen, Personen mit hohem und Personen mit geringem Einkommen, Personen mit Hauptschulabschluss ebenso wie Personen mit Hochschulabschluss, sie sind alle gleichermaßen zufrieden. Lediglich das Alter macht eine Ausnahme. Ältere Arbeitnehmer sind immer nochmals besonders zufrieden (vgl. Abbildung 4).

| Alter | 1980 | 1984 | 1988 | 1993 | 1998 |
|---|---|---|---|---|---|
| 18-34 Jahre | 87% | 86% | 90% | 87% | 86% |
| 35-59 Jahre | 90% | 93% | 94% | 90% | 89% |
| 60 und älter | 95% | 100% | 96% | 96% | 100% |
| Insgesamt | 89% | 90% | 92% | 89% | 88% |
| Zahl der Befragten | 1.019 | 913 | 839 | 862 | 802 |

Abb. 4: Anteil der Arbeitnehmer, die mit ihrer Arbeit zufrieden sind.
    Quelle: Schöb 2001, S. 6-55.[4]

Dass fast alle zufrieden sind ist irgendwie verständlich: Wer will schon gern unzufrieden sein und wer kann Unzufriedenheit längere Zeit ertragen? Also wird auch der Unzufriedene dafür Sorge tragen, wieder zu Zufriedenheit zu gelangen. Andererseits: Wenn alle zufrieden sind, wo ist dann das Problem? Man kann dieses positive Bild natürlich auch „hinterfragen". Erkundigt man sich in diesem Sinne nicht nach der Zufriedenheit, sondern z.B. nach den Veränderungswünschen, die die Arbeitnehmer haben, also danach, ob man sich mehr Selbstbestimmung, größere Abwechslung, angenehmere Kollegen usw. wünscht, dann sind die Prozentzahlen wesentlich höher als bezüglich der Unzufriedenheit. In der Studie von Gaugler u.a. wünschen sich beispielsweise 70% der befragten deutschen gewerblichen Arbeitnehmer eine Verbesserung der Kollegenbeziehungen. Direkt nach der Unzufriedenheit mit den Kollegen befragt, äußern sich demgegenüber lediglich 6% negativ (vgl. Gaugler u.a. 1985, S. 31, 61).

Nun kann man darauf hinweisen, dass es wenig Sinn macht, die positiven Antworten der Arbeitnehmer nicht ernst zu nehmen, und die „eigentliche" Arbeitszufriedenheit durch indirekte Fragen (also z.B. über den Veränderungswunsch) erschließen zu wollen. Wenn so viele Arbeitnehmer berichten, dass sie zufrieden sind, warum sollte man das nicht akzeptieren?[5] Wie immer man dies beurteilen will[6], das berichtete positive Bild über die große Arbeitszufriedenheit unter den Arbeitnehmern bekommt auch dann einige Kratzer, wenn man sich auf die einfachen Zufriedenheitsfragen beschränkt, aber etwas genauer hinschaut. In Abbildung 5 sind die Ergebnisse der angeführten Repräsentativstudie für die beiden Jahre 1993 und 1998 gegenübergestellt. Veränderungen um mehr als zehn Prozentpunkte sind mit einem Pfeil gekennzeichnet. In der ersten Doppelspalte sind die Werte für die Gesamtarbeitszufriedenheit ausgewiesen. Es stellt sich heraus, dass sich die Zufriedenheitslage für die Personen, die nur ein geringes Wohlfahrtsniveau ausweisen, durchaus verschlechtert hat.

| Wohlfahrts-niveau | Arbeitsplatz | | Verdienst | | Entlassung | | Aufstieg | | Ansehen | |
|---|---|---|---|---|---|---|---|---|---|---|
| | '93 | '98 | '93 | '98 | '93 | '98 | '93 | '98 | '93 | '98 |
| unteres Quintil | 90 → 76 | | 84 → 51 | | 71 → 60 | | 50 → 25 | | 82 → 64 | |
| 2. bis 4. Quintil | 87 | 86 | 78 → 67 | | 82 → 69 | | 59 | 52 | 82 | 78 |
| oberes Quintil | 92 | 94 | 88 → 74 | | 91 | 83 | 69 → 58 | | 89 | 81 |

Abb. 5: Anteil der Arbeitnehmer (in Prozent), die mit Merkmalen ihrer Arbeit zufrieden sind (Gegenüberstellung der Jahre 1993 und 1998). Quelle: Schöb, A. 2001, S. 6-55 ff.[7]

Dieser negative Trend zeigt sich in allen der im Weiteren aufgeführten Teilaspekte der Arbeitssituation. In besonderem Maße hat sich die Lohnzufriedenheit verschlechtert. Ebenfalls abgenommen hat die Zufriedenheit mit den Karrieremöglichkeiten, die sich schon 1993 auf einem sehr niedrigen Niveau befand. Nicht ganz so dramatisch ist der Anstieg der Unzufriedenheit in Bezug auf die Arbeitsplatzsicherheit (also bezüglich des Schutzes vor Entlassungen). Wie man aus diesen Zahlen ersehen kann, eignen sich Zufriedenheitsfragen also durchaus als Stimmungsbarometer. Und sie können auch disparate Entwicklungen abbilden, im Beispielfall also die sehr unterschiedliche Beurteilung der Arbeitssituation bei verschiedenen sozialen Gruppen.

## 3.2 Determinanten der Arbeitszufriedenheit

Arbeitszufriedenheitsforschung ist zu einem großen Teil „Effektforschung", d.h. sie untersucht, von welchen Faktoren die Arbeitszufriedenheit abhängen könnte. Als unabhängige Variable kommt das ganze Spektrum der in der Verhaltens- und Organisationsforschung behandelten Variablen zum Einsatz. Am häufigsten untersucht werden die Korrelationen zwischen der Arbeitszufriedenheit und soziographischen Merkmalen. Auf die Bedeutsamkeit des Alters wurde ja bereits oben eingegangen. Schwierigkeiten bereitet dabei vor allem die Erklärung, denn was könnte für die Wirkung soziographischer Größen verantwortlich sein? Bezüglich des aufgeführten Alterseffekts sind es möglicherweise die folgenden Ursachen:

- Generationeneffekte: Ältere Arbeitnehmer sind weniger anspruchsvoll, weil sie schon schlechtere Zeiten erlebt haben oder weil sie anders erzogen wurden und daher eine andere Arbeitshaltung mitbringen.
- Selektionseffekt: Ältere Arbeitnehmer haben einfach aufgrund der Dauer ihres Berufslebens größere Chancen gehabt, die „Nische" zu finden, in der sie sich wohl fühlen.
- Erwartungen: Die verbleibende Arbeitszeit bis zum Ruhestand lässt sich leicht überbrücken, weshalb negative Aspekte der Arbeit weniger bedrohlich wirken.

| Aufgabeninhalt | Anforderungsvielfalt, Aufgabenidentität, Aufgabenwichtigkeit, Autonomie, Feedback, Kontrollmöglichkeiten. |
|---|---|
| Arbeitsdruck | Physische und psychische Arbeitsbelastung, Zeitdruck. |
| Arbeitsumgebung | Schmutz, Lärm, Licht, Zugluft, Schicht- und Nachtarbeit. |
| Soziale Beziehungen | Status, Vorgesetztenverhalten, Kollegenbeziehungen, Rollenambiguität, Rollenkonflikte, Rollenüberlastung. |
| Merkmale der Beschäftigung | Lohnhöhe, Lohngerechtigkeit, Zusatzleistungen, Beschäftigungsgarantien, alternative Beschäftigungsmöglichkeiten. |
| Soziographische Merkmale | Alter, Schulbildung, Geschlecht, Beruf, Schichtzugehörigkeit, Einkommen, Nationalität. |
| Persönlichkeitsmerkmale | Leistungsmotivation, Selbstwirksamkeit, emotionale Stabilität, Zuverlässigkeit. |
| Gesellschaftliche Bedingungen | Zugehörigkeit zu unterschiedlichen Generationen (Alterskohorten), kulturelle Bedingungen, Wirtschaftslage. |

Abb. 6: Determinanten der Arbeitszufriedenheit

Bezüglich der soziographischen Daten ist vielleicht von größerem Interesse, warum sich bestimmte Effekte nicht einstellen, obwohl man sie erwarten würde. So sind z.B. Frauen – im Durchschnitt – nicht unzufriedener als Männer, obwohl sie – im Durchschnitt – mit schlechteren Arbeitsbedingungen als Männer zurechtkommen müssen. Breiten Raum nimmt in der Arbeitszufriedenheitsforschung die Untersuchung von Arbeitsplatzmerkmalen ein. Die hierbei erzielten Ergebnisse sind wenig überraschend. So stellt sich u.a. heraus, dass anspruchsvolle Tätigkeiten mehr Zufriedenheit hervorrufen als einfache Routinetätigkeiten. Negativ wirken dagegen übermäßige Belastungen und unfreundlich gestaltete Arbeitsplätze. Immer wieder bestätigt wird die Bedeutsamkeit der sozialen Beziehungen. In neuerer Zeit werden vermehrt Einflüsse untersucht, die von Persönlichkeitsvariablen ausgehen. Ein Beispiel hierfür haben wir mit der Position zur Negativen Affektivität im Abschnitt 2.3 kennen gelernt. Es gibt sogar Studien, die nach der erblichen Komponente in der Arbeitszufriedenheit forschen (vgl. Arvey u.a. 1989). Aber nicht nur Personenmerkmale, sondern auch gesellschafts-, wirtschafts- und kulturbezogene Merkmale wurden daraufhin untersucht, ob sie die Arbeitszufriedenheit beeinflussen. In Abbildung 6 sind einige der zahlreichen Faktoren zusammengestellt, die sich in der Arbeitszufriedenheitsforschung finden.

### 3.3 Wirkungen der Arbeitszufriedenheit

Besondere Beachtung findet immer wieder die Beziehung der Arbeitszufriedenheit zur Arbeitsleistung. Im Ergebnis zeigen sich meist nur geringe oder mittlere Korrelationen. Eigentlich kein erstaunliches Ergebnis, wenn man bedenkt, dass die meisten Studien die Zufriedenheit wie eine „Einstellung" messen, also als makroskopisches und urteilsbezogenes Konzept behandeln (s.o.). Denn es gibt kein überzeugendes Argument, warum die Beziehung zwischen der globalen Einschätzung der Arbeitssituation und konkreten Leistungsindikatoren allzu eng sein sollte. Arbeitszufriedenheit ist schließlich nur ein Element neben vielen anderen Einflussgrößen, die für den Arbeitserfolg verantwortlich sind. Anders sieht die Sache allerdings aus, wenn nicht die Urteils-, sondern die Emotionskomponente der Arbeitszufriedenheit betrachtet wird – jedenfalls dann, wenn es zum Aufgabeninhalt gehört, „gut drauf zu sein" (vgl. Brief 1998, S. 104), also z.B. bei allen Tätigkeiten, die mit Publikumskontakt zu tun haben. In Abbildung 7 sind die am häufigsten untersuchten „Wirkungen" der Arbeitszufriedenheit zusammengestellt (vgl. zu den Ergebnissen Spector 1997, Brief 1998, Harrison/Martocchio 1998). Dabei ist zu beachten, dass die Kausalitätsrichtung oft ungeklärt ist. So ist beispielsweise zu vermuten, dass eher die Leistung die Arbeitszufriedenheit fördert als umgekehrt. Die in Abbildung 7 aufgeführten Beziehungen sind allesamt zu einfach, als dass sie überzeugen könnten. Aus diesem Grund sucht die Forschung nach dritten Größen (nach sogenannten „Moderatorvariablen"), die in die Beziehung zwischen der Arbeitszufriedenheit und Verhaltensvariablen eingreifen. Als wichtige Variable gilt auch hier die Negative Affektivität. Diese bestimmt – so die Ergebnisse einer Studie von Necowitz/Roznowski (1994) – ob aus der Unzufriedenheit eher ein passives oder eher ein aktives Verhalten hervorgeht.

| | |
|---|---|
| Arbeitsleistung | Geringe bis mittlere Korrelationen (r≈0,25). Es spricht manches für eine umgekehrte Kausalrichtung, dass also nicht die Zufriedenheit zu hoher Leistung, sondern hohe Leistung zu Zufriedenheit führt. |
| Extrarollen-verhalten | Geringe bis mittlere Korrelationen (r≈0,25) mit prosozialem (Hilfe, Rücksicht usw.) und positivem Arbeitsverhalten, das nicht kontrolliert und erzwungen werden kann (z.B. Innovation, keine Zeitvergeudung). |
| Belastungs-erlebnis | Relativ hohe Korrelationen (r≈-0,30 bis r≈-0,50) mit dem Burnout-Syndrom, d.h. der emotionalen Erschöpfung, verbunden mit innerer Distanzierung von der Tätigkeit und Gefühlen des Kontrollverlustes. |
| Gesundheit | Keine einheitlichen Ergebnisse. Psychologische und physiologische Symptome dürften aber bei andauernder Arbeitsunzufriedenheit kaum ausbleiben. |
| Absentismus | Sehr geringe Korrelationen (r≈-0,12). Wichtiger als individuelle scheinen soziale Gründe, z.B. die Existenz einer Absentismuskultur. |
| Fluktuation | Eher geringe Korrelationen mit tatsächlichem, relativ hohe Korrelationen mit „vorbereitendem" Fluktuationsverhalten (mentale Beschäftigung mit Arbeitsplatzwechsel, Bewerbungsaktivitäten). |
| Lebens-zufriedenheit | Geringe bis mittlere Korrelationen. Plausibel ist eine wechselseitige Kausalität. |

Abb. 7: Auswirkungen der Arbeitszufriedenheit[8]

Unzufriedenheit wird bei Personen, die eine starke Negative Affektivität in sich tragen, im doppelten Sinne negativ verarbeitet. Diese entwickeln eine größere Aufmerksamkeit für die negativen Aspekte der Welt und sie empfinden diese intensiver. Außerdem verzichten sie dann auch noch auf aktive Gestaltungsbemühungen, die geeignet wären, ihrer Unzufriedenheit abzuhelfen. Ein anderes Beispiel für die Bedeutsamkeit moderierender Größen zeigt sich bei der Erklärung „schädigenden Verhaltens", also bei der Frage, warum Zufriedenheit manchmal dazu führt, dass Arbeitnehmer Sachbeschädigungen vornehmen, ihren Arbeitgeber bestehlen oder aggressives Verhalten an den Tag legen.

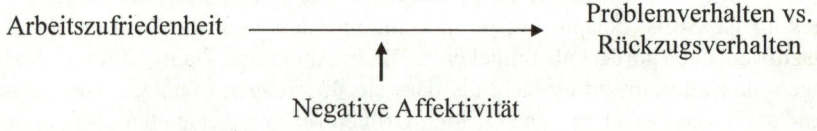

Abb. 8: Arbeitszufriedenheit und Negative Affektivität

Als wichtige Moderatorvariable entpuppt sich hierbei die Kontrollerwartung. Damit ist gemeint, ob der Arbeitnehmer glaubt, er könne das Geschehen am Arbeitsplatz maßgeblich mit beeinflussen oder nicht (vgl. Spector 1997, S. 67 f.). Wieder eine andere Moderatorvariable ist beim sogenannten Organizational Citizenship Behaviour („OCB") wirksam: die wahrgenommene Fairness. Wer den Eindruck gewinnt, dass sich der Arbeitgeber ihm gegenüber unfair verhält, wird – auch wenn er ansonsten ganz zufrieden ist – keine besonderen Anstrengungen unternehmen, sich für das Gesamtwohl des Unternehmens einzusetzen (vgl. Moorman 1993, Organ 1988).

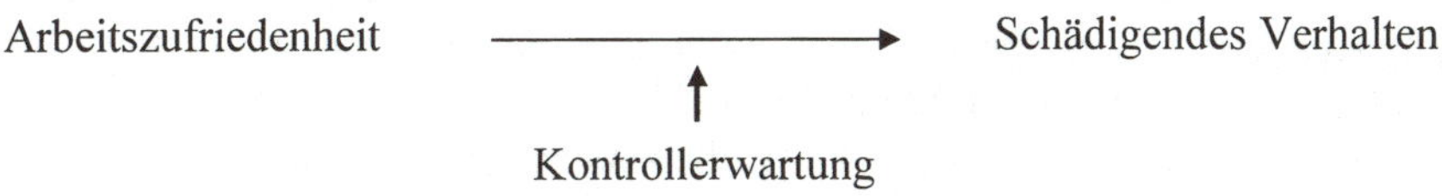

Arbeitszufriedenheit     ⟶     Schädigendes Verhalten

↑

Kontrollerwartung

Abb. 9: Arbeitszufriedenheit und Kontrollerwartung

Zu beachten ist bei all diesen Beispielen, dass sie lediglich über „Effekte" berichten. Sie bringen also nur „statistische" Verhaltens*tendenzen* zum Ausdruck. Welches konkrete Verhalten aus der Zufriedenheit oder Unzufriedenheit folgt, ist durch die Auflistung von verhaltensfördernden Faktoren allein nicht vorherzusagen. Um die Wirkungsweise der Arbeitszufriedenheit angemessen würdigen zu können, ist es vielmehr notwendig, ihren Stellenwert innerhalb einer umgreifenderen verhaltenstheoretischen Argumentation zu verstehen. Womit wir wieder bei der Frage nach der theoretischen Fundierung der Arbeitszufriedenheit angelangt wären (s.o.).

## 4 Abschließende Bemerkungen

Wer Gründe sucht, um mit der Arbeitszufriedenheitsforschung unzufrieden zu sein, wird sie finden. Viele Studien sind sehr oberflächlich, die empirische Methodik ist nicht immer befriedigend[9] und vor allem lässt die theoretische Fundierung oft sehr zu wünschen übrig. Aber man kann auch Gründe finden, um mit der Arbeitszufriedenheitsforschung zufrieden zu sein. Hoffnungsvoll stimmt vor allem die in neuerer Zeit zu beobachtende Hinwendung zu der Einsicht, dass Zufriedenheit auch und vor allem ein Gefühl ist. Damit erhält das unmittelbare Erleben am Arbeitsplatz die ihm gebührende Aufmerksamkeit. Besondere Beachtung verdient dabei die Frage, wie Menschen mit Unzufriedenheit umgehen, d.h. welche Verhaltensstrategien sie benutzen, um ihr emotionales Gleichgewicht zu finden. Eng damit verbunden ist die Frage danach, welche Prozesse für die Wahl einer Verhaltensstrategie verantwortlich sind (vgl. Gille u.a. 1979, Judge/Larsen 2001). Will man diese Frage beantworten, dann kommt man nicht umhin, sich mit den Mikroprozessen des Verhaltens zu beschäftigen. Dann aber gewinnt auch ein Problem an Brisanz, mit dem sich die Forschung bisher nur zögerlich beschäftigt hat, die Frage nämlich, wie die emotionalen (Mikro-) Ereignisse im konkreten Arbeitsgeschehen zu einer Gesamterfahrung gerinnen und in welcher Weise daraus (Makro-) Urteile über die Arbeitssituation entstehen. Anders ausgedrückt: Es gibt durchaus Verknüpfungen zwischen den eingangs erläuterten Zufriedenheitsaspekten (Gefühl versus Urteil, Makrobetrachtung versus Mikrobetrachtung). Diese bedürfen aber noch einer genaueren Erforschung.

# 5 Empfohlene Literatur

## Basisliteratur

Spector, P.E. 1997: Job Satisfaction, Thousand Oaks/London/New Delhi.
*Eingängige Darstellung wichtiger Grundfragen der Arbeitszufriedenheitsforschung. Darstellung empirischer Unterschiede in der Arbeitszufriedenheit im Hinblick auf soziographische und kulturelle Merkmale. Beschreibung ausgewählter Wirkungen der Arbeitszufriedenheit. Außerdem werden die in den USA gebräuchlichsten Messinstrumente zur Erfassung der Arbeitszufriedenheit vorgestellt.*
Neuberger, O. 1974: Theorien der Arbeitszufriedenheit, Stuttgart u.a.
*Auch wenn das Buch inzwischen schon ein etwas älteres Erscheinungsdatum hat, ist es immer noch ein Basiswerk, das man unbedingt studieren sollte.*

## Weiterführende Literatur

Brief, A.P. 1998: Attitudes In and Around Organizations, Thousand Oaks/London/New Delhi.
*Überblick über neuere Forschungsströmungen und -ergebnisse. Der Autor stellt insbesondere auf sozialpsychologische Theorieansätze ab und betont die Notwendigkeit, bei arbeitsbezogenen Einstellungen gleichzeitig die kognitive und emotionale Komponente zu berücksichtigen.*
Fischer, L. 1991 (Hrsg.): Arbeitszufriedenheit, Stuttgart.
*Diskussion vertiefender Fragen zur Messung der Arbeitszufriedenheit und zur Konzeptionalisierung von Zufriedenheitsstudien.*

## Übersichtsdarstellungen

Vroom, V.H. 1964: Work and Motivation, New York.
*Guter Überblick über die Zufriedenheits- und Motivationsforschung. Das Buch enthält eine vielbeachtete Standarddarstellung der Wert-Erwartungs-Theorie.*
Locke, E.A. 1976: The Nature and Causes of Job Satisfaction, in: Dunnette, M.D. (Hrsg.): Handbook of Industrial and Organizational Psychology, Chicago, S. 1297–1349.
*Klassischer Übersichtsartikel über die Forschung zur Arbeitszufriedenheit insbesondere in den 50er, 60er und 70er Jahren.*
Iaffaldona, M.T./Muchinsky, P.M. 1985: Job Satisfaction and Job Performance: A Meta-Analysis, in: Psychological Bulletin, 97, S. 251–273.
*Beispiel für eine aufwendige Metaanalyse zum Zusammenhang von Zufriedenheit und Leistung.*

## Exemplarische Forschungsarbeiten

Hoppock, R.L. 1935: Job Satisfaction, New York/London.
*Erste angelsächsische Monographie zum Thema Arbeitszufriedenheit. Neben einer Darstellung der damaligen Studien zu diesem Thema findet sich in diesem Buch auch bereits eine Skala zur Messung der Arbeitszufriedenheit.*

Roethlisberger, F.J./Dickson, D.J. 1949: Management and the Worker, Cambridge.
*Schilderung der Vorgehensweise und Ergebnisse der Hawthorne-Studien, die als Ausgangspunkt der Human Relations Bewegung gelten.*
von Ferber, C. 1959: Arbeitsfreude, Stuttgart.
*In dieser kultursoziologischen Arbeit werden sehr ausführlich u.a. die Pionierstudien von Levenstein 1912 und von deMan 1927 erörtert. Die Ausführungen von Ferbers machen deutlich, dass Arbeitszufriedenheit nicht pure Psychologie ist, sondern sehr stark von kulturellen und sozialen Kräften geprägt wird (vgl. zu diesem Punkt, der im vorliegenden Aufsatz leider zu kurz kommen musste z.B. auch Hofstätter 1986).*
Organ, D.W./Konovsky, M. 1989: Cognitive versus Affective Determinants of Organizational Citizenship Behavior, in: Journal of Applied Psychology, 74, S. 157–164.
George, J.M./Brief, A.P. 1990: Feeling Good – Doing Good, in: Psychological Bulletin, 112, S. 310–329.
*In diesen Studien wird die Affekt- bzw. Stimmungskomponente für das Arbeitsverhalten neu thematisiert.*

**Messinstrumente**

Cook, J.D. u.a. 1981: The Experience of Work, London/New York.
*Darstellung einer ganzen Reihe von Messinstrumenten zur Arbeitszufriedenheit und einer Vielzahl weiterer Konstrukte aus der Arbeitsforschung.*
Neuberger, O. 1974: Messung der Arbeitszufriedenheit, Stuttgart.
*Darstellung und kritische Würdigung der wichtigsten Messinstrumente zur Arbeitszufriedenheit.*
Neuberger, O./Allerbeck, M. 1978: Messung und Analyse von Arbeitszufriedenheit, Bern u.a.
*In diesem Buch werden die Ergebnisse der Untersuchungen mit dem Arbeitsbeschreibungsbogen (ABB) berichtet. Der ABB erfasst die Zufriedenheit mit den wichtigsten Teilaspekten der Arbeit (Lohn, Vorgesetztenverhalten usw.).*
Hackman, J.R./Oldham, G.R. 1980: Job Redesign, Reading u.a.
*Das Buch enthält eine Darstellung des Hackman/Oldham-Modells zum Einfluss intrinsischer Arbeitsinhalte auf die Arbeitszufriedenheit und Motivation sowie des diesen Studien zugrunde liegenden Messinstruments: des Job Diagnostic Survey (JDS).*
Smith, P.C./Kendall, L.M./Hulin, C.L. 1969: Measurement of Satisfaction in Work and in Retirement, Chicago.
*Viel verwendeter Fragebogen („Job Descripitive Index", JDI) zu fünf Teilaspekten der Arbeitszufriedenheit: Arbeitsinhalt, Bezahlung, Karriere, Führung, Kollegen. Der Erhebungsbogen wurde ergänzt zu Fragen nach der allgemeinen Arbeitszufriedenheit („Job in General Scale", JIG), vgl. Ironson u.a. 1989.*
Smith, P.C., 1992: In Pursuit of Happiness, in: Cranny, C.J./Smith, P.C./Stone, E.F. (Hrsg.): Job Satisfaction, New York u.a, S. 5-20.

# Anmerkungen

[1] Quelle: Rolle, E.: Berühmt aus Trotz, Süddeutsche Zeitung, 14. Dezember 2001, S. 3.

[2] Der Vollständigkeit halber seien auch die übrigen Formen der Arbeitszufriedenheit nach Bruggemann erwähnt. Neben den genannten drei Möglichkeiten gibt es noch zwei Fälle, in denen das Anspruchsniveau nicht verändert wird. Entweder man ist zufrieden und ändert deswegen auch sein Anspruchsniveau nicht („stabilisierte Zufriedenheit") oder man ist unzufrieden, bringt es aber nicht fertig, sein Anspruchsniveau zu verändern, man versucht aber auch nicht, die Unzufriedenheit zu beseitigen (ein unrealistischer Fall, Bruggemann nennt diesen Fall „stabilisierte Unzufriedenheit"). Schließlich nennt Bruggemann als sechste Möglichkeit, den Fall in dem ein Zufriedener sein Anspruchsniveau erhöht (progressive Arbeitszufriedenheit).

[3] Natürlich lassen sich mit einer derartigen Befragung keine absoluten, sondern nur relative Messwerte gewinnen. Eine allgemeinverbindlich normierte Messung der Arbeitszufriedenheit gibt es nicht. Im vorliegenden Fall können die Urteile zu jedem Item einen Wert zwischen 1 und 5 annehmen. Die Itemwerte werden summiert. Im besten Fall ergibt sich damit ein Messwert von $18 \times 5 = 90$, im schlechtesten ein Messwert von $18 \times 1 = 18$.

[4] Die Ergebnisse wurden mit Hilfe der folgenden Frage ermittelt: „Einmal alles zusammen betrachtet: Sind Sie mit ihrem gegenwärtigen Arbeitsplatz im Großen und Ganzen zufrieden oder nicht zufrieden?" Als Antwortvorgabe diente eine Liste mit Werten von 0 bis 10. Der Wert „0" bedeutet „ganz und gar unzufrieden", der Wert „10" bedeutet „ganz und gar zufrieden". In der Abbildung ist der Anteil der Personen angeführt, die mindestens den Wert 6 angegeben haben.

[5] Unbeschadet dessen ist natürlich auch zu fragen, was denn mit einer pauschalen Zufriedenheitsfrage tatsächlich gemessen wird und ob nicht bestimmte Einflüsse (soziale Erwünschtheit, Hemmungen, Unzufriedenheit zuzugeben, weil man sich für seine eigene Lebenslage verantwortlich fühlt usw.) eine unvoreingenommene Antwort behindern können.

[6] Es gibt auch fundamentalkritische Einwände gegen die Zufriedenheitsforschung, auf die hier aber nicht eingegangen werden soll.

[7] Das Wohlfahrtsniveau bestimmt sich nach dem Nettoeinkommen eines Haushalts, wobei die Zahl der Haushaltsmitglieder je nach sozialer Position gewichtet werden. Quintile gruppieren die Befragten in fünf gleich umfangreiche Klassen, die nach der Höhe des Wohlfahrtsniveaus gruppiert werden.

[8] Zusammengestellt nach Spector 1997, Briefs 1998, Judge u.a. 2001.

[9] Es dominieren z.B. immer noch Studien, die die abhängige und die unabhängige Variable nicht unabhängig voneinander messen. So fragt man beispielsweise bei ein und derselben Person nach deren Arbeitszufriedenheit und auch nach dem Vorgesetztenverhalten. Dass unter diesen Umständen die „gemessenen" Werte miteinander korrelieren, sollte eigentlich niemanden erstaunen.

# Motivationale Orientierungen

*Simone Thomas*

## 1 Einleitung

Unter dem Begriff der motivationalen Orientierungen sollen im Folgenden die Verhaltensdispositionen wie z.b. Werte, Normen, Interessen, Einstellungen und Bedürfnisse verstanden werden, die das Handeln des Menschen maßgeblich beeinflussen. Was gibt dem Handelnden seine Orientierung? Parsons differenziert etwas genauer und unterscheidet zwischen einer motivationalen Orientierung, die sich auf die Befriedigung der Bedürfnisse des Handelnden bezieht und einer Wertorientierung, die einen Handelnden dazu veranlassen, Normen und Richtlinien einzuhalten (vgl. Parsons/Shils 1951). Das Handeln eines Individuums richtet sich demzufolge nach den Richtlinien und Regeln aus, die von außen vorgegeben werden, aber auch nach den persönlichen Bedürfnissen, Einstellungen und Interessen des Handelnden. Zwischen diesen Begriffen gibt es Interdependenzen, die häufig dazu führen, dass einige dieser Konstrukte synonym verwendet werden. Z.B. wird das Interesse, einem Boxkampf zuzusehen, häufig mit einer positiven Einstellung gegenüber dieser Sportart gleichgesetzt. Im Folgenden soll jedoch eine Differenzierung versucht werden. Als Differenzierungskriterien können das soziale und das personale System herangezogen werden (siehe Abbildung 1). Für die Zwecke dieser Arbeit sollen beide Systeme in jeweils 3 Bereiche unterteilt werden. Das soziale System beinhaltet Werte, Normen und Belohnungen sowie Bestrafungen, die auf das personale System mit seinen Bedürfnissen, Interessen und Einstellungen treffen. Um die beiden Systeme zu steuern bzw. abzustimmen, müssen die Bereiche innerhalb der Systeme harmonisiert werden (vgl. Hondrich 1978).

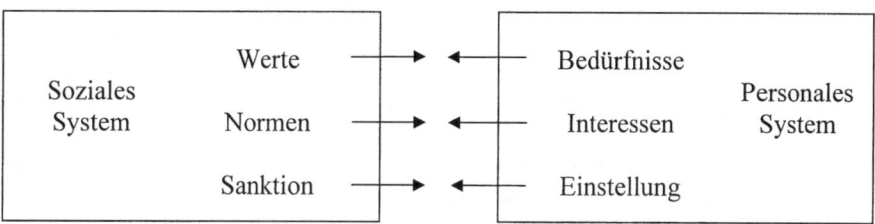

Abb. 1: Ausgewählte Einflussgrößen des sozialen und personalen Systems
(nach Hondrich 1978)

Aus dieser Darstellung ergibt sich eine Vielzahl von Fragestellungen. Können sich z. B. Werte und Einstellungen widersprechen? Was passiert, wenn Normen und Interessen gegeneinander laufen? Gibt es nur ein soziales System oder muss nicht eigentlich von mehreren sozialen Systemen, wie z.B. Familie, Beruf, Freundeskreis, ausgegangen werden, die wiederum unterschiedliche Werte, Normen und Belohnungen/Bestrafungen aussenden, die mit dem personalen System harmonisiert werden müssen? Diese Vielzahl von Fragestellungen kann im vorliegenden Beitrag nicht behandelt werden. Im Folgenden soll nach einer kurzen Begriffsdefinition auf die beiden Konstrukte Werte und Einstellungen näher eingegangen werden und insbesondere sollen deren Auswirkungen auf das Verhalten von Individuen untersucht werden. Es gibt eine Vielzahl von Definitionen des Begriffs Wert, die u.a. auch danach unterschieden werden können, ob es sich um eine ökonomische, eine philosophische, eine soziologische oder eine psychologische Sichtweise handelt.

Eine häufig zitierte Definition des Kulturanthropologen C. Kluckhohn, die auch einen gemeinsamen Bezugspunkt für die meisten Definitionsversuche in der Soziologie darstellt (Kmieciak 1976), lautet: „A value is a conception, explicit or implicit, dinstinctive of an individual or characteristic of a group, of the desirable which influences the selection from available modes, means, and ends of action" (Kluckhohn 1951). Scholl-Schaaf (1975) kritisiert diese Begriffsdefinition aufgrund der hierin enthaltenen Zirkularität und schlägt ihrerseits Begriffsdefinitionen vor, die zwischen einer soziokulturellen und einer Personenebene unterscheiden. Werte definiert sie als „Präferenzmodelle, die zwischen primär emotional bestimmten Subjekten und von diesen selegierten Weltausschnitten gelten und zwar allgemein" (Scholl-Schaaf 1975). Ein Beispiel hierfür ist z.B. der Wert Sicherheit. Auf der individuellen Ebene definiert sie Werte als Werthaltungen, bei denen es sich um internalisierte Werte handelt, die im Rahmen eines Sozialisationsprozesses erworben werden. Bezogen auf den Wert „Sicherheit" könnte dies z.B. die soziale Anerkennung sein. Werthaltungen wirken ihrerseits wiederum auf die gesellschaftlichen Werte, wodurch die Dynamik dieses Ansatzes deutlich wird (Scholl-Schaaf 1975).

Eine genauere Auseinandersetzung mit der Definition der Einstellung erfolgt im Laufe der weiteren Ausführungen. Hier soll zunächst die Einstellung verstanden werden als „eine mit Emotionen angereicherte Vorstellung, die eine Klasse von Handlungen für eine bestimmte Klasse sozialer Situationen besonders prädisponiert" (vgl. Triandis 1975). Nach dieser Definition enthält eine Einstellung eine kognitive, affektive und eine Verhaltenskomponente (s.u.). Abzugrenzen von den Begriffen Wert und Einstellungen sind Normen, Interessen und Bedürfnisse. Im Gegensatz zu Werten beziehen sich Normen auf erwünschte Verhaltensweisen in spezifischen Situationen. Normen werden durch eine äußere soziale Kontrolle geschützt, wohingegen Werte und Einstellungen durch eine innere soziale Kontrolle wirksam werden (vgl. Rokeach 1973). Bei der Einführung eines Vergütungssystems ist z.B. darauf zu achten, dass dieses keine geschlechtsspezifische Benachteiligung beinhaltet und somit nicht gegen Art. 3 GG verstößt (Norm). Auf der anderen Seite werden Mitarbeiter, für die der Wert Gleichheit eine hohe Bedeutung hat, gegenüber Vergütungssystemen, die tendenziell eine Benachteiligung einer spezifischen Mitarbeitergruppe (z.B. Arbeiter gegenüber Angestellten) beinhalten, eine eher ablehnende Haltung einnehmen. Das Interesse enthält eine motivierende Grundfunktion, das dem Verhalten Richtung, Konsistenz und Selektivität geben kann. Das Interesse beinhaltet jedoch nur eine affektive Komponente, die nicht direkt mit einer Handlung in Beziehung steht (vgl. Graumann 1965). Dem Interesse fehlt die Allgemeingültigkeit und relative Stabilität eines Wertes. Das Interesse eines Mitarbeiters an den Aktivitäten der Sportgemeinschaft eines Unternehmens führt z.B. nicht direkt zu einer Teilnahme und kann sich im Laufe der Unternehmenszugehörigkeit auch mehrfach ändern. Unter Bedürfnissen können alle Gegenstände bzw. Zustände verstanden werden, die für den Einzelnen erstrebenswert sind. Dem Bedürfnis fehlt das kognitive Element, das bei dem Wert und bei der Einstellung vorhanden ist (vgl. Reichardt 1978). Eine Unterscheidung dieser Konstrukte kann der Abbildung 2 entnommen werden. Werte unterscheiden sich z.B. von Einstellungen, Bedürfnissen und Interessen insbesondere durch ihre hohe Stabilität, aber auch dadurch, dass kulturelle Einflüsse an die Stelle von individuellen Erfahrungen treten.

| Konstrukte | Erwerb | Stabilität | Komponenten des Individualsystems |
|---|---|---|---|
| Werte | Kulturelle Einflüsse | Hoch | Affekt, Kognition, Verhalten |
| Einstellungen | Individuelle Erfahrungen | Abhängig vom Erwerb und der Zentralität der Einstellung | Affekt, Kognition, Verhalten |
| Normen | Äußere Vorgaben | Abhängig vom Grad der Internalisierung und der äußeren Sanktionen | Kognition, Verhalten |
| Bedürfnisse | Angeboren und individuelle Erfahrungen | Grundsätzlich stabil aber Prioritätsunterschiede | Affekt, Verhalten |
| Interessen | Individuelle Erfahrungen | Gering | Affekt |

Abb. 2: Vergleich einzelner Verhaltensdeterminanten

## 2 Einstellungen

In der Frankfurter Allgemeinen Zeitung vom 18.12.2001 wird der Stimmungswandel gegenüber dem Euro, der sich mit der Ausgabe der ersten Euro-Münzen vollzogen hat, beschrieben. War die Bevölkerung lange Zeit skeptisch, so habe sich die Stimmung mit der Ausgabe der ersten Münzpakete verbessert. Die Startpäckchen werden von den Deutschen euphorisch angenommen, so zitiert die FAZ die Einschätzung von Bundesbankpräsident Ernst Weltecke. Was hat zu diesem Stimmungswandel geführt? Einen Ansatzpunkt für eine Analyse bietet die Einstellungsforschung. Sie versucht u.a. zu erläutern, wie sich Einstellungen bilden, unter welchen Bedingungen sie stabil bleiben und wann und warum sie sich ändern. Im Folgenden sollen daher diese Fragestellungen dargestellt und an ausgewählten empirischen Untersuchungen und Beispielen aus der Arbeitswelt erläutert werden.

Interessant ist an dem beschriebenen Beispiel auch das Verhältnis zwischen Einstellungen und Verhalten. Warum haben die Menschen, die dem Euro skeptisch gegenüberstanden, die ersten Münzpakete überhaupt so frühzeitig erworben, obwohl keine Notwendigkeit zu einem Umtausch zu diesem Zeitpunkt bestand? Wäre es – angesichts der damals bestehenden Vorbehalte gegen den Euro – nicht verständlicher gewesen, solange zu warten, bis ein Umtausch zwingend notwendig geworden wäre? Diese Annahme würde jedoch voraussetzen, dass Einstellungen Verhalten in hohem Ausmaß determinieren. Eine Vielzahl von empirischen Untersuchungen konnte diesen Zusammenhang jedoch nicht eindeutig belegen (vgl. Eagly/Chaiken 1993). Einstellungen beeinflussen zwar Verhalten, sie sind jedoch nur eine von mehreren Variablen, die das Verhalten determinieren. Um eine Ordnung in die verschiedenen Fragestellungen zu bringen, ist folgendes Schemata hilfreich (siehe Abbildung 3). Einstellungen sollen zum einen als abhängige Variable und zum anderen als unabhängige Variable erläutert und diskutiert werden.

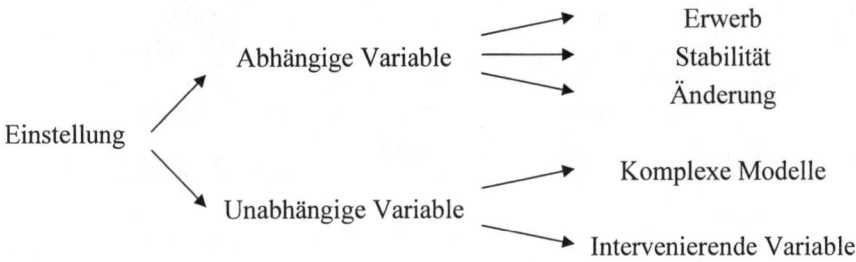

Abb. 3: Die Bedeutung von Einstellungen

Bevor auf die einzelnen Themengebiete eingegangen wird, soll jedoch vorab eine weitergehende Begriffsdefinition der Einstellung vorgenommen werden.

## 2.1 Definition und Funktionen von Einstellungen

Jahrzehntelange Forschungsarbeiten zum Thema Einstellungen haben eine Vielzahl unterschiedlicher Definitionen von Einstellungen hervorgebracht, die je nach Stand der Forschungsarbeiten und abhängig von der individuellen Forscherperspektive unterschiedlich ausfallen. Als kleinster gemeinsamer Nenner werden unter Einstellungen Verhaltensdispositionen verstanden (vgl. Martin 1994). Es besteht jedoch Uneinigkeit darüber, ob Einstellungen als eindimensionales oder mehrdimensionales Konzept aufgefasst werden sollen. Ein Beispiel für den Ein-Komponenten-Ansatz liefert Thurstone, der Einstellungen als Affekt für oder gegen ein psychologisches Objekt definiert (vgl. Thurstone 1931). Ein Zwei-Komponenten-Ansatz zur Definition von Einstellungen, der die beiden Komponenten Affekt und Kognition beinhaltet, wird von Bagozzi und Burnkrant (1985) vertreten.
Der Drei-Komponenten-Ansatz legt eine affektive, kognitive und verhaltensbezogene Komponente (vgl. z.B. Rosenberg/Hovland 1960) zugrunde. Die kognitive Komponente besteht danach aus Meinungen über das Einstellungsobjekt, die affektive aus Bewertungen des Objekts und die verhaltensbezogene Komponente umfasst Handlungsintentionen genauso wie Handlungen. Obwohl diese drei Komponenten sehr eng zusammenhängen, können sie jedoch in einigen Situationen auch zu einer Inkonsistenz führen, also z.B. zu einem Widerspruch zwischen der affektiven und der verhaltensbezogenen Einstellungskomponente. Beispiels-

weise wird eine Person, die durch den Verlust ihrer Kreditkarte einen hohen finanziellen Schaden erlitten hat, wieder eine Karte beschaffen (aufgrund der Notwendigkeit zur Abwicklung von Zahlungen), auch wenn sie ein ungutes Gefühl hierbei hat.

| Messbare unabhängige Variable | Begriff | Komponenten | Messbare abhängige Variable |
|---|---|---|---|
| Reize (Personen, soziale Gruppen, Situationen, Handlungen etc.) | Einstellung | Affekt ⟶ <br> Kognition ⟶ <br> Verhalten ⟶ | Verbale Bewertungen <br> Verbale Meinungen <br> Verhaltens-Auskünfte |

Abb. 4: Drei-Komponenten Modell der Einstellung (Rosenberg/Hovland, 1960)

Obwohl die Einstellung nur eine von vielen Variablen ist, die das Verhalten beeinflussen, ist die Einstellung dennoch eine nicht zu vernachlässigende Größe, die das menschliche Verhalten maßgeblich mitbestimmt. In Organisationen sind insbesondere arbeitsbezogene Einstellungen relevant. Hierunter werden generell Einstellungen eines Mitarbeiters zu seinem gesamten Arbeitsumfeld verstanden. Arbeitszufriedenheit, Job Involvement und Organizational Commitment stellen arbeitsbezogene Einstellungen dar, die im Hinblick auf ihre Auswirkungen u.a. auf Absentismus, Fluktuationsneigung und Arbeitsleistung für Unternehmen häufig untersucht wurden.

Unter Job Involvement wird die psychologische Identifikation eines Mitarbeiters mit dem Inhalt seiner Arbeit verstanden. Basis für die Identifikation ist die Übereinstimmung der Ziele des Mitarbeiters mit den Zielen des Unternehmens. Geringes Job Involvement wäre z.B. dann gegeben, wenn sich ein Mitarbeiter der Controlling-Abteilung primär als Kontrolleur oder Überwacher verstehen würde, die Beratungsfunktion, die zur Controllingfunktion notwendigerweise dazu gehört, dagegen vernachlässigte. Organisationales Commitment ist etwas weiter gefasst als Job Involvement und beinhaltet die relative Stärke der Identifikation eines Individuums mit einer Organisation und deren Zielen und Werten sowie das sich hieraus ergebende Engagement des einzelnen Mitarbeiters.

In verschiedenen Studien wurde eine enge Beziehung zwischen einem hohen organisationalen Commitment und niedrigen Fehlzeiten sowie einer geringen Fluktuationsneigung gefunden (Weinert 1998). Das Konzept der Arbeitszufriedenheit beinhaltet nicht nur die Zufriedenheit eines Mitarbeiters mit dem Arbeitsinhalt, sondern darüber hinaus die Zufriedenheit mit verschiedenen Aspekten der Arbeit. Die Arbeitszufriedenheit kann aus der Sicht der Einstellungsforschung definiert werden als eine Einstellung zur Arbeit und zur Arbeitssituation (siehe hierzu das Kapitel zur Arbeitszufriedenheit in diesem Band). Auswirkungen von Arbeitszufriedenheit auf das Verhalten von Individuen wurden zahlreich untersucht, jedoch mit sehr uneinheitlichen Ergebnissen. Ein direkter Zusammenhang zwischen Arbeitszufriedenheit und anderen Verhaltensweisen kann nicht eindeutig definiert werden. So ist z.B. für die Neigung zur Kündigung das organisationale Commitment aufgrund der globaleren und stabileren Reaktion eines Individuums gegenüber einer Organisation ein häufig besserer Indikator als die Arbeitszufriedenheit (Weinert 1998). Warum haben Menschen überhaupt Einstellungen? In Anlehnung an Katz (1967) sind hierfür vier verschiedene Funktionen der Einstellung für das psychologische Gleichgewicht verantwortlich:

*Anpassungsfunktion:* Menschen versuchen, sich an bestimmte Situationen oder Personen mit dem Ziel anzupassen, Belohnungen zu erhalten oder Bestrafungen zu entgehen. Ein Mitarbeiter wird z. B. dann eine positive Einstellung zu einer Gewerkschaft haben, wenn er sich von dieser eine Unterstützung bei evtl. Auseinandersetzungen mit dem Arbeitgeber verspricht.

*Wert-Ausdrucksfunktion:* Einstellungen dienen dazu, die zentralen Wertvorstellungen eines Menschen zu bestätigen bzw. zu bekräftigen. Ein Mitarbeiter, der dem Wert Sicherheit einen hohen Stellenwert beimisst, wird z.B. eine positivere Einstellung zu einem Vergütungssystem haben, das ein fixes Gehalt verspricht, als zu einem variablen und risikoreicheren Entgeltsystem.

*Komplexitätsreduktion:* Durch die Steuerung der Informationsverarbeitung und die Entwicklung von Wahrnehmungs- und Erklärungshypothesen versuchen Menschen, ihre Umwelt zu strukturieren und zu simplifizieren. Welche Haltung soll ein Mitarbeiter beispielsweise zur Einführung eines Leistungsbeurteilungssystems einnehmen? Ein derartiges Instrument kann unter sehr verschiedenen Gesichtspunkten beurteilt werden, die sich oft sehr schwer miteinander vergleichen lassen. Eine hilfreiche Strategie, um zu einer sicheren Meinung zu gelangen ist es, sich an anderen Personen zu orientieren. Daher kann man davon ausgehen, dass ein Mitarbeiter, der seinem Vorgesetzten einen hohen Sachverstand und ein hohes Ausmaß an sozialen Kompetenzen beimisst, eine eher positive Einstellung gegenüber der Einführung eines Leistungsbeurteilungssystems haben wird.

*Identitätswahrung:* Bewertungsmaßstäbe werden von Menschen zum Schutz vor negativen Gefühlen gegenüber sich selbst oder der eigenen Gruppe aufgebaut. Sind Minderheiten in einem Unternehmen durch festgelegte Quotenregelungen vertreten, so wird ein Mitarbeiter, dessen Arbeitsplatz von Rationalisierungserwägungen bedroht ist und der aufgrund seines geringen Qualifikationsniveaus nicht auf einer anderen Stelle im Unternehmen beschäftigt werden kann, eine eher negative Einstellung gegenüber dieser Gruppe haben als höherqualifizierte und hierdurch auch flexiblere Kollegen.

Aus der Definition der Einstellung und der Erläuterung der Funktionen wird jedoch noch nicht deutlich, welchen direkten Einfluss Einstellungen auf das Verhalten haben und ob und wie sich Einstellungen bilden und verändern. Im Folgenden soll daher auf diese beiden Fragen näher eingegangen werden.

## 2.2 Einstellungen als abhängige Variable

Mit Bezug auf unser Ausgangsbeispiel möchte ich zunächst analysieren, warum die Deutschen eine solche Skepsis gegenüber dem Euro entwickelt haben. Analog hierzu wird ein Beispiel einer arbeitsbezogenen Einstellung behandelt, um dann in einem zweiten Schritt über die Wahrscheinlichkeit der Beibehaltung einer solchen Einstellung zu sprechen. Letztendlich ist ein Erklärungsansatz für die Verhaltensänderung zu finden.

### 2.2.1 Erwerb und Veränderung von Einstellungen

Der Erwerb von Einstellungen findet im Rahmen des Sozialisierungsprozesses statt. Einstellungen werden, so erläutert dies ein Großteil der Forschungsarbeiten, durch die direkten Erfahrungen mit dem Einstellungsobjekt erworben (vgl. Bohner 2001). Mit Bezug auf eine klassische Definition von Einstellungen als erlernte Disposition (Allport 1935) sind insbesondere lerntheoretische Modelle zur Erläuterung dieses Prozesses diskutiert worden.

Eine viel zitierte Studie zur klassischen Konditionierung ist die von Staats und Staats (1958). Die beiden Autoren zeigten, dass durch die Verknüpfung von positiven oder negativen Aussagen mit einem Einstellungsobjekt Einstellungen der Versuchspersonen zu dem Einstellungsobjekt beeinflusst werden konnten. In ihrem Experiment verknüpften sie Nationalitätsbezeichnungen mit einem Wort, das entweder einen positiven oder einen negativen Affekt bei der Versuchsgruppe auslöste, mit dem Ergebnis, dass Nationalitäten, die mit einem positiven Affekt verbunden waren, auch von der Gruppe später positiver bewertet wurden. Chaiken (1979) untersuchte eine für die Arbeitswelt interessante Beziehung zwischen der physischen Attraktivität von Personen und ihrem sozialen Einfluss auf Individuen. Als Ergebnis dieser Studie konnte er zeigen, dass physisch attraktive Personen bei ihren Zuhörern eine positivere Einstellung zu den vermittelten Inhalten erwirkten als unattraktivere Personen.

Neben dem klassischen Konditionieren konnte die Vermittlung von Einstellungen auch durch operantes Konditionieren nachgewiesen werden. Dies bedeutet, dass durch die Verstärkung oder die Bestrafung z.B. von Verhaltensweisen ein Lernprozess in Gang gesetzt wird, der eine positive oder negative Einstellung zu einem Einstellungsobjekt hervorrufen kann (Insko 1965). Aber auch einfache Heuristiken spielen beim Erwerb von Einstellungen eine wichtige Rolle. Sie werden insbesondere dann von Menschen genutzt, wenn diese nicht die Fähigkeit oder die Motivation einer vertiefenden Informationsverarbeitung haben. Einfache Regeln, wie z.B. „Experten haben immer Recht" oder „ich glaube Menschen, die ich sympathisch finde" ersetzen dann eine vertiefte Auseinandersetzung mit einem Einstellungsobjekt (vgl. Eagly and Chaiken 1993).

### 2.2.2 Stabilität von Einstellungen

Die Beziehungen zwischen Einstellungen und Verhalten sind nicht immer stabil. Verschiedene Studien erklären dies mit den unterschiedlichen Persönlichkeitsmerkmalen von Individuen. So stellten z.B. Snyder und Swann (1976) fest, dass Personen mit einem geringen Grad an Selbstüberwachung (Menschen, die ihre Wertvorstellung unabhängig von der Situation zum Ausdruck bringen) eine konsistentere Beziehung zwischen Einstellungen und Verhalten aufweisen, als Personen mit einem hohen Ausmaß an Selbstüberwachung (Menschen, die sich sozial erwünscht und der Situation angemessen verhalten). Snyder (1979) erläutert diesen Effekt mit der wahrgenommenen Relevanz von Einstellungen. Je höher Individuen die Relevanz von Einstellungen für das eigene Verhalten beurteilen, desto größer ist auch die Konsistenz zwischen Einstellungen und Verhalten. Bezogen auf den Aspekt der Selbstüberwachung bedeutet dies, dass Personen mit hoher Selbstüberwachung im Gegensatz zu Personen mit einer geringen Selbstüberwachung ihre Einstellungen als weniger relevant für ihr Verhalten ansehen und daher auch eine geringere Einstellungs-Verhaltens-Konsistenz aufweisen. Eine sehr spannende Frage betrifft im Folgenden die Veränderung von Einstellungen, wie sie z.b. in unserem Ausgangsbeispiel zu sehen war.

### 2.2.3 Veränderung von Einstellungen

Im Laufe der Einstellungsforschung gab es eine Vielzahl von empirischen Studien, die sich darauf richteten, die wesentlichen Einflussfaktoren zu identifizieren, die für die Veränderung von Einstellungen verantwortlich gemacht werden können (vgl. Eagly/Chaiken 1993). Leider erbrachte die Forschung viele widersprüchliche Ergebnisse, die – nach Sherif – eher Konfusion als einen erfolgreichen Erklärungsansatz hervorgebracht haben (vgl. Sherif 1977). Einen vielversprechenden Ansatz, um Licht in diesen komplexen Forschungszweig zu bringen, liefern Zwei-Prozessmodelle. Kernidee dieser kognitiven Modelle ist die Annahme, dass Einstellungsänderungsprozesse sich vor allem darin unterscheiden, welche Informationsverarbeitungskapazität sie beanspruchen (vgl. Petty/ Wegener 1998).

Die Zwei-Prozessmodelle gehen von der Annahme aus, dass die Informationsverarbeitung von Individuen eine Funktion der Motivation und der Fähigkeit ist. Sind die Motivationen und/oder die Fähigkeiten stark ausgeprägt, dann werden Informationen über das Einstellungsobjekt anhand der vorhandenen Kenntnisse bewertet und kommuniziert. Der Prozess läuft auf einem „zentralen" Weg ab. Sinkt dagegen die Motivation bzw. die Fähigkeit, dann determiniert der „periphere" Weg die Informationsverarbeitung. Auf dem zentralen Weg werden Informationen sorgfältig analysiert und bewirken je nach Bewertung eine dauerhafte und änderungsresistente positive oder negative Einstellungsveränderung.

Werden Informationen auf dem peripheren Weg aufgenommen, d.h. z.B. durch Urteilsheuristiken, („Aussagen von Experten kann man glauben") oder Konditionierungen (s.o.), dann ist die Einstellungsänderung nur vorübergehend. Ob Informationen zentral oder peripher aufgenommen werden, ist – wie gesagt – von der Motivation und der Fähigkeit Informationen zu verarbeiten abhängig. Petty und Cacioppo unterscheiden daran anknüpfend drei Variable zur Beeinflussung von Einstellungsänderungen:

1. Variable, die als Argumente dienen, die den Betroffenen überzeugen oder überreden sollen.
2. Variable, die einen peripheren Hinweisreiz darstellen. Ein Beispiel hierfür ist z.B. der Sachverstand, der bei einer Person vermutet wird. Je größer die Expertise einer Person ist, desto größer ist auch die Zustimmung zu dessen Ausführungen.
3. Variable, die die Motivation oder Fähigkeit zur Elaboration von Informationen beeinflussen.

42

Auf den Punkt 3 sei beispielhaft eingegangen. Eine wichtige Variable, die die Motivation beeinflusst, ist die persönliche Betroffenheit. Ist diese ausgeprägt, so sagt das Modell voraus, dass die Motivation, die Informationen genau zu prüfen, d.h. die zentrale Route zu wählen, hoch ist. Ist die persönliche Betroffenheit schwach, dann wird keine Elaboration der Information vorgenommen und ein Urteil wird aufgrund des peripheren Hinweisreizes (z.B. „hoher Sachverstand") gefällt. Diese Vorhersage konnte empirisch bestätigt werden. Petty and Cacioppo konnten z.B. nachweisen, dass bei einer steigenden Qualität der Argumentation und einer hohen persönlichen Betroffenheit sich die Einstellung positiv veränderte, wohingegen sich bei einer schwachen Argumentation die Einstellung negativ entwickelte. Der Einfluss der Argumentationsqualität bei einer geringen persönlichen Betroffenheit war hingegen sehr gering.

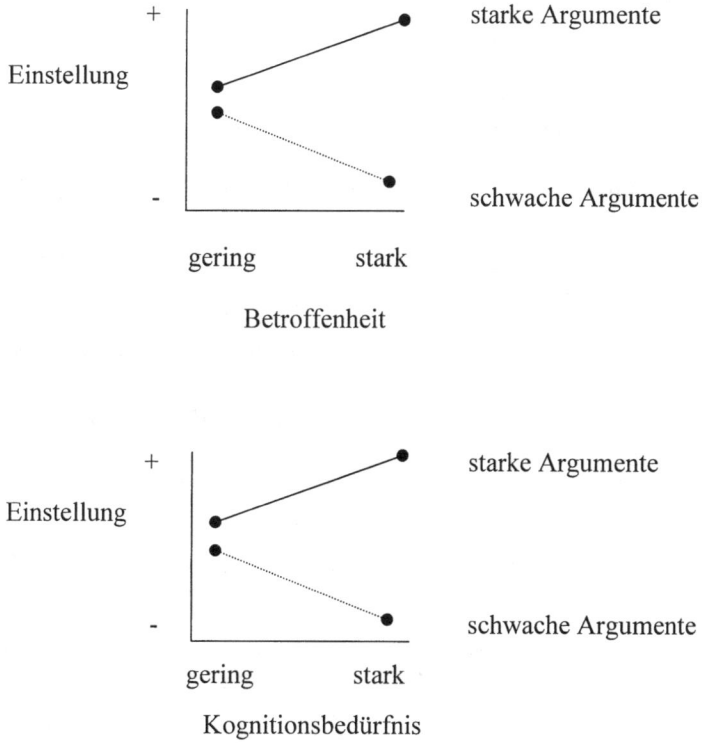

Abb. 5: Der Einfluss von persönlicher Betroffenheit und Kognitionsbedürfnis
    auf Einstellungsänderungsprozesse (Petty und Cacioppo 1986)

Ein weiteres Persönlichkeitsmerkmal, das von Petty und Cacioppo im Hinblick auf die Motivation zur Elaboration von Informationen untersucht wurde, ist das Kognitionsbedürfnis. Unter Kognitionsbedürfnis wird das Bedürfnis nach einer intensiven Auseinandersetzung mit verschiedenen Themen und Problemen verstanden. Ist das Kognitionsbedürfnis hoch, so ist auch die Motivation, die zentrale Route zu wählen, hoch; ist das Kognitionsbedürfnis weniger stark ausgeprägt, so überwiegt die Urteilsbildung anhand von peripheren Hinweisreizen (siehe Abbildung 5).

Ein Beispiel aus der Unternehmenspraxis kann diese Gedanken noch einmal verdeutlichen. Ein Vorgesetzter wird sich z.B. mit den Arbeitsergebnissen eines Mitarbeiters sehr genau auseinandersetzen, wenn diese Ergebnisse einen Einfluss auf die Außenwirkung der Abteilung haben. Betreffen die Arbeitsergebnisse eine für den Vorgesetzten eher unwichtige interne Fragestellung, dann wird der Vorgesetzte sich einfach auf den Sachverstand des Mitarbeiters verlassen. Der Prozess der Informationsverarbeitung kann auch zur Erläuterung unseres Ausgangsbeispiels dienen. War vor der Einführung des Euros die persönliche Betroffenheit des einzelnen Bürgers noch gering, hat sich dies mit dem Zeitpunkt der Währungsumstellung zwangsläufig geändert. Beeinflussten vor der Währungsumstellung zunächst Euro-Skeptiker die Stimmung unter der Bevölkerung, so wurden mit der Einführung des Euros die verschiedenen Informationen zu den Vor- und Nachteilen von den Bürgern stärker auf der zentralen Route verarbeitet. Gute Argumente für die Währungsumstellung könnten dann den Einstellungswandel verursacht haben.

Eine interessante Studie betrifft den Effekt von Stimmungen auf die Änderung von Einstellungen. Kann durch die Verbreitung von guter Laune die Einstellung von Personen beeinflusst werden? Worth und Mackie (1987) fanden heraus, dass positive Stimmung die Wahrscheinlichkeit einer systematischen Informationsverarbeitung verringert und die Anwendung von Heuristiken fördert. Neutrale Stimmung hingegen führt zu einer Anwendung der systematischen Informationsverarbeitung. Die Frage, ob man Personen durch eine positive Stimmung beeinflussen sollte, ist daher differenziert zu beantworten. Wenn die Argumente stark sind, dann kann auf eine positive Stimmung verzichtet werden. Wenn die Argumente dagegen schwach sind, dann kann eine positive Stimmung eventuell einen Beitrag zur Einstellungsänderung leisten (vgl. Bohner 1995).

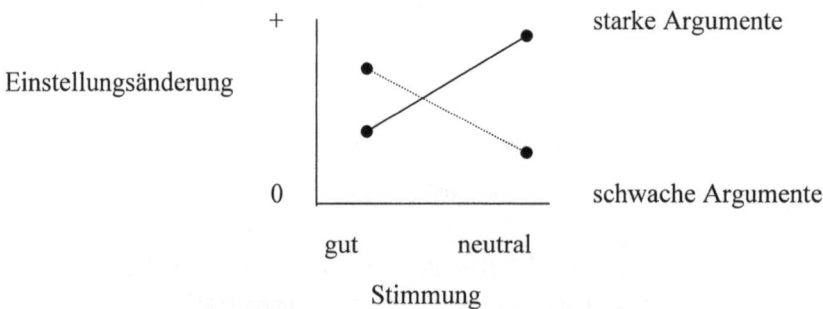

Abb. 6: Der Einfluss von Stimmung auf Einstellungsänderungsprozesse

## 2.3 Einstellungen als unabhängige Variable

Der Einfluss von Einstellungen auf das Verhalten ist eine der am meisten diskutierten Fragen innerhalb der Einstellungsforschung. Wurde in den 60er Jahren insbesondere von Wicker (1969) das Einstellungskonzept als obsolet erklärt, so hat sich seit den 80er Jahren ein anderes Bild ergeben. Studien haben gezeigt, dass Einstellungen und Verhalten in einem höheren Ausmaß korrelieren als bis dahin angenommen wurde. In den Untersuchungen wurden zwei Arten von Einstellungen unterschieden: Einstellungen zu einem Verhalten und Einstellungen zu einem Objekt. Insbesondere die Einstellungen zu einem Verhalten erwiesen sich als gute Prädiktoren für das Verhalten eines Individuums. Eine Erklärung hierfür liefern Ajzen und Fishbein (1977) mit dem Korrespondenzprinzip. Danach ist der Zusammenhang zwischen Einstellungen und Verhalten nur dann sehr eng, wenn Einstellungen und Verhalten in gleichem Ausmaß spezifiziert sind. Ajzen und Fishbein definieren vier Kontextvariablen, nach denen Einstellungen und Verhalten näher bestimmt werden können. Hierzu gehören die Handlung selbst, der Gegenstand bzw. das Ziel, der Kontext, in dem die Handlung ausgeführt wird sowie die Zeit. Der Zusammenhang zwischen der Einstellung zu einem Objekt und dem Verhalten ist danach weniger ausgeprägt, da Einstellungen zu einem Objekt nur in Bezug auf das Ziel spezifiziert werden können, wohingegen Einstellungen zu einem Verhalten sich auf alle vier Kontextvariablen beziehen (vgl. Eckes/Six 1994). Meta-Analaysen von Eckes und Six haben diese Vorhersage bestätigt.

### 2.3.1 Intervenierende Variable

Neben dem Korrespondenzprinzip spielt jedoch auch der Einfluss von intervenierenden Variablen eine wesentliche Rolle für die Beziehung zwischen Einstellungen und Verhalten. Von einer intervenierenden Variablen spricht man dann, wenn sich die Beziehung zwischen Einstellungen und Verhalten mit der Ausprägung einer solchen dritten, d.h. intervenierenden, Variablen ändert (vgl. Baron/Kenny 1986). In diversen empirischen Untersuchungen wurde eine Vielzahl von intervenierenden Variablen getestet. Kurz erläutert werden soll hier der Einfluss der Zugänglichkeit der Einstellung im Gedächtnis auf die Einstellungs-Verhaltensbeziehung. Fazio u.a. (1982) fanden heraus, dass Einstellungen, die sich aufgrund von direkten Erfahrungen mit dem Einstellungsobjekt gebildet haben, zugänglicher sind. Je zugänglicher eine Einstellung ist, desto schneller kann sie aus dem Gedächtnis aktiviert werden. Dies führt zu einer hohen Konsistenz zwischen Einstellungen und Verhalten. Umgekehrt üben Einstellungen, die sich nicht auf direkte Erfahrungen stützen, sondern aus externen Quellen abgeleitet wurden, einen geringeren Einfluss auf das Verhalten aus (vgl. Regan/Fazio 1977). Die persönliche Erfahrung trägt zu einer höheren Stabilität im Zeitablauf und zu einer deutlicheren Abgrenzung zu anderen Einstellungen bei.

### 2.3.2 Erwartungswert-Modelle

Ein komplexeres Modell zur Erläuterung des Zusammenhangs zwischen Einstellungen und Verhalten liefern Erwartungswert-Modelle. Einstellungen sind demnach eine Funktion der Wertschätzung der erwarteten Ergebnisse des Verhaltens sowie der subjektiven Wahrscheinlichkeiten, dass diese Ergebnisse auch eintreffen (vgl. Feather 1982). Ein viel diskutiertes Modell aus der Klasse der Wert-Erwartungs-Theorien ist die Theorie des geplanten Verhaltens von Ajzen (1988). Dieses Modell geht davon aus, dass eine Verhaltensabsicht ein sehr guter Prädiktor für das Verhalten ist. Ajzen definiert drei Determinanten der Verhaltensabsicht. Wichtig sind zunächst subjektive Normen. Hierunter versteht Ajzen Erwartungen, die andere Personen an ein Individuum richten und die Motivation, sich entsprechend zu verhalten. Als zweite Komponente nennt er die Einstellung bezüglich des Verhaltens, also die Bewertung des eigenen Verhaltens, welches eine Funktion der erwarteten Folgen der Handlung ist. Der dritte Aspekt ist die wahrgenommene Verhaltenskontrolle. Damit ist die wahrgenommene Fähigkeit gemeint, ein bestimmtes Verhalten auch ausführen zu können.

Ein Beispiel für die Anwendung dieses Modells ist der Arbeitsplatzwechsel in einem internationalen Unternehmen. Ist es das Ziel eines Mitarbeiters, Karriere in einem Unternehmen zu machen und ist Auslandserfahrung hierfür erforderlich (subjektive Norm), so wird er eine positive Einstellung zu einer Auslandsentsendung haben. Bringt der Mitarbeiter auch noch eine hohe Mobilität und Flexibilität mit, so stehen auch keine persönlichen Hindernisse diesem Schritt entgegen (Verhaltenskontrolle). Erwartet der Mitarbeiter zudem eine Unterstützung seiner Vorgesetzten, so wird er versuchen, einen Stellenwechsel zu initiieren (Verhaltensintention). Umgekehrt würde der Mitarbeiter versuchen auf seiner Stelle zu bleiben, wenn er z.B. aus persönlichen Gründen nicht mobil ist oder seine Vorgesetzten, die zugleich auch seine Mentoren sind, eine interne Bewerbung nicht gutheißen würden.

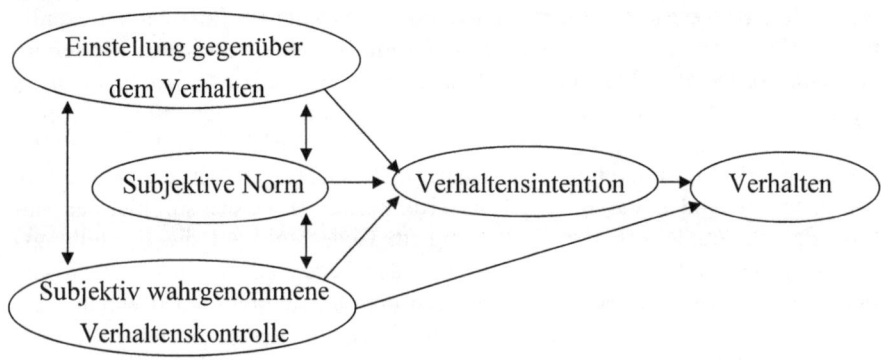

Abb. 7: Theorie des geplanten Verhaltens (Ajzens 1988)

## 3 Werthaltungen

Wie in der oben genannten Definition des Wertbegriffs von Scholl-Schaaf angeklungen, stellen Werthaltungen internalisierte kulturelle bzw. gesellschaftliche Werte dar. Diese persönlichen Werthaltungen sind situations- unabhängig und beziehen sich nicht auf konkrete Objekte. Ganz ähnlich wie bezüglich der Einstellungen (siehe hierzu auch Abschnitt 2) werden in der Forschung auch Werthaltungen nach ihren Funktionen kategorisiert. In Anlehnung an Katz definiert Rockeach vier verschiedene Funktionen von Werthaltungen – die Anpassungsfunktion, die Funktion der Identitätswahrung, die Wertausdrucksfunktion und die Wissensfunktion – wobei einzelne Werthaltungen in unterschiedlichem Ausmaß zur Erfüllung dieser Funktionen beitragen.

Der Funktionsansatz hat – bezogen auf die Werthaltungen – insbesondere einen heuristischen Wert. Eine Aussage darüber, welche Auswirkungen Werthaltungen auf das Verhalten von Individuen haben, ist anhand dieser funktionalen Kategorisierung von Werthaltungen nur bedingt möglich, da die funktionalen Kategorien nur schwer zu operationalisieren sind (Scholl-Schaaf 1975). Im Folgenden sollen insbesondere zwei Themenstellungen näher beleuchtet werden. Zum einen der Einfluss von Werthaltungen auf das Verhalten und die Einstellungen von Individuen und zum anderen die Bedeutung von kulturellen und gesellschaftlichen Merkmalen für die Werthaltungen.

Abb. 8: Einflussgrößen von Werthaltungen und ihre Wirkungen
(nach Scholl-Schaaf 1975)

### 3.1 Werthaltungen als abhängige Variable

Viele Forschungsarbeiten zeigen, dass Werte ein Kulturprodukt sind. Eine bekannte Studie hierzu wurde von Hofstede vorgelegt (vgl. Hofstede 1980). Er ermittelte in einem internationalen Vergleich vier Wertdimensionen hinsichtlich derer sich Menschen verschiedener Länder unterscheiden. Neben der Machtdistanz sind dies der Individualismus (bzw. als Gegenpol der Kollektivismus), die Unsicherheitsvermeidung (bzw. als Gegenpol die Risikofreude) sowie der Grad der „Maskulinität", d.h. inwieweit Werte wie Leistung, Konkurrenz und Aufstieg „feminine" Werte wie z.B. die Beziehung zu Arbeitskollegen, Kooperation und Lebensqualität dominieren.

Die Ergebnisse versuchte Hofstede insbesondere mit der geschichtlichen und wirtschaftlichen Entwicklung dieser Länder zu begründen. Eine Studie, die 25 Jahre später durchgeführt wurde, konnte die Ergebnisse nur zum Teil bestätigen. In verschiedenen Ländern wurde im Vergleich zur Ausgangsstudie ein Wertewandel festgestellt. Japan z.B., das von Hofstede noch als ein Land mit einem hohen Faktor an Unsicherheitsvermeidung dargestellt wurde, zeigte zwei Jahrzehnte später eine höhere Risikobereitschaft. Die Autoren erläuterten diesen Wandel mit der weltweit stark gestiegenen Bedeutung der japanischen Wirtschaft. Solange in Japan das ökonomische Wachstum anhält, wird man wohl auch weiterhin bereit sein, Risiken einzugehen (vgl. Fernandez u.a. 1997).

Rokeach unterstreicht gleichermaßen die Bedeutung der Wertestabilität und des Wertewandels. Wären Werte absolut stabil, würden individuelle und gesellschaftliche Veränderungen nicht möglich sein. Wären Werte auf der anderen Seite absolut instabil, wäre eine Kontinuität der individuellen Persönlichkeit und der Gesellschaft unmöglich. Die relative Stabilität der Werte lässt sich darin begründen, dass Werthaltungen nicht nur das Verhalten von Menschen beeinflussen, sondern ihrerseits auch einen Einfluss auf die gesellschaftlichen Werte und damit wiederum auf die Werthaltungen von Menschen haben.

### 3.2 Werthaltungen als intervenierende Variable

Einen Schwerpunkt der Werthaltungsforschung stellen Untersuchungen zur Erläuterung des intervenierenden Einflusses von Werthaltungen dar. Einen in diesem Zusammenhang viel zitierten Ansatz liefert Rokeach (1973) mit seiner „value survey". Bedeutsam bei diesem Ansatz sind zum einen die Erhebungsmethode, zum anderen aber auch die Unterscheidung zweier unterschiedlicher Typen von Werthaltungen. Rokeach erfasste mit Hilfe von Befragungen und Literaturrecherchen 18 „terminale" Werthaltungen und 18 „instrumentelle" Werthaltungen. Instrumentelle Werthaltungen wie z.B. Verantwortungsbewusstsein oder Aufrichtigkeit stellen eine gewünschte *Verhaltens*weise dar, wohingegen terminale Werte, hierzu zählen z.B. Freiheit oder Gleichheit, einen wünschenswerten *Endzustand* charakterisieren.

Die beiden Gruppen von Werthaltungen sind dadurch verbunden, dass instrumentelle Werte (wie z.B. Verantwortungsbewusstsein oder Aufrichtigkeit) zur Erreichung der gewünschten terminalen Werte (z.B. Freiheit oder Gleichheit) dienen. Rokeach kommt zu dem Ergebnis, dass es keinen einfachen Zusammenhang zwischen Werten und Einstellungen bzw. Verhalten gibt. Einzelne Werthaltungen können danach eher einen Einfluss auf bestimmte Einstellungen haben, wohingegen andere Werthaltungen eher als Standards für ein bestimmtes Verhalten dienen. So korrelieren z.B. die Werthaltungen „hilfreich", „beherrscht", sowie „ein angenehmes Leben" mit einer Vielzahl von Verhaltensweisen, wohingegen „gehorsam", „sauber" und „Erlösung" einen signifikanten Einfluss auf die Mehrheit der untersuchten Einstellungen haben. Welche praktische Bedeutung können die Ergebnisse dieser Studie für ein Unternehmen haben?

Auf der individuellen Ebene, argumentiert Rokeach, können die Ergebnisse der Value Survey als diagnostisches Werkzeug u.a. auch zur Selektion genutzt werden. So ist es vorstellbar, dass einzelne Berufe – Rokeach untersucht in seiner Studie z.B. den Verkäufer – auch besondere Werthaltungsprioritäten erfordern. Verkäufer präferieren danach z.B. Werte wie materiellen Erfolg, Unabhängigkeit, Hedonismus und soziale Sicherheit, wohingegen Frieden, Gleichheit und nationale Sicherheit eine geringere Rolle spielen.

Auf der Gruppenebene können die Ergebnisse als Indikator für potentielle Konflikte innerhalb oder zwischen verschiedenen Gruppen genutzt werden. Frederick und Weber (1990) untersuchten z.B. die Rokeach-Werte von Personen unterschiedlicher Berufskategorien. Konnten innerhalb der Berufsgruppen (Manager und Gewerkschaftsmitglieder) noch starke Ähnlichkeiten in dem Ranking von Werthaltungen festgestellt werden, so zeigten sich zwischen den Gruppen größere Unterschiede. Frederick und Weber folgerten, dass sich diese Differenzen auf Verhandlungssituationen zwischen den Gruppen auswirken könnten, schränkten diese Annahme jedoch dahingehend ein, dass sie persönlichen Werthaltungen eine wichtige, aber nicht unbedingt zentrale Rolle in der Entscheidungsfindung und Handlung von Gruppen beimessen. Neben den persönlichen Werthaltungen sei auch das organisationale Wertesystem für das Verständnis von Intergruppenprozessen wichtig. Eine Bestätigung dieser Hypothese steht aber noch aus.

### 3.3 Werthaltungen als unabhängige Variable

Auf den ersten Blick besteht in vielen Alltagssituationen eine hohe Inkonsistenz zwischen den Werten von Individuen und ihrem Verhalten. Eine Vielzahl von Studien hat daher versucht, die Beziehung zwischen Werten und Verhalten zu untersuchen (vgl. u.a. Kluckhohn 1951; Schwartz 1992). Kluckhohn unterscheidet z.B. in der Beziehung zwischen Werten und Verhalten zwischen einer öffentlichen und einer privaten Situation. In einer öffentlichen Situation muss ein Individuum mit Sanktionen oder Bestrafungen rechnen, wenn es sich nicht konform zu dominanten sozialen Werten verhält. Dies hat zur Folge, dass sich ein Individuum gegebenenfalls entgegen seiner persönlichen Wertvorstellungen verhält, wenn es die negativen Konsequenzen eines solchen Verhaltens vermeiden will. In einer privaten Situation sieht es hingegen anders aus. Hier sind nicht die äußeren Einflüsse ausschlaggebend für das Verhalten, sondern die negativen Gefühle, die ein Individuum erfahren würde, wenn es sich nicht seinen Werten konform verhalten würde.

Einen anderen Ansatz zur Erläuterung der Beziehung zwischen Werten und Verhalten und Werten und Einstellungen wählen Maio und Olson (1995). Sie gehen von der Annahme aus, dass die Einstellungsfunktionen (siehe Abschnitt 2.1) einen moderierenden Einfluss auf die Beziehung zwischen Werten und Einstellungen bzw. Verhaltensintentionen haben. Basis für ihre Studie ist das Modell von Schwartz (1992), der aufbauend auf den Rokeach-Werten ein Modell zur Erläuterung der Beziehungen der Werthaltungen untereinander, aber auch zu verschiedenen abhängigen Variablen entwickelte.

Schwartz identifiziert auf der Basis einer in 20 Ländern durchgeführten Studie zehn verschiedene Wertdimensionen, denen jeweils Werthaltungen zugeordnet sind, die der Befriedigung des gleichen Bedürfnisses (der Wertdimension) dienen. Diese zehn Wertdimensionen werden darüber hinaus zu weiteren vier übergeordneten Dimensionen (Self-Transcendence, Self-Enhancement, Openess to Change, Conservation – siehe Abbildung 9) verdichtet. Zur Analyse der Ergebnisse ordnet Schwartz die Wertdimensionen und Werthaltungen in einer Sternform an. Schwartz stellte die Hypothese auf, dass Wertdimensionen, die sich gegenüberliegen, in einer negativen Beziehung zueinander stehen, wohingegen benachbarte Wertdimensionen keine Beziehung zueinander haben. Personen, die z.B. Self-Transcendence eine besondere Bedeutung beimessen, erachten Self-Enhancement als eher unwichtig.

Bezogen auf das Verhältnis zwischen Werten und anderen abhängigen Variablen folgerte Schwartz, dass z.B. das Verhalten von Personen, die gegenüberliegende Wertdimensionen priorisieren, entgegengesetzt sein wird. Sind z.B. Personen, die Self-Transcendence eine hohe Bedeutung beimessen, eher bereit, auf Gehaltsbestandteile zur Sicherung von Arbeitsplätzen zu verzichten, so werden die Personen, die Self-Enhancement eine hohe Priorität beimessen, dies eher nicht tun.

Schwartz nutzte dieses Modell, um die Beziehung zwischen verschiedenen Variablen (wie z.B. demographische Komponenten) und Werthaltungen zu prognostizieren.

Maio und Olson fügten in ihrer Studie eine weitere Variable ein, die ihrer Ansicht nach erforderlich ist, um die Beziehung zwischen Werten und Einstellungen und Werten und Verhalten zu erläutern. Ein direkter Zusammenhang zwischen Werten und Einstellungen ist ihrer Ansicht nach nur dann zu erwarten, wenn Einstellungen eine Wertausdrucksfunktion erfüllen. Z.B. kann die Einstellung gegenüber einem Streik bei einem Mitarbeiter unterschiedlich sein. Erwartet er durch die Beteiligung eine indirekte Benachteiligung bei einer späteren Beförderung (Anpassungsfunktion der Einstellung), so wird seine Einstellung gegenüber dieser Arbeitskampfmaßnahme eher negativ sein. Ist es dem Mitarbeiter jedoch wichtig, dem Wert Gerechtigkeit Ausdruck zu verleihen (Wertausdrucksfunktion), so wird er eine positive Einstellung gegenüber dem Streik haben. Erfüllen die Einstellungen eines Mitarbeiters insbesondere eine Wertausdrucksfunktion, so wird nach Maio und Olson letztendlich die positive Einstellung gegenüber einem Streik überwiegen.

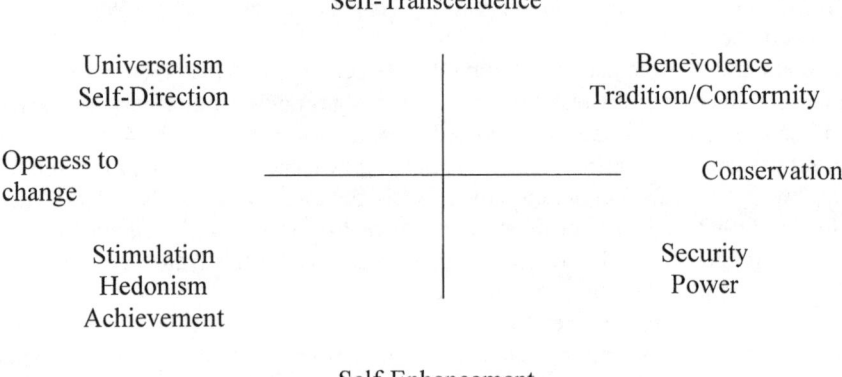

Abb. 9: Theoretische Struktur von Wertdimensionen und ihre Beziehung zueinander (Schwartz 1992)

Bezogen auf die Beziehung zwischen Werten und Verhaltensabsichten stellen Olson und Maio die Hypothese auf, dass Werte die Verhaltensabsicht unabhängig von Einstellungen, subjektiven Normen und der wahrgenommenen Verhaltenskontrolle (siehe Theorie des geplanten Verhaltens von Ajzen) determinieren können. Voraussetzung hierfür ist, dass die Einstellungen eine Wert-Ausdrucksfunktion wahrnehmen. Die Hypothese wurde vor dem Hintergrund aufgestellt, dass Werte eine moralische Verpflichtung zur Ausübung eines bestimmten Verhaltens bzw. zur Bildung einer bestimmten Einstellung darstellen. Kann ein Mitarbeiter einen langfristigen Streik finanziell nur schwer durchstehen und erwartet er durch die Teilnahme auch noch das Ausbleiben von Beförderungen, so wird er sich dennoch an dem Arbeitskampf beteiligen, wenn er hierdurch dem für ihn wichtigen Wert Gerechtigkeit Ausdruck verleihen kann.

# 4 Schlussbetrachtung

Die Komplexität des Themas „motivationale Orientierungen" soll an dem Beispiel des Arbeitskampfes der IG-Metall in 2002 abschließend noch einmal aufgezeigt werden. Nicht nur die Bedeutung des Wertes Gerechtigkeit – hier insbesondere die Verteilungsgerechtigkeit – und eine sich hieraus möglicherweise ergebende positive Einstellung zum Arbeitskampf hat die Gewerkschaftsfunktionäre zu diesem Schritt verleiten lassen, sondern es sind auch Konstrukte wie Interessen, Ziele, Normen und auch z.b. Überzeugungen mit in eine Analyse dieser Handlung einzubeziehen. Das Interesse der IG-Metall, einen weitergehenden Mitgliederverlust zu vermeiden, hat hier wahrscheinlich ebenso auf das Ziel, einen möglichst attraktiven Tarifabschluss für die Mitglieder zu bewirken, eine Rolle gespielt, wie auch die Überzeugung, einen solchen nicht ohne Arbeitskampf zu erreichen. Die durch das Tarifvertragsrecht gegebenen Normen schränken die Handlungsmöglichkeiten – insbesondere in Bezug auf die Streiktaktik – dabei ein. Wenn diese Zusammenhänge so stimmen, so ist die Frage zu klären, warum die IG-Metall die letzten 7 Jahre nicht gestreikt und aus heutiger Sicht geringen Lohnsteigerungen zugestimmt hat. War die Einstellung eventuell eine andere, da die Anpassungsfunktion die Wertausdrucksfunktion dominiert hat, oder haben vielleicht andere Interessen oder Überzeugungen das Verhalten bestimmt? Dieses Beispiel macht deutlich, dass das Verhalten von Individuen und auch Gruppen nicht auf der Basis einzelner Konstrukte erklärt werden kann, sondern nur durch das Zusammenwirken verschiedener Faktoren. Die in diesem Beitrag erläuterten Werte und Einstellungen stellen also nur eine wichtige, aber nicht alleinige Erläuterung des menschlichen Verhaltens dar.

# 5 Empfohlene Literatur

## Basisliteratur

Eagly, A.H./Chaiken, S. 1993: The Psychology of Attitudes, Orlando.
*In dieser umfangreichen Arbeit wird der Stand der Einstellungsforschung aus unterschiedlichen Perspektiven ausführlich erläutert.*
Bohner, G. 2001: Einstellungen, in: Stroebe, W./Jonas, K./Hewstone, M. (Hrsg.): Sozialpsychologie: eine Einführung, 4. Auflage, Berlin u.a., S. 265 -315.
*Eingängige Darstellung wichtiger Grundlagen der Einstellungsforschung auch anhand von ausgewählten Studien.*
Festinger, L. 1954: A Theory of Cognitive Dissonance, Stanford.
Kraus, S.J. 1995: Attitudes and the Prediction of Behavior: A Meta-Analysis of the Empirical Literature, in: Personality and Social Psychology Bulletin, 21, S. 58-75.
Petty, R.E./Wegener, D.T. 1998: Attitude Change: Mulitple Roles for Persuasion Variables, in: Gilbert, D./Fiske, S./Lindzey, G.(Hrsg.): The Handbook of Social Psychology, 4. Auflage, Band 1, New York, S. 323-390.
Scholl-Schaaf, M. 1975: Werthaltung und Wertsystem, Bonn.
*Obwohl schon älteren Datums, enthält diese Arbeit eine breite aber auch tiefgehende Auseinandersetzung mit dem Werthaltungskonzept.*

*Exemplarische Forschungsarbeiten*

Hofstede, G. 1980: Culture's Consequences, Beverly Hills/London.
*In dieser Untersuchung wird die Werthaltung als abhängige Variable – als ein Kulturprodukt – untersucht.*
Maio, G.R./Olson, J.M. 1995: Relations between Values, Attitudes, and Behavioral Intentions: The Moderation Role of Attitude Function, in: Journal of Experimental Social Psychology, 31, S. 166-285.
*Neuere Studie, die den Zusammenhang zwischen Werthaltungen und Einstellungen erläutert.*
Petty, R.E./Cacioppo, J.T. 1986: Communication and Persuasion – Central and Peripheral Routes to Attitude Change, London/Paris/Tokyo.
*Umfangreiche Untersuchungen zur Veränderung von Einstellung anhand von Zwei-Prozessmodellen.*
Kraus, S.J. 1995: Attitudes and the Prediction of Behavior: A Meta-Analysis of the Empirical Literature, in: Personality and Social Psychology Bulletin, 21, S. 58-75.
*Metaanalyse zum Einfluss von Einstellungen auf das Verhalten. Diese Arbeit enthält auch einen guten Überblick über ausgewählte Forschungsarbeiten.*

*Weiterführende Literatur*

Ajzen, I. 1988: Attitudes, Personality and Behavior, Milton Keynes.
*Vorstellung eines Modells aus der Klasse der Wert-Erwartungs-Theorien zur Erläuterung des Einflusses von Einstellungen auf das Verhalten.*
Petty, R.E./Wegener, D.T. 1998: Attitude Change: Mulitple Roles for Persuasion Variables, in: Gilbert, D./Fiske, S./Lindzey, G. (Hrsg.): The Handbook of Social Psychology, 4. Auflage, Band 1, New York, S. 323–390.
*Überblick über den aktuellen Stand der Einstellungsforschung in Bezug auf Zwei-Prozessmodelle.*

# Psychologischer Vertrag und Sozialisation

*Susanne Bartscher-Finzer/Albert Martin*

*,,Steigt der Preis für Sojabohnen, dann stellen viele Baumwollfarmer auf den Sojaboh-nenanbau um. In eben der gleichen Weise veranlasst ein Anstieg der Löhne von Friseu-ren Verwaltungsangestellte, Verkäufer und andere Beschäftigte dazu, sich im Haarschneidegewerbe zu versuchen." (Frank, R.H.: Microeconomics and Behavior, 3. Auflage, New York 1997, S. 489)*
*,,Menschen, im Gegensatz zu Maschinen, bewerten ihre eigene Stellung im Verhältnis zu anderen Menschen, und sie können dazu gebracht werden, die Ziele der andern als ihre eigenen zu übernehmen." (March, J.G./Simon, H.A.: Organizations, New York 1958, S. 65)*

## 1 Problembeschreibung

Der Mensch ist ein soziales Wesen. Und zwar im doppelten Sinne. Auf der einen Seite ist jeder Mensch auf die Unterstützung seiner sozialen Umwelt angewiesen. Sie gibt ihm Orientierung und Halt. Auf der anderen Seite stellt sie Ansprüche an ihn, denen er sich oft nur unter Inkaufnahme schwerer äußerer Sanktionen (Iso-lierung, Bestrafung) und innerer Betrübnisse (Schuldgefühle, Kränkungen) ent-ziehen kann. Das Verhältnis des Menschen zu seinen Mitmenschen ist daher notgedrungen ambivalent. Ganz von selbst stellt sich daher auch die Frage, auf welchem Wege es zu einem Ausgleich zwischen den Anforderungen der sozialen Umwelt und den Bedürfnissen des Einzelnen kommen kann.

Um eben diese Frage geht es bei der Sozialisation, bei der „Eingliederung" von Menschen in die Gesellschaft, in Organisationen und Gruppen. Bei der Suche nach einer Antwort wird sehr häufig eine Übermacht des Sozialen unterstellt, gegen die sich der Einzelne nicht zur Wehr setzen kann – und eigentlich schon gar nicht will oder wollen kann, weil die Beeinflussung seiner Vorstellungen und Einstellungen auf eher subtilen Wegen erfolgt, sodass sie ihm gar nicht ins Be-wusstsein dringt. Dieser Auffassung wird man wohl im Wesentlichen zustimmen, wenn es um die so genannte Primär-Sozialisation, also um die soziale Prägung des Menschen im frühen Kindesalter, geht.

Doch kann sie auch für erwachsene Menschen aufrechterhalten werden? Zwar sind auch Erwachsene den Einflüssen der Sozialisation ausgesetzt. Man denke nur an markante Lebenseinschnitte wie z.B. den Übergang ins Berufsleben, der das Erlernen neuer Verhaltensmuster, Werthaltungen und Normen verlangt. Oder an den Eintritt in ein Unternehmen, in dem man sich mit neuen Aufgaben, spe-ziellen Arbeitsabläufen, unbekannten Kollegen und fremden Gewohnheiten erst vertraut machen und in denen man darum besorgt sein muss, ob man selbst auch akzeptiert wird. Auch in diesem Fall ist man also darauf angewiesen, sich auf sein soziales Umfeld einzustellen und sich ihm anzupassen. Aber ist man auch hier, in dieser doch eher nüchternen Sphäre der Arbeitswelt, den Sozialisations-einflüssen „machtlos" ausgeliefert? Im Menschenbild, das die Wirtschaftstheorie vom arbeitenden Menschen zeichnet, kommt dieses Problem gar nicht vor. Hier ist ein Arbeitnehmer ein autonomes Wirtschaftssubjekt, das seine Arbeitsbedingungen in freier Entscheidung aushandelt, möglichen Beeinträchtigungen seines Willens – und damit auch unerwünschten Sozialisationseinflüssen – entgegentritt oder auch durch einen Wechsel des Arbeitgebers beantwortet. Die Wahrheit liegt wohl zwischen den beiden Extrempositionen.

Im Kern ist eine Arbeitsbeziehung tatsächlich eine Vertragsbeziehung, weshalb die Arbeitspartner darauf achten werden, dass sie innerhalb ihres Arbeitsverhältnisses ihre Interessen verwirklichen können und nicht etwa von der Gegenseite vereinnahmt werden. Andererseits handelt es sich bei einer Arbeitsbeziehung um ein Vertragsverhältnis, in dem viele Aspekte unbestimmt bleiben und in dessen Ausfüllung daher (subjektive) Interpretationen eine zentrale Rolle spielen. Formal gilt zwar der „juristische" Arbeitsvertrag, real wirksam ist jedoch eine Art „psychologischer Vertrag", in dem die als legitim empfundenen wechselseitigen Erwartungen zum Ausdruck kommen.

Und in diesem „psychologischen" Vertragsverhältnis begegnen sich auch die rationale Seite des Wirtschaftsakteurs mit seinem Eigeninteresse und die soziale Seite des Organisationsmitglieds mit seiner Orientierung an vorgegebenen Werten und Normen, Weltbildern und Überzeugungen. Ein Arbeitnehmer ist den sozialen Zumutungen, mit denen er konfrontiert wird, nicht ausgeliefert, aber er handelt auch nicht völlig autonom. Er ist vielmehr – eben weil die eigentliche Verhaltenswirkung von der psychologischen Interpretation seiner Beziehung zum Arbeitgeber abhängt – auch von den Interpretationsmustern geprägt, die sein soziales Umfeld bereithält. Hierauf wird im Folgenden eingegangen.

Zunächst wird das Konzept des psychologischen Vertrags vorgestellt und vom juristischen Vertrag abgegrenzt. Außerdem wird auf die Frage eingegangen, unter welchen Umständen der juristische und unter welchen Umständen der psychologische Vertrag an Bedeutung gewinnt. Anschließend wird näher erläutert, worin das Verbindungsstück zwischen dem psychologischen Vertrag und dem Sozialisationsgeschehen besteht. Hierzu werden verschiedene Ebenen der Sozialisation unterschieden. Ein gesonderter Abschnitt ist einer speziellen Form der Sozialisation, der sogenannten Rolleninnovation gewidmet. Sie weist einige äußerst wünschenswerte Eigenschaften auf, weshalb auch besonders interessiert, von welchen Voraussetzungen es abhängt, ob sie zum Zuge kommen kann. Zum Schluss werden praktische Konsequenzen diskutiert. Es wird aufgezeigt, welche Möglichkeiten bestehen, den Sozialisationsprozess wirksam zu unterstützen.

## 2 Juristischer und psychologischer Arbeitsvertrag

Arbeitsverträge sind spezielle Verträge. Das wesentliche Element eines Vertrags ist ein Versprechen. Die Vertragsparteien verpflichten sich, „... bestimmte Dinge zu tun oder zu unterlassen." (Weise u.a. 1993, S. 429). Das Arbeitsverhältnis ist ein Dauerschuldverhältnis, es geht hierin nicht um einmalige Transaktionen, sondern um einen kontinuierlichen Austausch von Leistungen. Im Arbeitsvertrag werden u.a. die Arbeitsinhalte, die Vergütung und Sonderleistungen vereinbart. Außerdem enthält der Arbeitsvertrag Regelungen zur Arbeitszeit und zur Kündigung. Der Arbeitsvertrag ist gewissermaßen die Geschäftsgrundlage für die Leistungserbringung des Arbeitnehmers. Seine verhaltensbestimmende Kraft ist allerdings beschränkt. Arbeitsverträge sind von ihrer Natur her „unbestimmt". Es ist normalerweise weder wünschenswert noch möglich, jede einzelne Tätigkeit des Arbeitnehmers im Voraus ganz genau festzulegen. Der Arbeitsvertrag enthält also keine exakte Spezifizierung aller Arbeitsvorgänge, die auf den Arbeitnehmer zukommen (kein Arbeitsprogramm), sondern eine auf allgemeiner Ebene verbleibende Beschreibung von wechselseitigen Rechten und Pflichten. Aus dieser Unbestimmtheit entsteht das Problem, ob sich die Vertragspartner im Vollzug des Vertrags auch an die Vorstellungen halten werden, die dem Vertragspartner vorschweben. Dazu kommt, dass das konkrete Arbeitsverhalten nicht so sehr durch den „formalen" juristischen Arbeitsvertrag bestimmt wird, als vielmehr durch das subjektive Verständnis des Arbeitnehmers über den Charakter des Arbeitsverhältnisses. Nicht die im Arbeitsvertrag beschriebene Leistungserwartung zählt, sondern das, was der Arbeitnehmer als angemessene Leistung empfindet. Die eigentlich verhaltensbestimmende Vertragsgrundlage ist daher nicht der juristische, sondern der psychologische Vertrag. Ein psychologischer Vertrag ist „... die Wahrnehmung einer Tausch-Übereinkunft ..." (Rousseau 1998, S. 665).

Substantiell geht es im juristischen und im psychologischen Vertrag zwar um dasselbe – ein Vertrag ist ein wechselseitiges Leistungsversprechen – allerdings besitzt der psychologische Vertrag eine wesentlich größere Reichweite als der juristische Vertrag. Während sich der letztere auf normierbare Größen beschränkt, umfasst der psychologische Vertrag die gesamte Palette materieller und immaterieller Anreize und Beiträge innerhalb eines Arbeitsverhältnisses. Er richtet sich damit auch – und nicht zum geringsten Teil – auf implizit gegebene, d.h. nicht ausdrücklich geäußerte Versprechen. So erwarten viele Arbeitnehmer nicht nur eine ordentliche Gehaltsabrechung, sondern „hoffen" auch auf eine gesicherte Beschäftigung, auf eine Unterstützung des Arbeitgebers in Notlagen, auf eine faire Behandlung durch den Vorgesetzten usw. Die Ansprüche aus dem psychologischen Vertrag speisen sich aus vielen Quellen, beispielsweise aus Beobachtungen über die Behandlung von Kollegen, aus den Botschaften, die in Unternehmens- und Führungsleitsätzen stecken, aus (oft nicht autorisierten) Zusagen von Vorgesetzten oder auch aus stillschweigender Zustimmung des Arbeitgebers für bestimmte Sonderrechte, z.B. die Erlaubnis, die Einrichtungen des Betriebs auch für private Zwecke nutzen zu dürfen.

## 2.1 Die Natur des psychologischen Vertrags

Der psychologische Vertrag entsteht aus subjektiven (gleichwohl nicht belanglosen) Wahrnehmungen und Bewertungen: „Bei einem Versprechen geht es nicht darum, was der Versprechende meint, sondern darum, was der Empfänger des Versprechens glaubt." (Rousseau 1995, S. 16). Menschen orientieren sich daher nicht primär an einem objektiv bestimmbaren Vertragsinhalt, sondern unmittelbar daran, wie sie die (expliziten und impliziten) Vereinbarungen interpretieren. Herauszustellen ist, – und diesbezüglich besteht kein Unterschied zum juristischen Vertrag – dass es beim psychologischen Vertrag nicht um mehr oder weniger unverbindliche „Erwartungen", sondern um durchaus ernstgemeinte „Verpflichtungen" geht. Wird der Vertrag gebrochen, dann resultiert daraus nicht nur eine mehr oder minder oberflächliche Enttäuschung. In schweren Fällen des

Vertragsbruchs wird vielmehr eine nachhaltige Verbitterung entstehen, in jedem Fall wird sich ein Gefühl der Ungerechtigkeit breit machen. Ein weiteres wichtiges Charakteristikum des psychologischen Vertrags ist seine Wechselseitigkeit. Es geht also nicht darum, in einer Art „Verhandlungspoker" nur für sich die möglichst besten Bedingungen herauszuholen und damit auch eine unbillige Verpflichtung des Vertragspartners in Kauf zu nehmen. Abgezielt wird vielmehr auf Gegenseitigkeit, auf ein „gelebtes" Verständnis wechselseitiger Verantwortlichkeiten.

Eine Vertragsverletzung wird dementsprechend auch als Vertrauensbruch gewertet (zur empirischen Bedeutung Coyle-Shapiro/Kessler 2000) und sie hat weitreichende Folgen für das Arbeitsverhalten. Zwar entsteht nicht unbedingt eine Verminderung der nachprüfbaren Arbeitsleistungen. Dies wird z.B. allein dadurch verhindert, dass dem Arbeitgeber wirksame Sanktionsmöglichkeiten zur Verfügung stehen, dies zu verhindern. Es ist aber zu erwarten, dass das sogenannte Extra-Rollen-Verhalten beeinträchtigt wird (Robinson/Kraatz/Rousseau 1994). Damit ist die Bereitschaft gemeint, sich auch über die eindeutig fixierbaren Leistungserwartungen hinaus für die Belange der Organisation einzusetzen. Diese Folge des Vertragsbruchs verdient deswegen besonders herausgestellt zu werden, weil es auf das „Arbeitsengagement aus freien Stücken" (vgl. Müller/Bierhoff 1994) in besonderem Maße ankommt, denn nur hierin steckt die eigentliche Leistungsfähigkeit einer Organisation, ohne das Extra-Rollen-Verhalten kann eine Organisation letztlich gar nicht funktionieren (vgl. Katz/Kahn 1978). Anknüpfend an das zuletzt Gesagte ist zu erwarten, dass die Beeinträchtigung des informalen psychologischen Vertrags dazu führt, dass sich die Vertragspartner auf die Vereinbarungen zurückziehen, die formal festgeschrieben sind. Wird der psychologische Vertrag nicht erfüllt, beschränkt man sich also auf die Erfüllung der expliziten Regeln des Arbeitsvertrags, was in aller Regel zu einer Verarmung der in dem Vertragsverhältnis steckenden Möglichkeiten führen dürfte.

### 2.2 Psychologischer Vertrag und Arbeitsbeziehung

Mit der formalen Einstellung wird eine Person in die Organisation aufgenommen. „Mitgliedschaft" kann aber sehr Verschiedenes bedeuten. Es gibt Mitgliedschaftsbeziehungen, in denen sich das Verhältnis zwischen den Organisationsmitgliedern und der Organisation auf einen anonymen Leistungsaustausch reduziert, und es gibt Beziehungen, in denen die Organisationsmitglieder echte Mitglieder im Wortsinne oder gar die Träger der Organisation sind. Die Natur der Mitgliedschaftsbeziehung ergibt sich – wie beschrieben – aus dem wechselseitigen „psychologischen" Vertragsverständnis.

Eine Arbeitgeber-Arbeitnehmer-Beziehung kann ein relativ unverbindliches und jederzeit lösbares „transaktionales" oder aber ein verpflichtendes und dauerhaftes „relationales" Arbeitsverhältnis sein (Macneil 1989). Ein relationales Arbeitsverhältnis ist durch einen großen wechselseitigen Abstimmungsbedarf und damit durch die Notwendigkeit gekennzeichnet, Regeln zu beachten, die über die arbeitsvertraglichen Vereinbarungen, über gesetzliche und kollektivvertragliche Normierungen hinausgehen. Ein Beispiel für ein relationales Arbeitsverhältnis ist das des Leiters der Entwicklungsabteilung in einem Hochtechnologieunternehmen. Als Verantwortlicher für die Kernkompetenzen des Unternehmers wird er sich nicht als beliebig austauschbares Mitglied empfinden, sondern sein Selbstverständnis eng mit dem Wohlergehen des Unternehmens verknüpfen und er wird versuchen, seine Rolle den hohen Anforderungen entsprechend kreativ auszugestalten. In einem transaktionalen Verhältnis können die Leistungen und Gegenleistungen genau spezifiziert und gegeneinander aufgerechnet werden. Ein Beispiel ist der Zeitungsausträger, dessen Leistung leicht bestimmt und kontrolliert werden kann.

Innerhalb transaktionaler Beziehungen genügt es häufig, sich auf die ausdrücklich festgelegten Vereinbarungen zu beziehen, der psychologische Vertrag nähert sich damit gewissermaßen dem juristischen Vertrag an. Anders als innerhalb einer transaktionalen ist das einzelne Organisationsmitglied innerhalb einer relationalen Beziehung kein beliebiger Zuträger von Leistungen, sondern elementar an der Definition der Arbeitsaufgaben und an der Ausgestaltung der Leistungserbringung beteiligt. Damit einher geht die Möglichkeit, aber auch die Notwendigkeit zu einer engen Kooperation mit den anderen Organisationsmitgliedern. Die größere Selbst- und Mitbestimmung „kompliziert" die Zusammenarbeit. Sie verlangt von den Mitgliedern, nicht nur den eigenen Interessen zu folgen, sondern auch und vor allem im Sinne der Organisation zu handeln, d.h. sie erfordert – angesichts der oft geringen Möglichkeiten der Organisation, die tatsächliche Leistungserbringung zu kontrollieren – eine größere Selbstdisziplin und Selbstlosigkeit der Organisationsmitglieder.

Diese Bereitschaft lässt sich aber nur schlecht über formale juristische Verträge reglementieren, weshalb innerhalb relationaler Beziehungen die informale und implizite Vereinbarung – sprich: der psychologische Vertrag – eine ganz besondere Bedeutung gewinnt. Die psychologische Bindungskraft reicht jedoch häufig nicht hin, um die erwünschten Abstimmungsleistungen zu erbringen. Sie wird daher auch innerhalb von relationalen Beziehungen durch besondere soziale Normierungen unterstützt. So wird ein williger und karrierebewusster „Junior Consultant" zwar bereit sein, ständig umherzureisen und auch am Wochenende zu arbeiten, sein diesbezügliches Engagement würde sich allerdings in engeren Grenzen halten, wenn es nicht als „selbstverständlich" gelten würde, dass man sich seine Lorbeeren in diesem Beruf nicht zuletzt durch ständige Präsenz und großen Einsatz verdienen muss. Damit stellt sich allerdings ein neuartiges Problem, denn warum kümmert ihn das wirklich oder allgemeiner gefragt, warum sind die Mitglieder einer Organisation bereit, die Regeln und Normen zu akzeptieren, die in einer Organisation gelten? Sie werden dann dazu bereit sein, wenn sie diese Regeln als legitim erachten oder anders ausgedrückt: wenn sie die organisationale Sozialisation „erfolgreich" durchlaufen haben. Zusammengefasst: Transaktionale und relationale Arbeitsverhältnisse geben dem psychologischen Vertrag ein unterschiedliches Gewicht. In transaktionalen Arbeitsverhältnissen erfolgt eine relativ enge Bezugnahme auf den juristischen Vertrag, in relationalen Arbeitsverhältnissen dominiert die Bedeutung des psychologischen Vertrags. Hinzu kommt, dass in relationalen Arbeitsverhältnissen die kollektive Normierung – und damit die Sozialisation der Arbeitnehmer – an Bedeutung gewinnt.

# 3 Sozialisation

Weil es für die meisten Arbeitsverhältnisse nicht genügt, strikt nur die juristischen Abmachungen durchzusetzen, weil es vielmehr darauf ankommt, dass sich die Mitarbeiter freiwillig und gerade auch dann für ihre Arbeit engagieren, wenn es keine expliziten Regeln für die Arbeitsausführung gibt, eben deshalb ist es so wichtig, welcher psychologische Vertrag zwischen den Arbeitspartnern geschlossen wird. Und aus demselben Grund erwächst auch die große Bedeutung der betrieblichen Sozialisation. Unter betrieblicher Sozialisation versteht man den Prozess der Übernahme der in einer Organisation geltenden Vorstellungen, Werte, Normen und Rollen, der es den Organisationsmitgliedern ermöglicht, am organisationalen Geschehen teilzunehmen (van Maanen/Schein 1979).

In einem weiteren Sinne gehört zur Sozialisation außerdem die innerliche Akzeptanz der sozialen Ordnung und der betriebs- und arbeitspolitischen Institutionen. Inhaltlich geht es bei der Sozialisation vor allem um die Schaffung bzw. Sicherung der Voraussetzungen für eine erfolgreiche Aufgabenbewältigung, aber ebenso (und eigentlich unlöslich damit verbunden) auch um die soziale Integration, d.h. um die Akzeptanz durch das unmittelbare soziale Umfeld. Im Zuge des Sozialisationsprozesses muss das einzelne Organisationsmitglied lernen, seine Aufgaben fachlich zu beherrschen. Außerdem muss es mit seinen Kollegen, mit Vorgesetzten und Kunden „auskommen", d.h. es muss soziale Beziehungen aufbauen, die es ihm ermöglichen, ertragreich mit anderen zusammenzuarbeiten (Bauer/Morrison/Callister 1996). Wie sich diese Beziehungen gestalten, welche Leistungen von einem Mitglied einer Organisation legitimer Weise erwartet werden können, diese Fragen sind sowohl Gegenstand der Sozialisation als auch Gegenstand des psychologischen Vertrags.

## 3.1 Zusammenhang zwischen psychologischem Vertrag und Sozialisation

Nicht nur der Tatbestand, dass neben materiellen Gütern (Arbeitszeit, Arbeitsleistung usw.) auch immaterielle Güter (Mitdenken, Loyalität usw.) eine große Rolle spielen, macht die Besonderheit des psychologischen Vertrags aus. Große Bedeutung hat vor allem auch die Unbestimmtheit dessen, wie die (psychologischen) Vertragsbestandteile denn nun genau zu verstehen sind. Aus der Sicht der Organisation sollte ein Mitarbeiter beispielsweise „mitdenken" und er sollte „loyal" sein. Aus Sicht des Mitarbeiters sollte der Arbeitgeber umgekehrt z.B. nicht seine Macht ausnützen, sondern die von seinen Interessen abweichenden Interessen von Arbeitnehmern anerkennen und er sollte vor allem fair sein.

Dem lässt sich natürlich leicht zustimmen. Probleme ergeben sich aber regelmäßig dann, wenn es um die Umsetzung dieser Forderungen in die tägliche Praxis geht. Denn dann stellt sich unvermeidlich die Frage, was „Mitdenken" denn nun genau und im konkreten Fall heißt, worin sich „Loyalität" zu beweisen hat, welches Verhalten als Ausdruck „natürlicher" Interessengegensätze zu gelten hat und auch was „einfach unfair" ist. Diese Überlegungen verdeutlichen die doppelte Bedeutung der Sozialisation für die Ausgestaltung des psychologischen Vertrags. Zum Ersten bestimmt die Sozialisation (mit) darüber, was überhaupt als legitimer Tatbestand des psychologischen Vertrags gelten kann. Zum Zweiten liefert die Sozialisation die mentalen Voraussetzungen dafür, um entscheiden zu können, ob ein konkretes Vorkommnis geeignet ist, den psychologischen Vertrag zu beeinträchtigen. Wie schon mehrfach betont, macht der psychologische Vertrag „Bestimmungsleistungen" notwendig: Das Mitglied einer Organisation muss sich Klarheit darüber verschaffen, welche Bestandteile des psychologischen Vertrags wirklich essentiell sind (gehört dazu beispielsweise unbedingte Loyalität?) und es muss entscheiden, ob bestimmte Gegebenheiten und/oder Ereignisse vertragsadäquat sind (ist es beispielsweise ein Loyalitätsbruch, wenn man sich über seinen Vorgesetzten an höherer Stelle beschwert?). Die Sozialisation liefert die Denk- und Wertmuster, die bei diesen Bestimmungsleistungen zum Zuge kommen. Es gibt Organisationen, in denen – um auf das genannte Beispiel Bezug zu nehmen – unbedingte Loyalität gefordert und neuen Mitarbeitern auch ganz strikt vermittelt wird. Und es gibt Organisationen, in denen Loyalität kaum eine Rolle spielt und entsprechend kein besonderes Thema der Sozialisation darstellt. Aber mit der Beantwortung der Frage, ob Loyalitätspflichten bestehen, ist noch nicht geklärt, wie diese konkret zu verstehen sind. Denn in manchen Organisationen, in denen starke Loyalitätspflichten herrschen, gilt eine Beschwerde über die eigenen Vorgesetzten als ernste Verletzung dieser Norm, während es in anderen Fällen geradezu ein Verstoß gegen die Loyalitätspflicht wäre, Fehlverhalten des Vorgesetzten zu verschweigen oder gar zu decken.

Abb. 1: Sozialisation und psychologischer Vertrag

Zusammengefasst: Verträge, auch psychologische, sind nur *mehr oder weniger* konkrete Verhaltensverpflichtungen. Was in einer konkreten Situation zu tun ist, unterliegt immer auch einer Bestimmungsleistung. Es kommt eben nicht so sehr auf den „Buchstaben" als vielmehr auf den „Geist" einer Vereinbarung an. Dieser Geist bestimmt sich aber nicht nur aus den ganz privaten „Sinnwelten" der einzelnen Mitarbeiter. Die Urteilsbildung über das angemessene Verhalten entsteht nicht in einem sozialen Vakuum, sondern muss immer auch den sozialen Sinnstrukturen genügen. Die im sozialen Bezugsfeld existierenden Werthaltungen, die geltenden Normen und die sozial geteilten Überzeugungen definieren gewissermaßen einen „sozialen Vertrag", der dem Handeln jedes Einzelnen gewissermaßen vorgelagert ist. Sie liefern wichtige Orientierungspunkte für die Interpretation des psychologischen Vertrags. Abbildung 1 gibt diesen Zusammenhang schematisch wieder. Bei der Sozialisation geht es auf der einen Seite um die Übernahme von Werten, Normen, Rollen und Legitimierungsmustern. Gelungene Sozialisation zeigt sich daher primär darin, dass soziale Werte und Überzeugungen (z.B. Ordnung und Fleiß) vom Einzelnen „internalisiert" werden und damit zu quasi-natürlichen Arbeitshaltungen (also z.B. Ordnungsliebe) gerinnen, die nicht mehr „hinterfragt" werden. Auf der anderen Seite geht es bei der Sozialisation nicht nur um eine einseitige Übernahme vorgegebener Denk- und Verhaltensanforderungen, sondern auch um die Anwendung dieser Denk- und Verhaltensanforderungen im Alltag. Dabei kommen nun aber soziale Bestimmungsleistungen zum Zuge, an denen der Einzelne unmittelbar teilhat und in denen er versucht, seine Vorstellung zur Geltung zu bringen. Es geht hierbei gewissermaßen um ein „Aushandeln der Vertragsbedingungen", um die soziale Verankerung des psychologischen Vertrags.

### 3.2 Sozialisation als Aushandlung

Der Begriff der „Aushandlung" ist in einem weiten Sinne zu verstehen, weil sich die Inhalte des psychologischen Vertrags nicht ohne weiteres dingfest machen lassen. Neben expliziten Versprechen („Wenn Sie das Projekt zum Erfolg führen, erhalten sie eine neue attraktive Position.") geht es um Verhandlungsgegenstände, die sich schwer bis gar nicht einklagen lassen, also um Anreize wie Lob, Hilfe, Förderung oder um Beiträge wie Wohlverhalten, Fleiß und Zusammenhalt. Außerdem werden die Anreize und Beiträge daraufhin geprüft, ob sie auch wirklich gewährt oder eingefordert werden (kann man sich auf die Absichtserklärung des Vorgesetzten verlassen?) und wie implizite Versprechen („Wenn Sie ein getreuer Mitarbeiter sind, werde ich Sie nicht im Regen stehen lassen.") zu interpretieren sind.

Eine große Bedeutung erhält daneben die Frage, ob die „Vorleistungen", die man erbracht hat, auch angemessen gewürdigt werden. Wenn man beispielsweise zum Antritt einer neuen Stelle umziehen musste und damit große materielle Aufwendungen entstanden sind und auch die immateriellen Aufwendungen (z.B. durch die mit dem Umzug verbundene Aufgabe sozialer Beziehungen) nicht gering sind, dann wird man darauf bedacht sein, dass diese „Investition" auch „irgendwie" entgolten wird. Zu beachten ist, dass derartige Erwartungen weder deutlich ins Bewusstsein treten, noch sich immer klar artikulieren lassen. Dessen ungeachtet lenken sie das Verhalten – und führen auch zu erheblichen „Störungen"– wenn sie nicht zusammenpassen. Ein Beispiel: Das Idealbild vieler Vorgesetzter ist der „selbstlose Mitarbeiter", der seinem Chef jederzeit – sozusagen auf Abruf – zur Verfügung steht, der bereitwillig Zusatzaufgaben übernimmt, wann immer sie anfallen, für den Arbeitszeiten kein Thema sind, und der voll hinter allen Aktionen des Vorgesetzten steht.

Nur wenige Mitarbeiter werden aber bereit sein, sich diesen Erwartungen auch zu fügen. Sie werden vielmehr Versuche unternehmen, den Vorgesetzten von seinen unrealistischen Ansprüchen abzubringen. Umgekehrt haben auch Mitarbeiter oft unerfüllbare Erwartungen an ihre Vorgesetzten. Sie sollen ihnen möglichst große Freiräume geben, sich für das Handeln ihrer Mitarbeiter vorbehaltlos verbürgen, deren Gehaltswünsche bei der Geschäftsleitung durchsetzen, ihre Karrierewünsche befriedigen und ihnen möglichst alle unangenehmen Aufgaben abnehmen.

Aus dem Zusammentreffen derart widersprüchlicher Erwartungen kann sich kaum eine arbeitsfähige Beziehung entwickeln. Der Mitarbeiter wird die Rolle des Leibeigenen nicht akzeptieren wollen, der Vorgesetzte dürfte sich kaum in der Rolle des Erfüllungsgehilfen der Geltungsbedürfnisse seiner Mitarbeiter gefallen. Es ist vielmehr damit zu rechnen, dass beide Seiten versuchen werden, die Erwartungen des andern in ihrem Sinne zu beeinflussen. Die Beeinflussungstechniken reichen dabei von sehr direkten Aktionen über moderate Überzeugungsversuche bis hin zum Einsatz von subtilen Zwangs- und Verlockungsmitteln. Beispiele für sehr direkte Beeinflussungsversuche sind unverblümte Anweisungen des Vorgesetzten und auf Seiten des Mitarbeiters Arbeitsverweigerungen, z.B. wegen (angeblicher) Überlastung. Wirkungsvoller als derartige Versuche, den andern zu bestimmten Verhaltensweisen zu zwingen, sind weniger direkte und eher verdeckte Formen der Überzeugung und Überredung. So können Vorgesetzte bestimmten (gewünschten) Leistungen eines neuen Mitarbeiters Anerkennung zollen, auf eine Kommentierung anderer (weniger erwünschter) Leistungen dagegen verzichten und auf die entsprechende Belohnungs- bzw. Bestrafungswirkung setzen.

Ein anderes – meist sehr wirkungsvolles Mittel – ist es, „Abweichler" spüren zu lassen, dass sie allein stehen. Positive Anreize, wie die Zuweisung von angenehmen Aufgaben oder die Gewährung von Vergünstigungen bei „Wohlverhalten", kommen in der betrieblichen Realität ebenso zum Einsatz wie die negative Sanktionierung bei „Aufsässigkeit" z.B. durch Nichtbeachten oder Schmälern der Leistungen oder dadurch, dass man auch Dritte gegen die Person aufbringt. Der Phantasie sind hier nur durch den Charakter der Beteiligten Grenzen gesetzt.

Offene Diskussionen über Verhaltensweisen, die man sich von Mitarbeitern, Kollegen und Vorgesetzten wünscht, werden häufig vermieden, weil sie als zu heikel gelten. Außerdem fehlt oft das Vokabular, um über zwischenmenschliche Probleme sachlich und angemessen sprechen zu können oder aber man fürchtet eine Eskalation der bestehenden Konflikte. Andererseits versucht man in der Praxis dieser Sprachlosigkeit auch entgegenzuwirken z.B. durch die Durchführung regelmäßiger Vorgesetzten-Mitarbeiter-Gespräche. Diese geben Gelegenheit, die wechselseitigen Erwartungen offen zu kommunizieren, unangenehme Vorfälle anzusprechen aber auch gute Leistungen zu würdigen. Allerdings ist jedes Gespräch nur so gut wie die Fähigkeit der Beteiligten, dieses zu führen. Und im Vergleich mit dem beständigen Fluss der alltäglichen Ereignisse, die das Sozialisationsgeschehen bestimmen, dürfte es auch nur eine beschränkte Wirkungskraft haben.

Wohin führen nun die beschriebenen Verhandlungsprozesse über den angemessenen psychologischen Vertrag? In unserem Beispiel unverträglicher Vorstellungen zwischen dem Vorgesetzten und seinem Mitarbeiter geht es darum, die spezielle Beziehung zwischen den beiden Partnern zu definieren. Im Ergebnis wird sich eine spezielle Rollenkonstellation herausbilden. Möglicherweise gesteht der Vorgesetzte seinen Mitarbeitern autonome Bereiche zu, in die er nicht eingreift. Im Gegenzug verpflichtet sich der Mitarbeiter dazu, den Vorgesetzten nicht mit „Alltagskram" zu behelligen und ihm so den Rücken frei zu halten, damit er sich seinen Gestaltungsaufgaben widmen kann. Setzt sich ein derartiges

Muster eines psychologischen Vertrages durch, dann hat dies zwangsläufig auch Rückwirkungen auf den sozialen Vertrag, also auf die Hintergrundvorstellungen, die von den Organisationsmitgliedern geteilt werden (vgl. den gestrichelten Pfeil in Abbildung 1). Im gegebenen Beispiel könnte sich also so etwas wie eine „teilautonome Führungskultur" entwickeln. Denkbar sind aber natürlich auch gänzlich andere Rollenkonstellationen und – so sie sich denn allgemein etablieren – auch andere Führungskulturen. So könnte es einem Vorgesetzten gelingen, sich als unbestrittene Autorität zu etablieren, der die anfallenden Aufgaben nach Gutdünken verteilt und die Aufgabenerfüllung strikt kontrolliert. Möglich ist aber auch, dass sich der Vorgesetzte gänzlich zurückzieht, seine Rolle als Leitfigur aufgibt und sich primär als Coach selbstständig agierender Mitarbeiter versteht. Welches Muster sich im jeweiligen individuellen Aushandlungsprozess durchsetzt, hängt nun aber nicht nur vom „Verhandlungsgeschick oder der Durchsetzungskraft der einzelnen Akteure ab, sondern wird selbst wiederum maßgeblich von den Hintergrundvorstellungen (den Inhalten des „sozialen Vertrags") bestimmt, die sich bereits in der Organisation etabliert haben (vgl. den durchgezogenen Pfeil in Abbildung 1).

### 3.3 Sozialisation als Übernahme von Deutungs- und Bewertungsmustern

Wie muss man sich das vorstellen? Wie ist es möglich, dass die in der Organisation vorherrschenden Denk- und Wertmuster schließlich auch das Empfinden und Handeln von Personen lenken, die vor ihrem Eintritt in die Organisation Auffassungen vertreten haben, die denen ihres Arbeitgebers ganz entgegengesetzt waren? Wie schon am Anfang dieses Beitrags betont, liegt eine Ursache für die starke Macht des Sozialen bereits in der Natur des Menschen begründet. Menschen sind auf Gemeinschaft angewiesen, sie brauchen die Verständigung mit anderen Menschen und das Gefühl, sozial akzeptiert zu werden. Die Anpassung an die herrschenden Auffassungen beruht daher zu einem erheblichen Teil schlichtweg auf Belohnungen, die man daraus bezieht, dass man sich mit seinen Mitmenschen versteht, bzw. auf der Vermeidung von Bestrafungen, die man zu gewärtigen hätte, wenn man sich durch abweichendes Denken und Verhalten sozial ausgrenzte.

Eine weitere Ursache für die Übernahme der sozial vorgegebenen Deutungs- und Bewertungsmuster liegt in der Verunsicherung begründet, die ein Neuling üblicherweise erlebt. Er hat schlichtweg keine Erfahrung damit, wie er sich in der für ihn fremden Umgebung verhalten soll. Da ist es nahe liegend, dass er sich an diejenigen hält, die mit den Gegebenheiten vertraut sind. Das Verhalten von Neuen ist daher in großem Ausmaß Imitationsverhalten: mit dem Nachahmen des „normalen" Verhaltens befindet man sich auf der „sicheren Seite". Allerdings sitzt man damit auch in der „Falle". Denn wenn die Tat dem Denken vorauseilt, dann wird das Denken Schulden zahlen. Menschen müssen (nicht zuletzt vor sich selbst) rechtfertigen, warum sie etwas tun. Wer es beispielsweise wagt, die Anweisung eines Vorgesetzten zu ignorieren, braucht einen Grund und zwar insbesondere dann, wenn für ihn ein derartiges Verhalten vorher praktisch undenkbar erschien. Wenn die herrschende Ideologie für das ungewohnte Verhalten eine gute Rechtfertigung liefert, dann ist man geneigt, diese auch für sich in Anspruch zu nehmen und sie schließlich auch rundum gutzuheißen. In unserem Beispiel könnte diese Funktion von einer Organisationskultur erbracht werden, die sich z.b. auf die folgende Regel stützt: „Jeder Mitarbeiter muss sich zunächst um seine ureigensten Probleme kümmern und andere Aufgaben im Zweifel zurückstellen". Zusammenfassend sei festgehalten: Begünstigt wird die Übernahme vorgegebener Denk- und Handlungsmuster einerseits durch sozial veranlasste Belohnungen und Bestrafungen sowie andererseits durch die Neigung, das Verhalten der sozialen Umwelt zu imitieren. Außerdem sehen Menschen sich normalerweise genötigt, ihr Verhalten zu rechtfertigen, was die soziale Anpassung nicht eben mindert.

### 3.4 Strukturelle Signale

Der stärkste soziale Einfluss auf die Arbeitshaltungen und das Arbeitsverhalten geht nicht von offiziellen Verlautbarungen (etwa von „Unternehmensleitlinien"), sondern vom „sozialen Nahbereich" aus, also von den Kollegen und Vorgesetzten, mit denen man am unmittelbarsten und häufigsten Kontakt hat. Informationen, Ankündigungen und Absichtserklärungen der Unternehmensleitung werden von diesem Personenkreis gefiltert, kommentiert und interpretiert. Sie gewinnen damit eine Vorprägung, die die Vorstellung einer „reinen" Kommunikation, wonach alles so ankommen soll, wie es gemeint ist, illusorisch macht. Davon ganz unabhängig haben aber auch organisationale Botschaften eine große Bedeutung für die Sozialisation.

Gemeint sind damit insbesondere die „strukturellen Signale", die eine Organisation aussendet. Ein Beispiel hierfür sind die personalwirtschaftlichen Maßnahmen, die in einer Organisation ergriffen werden. Sie enthalten nicht selten eine über den unmittelbaren Handlungszweck hinausgehende, mehr oder weniger versteckte Botschaft, die von den Mitarbeitern auch mit großer Sensibilität aufgenommen werden. Die personalwirtschaftlichen Instrumente, die in einem Unternehmen eingesetzt werden, machen deutlich, was im Unternehmen „zählt", welcher Typus von Mitarbeitern mit Beförderungen rechnen kann und welche Verhaltensweisen erwartet werden. Wenn beispielsweise im Vertrieb durch das dort zum Einsatz kommende Lohnsystem vor allem der Neukundengewinn prämiert wird, die Kundenpflege dagegen keine monetäre Beachtung findet, dann kann das leicht dazu führen, dass sich die Vertriebsleute eher als Verkäufer denn als Berater verstehen und für Kundenbeschwerden kein Verständnis entwickeln, bzw. sie aus ihrem Verantwortungsbereich hinausdefinieren. Offizielle Bekenntnisse zur Kundenorientierung verlieren natürlich jegliche Glaubwürdigkeit, wenn die tatsächlichen Belohnungsmuster diesen widersprechen. Dabei ist eben dies ein wichtiges Sozialisationsziel, das die meisten Organisationen anstreben: die Vermittlung von Glaubwürdigkeit und Verlässlichkeit der Unternehmensleitung. Um dieses Ziel nicht zu gefährden, sollten nicht nur Worte und Taten übereinstimmen, es sollten auch keine falschen Erwartungen geweckt werden. Wenn beispielsweise aufwendige Trainingsmaßnahmen zur Verbesserung der Teamarbeit durchgeführt werden, dann kann sehr leicht der Eindruck entstehen, dass das Unternehmen ein großes Interesse daran hat, die Beschäftigung der von den Trainingsmaßnahmen Betroffenen dauerhaft zu sichern, denn weshalb sollte man sonst in diese Maßnahmen eingebunden worden sein? Außerdem wird die Erwartung geweckt, dass die bisherigen Aufgaben mit einem größeren Handlungsspielraum versehen werden sollen. Wenn diese Erwartungen aber enttäuscht werden, wenn auf die Bildungsmaßnahmen Personaleinsparungen folgen und wenn die neu installierte Gruppenarbeit keine größere Autonomie erbringt, sondern lediglich eine Arbeitsverdichtung durch die Einführung von Lean Management Methoden, dann wird der Arbeitgeber kaum als verlässlicher Vertragspartner gesehen werden. Und zwar auch dann nicht, wenn er das Weiterbildungsangebot ganz arglos oder sogar wohlwollend bereitgestellt hat.

### 3.5 Prozess-Stufen der Sozialisation

In vielen Abhandlungen zur organisationalen Sozialisation wird der Prozesscharakter der Sozialisation herausgestellt (Buchanan 1974, Reichers 1987). Danach stellen sich in verschiedenen Phasen der Eingliederung unterschiedliche Aufgaben für den „Sozialisanden". Umgekehrt ergibt sich in diesen Phasen auch eine spezielle Problemsituation für die Organisation, wobei – streng genommen – aus den Problemen der einen Seite natürlich auch sehr schnell Probleme für die andere Seite entstehen.

Für das Gelingen der Sozialisation ist es daher notwendig, dass beide Seiten die sich stellenden Probleme (möglichst gemeinsam) bewältigen. In Abbildung 2 findet sich eine Übersicht. Sie berücksichtigt, dass sich die Konturen des psychologischen Vertrags und der Möglichkeiten, ob die Sozialisation gelingen kann, eigentlich schon vor Eintritt in die Organisation herausbilden: Das Image des Unternehmens weckt bestimmte Erwartungen, in der Personalwerbung stecken Versprechungen und die Gespräche in der Bewerbungsphase vermitteln weitere Eindrücke. Aus Sicht des einzelnen Mitarbeiters ergeben sich hieraus allerdings letztlich nur vage Anhaltspunkte, die sein Bedürfnis nach möglichst konkreter Information über das, was auf ihn zukommen wird, nur bedingt befriedigen. Umgekehrt beklagen Firmen oft die „unrealistischen" Erwartungen, mit denen neue Mitarbeiter ihre Arbeitsstelle antreten. Zum Teil sind sie dafür aber auch selbst verantwortlich, weil sie – ebenso wie die Bewerber auch – dazu neigen, vor allem ihre positiven Seiten herauszustreichen und die negativen eher zu verbergen. Anzumerken wäre außerdem, dass nicht nur die Arbeitnehmer übersteigerte Erwartungen haben, sondern auch die Unternehmen nicht frei davon sind, überhöhte Ansprüche an ihre neuen Mitarbeiter zu stellen – und die Schwierigkeiten des Eingliederungsprozesses zu unterschätzen.

Gerade die erste Zeit des Kennenlernens ist von größter Bedeutung für die Chancen dafür, dass die Eingliederung der Mitarbeiter gelingt. Dies lässt sich leicht nachvollziehen: Die neuen Organisationsmitglieder müssen sich in einer für sie fremden Umgebung schnell zurechtfinden. Sie suchen daher meist ganz gezielt nach Informationen, die ihnen dabei helfen, sich auf ihre soziale Umwelt einzustellen und die Arbeit befriedigend erledigen zu können. Entsprechend bereitwillig nehmen sie jede Information auf, die ihnen diesbezüglich eine (vermeintliche) Hilfe bietet. Entsprechend bedeutsam sind für die Herausbildung des psychologischen Vertrags die ersten Erfahrungen in einer Organisation. Die große Bedeutung der Einstiegsphase belegen auch Studien, wonach sich neue Mitarbeiter aktiv um eine Eingliederung bemühen (vgl. u.a. Ashford/Black 1996). Dabei geht es den Neulingen nicht ausschließlich darum, nützliche Informationen zu gewinnen, um mit den ihnen übertragenen Aufgaben zurechtzukommen, sondern auch darum, sich selbst in einem positiven Licht zu zeigen und sich Einflussmöglichkeiten zu verschaffen.

Haben die Mitarbeiter schließlich ihre soziale Stellung gefunden und beherrschen sie auch ihre Aufgaben, dann ist der Sozialisationsprozess allerdings nicht beendet. Zu ihrer vollständigen Etablierung ist es vielmehr notwendig, dass die Mitglieder einer Organisation einen soliden, d.h. tragfähigen Stil im Umgang mit Konflikten entwickeln. Dies ist deswegen eine wichtige Aufgabe, weil sachbezogene und zwischenmenschliche Konflikte keine Ausnahmetatbestände sind, sondern zum Arbeitsalltag gehören.

| Phase der organisationalen Sozialisation | Problemsituation aus Sicht der Organisation | Problemsituation aus Sicht des Einzelnen |
|---|---|---|
| Antizipation | • Häufig existieren unrealistische Erwartungen der Bewerber.<br>• Die Informationen über den Bewerber sind sehr selektiv, gleichzeitig soll aber die Eignung in einem umfassenden Sinne valide beurteilt werden. | • Häufig existieren unrealistische Erwartungen der Arbeitgeber.<br>• Es bestehen unklare Vorstellungen über die expliziten und impliziten Anforderungen und Erwartungen des Arbeitgebers. |
| Konfrontation | • Die ersten Erfahrungen im Arbeitsalltag haben eine prägende, nur schwer revidierbare Wirkung.<br>• Neue Mitarbeiter verändern die bestehenden sozialen Beziehungen und die Art der Aufgabenerledigung. | • Die interpersonellen Beziehungen absorbieren viele Energien.<br>• Auch die fachliche Einarbeitung in die neuen Aufgaben ist mit vielen Unsicherheiten behaftet. |
| Etablierung | • Es besteht die Gefahr, dass Mitarbeiter die Bereitschaft und die Fähigkeit zur erforderlichen betrieblichen Flexibilität verlieren.<br>• Überidentifikation kann zu Betriebsblindheit führen. | • Es muss ein solider Stil im Umgang mit Konflikten gefunden werden.<br>• Der Mitarbeiter muss ein angemessenes Verhältnis von Berufs- und Privatrolle finden. |

Abb. 2: Phasen der organisationalen Sozialisation

Zum Arbeitsalltag gehört auch das Leben außerhalb der Arbeit. Um von einer gelungenen Sozialisation sprechen zu können ist es daher notwendig, dass man zu einem vernünftigen Verhältnis zwischen den Ansprüchen der Organisation und den Anforderungen (und seinen eigenen Wünschen) aus den jenseits der Arbeit liegenden Lebensbereichen kommt. Ist bezüglich all dieser Fragen die Sozialisation schließlich zu einem (vermeintlich) erfolgreichen Abschluss gekommen, dann liegt eben darin auch eine Gefahr. Denn dann kann es leicht geschehen, dass die nun nicht mehr neuen Mitarbeiter ihre Flexibilität verlieren und sich als Bewahrer einer (vorgeblich) bewährten Praxis verstehen. Einen Sozialisationsstillstand kann es aber nur in einer statischen Umwelt geben. In dem Maße, in dem sich Organisationen verändern, müssen sich auch ihre Mitglieder immer wieder neu zurechtfinden und natürlich auch immer dann, wenn sich für sie ganz individuell ein Anlass zur Veränderung (Stellenwechsel, Versetzung, Beförderung usw.) ergibt.

## 4 Ein spezielles Sozialisationsmuster: Die Rolleninnovation

Bereits in den vorangegangen Abschnitten wurden einige Mechanismen der Verhaltensänderung angesprochen. Im Folgenden werden weitere Bestimmungsgründe für die Übernahme von Denk- und Verhaltensmustern diskutiert. Außerdem wird ein spezielles Sozialisationsmuster herausgestellt, das einige besonders wünschenswerte Eigenschaften besitzt.

### 4.1 Grundlagen sozialen Einflusses

Die Ausgangsbedingungen für „Verhandlungen" zwischen Arbeitgebern und Arbeitnehmern sind normalerweise sehr ungleich verteilt. Da ein Arbeitnehmer in der Regel stärker auf das Weiterbestehen des Vertragsverhältnisses angewiesen ist als der Arbeitgeber, hat er weniger Macht, seine Sicht der Dinge zur Geltung zu bringen. Dazu kommt, dass ein Arbeitnehmer nicht nur einem einzelnen Akteur (also „seinem" Arbeitgeber) gegenübertritt, mit dem er ganz spezielle Arbeitsbedingungen aushandeln kann. Er hat es vielmehr mit festgefügten sozialen Verhältnissen und Vorstellungen zu tun, die bereits vorab darüber entschieden haben, was als unumstößliche Anforderung an das Arbeitsverhalten hinzunehmen ist.

Im Extremfall bleibt dem Arbeitnehmer daher nichts anderes übrig, als sich in eine vorgegebene Rolle einzufügen. In diesem Fall erfolgt eine einseitige Anpassung. Sie ist begründet in der Macht der Verhältnisse bzw. banaler Weise in wirtschaftlichen Zwängen. In diesem Fall, in dem die Verhaltensanpassung gewissermaßen gegen den Willen des Mitarbeiters zustande kommt, wird kaum eine Kooperationsbereitschaft entstehen, die über die Erfüllung der unmittelbaren Vertragspflichten hinausgeht. Der psychologische Vertrag wird also – wenn er denn erzwungen ist – unter einem starken mentalen Vorbehalt stehen. Im zweiten Fall, also bei der Indoktrination, geht es ebenfalls um eine einseitige Anpassung. Auch hier bleibt dem Mitarbeiter praktisch keine Wahl. Im Gegensatz zum ersten Fall, in dem der Mitarbeiter die Zwangssituation als solche empfindet, geschieht die Rollenübernahme hier aber nicht gegen seinen expliziten Willen. Vielmehr setzt die Sozialisation gerade an diesem „Willen" an, indem sie ihn verändert. In der Literatur wird die Sozialisation durch Indoktrination gewissermaßen als der Standardfall dargestellt. Der Mitarbeiter übernimmt mehr oder weniger schmerzlos die geltenden sozialen Standards und wird nach und nach zu einem akzeptierten und die Gegebenheiten akzeptierenden Mitglied der Organisation. Zur Geltung kommt in diesem Prozess die Übermacht der sozialen „Selbstverständlichkeiten" (Hofstätter 1959), also die normative Kraft des Faktischen, gegen die der Einzelne nichts aufbringen kann.

Der vermeintliche Standardfall der Sozialisation ist allerdings kaum der Idealfall der Sozialisation. Der Grund liegt in der mangelnden inneren Beteiligung des Sozialisanden, d.h. desjenigen, der den Sozialisationseinflüssen ausgesetzt ist. Seine Antriebe werden im Prozess der Indoktrination gewissermaßen überformt, es erfolgt keine Auseinandersetzung mit dem eigenen Selbstverständnis und es unterbleibt damit auch der Versuch einer Integration der sozialen mit den persönlichen Vorstellungen und Maßstäben. Zwar ist es durchaus möglich, durch Indoktrination eine soziale Bindung herbeizuführen. Diese verbleibt dann aber auf einer unreflektierten „emotionalen" Ebene, die nur wenige Verankerungspunkte in der eigenen Person hat und sich daher spätestens dann, wenn das Identifikationsobjekt Schwäche zeigt oder Misserfolge zeitigt, auch wieder relativ leicht ablöst.

| Grundlage der Sozialisation | Rolle des Mitarbeiters | Psychologischer Vertrag | |
|---|---|---|---|
| | | Inhalt | Akzeptanz |
| Zwang: Rollenübernahme | Anpasser | Enge Kooperation | Vertrags-Vorbehalt |
| Indoktrination: Rollenübernahme | Mitglied | Passive Kooperation | Emotionsgesteuerte Bindung |
| Verhandlung: Rolleninnovation | Gestalter | Aktive Kooperation | Überzeugungsgestützte Bindung |

Abb. 3: Grundlage der Sozialisation und psychologischer Vertrag

Für die Herausbildung einer wirklich tief verankerten und stabilen Bindung ist es notwendig, dass man die Organisation als Objekt des eigenen Gestaltungswillens begreift. Dazu braucht man Einflussmöglichkeiten bei der Ausgestaltung seiner Rolle. In diesem Fall kommt es auch nicht zu einer einseitigen Rollenübernahme, sondern zu einer – wechselseitigen – Rolleninnovation. Die Rolleninnovation führt aber nicht nur zu einer beständigeren Bindung an die Organisation als Zwang und Indoktrination, sie weist daneben weitere Vorzüge auf. Sie stellt eingefahrene Routinen in Frage und gibt eben dadurch Anlass, z.B. über Verbesserungen der Arbeitsorganisation nachzudenken. Außerdem eröffnet die Rolleninnovation den Organisationsmitgliedern die Möglichkeit, Arbeitsabläufe und Arbeitsinhalte so einzurichten, dass ihre Fähigkeiten bestmöglich zum Tragen kommen. Und schließlich gewinnt ganz generell der psychologische Vertrag eine andere Qualität. Er ist, wenn der Mitarbeiter Mitgestalter seines Arbeitsverhältnisses ist, kein Ausdruck mentaler Anpassung, sondern Resultat einer Verantwortungsübernahme, die nicht nur ein weites Kooperationsfeld eröffnet, sondern sich auch in einer starken Selbstbindung niederschlägt. Bei bestimmten Mitarbeitergruppen (insbesondere bei Mitarbeitern in verantwortungsvollen Positionen) ist diese Form der Sozialisation daher unabdingbar. In Abbildung 3 sind die angeführten Überlegungen nochmals zusammengefasst.

## 4.2 Voraussetzungen für das Entstehen von Rolleninnovationen

Nun ist Rolleninnovation zwar wünschenswert, aber eben nicht selbstverständlich. Sie scheitert nicht nur an starren Arbeitsverhältnissen, sondern häufig auch an den fehlenden motivationalen Voraussetzungen der neuen Mitarbeiter. Diese erleben den Neueintritt in einer Organisation ja eher als Unsicherheitssituation, sind den fremden sozialen Erwartungen relativ schutzlos ausgesetzt und entwickeln daher sowohl ein starkes Bedürfnis nach Orientierung als auch eine hohe Bereitschaft sich anzupassen. Doch ganz unabhängig von dem meist hohen Sozialisationsdruck bringen die Mitarbeiter auch sehr unterschiedliche Voraussetzungen mit, sich die wünschenswerte Rolleninnovation zu erarbeiten.

Von Bedeutung sind hierbei nicht zuletzt Persönlichkeitsvariablen (vgl. auch den Beitrag von Gade im vorliegenden Buch). Personen mit einer hohen „Selbstwirksamkeit" (Rotter 1966) beispielsweise entwickeln leichter die notwendige Zuversicht, die eigenen Interessen auch gegen Widerstand durchsetzen zu können, als Personen mit einer geringen Selbstwirksamkeit. Ähnliches gilt für Personen mit einer hohen Ambiguitätstoleranz, also der Fähigkeit, mit unklaren und vieldeutigen Situationen zurechtzukommen, denn dieses mindert das Unsicherheitsgefühl und damit den Impuls, sich ohne weiteres den Verhaltensangeboten der sozialen Umwelt auszuliefern. Aber nicht nur persönliche Voraussetzungen sind wichtig für die Durchsetzung von Rolleninnovation.

Bedeutsam sind ebenso die Praktiken, die in der jeweiligen Organisation vorzufinden sind. Es macht beispielsweise einen Unterschied, ob alle Neulinge gleichermaßen nach „Schema F" in eine Organisation eingeführt werden (Beispiele liefern insbesondere die Rekrutenausbildungen beim Militär) oder ob jede Person ganz individuell an seine Aufgaben herangeführt wird. Im letzteren Falle ist die Chance, eine ganz eigene Rolle zu finden, natürlich wesentlich größer (Jones 1986). In Abbildung 4 sind zwei weitere Variablengruppen angeführt, auf die an dieser Stelle ebenfalls nur kurz hingewiesen werden kann: Ganz erhebliche Bedeutung hat zweifellos die Art der Tätigkeit. Naturgemäß ist eine Rolleninnovation erheblich einfacher durchzusetzen, wenn die Tätigkeiten komplex sind und sich daher im Einzelnen nicht genau festlegen lassen, als dann, wenn es sich bei den Aufgaben des Neulings um standardisierte Aufgaben handelt, die in ähnlicher Form von vielen anderen Kollegen ausgeführt werden. Und auch arbeitsrechtliche Besonderheiten beeinflussen maßgeblich die Möglichkeit der individuellen Ausgestaltung der Rolle. Personen, die nur vorübergehend oder nur beschränkt in den Arbeitsprozess eines Unternehmens eingegliedert sind, haben keine Veranlassung – und nur sehr eingeschränkte Möglichkeiten – die ihnen zugewiesene Rolle nach ihrem jeweils eigenen Verständnis auszugestalten. Welchen Anreiz hätte z.B. ein Leiharbeitnehmer, sich auf langwierige und belastende Verhandlungen mit den „fremden" Kollegen und Vorgesetzten über die Ausgestaltung seiner Arbeitsrolle einzulassen? Bauer/Morrison/Callister (1996) gehen daher auch davon aus, dass sich weder die Angehörigen der „Randbelegschaft" noch das jeweilige Unternehmen proaktiv um Fragen der Sozialisation bemühen dürften. Sozialisation verliere innerhalb „temporärer" Beschäftigungsverhältnisse die Bedeutung, die ihr ansonsten zukomme. Dieser Auffassung kann aber nur bedingt zugestimmt werden. Sie entspringt einer Sichtweise, die streng zwischen innen und außen unterscheidet. Sozialisation ist demnach die Transformation eines Außenstehenden in ein Mitglied. Damit wird man aber der Grundproblematik der Sozialisation nicht gerecht. Sie tritt nämlich nicht nur gegenüber den „Angehörigen" eines sozialen Systems auf, sondern kommt ganz allgemein immer dann zur Geltung, wenn es um die Aufnahme von dauerhaften Kooperationsbeziehungen geht. Aus diesem Grund wird die Sozialisationsaufgabe gegenüber temporären Partnern auch nicht hinfällig, sie gewinnt lediglich andere Dimensionen.

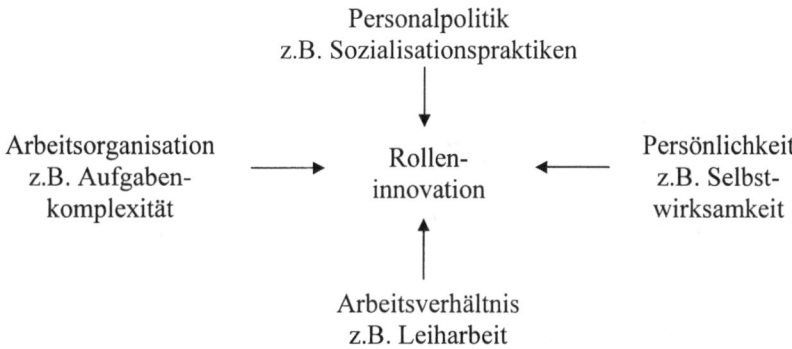

Abb. 4: Determinanten der Rolleninnovation

## 5 Gestaltungsansätze

Welche konkreten personalwirtschaftlichen Gestaltungsansätze zur Unterstützung der Einstellung und des Eingliederungsprozesses gibt es, und welche Wirkungen lassen sich durch ihren Einsatz erzielen? Auf diese Fragen soll im Folgenden eingegangen werden.

### 5.1 Determinanten des Sozialisationserfolgs

Der Wert von Maßnahmen zur Unterstützung der Eingliederung von neuen Mitarbeitern bestimmt sich danach, ob sie das Zustandekommen einer befriedigenden Vertragsbildung und einer erfolgreichen Sozialisation unterstützen. Aus diesem Grund sollte man wissen, welche Mechanismen für den Erfolg des Eingliederungsprozesses verantwortlich sind. Auf die vielfältigen Studien, die einen Beitrag zur Beantwortung dieser Frage leisten, kann an dieser Stelle nicht eingegangen werden. In Abbildung 5 findet sich eine Auswahl einiger zentraler Bestimmungsgrößen. Der Eingliederungserfolg bestimmt sich, wie oben beschrieben (vgl. Abbildung 2), auf der „überpersönlichen Ebene" nach dem Ausmaß, in dem es gelingt, die gegebenen Werte und Normen zu „vermitteln" und danach, inwieweit das neue Mitglied die ihm zugedachte Rolle ausfüllt und die bestehenden Institutionen akzeptiert. Abbildung 5 nennt im oberen Teil zwei Determinanten, auf die häufig Bezug genommen wird, wenn der Prozess einer erfolgreichen Eingliederung beschrieben wird.

Danach ist eine zentrale Vorbedingung für das Hineinfinden in eine neue Lebenswelt die Vermittlung positiver Erfahrungen. Sozialisation ist nicht zuletzt ein Lernprozess, der darauf abzielt, die innerhalb eines Sozialsystems geltenden Verhaltensmuster zu verstärken. Aber mindestens ebenso wichtig wie die Belohnung des erwünschten Verhaltens ist die Sinnvermittlung, d.h. der Identitätssicherung. Nur dann, wenn dem Selbstverständnis des neuen Mitglieds Raum gegeben wird, wenn es die Möglichkeit erhält, die eigene Identität zu bewahren und zu entwickeln, wird es sich auch integrieren. Darauf wurde bereits weiter oben bei der Darstellung der Rolleninnovation eingegangen.

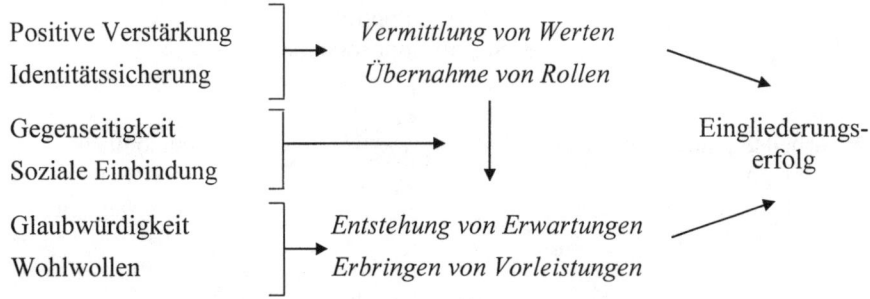

Abb. 5: Determinanten der Sozialisation und Determinanten der psychologischen Vertragsbildung

Auf der Ebene des psychologischen Vertrags (unterer Teil in Abbildung 5) bestimmt sich der Sozialisationserfolg nicht zuletzt danach, in welcher Weise „falsche" Erwartungen geweckt werden und inwieweit die Bewertungen der Vertragsparteien über die getroffenen Vereinbarungen übereinstimmen. Außerdem wird das Vertragsverständnis von den expliziten und impliziten Versprechen geprägt, die sich z.B. auch in Vorleistungen niederschlagen, die man zu erbringen bereit ist, ohne immer gleich auf die Gegenleistung zu rechnen (s.o.). Vorleistungen wird man aber nur dann erbringen, wenn man darauf vertraut, dass sie in der einen oder anderen Weise auch entgolten werden. Entsprechend große Bedeutung für den psychologischen Vertrag haben vertrauensbildende Faktoren. Ganz entscheidend für das Entstehen von Vertrauen ist das Wohlwollen, das einem entgegengebracht wird (Mayer/Davis/Schoorman 1995).

Ebenso wichtig ist die Glaubwürdigkeit, die man den impliziten und expliziten Versprechungen des Vertragspartners zuschreibt (vgl. den Beitrag zum Vertrauen in diesem Band). Schließlich ist von Interesse, in welcher Weise die sozialen Normierungen Eingang in die individuellen Vertragsvorstellungen finden (senkrechter Pfeil in Abbildung 5). Eine große Bedeutung kommt diesbezüglich der

Einbettung der eigenen Tätigkeit in das soziale Umfeld zu. Wenn das neue Organisationsmitglied eng mit Kollegen und Vorgesetzten zusammenarbeiten muss, dann muss es auch einen Weg finden, sich mit deren Vorstellungen und Ansprüchen auseinander zu setzen, um die eigene Rolle ausfüllen zu können. Eine entscheidende Vorbedingung für die Übernahme der Vorstellungen des sozialen Umfelds ist schließlich und nicht zuletzt, dass das Vertragsverhältnis als eine auf Wechselseitigkeit gerichtete Kooperationsbeziehung verstanden wird. Reziprozität ist *der* elementare Grundbaustein jeder echten Kooperation (Matiaske 1999), soziale Werte und Normen verlieren logischerweise ihre Bedeutung, wenn sie nicht als allgemeinverbindlich – also für beide Vertragspartner gleichermaßen gültig – wahrgenommen werden.

### 5.2 Instrumente der Einstellung und Eingliederung

Abbildung 6 gibt einen Überblick über die wichtigsten personalwirtschaftlichen Instrumente zur Eingliederung neuer Mitarbeiter (Rehn 1990, Breisig 1990). Bestimmend für den Eingliederungserfolg ist dabei nicht, ob eine Organisation diese Instrumente einsetzt, Einführungstage beispielsweise können ebenso erfreulich wie abschreckend sein. Entscheidend für den Erfolg ist die Art und Weise des Einsatzes; es kommt also auf die konkrete – auf die jeweilige Situation abgestimmte – Ausgestaltung der Instrumente an. Erreicht werden soll mit dem Einsatz der Instrumente die Förderung der oben beschriebenen, die Sozialisation unterstützenden Bedingungen. Einführungstage sollten also – um bei diesem Beispiel zu bleiben – belohnend (u.a. informativ und nicht verwirrend) und glaubwürdig sein, also z.B. konkrete Erfahrungen vermitteln und sich nicht in Ankündigungsmanagement erschöpfen. Anhand eines Beispiels sei auf die Gestaltungsmöglichkeiten von Instrumenten zur Förderung der Sozialisation etwas näher eingegangen.

| Instrument | Gegenstand und mögliche Wirkungen |
|---|---|
| Checkliste Arbeitsvertrag | Die Prüfung auf Vollständigkeit der Vereinbarungen über die wechselseitigen Rechte und Pflichten und die Arbeitsbedingungen schafft Klarheit und erzeugt Sicherheit. |
| Beteiligung der Kollegen bei der Personalauswahl | Wer bei der Einstellung eines neuen Kollegen mitwirkt, übernimmt auch Verantwortung für dessen erfolgreiche Eingliederung. |
| Einstellungsadministration | Die professionelle Zusammenstellung von Unterlagen (Steuerkarte, Versicherungsverträge usw.) und die Erfüllung von Meldepflichten (z.B. gegenüber dem Arbeitsamt) vermeidet unnötige Reibungsverluste. |
| Unterlagen für den neuen Mitarbeiter | Die Übergabe von wichtigen Unterlagen (Firmenausweis, Telefonverzeichnis, Aufnahme in den Verteiler) schon am ersten Tag schafft nicht nur die notwendigen Voraussetzungen für die Arbeit, sondern vermittelt auch den Eindruck, willkommen zu sein. |

| Stellenbezogene Information | Fehlende und/oder zusammenhangslose Informationen über den eigenen Arbeitsplatz führen zu Verwirrung und Verunsicherung. |
|---|---|
| Einführungstage/- veranstaltungen | Eine systematische Einführung verschafft erste Eindrücke über die herrschende Unternehmenskultur und fördert das Kennenlernen von Kollegen, die einen bei der Eingliederung unterstützen können. |
| Einführungsgespräch | Einführungsgespräche können dazu genutzt werden, Erwartungen deutlich zu machen. Außerdem dienen sie der Weitergabe grundlegender Informationen. |
| Feedbackgespräche | Die Rückmeldung über Schwierigkeiten in der Einarbeitung schafft die Gelegenheit, die jeweiligen Wertmaßstäbe offen zu legen. |
| Einarbeitungsplan | Durch die zeitlich abgegrenzte Zuweisung von Aufgaben werden die Erwartungen strukturiert, und durch die Zuordnung von Betreuern lässt sich das Bedürfnis nach sozialer Orientierung befriedigen. |
| Unterweisung | Konkrete Erläuterungen über einzelne Arbeitsabläufe geben Handlungssicherheit, verschaffen Erfolgserlebnisse und signalisieren soziale Unterstützung. |
| Paten | Erfahrene Kollegen mit hoher sozialer Kompetenz können den neuen Organisationsmitgliedern Unterstützung in fast allen Problembereichen der betrieblichen und sozialen Eingliederung bieten. |
| Mentoren | Wie bei Paten übernehmen erfahrene/ranghohe Mitarbeiter die Betreuung von Neulingen. Sie können über die Eingliederung hinaus Wegbegleiter und Ratgeber in wichtigen Entscheidungen sein. |
| Probezeitbeurteilung | Durch die Ankündigung einer Probezeitbeurteilung wird dem Tatbestand der Bewährung ein erhebliches Gewicht gegeben. Die Bekanntgabe der Inhalte der Beurteilung gibt Gelegenheit, die bestehenden betrieblichen Erwartungen deutlich zu machen. |

Abb. 6: Personalwirtschaftliche Maßnahmen zur Unterstützung der Sozialisation

### 5.3 Das Patensystem: ein interaktionsbezogener Gestaltungsansatz

Jede Gestaltungshandlung beruht auf Wirkungsvermutungen. Die Wirkungen wiederum sind an das Vorliegen bestimmter Voraussetzungen geknüpft. Der Gestalter sollte sich hierüber Rechenschaft geben. Zunächst sollte er sich aber Klarheit über seine Handlungsoptionen (die Gestaltungsparameter des Instruments) verschaffen und prüfen, welche der alternativen Gestaltungsalternativen seine Ziele am ehesten verwirklichen (Martin 2001). In Abbildung 7 sind drei Gestaltungsparameter des Patensystems angeführt. Die genannten Wirkungshypothesen gelten naturgemäß nur „im Durchschnitt" und unter bestimmten Bedingungen. So setzt die Hypothese, dass die Statusgleichheit mit dem Paten den sozialen Zugang zur Kollegengruppe erleichtert voraus, dass der Pate bei den Kollegen ein besonderes Prestige besitzt. Auf die einzelnen Gestaltungsparameter und Hypothesen in Abbildung 7 soll an dieser Stelle nicht näher eingegangen werden. Sie haben nur exemplarischen Charakter, zumal es noch etliche weitere Gestaltungsparameter dieses Instruments gibt, die hier nicht aufgeführt sind. Es sollte gezeigt werden, dass es sich generell lohnt, sich über die vielfältigen Gestaltungsmöglichkeiten eines Instruments Gedanken zu machen und nicht einfach eine standardisierte Form des Instruments zu übernehmen. Dabei ist dann jeweils zu prüfen, welche Voraussetzungen in der jeweils gegebenen betrieblichen Situation stecken und ob die gewählte Maßnahme diesen auch gerecht wird.

| Gestaltungs-parameter | Auswirkungen auf die Erfolgsbedingungen der Sozialisation | | |
|---|---|---|---|
| | *Positive Verstärkung* | *Soziale Einbindung* | *Glaub-würdigkeit* |
| Pate wird von dem neuen Mitglied selbst gewählt. | Das neue Mitglied kennt den Paten schon sehr gut. | Der Pate selbst ist in das soziale System gut integriert. | Die freie Wahl fördert die Glaubwürdigkeit. |
| Der Pate hat denselben Status wie das neue Mitglied | Die soziale Nähe erleichtert die Verständigung. | Der Pate hat Zugang zur Referenzgruppe des Neulings. | Gleichgestellte stehen nicht unter dem Verdacht, fremde Interessen zu verfolgen. |
| Jeder Mitarbeiter sollte Patenrollen übernehmen | Die Mitarbeiter entwickeln Verständnis für die Probleme von Neulingen. | Die Etablierung einer festen „Patenrolle" führt zu einer Normierung dieser Rolle, die individuelle Ausgestaltungen erschwert. | Manche Kollegen sind durch die Rolle des Paten überfordert. |

Abb. 7: Gestaltungsparameter und Wirkungshypothesen: Patensystem (Beispiele)

## 5.4 Ganzheitliche Betrachtung

Letztlich entscheidend für den Sozialisationserfolg ist die Frage, inwieweit es dem neuen Organisationsmitglied gelingt, sich mit den vielfältigen Herausforderungen des sozialen Umfelds in produktiver Weise auseinander zu setzen. Der Einsatz personalwirtschaftlicher Instrumente kann die diesbezüglich notwendigen individuellen Anstrengungen nur unterstützen, nicht jedoch ersetzen. Dabei sollte auf eine möglichst ganzheitliche Gestaltung geachtet werden. Hierzu gehört die Berücksichtung des Tatbestands, dass die Eingliederung neuer Mitarbeiter nicht erst am ersten Arbeitstag beginnt. Bereits bei der Personalplanung und bei den Aktivitäten in der Personalbeschaffungs- und Personalauswahlphase werden die Voraussetzungen für eine gelingende Eingliederung geschaffen. Der psychologische Kontrakt gründet – wie beschrieben – in Wahrnehmungen und Erwartungen. Um Missverständnisse oder gar Unverständnis über die Arbeitsbedingungen zu vermeiden, empfiehlt sich daher für den Arbeitgeber kommunikative Sorgfalt bereits bei der Personalanwerbung und beim Bewerbungsgespräch. Ganzheitlichkeit hat aber nicht nur eine zeitliche Dimension. Ebenso wichtig ist die Einbettung der Einstellung und Eingliederung neuer Mitarbeiter in die Personalpolitik und ihr Bezug zu den übrigen personalwirtschaftlichen Funktionsfeldern. Der Einsatz der besten Sozialisationsinstrumente bleibt ohne Wirkung, wenn er z.B. nicht durch ein angemessenes Führungsverhalten unterstützt wird oder wenn die Versprechungen durch einen willkürlichen Personaleinsatz unglaubwürdig werden.

## 6 Schlussbemerkung

Abschließend wollen wir auf die beiden Zitate eingehen, die wir unserem Beitrag vorangestellt haben. Beide stammen von Tauschtheoretikern, also von Wissenschaftlern, die das Verhältnis zwischen Arbeitgebern und Arbeitnehmern als Vertragsverhältnis verstehen. Diese Betrachtungsweise geht davon aus, dass die Vertragspartner autonom agieren und selbstbewusst versuchen, innerhalb der Vertragsbeziehung ihre jeweils eigenen Ziele zu erreichen. „Sozialisation" ist in dieser Sichtweise etwas Wesensfremdes, wer Sozialisationseinflüssen nachgibt, gibt seine eigenen Ziele zugunsten anderer auf, eine Verhaltensweise, die in den Modellen der Tauschtheoretiker keinen Platz hat. Insoweit ist das erste Zitat aus einem Standardwerk zur Mikroökonomie nur konsequent. Es unterstellt, dass für den Wechsel des Arbeitgebers (oder gar des Berufs) ausschließlich die Nutzenvorteile der alternativen Beschäftigung verantwortlich sind. Überlegungen über das Entstehen von beruflichen oder organisationalen Bindungen und über die Veränderung von Präferenzen – die schließlich das Fundament für die Nutzenbewertung liefern – finden in dieser Sichtweise keine Berücksichtigung. Auch im zweiten Zitat, das von den Organisationstheoretikern James March und Herbert Simon stammt, steckt die Vorstellung, dass sich Organisationsmitglieder primär von ihren jeweils eigenen Zielen leiten lassen. Sie räumen dem „Sozialen" aber einen größeren Stellenwert ein als die traditionelle ökonomische Theorie. Dies zeigt sich schon in der „Bewertung der eigenen Stellung", die – so das Zitat – vom „Verhältnis zu anderen Menschen" bestimmt wird. Außerdem stellen March und Simon in ihrem Buch Überlegungen darüber an, warum Menschen bereit sind, die Ziele anderer zu übernehmen. Dabei gehen sie davon aus, dass die Übernahme der fremden Ziele nicht reibungslos erfolgt. Jedenfalls wird in dem angeführten Zitat davon gesprochen, dass die Organisationsmitglieder erst noch „dazu gebracht werden" müssen, die Organisationsziele zu übernehmen. Und es klingt auch an, dass die Übernahme der fremden Ziele nicht auf einem einmaligen Beschluss beruht, sondern Ergebnis eines unter Umständen langwierigen Beeinflussungsprozesses ist. Der vorliegende Aufsatz befasst sich ganz zentral mit eben diesen Thesen. Er stellt dabei – anders als Austauschtheoretiker dies üblicherweise tun – heraus, dass die wechselseitige Anpassung durch eine erhebliche Asymmetrie gekennzeichnet ist. Das Ungleichgewicht beruht sowohl auf einer größeren Verhandlungsstärke von Organisationen, als auch und vor allem auf dem Tatbestand, dass die Mitglieder einer Organisation im Zuge ihrer Eingliederung in die Organisation „wie von selbst" die Ziele der Organisation übernehmen. In der Sozialisation der Organisationsmitglieder manifestiert sich die „Übermacht" der sozialen Verhältnisse: der geltenden Werte, Normen und Denkgewohnheiten sowie der wie selbstverständlich vorgegebenen Verfahrensweisen und Institutionen. Die sozialen Regeln, die in einer Organisation existieren, verlangen dem Einzelnen ganz ungefragt die Bereitschaft zur Anpassung ab. Dessen ungeachtet wäre es falsch, würde man übersehen, dass die Mitglieder von Organisationen – innerhalb gewisser Grenzen – durchaus in der Lage sind, gegenüber den „sozialen Zumutungen" auch eigene Interessen zur Geltung zu bringen. Sozialisation bedeutet für den Einzelnen eben nicht nur Anpassung, sondern auch eine Herausforderung an das eigene Selbstverständnis und ist damit als Aufforderung zu begreifen, das soziale Beziehungsfeld, in das man eingebunden wird, aktiv mitzugestalten.

## 7 Empfohlene Literatur

### Basisliteratur

Wanous, J.P. 1980: Organizational Entry, Reading.
*Eingängige Beschreibung der wichtigsten theoretischen Beiträge zur Problematik des Eintritts in neue Organisationen. Diskutiert werden außerdem verschiedene Maßnahmen zur Erleichterung der Eingliederung.*
Kieser, A./Nagel, R./Krüger, H.H./Hippler, G. 1990: Die Einführung neuer Mitarbeiter in das Unternehmen, 2. Auflage, Neuwied.
*Die Studie zeigt auf, dass der Eingliederungsprozess in der Unternehmenspraxis häufig sträflich vernachlässigt wird. Sie geht auf verschiedene theoretische Ansätze ein und diskutiert betriebliche Maßnahmen.*
Rousseau, D.M. 1995: Psychological Contracts in Organizations, Thousand Oaks.
*Anschauliche Einführung in die Konzeption des psychologischen Kontrakts. Schilderung der Herkunft dieses Begriffs und Querverweise auf einschlägige Studien.*

### Weiterführende Literatur

Van Maanen, J./Schein, E. 1979: Toward a Theory of Organizational Socialization, in: Research in Organisational Behavior, 1, S. 209-264.
*Die Autoren liefern eine Systematik von Sozialisationstaktiken und diskutieren, unter welchen Umständen ihnen Erfolg beschieden sein dürfte.*
Feldman, D. 1981: The Multiple Socialization of Organizational Members, in: Academy of Management Review, 6, S. 309-318.
*Feldman liefert mit diesem Aufsatz einen „klassischen" Beitrag zur Phasenbetrachtung der organisationalen Sozialisation. Er wählt hierzu einen rollentheoretischen Zugang.*

*Übersichtsdarstellungen*

Bauer, T.N./Morrison, E.W./Callister, R.R. 1998: Organizational Socialization, in: Research in Personnel and Human Resources Management, 16, S. 149-214.
*Der Aufsatz liefert einen Überblick über die Forschung zur organisationalen Sozialisation in den 90er Jahren. Außerdem geht er auf offene Forschungsfragen ein.*

*Exemplarische Forschungsarbeiten*

Moreland, R.L./Levine, J.M. 1982: Socialization in Small Groups, in: Berkowitz, L. (Hrsg.): Advances in Experimental Social Psychology, 15, S. 137-192.
*In diesem Beitrag wird ein vielzitiertes Phasenschema der Sozialisation in Gruppen entwickelt. Die Sozialisation beginnt mit einer „Untersuchungsphase", in der ein erstes Kennenlernen stattfindet, in der „Sozialisationsphase" kommt es zu Anpassungsleistungen sowohl auf Seiten der Gruppe als auch auf Seiten des Neulings. In der „Arbeitsphase" finden Verhandlungen über die jeweiligen Rollen statt, in der „Resozialisationsphase" kommt es zu Neuorientierungen des Mitglieds und Versuchen der Gruppe, das Mitglied erneut zu binden.*
Presthus, R. 1966: Individuum und Organisation, Frankfurt a.M.
*In diesem Buch stellt Presthus auf die Übermacht der Organisation gegenüber dem Individuum ab und entwickelt eine Typologie der Anpassung. Der „Aufsteiger" passt danach in seinen Zielen und seinem Charakter am ehesten zu den vielfach pathologischen Anforderungen von Organisationen. Der „Indifferente" versucht, die sozialen Anforderungen der Organisation auszublenden und der „Ambivalente" möchte zwar Erfolg, kann sich aber nur schwer einfügen.*

*Messinstrumente*

Chao, G.T. u.a. 1994: Organizational Socialization, in: Journal of Applied Psychology, 79, S. 730-749.
*Die Erfassung des Sozialisationserfolgs richtet sich auf sechs Teilfragestellungen: Welcher Grad der gewünschten Aufgabenfüllung ist erreicht? Wurden soziale Beziehungen aufgebaut? Wurden die Ziele und Werte der Organisation verinnerlicht? Wurden die Sprachgewohnheiten (die spezifische Terminologie, der übliche Jargon) übernommen? Gelingt es dem Organisationsmitglied, sich innerhalb der gegebenen Machtstrukturen zu bewegen? Wurde die „Geschichte" der Organisation (die Geschichten, die Gewohnheiten, die Rituale) akzeptiert?*
*Um den „Erfolg" der Integration zu messen, bezieht man sich nicht selten auf die Maße zur Erfassung des organisationalen Commitment (vgl. den Aufsatz zu diesem Thema im vorliegenden Buch). Diese Vorgehensweise ist nachvollziehbar, allerdings gehen entsprechende Maße nicht auf den besonderen Prozesscharakter der Sozialisation ein.*

# Commitment

*Ingo Weller*

## 1 Begriffliche und konzeptionelle Grundlagen

Bereits vor 20 Jahren stellte Scholl (1981, S. 589) fest, dass es schwierig sei, eine umfassende Arbeit zum Thema Organisation zu finden, die sich nicht in irgendeiner Art und Weise auch mit Commitment beschäftige. Vergleichbar mit anderen stark bearbeiteten Fragestellungen des „Organizational Behaviour" dürfte die Zahl der wissenschaftlichen Veröffentlichungen, die sich mit Commitment beschäftigen, mittlerweile bei weit über 3.000 liegen. Im Kern ihrer Argumentation beschäftigen sich diese Arbeiten mit einer bestimmten Form der Bindung, dem sogenannten „psychologischen Band", zwischen Mitarbeitern und ihren Unternehmen. Solche Bindungen werden im angelsächsischen Sprachgebrauch normalerweise unter dem Oberbegriff „Commitment" subsumiert. Interessant wird das Konstrukt aus einer logisch und plausibel klingenden Vermutung heraus: Mitarbeiter, die ihrer Organisation gegenüber hohes Commitment aufweisen, sollten durch ihr individuelles Verhalten positiv zur Effektivität der Gesamtorganisation beitragen.

Der Argumentation von March und Simon (1958) folgend, betrachtet die Commitment-Forschung vor allem zwei Arten von Beiträgen von Mitarbeitern zum Organisationserfolg: Leistungs- und Teilnahmeentscheidungen. Mitarbeiter mit hohem Commitment sollten sich demnach u.a. durch hohe Leistungsbereitschaft auszeichnen und geringe Fehlzeiten und eine niedrige Fluktuationsbereitschaft aufweisen (Mowday/Porter/Steers 1982, S. 35). Meta-Analysen, in denen Ergebnisse verschiedener empirischer Arbeiten zur Überprüfung dieser Vermutungen zusammengefasst wurden, liefern jedoch nicht nur bestätigende Befunde. So lassen sich zwar positive, aber lediglich schwach ausgeprägte Zusammenhänge zwischen Commitment und den untersuchten Leistungsmaßen nachweisen (z.B. Mathieu/Zajac 1990, S. 177).

Vergleichbar schwache – allerdings negative – Zusammenhänge zeigen sich zu Fluktuation und Absentismus. Die Probleme ähneln also der Arbeitszufriedenheitsforschung (vgl. Martin in diesem Buch). Was es bedeutet „committet" zu sein, was zu Bindungen führt und welche Folgen sich aus dem „Gebundensein" ergeben, wird in den nächsten Abschnitten aus verschiedenen Perspektiven näher beleuchtet. Die Erklärungsansätze und Definitionen für Commitment gehen im Großen und Ganzen auf zwei Forschungstraditionen zurück, auf die einstellungsbezogene und auf die verhaltensbezogene „Schule". Häufig wird zudem danach unterschieden, ob verschiedene Bindungsobjekte oder die Entstehungsursachen für eine eingegangene Bindung betrachtet werden. An diesen Kategorisierungen werden sich die folgenden Ausführungen orientieren.

## 1.1 Verhaltensbezogener Ansatz

### 1.1.1 Begriff und Entstehung von verhaltensbezogenem Commitment

Der verhaltensbezogene Ansatz geht hauptsächlich auf die Arbeiten von Kiesler und Salancik zurück (z.B. Kiesler 1971; Salancik 1977). Commitment wird hier als Bindung an Handlungen oder Verhalten definiert. Handlungen sind besonders dann bindend, wenn sie (1) für Dritte nachvollziehbar und eindeutig interpretierbar sind, wenn sie (2) schlecht widerrufen oder rückgängig gemacht werden können, wenn sie (3) willentlich und aus freien Stücken durchgeführt werden und wenn sie (4) oft stattfinden, (5) als bedeutsam wahrgenommen werden und (6) in einen übergeordneten sozialen Kontext eingebunden sind (vgl. Salancik 1977). Ein Autofahrer, der beim Fahren mit stark überhöhter Geschwindigkeit „erwischt" wird, kann sich nicht glaubwürdig herausreden. Die Geschwindigkeit kann über eine Geschwindigkeitskontrolle eindeutig nachgewiesen werden. Der Fahrer kann sein Verhalten zudem nicht rückgängig oder ungeschehen machen. Er kann zwar versuchen, durch das Vortragen guter Gründe (dringende Termine, familiäre Notlage etc.) die eigene „Willentlichkeit" der Handlung zu reduzieren. Seine Versuche werden jedoch erfolglos bleiben, wenn er bereits zuvor wegen ähnlicher Vergehen aufgefallen ist oder wenn sein Verhalten durch verursachten Personenschaden noch einmal an Bedeutung gewinnt. Ein zweites Beispiel: Ein Raucher, der im Beisein seines Arztes äußert, er wolle das Rauchen aufgeben, wird sich nicht allzu sehr an diese Entscheidung gebunden sehen, wenn er sie nicht wirklich akzeptiert und aus freien Stücken letztendlich selbst fällt. Die Entscheidung ist auch dann wenig bindend, wenn die Empfehlung nur von einem Arzt, aber nicht von mehreren ausgesprochen wird, wenn nur der Betroffene selbst, sein Umfeld jedoch nichts davon erfährt, und wenn Gesundheit für den Raucher sowieso nur eine untergeordnete Rolle spielt.

Die Beispiele verdeutlichen, unter welchen Bedingungen Handlungen zum Ausgangspunkt für starke oder schwache Bindungen werden können. Für unseren speziellen Kontext, die Bindung zwischen Individuen und Organisationen, lassen sich leicht ähnliche Beispiele finden. In der theoretisch orientierten Literatur zum verhaltensbezogenen Ansatz werden vor allem „irreversible Kosten" (sunk costs) und „Seitenwetten" (side bets) genannt, die die Bindung an eine Organisation erhöhen. Die Akzeptanz einer relativ schlechten Bezahlung während der ersten Berufsjahre zugunsten einer versprochenen überproportionalen Gehaltssteigerung in den Folgejahren ist ein Beispiel für „sunk costs". Das zu Beginn entgangene Einkommen kann nur durch entsprechend langen Verbleib in der Organisation zurückgewonnen werden, die Investition kann also nur bedingt und wenig zeitnah wieder eingefahren werden. Es entsteht also eine Bindung an die Organisation, die zumindest temporär stark ausgeprägt sein dürfte. Werden Investitionen in lediglich mittelbar organisationsbezogene Objekte getätigt (z.B. Kauf eines Hauses in der Nähe des Arbeitsplatzes), spricht man von eingegangenen Seitenwetten (Becker 1960). Der Kauf des Hauses in unserem Beispiel kann nur selten ohne Verluste rückgängig gemacht werden und durch persönliche Kontakte (z.B. freundschaftliche Nachbarschaftsbeziehungen) wird er in einen größeren sozialen Kontext eingebettet, der ebenfalls bindungswirksam sein kann. Natürlich müssen gewisse Nebenbedingungen erfüllt sein, damit die genannten Merkmale auch wirklich zu einer Bindung an die spezielle Organisation führen. Eine schlechte regionale Arbeitsmarktlage ohne alternative Beschäftigungsangebote stellt ein Beispiel für eine solche Nebenbedingung dar. In diesem Fall erhöht die eingegangene Seitenwette das organisationale Commitment: die Handlung (Investition in das Haus) erhöht die Bindung an die Organisation.

Einen für das Commitment-Konzept besonders charakteristischen Aspekt hebt Scholl (1981) hervor, indem er Commitment als motivationale und verhaltensstabilisierende Kraft beschreibt, die auch dann zum Tragen kommt, wenn die üblichen motivationalen Anreizmechanismen keine Wirkung entfalten. Er betont damit den Aspekt der Unabhängigkeit von situationsgebundenen oder lediglich kurzfristigen Anreizen. Liegt Commitment erst einmal vor bzw. hat es sich erst einmal herausgebildet, treten situative Abwägungen und Kosten-Nutzen-Überlegungen in den Hintergrund. In den Begriffen bekannter Motivationstheorien, wie z.B. der Wert-Erwartungs-Theorien, setzen Individuen motivationale Kräfte für solche Verhaltensweisen ein, die geeignet erscheinen, hoch bewertete Ziele zu erreichen. Ähnliches gilt nun in längerfristiger Perspektive auch für das Konzept des verhaltensbezogenen Commitments. Man bleibt u.a. in der Organisation, um durch die weitere Teilnahme ansonsten unwiderruflich verlorene Investitionen wieder einzuholen (s. auch die Forschungsarbeiten zur „Eskalation von Commitment"; z.B. Brockner 1992).

### 1.1.2 Folgen von Commitment im verhaltensbezogenen Ansatz

Die Beispiele verdeutlichen, wie individuelles Handeln (Akzeptanz einer geringen Anfangsentlohnung im ersten und Hauskauf im zweiten Beispiel) die Bindung an eine Organisation erhöhen kann. Betrachtet man nun die Konsequenzen von Commitment für das Verhalten in Organisationen, so sind für den verhaltensbezogenen Ansatz vor allem drei Hypothesen charakteristisch. Die Hypothesen folgen der Theorie der kognitiven Dissonanz (Festinger 1957) und besagen, dass (a) Individuen danach trachten, Unstimmigkeiten (Inkonsistenzen) zwischen ihren Verhaltensweisen und Einstellungen zu vermeiden, dass (b) Individuen dazu tendieren, sich konform zu früheren Verhaltensweisen zu verhalten, und dass (c) dies unter Berücksichtigung persönlicher und sozialer Normvorstellungen und Erwartungen erfolgt (vgl. Salancik 1977, S. 7).

Aus diesen Hypothesen ergibt sich u.a., dass das Verhalten zur Entstehung von Einstellungen beiträgt. Die üblicherweise angenommene Kausalität, dass Einstellungen Verhalten auslösen, wird also umgekehrt. Ein bekanntes Beispiel für diese Frage liefert uns die Arbeitszufriedenheitsforschung: Leistet man viel, weil man mit seiner Arbeit zufrieden ist, oder ist man mit seiner Arbeit zufrieden, weil man viel leistet? Der verhaltensbezogene Ansatz folgt dem zweiten Argument. Salancik (1977, S. 21) bemerkt diesbezüglich, dass Menschen das, was sie machen, grundsätzlich mögen, und dass sie daher im Allgemeinen auch mit ihrer Arbeit ganz zufrieden seien. Hinter seiner Hypothese stehen gleich mehrere Überlegungen. Er geht davon aus, dass nicht alle möglichen Folgen des eigenen Verhaltens antizipiert werden können und dass es somit auch zu unerwünschten oder zumindest unerwarteten Ergebnissen kommt. Diese unerwünschten Handlungsfolgen wiederum erzeugen einen als unangenehm empfundenen Spannungszustand (Dissonanz), der nach Auflösung verlangt. Bezogen auf unser Beispiel könnte der anfangs schlecht bezahlte Mitarbeiter argumentieren, dass es ja nicht nur auf das Gehalt ankomme, sondern auch auf die guten sozialen Kontakte bei der Arbeit oder auf die ausgezeichneten Zukunftsperspektiven. Die empfundenen Inkonsistenzen werden in diesem Fall über kognitive Manipulationsvorgänge beseitigt, und das gewählte Verhalten (in unserem Falle die Entscheidung zur Teilnahme an der Organisation) wird bestätigt und verstärkt.

Der verhaltensbezogene Ansatz macht also Aussagen darüber, wie aus Verhalten Einstellungen entstehen können. Demnach sollte aus der Bindung an das eigene Verhalten auch eine gewisse Zufriedenheit mit dem eigenen Tun erwachsen. Mit dieser Aussage ist jedoch noch nichts über die Qualität des individuellen Handelns und über dessen Auswirkungen auf den Organisationserfolg gesagt. Aus theoretischer Sicht lassen sich keine eindeutigen und vor allem keine pauschalen Aussagen zum Zusammenhang zwischen verhaltensbezogenem Commitment und dem Leistungsverhalten treffen. Die empirische Forschung zu dieser Frage hat vielfach nicht signifikante oder leicht negative Zusammenhänge aufgedeckt (z.B. Meyer u.a. 1989). Dieser negative Zusammenhang bestätigt die Argumentation von Meyer und Allen (1991), die verhaltensbezogenes Commitment als Zwang beschreiben: Mitarbeiter sind an ihre Organisationen gebunden, sie *müssen* ihren Mitgliedsstatus aufrechterhalten, weil sie im Falle des Ausscheidens materielle Verluste oder sonstige negative Konsequenzen in Kauf nehmen müssten. Warum sollte eine solche Situation leistungsfördernd sein? Die Argumentation ist durchaus nachvollziehbar. Empirische Studien mit theoretischer Fundierung, die entsprechende Zusammenhänge belegen, stehen jedoch leider aus. (vgl. Meyer/Allen 1984).

Es lässt sich jedoch theoretisch ableiten, dass mit steigendem Commitment auch die Teilnahmebereitschaft steigen sollte. Die Hypothese kann nicht wirklich erstaunen, deutet doch bereits die Wahl des Wortes „Bindung" recht deutlich auf einen solchen Zusammenhang hin. Die Annahme konnte auch wiederholt empirisch bestätigt werden. Kline und Peters (1991) stellen z.B. fest, dass neue Mitarbeiter, die beim Eintritt in die Organisation hohes verhaltensbezogenes Commitment aufweisen, in etwa dreimal so lange in der Organisation verbleiben wie ihre weniger gebundenen Kollegen (in ihrer Studie beträgt der Median der Organisationszugehörigkeit für stark gebundene neue Organisationsmitglieder 10,8 Monate, für schwach gebundene Neumitglieder liegt er nur bei 3,8 Monaten; $\chi^2$=13,61; $df$=1; $p$<0.001).

## 1.2 Einstellungsbezogener Ansatz

### 1.2.1 Begriff und Entstehung von einstellungsbezogenem Commitment

Der einstellungsbezogene Ansatz definiert Commitment – wie es der Name bereits andeutet – als eine Einstellung oder als eine Gruppe von Verhaltensintentionen. Die am häufigsten zitierte Definition stammt von Porter und Kollegen. Demnach ist einstellungsbezogenes organisationales Commitment gekennzeichnet durch (a) einen starken Glauben an die Ziele und Werte der Organisation, durch (b) hohe Leistungsbereitschaft zum Wohle der Organisation und durch (c) die Absicht, die Mitgliedschaft in der Organisation aufrechterhalten zu wollen (Porter u.a. 1974: 604). Die Definitionsbestandteile können vereinfacht als Identifikation, Anstrengungsbereitschaft und geringe Fluktuationsneigung bezeichnet werden (Moser 1996, S. 40). Einstellungen sind psychische Dispositionen. Sie entwickeln sich über Beeinflussungen durch äußere Faktoren (Erfahrungen mit der Arbeit, Einflussnahme durch andere Personen etc.) und über innere Prozesse (Denken, Lernen etc.). Sie werden meist als mehrdimensionale Konstrukte aufgefasst, die aus kognitiven, affektiven und konativen Facetten bestehen (vgl. den Beitrag von Thomas in diesem Buch).

Eine Einstellung richtet sich immer auf ein Einstellungsobjekt und hat der mehrdimensionalen Konstruktion zufolge etwas mit dem Wissen und den Meinungen über das Objekt zu tun, mit den Gefühlen, die mit dem Objekt in Verbindung gebracht werden, und mit den Verhaltensintentionen und Verhaltensweisen, die auf das Objekt gerichtet sind. Für das organisationale Commitment bedeutet dies, dass zum einen Meinungen und Gefühle gegenüber der Organisation entwickelt werden und dass zum anderen bestimmte Verhaltensweisen mit der Organisation in Verbindung gebracht werden. Häufig wird außerdem davon ausgegangen, dass zwischen den Einstellungskomponenten eine gewisse Kongruenz besteht. Wer positiv über ein Einstellungsobjekt denkt und diesem positive Gefühle entgegenbringt (bei Porter u.a. wird dies durch die organisationale Identifikation ausgedrückt), wird sich auch positiv gegenüber dem Objekt verhalten (durch hohe Anstrengungsbereitschaft und niedrige Fluktuationsneigung). Einstellungen sind – einmal ausgeprägt – zeitlich relativ stabil, sie lassen sich also nur mittel- bis langfristig verändern.

Ähnlich wie im verhaltensbezogenen Ansatz ist also auch hier der Aspekt der Verhaltensstabilität von Bedeutung. Bei der Entwicklung des einstellungsbezogenen Commitments spielen verschiedene Klassen von Variablen eine Rolle, wobei üblicherweise die vier Gruppen (1) persönliche Merkmale, (2) Arbeitsplatz- und Tätigkeitsmerkmale, (3) Arbeitserfahrungen und (4) rollenbezogene Merkmale unterschieden werden (z.B. Mowday/Porter/Steers 1982; Mathieu/Hamel 1989). Zu den persönlichen Merkmalen zählen zum einen soziodemographische Merkmale wie das Alter oder die Betriebszugehörigkeit, zum anderen aber auch Persönlichkeitsmerkmale wie die emotionale Stabilität. Man geht z.B. davon aus, dass das organisationale Commitment mit zunehmendem Alter und steigender Betriebszugehörigkeit ebenfalls steigt. Personen, die als emotional stabil beschrieben werden, sollten eher dazu neigen, Bindungen einzugehen und feste Vorstellungen zu entwickeln als solche, die starken Stimmungsschwankungen unterliegen. Mit steigender emotionaler Stabilität sollte auch das organisationale Commitment zunehmen.

Zur zweiten Gruppe, zu den Arbeitsplatz- und Tätigkeitsmerkmalen, zählen z.B. Handlungsspielräume und der Abwechslungsreichtum in der Tätigkeit. Unter Arbeitserfahrungen fallen z.B. das Vorgesetztenverhalten und die Kollegenbeziehungen. Mit rollenbezogenen Charakteristika sind u.a. Rollenüberlastung und Rollenkonflikte gemeint. Positive Vorgesetzten- und Kollegenbeziehungen werden ebenso wie große Handlungsspielräume und Abwechslungsreichtum als Ursachen für hohes Commitment angesehen. Rollenüberlastung und Rollenkonflikte sind dagegen Auslöser für geringes Commitment. Unter der Annahme, dass die verschiedenen Komponenten von Einstellungen zueinander kongruent sind, lässt sich dies erklären. So können z.B. mit Rollenkonflikten unangenehme Gefühle (Unsicherheit, Angst) und negative Bewertungen (Geringschätzung der Tätigkeit) verbunden sein, die zu Rückzugstendenzen (Absentismus) oder geringer Leistungsbereitschaft (Verweigerung der Tätigkeiten) führen.

### 1.2.2 Folgen von Commitment im einstellungsbezogenen Ansatz

Die Folgen des einstellungsbezogenen Commitments werden wiederum in Leistungs- und Teilnahmeentscheidungen unterteilt. Die empirische Forschung zeigt stabile negative Zusammenhänge mittlerer Stärke zur Fluktuationsneigung und schwache negative Zusammenhänge zur Fluktuation selbst. Ebenfalls schwach sind die Zusammenhänge mit dem Absentismus (negativ) und mit dem Leistungsverhalten (positiv) (vgl. Mathieu/Zajac 1990; Meyer u.a. 2001). Die schwachen Zusammenhänge werden als die entmutigendsten Erkenntnisse der Commitment-Forschung bezeichnet (Mowday/Porter/Steers 1982, S. 35). Eine mögliche Erklärung ist darin zu sehen, dass Einstellungen relativ breit gefasste Konstrukte darstellen, die viele verschiedene Verhaltensweisen erklären können. Zur Vorhersage spezieller Verhaltensweisen sind sie demgegenüber weniger gut geeignet. Andere Gründe mögen in Messproblemen und sonstigen methodischen Schwierigkeiten gesehen werden.

Eine Übersicht über die aktuelle Diskussion findet sich z.B. bei Meyer und Allen (1997). Die Kritik am einstellungsbezogenen Ansatz ist zum einen auf die soeben geschilderten Probleme bei der Vorhersage des Arbeitsverhaltens gerichtet, zum anderen wird die operationale Definition des Konstruktes bemängelt. Wie oben beschrieben, stellt die einstellungsbezogene Definition von Commitment auf die drei Komponenten Identifikation, Anstrengungsbereitschaft und geringe Fluktuationsneigung ab. Wenn aber bereits die Definition von Commitment die Komponenten Anstrengungsbereitschaft und geringe Fluktuationsneigung enthält, dann macht es wenig Sinn, Zusammenhänge zwischen Commitment und Fluktuationsneigung und Leistungsbereitschaft zu untersuchen. Und wenn in einer empirischen Studie Commitment durch Fragen nach der Fluktuationsneigung und besonderen Leistungsanstrengungen abgebildet wird, dann ist es alles andere als verwunderlich, wenn das so erfasste Commitment mit der Fluktuationsneigung und der Leistungsbereitschaft korreliert: schließlich werden ein- und dieselben Größen ja nur mehrmals unterschiedlich erfasst (vgl. Bozeman/Perrewé 2001). Der einstellungsbezogene Ansatz und insbesondere die beschriebene Commitment-Definition von Porter u.a. (1974) haben nichtsdestotrotz breite Zustimmung gefunden und liefern das Grundgerüst für die meisten der veröffentlichten Commitment-Arbeiten.

## 1.3 Bindungsursachen und -objekte

### 1.3.1 Bindungsursachen

O'Reilly und Chatman (1986) fordern, dass der Fokus der Commitment-Forschung stärker auf die psychologischen Prozesse gerichtet werden müsse, die zur Bildung von Commitment führen. Ihre Forderung ist als Reaktion auf die stark auseinanderdriftenden Ansätze der Commitment-Forschung zu verstehen. Dem Problem wurde in erster Linie begegnet, indem die Grundideen der verschiedenen Forschungsrichtungen in mehrdimensionalen Commitment-Konzepten zusammengefasst wurden. Die am weitesten verbreitete Konzeptionalisierung stammt von Meyer und Allen (z.B. Allen/Meyer 1996; Meyer/Allen 1991). Die Autoren unterscheiden zwischen affektivem, abwägendem und normativem Commitment. Mit affektivem Commitment bezeichnen sie die emotionale Bindung von Mitarbeitern an ihr Unternehmen, die Identifikation mit diesem und die Eingebundenheit in dieses (in Anlehnung an den einstellungsbezogenen Ansatz). Affektives Commitment entsteht, wenn sich positive Gefühle, die im Organisationskontext erlebt werden, über die Dauer zu einer emotionsbetonten Bindung an die Organisation entwickeln. Im Mittelpunkt steht das *Gefühl* der Verbundenheit mit der Organisation.

Abwägendes Commitment resultiert aus hohen Kosten, die mit dem Verlassen der Organisation einhergehen würden (in Anlehnung den verhaltensbezogenen Ansatz). Abwägendes Commitment entsteht, wenn rationales Abwägen im Sinne einer Kosten-Nutzen-Kalkulation zur Einsicht führt, dass das Ausscheiden aus der Organisation mit Nachteilen verbunden wäre. Im Mittelpunkt steht der *Zwang*, die organisationale Mitgliedschaft aufrechterhalten zu müssen. Normatives Commitment ist durch die Verpflichtung gekennzeichnet, dem Unternehmen treu bleiben zu müssen (in Anlehnung an Wiener 1982). Es entsteht, wenn das Ausscheiden aus der Organisation aufgrund von normativen Überzeugungen oder Wertvorstellungen als moralisch bedenklich oder verwerflich und somit als falsch erachtet wird. Im Mittelpunkt steht die *Überzeugung*, dass es *richtig* ist, der Organisation treu zu bleiben. Normatives Commitment wird häufig mit Hilfe sozialer Tauschtheorien erklärt (z.B. Eisenberger u.a. 2001; Shore/Wayne 1993) und als spezielle Form der Reziprozität (Gouldner 1960) verstanden. Normatives Commitment entsteht in diesem Sinne als Reaktion auf besonders faires Verhalten von Organisationen. Beispiele für faires Organisationsverhalten sind gerechte Entlohnungspraktiken, angemessenes Vorgesetztenverhalten oder faire Personalbeurteilungen (vgl. Meyer/Smith 2000).

Als Folgen des normativen Commitments werden wiederum geringe Fluktuationsneigung und hohe Leistungsbereitschaft erwartet. Unter anderem geht man davon aus, dass normatives Commitment stark mit dem sogenannten Extra-Rollenverhalten zusammenhängt. Unter Extra-Rollenverhalten werden Verhaltensweisen verstanden, die positiv zur Effektivität der Organisation beitragen, im formalen Belohnungssystem aber nicht berücksichtigt werden. Beispiele sind ausgeprägte Hilfsbereitschaft oder besondere Eigeninitiative (vgl. Matiaske und Weller in diesem Buch). Neben der Klassifizierung von Meyer und Allen liegen weitere Konzeptionen vor (z.B. Mayer/Schoorman 1992; O'Reilly/Chatman

1986). Die Unterschiede zwischen diesen Konzeptionen sind größtenteils begrifflicher Natur, die Ansätze an sich sind durchaus miteinander vergleichbar. Als Ergebnis der empirischen Forschung zu diesem Themengebiet kann festgehalten werden, dass bei Untersuchungen aller Autorengruppen die meisten Commitment-Maße negativ mit Fluktuationsneigung und Fluktuation korrelieren. Die affektive sowie die normative Commitment-Dimension korrelieren positiv mit dem Leistungsverhalten, für die abwägende Dimension zeigen sich diesbezüglich nicht-signifikante oder negative Zusammenhänge (z.B. Meyer u.a. 1989; vgl. auch die Punkte 1.1.2 und 1.2.2 in diesem Beitrag).

### 1.3.2 Bindungsobjekte

Die bisher vorgestellten Ansätze für organisationales Commitment konzentrieren sich auf das Commitment, auf seine Entstehung und Folgen. Reichers (1985, S. 469) lenkt den Blick nun auf die andere Begriffskomponente, auf die Organisation. Sie argumentiert, dass Individuen Organisationen nicht unbedingt als Ganzheit wahrnehmen. Vielmehr bestünden Organisationen aus einzelnen Koalitionen und Gruppen, deren Ziele nicht immer mit denen der Gesamtorganisation kompatibel sein müssten. Organisationales Commitment sollte demnach besser als ein Sammelkonstrukt betrachtet werden, welches sich aus verschiedenen einzelnen Commitments zusammensetzt. Bindungen können aus dieser Perspektive z.B. gegenüber der Arbeitsgruppe, dem Vorgesetzten, der Abteilung oder eben auch gegenüber der Organisation als Ganzes bestehen. Es stellt sich dann natürlich die Frage, wie sich die Commitments zu verschiedenen Gruppen in Organisationen auf das Commitment zur Gesamtorganisation auswirken werden. Der „cohesion approach" unterstellt, dass starke interpersonale Bindungen die Bindung an die Gesamtorganisation erhöhen. Demnach müssten starke Bindungen an die Arbeitsgruppe, an den Vorgesetzten oder an die Abteilung auch zu einer starken Bindung an die Organisation als Ganzes führen. Vertreter des „subgroup approach" vertreten demgegenüber die Hypothese, dass die Bindung an die Gesamtorganisation durch starke Bindungen an nahe Gruppen oder Personen eher geschwächt wird. Erste empirische Untersuchungen (z.B. Yoon/Baker/Ko 1994) konnten die Frage nicht eindeutig beantworten.

| Bindungsobjekte | Bindungsursachen | | |
|---|---|---|---|
| | affektiv | abwägend | normativ |
| Organisation | | | |
| Management | | | |
| Abteilung | | | |
| Arbeitsgruppe | | | |
| Kollegen | | | |
| Vorgesetzter | | | |
| Karriere/Berufsfeld | | | |
| Tätigkeit/Aufgabe | | | |
| ... | | | |

Abb. 1: Commitment als mehrdimensionales Konstrukt
(in Anlehnung an Meyer/Allen 1997, S. 21)

Zweitens sollte es durch die Messung mehrerer und vor allem speziellerer Bindungsbeziehungen möglich sein, das Arbeitsverhalten besser zu prognostizieren. Cohen (1993, S. 76) nimmt an, dass sich das Commitment zur Gesamtorganisation vor allem zur Vorhersage von Verhaltensweisen eignet, die sich auch auf die Organisation beziehen, wie Fluktuation. Direkte tätigkeitsbezogene Commitments (z.B. zur Arbeitsgruppe oder zum Vorgesetzten) sollten sich demgegenüber als bessere Schätzgrößen für das Leistungsverhalten herausstellen. Tatsächlich konnte in einer Studie von Becker u.a. (1996) das Commitment gegenüber dem Vorgesetzten signifikant positiv zur Vorhersage der Leistung beitragen, während für das allgemeine organisationale Commitment kein Effekt auftrat. Zusammenfassend dargestellt betrachtet die aktuelle Commitment-Forschung das organisationale Commitment als ein Einstellungskonstrukt, das sowohl in Bezug auf die psychologischen Entstehungsprozesse als auch mit Blick auf die möglichen Bindungsobjekte in mehrere Dimensionen aufgefächert wird (vgl. Abbildung 1).

## 2 Motivationstheorien und Commitment

Die Commitment-Literatur greift üblicherweise auf Motivationstheorien zurück, um die Zusammenhänge zwischen Commitment und den Folgen von Commitment (Teilnahme- und Leistungsverhalten) zu erklären. Den gängigen Motivationstheorien liegen sehr ähnliche Menschenbilder zugrunde. Aufbauend auf dem Grundgedanken des Hedonismus, betrachten sie den Menschen als „Nutzenmaximierer". Im Fokus ihrer Betrachtung stehen die kognitiven Vorgänge zur Kalkulation dieses Nutzens. Eine schöne Umschreibung für dieses Grundverständnis findet sich bei Schlenker (1985, S. 76): „Menschen sind zielgerichtete und planende Wesen, die immer denken, immer handeln und ständig versuchen, Ziele zu erreichen. Die Ziele, die wir zu einer bestimmten Zeit erreichen wollen, können unbedeutend oder wichtig sein, spezifisch oder vage, offensichtlich oder verborgen. Nichtsdestotrotz, wir haben sie immer im Sinn und sie verleihen unserem Handeln seine Zielbewusstheit, selbst wenn das Ziel auch manchmal nur so zum Entspannen auf dem Sofa herumliegt."
In der Commitment-Forschung stellen austauschbasierte Motivationstheorien die dominierenden theoretischen Ansätze dar. Diese gehen davon aus, dass Individuen nach möglichst vorteilhaften und gerechten Austauschverhältnissen streben. Die Equity-Theorie (Adams 1965) argumentiert, dass Individuen geleistete Beiträge (Inputs) mit empfangenen Anreizen (Outputs) zueinander in Beziehung setzen. Hierbei kann sowohl die eigene Relation („Was leiste ich und was bekomme ich dafür?") als auch ein externer Vergleichsmaßstab („Wie ist die Input/Output-Relation bei Person X im Vergleich zur Input/Output-Relation bei mir?") herangezogen werden. Werden in diesen Relationen Ungleichgewichte (Ungerechtigkeiten) wahrgenommen, entstehen Spannungszustände, die nach Auflösung streben. Um Ungleichgewichte auszubalancieren, können z.B. die eigenen Inputs angehoben oder reduziert werden. Als Reaktion auf eine verweigerte Gehaltserhöhung kann also die Arbeitsleistung gesenkt werden. Neben der Veränderung von Inputs schlägt die Equity-Theorie noch eine Reihe weiterer Ausgleichsmechanismen vor, die hier jedoch nicht näher ausgeführt werden sollen. Mithilfe der

Equity-Theorie kann man u.a. auch erklären, wie Commitment und Leistungs-verhalten zusammenhängen. Anhand der dreidimensionalen Commitment-Konzeption von Meyer und Allen können wir dies verdeutlichen. Ausgezeichnete Arbeitsbedingungen können hohe organisationale Anreize darstellen und bei der Entstehung von affektivem Commitment eine wichtige Rolle spielen. Übersteigen die Anreize (Outputs) jedoch die Beiträge (Inputs), führt dies zu einem Ungleichgewicht in der individuellen Input/Output-Relation („Ich bekomme mehr als ich gebe."). Eine Möglichkeit zum Ausgleich dieses Ungleichgewichts besteht in der Anhebung der eigenen Inputs. Hohes affektives Commitment kann also zu hoher Leistung führen.

Die niedrige Anfangsentlohnung, die wegen erwarteter überproportionaler Gehaltssteigerungen akzeptiert wird, haben wir bereits weiter oben als Ursache zur Entstehung von abwägendem Commitment genannt. Sie kann trotz ihrer zeitweisen Akzeptanz als Ungerechtigkeit empfunden werden und mit gesenkten Inputs, z.B. niedriger Arbeitsleistung, quittiert werden. Abwägendes Commitment kann also zu niedriger Arbeitsleistung führen. Organisationen, die dafür bekannt sind, dass sie sich in Krisenzeiten loyal gegenüber ihren Mitarbeitern verhalten (indem z.B. Entlassungen vermieden werden), bieten mit der gewährten Arbeitsplatzsicherheit einen wichtigen organisationalen Anreiz. Loyales und fürsorgliches Verhalten ist wesentlich an der Entstehung normativen Commitments beteiligt. Hohes normatives Commitment kann also zu hoher Leistung führen. Die Equity-Theorie liefert auch Hinweise darauf, warum die in der empirischen Forschung gefundenen Zusammenhänge zwischen Commitment und Leistung durchschnittlich nur schwach ausgeprägt sind. Auf wahrgenommene Ungleichgewichte kann mit vielen Verhaltensweisen reagiert werden, die Veränderung der eigenen Inputs stellt nur eine mögliche Reaktionsweise dar. Ungleichgewichte können auch über Denkprozesse, z.B. über kognitive Manipulationen, beseitigt werden. So kann man sich einreden, dass man wahrscheinlich woanders auch keine höhere Entlohnung bekommen würde oder dass die niedrige Entlohnung durch andere positive Faktoren aufgewogen wird.

Die Equity-Theorie liefert uns also Gründe für einen möglichen Zusammenhang zwischen Commitment und Leistung. Gleichzeitig weist sie jedoch auch darauf hin, dass diese Zusammenhänge nicht immer auftreten müssen. Vor allem in den letzten Jahren wurde häufig darauf hingewiesen, dass austauschbasierte Motivationstheorien nicht alle Verhaltensweisen ausreichend gut erklären können. Shamir (1990; 1991) nennt verschiedene Gründe, warum menschliches Verhalten nicht immer nutzenmaximierend sein muss: Moral, Aufrechterhaltung der eigenen Identität und „Selbst-Expression". Moralische Gründe mögen z.B. egoistisches Verhalten unterdrücken. Manchmal ist es wichtig, zu sich und seinen Ansichten zu stehen, auch wenn dies mit Nachteilen verbunden sein mag. Und letztendlich möchte man manchmal auch nur man selbst sein (vgl. Martin in diesem Buch). Shamir geht davon aus, dass gerade für diese Anwendungsbereiche Selbst-Theorien geeignete Erklärungsansätze darstellen. Betrachten wir nun die bisherigen Ausführungen zum organisationalen Commitment, so lassen sich einige Parallelen feststellen. Normatives Commitment und moralisches Verhalten hängen z.B. sehr stark zusammen. In den folgenden Kapiteln werden diese Zusammenhänge ein wenig näher betrachtet.

## 3 Selbst-Theorien und Commitment

### 3.1 Zur Organisation des „Selbst" – das Selbst-Konzept

Als Alternative zu austauschbasierten Motivationstheorien haben Selbst-Theorien in den letzten Jahren vermehrt Beachtung gefunden. Typisch für alle Selbst-Theorien ist die Hypothese, dass Menschen ein fundamentales Bedürfnis haben, ihr Selbst-Konzept aufrechtzuerhalten und zu verbessern. Das Selbst-Konzept eines Menschen kann als dessen implizite Theorie über sich selbst begriffen werden (Epstein 1998, S. 212). Der Begriff „Selbst" verlangt dabei die Fähigkeit, das Selbst als Objekt betrachten zu können (Schlenker 1985, S. 65). Zur Bestimmung des Selbst-Konzeptes werden Informationen benötigt, die aus der Erlebensumwelt stammen. Sie können von anderen Individuen ausgehen (soziales Feedback) oder Rückmeldungen aus ausgeführten Handlungen (z.B. aus bewältigten Arbeitsaufgaben) sein. Ist das Individuum sehr stark auf soziales Feedback angewiesen, um sein Selbst-Konzept definieren zu können, spricht man von „Außenorientierung". Orientiert sich das Individuum dagegen primär an internalisierten Standards und an aufgabenbezogenem Feedback, nennt man dies „Innenorientierung" (Leonard/Beauvais/Scholl 1999, S. 978). Die über das Feedback aufgenommenen Informationen helfen bei der Bestimmung, *wie* das Selbst ist. Je eindeutiger sie ausfallen, desto eher bildet sich eine klare Selbstwahrnehmung heraus.

Die im Selbst-Konzept gespeicherten Informationen können sehr verschieden sein und sich z.B. auf Aussehen und Auftreten, Freundeskreis und Bekanntschaften, Erfolge und Misserfolge oder Wünsche und Ziele beziehen. Leonard u.a. (1999, S. 974 f.) ordnen die verschiedenen Merkmale drei Oberkategorien zu: Persönlichkeitsmerkmalen (z.B. Intelligenz), Fähigkeiten (z.B. Fremdsprachenkenntnisse) und Werten (z.B. Ehrlichkeit). Diese Merkmalsklassen bilden die Basis für das wahrgenommene Selbst, das ideale Selbst und für soziale Identitäten. Das wahrgenommene Selbst besteht aus den aktuellen Annahmen, die Individuen über ihre Persönlichkeitsmerkmale, Fähigkeiten und Werte haben. Erhält ein Individuum mehrdeutiges, inkonsistentes oder gar kein Feedback auf sein Verhalten, kann es sich und seine Merkmale in Relation zu seiner Umwelt und deren Standards nur schlecht einstufen. Es resultiert eine unsichere Selbsteinschätzung. Die Selbsteinschätzung ist dagegen klar und sicher, wenn das Individuum häufige, eindeutige und konsistente Rückmeldungen erhält.

Ein Schüler, der von seinen Eltern als begabt bezeichnet wird, der gleichzeitig im Vergleich zu seinen Mitschülern nur mittelmäßige Noten erhält und schließlich von einigen Lehrern gelobt und von anderen kritisiert wird, wird seine Fähigkeiten schlechter einordnen können, als jemand, der einhellig positives Feedback erhält. Im idealen Selbst drücken sich diejenigen Persönlichkeitsmerkmale, Fähigkeiten und Werte aus, die das Individuum gerne besitzen würde. Individuen werden versuchen, wichtigen Bezugspersonen ein möglichst positives und wünschenswertes „Selbstbild" zu vermitteln. Sie werden daher solche Persönlichkeitsmerkmale, Fähigkeiten und Werte demonstrieren, von denen sie annehmen, dass sie den gewünschten Eindruck erzielen. Diese Attribute sind letztlich im idealen Selbst repräsentiert. Das ideale Selbst befindet sich in einem ständigen Veränderungs- und Anpassungsprozeß, kommt dabei aber nicht nur – wie man vermuten könnte – als Ergebnis sozialer Belohnungen und Bestrafungen zustande. Über die Fähigkeit der Selbstreflexion können auch eigene interne Standards entwickelt werden, die unter Umständen höhere Ansprüche an das eigene Verhalten stellen als eine relevante Bezugsgruppe (z.B. Bandura 1991b, S. 254). Ist die Differenz zwischen dem idealen Selbst und dem wahrgenommenen Selbst, sozusagen der Unterschied zwischen Wunsch und Realität, sehr groß, führt dies zu geringer Selbstwertschätzung. Fällt die Differenz gering aus, ist das Selbstwertgefühl entsprechend groß (für Selbstwertgefühl oder Selbstwertschätzung werden ähnliche Begriffe wie Selbstbewusstsein und Selbstwirksamkeit mehr oder weniger synonym verwendet).

Individuen mit großem Selbstwertgefühl wählen z.B. schwierigere Ziele und haben häufiger ein realistisches Anspruchsniveau als Individuen mit geringem Selbstbewusstsein. Individuen, die über ein gefestigtes Selbstbild verfügen, können Misserfolge besser und kritischer verarbeiten als Individuen mit unsicherer Selbsteinschätzung. Individuen, die besonders außenorientiert sind (also soziales Feedback benötigen), sind häufig macht- und statusorientierter als innenorientierte Individuen und suchen stärker nach sozialer Anerkennung und Zuneigung (Leonard/Beauvais/Scholl 1999, S. 986 f.). Abgesehen von der Ausprägung des idealen und wahrgenommenen Selbst tendieren Individuen dazu, sich bestimmten sozialen Kategorien (Sportler, Mann, Berufstätiger etc.) zuzuordnen (Ashforth/Mael 1989, S. 20). Diese Kategorien bilden die Grundlage für soziale Identitäten. Sie stellen die im Selbst-Konzept verankerten Verbindungen zwischen Individuen und Bezugsgruppen dar. Es lassen sich mindestens zwei Arten von Identitäten unterscheiden. Die globale Identität entwickelt sich über die Interaktion mit den primären Bezugspersonen des Individuums (z.B. Familie, enge Freunde). Sie zeichnet sich vor allem dadurch aus, dass sie in verschiedenen Situationen jeweils gleich ausgeprägt ist.

Die in der globalen Identität ausgeprägten Merkmale, Fähigkeiten und Werte sind verantwortlich für die relative Stabilität des Selbst-Konzeptes (Schlenker 1985; S. 70; Roberts/Donahue 1994). Zusätzlich liefert die globale Identität Beiträge zur Bildung rollenspezifischer Identitäten. Diese sind im Gegensatz zur globalen Identität an einen sozialen Kontext gekoppelt und enthalten solche Merkmale, Fähigkeiten und Werte, die mit der zugehörigen Bezugsgruppe oder Rolle (z.B. Partnerschaft, Sportverein, Organisationszugehörigkeit) verbunden werden. Im Sportverein kann man z.B. ein „ganz anderer Mensch" sein als im Familienleben. Die einzelnen rollenspezifischen Identitäten sind hierarchisch angeordnet (Stryker 1987, S. 94 ff.). Beispielsweise kann die Identität „Lebenspartner" vor der Identität „Arbeitnehmer" und diese wiederum vor der Identität „Freizeitsportler" angesiedelt sein.

Die Position einer Identität in der Identitätshierarchie ergibt sich aus ihrer relativen Bedeutung im Vergleich zu den anderen Identitäten. Wichtige Identitäten „stehen an der Spitze" der Identitätshierarchie, unwichtige nehmen untere Positionen ein. Die relative Bedeutung einer Identität bestimmt sich zum einen über die sozialen Beziehungen, die über die entsprechende Rollenzugehörigkeit ermöglicht werden. Wichtig sind hier vor allem die Anzahl und die Wichtigkeit der Personen, zu denen durch die entsprechende Rolle Verbindungen ermöglicht werden (Stryker/Serpe 1982, S. 210). Auch die Existenz von sozialen Netzwerken innerhalb einer Rolle und zwischen verschiedenen Rollen ist von großer Bedeutung (Stryker 1987, S. 97 f.). So gewinnt die soziale Identität „Freizeitsportler" an Bedeutung, wenn man bei der Ausübung des Sports mit seinen besten Freunden zusammen sein kann. Oder die Identität „Organisationsmitglied" ist besonders wichtig, wenn sie ein selbstbestimmtes Freizeitverhalten ermöglicht (z.B. durch freie Zeiteinteilung oder Heimarbeit).

### 3.2 Das Selbst-Konzept und die Organisation als Bezugsgröße

Es ist nun naheliegend, davon auszugehen, dass Mitarbeiter in Organisationen eine soziale Identität „Organisationsmitglied" entwickeln. In dieser organisationalen Identität sind solche Persönlichkeitsmerkmale, Fähigkeiten und Werte verankert, die mit dem Organisationskontext vermittelt und in Verbindung gebracht werden. Die organisationale Identität stellt jedoch nur eine von vielen Identitäten dar und muss auch nicht zwangsläufig als wichtig oder bedeutsam wahrgenommen werden. Vielmehr „konkurriert" sie mit weiteren Identitäten um ihre Stellung in der Identitätshierarchie. Je wichtiger die organisationale Identität ist, desto eher werden Individuen versuchen, diejenigen Persönlichkeitsmerkmale (z.B. Gewissenhaftigkeit), Fähigkeiten (z.B. Prozesskenntnisse) und Werte (z.B. Fleiß) zu demonstrieren, die von der Organisation verlangt werden (Stryker 1987, S. 95). Dies bedeutet gleichzeitig, dass die Werte, Ziele und Normen der Organisation zumindest teilweise in das Selbst-Konzept aufgenommen werden (Internalisation). Die so entstehende „Kongruenz" zwischen persönlichen und organisationalen Werten, Zielen und Normen wird häufig mit Identifikation gleichgesetzt und als Bestandteil von Commitment betrachtet (z.B. Porter u.a. 1974; s. auch Abschnitt 1.2 dieses Beitrags).
Die Begriffe werden in dieser Verwendung jedoch recht unpräzise eingesetzt. Ashforth und Mael (1989, S. 23) gehen auf die Unterschiede zwischen Identifikation und Internalisation recht anschaulich ein: „Identifikation ist organisationsspezifisch definiert, während dies für Internalisation nicht zutreffen muss. Die Ziele und Werte einer Organisation können schließlich auch von anderen Organisation geteilt werden." Unter Identifikation kann ein „Einssein" mit der Organisation verstanden werden. Das bedeutet z.B., dass die Ziele, Erfolge und Misserfolge der Organisation als eigene Ziele, Erfolge und Misserfolge erlebt werden (Leonard/Beauvais/Scholl 1999, S. 980). Ein Mitarbeiter, der sich stark mit seiner Organisation identifiziert, wird sich persönlich angegriffen fühlen, wenn er Kundenbeschwerden entgegennimmt. Die Kritik an der Organisation oder an deren Produkten wird er als persönliche Kritik auffassen. Die Internalisierung von Werten, Zielen und Normen kann sich demgegenüber auf verschiedene Rollen beziehen. So kann es sein, dass das Ziel „Minimierung von Ausschuss durch Einhaltung von Qualitätsregeln" von mehreren Organisationen verfolgt wird. Ein Organisationswechsel muss somit nicht bedeuten, dass Werte,

Ziele und Normen aufgegeben werden müssen. Der Organisationswechsel zieht jedoch in jedem Fall die Aufgabe des Identifikationsobjekts und einen gewissen psychischen Verlust nach sich (Ashforth/Mael 1989, S. 23).

### 3.3 Das Selbst-Konzept und die Organisation als abstraktes Gebilde

Zurecht weist Reichers (1985, S. 469 ff.; s. auch Abschnitt 1.3.2) darauf hin, dass Organisationen abstrakte – oder besser: erlebnisferne – Gebilde sind, die sich aus verschiedenen Koalitionen und Personengruppen zusammensetzen. Organisationen an sich stellen daher keine primären Identitäts- oder Identifikationsobjekte dar. Die organisationale Identität wird vielmehr über die sozialen Interaktionen innerhalb des Organisationskontextes erzeugt. Die Organisationsmitglieder gehören meistens mehreren Gruppen gleichzeitig an, der Gesamtorganisation und einer oder mehreren Untergruppen. Für verschiedene Erlebnisse positiver und negativer Art innerhalb dieser vernetzten Strukturen können nun „nahe" oder „entfernte" Gruppen verantwortlich gemacht werden. Eine nahe Gruppe kann aus dem engen Kollegenkreis bestehen, wohingegen die Organisation als Ganzes die am weitesten entfernte und umfassendste Gruppe darstellt. Lawler (1992, S. 334 f.) argumentiert, dass für positive Erlebnisse eine „Näheregel" und für negative Erlebnisse eine „Ferneregel" gilt: „Ein Kollektiv, welches nah oder sofort präsent ist, wie z.B. eine Freundesgruppe, wird bedeutsamer sein als andere Kollektive, die diese Gruppe einschließen. Nahe Untergruppen sind typischerweise bedeutsamer, weil häufige persönliche Kommunikation die Untergruppe dazu befähigt, die Verantwortung für wahrgenommene Einschränkungen auf das größere Kollektiv zu schieben und die Verantwortung für wahrgenommene Freiheiten sich selbst zuzuschreiben." Danach entwickeln sich engere emotionale Bindungen eher zu Untergruppen als zur Organisation als Ganzes (vgl. auch Ashforth/Mael 1989, S. 22 ff.).

Positive Erlebnisse stärken die Bindung an Untergruppen stärker als die Bindung an die Gesamtorganisation. Negative Erlebnisse dagegen schwächen die Bindung an die Gesamtorganisation stärker als die Bindung an die Untergruppe. Diese Effekte sollten vor allem in dezentralen Strukturen auftreten, in denen die Untergruppen keiner oder nur geringer Kontrolle seitens der Gesamtorganisation ausgesetzt sind. Während es für das Teilnahmeverhalten nur eine untergeordnete Rolle spielt, ob sich engere Bindungen an Untergruppen oder an die Organisation als Ganzes entwickeln, ist dies für das Leistungsverhalten von großer Bedeutung. Im Falle einer Kündigung gehen sowohl die Untergruppe als auch die Organisation verloren. Absentismus betrifft ebenfalls Gruppe und Organisation. Starke Bindungen an Untergruppen ermöglichen jedoch erheblichen Spielraum im Leistungsverhalten. So können in Untergruppen Leistungsabsprachen getroffen werden, mit denen organisationale Vorgaben bewusst unterwandert werden. Untergruppen können im entgegengesetzten Fall aber auch als Kontrollinstanzen funktionieren, in denen die Leistungsansprüche der Organisation in alle Ebenen transportiert werden. Bezogen auf den Zusammenhang zwischen Commitment und Leistung rücken damit die Beziehungen zwischen den einzelnen organisationalen Untergruppen sowie die Beziehungen zwischen den Untergruppen und der Organisation in den Mittelpunkt (vgl. Weller/Matiaske 2003).

### 3.4 Zusammenfassung

Commitment ist die psychologische Bindung an die Organisation. Diese Bindung entsteht, wenn das Selbst über eine soziale Identität mit der Organisation verbunden wird. In dieser Identität sind selbstbezogene Informationen „gespeichert", die zur Ausübung der sozialen Rolle benötigt werden und die das Individuum in dieser Rolle „Organisationsmitglied" definieren. Die Organisation liefert das Feedback, welches zur Aktualisierung und Festigung dieser Informationen benötigt wird. Das Commitment ist umso größer, je wichtiger die organisationale Identität für das Individuum ist und je stärker es sich mit der Organisation identifiziert. Organisationen sind jedoch „abstrakte" Gebilde. Die Bindung an die Organisation erfolgt daher über Bindungen an einzelne Untergruppen der Organisation. Die Bindungen an diese Untergruppen können stärker sein als die Bindung an die Organisation als Ganzes. Dies ist insbesondere für das Leistungsverhalten von Bedeutung.

## 4 Commitment und Verhalten aus der Sicht der Selbst-Theorie

### 4.1 Commitment und Teilnahmeverhalten

Teilnahmeverhalten wird häufig negativ über Verhaltensweisen des Rückzugs operationalisiert. Die bekanntesten Beispiele sind Fluktuation und Absentismus. Unter Fluktuation wird das freiwillige und selbstinitiierte Ausscheiden aus der Organisation verstanden. Das Verlassen der Organisation bedeutet gleichzeitig auch den Verlust der organisationalen Identität und des Identifikationsobjekts. Der Verlust einer wichtigen sozialen Identität ist jedoch mit dem fundamentalen Bedürfnis, das Selbst-Konzept aufrechtzuerhalten, nicht vereinbar. Geht man davon aus, dass das Commitment mit der Bedeutung der organisationalen Identität steigt, folgt daraus, dass steigendes Commitment zu sinkendem Fluktuationsverhalten führt. Nach Stryker (1987, S. 95) unterliegen soziale Identitäten neben dem Bedürfnis nach Verbesserung auch dem Wunsch nach Bestätigung und Verifikation. Stryker und Serpe (1982, S. 213 ff.) konnten bei der Überprüfung dieser Annahme anhand der Identitätshierarchie das Ausmaß der Zeit vorhersagen, die auf die zugehörigen Rollen verwendet wurde. Menschen verbringen also besonders viel Zeit in solchen Rollen, die ihnen besonders wichtig sind. Eine Begründung dafür ist darin zu sehen, dass gerade diese Rollen das notwendige Feedback liefern, das zur Bestätigung der eigenen Identität benötigt wird. Hohes Commitment sollte demnach auch zu geringen motivationsbedingten Fehlzeiten führen.

### 4.2 Commitment und Leistungsverhalten

Da Werte wichtige Bestandteile des Selbst-Konzeptes darstellen, werden Individuen mit steigender Bedeutung der organisationalen Identität vor allem solche Werte vertreten, die von der Organisation erwartet und honoriert werden. Geht man davon aus, dass die näheren Gruppen innerhalb der Organisation als wichtiger und hervorstechender wahrgenommen werden als die Organisation als Ganzes und zusätzlich über entsprechende Kontroll- und Sanktionsmechanismen verfügen, so gewinnen diese Gruppen für das Leistungsverhalten an Bedeutung

(s. auch Abschnitt 3.3). Insbesondere die Vorgaben, Werte und Normen, die in der Gruppe vertreten werden, stellen wichtige Einflussgrößen für das individuelle Verhalten dar, da „gruppenschädliche" Verhaltensweisen sozial sanktioniert werden. Vor allem für Mitarbeiter, die sich durch eine starke „Außenorientierung" auszeichnen, stellen soziale Sanktionen ernsthafte Bedrohungen für das Selbst-Konzept dar. Für Mitarbeiter mit starker „Innenorientierung" dagegen ist Gruppendruck weit weniger bedeutsam (vgl. auch Bandura 1991b, S. 275 ff.; 1991a).

Die Argumentation weist darauf hin, dass der Zusammenhang zwischen Commitment und Leistungsverhalten von Drittvariablen beeinflusst wird. Zu diesen gehören zum einen organisationale Faktoren wie die Beziehungen zwischen organisationalen Gruppen und der Organisation als Ganzes sowie die Gruppenzusammensetzung. Daneben sind auch persönliche Einflussgrößen wichtig, wie z.B. Außen- vs. Innenorientierung oder hohes vs. niedriges Selbstwertgefühl. Individuen mit großem Selbstwertgefühl wählen z.B. höhere Ziele als solche mit niedrigem Selbstbewusstsein, und höhere Ziele führen in der Regel wiederum zu höheren Leistungen (vgl. Locke/Latham 1990, S. 27 ff.). Letztlich ist auch das „Verhalten" der Organisation selbst für das Verhalten der Organisationsmitglieder entscheidend. In empirischen Studien konnte gezeigt werden, dass wahrgenommene organisationale Unterstützung in der Form von Verpflichtung oder Loyalität „zurückgezahlt" wird (z.B. Eisenberger u.a. 2001; Meyer/Smith 2000). Ein solcher reziproker Zusammenhang lässt sich sowohl für das sogenannte Extra-Rollenverhalten als auch für „normales" (In)Rollenverhalten vermuten.

## 5 Zusammenfassung und Ausblick

Die Commitment-Forschung kann auf eine lange Tradition und nahezu unüberschaubar viele Arbeiten zurückblicken. Commitment wird trotz der Verschiedenartigkeit der einzelnen Ansätze übereinstimmend als eine Bindungsbeziehung konzipiert. Während sich stabile negative Zusammenhänge zwischen Commitment und Fluktuation nachweisen lassen, scheint der mehr erwünschte als theoretisch begründbare Zusammenhang zwischen Commitment und Leistung fragwürdig zu sein. Bei genauerer Betrachtung liegt ein großes Manko der Commitment-Forschung in ihrer Fundierung im „common sense". Die meisten Ansätze lassen eine tiefere theoretische Verankerung vermissen. Einen theoretischen Fortschritt verspricht die Verbindung der Commitment- mit der Selbstkonzept-Forschung. Einige kritische Worte sind jedoch auch diesbezüglich angebracht. Leonard u.a. (1999, S. 973) bemerken treffend: „Wegen der vielen verschiedenen Forschungsansätze und -richtungen in diesem Bereich besteht unser Wissen zur Selbst-Theorie vorwiegend aus Bruchstücken und ist hochgradig unorganisiert." Das vorhandene Wissen muss erst noch zu einer stringenten Theorie gebündelt werden, die erstens die Struktur und Entstehung des Selbst-Konzeptes genauer beschreibt und zweitens zuverlässigere Aussagen zur Beziehung zwischen Selbst-Konzept und Verhalten trifft.

# 6 Empfohlene Literatur

## Standardwerke/Monographien

Mowday, R.T./Porter, L.W./Steers, R.M. 1982: Employee-Organization Linkages, New York u.a.
*Neben Commitment werden auch Absentismus und Fluktuation sowie die Beziehungen zwischen den Konstrukten behandelt. Standardwerk in der Tradition des einstellungsbezogenen Ansatzes.*
Morrow, P.C. 1993: The Theory and Measurement of Work Commitment, Greenwich/London.
*Die Autorin bezieht sich vor allem auf die verschiedenen Bindungsobjekte, die in der Commitment-Forschung diskutiert werden. Ausgiebige Überblicksdarstellung über empirische Ergebnisse der Commitment-Forschung.*
Moser, K. 1996: Commitment in Organisationen, Bern u.a.
*Deutschsprachige Übersicht über die verschiedenen theoretischen Ansätze der Commitment-Forschung. Auch der häufig vernachlässigte verhaltensbezogene Ansatz wird ausführlich gewürdigt.*
Meyer, J.P./Allen, N.J. 1997: Commitment in the Workplace. Theory, Research, and Application, Thousand Oaks u.a.
*Überblick über den aktuellen Stand der Commitment-Forschung. Der Schwerpunkt liegt auf dem dreidimensionalen Commitment-Konzept der Autoren. Im Anhang findet sich der zugehörige Fragebogen.*

## Empirische Arbeiten/Meta-Analysen

Mathieu, J.E./Zajac, D.M. 1990: A Review and Meta-Analysis of the Antecedents, Correlates, and Consequences of Organizational Commitment, in: Psychological Bulletin, 108, S. 171–194.
Meyer, J.P./Stanley, D.J./Herscovitch, L./Topolnytsky, L. 2001: Affective, Continuance, and Normative Commitment to the Organization: A Meta-Analysis of Antecedents, Correlates, and Consequences, in: Journal of Vocational Behavior, Ideal First Articles, S. 1–33.

## Messinstrumente

Organizational Commitment Questionnaire (OCQ):
Mowday, R.T./Steers, R.M./Porter, L.W. 1979: The Measurement of Organizational Commitment, in: Journal of Vocational Behavior, 14, S. 224-247.
Benkhoff, B. 1996: Disentangling Organizational Commitment. The Dangers of the OCQ for Research and Policy, in: Personnel Review, 26, S. 114-131.
*Der OCQ ist der „Marktführer" unter den Messinstrumenten zum organisationalen Commitment. Seit nahezu 30 Jahren wird der OCQ in verschiedenen Varianten (Lang- und Kurzform) eingesetzt. Die meisten der bis heute veröffentlichten empirischen Arbeiten basieren auf Messungen, die mit dem OCQ vorgenommen wurden. Seit ca. 10 Jahren wird jedoch häufiger auf den Commitment-Fragebogen von Meyer und Allen zurückgegriffen, sodass der OCQ in neueren Arbeiten seine „Vormachtstellung" eingebüßt hat. Der OCQ ist vollständig wiedergegeben bei Mowday/Steers/Porter 1979. Eine deutsche Version findet sich*

*bei Maier/Woschée 2002. Vor allem in letzter Zeit ist der OCQ kritisiert worden. Siehe dazu Benkhoff 1996.*

Hrebiniak, L.G./Alutto, J.A. 1972: Personal and Role-Related Factors in the Development of Organizational Commitment, in: Administrative Science Quarterly, 17, S. 555-573.

Meyer, J.P./Allen, N.J. 1984: Testing the „Side-Bet Theory" of Organizational Commitment: Some Methodological Considerations, in: Journal of Applied Psychology, 69, S. 372-378.

*Das Befragungsinstrument (Commitment-Fragebogen) von Hrebiniak und Alutto stellt das „verhaltensbezogene" Gegenstück zum „einstellungsbezogenen" OCQ dar. Kritische Stimmen zum Instrument finden sich bei Meyer/Allen 1984.*

Allen, N.J./Meyer, J.P. 1990: The Measurement and Antecedents of Affective, Continuance and Normative Commitment to the Organization, in: Journal of Occupational Psychology, 63, S. 1–18.

Schmidt, K.-H./Hollmann, S./Sodenkamp, D. 1998: Psychometrische Eigenschaften und Validität einer deutschen Fassung des „Commitment"-Fragebogens von Allen und Meyer (1990), in: Zeitschrift für Differentielle und Diagnostische Psychologie, 19, S. 93–106.

*Der dreidimensionale Commitment-Fragebogen von Meyer und Allen ist der mittlerweile am häufigsten eingesetzte Fragebogen zur Messung von organisationalem Commitment. Schmidt/Hollmann/Sodenkamp 1998 beschreiben eine deutsche Version und ihre psychometrischen Eigenschaften.*

Identitätshierarchie:
Stryker, S./Serpe, R.T. 1982: Commitment, Identity Salience, and Role Behavior: Theory and Research Example, in: Ickes, W./Knowles, E.S. (Hrsg.): Personality, Roles, and Social Behavior, New York u.a., S. 199-218.

Identifikation:
Mael, F.A./Ashforth, B.E. 1995: Loyal from Day One: Biodata, Organizational Identification, and Turnover among Newcomers, in: Personnel Psychology, 48, S. 309–333.

*Im Text findet sich ein Messinstrument zur Erfassung der organisationalen Identifikation im Sinne der Social Identity Theory (SIT).*

# Extra-Rollenverhalten

## Wenzel Matiaske/Ingo Weller

*„Eine gelinde Antwort stillet den Zorn, aber ein hart Wort richtet Grimm an." – „Hadere nicht mit jemand, so er dir kein Leid getan hat." – „Der Sünder verachtet seinen Nächsten, aber wohl dem, der sich der Elenden erbarmet." – „Wo nicht Rat ist, da geht das Volk unter, wo aber viele Ratgeber sind, da gehet es wohl zu." (Bürgertugenden als Spruchweisheiten, Auszug der Inschriftenreliefs im Bärensaal des Alten Berliner Stadthauses)*

*„Als der Kadett sah, dass Schwejk auf sein Kommando ‚Laden – ladet!' das Magazin verkehrtrum eingelegt hatte, riss er ihm das Gewehr aus der Hand, lud es selbst und zischte: ‚Dummkopf, nicht einmal laden kannst du! Zielt gut! An!' kommandierte er energisch und hob den Revolver. ‚Feuer!' brachte er nicht mehr hervor. Schwejk drückte die Hand mit dem Revolver herunter und brüllte: ‚Jesus Maria, Herr Kadett, Sie wollen sie doch nicht erschießen? Und was Herr Kadett, wenn wir schießen und nicht treffen, dann können sie uns ja erschießen! Und wenn wir sie niederschießen, so müssen wir ihnen Gräber ausheben, Herr Kadett, und das ist in so einer Hitze kein Spaß. Und stellen Sie sich vor … vielleicht haben sie geradeso wie wir ihre Abteilung verloren …'"*
*(Jaroslav Hasek: Abenteuer des braven Soldaten Schwejk)*

## 1 Einleitung

Manche Dinge spielen im Leben eine wichtige Rolle. Ab und zu fällt jemand aus der Rolle. Und auch Schauspieler haben eine. Offensichtlich begegnen wir dem Rollenbegriff in unserer Alltagssprache auf Schritt und Tritt. Ähnlich sieht es im wissenschaftlichen Sprachgebrauch aus, wo z.B. von Rolleninhabern, Rollenstress, Rollen- und Extra-Rollenverhalten die Rede ist. Allen Beispielen ist gemeinsam, dass der Rollenbegriff mit Erwartungshaltungen verbunden ist. Dinge, die im Leben eine besonders wichtige Rolle spielen, erwartet man von sich selbst und für sich selbst. Fällt jemand aus der Rolle, verhält er sich nicht so, wie man es eigentlich erwartet hätte. Und der Schauspieler muss letztlich die Vorgaben des Drehbuchs umsetzen und den dargestellten Charakter erwartungsgerecht interpretieren. Abstrakt kann eine Rolle als „... Bündel normativer Verhaltenserwartungen an eine Position innerhalb eines sozialen Systems" (Nienhüser 1993, S. 239) beschrieben werden. Die Erwartungen sind an eine Position gerichtet, die durch einen Rolleninhaber ausgefüllt wird, also durch denjenigen, der in der betrachteten Situation handelt. Rollenverhalten ist dementsprechend dadurch gekennzeichnet, dass es sich innerhalb der normativen Vorgaben und Erwartungen einer Bezugsperson oder -gruppe bewegt.

Im Arbeitsleben bedeutet Rollenverhalten, dass Arbeitnehmer u.a. die Verhaltenserwartungen von Arbeitgebern erfüllen. Üblicherweise finden sich die Erwartungen von Arbeitgebern in institutionellen Arrangements wieder, also z.B. in Arbeitsverträgen, Stellenbeschreibungen und Betriebsvereinbarungen. Verhalten, welches die Grenzen dieser Erwartungen überschreitet, wird Extra-Rollenverhalten genannt. Extra-Rollenverhalten kann sowohl positiv (funktional) als auch negativ (dysfunktional) für eine Organisation sein. Besondere Sorgfalt im Umgang mit Ressourcen, Kooperationsbereitschaft im sozialen Miteinander und eine positive Außendarstellung der Organisation gegenüber Organisationsexternen sind Beispiele für funktionales Extra-Rollenverhalten. Mögliche Beispiele für dysfunktionales Extra-Rollenverhalten sind Diebstahl, Mobbing und die Vertuschung von Fehlern eines Kollegen, den man nicht bloßstellen möchte (vgl. Schnake 1991, S. 737). Das vor allem in letzter Zeit wachsende Forschungsinteresse zum Extra-Rollenverhalten rührt aus der Annahme, in ihm könne „... der soziale Kitt gesehen werden, der Unternehmen zusammenhält und grundlegend für die Effizienz und das Überleben *jeder* Organisation ist." (Nerdinger 1995, S. 18; vgl. auch Organ 1977). Dem Konstrukt wird damit eine zentrale Position in der Organizational Behaviour Forschung zugesprochen. Bevor wir jedoch näher auf das Extra-Rollenverhalten eingehen, wenden wir uns im nächsten Kapitel dem Begriff der sozialen Rolle zu. Anschließend grenzen wir im dritten Kapitel Rollen- und Extra-Rollenverhalten voneinander ab und stellen mit dem Organizational Citizenship Behaviour das am intensivsten diskutierte Konstrukt zum Extra-Rollenverhalten näher vor.

## 2 Soziale Rollen

Die Rollentheorie ist ein klassisches Forschungsfeld der Soziologie (Dahrendorf 1977; Merton 1995). Während die soziologische Diskussion zum Thema jedoch seit längerer Zeit stagniert, erfreut sich die Rollentheorie in anderen Disziplinen stetiger Beliebtheit. Die Gründe für die große Akzeptanz sind zum einen in ihrer hohen Plausibilität zu sehen, zum anderen ist sicherlich die Nähe zur Alltagssprache ausschlaggebend. Genau genommen kann die Rollentheorie nicht als Theorie im Sinne eines in sich geschlossenen Systems von Aussagen und Hypothesen bezeichnet werden. Wie im sozialwissenschaftlichen Sprachgebrauch üblich, werden die Bezeichnungen Rollentheorie, Rollenkonzept und Rollenbegriff jedoch weitestgehend synonym verwendet. Soziale Rollen können – wie oben beschrieben – als Bündel von Verhaltenserwartungen an eine Position in einem sozialen System beschrieben werden. „Eine soziale Rolle ist also dann die Summe der Rechte und Pflichten, die zu einer bestimmten Position gehören, unabhängig davon, wer der Träger dieser Position ist." (Dreitzel 1980, S. 44). Diese Feststellung ist bedeutsam, da aus ihr hervorgeht, dass ein und dieselbe Person verschiedene Rollen ausüben (spielen) kann (Merton 1973). Gleichzeitig sind Positionen in der Gesamtheit sozialer Beziehungen mit weiteren Positionen verknüpft, sodass die zugehörigen Rollen wechselseitig miteinander in Beziehung stehen. Hieraus ergeben sich verschiedene Sichtweisen, die anhand der zentralen Metapher des Rollenkonzepts, des Bühnenschauspielers in einem Theaterstück, veranschaulicht werden können (vgl. Matiaske 1992, S. 57 ff.). (1) Der Schauspieler kann je nach Stück verschiedene Rollen übernehmen. Die Rolle wird vor einem Bühnenbild aufgeführt und wird durch eine Regie und deren Assistenz angeleitet. Hier findet sich der *strukturelle Aspekt* der Rollentheorie (Dahrendorf 1977). (2) Der Schauspieler muss die Verhaltensweisen der jeweiligen Rollen erst erlernen. Die erlernten Kenntnisse und seine durch Erfahrung erworbenen Fähigkeiten ermöglichen es ihm erst, der gespielten Rolle „Charakter" zu verleihen. Einige Rollentheoretiker betonen daher die *Sozialisation* des Rolleninhabers (Tenbruck 1961). (3) Rollen sind lediglich einzelne Teile eines Theaterstückes und somit mit weiteren Rollen und deren Inhabern verbunden. Es müssen also Aspekte der *Interaktion* bedacht werden (Goffman 1983). (4) Werden Schauspieler, Regisseure und Theaterkritiker befragt, müssen deren Interpretationen eines Rollenspiels nicht unbedingt identisch sein. Hiermit sind zum einen Aspekte der *Wahrnehmung* angesprochen, zum anderen geht es um den *Zusammenhang zwischen Normen, Einstellungen und Verhalten*.

## 2.1 Handeln in Rollen

Für die Rollentheorie stellt sich die bedeutsame „... Frage, warum die Individuen sich den Rollenerwartungen normalerweise fügen. Denn dass der Mensch ein Wesen ist, das sich rollenkonform verhält, ist das aller Rollentheorie zugrunde liegende Axiom." (Dreitzel 1980, S. 46). Eine plausible Erklärung liegt in der Sanktionsmacht der Bezugsperson bzw. -gruppe, die rollenkonformes Verhalten belohnt und abweichendes Verhalten bestraft. Da die Verhaltenserwartungen verschiedener Bezugspersonen oder -gruppen über einen unterschiedlich starken Aufforderungscharakter verfügen, spricht Dahrendorf (1977, S. 35 ff.) von „Muss-, Soll- und Kann-Erwartungen". Nicht alle Bezugsgruppen haben also gleich starken Einfluss auf das Verhalten der Rolleninhaber. Die Ermahnung zur Aufmerksamkeit durch den Lehrer dürfte – zumindest in bestimmten Altersgruppen – einen stärkeren Einfluss auf das Schülerverhalten haben als die eines Mitschülers. Weiterhin kann nach strukturellen, formalisierten und interaktionellen Aspekten von Verhaltensanforderungen unterschieden werden (vgl. Matiaske 1992, S. 58 ff.). Strukturelle Aspekte legen die Positionen der Rollenspieler fest und beschränken ihren Rollenspielraum. So verfügen Vorgesetzte im Normalfall über größere Entscheidungsbefugnisse als ihre Untergebenen. Formalisierte Erwartungen beziehen sich auf fest verankerte, symbolisch oder technologisch repräsentierte Normen. Beispielsweise ist es üblich, dass man unbekannte Personen nicht ohne weiteres duzt.

Formalisierte Erwartungen werden letztlich in der Interaktion der Rollenspieler aktualisiert; sie können also in Abhängigkeit von der jeweiligen Situation ignoriert, ergänzt oder verändert werden. Der Mensch ist jedoch nicht lediglich ein „... passiver Erfüllungsgehilfe der herrschenden gesellschaftlichen Forderungen ...", wie Wunderer und Grunwald (1980, S. 133) kritisieren. Auch wenn dem Einzelnen seine Rollen von der Gesellschaft auferlegt werden, muss er sie dennoch auch „innerlich" annehmen. Die Übernahme von Rollen ist daher stark davon geprägt, welche Sozialisation die Rollenträger durchlaufen haben (vgl. den Beitrag zur Sozialisation in diesem Buch). Sozialisation bezeichnet die Standardisierung und Überformung natürlicher Anlagen durch die Übertragung von Verhaltensmustern, Regeln und Werten auf den einzelnen Menschen. Der Vorgang der Übertragung selbst wird auch als Internalisierung bezeichnet. Internalisierte Verhaltensmuster, Regeln, Werte und Normen zeichnen sich vor allem durch die Selbstverständlichkeit ihrer Akzeptanz aus. So werden wir kaum hinterfragen, warum wir in der Öffentlichkeit Kleidung tragen. Das Grundgerüst der internalisierten Werte und Normen stellt die Ich-Identität dar. Sie bildet gewissermaßen die Grundlage für die Wahrnehmung und Ausführung der verschiedenen Rollen eines Individuums. In der Ich-Identität wurzelt auch die Autonomie des Individuums: Menschen folgen nicht automatisch vorgegebenen Verhaltensmustern, sondern orientieren sich an größeren Sinnzusammenhängen. Ihr Verhalten ist daher auch das Ergebnis einer *aktiven Inszenierung*. Aktive Inszenierung wiederum umfasst u.a. die kreative Ausgestaltung von Rollen, die Interpretation von Rollenerwartungen und die Distanzierung von internalisierten Werten und Normen (vgl. Dreitzel 1980, S. 51 ff.).

## 2.2 Arten von Rollen

Wie wir gesehen haben, wird die Ausführung von Rollen nicht ausschließlich durch den Zwangscharakter einer Erwartung bestimmt (Muss-, Soll-, Kann-Normen). Die Rollenausübung wird gleichzeitig durch den Grad der Internalisierung der Verhaltenserwartungen beeinflusst. Dreitzel (1980, S. 77 ff.) klassifiziert soziale Rollen entsprechend in zwei Dimensionen: In die Art der Norm, womit der Zwangscharakter von Erwartungen angesprochen wird, und in die Herkunft der Norm, was sich auf den Grad der notwendigen Identifikation mit der Norm bezieht. Der Grad der notwendigen Identifikation gibt sozusagen an, wie sehr sich der Rolleninhaber selbst in die Rolle einbringen muss (sich mit ihr identifizieren muss), damit sie überzeugend ausgefüllt wird (Abbildung 1). Die horizontale Dimension des Schemas stellt heraus, dass kulturelle Normen, also Werte oder Wertorientierungen (vgl. Dreitzel 1980, S. 56 ff.; Matiaske 1992), stärker internalisiert sind als organisations- oder situationsbezogene normative Werte, die häufig vereinfacht als Normen bezeichnet werden.
Wertorientierungen prägen das Verhalten auf einer tieferen Ebene und sind schwieriger zu ändern als Normen, sie überlagern und färben die Wirkung von Normen. Der Grad der notwenigen Identifikation mit Rollenerwartungen nimmt demnach in Dreitzels Schema von rechts nach links gesehen zu. Die vertikale Dimension bezieht sich auf verschiedene Arten von Normen. Je nach Norm bestehen unterschiedliche Erfordernisse für Ich-Leistungen und entsprechende Gestaltungsspielräume. Vollzugsnormen schränken den Verhaltensspielraum weitaus stärker ein als Gestaltungsnormen und erfordern daher auch vergleichsweise geringe Ich-Leistungen. Die Ich-Leistungen, die zur Rollenausübung gefordert werden, nehmen von oben nach unten gesehen in Dreitzels Schema also zu. Betrachtet man menschliches Verhalten nun als aktive Inszenierung, so bezieht sich dies nicht zuletzt auf die Ausgestaltung einer Rolle und auf die Rollendistanzierung, d.h. auf die Möglichkeit zur Loslösung von Rollenerwartungen. Rollenausgestaltung und Rollendistanz werden von beiden Dimensionen, Art und Herkunft von Normen, beeinflusst.
Mit einigen Beispielen aus dem Rollenschema Dreitzels wollen wir zunächst den Aspekt der Rollenausgestaltung erläutern. Vollzugsnormen, die auf den Gehorsam gegenüber Regeln abzielen, haben den stärksten Aufforderungscharakter (Muss-Normen). Sie bieten die geringsten Gestaltungsspielräume und erfordern nur sehr geringe aktive Einbringung in der Form von Eigenleistungen. Ein Soldat soll primär Befehle ausführen („Sie sollen nicht denken, Sie sollen handeln!"). Ein Verkehrsteilnehmer soll Verkehrsregeln beachten und ein Patient soll den Anweisungen des Arztes und des Pflegepersonals Folge leisten. Qualitätsnormen,

die sich auf die Aufgabenbewältigung beziehen, haben einen mittleren Zwangs-charakter (Soll-Normen) und bieten etwas größere Rollenspielräume und Mög-lichkeiten zur aktiven Einbringung. Der Postbeamte am Schalter muss den Kontakt mit Kunden interaktiv gestalten. Er muss sich dementsprechend selbst in die Aufgabenbewältigung einbringen. Ein Diskussionsleiter kann den Verlauf und den Ausgang einer Diskussion zumindest teilweise mitbestimmen, indem er dafür sorgt, dass Redezeiten nicht überschritten und Argumente vollständig vor-getragen werden. Gestaltungsnormen bieten letztlich große Spielräume (Kann-Normen) und verlangen vom Rolleninhaber Kreativität und Aktivität bei der Gestaltung seiner Rolle. Die normativen Erwartungen an den Rolleninhaber sind häufig diffus und die möglichen Sanktionen für nicht konformes Verhalten sind oftmals unbestimmt. Gestaltungsnormen beziehen sich nach Dreitzel auf den Stil der Wertrealisierung, womit nichts anderes gemeint ist, als dass es dem Rollen-inhaber obliegt, die Rolle im vorgegebenen Rahmen eigenverantwortlich auszu-füllen. Ich-Leistungen werden also regelrecht eingefordert. Der Nachbar ist weitestgehend frei in seiner Entscheidung, wie er das Verhältnis zu seinen Nach-barn gestaltet. Es liegt an ihm, sich freundlich, abweisend, kooperativ etc. zu verhalten.

Herkunft der Norm

| Art der Norm | Kulturelle Normen personenbezogen | Herrschafts-normen organisations-bezogen | Interaktions-normen situationsbezogen |
|---|---|---|---|
| Vollzugsnormen Gehorsam gegenüber Regeln | Sozialisierungs-rollen Kind Patient | Ausführungs-rollen Soldat Strafgefangener | Spielrollen Verkehrs-teilnehmer Fußballspieler |
| Qualitäts-normen Bewältigung von Aufgaben | Helfer-Rollen Eltern Doktorvater Seelsorger | Arbeitsrollen Postbeamter Arbeiter Vereinsvor-sitzender | Bewältigungs-rollen Prüfling Diskussionsleiter |
| Gestaltungs-normen Stil der Wertrealisierung | Beziehungsrollen Ehemann Liebhaber charismatischer Führer | Leistungsrollen Politiker Schauspieler Wissenschaftler | Kontaktrollen Nachbar Gastgeber |

Abb. 1: Klassifikationsschema sozialer Rollen (nach Dreitzel 1980, S. 86)

Einige der von Dreitzel gewählten Beispiele zeigen allerdings auch, dass ehemals fraglose gesellschaftliche Normen zunehmend in Frage gestellt werden können, ein Punkt, der häufig auch als Wertewandel bezeichnet wird. Die Beispiele sind also an einen zeitlichen Rahmen und an die vorherrschende Gesellschaftsform gebunden (vgl. Dreitzel 1980, S. 89). Neben der Rollenausübung ist vor allem die Rollendistanzierung von Interesse, die wir im Folgenden mit einigen Beispielen betrachten. Die Möglichkeit der Rollendistanz ist zum einen durch den Grad der eingeforderten Ich-Leistungen bestimmt. Ein Arbeiter am Fließband hat die Möglichkeit, neben seiner Tätigkeit, die vor allem die Motorik beansprucht, die „Gedanken schweifen zu lassen". Ein Call Center Mitarbeiter ist demgegenüber stärker in seiner Tätigkeit „gefangen" und kann sich von den an ihn gerichteten Rollenerwartungen (von Vorgesetzten, Kollegen, Kunden) nur sehr viel schwerer lösen. Neben dem Grad der erforderlichen Ich-Leistungen entscheidet das Ausmaß der Normidentifikation entscheidend über die Möglichkeiten zur Rollendistanz. Ein Gastgeber ist nur in der besonderen Situation des Gästehabens an Erwartungen gebunden. In ihr kommen insbesondere Interaktionsnormen zum Zuge. Diese „... sind gebunden an bestimmte Situationen, verlangen vom Rollenspieler außerhalb der jeweiligen Situation nichts und sind somit nur innerhalb von Situationen überhaupt existent." (Dreitzel 1980, S. 69 f.). Dem Gastgeber dürfte es normalerweise leicht fallen, seine Abneigung gegenüber dem unsympathischen Besuch in der direkten Interaktion zu verbergen. Dem Ehepartner, der ähnlich verfährt, wird man demgegenüber das Scheitern seiner Beziehung vorhersagen können, denn die Aufrechterhaltung der unentdeckten Distanzierung fällt in diesem Fall entsprechend schwerer.

### 2.3 Verhaltenserwartungen, Einstellungen und Verhalten

Soziale Rollen sind als Bündel normativer Verhaltenserwartungen an eine Position in einem sozialen System definiert. Sie beschreiben also Erwartungen, nicht jedoch wirkliches Verhalten. Dennoch sind Rollenerwartungen wichtige Verhaltensdeterminanten, da sie zumindest die Verhaltensabsichten einer Person beeinflussen dürften. Zwar sind die Zusammenhänge zwischen Einstellungen, Normen, Verhaltensintentionen und tatsächlichem Verhalten nicht endgültig geklärt (vgl. Thomas in diesem Buch), sie sind jedoch zweifelsfrei vorhanden. Für den Zweck unserer Darstellung reicht es aus, darauf hinzuweisen, dass Rollenerwartungen nicht unbedingt direkt in beobachtbares Verhalten übertragen werden.[1] An dieser Stelle ist ein abschließender Hinweis unumgänglich. Wie eingangs erwähnt, entstammt der Rollenbegriff der Soziologie. Die Rollentheorie ist u.a. jedoch auch in der Sozialpsychologie verbreitet. Der sozialpsychologische Rollenbegriff unterscheidet sich teilweise erheblich vom soziologischen Rollenbegriff. In der soziologischen Diskussion werden Rollen eher unabhängig vom Rolleninhaber betrachtet, sodass die persönlichen Attribute des Rollenspielers für die Rollenanalyse bedeutungslos bleiben. Im sozialpsychologischen Verwendungszusammenhang ist die Trennung zwischen Rolle und Person (Persönlichkeit) weit weniger ausgeprägt bzw. nicht vorhanden. Darüber hinaus wird Rolle im sozialpsychologischen Wortgebrauch häufig mit Verhalten und nicht mit Verhaltenserwartungen gleichgesetzt (vgl. Dreitzel 1980, S. 78).

# 3 Extra-Rollenverhalten

## 3.1 Entwicklungslinien der Forschung zum Extra-Rollenverhalten

Die Wurzeln des Extra-Rollenverhaltens lassen sich bei Barnard (1938) und Katz (1964) bzw. Katz und Kahn (1966) ansiedeln. Schon Barnard äußerte die Überzeugung, dass Rollenverhalten alleine (der Dienst nach Vorschrift) das Überleben einer Organisation nicht sichern kann. Die Bereitschaft, auf freiwilliger Basis Anstrengungen zu erbringen (*„willingness* of persons to contribute efforts to the cooperative system"; Barnard 1938, S. 83), ist demnach eine wesentliche Grundlage für die Existenz und Leistungsfähigkeit von Organisationen. Bereits bei Barnard findet sich also der Gedanke, dass das Extra-Rollenverhalten jener Kitt sein könnte, der Organisationen zusammenhält. Katz geht in seiner Ausarbeitung des Konzeptes noch einen Schritt weiter und begründet die Notwendigkeit des Extra-Rollenverhaltens in Organisationen mit deren Unfähigkeit, alle zukünftigen Ungewissheiten vorausplanen zu können.

Dieses Argument wurde in etwa zur gleichen Zeit auch im situativen Ansatz der Organisationstheorie (auch als Kontingenzansatz bezeichnet) entwickelt, wobei im situativen Ansatz die Organisationsstruktur akzentuiert wird. In turbulenten, d.h. unsicheren Umweltsituationen benötigen Organisationen Flexibilität im Sinne einer *organischen* Organisationsstruktur (Burns/Stalker 1961). Eine solche organische Organisation ist u.a. durch eine flache Hierarchie, ungebundene Kommunikation und informelle Kooperation charakterisiert. Diese Elemente verschaffen organischen Organisationen ein höheres Maß an Flexibilität, um sich auf die Wechselfälle der Umwelt einzustellen, als traditionellen Bürokratien, die Burns und Stalker als *mechanistische* Organisationen bezeichnen. Deren Überlegenheit in statischen Umwelten, in denen Zeit bleibt, um gut an die Umwelt angepasste organisationale Regeln zu entwickeln, stellen sie jedoch nicht in Frage. Katz erörtert mit seiner Ausarbeitung des Extra-Rollenkonzeptes, wie die geforderte Flexibilität der Organisation auf individueller Ebene entsteht. Über die skizzierte Überlegung des situativen Ansatzes hinausgehend postuliert er eine prinzipielle Ungewissheit in der Planung von Organisationen. Daher müsse es neben der Einengung des Verhaltens zur verlässlichen Rollenausübung auch Freiräume geben, um Möglichkeiten für spontanes und innovatives Verhalten zu eröffnen, um diese Ungewissheiten meistern zu können.

Die daraus entstehenden Notwendigkeiten erläutert er (1964, S. 132 ff.) wie folgt. (1) Organisationen sind *kooperative* Systeme. Kooperation ist innerhalb von Organisation so verinnerlicht, dass sie als selbstverständlich angenommen wird, jedoch weder formal gefordert noch belohnt wird. Kooperation manifestiert sich vorwiegend in helfenden und unterstützenden Aktivitäten auf einer individuellen Beziehungsebene (Hilfe durch Kollegen etc.). (2) Mitarbeiter tragen zur Effektivität von Organisationen bei, indem sie organisationale Ressourcen vorbeugend und durch akutes Eingreifen *schützen* (Rohstoffe, Maschinen, Gesundheit von Kollegen etc.). (3) *Konstruktive Ideen* und Verbesserungsvorschläge der Mitarbeiter ermöglichen es der Organisation, ihr volles Potential auszuschöpfen. Da es häufig die Mitarbeiter sind, die mit Problemen im Produktionsprozess bzw. in speziellen Situationen konfrontiert werden, ist es von besonderer Bedeutung, dass sie ihr Wissen und ihre Kenntnisse zur Verfügung stellen. (4) Freiwillige und ständige *persönliche Weiterbildung* ist eine Investition in die Zukunft der Organisation. (5) Mit einer *positiven Einstellung* gegenüber der Organisation tragen Mitarbeiter positiv zum Betriebsklima und zum Ruf des Unternehmens bei. Eine hohe Reputation wirkt sich u.a. förderlich auf die Personalbeschaffung und auf die Kundengewinnung aus. Katz betont in seinen Ausführungen, dass diese „spontanen und innovativen Verhaltensweisen" nicht formal gefordert werden, sondern außerhalb von Rollenvorschriften („role prescriptions") anzusiedeln sind. Natürlich stellt sich hier die Frage, ob diese Annahme zutrifft oder nicht bzw. wo genau die Trennlinie zwischen Rollen- und Extra-Rollenverhalten anzusiedeln ist. Das Betriebliche Vorschlagswesen ist beispielsweise eine Institution, mit der das Wissen der Mitarbeiter um Verbesserungspotentiale bewusst nutzbar gemacht und auch belohnt wird. Im Total Quality Management wird die ständige persönliche Weiterbildung und Suche nach vermeidbaren Fehlern zur Philosophie des Unternehmens erhoben usw. Auf die Unterscheidung zwischen Rollen- und Extra-Rollenverhalten gehen wir daher im Folgenden näher ein.

### 3.2 Rollenverhalten und Extra-Rollenverhalten

*„Der Deutsche Lehrerverband Hamburg (DL-H) ruft seine Mitglieder und alle anderen Lehrer auf, nur noch Dienst nach Vorschrift zu machen. Das heißt: 40 Stunden pro Woche. Was Lehrer darüber hinaus leisten, fällt aus. Das sind: Klassenreisen, Ausflüge und Wettbewerbe wie etwa „Jugend trainiert für Olympia". Projektwochen gibt es nur noch, wenn sie in der Stundentafel stehen, Schülergespräche sowie Schullaufbahnberatungen finden nur noch während der Unterrichtszeit statt; Elternabende und Konferenzen werden auf ein Mindestmaß reduziert. Und: Wenn die 40 Stunden nicht reichen, um Klassenarbeiten und Abiturprüfungen fristgerecht zurückzugeben, dann eben nicht. Dasselbe gilt für Zeugnisse."* (Sandra Wilsdorf: Dienst nach Vorschrift, TAZ Hamburg, 25.09.2002, S. 21).

*„Künftig sollen die Schüler zudem während des Unterrichts in den Klassenräumen Besen und Putzlappen schwingen. Denn: Die Lehrer wollen die obligatorischen Putzdienste ihrer Schützlinge während der Pausen nicht mehr beaufsichtigen. [...] Bereits seit über einem halben Jahr ruft der Lehrerverband zum ‚Dienst nach Vorschrift' auf. Seither seien mindestens 38 Klassenreisen ausgefallen, mussten zwölf Theatergruppen eingestellt werden, nahmen 21 Fachbereiche nicht mehr an Wettbewerben teil und wurden zwei Orchester aufgelöst ..."* (Insa Gall: Lehrer wollen Abitur-Prüfungen platzen lassen, Die Welt, Ausgabe Hamburg, 25.09.2002).

Das Beispiel verdeutlicht, wie selbstverständlich das Extra-Rollenverhalten in bestimmte Arbeitsrollen eingebettet ist. Teilweise ist es so stark in den verschiedenen Erwartungshaltungen verankert, dass es gar nicht mehr als „Extra" begriffen, geschweige denn akzeptiert wird. Dass Lehrer Konferenzen besuchen, Elternabende ausrichten und die Schule bei Sportwettkämpfen mit einer Mannschaft repräsentieren, erscheint uns nur allzu normal, geht jedoch über den reinen Dienst nach Vorschrift bereits hinaus. Gleichzeitig wird erkennbar, wie wichtig das Extra-Rollenverhalten für die Effektivität und für das Überleben einer Organisation ist. Wie auch im folgenden Beispiel illustriert, kann der Rückzug auf den Dienst nach Vorschrift eine Organisation oder ein ganzes System zum Erliegen bringen:

*„Angesichts des Streits zwischen Ärzten und Politik müssen sich Patienten weiter auf zeitweilige Leistungseinschränkungen gefasst machen. Gesundheitsministerin Ulla Schmidt sagte zwar nach einem Gespräch mit Manfred Richter-Reichhelm, dem Chef der Kassenärztlichen Bundesvereinigung (KBV), das Thema Ärztestreik sei vom Tisch. Der Ärztefunktionär bekräftigte jedoch seinen Aufruf zum ‚Dienst nach Vorschrift'. Patienten könnten nur noch ‚das Notwendigste' an medizinischer Betreuung bekommen, sagte er. [...] Die Bundesärztekammer äußerte sich noch deutlicher: ‚Wenn es sein muss, werden wir das Gesundheitswesen so lange lahm legen, bis wir sachgerechte Lösungen erzwungen haben', erklärte Ärztepräsident Jörg-Dietrich Hoppe. "* (Kassenärzte bekräftigen Aufruf zum „Dienst nach Vorschrift", Die Welt, 10.12.2002).
Extra-Rollenverhalten lässt sich jedoch nicht immer klar von Rollenverhalten abgrenzen. Probleme ergeben sich beispielsweise bei der Frage, welche Erwartungen in der Definition des Rollenverhaltens überhaupt berücksichtigt werden. Bezieht sich das Rollenverhalten ausschließlich auf formale, schriftlich fixierte Erwartungen des Arbeitsvertrages oder werden auch implizite Erwartungen und Forderungen externer Bezugsgruppen als Rollenverhalten verstanden? Müssen in unserem Beispiel die Lehrer nur ihre durch den Arbeitsvertrag geregelten Pflichten erfüllen oder auch die Erwartungshaltungen von Eltern und Schülern berücksichtigen? Die Literatur zum Extra-Rollenverhalten greift in dieser Frage üblicherweise auf das Kriterium der formalen Berücksichtigung des Verhaltens in organisationalen Anreiz- und Sanktionssystemen zurück (z.B. Organ 1988b, S. 4). Extra-Rollenverhalten ist demnach dadurch gekennzeichnet, dass es insoweit freiwillig erfolgt, als dass es weder formal belohnt wird, wenn es gezeigt wird, noch sanktioniert wird, wenn es unterbleibt. Eine Frage, die auch die empirische Forschung zum Extra-Rollenverhalten betrifft, ergibt sich daraus, dass Rollen- und Extra-Rollenverhalten aus verschiedenen Blickwinkeln unter Umständen unterschiedlich aufgefasst werden.
Verhaltensweisen, die ein Manager als Rollenverhalten definiert, können von anderen Organisationsmitgliedern als Extra-Rollenverhalten aufgefasst werden (Nerdinger 1998; Wolfe Morrison 1994). Genauso denkbar ist es, dass die Auffassungen darüber, was als Extra-Rollenverhalten zu verstehen ist, von Organisation zu Organisation verschieden sind oder zwischen verschiedenen Branchen und Berufsfeldern variieren. Wenn wir dem Begriff des Rollenverhaltens unsere bisherigen Ausführungen zur Rollentheorie zugrunde legen, können wir folgern, dass Rollenverhalten im Organisationskontext überwiegend durch Herrschaftsnormen bestimmt wird. Extra-Rollenverhalten wäre dagegen als Verhalten zu beschreiben, welches vorwiegend durch Interaktionsnormen oder kulturelle Normen angeregt wird.[2] Vorwiegend meint, dass auch Rollenverhalten situations- und personenbezogen erfolgen kann und dass auch Extra-Rollenverhalten durch Herrschaftsnormen bestimmt wird. Extra-Rollenverhalten im Bereich von Herrschaftsnormen sollte sich jedoch besonders deutlich offenbaren, wenn man die kulturellen und interaktionsbezogenen Aspekte organisationaler Rollen themati-

siert. Die Abbildung 2 bezieht sich auf die Kategorien des unter Punkt 2.2 beschriebenen Rollenschemas und zeigt denkbare Beispiele für Rollen- und Extra-Rollenverhalten auf. Die Kategorisierung dient der Veranschaulichung und Illustration verschiedener Rollen und Verhaltensweisen. Es dürfte jedoch leicht ersichtlich werden, dass die Beispiele nicht eindeutig und bestimmt nur einer der Kategorien zugeordnet werden können.

| Rollenverhalten | Extra-Rollenverhalten |
|---|---|
| *Spiel-Rollen* | |
| Pünktlichkeit | frühzeitige Urlaubsplanung |
| *Bewältigungsrollen* | |
| Weitergabe einer Störungsmeldung | Freundlichkeit und Kooperationsbereitschaft bei Alltagsgeschäften |
| *Kontaktrollen* | |
| Beratung eines Kunden | Verbreitung eines positiven Organisationsbildes in der Öffentlichkeit |
| *Ausführungsrollen* | |
| Einhaltung der Kernarbeitszeit | Bereitschaft zu Überstunden |
| *Arbeitsrollen* | |
| Qualitätskontrolle im Fertigungsprozess | schonender Ressourceneinsatz |
| *Leistungsrollen* | |
| Dokumentation von Leistungsergebnissen | Erarbeitung eines Verbesserungsvorschlags |
| *Sozialisierungsrollen* | |
| Wahrung der Verschwiegenheitspflicht | Respekt gegenüber Kollegen und Vorgesetzten |
| *Helfer-Rollen* | |
| Übernahme der Vertretung eines erkrankten Kollegen | Teilnahme an einem Mentorenprogramm für neue Kollegen |
| *Beziehungsrollen* | |
| Übernahme einer turnusmäßigen Gruppenleitung | Übernahme einer Auslandstätigkeit für die Organisation |

Abb. 2: Rollen, Rollenverhalten und Extra-Rollenverhalten

## 3.3 Konzepte zum Extra-Rollenverhalten

Die bekannteste Konzeptionalisierung zum Extra-Rollenverhalten dürfte das sogenannte Organizational Citizenship Behavior (OCB) sein, auf das wir unter Punkt 3.4 noch detaillierter eingehen. Neben diesem stößt man auf Prosocial Organizational Behavior (PSOB), Organizational Spontaneity (OS), Contextual Performance (CP), Personal Initiative (PE), Whistle-Blowing (WB), Principled Organizational Dissent (POD) und Anticitizenship Behavior (ACB). Fast allen Ansätzen ist gemeinsam, dass sie unbeschadet ihrer jeweiligen Ausdifferenzierung auf zwei Grunddimensionen verweisen: Extra-Rollenverhalten zugunsten von Individuen (Hilfsbereitschaft) und Extra-Rollenverhalten gegenüber der Organisation (Gewissenhaftigkeit). In Abbildung 3 findet sich eine kurze Beschreibung der wichtigsten Charakteristika der einzelnen Konzepte.[3]

---

**Organizational Citizenship Behavior (OCB)**
Organ 1988b; Podsakoff u.a. 1990
Freiwillig gezeigte Verhaltensweisen außerhalb von Rollenerwartungen, die im formalen Entlohnungssystem nicht berücksichtigt werden und in ihrer Summe die Leistungsfähigkeit der Organisation steigern.
Dimensionen: OCB-I/OCB-O (personen-/organisationsbezogen); Hilfsbereitschaft/Eigeninitiative/Gewissenhaftigkeit/Unkompliziertheit/ Rücksichtnahme.

**Prosocial Organizational Behavior (PSOB)**
Brief/Motowidlo 1986; McNeely/Meglino 1994
Bewusst gezeigtes Verhalten eines Organisationsmitglieds im Rollenkontext mit dem Ziel der Steigerung des Wohlergehens eines Individuums, einer Gruppe oder der Organisation, an das/die sich das Verhalten richtet
Dimensionen: personen-/organisationsbezogenes PSOB.

**Organizational Spontaneity (OS)**
George/Brief 1992
Extra-Rollenverhalten, das freiwillig gezeigt wird und die Leistungsfähigkeit der Organisation steigert (in Anlehnung an Katz 1964).
Dimensionen: Kollegen helfen/Organisation schützen/Verbesserungsvorschläge machen/sich selbst entwickeln/positives Organisationsbild verbreiten.

**Contextual Performance (CP)**
Borman/Motowidlo 1993; van Scotter/Motowidlo 1996
Freiwillige an Personen gerichtete Verhaltensweisen, die den sozialen und motivationalen Aspekt der Arbeit im Organisationskontext unterstützen.
Dimensionen: anderen helfen/job dedication (personen-/organisationsbezogen); freiwillig Aufgaben übernehmen/besonderer Einsatz/anderen helfen/sich an Regeln halten/Organisationsziele unterstützen.

| **Personal Initiative (PI)** |
| --- |
| Frese u.a. 1994; 1996 |
| Verhaltenssyndrom, das einer aktiven Einstellung zur Arbeit entspringt und über das formal Geforderte hinausreicht. |
| Konkretisierende Aspekte: Übereinstimmung mit Unternehmens-zielen/langfristige Ausrichtung/Ziel- und Handlungsorientierung/Persistenz gegenüber Widerständen und Barrieren/proaktive Ausrichtung. |
| **Principled Organizational Dissent (POD)** |
| Graham 1986 |
| Widerstände oder Vorbehalte gegenüber der aktuellen Unternehmenspraktik/-politik führen zu Protesthandlungen und/oder Anstrengungen zur Veränderung des Status Quo der Organisation. |
| Konkretisierende Aspekte: Vorbehalte können auf verschiedenen Ebenen zu Tage treten – individuelle Ebene (z.B. Konflikte), Organisationsebene (z.B. Ablehnung von Zielen) und super-organisationale Ebene (z.B. Verstöße gegen Werte und Normen). |
| **Anticitizenship Behavior (ACB)** |
| Fisher/Locke 1992; Moser u.a. 1998 |
| Möglicher Gegenpol zum OCB; Verhalten, das gezielte Nachteile für die Organisation oder einzelne ihrer Mitglieder bedeutet oder bewusst in Kauf nimmt und welches den von der Organisation anerkannten oder geforderten Regeln widerspricht. |
| Dimensionen: unkooperatives Verhalten/Diebstahl im weitesten Sinne (personen-/organisationsbezogen). |

Abb. 3: Konzepte des Extra-Rollenverhaltens

## 3.4 Organizational Citizenship Behavior

### 3.4.1 Historische Entwicklung und Definition

Das Organizational Citizenship Behavior (OCB) ist das am intensivsten erforschte Konzept zum Extra-Rollenverhalten. Teilweise werden die Begriffe Extra-Rollenverhalten und OCB sogar synonym verwendet. Die ersten Arbeiten zum OCB können auf das Jahr 1977 datiert werden (Organ 1977). Erst einige Jahre später folgten – wiederum aus der Arbeitsgruppe Organs – weitere Veröffentlichungen (z.B. Bateman/Organ 1983; Smith u.a. 1983). Podsakoff u.a. (2000, S. 514) zählen für den Zeitraum von 1983 bis 1988 ganze 13 Arbeiten, die sich mit OCB oder Extra-Rollenverhalten beschäftigen. Diesen stehen 122 Arbeiten für die Jahre 1993 bis 1998 gegenüber. Nach ihrer Schätzung (einschließlich einer Fortschreibung für die Jahre 2001 und 2002) existieren derzeit ca. 250 neuere Arbeiten zum Themengebiet.

Organ (1988b, S. 4) definiert Organizational Citizenship Behavior als „Verhalten im Ermessen von Individuen, das weder direkt noch explizit von formalen Belohnungssystemen honoriert wird, und das in der Summe das effektive Funktionieren der Organisation fördert" (Übersetzung aus Hertel u.a. 2000, S. 123). OCB ist damit ausschließlich funktionales Extra-Rollenverhalten. Organ kann als

„Erfinder" des OCB-Begriffs gesehen werden. In seiner Terminologie des Organisationsbürgers oder guten Soldaten („good soldier syndrome") zeigen sich deutliche Parallelen zum Konzept der Bürgertugenden. Buchstein (1996, S. 303) nennt Beispiele für politische Bürgertugenden des Liberalismus sowie für demokratische und für sozialstaatliche Tugenden: Zu den Tugenden des Liberalismus gehören freiwilliger Rechtsgehorsam, Kooperationsbereitschaft, Fairness und Toleranz. Partizipation (Bereitschaft, sich an öffentlichen Diskussionen zu beteiligen), Verantwortlichkeit (Bereitschaft, politische Entscheidungen auch längerfristig zu hinterfragen) sowie Argumentation (Bereitschaft, sich für die eigene Meinung öffentlich einzusetzen) sind demokratische Tugenden. Zu den sozialstaatlichen Tugenden zählen u.a. Gerechtigkeitssinn und Solidarität.[4] In Analogie zu diesen Bürgertugenden werden im OCB die Tugenden des Organisationsbürgers gesehen. Organisationsmitglieder sollen kooperieren, fair miteinander umgehen und sich gegenseitig tolerieren. Sie sollen am Leben der Organisation teilhaben und sich für die Organisation auf freiwilliger Basis stark machen, sie sollen Verantwortung übernehmen und Probleme ansprechen und beseitigen. Zivilcourage, Gerechtigkeit und Solidarität sollen der Erhaltung der sozialen Gerechtigkeit dienen usw. Ähnlich wie die Bürgertugenden, die notwendig sind, um eine Demokratie am Leben zu erhalten, sind die Tugenden der Organisationsmitglieder vonnöten, um die Effektivität und Überlebensfähigkeit der Organisation zu sichern.

### 3.4.2 Dimensionen

Die ersten Konzeptentwicklungen und empirischen Untersuchungen zum OCB erfolgten wenig theoriegeleitet und hatten eher explorativen Charakter (vgl. Hertel u.a. 2000, S. 124). In der Studie von Smith u.a. 1983 konnten insgesamt 16 Items, die über Expertenbefragungen gewonnen worden waren, zu zwei Dimensionen des OCB verdichtet werden. Die Dimensionen wurden mit „altruism" (Altruismus, Hilfsbereitschaft) und „generalized compliance" (Gewissenhaftigkeit) bezeichnet. Der Unterschied zwischen den beiden Dimensionen ist in dem Objekt zu sehen, dem OCB entgegengebracht wird: Hilfsbereitschaft bezieht sich vor allem auf helfende und unterstützende Handlungen gegenüber anderen Organisationsmitgliedern, wohingegen Gewissenhaftigkeit Verhaltensweisen beschreibt, welche die Arbeitsgruppe oder die Organisation als Ganzes betreffen. Da sich auch in Arbeiten zu anderen Konzepten des Extra-Rollenerverhaltens zweifaktorielle Lösungen mit vergleichbarer inhaltlicher Interpretation bestätigt haben (vgl. Punkt 3.3), wird mittlerweile neutral von OCB-I (Individual) und OCB-O (Organization) gesprochen (vgl. Organ/Paine 1999). OCB wurde von verschiedenen Autoren weiter ausdifferenziert. Organ (1988b) führt zuzüglich zu Hilfsbereitschaft und Gewissenhaftigkeit drei weitere Kategorien ein: „courtesy" (Rücksichtnahme), „sportsmanship" (Unkompliziertheit) und „civic virtue" (Eigeninitiative).
Rücksichtnahme bezeichnet Verhaltensweisen, die Problemen vorbeugen, wie z.B. frühzeitige Absprachen oder aktive Konfliktvermeidung. Unkompliziertheit meint, dass man mit den Ärgernissen des Alltags oder mit Hindernissen im Arbeitsablauf positiv umgeht, ohne sich gleich zu beklagen. Eigeninitiative bedeutet

letztlich in direkter Analogie zum klassischen Bürgerverhalten „... verantwortliche Teilhabe am öffentlichen Leben der Organisation." (Staufenbiel/Hartz 2000, S. 74), z.B. durch die Teilnahme an Sitzungen oder Informationsveranstaltungen. In Anlehnung an diese Unterscheidung wurden verschiedene Messinstrumente entwickelt, die vier oder fünf Dimensionen des OCB erfassen (z.B. Podsakoff u.a. 1990; Staufenbiel/Hartz 2000). Staufenbiel und Hartz zeigen mit einer konfirmatorischen Faktorenanalyse, dass die fünf OCB-Dimensionen voneinander sowie von einer Skala zum geforderten Arbeitsverhalten getrennt werden können.

Eine kürzlich veröffentlichte Meta-Analyse (LePine u.a. 2002) kommt demgegenüber zum Ergebnis, dass die verschiedenen Dimensionen zum einen untereinander hoch korreliert sind und zum anderen vergleichbare Beziehungen zu den meistuntersuchten Prädiktoren wie Zufriedenheit, Fairness, Commitment etc. aufweisen. Eine Unterteilung in höchstens zwei Faktoren (OCB-I und OCB-O) scheint das Konstrukt, so wie es derzeit empirisch erfasst wird, demnach ausreichend wiederzugeben.

### 3.4.3 Ursachen und Folgen

Die Forschung zu den Ursachen und Folgen des OCB ist deutlich von Organs Reinterpretation der Arbeitszufriedenheits-Leistungs-Hypothese beeinflusst, also von der häufig vermuteten und selten belegten Annahme, dass Arbeitszufriedenheit und Leistung notwendig miteinander einhergehen (Neuberger 1974). Organ argumentiert, die Ursache für den fehlenden Beweis eines kausalen Zusammenhangs zwischen beiden Größen sei nicht in der zu „weich" gefassten Zufriedenheitsdimension zu sehen, sondern vielmehr in der zu „harten" Definition des Leistungsbegriffs begründet. In empirischen Studien werde die Leistung zu häufig über outputorientierte Größen erfasst, die stärker durch technologische und prozessorientierte Ursachen beeinflusst würden als durch die Fähigkeiten, Fertigkeiten und Bereitschaft der Mitarbeiter. Daher sei es angebracht, den Leistungsbegriff im Sinne weicher, aber individuell beeinflussbarer Größen wie Hilfsbereitschaft oder Pflichtbewusstsein zu erfassen. Meta-Analysen decken durchgängig schwache Zusammenhänge zwischen Arbeitszufriedenheit und Leistung auf (vgl. den Beitrag von Martin zur Arbeitszufriedenheit in diesem Buch). Die Effektstärken variieren je nach Berechnung zwischen r=0,15 und r=0,23 (z.B. Iaffaldano/Muchinsky 1985; Petty u.a. 1984; Six/Eckes 1991). Meta-Analysen zum Zusammenhang zwischen Arbeitzufriedenheit und OCB (z.B. LePine u.a. 2002; Organ/Ryan 1995) berichten mittlere Korrelationen zwischen r=0,20 und r=0,24, die im Mittel zwar leicht höher ausfallen, aber absolut betrachtet immer noch als niedrig eingestuft werden müssen.

Die Hypothese, dass Arbeitszufriedenheit und OCB stärker zusammenhängen als Zufriedenheit und konventionelle Leistungsmaße, kann vor dem Hintergrund dieser Ergebnisse also nicht uneingeschränkt aufrechterhalten werden. Arbeitszufriedenheit wird überwiegend als ein Einstellungsmaß konzipiert. Einstellungen bestehen u.a. aus affektiven und kognitiven Komponenten, beinhalten also Gefühle und Urteile über das Einstellungsobjekt. Organ (1988a) argumentiert, dass die kognitive Komponente der Arbeitszufriedenheit den größeren Einfluss auf das OCB haben sollte und setzt diese mit Gerechtigkeitsurteilen gleich. In der Folge wurden in mehreren Studien die Auswirkungen von Gerechtigkeitsurteilen auf das OCB untersucht, wobei die Ergebnisse weitestgehend identisch mit denen anderer Einstellungsmaße sind. Die Meta-Analyse von LePine u.a. (2002) zeigt nahezu identische mittlere Korrelationen für Arbeitszufriedenheit, Gerechtigkeit bzw. Fairness und Commitment mit dem OCB (die Korrelationskoeffizienten bewegen sich im Mittel zwischen r=0,17 und r= 0,20). Neben Arbeitseinstellungen sind vor allem das Führungsverhalten und Persönlichkeitsmerkmale als Ursachen für das OCB untersucht worden. So hat man sich z.B. der Frage gewidmet, wie sich mitarbeiterorientierte und aufgabenorientierte Führungsstile auf das freiwillige Arbeitsengagement auswirken oder inwieweit Aspekte wie Gewissenhaftigkeit auf stabile Persönlichkeitszüge zurückgeführt werden können.

Seltener wurden dagegen situative bzw. strukturelle Aspekte und ihre Wirkungen auf das OCB untersucht. Einen interessanten Ansatz hierzu liefern LePine und van Dyne (2001), die OCB als Folge eines Prozesses der Ursachenzuschreibung konzeptualisieren. „Low performer" werden ihrer Argumentation nach unterstützt, solange man die Ursachen für ihr Verhalten äußeren Ursachen zuschreiben kann und ihr Verhalten nicht ständig bemängelt werden muss. In diesem Fall sind Kollegen eher dazu bereit, durch unterstützende Handlungen auszuhelfen. Werden Fehlleistungen dagegen ständig der beobachteten Person selbst zugeschrieben, führt dies zur Sanktion des Verhaltens, z.B. in der Form von Beschwerden beim Vorgesetzten oder durch Missachtung innerhalb der Arbeitsgruppe. Einige neuere Arbeiten widmen sich darüber hinaus der Frage, welche Motivation dem OCB zugrunde liegt. Wird OCB gezeigt, weil man sich zum Helfen durch verinnerlichte Werte verpflichtet fühlt oder aus Gründen des sogenannten „Impression Management" (Schlenker 1980)? Mit „Impression Management" werden Verhaltensweisen bezeichnet, mit denen man bewusst einen gewissen Eindruck erzielen möchte (sich z.B. in ein besseres Licht rücken möchte). In diesem Sinne würde OCB dem Kalkül entspringen, sich durch unterstützende Handlungen einen bewussten Vorteil (z.B. bei Leistungsbeurteilungen) „erkaufen" zu wollen. Bolino (1999, S. 87) entwirft zu diesem Argument die Hypothese, dass Individuen mit größerer Wahrscheinlichkeit OCB zeigen werden, wenn sie davon ausgehen, dass OCB von wichtigen Bezugspersonen (Vorgesetzten, Beurteilern etc.) positiv wahrgenommen und bewertet wird. Diese These erscheint plausibel wenn nicht gar trivial. Dennoch wird sie in Organs Terminologie des „good soldier" ausgeblendet.

Fraglich ist jedoch allemal, ob ein rein auf gutes Ansehen gerichtetes Verhalten wirklich stabil und dauerhaft als OCB wahrgenommen werden wird, wenn es durch häufige Richtungswechsel allzu leicht als opportunistisch erkannt werden kann und somit seine Authentizität einbüßt. Die Folgen von OCB können grob in Folgen auf der Organisationsebene und Folgen auf der individuellen Ebene unterteilt werden. Definitionsgemäß sollte sich OCB positiv auf die Effektivität der Organisation auswirken. Mehrere Studien (vgl. zusammenfassend Staufenbiel 2000) konnten positive Effekte von OCB-Faktoren auf Produktivitätskennzahlen, auf das Ausmaß der Kundenbeschwerden und -zufriedenheit sowie auf sonstige qualitative und quantitative Zielgrößen nachweisen. Staufenbiel (2000, S. 179) resümiert, „... dass das Ausmaß von OCB in Organisationseinheiten in positivem Zusammenhang mit deren Produktivität steht. Dabei sind die durch OCB aufgeklärten Varianzanteile in der Größenordnung zwischen 15 und 20 Prozent durchaus beachtlich." Da die untersuchten Zusammenhänge mit großer Wahrscheinlichkeit nicht direkt, sondern vermittelt auftreten, sind die wenigen vorliegenden Ergebnisse allerdings wenig aussagekräftig. Es ist vielmehr zu erwarten, dass OCB über „Umwege" die Effektivität der Organisation erhöht. So dürfte sich Hilfsbereitschaft unter Kollegen z.B. in einer Entlastung des Vorgesetzten niederschlagen, der so wiederum mehr Zeit für andere Probleme verwenden kann. Auf der individuellen Ebene ist zu bedenken, dass OCB immer in einem sozialen Kontext stattfindet und daher von anderen Individuen wahrgenommen und bewertet wird. Dies zeigt sich u.a. in Leistungsbeurteilungen durch den Vorgesetzten oder in Kollegenurteilen. Da OCB als Extra-Rollenverhalten definiert ist, welches definitionsgemäß in formalen Anreiz- und Belohnungssystemen nicht berücksichtigt werden sollte, dürfte es sich auf die Ergebnisse von Leistungsbeurteilungen eigentlich nicht auswirken. Empirische Arbeiten zeigen jedoch, dass Mitarbeiter tendenziell besser bewertet werden, wenn sie besonders hilfsbereit sind und außergewöhnliche Eigeninitiative zeigen. Hier stellt sich wiederum die Frage, ob OCB aus Kalkül (Wunsch nach Aufstieg, Einkommen etc.) oder aus Gründen der Verpflichtung und Loyalität erfolgt. Im Sinne des „good soldier" nach Organ beantwortet sich diese Frage eindeutig – ein Verhalten, das sich nur aus eigennützigen Motiven nährt, ist kein wirkliches OCB.

### 3.4.4 Angrenzende Forschungsfelder

Das OCB hat gleich mehrere Anknüpfungspunkte zu verwandten Konstrukten der Organizational Behaviour Forschung. Mit OCB wird Extra-Rollenverhalten bezeichnet, welches sich förderlich auf die Effektivität der Organisation auswirkt. Damit rückt es in die Nähe des organisationalen Commitments. Commitment ist die psychologische Bindung an die Organisation (vgl. Weller in diesem Buch). In der klassischen Definition von Porter u.a. (1974) wird Commitment u.a. als Bereitschaft definiert, besondere Leistungen für die Organisation erbringen zu wollen. Gleichzeitig wird mit Commitment (pro-) aktive und engagierte Einsatzbereitschaft für die eigene Organisation assoziiert, bei der rationale Kalküle eher eine untergeordnete Rolle spielen. Commitment und OCB weisen also zumindest in diesem Punkt eindeutige Überschneidungen auf. Moser und Kollegen (s. Hertel u.a. 2000, S. 125) konstruieren OCB z.B. über eine Teilskala „Loyalität" und geben als Beispiel-Item ihres Fragebogens die Aussage „Stimmt mit der allgemeinen Vorgehensweise und der Politik der Unternehmensleitung überein." an. In dieser Form sind OCB und Commitment kaum noch unterscheidbar und die üblicherweise angenommene Kausalität, die Commitment als Ursache für OCB annimmt, muss ernsthaft bezweifelt werden. Ein zweiter enger Anknüpfungspunkt des OCB besteht zur sogenannten „Psychologischen Vertragstheorie" (z.B. Robinson/Wolfe Morrison 1995; Rousseau 1995). Psychologische Verträge können als Bündel gegenseitiger Erwartungen von Individuum und Organisation definiert werden. Sie beinhalten die Menge all jener gegenseitigen Verpflichtungen und Belohnungen, die wegen ihrer prinzipiellen Unspezifizierbarkeit nicht ex-ante schriftlich im Arbeitsvertrag fixiert werden können (vgl. den Beitrag von Bartscher-Finzer/Martin in diesem Buch). So kann ein psychologischer Vertrag aus der Sicht des Individuums beispielsweise die Erwartungen beinhalten, fair beurteilt oder entlohnt und nicht entlassen zu werden. Umgekehrt kann die Organisation vom Individuum loyales und über einen „Dienst nach Vorschrift" hinausgehendes Verhalten erwarten. Die Parallelen zwischen OCB und dem psychologischen Vertragskonzept sind unverkennbar. In der Terminologie des psychologischen Vertrags kann OCB als Leistungsbereich der Mitarbeiter gesehen werden, mit dem gewisse Organisationsleistungen in reziproker Form beglichen werden.

### 3.4.5 Kritik und zukünftige Entwicklungslinien

Zusammenfassend lässt sich herausstellen, dass im OCB ein interessanter Aspekt des Verhaltens in Organisationen zu sehen ist. Die angeführten Beispiele aus der Tagespresse verdeutlichen den Stellenwert des Konstruktes in der aktuellen Organisationspraxis und belegen die Bedeutung freiwilligen Arbeitsengagements für die Effektivität und Überlebensfähigkeit von Organisationen. Aber auch einige kritische Worte sind angebracht. Zum einen fehlen tiefergehende und in sich geschlossene theoretische Erklärungsansätze, sodass sich OCB u.a. nur schwer von anderen Konstrukten abgrenzen lässt. Dies ist jedoch ein häufig anzutreffendes Problem in der Organizational Behaviour Forschung und sollte daher nicht dem OCB alleine angelastet werden. Zum anderen wird in Forschungsarbeiten häufig auf das Abgrenzungsproblem zwischen Rollen- und Extra-Rollenverhalten hingewiesen. Das Problem rührt allzu oft daher, dass Forscher als Fragebogengestalter andere Vorstellungen über den Gegenstandsbereich des OCB entwickeln als die anschließend befragten Organisationsmitglieder.[5] Eine stärkere Fokussierung auf die dem OCB zugrundeliegenden Bürgertugenden könnte zur Lösung des Problems beitragen, da die Bürgertugenden bzw. die Tugenden des Organisationsbürgers die Besonderheit des OCB ausmachen und es von anderen Konstrukten zum Extra-Rollenverhalten unterscheiden.

## 4 Zusammenfassung

Wir haben herausgestellt, dass viele Verhaltensweisen, die zwar implizit erwartet werden, dennoch als Extra-Rollenverhalten bezeichnet werden können, weil sie in formalen Anreiz- und Belohnungssystemen nicht erfasst werden. Diese Aussage muss genau genommen relativiert werden. Ist es nicht so, dass von einer Führungskraft viel mehr erwartet wird als in formalen Rollenbeschreibungen (Stellenbeschreibungen) spezifiziert ist? Und gehen solche impliziten Erwartungshaltungen nicht doch und gerade auch in Urteile über die Leistungsfähigkeit eines Rolleninhabers ein und nehmen Einfluss auf seine Aufstiegschancen und seine Machtposition im Unternehmen? Können Führungskräfte überhaupt noch Extra-Rollenverhalten zeigen oder wird bereits alles mehr oder weniger von ihnen erwartet? In der modernen, schlanken und ranken Organisation sollen Mitarbeiter mehr Verantwortung übernehmen, sollen ihre Ideen und Verbesserungsvorschläge einbringen, sind verantwortlich für die Prozesse, die sie betreuen, und sollen letztendlich ihre eigenen Kontrolleure werden. Ist in einer solchen Ideologie noch Platz für Extra-Rollenverhalten? Die Antwort ist ein zögerliches „Ja". Denn auch bei modernen, flexiblen Organisationen handelt es sich nicht um totale Institutionen wie beispielsweise Gefängnisse, die ihren Insassen keinerlei Rollenwechsel gestatten.

Die Mitgliedschaft in Organisationen ist immer eine partielle Rolle: Der Ein- und Austritt ist auf freiwilligen Entschluss möglich und die Mitglieder in Organisationen spielen auch in anderen Lebensbereichen eine Rolle. Die flexible Organisation ist jedoch weit stärker als eine klassische Bürokratie mit ihren strikten Regeln auf das Engagement der einzelnen Mitglieder angewiesen. Dieses Engagement oder – mit Bezug auf die oben erläuterte Klassifikation von Rollen formuliert – die Zunahme der Ich-Leistungen geht mit sanktionsschwächeren Normen einher. Anstelle des Zwangs muss rollenkonformes Verhalten daher durch andere, durch soziale Mechanismen sichergestellt werden. Im Rollenschema wird ein alternativer sozialer Mechanismus mit der Internalisierung von Wertorientierungen benannt. Viele flexible Organisationskonzepte – vom Lean Management bis zum Total Quality Management – setzen daher gleichzeitig mit der Forderung nach höheren Ich-Leistungen auf die „gelebten" Kulturen. Die „starke" Gemeinschaft, der Clan (Ouchi 1980), ersetzt den äußeren Zwang der Herrschaftsnormen. Das geforderte Engagement fußt deshalb wohl auch nicht immer in jenen Bürgertugenden des *citoyen*, die im theoretischen Konstrukt des OCB mitschwingen. Der aufgeklärte Organisationsbürger kann sich idealerweise aus seiner jeweiligen Rolle lösen, um aus kritischer Distanz die Organisationsgesellschaft zu reflektieren und um Kritik zu artikulieren. Organisationen können offene Gesellschaften werden; aber nicht alle Organisationen, die Engagement fördern, schaffen mit dem äußeren Zwangscharakter der Normen auch den sanfteren Druck der Vergemeinschaftung ab. Loyalität statt kritischer Distanz wird dann zur Grundlage des Extra-Rollenverhaltens. In den empirischen Instrumenten, die OCB erfassen sollen, ist nicht mehr vom kritischen Engagement, sondern vom Commitment die Rede. Es ist daher auch nicht verwunderlich, wenn die in Organisationen eingesetzten formalen Leistungsbeurteilungen erhebliche Überschneidungsbereiche mit den gängigen Instrumenten zur Erfassung des OCB aufweisen. Loyalität soll sich auszahlen. Der aufklärerische Impetus des OCB kann also in der praktischen Anwendung verloren gehen. In diesem Argument gründet auch die Kritik, dass das Konzept an Managementmoden und an „organisationalen Imperativen" (Bies/Nord 1989) ausgerichtet sei. Der „gute Soldat" ist kritisch gewendet dann kein „braver Soldat" wie Schwejk, sondern ein innerlich „verpflichteter Soldat".

## 5 Empfohlene Literatur

### Standardwerke/Monographien

Dreitzel, H.P. 1980: Die gesellschaftlichen Leiden und das Leiden an der Gesellschaft: Eine Pathologie des Alltagslebens, 3. Auflage, Stuttgart.
*Der Text liefert eine anschauliche und gleichzeitig anspruchsvolle Einführung in die soziologische Rollentheorie. Der Autor entwickelt eine Klassifizierung sozia-*

*ler Rollen, die nach Art und Herkunft sozialer Normen und nach der Verfügbar-*
*keit sozialer Rollen unterscheidet.*

Organ, D.W. 1988: Organizational Citizenship Behavior: The Good Soldier Syndrome, Lexington.

*Das Buch fasst die wichtigsten Entwicklungen der OCB-Forschung bis zum Er-*
*scheinungszeitpunkt zusammen und liefert eine anschauliche Betrachtung histo-*
*rischer Entwicklungslinien. Neben einem theoretischen Teil, der vor allem die*
*von Organ vertretene Zufriedenheits-OCB Hypothese als „Ersatz" für die*
*Zufriedenheits-Leistungs-Hypothese fokussiert, werden auch Beispiele aus der*
*Organisationspraxis sowie Hinweise zur praktischen Umsetzung von Ergebnis-*
*sen der OCB-Forschung erörtert. Im Anhang finden sich verschiedene Messin-*
*strumente zur Erfassung von OCB.*

Podsakoff, P.M./MacKenzie, S.B./Paine, J.B./Bachrach, D.G. 2000: Organizational Citizenship Behaviors, in: Journal of Management, 26, S. 513-563.

*Der Artikel bietet eine aktuelle und umfangreiche Literaturübersicht mit Zusam-*
*menfassungen wichtiger theoretischer und empirischer Ergebnisse der OCB-*
*Forschung.*

### *Empirische Meta-Analysen und Messinstrumente*

LePine, J.A./Erez, A./Johnson, D.E. 2002: The Nature and Dimensionality of
Organizational Citizenship Behavior: A Critical Review and Meta-
Analysis, in: Journal of Applied Psychology, 87, S. 52-65.

Organ, D.W./Ryan, K. 1995: A Meta-Analytic Review of Attitudinal and Dispositional Predictors of Organizational Citizenship Behavior, in: Personnel Psychology, 48, S. 777-802.

*In diesen Meta-Analysen werden die Ergebnisse der empirischen OCB-*
*Forschung zusammengefasst. Die Literaturverzeichnisse sind aktuelle Ausgangs-*
*punkte für die Suche nach Messinstrumenten der OCBForschung.*

Organ, D.W. 1988: Organizational Citizenship Behavior: The Good Soldier Syndrome, Lexington.

*Im Anhang der Monographie von Organ sind verschiedene Instrumente zur Er-*
*fassung des OCB wiedergegeben.*

Podsakoff, P.M./MacKenzie, S.B./Moorman, R.H./Fetter, R. 1990: Transformational Leader Behaviors and their Effects on Followers' Trust in Leader, Satisfaction, and Organizational Citizenship Behaviors, in: Leadership Quarterly, 1,
S. 107-142.

*Die Autoren entwickeln aufbauend auf den Vorarbeiten Organs ein fünfdimensi-*
*onales Messinstrument für OCB, das in der Folgezeit große Verbreitung gefun-*
*den hat.*

Staufenbiel, T./Hartz, C. 2000: Organizational Citizenship Behavior: Entwicklung und erste Validierung eines Messinstruments, in: Diagnostica, 46, S. 73-83.

*Auf der Grundlage einer Itemsammlung aus US-amerikanischen Arbeiten wird*
*eine deutschsprachige Skala zur Erfassung des OCB entwickelt. Die Autoren be-*
*richten über psychometrische Gütemaße und Ergebnisse erster Validierungs-*
*arbeiten.*

Bierhoff, H.W./Müller, G.F./Küpper, B. 2000: Prosoziales Arbeitsverhalten: Entwicklung und Überprüfung eines Messinstruments zur Erfassung des freiwilligen Arbeitsengagements, in: Gruppendynamik, 31, S. 141-153.
*Das entwickelte Instrument (GOCBQ) ist eine deutsche Adaption und Erweiterung des von Smith u.a. (1983) entwickelten Organizational Citizenship Behavior Questionnaire (OCBQ).*

## Anmerkungen

[1] Vieles spricht dafür, dass die Umsetzung von Verhaltenserwartungen in Verhalten über den Zwischenschritt der Verhaltensintention erfolgt. Fishbein und Ajzen (1975) gehen in ihrer psychologischen „Theorie des vernünftigen Handelns" davon aus, dass das Verhalten in direkter Kausalität von Verhaltensintentionen bestimmt wird. Verhaltensintentionen wiederum sind eine Funktion der Einstellung zum Verhalten sowie der diesbezüglichen subjektiven Normen. Rollentheoretisch gesprochen bedeutet dies, dass Verhaltenserwartungen (subjektive Normen) das Verhalten der Rollenspieler nicht direkt bestimmen, sondern in Verbindung mit der Einstellung zum Verhalten zur Entstehung einer Verhaltensintention beitragen. Neuere sozialpsychologisch geprägte Arbeiten sprechen von Handlungsphasen, die durchlaufen werden. Heckhausen u.a. haben hierfür den Begriff des Rubikon-Modells geprägt (z.B. Gollwitzer 1991; Heckhausen 1987). Im Rubikon-Modell werden motivationale und volitionale Phasen unterschieden. Der Schritt von der Einstellung zur Verhaltensintention oder zur Zielbildung wird als Schritt über den Rubikon bezeichnet – es gibt nun kein Zurück mehr. Nun ist der Wille entscheidend, störende Einflüsse fernzuhalten und Hindernisse zu beseitigen, sodass das intendierte Verhalten auch umgesetzt werden kann (s. auch Nerdinger 1995).

[2] Wenn wir im Folgenden von Rollen- bzw. Extra-Rollenverhalten sprechen, beziehen wir uns jeweils auf Verhaltensweisen, die in einem organisationalen Kontext gezeigt werden. Wir beschränken uns also auf die Ausübung der Rolle „Organisationsmitglied".

[3] Ausführliche Beschreibungen zu den einzelnen Konstrukten können in den ausgewiesenen Originalquellen nachgelesen werden. Vergleichende Darstellungen finden sich u.a. bei Conrad/Sneikus (2000), Hertel u.a. (2000), Nerdinger (1998), Organ (1997), Organ/Paine (1999) und Van Dyne u.a. (1995).

[4] In der philosophischen und politischen Diskussion spielen Bürgertugenden eine bedeutende Rolle. Tocqueville, der ab 1835 in seinem Werk „Über die Demokratie in Amerika" die Verankerung von Bürgertugenden als grundlegend für den Fortbestand der Demokratie analysierte, nennt u.a. Toleranz, Solidarität, gegenseitiges Vertrauen und Zivilcourage als Tugenden. Jefferson sorgte dafür, dass in die Virginia Bill of Rights von 1776 der folgende Satz aufgenommen wurde: „... dass ein freier Staat und die Segnungen der Freiheit keinem Volk anders erhalten bleiben können als durch ein festes Beharren in Rechtlichkeit, Mäßigung, Temperenz, Frugalität und Tugend, und durch häufige Wiederbesinnung auf fundamentale Prinzipien."

[5] Organ und Paine (1999) versuchen dem Problem zu begegnen, indem sie für eine Verschmelzung der OCB Forschung mit der Forschung zur Contextual Performance plädieren. Dies erscheint jedoch als Ausweg zu einfach. Wenn beide Konstrukte identisch sind, kann das Problem mit einer Verschmelzung nicht behoben werden und die Forschung muss sich den Vorwurf gefallen lassen, redundant gearbeitet zu haben. Unterscheiden sich die beiden Konstrukte jedoch voneinander, gehen u.U. gerade die besonders interessanten Aspekte des OCB verloren, die Parallelen des Bürgerverhaltens im Organisationskontext.

# Vertrauen

## Albert Martin

*BIEDERMANN   Ich möchte nicht stören.*
*EISENRING   Aber bitte, Herr Biedermann, Sie sind hier zu Haus.*
*BIEDERMANN   Ich möchte mich nicht aufdrängen ... Man hört Gurren der Tauben. ...*
*Wo ist denn unser Freund?*
*EISENRING   Der Sepp? An der Arbeit, der faule Hund. Wollte nicht gehen ohne*
*Frühstück! Ich hab ihn geschickt, um Holzwolle aufzutreiben.*
*BIEDERMANN   Holzwolle –?*
*EISENRING   Holzwolle trägt die Funken am weitesten.*
*Biedermann lacht höflich wie über einen schwachen Witz ....*
*BIEDERMANN   Herr Eisenring, ich habe die ganze Nacht nicht geschlafen, offenge-*
*sprochen: – ist wirklich Benzin in diesen Fässern?*
*EISENRING   Sie trauen uns nicht?*
*BIEDERMANN   Ich frag ja nur.*
*EISENRING   Wofür halten Sie uns, Herr Biedermann, offen gesprochen: wofür eigent-*
*lich?*
*BIEDERMANN   Sie müssen nicht denken, mein Freund, dass ich keinen Humor habe,*
*aber ihr habt eine Art zu scherzen, ich muss schon sagen. –*
*EISENRING   Wir lernen das.*
*BIEDERMANN   Was?*
*EISENRING   Scherz ist die drittbeste Tarnung. Die zweitbeste: Sentimentalität ... Aber*
*die beste und sicherste Tarnung (finde ich) ist immer noch die blanke und nackte Wahr-*
*heit. Komischerweise. Die glaubt niemand.*
*(Frisch, M. 1963: Biedermann und die Brandstifter, Frankfurt, S. 52–54)*

Der vorliegende Aufsatz beschäftigt sich mit einem Thema, das in den Texten zur Ökonomie und zum Organizational Behaviour erst in jüngerer Zeit aufgetaucht ist. Eine Ursache hierfür liegt wohl in der Komplexität der Thematik begründet, denn die grundlegende Bedeutung des Vertrauens für das soziale Miteinander auch und gerade im Kontext des Arbeitshandelns ist ganz offensichtlich. Man stelle sich nur vor, wie man mit jemandem zusammenarbeiten würde, dem man gründlich misstraut. Bei manchen Tätigkeiten ist Vertrauen schlichtweg die Grundvoraussetzung der Arbeit. Ein Chirurg beispielsweise muss sich bei einer Operation auf seine Assistenten verlassen können, ein Lkw-Fahrer beim Rangieren auf seinen Beifahrer usw. Aber nicht nur vor Ort, also unmittelbar bei der Verrichtung der Arbeit, ist Vertrauen notwendig. Auch dort, wo über die Arbeitsbedingungen befunden wird, also in der arbeitspolitischen Sphäre, braucht es Vertrauen. Das Vertrauen zwischen Arbeitgeber- und Arbeitnehmervertretern ist zwar – man möchte fast sagen: von Natur aus – weniger leicht zu gewährleisten als das persönliche Vertrauen zwischen Kollegen, gleichwohl aber unverzichtbar, weil sich ohne Vertrauen keine stabilen und belastungsfähigen Arbeitsbeziehungen entwickeln lassen. Es ist kein Zufall, dass das Betriebsverfassungsgesetz die „vertrauensvolle" Zusammenarbeit zwischen Betriebsrat und Unternehmensleitung einfordert. Die folgenden Ausführungen versuchen, einige Grundgedanken offenzulegen, die die wissenschaftliche Auseinandersetzung beherrschen und die nicht selten für einige Verwirrung sorgen. Leider muss dabei begrifflichen Fragen ein relativ großer Raum gegeben werden, weil die Schwierigkeiten mit dem Vertrauenskonzept oft bereits mit dem Wortverständnis beginnen. Abschnitt 2 widmet sich diesen Fragen. Es kann dabei nicht darum gehen, sterile Definitionen nebeneinander zu stellen, beabsichtigt ist mit den begrifflichen Erörterungen vielmehr, Hintergrundvorstellungen über das Vertrauensphänomen herauszuarbeiten, die geeignet sind, inhaltliche Einsichten bereitzustellen. Im darauf folgenden Abschnitt 3 werden wichtige Einflussgrößen behandelt, die in der Lage sind, ein Vertrauensverhältnis zu begründen oder aber zu zerstören. Präsentiert werden sowohl empirische Ergebnisse als auch zwei theoretische Modelle, die versuchen, die bestehenden Erkenntnisse auf den Punkt zu bringen. Abgeschlossen wird der Aufsatz mit einer Stellungnahme zu der Frage, die gleich zu Beginn aufgeworfen wird, der Frage nämlich, ob es ganz generell gut ist, seinen Mitmenschen zu vertrauen oder ob man nicht besser fährt, ihnen mit einem gesunden Misstrauen zu begegnen.

## 1 Die Relevanz von Vertrauen

### 1.1 Ist Vertrauen gut?

Wem soll man nicht alles vertrauen! Den Kandidaten aller Wahlen, seiner (?) Bank, dem Arzt seines Vertrauens (!), dem Freund, der Wettervorhersage und wem sonst alles – z.B. auch seinen Kollegen und seinem Arbeitgeber. Tatsächlich bleibt einem oft gar nichts anderes übrig, als sich vertrauensvoll durch den Alltag zu bewegen. Denn wer kann schon prüfen, ob der Bäcker nicht unser Brot vergiftet, ob der Pilot unseres Ferienflugzeugs Selbstmordabsichten hegt oder ob nicht der etwas minderbemittelte Sportwagenfahrer auch bei Rot über die Kreuzung brausen wird. Oder deutlicher: Was können wir schon tun gegen unvorhersehbare Katastrophen, tückische Krankheiten oder böse Nachbarn? Müssen wir uns nicht in vielerlei Hinsicht unserem Geschick hingeben und darauf vertrauen, dass alles schon gut gehen wird?

Aus dieser Grundsituation ergeben sich manchmal skurrile Effekte. Wer z.B. von übermächtigen Personen abhängig und ihnen hilflos ausgesetzt ist, verfällt nicht selten darauf, diesen Personen gerade deswegen zu vertrauen, weil man ihnen auf Gedeih und Verderb ausgeliefert ist. Man kann darin eine Form des erzwungenen Vertrauens sehen, eine Facette des Vertrauens, das kaum dem angenehmen Bild entspricht, das man üblicherweise mit dem Vertrauensbegriff verknüpft. Vertrauen vermittelt Wärme, Zuversicht und Selbstwertgefühl. Vertrauen ist uns wertvoll, wir geben es nicht einfach weg. Andererseits und ehrlicherweise muss man wohl zugeben, dass hinter dieser Wertschätzung des Vertrauens normalerweise eben auch kein besonderer Edelmut, sondern denn doch wieder der pure Egoismus steckt. Vertrauen ist gut für den, dem es gegeben wird – für den, der es gibt, ist es aber primär riskant. Denn Vertrauen ist eben nicht zu allererst ein angenehmes Gefühl, das man dem Andern schenkt, das ist allenfalls eine Begleiterscheinung. Mit seinem Vertrauen gibt man nicht irgendein Gut, sondern häufig seine eigene Person in die Hand des Andern. Es ist deswegen kein Zufall, dass Menschen, die engeren Kontakt miteinander suchen, nicht damit zufrieden sind, wenn sie von ihrem Partner Geschenke, Aufmerksamkeit und schöne Gefühle (die lassen sich ja beliebig und freigebig verteilen), sie wollen vielmehr Vertrauensbeweise – und erweisen sich damit paradoxerweise in höchstem Maße als misstrauisch. Und das ist verständlich, denn in der Tat kommt man mit Misstrauen oft besser durchs Leben, als wenn man sich seinen lieben Mitmenschen „naiv und vertrauensselig" nähert. Natürlich wird man durch offensichtlich misstrauisches Verhalten, durch misanthropisches Gebaren, Feindschaft und Arglist nicht viele Freunde gewinnen können. Aber das äußere Verhalten ist ja auch das eine, die mentale Grundhaltung das andere. Wenn man seinen Mitmenschen (mental) mit einem Misstrauensvorbehalt begegnet, dann schließt das nicht aus, dass man sich ihnen angenehm zeigen kann, dass man sich mit ihnen verstehen – und ihr Vertrauen gewinnen kann. Vorsicht mit dem Vertrauen bewahrt jedenfalls vor Enttäuschungen und – beispielsweise für Kaufleute nicht gerade unerheblich – sie verhindert ganz reale Verluste.

## 1.2 Ist Vertrauen notwendig?

Gegen das Lob des Misstrauens gibt es allerdings auch ernstzunehmende Einwände. Auf zwei möchte ich kurz eingehen. Der erste Einwand macht geltend, dass der Misstrauische zwar Gefahren vermeidet, dass ihm aber auch Gewinne entgehen und er sich langfristig besser stellen würde, wenn er sein Misstrauen ablegte. Der zweite Einwand stellt heraus, dass jede Zusammenarbeit Vertrauen voraussetzt, dass Vertrauen also notwendig ist, damit überhaupt so etwas wie ein erträgliches soziales Leben und auch ertragreiche Geschäftsbeziehungen entstehen können. Den ersten Einwand werde ich zurückweisen, den zweiten halb zugeben. Miteinander zu kooperieren bringt – zwar nicht immer, aber doch häufig – Gewinn. Es müsste also im Interesse aller Beteiligten liegen, die Zusammenarbeit zu suchen. Ganz so einfach sind die Verhältnisse aber normalerweise nicht. Denn oft ist es auch vorteilhaft, wenn sich zwar der Partner engagiert, man selbst sich jedoch zurückhält.

Möglicherweise ist man selbst ja gegen entsprechende Versuchungen gefeit, das Vertrauen des Andern auszunutzen, aber gilt dies auch für den Partner? Wenn man mit einem Kollegen verabredet hat, mit allem Einsatz an einem gemeinsamen Projekt zu arbeiten, was gibt einem dann die Sicherheit, dass er sich an die Verabredung wirklich hält? Vielleicht gönnt er sich ja erst noch einen Kurzurlaub, während man sich selbst mit den unerfreulichsten Aufgaben herumplagt. Sollte man nicht besser misstrauisch sein und lieber auch erst mal gar nichts tun? Vielleicht hat ja der Partner schon etwas unternommen? Was spricht gegen das Misstrauen und dafür, das Risiko einzugehen, dass die eigene Vertrauensvorleistung enttäuscht werden kann? Als Argument hierfür wird häufig angeführt, dass sich opportunistisches Verhalten zwar kurzfristig auszahlen kann, langfristig aber kaum. Und das sollten alle potentiellen Kooperationspartner ja auch wissen: Kein Mensch will sich mit jemandem abgeben, der sich immer unkooperativ verhält.[1] Aber leider lässt sich daraus keine eindeutige Schlussfolgerung ziehen. Erstens ist „langfristig" ein dehnbarer Begriff. Unter Umständen umfasst Langfristigkeit das ganze Leben, und solange es Opportunisten gelingt, Personen zu finden, die sich ausnützen lassen, so lange zahlt sich Opportunismus eben auch aus. Und zweitens verhalten sich Opportunisten nur selten wirklich so plump, dass man ihnen ihren reinen Egoismus nachweisen kann. Opportunistisches Verhalten wird oft nicht unmittelbar sichtbar. Dazu kommt, dass sich oft schwer feststellen lässt, wo genau die Grenze zwischen natürlichem Eigeninteresse und Opportunismus verläuft. Und schließlich wird der Opportunist versuchen, seinem Verhalten eine einleuchtende Rechtfertigung zu verpassen, er kann den Partner durch Nebenleistungen versöhnen, er kann ihn bestechen oder ihm sogar ein schlechtes Gewissen verpassen, z.B. darüber, dass er nicht nachsichtiger mit den Schwächen von Menschen umgeht.

Gäbe es all das nicht, es gäbe weniger und kürzere Romane. Opportunismus ist also alles andere als die natürliche Misserfolgsstory. Und noch weniger gilt dies für das Misstrauen. Denn das rät ja nur zur Vorsicht. Kommt man nach gründlicher Analyse zum Ergebnis, dass sich das Risiko lohnt, mit jemandem vertrauensvoll zusammenzuarbeiten, dann wird man sich auch als verlässlicher Kooperationspartner verhalten (der jedoch – innerlich – immer auf der Hut bleibt). Das zweite oben angeführte Argument gegen das Misstrauen macht geltend, dass es ohne Vertrauen keine wirkliche Zusammenarbeit geben kann. Bei dieser Frage geht es nicht primär um das Interesse des Einzelnen, sondern darum, ob soziale Systeme ohne Vertrauen überhaupt funktionsfähig sein können. Diesbezüglich wird man Abstufungen vornehmen müssen. Bestimmte Beziehungen brauchen viel Vertrauen, andere sehr viel weniger. Dies gilt auch für die Arbeitssphäre. Einem Flugzeugführer muss man zweifellos mehr vertrauen als einem Zeitungsverkäufer, Feuerwehrleute müssen sich mehr aufeinander verlassen als Briefträger und ein Vorgesetzter, dessen Mitarbeiter mehr von ihrer Sache verstehen als er selbst, muss zwangsläufig ein größeres Vertrauen entwickeln als ein Vorgesetzter, dessen Mitarbeiter nur einfache Handlangerdienste verrichten. Doch selbst im letzten Fall ist Vertrauen ein Thema. Denn was würde geschehen, wenn das Arbeitsverhältnis ein Misstrauensverhältnis wäre?

Die Mitarbeiter würden ihre Arbeit sicher nicht mit großer Lust vollbringen, sie wären außerdem ständig auf der Suche nach einem anderen Arbeitgeber und ein Engagement über das hinaus, was unmittelbar kontrolliert und materiell eingefordert werden kann, ist ebenfalls nicht zu erwarten. Misstrauen verschenkt also wertvolle Ressourcen. Außerdem erzeugt es wegen der ständigen Konflikte zusätzliche Reibungsverluste. Ganz offenbar ist ein gewisses Mindestmaß an Vertrauen auf jeden Fall notwendig, damit überhaupt eine einigermaßen funktionsfähige Zusammenarbeit möglich ist. Im Vertrauen stecken darüber hinaus aber auch große Leistungspotentiale. Vertrauen erleichtert die Kommunikation, die Bereitschaft einander zu helfen und etwas zu tun, ohne immer gleich danach zu fragen, welchen Gewinn man aus seinem Handeln ziehen kann. Vertrauen ist also offenbar nützlich, und es kann auch dem Vertrauensgeber nützen, nämlich dadurch, dass sein Vertrauen durch Vertrauen belohnt wird. Dennoch, Vertrauen ist ein prekäres Gut. Gibt man es in die falschen Hände, dann drohen nicht nur materielle Verluste, sondern auch immaterielle Schäden; neben Ärger und Verdruss kann enttäuschtes Vertrauen dazu führen, dass man sich schwer tut, in Zukunft überhaupt noch jemandem Vertrauen entgegenzubringen.

## 2 Begriffe: Fragen über Fragen

Über Vertrauen zu sprechen ist einigermaßen vertrackt. Je mehr man sich auf Vertrauensdiskussionen einlässt, umso weniger klar scheint das zu werden, was man gemeinhin Vertrauen nennt. Die Alltagssprache verhält sich dabei recht gutmütig und produziert damit allerlei Ungereimtheiten bis hin zum Unsinn. Ein Beispiel: „«Diejenigen, die mit Nein stimmen, sind die, die dem Präsidium nicht vertrauen», rief Beckenbauer am späten Donnerstagabend den 1513 Mitgliedern auf der Außerordentlichen Jahreshauptversammlung des FC Bayern München warnend zu ..." (Spiegel Online – 15. Februar 2002). Offenbar beschleichen nicht jeden Skrupel, der diejenigen warnt, die ihm vertrauen sollen. Aber auch anders herum: Wie ist das zu verstehen, wenn sich jemand für das ihm entgegengebrachte Vertrauen bedankt? Macht das Sinn? Mit seinem Dank drückt er zumindest Verständnis dafür aus, dass man ihm misstraut. Offen bleibt nur, ob er meint, dass es Grund dafür gibt oder ob er den Vertrauenden für etwas beschränkt hält. Ähnlich paradox sind Aufforderungen wie „Du musst mir vertrauen!" oder auch Maximen wie „Trau, schau wem!".

### 2.1 Objekte des Vertrauens

Worauf kann sich Vertrauen überhaupt richten? Gottvertrauen ist ja etwas anderes als Selbstvertrauen. Vertrauen in Personen, die einem persönlich nahe stehen etwas anderes als Vertrauen in politische Führer. Man vertraut aber nicht nur Gott, sich selbst und anderen Personen, sondern auch Tieren („auf Waldi ist Verlass"), Sachen (z.B. seiner Uhr oder seinem Markenwaschmittel) und selbst abstrakten – realen oder auch nur imaginierten – Objekten, also z.B. dem Schicksal, der menschlichen Natur, dem Recht und der Vernunft. Vertrauen ist also alles andere als ein einheitliches Phänomen und entsprechend gibt es auch Versuche, verschiedene Arten des Vertrauens nach dem jeweiligen Gegenstand des Vertrauens zu unterscheiden. Laucken (2001) differenziert zwischen Partizipationsvertrauen, Umgangsvertrauen und Begegnungsvertrauen.[2]

Beim *Partizipationsvertrauen* geht es um die Akzeptanz einer bestimmten Lebenspraxis. Innerhalb einer gegebenen Lebenspraxis vertraut man darauf, dass alle Teilnehmer den als selbstverständlich unterstellten Regeln der sozialen Gemeinschaft folgen. Man spürt die Wichtigkeit des Partizipationsvertrauens insbesondere dann, wenn sich die sozialen Verhältnisse verändern. Ein Beispiel hierfür liefert die zunehmende „Merkantilisierung" der Wissenschaft. Damit ist gemeint, dass Wissenschaftler – ähnlich wie andere Berufsgruppen auch – immer stärker einem ökonomischen Wettbewerb ausgesetzt werden. Ihre Leistungen werden dokumentiert und evaluiert, und die Wissenschaftler erhalten nur dann Mittel für ihre Forschung, wenn sie konkret vorzeigbare Resultate erzielen, also z.B. eine bestimmte Zahl an Publikationen in wissenschaftlichen Zeitschriften vorweisen können. Die Wissenschaftler werden dadurch gezwungen, als Unternehmer aufzutreten und ihre Arbeitskraft und die von ihr hervorgebrachten Produkte zu vermarkten. Dies widerspricht ganz entschieden dem herkömmlichen Professionsverständnis der Wissenschaftler, und es ist daher auch nicht verwunderlich, dass sie dieser neuen Praxis – und auch den Kollegen, die die neuen Spielregeln propagieren – mit erheblichem Misstrauen begegnen. Mangelndes

Partizipationsvertrauen äußert sich also darin, dass man wenig Neigung verspürt, an einer bestimmten Lebenspraxis teilzunehmen. Das *Umgangsvertrauen* ist gewissermaßen das individuelle Pendant zum sozialen Partizipationsvertrauen. Es richtet sich nicht auf den Handlungskontext wie das Partizipationsvertrauen, sondern auf die in diesem Handlungskontext agierenden Personen. So vertrauen zwar viele Personen dem System der medizinischen Versorgung und der ärztlichen Ausbildung, deswegen werden sie aber nicht jedem einzelnen Arzt vertrauen. Und wenn sie ihm vertrauen, dann im Wesentlichen in Bezug auf dessen ärztliche Tätigkeit. Sie werden dem Arzt also z.B. gestatten, bestimmte Untersuchungen an ihnen vorzunehmen, sie werden ihm aber kaum ihre Wertpapiere anvertrauen.

Am weitesten geht das sogenannte *Begegnungsvertrauen*. Dieses findet man nur in engen persönlichen Beziehungen. Es ist motiviert durch das Bedürfnis nach Zuwendung, Verstandenwerden und Gemeinschaft. Beim Begegnungsvertrauen tritt man nicht wie beim Umgangsvertrauen als Träger einer sozialen Rolle auf, denn als solcher vertraut man dem Partner nur in den Grenzen der jeweiligen Rollen, also der Patient dem Arzt, der Klient dem Anwalt, der Schüler dem Lehrer. Beim Begegnungsvertrauen vertraut man als ganze Person und unumschränkt. In der sozialwissenschaftlichen Literatur wird häufig noch auf das so genannte „Systemvertrauen" verwiesen. Was damit gemeint ist, wird leider nicht immer ganz klar. Im Wesentlichen geht es um positive Einstellungen gegenüber einer bestehenden sozialen Ordnung oder gegenüber einer Organisation, um eine Befürwortung der dort geltenden Regeln und um den Glauben an ihre Effizienz und ihre Legitimität. Die folgenden Ausführungen beziehen sich auf das Vertrauen gegenüber sozialen Akteuren. Ganz bewusst erfolgt keine Beschränkung auf das Vertrauen gegenüber Personen. Vielfach sind es nämlich nicht einzelne Personen, auf die sich das Vertrauen von Menschen richtet, sondern Personenmehrheiten oder auch Organisationen (der Staat, der Arbeitgeber usw.), die ja eigentlich keine Lebewesen und auch keine autonomen Subjekte sind. Dennoch werden diesen Akteuren sehr häufig personenhafte Züge, insbesondere ein eigener Wille, zugeschrieben. Das Vertrauen bzw. Misstrauen, das ihnen entgegengebracht wird, ist daher im psychologischen Sinne durchaus mit dem Vertrauen oder Misstrauen vergleichbar, das man Personen entgegenbringt.

## 2.2 Vertrauensähnliche Begriffe

Im Umfeld des Vertrauensbegriffs findet man Ausdrücke wie Zutrauen, Zuversicht, Gewissheit, Hoffnung und Glauben. An dem, was diesen Begriffen „fehlt", lassen sich einige Besonderheiten des Vertrauens erkennen. So kann man z.B. sicher oder gewiss sein, dass eine bestimmte Person, die man nicht leiden kann, sich wieder einmal „unmöglich" verhalten wird, man wird ihr aber eben dann auch nicht vertrauen. Offenbar fehlt der Zuversicht die Festlegung auf eine positive Wirkung. Dies ist anders beim *Zutrauen*. Man wird demjenigen Zutrauen schenken, der einem mit Wohlwollen begegnet. Dem Zutrauen fehlt allerdings die Kompetenzkomponente. Beim Zutrauen weiß ich zwar, dass sich mein Gegenüber bemühen wird, mir zu helfen, ich habe aber Zweifel daran, dass er es kann. Ein Kind hat im allgemeinen Zutrauen zu seinen Eltern, es wird sich aber weigern, sich ihnen anzuvertrauen, wenn es darum geht, einen schmerzenden Backenzahn zu ziehen. Die *Hoffnung* ist wie die Zuversicht eine Erwartungshaltung. Anders als diese enthält sie aber auch ein Verlangen. Der Hoffende erwartet nicht nur einen Zustand, er wünscht ihn sich herbei. Es fehlt der Hoffnung andererseits aber die Gewissheit und sie ist daher auch kein Vertrauen. Dies ist wiederum anders beim *Glauben*. Der Glaube ist eine fraglose Gewissheit: Der Glaubende kommt gar nicht auf den Gedanken, dass er sich irren kann. Dieser Gedanke gehört aber ganz wesentlich zum Vertrauen. Man vertraut einem Partner, dass er einem hilft, dass er einem keinen Schaden zufügt usw., eben weil man weiß, dass dies nicht selbstverständlich ist. Dem Glaubenden kommt die Möglichkeit der Unsicherheit dagegen gar nicht in den Sinn. In der Abgrenzung zu verwandten Begriffen haben wir vier Komponenten des Vertrauens entdeckt: die zumindest grundsätzlich gegebene *Gefährdung*, die – vor diesem Hintergrund gegebene – *Gewissheit*, dass sich der Partner in einer bestimmten Art und Weise verhalten wird, die Erwartung, dass der Partner die notwendigen *Fähigkeiten* besitzt, das gewünschte Verhalten auch auszuführen und der *Bezug zu den eigenen Wünschen* und Bedürfnissen. Alle diese Elemente müssen gegeben sein, damit man sinnvoll von Vertrauen sprechen kann.

## 2.3 Vertrauensdimensionen

Der Wert begrifflicher Erörterungen ist begrenzt. Sie sind eigentlich nur sinnvoll, wenn sie darauf abzielen, die empirischen Phänomene, die sich um einen Forschungsgegenstand herum gruppieren, zu beschreiben. Dies soll im Folgenden geschehen.

### 2.3.1 Kontrollverlust oder Kontrollverzicht

Eine erste Frage richtet sich auf die Kontrolle. Man kann die Auffassung vertreten, dass das Fehlen von Kontrollmöglichkeiten der eigentliche Grund dafür ist, warum ein Mensch überhaupt einem anderen Menschen vertraut. Wer ein Ziel anstrebt, das er aus eigener Kraft nicht erreichen kann (wer also die Situation nicht kontrollieren kann), ist auf fremde Hilfe angewiesen. Sofern es ihm nun nicht gelingt, statt direkt die Situation, indirekt die möglichen Helfer zu kontrollieren, ist er auf deren Wohlwollen angewiesen. Das wird ihn aber nicht zufrieden stellen, weshalb er versuchen wird, solche Helfer zu gewinnen, die vertrauenswürdig sind, die also seine Abhängigkeit nicht ausnützen. Doch meist bleibt trotz aller Bemühungen, innerhalb einer sozialen Beziehung die Herrschaft über das Geschehen zu gewinnen (Kontrolle der Situation oder der Kooperationspartner), ein Rest an Unbestimmtheit, die nur durch Vertrauen ausgefüllt werden kann. Aber nicht für alle Personen ist Vertrauen nur das letzte Mittel, sie bringen ihren Mitmenschen vielmehr auch jenseits der puren Notwendigkeit Vertrauen entgegen. Sie verzichten gewissermaßen auf Kontrolle, über die sie durchaus verfügen. Sie machen sich damit verletzlich, eine Verhaltensweise, die für viele den Kern des Vertrauens ausmacht (vgl. z.B. Deutsch 1977). Wie gesagt, fällt diese Verhaltensweise nicht allen Menschen leicht, insbesondere nicht Menschen mit einem hohen „Kontrollbedürfnis" (Burger 1992). Personen mit einem geringen Kontrollbedürfnis können die Ungewissheit, die sich aus der Vertrauensgewährung ergibt, dagegen ganz gut ertragen. Menschen unterscheiden sich aber nicht nur in ihrem Kontrollbedürfnis, sie haben auch unterschiedliche Kontrollüberzeugungen. Manche Menschen sehen sich eher als Opfer der Umstände (geringe Kontrollüberzeugung), andere dagegen eher als Menschen, die ihr Geschick weitgehend selbst in der Hand halten (hohe Kontrollüberzeugung, Rotter 1966). Menschen mit einer hohen Kontrollüberzeugung fällt es leichter, andern zu vertrauen, als Personen mit einer geringen Kontrollüberzeugung. Sie gehen davon aus, dass nicht alles verloren ist, wenn man ihr Vertrauen enttäuscht. Da sie sich eher zutrauen, Situationen aktiv gestalten zu können als Personen mit einer geringen Kontrollüberzeugung, können sie auch mehr Vertrauen riskieren.

## 2.3.2 Risiko oder Sicherheit

Damit wären wir bei einem zweiten Punkt: Geht Vertrauen immer mit einem subjektiv empfundenen Risiko einher oder ist Vertrauen nicht vielmehr dadurch gekennzeichnet, dass der Vertrauende ein hohes Maß an Sicherheit empfindet? Man kann die Frage auch so stellen: Gibt es ein „naives" und „bedingungsloses" Vertrauen oder ist beim Vertrauen immer auch eine Abwägung des Vertrauensrisikos im Spiel? Sicherlich gilt beides. Manchmal „kalkuliert" man schlichtweg das Risiko, enttäuscht zu werden (und den daraus entstehenden Schaden) gegen den Aufwand, der notwendig wäre, um endgültige Sicherheit über die Verhaltensabsichten des Partners zu erhalten. Die Entscheidung, jemandem zu vertrauen, beendet dann gewissermaßen das Nachdenken darüber, wie man sich verhalten soll. Vertrauen ist eine Verhaltensalternative, die gegen andere Verhaltensalternativen (Verzicht auf die Zusammenarbeit, weitere Informationssuche usw.) abgewogen wird. Man entscheidet sich für die Verhaltensalternative mit dem besten Nutzen-Kosten-Verhältnis. Andererseits gibt es durchaus auch nichtkalkulatives Vertrauen, das von keinem Zweifel angekränkelt ist. Manche Autoren bestreiten das zwar und sagen, in diesem Fall könne man nicht sinnvollerweise von Vertrauen sprechen, weil Vertrauen jede Relevanz verliere, wenn keine Gefährdung vorliege. Wenn sicher ist, wie sich der Partner verhält, wozu dann Vertrauen? Das Paradox löst sich auf, wenn man den Unterschied zwischen objektiver Sicherheit und subjektiver Gewissheit beachtet. Für das menschliche Verhalten ist nur Letzteres wichtig, weil sich ja niemand sicher sein kann, was objektiv sicher ist. Und wer wollte bestreiten, dass es Gefühle absoluter Sicherheit gibt?

Man kann sich darüber uneins sein, ob man diese Gefühlszustände „Vertrauen" nennen will, weil auch der übliche Sprachgebrauch bei der Verwendung des Vertrauensbegriffs immer das Bewusstsein einer Gefährdung voraussetzt (vgl. Laucken 2001). Aber letztlich führen derartige Diskussionen leicht zu Begriffsklaubereien. Wichtiger ist die Frage, unter welchen Umständen es denn zu einem „tiefen" Vertrauen kommen kann und unter welchen Umständen das kalkulative Element in der Vertrauensgewährung überwiegt. Einige Hinweise zur Beantwortung dieser Frage findet man in den Versuchen, unterschiedliche Formen des Vertrauens zu unterscheiden. Lewicki/Bunker (1995) beispielsweise unterscheiden zwischen kalkülorientiertem Vertrauen, wissensbasiertem und identifikationsbezogenem Vertrauen. Beim kalkülorientierten Vertrauen geht es darum, dass sich der Vertrauende darauf verlassen kann, dass sein Partner auch tut, was er sagt und zwar einfach deswegen, weil dieser Grund hat, negative Konsequenzen zu fürchten, wenn er nicht tut, was er sagt. Kalkülorientiertes Vertrauen liegt also beispielsweise immer dann vor, wenn der Vertrauende starke Sanktionsmöglichkeiten hat, um das gewünschte Verhalten notfalls zu erzwingen oder unerwünschtes Verhalten zu bestrafen.

Beim wissensbasierten Vertrauen geht es dagegen nicht um Sanktionsmöglichkeiten, sondern um die Vorhersehbarkeit des Verhaltens. Wenn man jemanden gut kennt, dann weiß man auch, wie er sich in bestimmten Situationen verhalten wird, d.h. man wird sich darauf verlassen können. Beim identifikationsbezogenen Vertrauen schließlich geht es nicht so sehr um die Vorhersage eines bestimmten Verhaltens als vielmehr darum, dass man dieselben Wünsche wie der Partner hegt und die gleichen Absichten verfolgt. Das Vertrauen ergibt sich ganz von selber daraus, dass einem das Wohl des andern ebenso am Herzen liegt wie das eigene Wohl. So unterschiedlich wie die beschriebenen Arten des Vertrauens sind die Voraussetzungen, die sie bedingen. Damit kalkülorientiertes Vertrauen entstehen kann, muss es dem Vertrauenden möglich sein, das Verhalten des Partners zu überwachen, dem potentiellen Vertrauensbrecher muss ein hoher Schaden drohen und seine Risikobereitschaft darf keine extremen Ausmaße erreichen. Wissensbasiertes Vertrauen setzt voraus, dass man mit dem Partner Umgang hat, ihn in möglichst vielen Situationen beobachten kann und dass man auch ein gewisses Maß an Menschenkenntnis mitbringt. Identifikationsbezogenes Vertrauen setzt vor allem Empathie, also Einfühlungsvermögen, voraus. Sympathie genügt nicht, sie kann sogar schädlich sein. Bei der Identifikation geht es nämlich nicht primär darum, einander Gutes zu tun, sondern um die „gemeinsame Sache". Der Partner möchte „verstanden" und nicht „verwöhnt" werden. Es kann daher sogar die Beziehung beschädigen, wenn man für den andern etwas tut (ihn z.B. ungerechtfertigt bevorzugt), weil man „nur sein Bestes will", weil der identifikationsorientierte Partner eben genau das gar nicht will, sondern erwartet, dass man so handelt, wie er selbst handeln würde (sich also z.B. gerecht und nicht parteiisch verhalten würde).

## 2.3.3 Einseitigkeit oder Wechselseitigkeit

Gibt es einseitiges Vertrauen? Kann eine Partei vertrauen, während die andere misstrauisch bleibt? Wenn Arbeitnehmer ihrem Arbeitgeber vertrauen sollen, setzt dies voraus, dass auch der Arbeitgeber seinen Arbeitnehmern vertraut? Zweifellos beobachtet man Fälle, in denen der eine Partner dem anderen grenzenlos vertraut und man den Eindruck gewinnen muss, dass der andere Partner dies schamlos ausnützt. Dies ist nicht ganz ungewöhnlich. Täuschung und Betrug gehören schließlich zur sozialen Realität, wenn sie auch nicht der Normalfall sind. Dies muss uns hier aber eigentlich gar nicht interessieren, denn es geht beim ein- oder zweiseitigen Verhalten ja zunächst gar nicht um ein mögliches Ausnützen des Vertrauens, sondern darum, ob es denkbar ist, dass die eine Seite vertrauen kann, wenn gleichzeitig die andere Seite kein besonderes Vertrauen entwickelt oder sogar misstrauisch bleibt. Man kann sich dies sicherlich vorstellen und hat wohl auch sofort einige Beispiele vor Augen. Allerdings sind dafür, dass sich ein einseitiges Vertrauen entwickelt, doch sehr spezielle Bedingungen notwendig. Eine derartige Bedingung ist eine starke Machtasymmetrie. Der Mächtige kann es sich oft erlauben, von seinem Partner Vertrauen zu fordern, sich selbst aber einen Vertrauensvorbehalt zu bewahren. Wobei zu beachten ist, dass sich Vertrauen nicht wirklich erzwingen lässt, sondern auf Freiwilligkeit angewiesen ist. Dessen ungeachtet lässt sich Vertrauen – in einem gewissen Umfang – auch „kaufen". Ein machtvoller Partner kann jedenfalls mehr Mittel zum Einsatz bringen, um Vertrauen zu „erwerben" als ein machtloser Partner. Er kann von seiner Reputation zehren, Vergünstigungen verschaffen und mit attraktiven Angeboten für eine langfristige Zusammenarbeit locken. Besonders günstig ist die Situation für den Mächtigen, wenn sich viele Akteure um seine Partnerschaft bewerben, die er dann gegeneinander ausspielen kann. Ein probates Mittel, seine Macht auszuspielen besteht darin, Misstrauen unter den Konkurrenten zu säen und sich als der eigentlich vertrauenswürdige Partner darzustellen. Bei symmetrischen Machtverhältnissen sind die Möglichkeiten für das Entstehen einer Vertrauensasymmetrie wesentlich enger begrenzt. Man wird sie hier allenfalls kurzfristig beobachten können, denn überlicherweise tauscht man unter Gleichen Vertrauen nur gegen Vertrauen.

### 2.3.4 Eindeutigkeit oder Ambivalenz

Kann man einem Menschen gleichzeitig vertrauen und misstrauen? Die Antwort ist eigentlich klar, obwohl sie auch ein wenig paradox ausfällt. Je reichhaltiger unsere Erfahrungen mit einer Person sind, desto differenzierter wird unser Bild von ihr. Wir wissen dann, bei welcher Gelegenheit, in welcher Situation wir uns auf sie stützen können, wo sie Schwächen besitzt und wann man sich nicht auf sie verlassen kann. Etwas überspitzt formuliert: Je vertrauter einem eine Person ist, desto weniger uneingeschränkt ist das Vertrauen, das man ihr entgegenbringt. Mit einem bestimmten Kollegen kann man beispielsweise als Projektpartner sehr gute Erfahrungen gemacht haben. Bei der Durchsetzung gemeinsamer Interessen gegenüber den Vorgesetzten erweist er sich dagegen als wenig standhaft. Dafür kann man sich bei einem anderen Kollegen auf dessen Loyalität verlassen, während es mit der Qualität seiner Leistungsbeiträge öfters weniger gut bestellt ist. Vertrauens-Ambivalenz ist also durchaus normal.

Lewicki/McAllister/Bies (1998) sind sogar der Auffassung, dass innerhalb von einigermaßen entwickelten Geschäfts- und Arbeitsbeziehungen am häufigsten eine Gleichzeitigkeit von hohem Misstrauen und hohem Vertrauen anzutreffen ist. Woraus sich natürlich sofort die Frage ergibt, wie das funktionieren kann, wie es also möglich ist, gut zusammenzuarbeiten, wenn das hierfür notwendige Vertrauen von hohem Misstrauen durchsetzt ist. Eine wichtige Voraussetzung hierfür ist zweifellos die „Separierbarkeit" der Handlungszusammenhänge. Man teilt die Arbeit auf, vergibt Zuständigkeiten, definiert Rechenschaftspflichten und schafft ganz allgemein Zonen der Akzeptanz, innerhalb derer erwartet wird, dass man sich in bestimmter Weise verhält und deren Missachtung man bestraft. Aber nicht nur äußerliche Maßnahmen, auch die Herausbildung von spezifischen psychologischen Verhaltensmechanismen (Abpuffern, Umdeuten, Ausgleichen usw.) unterstützen den Umgang mit der widersprüchlichen Vertrauenswürdigkeit unserer Mitmenschen. Man kann es geradezu als Zeichen einer misslungenen Sozialisation betrachten, wenn es jemandem nicht gelingt, mit der Ambivalenz klarzukommen, die sich aus der Gleichzeitigkeit von Vertrauen und Misstrauen ergibt.

### 2.3.5 Dichotomie oder Kontinuum

Gibt es mehr oder weniger Vertrauen oder gibt es nur Vertrauen und fehlendes Vertrauen? Der Gegensatz von Vertrauen ist nicht eigentlich Misstrauen. Im Misstrauen steckt ja bereits ein Verhaltensimpuls, denn der Misstrauische betrachtet das Verhältnis zu seinem Partner nicht mit Ruhe und Gelassenheit. Er sucht vielmehr aktiv nach Informationen, die geeignet sind, sein Misstrauen zu bestätigen oder zu widerlegen. Nicht jeder, der kein Vertrauen zu seinem Partner aufbaut, wird jedoch so reagieren. Der Gegensatz zu Vertrauen ist daher nicht Misstrauen, sondern Nicht-Vertrauen. Die Frage, ob Vertrauen (bzw. Misstrauen) ein klar abgegrenzter Zustand ist, beantwortet sich am ehesten, wenn man überlegt, wie aus Nicht-Vertrauen Vertrauen bzw. Misstrauen entstehen kann. Bekanntlich muss Vertrauen wachsen. Je mehr positive Erfahrungen man mit einem Partner sammelt, desto größer wird das Vertrauen. Schließlich ist es eine Selbstverständlichkeit, dass man sich auf den andern verlässt. Der Aufbau von Vertrauen ist gewissermaßen ein kontinuierlicher Prozess. Gilt dies auch für das Entstehen von Misstrauen? Eher nicht. Schlechte Erfahrungen wecken Argwohn. Und dieser nährt sich selbst. Überschreiten die schlechten Erfahrungen ein gewisses Maß, dann verschafft sich sehr leicht ein umfassendes Misstrauen Raum. Misstrauen ist daher – anders als Vertrauen – keine kontinuierliche Größe, sondern ein alles oder nichts Phänomen.

### 2.3.6 Gefühl, Haltung, Verhalten

Es gibt nichts Gutes, außer man tut es. Zeigt sich auch Vertrauen nur in der Tat? In seinem Kern ist Vertrauen tatsächlich ein Handeln. Gerade dann, wenn man nicht sicher sein kann, ob das Vertrauen gerechtfertigt ist, wird Vertrauen überhaupt erst relevant. Erst der Zweifel darüber, ob der Partner glaubwürdig und seine Absichten redlich sind, motiviert den Sprung in die Sicherheit des Vertrauens. Vertrauen konstituiert sich gewissermaßen in der „irrationalen" Vertrauenstat. Der unmittelbare Handlungsbezug des Vertrauens bedeutet aber nicht, dass Vertrauen mit kühler Berechnung gleichzusetzen wäre. Das Gegenteil ist der Fall. Eine echte Vertrauenshandlung ist eng mit Gefühlen verkoppelt. Sie führt zu einer emotionalen Entlastung und einem entsprechenden „Befreiungsgefühl". Dieses Gefühl ist allerdings nicht Ursprung, sondern Folge des Vertrauenshandelns. Gefühle sind aber auch im ursächlichen Bereich mit dem Vertrauen verknüpft. Personen, denen man vertraut, begegnet man mit einer Haltung, die sich durch einen positiv gestimmten emotionalen Grundton auszeichnet und den man, wenn man so will, durchaus als Vertrauensgefühl bezeichnen kann. Umgekehrtes gilt im Hinblick auf Personen, denen man mit einer misstrauischen Haltung begegnet. Dies verdient hervorgehoben zu werden, weil emotionale Haltungen nicht ohne Verhaltenswirkungen bleiben. Sie lenken unseren Wunsch, mit bestimmten Personen Kontakt aufzunehmen oder den Umgang mit ihnen zu vermeiden, sie bestimmen unsere Bereitschaft, die Worte und das Verhalten des Partners verstehen zu wollen, und sie sagen uns, welche Garantien wir verlangen, um dem andern zu glauben. Interessant ist natürlich die Frage, wie weit eine Vertrauenshaltung reicht, in welchem Ausmaß sie also beispielsweise dazu verführt, Signale zu übersehen, die misstrauisch machen sollten, ab welchem Punkt negative Erfahrungen eine einmal bestehende Vertrauenshaltung aufgebraucht haben und was geschehen muss, damit eine anfänglich bestehende Misstrauenshaltung überwunden werden kann. Es gibt keine einfachen Antworten auf diese Fragen. Denn eine konkrete Vertrauens- oder Misstrauenshandlung ergibt sich aus dem Zusammenspiel einer Vielzahl von Einzelfaktoren. Die gegebene Vertrauenshaltung ist nur eine dieser Faktoren. Ein Beispiel für eine weitere Einflussgröße ist der soziale Erwartungsdruck, dem der Vertrauensgeber ausgesetzt ist. Manchmal wird man geradezu gezwungen, eine Vertrauenshandlung auszuführen, selbst wenn man innerlich etliche Vorbehalte hat, ein Phänomen, das Mitläufer gerne ins Feld führen. Weitere Einflussgrößen ergeben sich aus der Eindrücklichkeit der Versprechungen der Person, die Vertrauen „fordert" und aus den Befürchtungen, die ein Unterlassen der Vertrauenshandlung weckt. Wir werden hierauf weiter unten nochmals zurückkommen.

### 2.3.7 Schadensvermeidung oder Wohlwollen

Das Fundament des Vertrauens ist die Erwartung, dass derjenige, dem ich vertraue, es gut mit mir meint. In vielen Definitionen von Vertrauen findet man eine weitergehende Anforderung: Um Vertrauen zu geben, müsse man vom Vertrauensnehmer ein besonderes Wohlwollen erwarten. Diese Anforderung ist zwar verständlich (man vertraut normalerweise eher einem Freund als einem Hausierer), sie geht letztlich aber zu weit. Denn man kann einer Person durchaus vertrauen, ohne dass man verlangt, dass sie einem mit großem Wohlwollen entgegentritt. Man begnügt sich damit, dass sich die Vertrauensperson einfach „korrekt" oder „professionell" verhält. Ein Beispiel wäre ein Anwalt, von dem wir lediglich erwarten, dass er unsere Interessen angemessen vertritt – und das kann er, ohne dass er uns besonders sympathisch finden muss. Vertrauen braucht also nur beschränkt auch Sympathie: „Zu sagen: eine Person P vertraut einer Person O in einer Situation S zum Zeitpunkt t, bedeutet, die Person P ist sich sicher, dass die Person O ihr in der Situation S zum Zeitpunkt t keinen Schaden zufügen wird." (Laucken 2001, S. 20). Entscheidend für das Vertrauen ist also eine „Nicht-Schadens-Erwartung". Andererseits ist das Vertrauen, das lediglich auf Nicht-Schädigung setzt, recht arm. Ihm bleiben viele Verhaltensräume verschlossen, die man mit wirklich „Vertrauten" betreten kann.

Die Erwartung, dass der Partner mir keinen Schaden zufügt, setzt auf die Einhaltung von fest definierten Regeln oder, rollentheoretisch ausgedrückt, sie geht davon aus, dass sich der Partner strikt an die Rollenerwartungen hält. Extra-Rollen-Verhalten, also Verhalten, das aus der Improvisation lebt und besonderes Engagement freisetzt (vgl. den Beitrag von Matiaske/Weller in diesem Buch) wird hierdurch nicht angeregt, sondern eher unterbunden. Auch bezüglich dieser letzten Vertrauensdimension wollen wir nach empirischen Einflussgrößen fragen: Was ist dafür verantwortlich, ob sich ein gegebenes Vertrauensverhältnis eher in die eine oder in die andere Richtung entwickelt, ob es also bei der Schadensvermeidung bleibt oder ob sich die Partner einander mit einem weitergehenden Wohlwollen begegnen? Auch diese Frage lässt sich nicht mit einer einfachen Antwort erledigen. Von den vielen Einflussfaktoren sei jedoch eine herausgehoben: die Verstärkung des Wohlwollens durch den Austausch von Belohnungen. Der Belohnungseffekt ergibt sich aus dem Tatbestand, dass auch Sympathien dadurch entstehen, dass sie sich materialisieren. Man findet Personen sympathisch, die einem tatkräftig helfen und mit denen man gemeinsame Erfolge erzielt. Besonders wirksam ist aber auch, und das verdient abschließend besonders herausgestellt zu werden, wenn das Handeln zeigt, dass einem der Partner vertraut. In Abbildung 1 sind die beschriebenen Vertrauensdimensionen noch einmal zusammengestellt, kurz erläutert und mit Beispielen für sich hieran anknüpfende allgemeine Aussagen versehen.

| Vertrauens-dimensionen | Grundfrage | Empirische Phänomene |
| --- | --- | --- |
| Kontrollverlust oder Kontrollverzicht | Gibt es ohne Kontrollverlust kein Vertrauen oder ist der Verzicht auf Kontrolle Ausdruck von Vertrauen? | Je höher das Kontrollbedürfnis und je geringer die Kontrollüberzeugung desto schwerer fällt es, Vertrauen zu entwickeln. |
| Risiko oder Sicherheit | Wird Vertrauen als riskant wahrgenommen oder vermittelt Vertrauen Sicherheit? | Kalkulatorisches Vertrauen ist Risikovertrauen, identifikatorisches Vertrauen Sicherheitsvertrauen. |
| Einseitigkeit oder Wechselseitigkeit | Gibt es einseitiges Vertrauen? | Einseitiges Vertrauen entsteht besonders bei großem Machtungleichgewicht. |
| Eindeutigkeit oder Ambivalenz | Kann man gleichzeitig vertrauen und misstrauen? | Die Separierung von Handlungszusammenhängen erlaubt die Gleichzeitigkeit von Vertrauen und Misstrauen. |
| Dichotomie oder Kontinuum | Ist Vertrauen ein „alles oder nichts" Phänomen oder gibt es Grade des Vertrauens? | Vertrauen wächst allmählich, Misstrauen beschleunigt. |
| Gefühl, Haltung, oder Verhalten | Ist Vertrauen ein Gefühl, eine Haltung oder ein Verhalten? | Vertrauenshaltungen und Vertrauenshandlungen sind auf komplexe Weise miteinander verknüpft. |
| Schadens-vermeidung oder Wohlwollen | Gibt es ein emotional neutrales Vertrauen? | Vertrauen verstärkt sich selbst in Richtung Wohlwollen. |

Abb. 1: Vertrauensdimensionen

## 2.4 Vertrauen als wechselseitig begründete generalisierte Erwartung

Abschließend will ich nun doch noch eine Definition von Vertrauen vorschlagen. Ich will hierbei auf alle Differenzierungen verzichten, also z.B. nicht nur dann von Vertrauen sprechen, wenn auch Wohlwollen vorliegt und ich will auch nicht zwischen Risikovertrauen und Sicherheitsvertrauen unterscheiden. Die von mir gewählte Vertrauensdefinition ist ganz allgemein und umfasst daher sehr viele Vertrauensphänomene. Die Grundüberlegung, auf die sich die Definition stützt, findet sich im Übrigen in den allermeisten Vertrauensdefinitionen ebenso: Vertrauen gründet auf einer Erwartung. Der Vertrauensgeber geht davon aus, dass sich der Vertrauensempfänger in einer bestimmten Art und Weise verhält, also z.B. eine bestimmte Aufgabe bis zu einem bestimmten Zeitpunkt erledigt. Das Vertrauen richtet sich aber nicht nur auf ein einzelnes ganz konkretes Geschehen, bedeutsamer ist – zumindest innerhalb von etwas längerfristigen Beziehungen – die Verlässlichkeit in unterschiedlichen Situationen und zu unterschiedlichen Zeiten.

Von einer Person, der man vertraut, erwartet man also, dass sie sich in bestimmten Situationen immer so verhält, dass man sich darauf „verlassen" kann. Grundlage des Vertrauens ist demnach eine „generalisierte" Erwartung. Diese Erwartung kann andererseits auch wieder sehr „spezialisiert" sein (etwa wenn man erwartet, dass ein Kollege in Entscheidungsgremien immer genauso abstimmt wie man selbst), muss es aber nicht. Auch Erwartungen, die sich auf weniger genau spezifizierte Größen richten, sind „echte" Erwartungen, die enttäuscht werden können. Erwartungen richten sich – um in unserem Beispiel zu bleiben – also nicht nur auf das konkrete Abstimmungsverhalten, sondern auch auf einen bestimmen Verhaltensstil, z.B. darauf, dass der Kollege die Durchsetzung von bestimmten politischen Positionen unterstützt oder darauf, dass er eine ähnliche politische Linie wie man selbst verfolgt. Dieses allgemeinere Vertrauen ist oft viel wichtiger als das Vertrauen in konkrete Handlungen, aber natürlich nicht ganz unabhängig hiervon.

Die Existenz einer generalisierten Erwartung ist allerdings nicht hinreichend, um von Vertrauen zu sprechen. Zwar hört man oft von seinen Mitmenschen, dieser oder jener habe sie „enttäuscht" und damit ihr Vertrauen verloren. Oft ahnen die Betroffenen aber gar nichts von ihrem „Unglück" und wären, befragte man sie, überrascht, weil sie entweder nichts von der Erwartung wussten, die an sie gerichtet war oder aber, wenn sie sie denn gekannt haben, ihr gar nicht beigepflichtet haben. Wenn also eine Person beispielsweise (vielleicht sogar ganz sicher und fest) erwartet, dass ihr Vorgesetzter sie bei der nächsten Gelegenheit für eine Gehaltsverbesserung vorschlägt, dann hat sie keinen Grund, von einem Vertrauensbruch zu sprechen, wenn der Vorgesetzte diese Erwartung enttäuscht – es sei denn, der Vorgesetzte hat ihr gegenüber eine Zusage gemacht. Vertrauen gründet nicht auf einseitigen Erwartungen, sondern auf einem Versprechen. Dieses muss natürlich nicht in schriftlicher Form vorliegen und es muss nicht einmal ausgesprochen worden sein, es genügt, wenn das Versprechen implizit gemacht wurde, also z.B. durch stillschweigende Duldung oder durch gemeinsame Handlungen, die das Einvernehmen des Partners mit der Erwartung zum Ausdruck bringen. Allerdings gilt auch diesbezüglich noch einmal eine Einschränkung. Es reicht nicht aus, dass einer der Partner seine Auffassung über die Natur des Versprechens plausibel findet und sie – für sich – hinreichend begründen kann, entscheidend ist vielmehr, ob er davon ausgehen kann, dass auch der andere Partner seine Auffassung teilt. Nicht wenn A meint, B habe seine Erwartungen bestätigt, erst wenn darüber hinaus klar ist, dass B weiß, dass A meint, B habe seine Erwartungen bestätigt, wird ein echtes Vertrauensverhältnis begründet. Dabei kommt es, wie gesagt, nicht darauf an, dass man hierüber einen umfangreichen Diskurs führt, normalerweise ergibt sich eine gültige Einschätzung bereits aus den Besonderheiten der Handlungssituation oder eben – häufiger – aus den gemeinsamen Erfahrungen. Es kann also festgehalten werden: Vertrauen ist eine *wechselseitig begründete* generalisierte Erwartung, gleichgültig, worauf diese Erwartung beruht.

## 3 Empirie des Vertrauens

### 3.1 Das Ausmaß des Vertrauens

Die Frage danach, wie sehr Menschen einander „vertrauen", ist nicht einfach zu beantworten. Wie die vorangegangenen Ausführungen gezeigt haben dürften, wird mit dem Wort „Vertrauen" doch sehr Verschiedenes gemeint. Entsprechend schwer vergleichbar sind denn auch die Ergebnisse empirischer Studien, weil sie häufig ein unterschiedliches Begriffsverständnis unterstellen. Dieses Problem wird nicht dadurch geringer, dass man es den Betroffenen überlässt, was sie unter Vertrauen verstehen. Im „General Social Survey" (GSS), das in den USA regelmäßig durchgeführt wird, findet sich beispielsweise die folgende Frage: „Generally speaking, would you say that most people can be trusted or that you can't be too careful in dealing with people?" Den Befragungsergebnissen kann man entnehmen, dass die Mehrheit der erwachsenen Bevölkerung der Vereinigten Staaten eher „misstrauisch" ist, denn nur etwa 40% der Befragten beantworten die genannte Frage positiv.

Im Einzelnen gibt es zwar deutliche Unterschiede zwischen verschiedenen Personengruppen, aber wirklich voll Vertrauen sind wenige. Einfluss auf die Misstrauenshaltung haben u.a. das Alter, die Bildung und der Familienstand. Personen mit besserer Bildung, Ältere und Verheiratete beispielsweise sind weniger misstrauisch als Personen mit schlechterer Bildung, jüngere und unverheiratete Personen. Auch die Religion und die ethnische Zugehörigkeit haben einen deutlichen Einfluss auf das Ausmaß des Vertrauens, das mit der genannten Frage bestimmt werden soll (vgl. Glaeser u.a. 2000). Allerdings muss man mit derartigen Umfrageergebnissen vorsichtig umgehen, denn möglicherweise spiegeln die genannten Ergebnisse gar keine realen Unterschiede wider, sondern sind lediglich Ausfluss eines unterschiedlichen Begriffsverständnisses. Das Wort „Vertrauen" mag beispielsweise für die Angehörigen der älteren Generationen einen anderen Klang besitzen als für die Angehörigen der jüngeren Generationen. Fragt man im Übrigen danach, ob sich die Menschen selbst als vertrauenswürdig einschätzen, dann ist das Ergebnis eindeutig. Nur etwa 7,6% der Befragten äußern (meist kleinere) Zweifel an der eigenen Vertrauenswürdigkeit. Fast logischerweise hat die Selbsteinschätzung auch einen Einfluss auf die Fremdeinschätzung.

Diejenigen Personen, die sich selbst für vertrauenswürdig halten, glauben häufiger, dass man auch anderen Personen vertrauen kann (nämlich 44%) als Personen, die sich selbst nicht als besonders vertrauenswürdig einschätzen (diese glauben nämlich nur zu 17%, man könne anderen Personen überwiegend vertrauen).[3] Mit einem Schuss Sarkasmus kann man daraus den Schluss ziehen, dass wenig vertrauenswürdige Personen offenbar etwas logischer vorgehen, jedenfalls schließen sie konsequenter von sich auf andere.

Eine Einschätzung des Systemvertrauens versuchen Erhebungen der Europäischen Gemeinschaft. Danach geben 62% der Europäer an, Radio und Fernsehen zu vertrauen, der Presse vertrauen dagegen nur 46%. Bemerkenswert ist, dass nur 40% der Befragten (im EU-Durchschnitt) öffentlichen Einrichtungen, den Regierungen, den Parlamenten, Parteien und Behörden vertrauen (Italien 31%, Luxemburg 59%). Deutlich am schlechtesten schneiden von diesen vier Institutionen die Parteien ab (nur 18%). Großen Unternehmen vertrauen 33%, den Gewerkschaften 39% der Bürger (Eurobarometer, Bericht Nr. 56, Brüssel 2002). Um einen Eindruck vom Ausmaß des Vertrauens innerhalb von Unternehmen zu erhalten, sei das Ergebnis einer Untersuchung von Graeff (1997) in einem großen deutschen Unternehmen berichtet. Danach gaben ca. vier Fünftel der Befragten an, dass Sie ihrem Unternehmen Vertrauen entgegenbringen (vgl. Abbildung 2). In einer ähnlichen – also recht hohen – Größenordnung bewegt sich das Vertrauen zum Vorgesetzten. Allerdings kann man die in Abbildung 2 berichteten Ergebnisse auch pessimistisch deuten. Danach werden wirklich gute Noten (also die Bewertungsstufen 5 und 6) lediglich von der Hälfte der Arbeitnehmer vergeben. Und wenn 20% der Arbeitnehmer ihrem Unternehmen und/oder dem Vorgesetzten mit Misstrauen begegnen, dann ist das eigentlich auch kein ermutigender Wert.

| | trifft nicht zu | | | | | trifft zu |
|---|---|---|---|---|---|---|
| | ① | ② | ③ | ④ | ⑤ | ⑥ |
| Ich habe Vertrauen in das Unternehmen. | 4 | 5 | 11 | 33 | 28 | 19 |
| Was mein Vorgesetzter verspricht, hält er auch. | 6 | 6 | 11 | 26 | 27 | 24 |
| Ich kann mich auf meinen Vorgesetzten verlassen. | 6 | 5 | 11 | 26 | 26 | 27 |

Abb. 2: Vertrauen im Unternehmen, Angaben in Prozent, N=1230
  (Quelle: Graeff 1997[4])

## 3.2 Determinanten des Vertrauens

Welche Faktoren sind für das Entstehen von Vertrauen bzw. Misstrauen verantwortlich? Leicht übersehen wird bei der Beantwortung dieser Frage, dass die Vertrauensbildung nicht allein von den Verhaltensweisen der beteiligten Akteure, sondern auch sehr stark von kulturellen und sozialstrukturellen Bedingungen bestimmt wird. Im Verhältnis des einzelnen Mitarbeiters zu seinem Unternehmen spielt beispielsweise die Existenz von bestimmten Institutionen eine Rolle. So gewährleistet die oben bereits erwähnte vertrauensvolle Zusammenarbeit zwischen Unternehmensleitung und Betriebsrat, dass in der Zusammenarbeit der Betriebsparteien bestimmte Regeln eingehalten werden, was sich positiv auf die Erwartungshaltung der Arbeitnehmer auswirken wird. Auch die Gewährung betrieblicher Leistungen (z.B. das Angebot von Förderprogrammen) kann vertrauensfördernd wirken. Als ganz zentral wird in der Literatur herausgestellt, dass das Verhalten der betrieblichen Akteure (also z.B. das Verhalten der Unternehmensleitung) vorhersagbar sein muss, damit Vertrauen überhaupt entstehen kann. Die Vorhersehbarkeit des Verhaltens spielt aber nicht nur im Verhältnis zu Organisationen eine wesentliche Rolle. Die „Berechenbarkeit" des Partners ist insbesondere in Vertragsbeziehungen eine kaum zu überschätzende Größe. Aber auch innerhalb der unmittelbaren zwischenmenschlichen Begegnung ist es wichtig, dass man keine undurchsichtige Figur abgibt. Transparenz und Offenheit sind notwendige Voraussetzungen jeder tiefergehenden Vertrauensbeziehung.

Weitere wichtige Größen sind Fairness im Verhalten, die Reputation des Partners, sein Image, das Kommunikationsverhalten (wozu auch die Fähigkeit zu schweigen gehört), die Kooperationsbereitschaft und das Einfühlungsvermögen der Interaktionspartner und schließlich auch der Zeithorizont, auf den die Beziehung angelegt ist. Ich kann im Folgenden auf diese und die vielen weiteren in der Literatur behandelten Einflussgrößen nicht ausführlich eingehen. Die folgende Darstellung hat daher nur exemplarischen Charakter. Zuerst wird mit der Vertrauenswürdigkeit eine Eigenschaft der Interaktionspartner behandelt. Anschließend werde ich anhand des Merkmals „Bewährung" beispielhaft erläutern, dass Vertrauen ganz wesentlich auch von ganz fundamentalen Charakteristika einer Beziehung geprägt wird. Und schließlich soll noch auf die Bedeutsamkeit des sozialen Umfelds hingewiesen werden. Hierzu werde ich auf soziale Normierungen eingehen, die die Sicherstellung vertrauensorientierten Verhaltens gewährleisten sollen.

### 3.2.1 Vertrauenswürdigkeit

Ganz unzweifelhaft besitzt die Vertrauenswürdigkeit der Interaktionspartner eine ganz zentrale Bedeutung für das Entstehen von Vertrauen und zwar allein schon deswegen, weil man Vertrauen nur demjenigen schenken wird, der es auch „verdient". Nun ist Vertrauenswürdigkeit nur bedingt eine „objektive" Eigenschaft des Vertrauensobjektes; primär ist sie das Produkt der Wahrnehmung des Vertrauensgebers. Es stellt sich daher die Frage, welche Faktoren dazu führen, dass jemandem die Eigenschaft der Vertrauenswürdigkeit zugeschrieben wird. Nach Mayer/Davis/Schoorman (1995) sind hierfür vor allem drei Größen verantwortlich: die Zuschreibung bestimmter Fähigkeiten, das Gefühl, dass es der Partner gut mit einem meint (dass er einem also mit Wohlwollen begegnet) und die Wahrnehmung von Integrität. *Fähigkeiten* definieren gewissermaßen die Mindestvoraussetzungen von Vertrauen. Wenn ein Vorgesetzter verspricht, seine Mitarbeiter zu fördern, wenn er aber keinerlei Macht hat, sie im Konkurrenzkampf gegen andere Nachwuchskräfte aus anderen Abteilungen zu unterstützen, dann werden seine Mitarbeiter seinen Worten kaum Vertrauen schenken. Dage-

131

gen ist erkennbares *Wohlwollen* nicht nur eine Voraussetzung, sondern ein durchaus wichtiger Wirkfaktor, aber näher betrachtet ist Wohlwollen eigentlich kein untrügliches Zeichen von Vertrauenswürdigkeit. Zwar fördert die Demonstration von Wohlwollen die Neigung, dem Partner einen Vertrauensvorschuss zu geben, aber weil das ausgenutzt werden kann, ist auch offenbares Wohlwollen durchaus zwiespältig zu betrachten. Man denke nur an die Sympathietricks sprichwörtlicher Heiratsschwindler und Teppichhändler. Nicht nur gebrannte Kinder und notorisch Misstrauische werden daher nicht so ohne weiteres auf Schmeicheleien und Tricks hereinfallen. Vielmehr achtet man bei der Beurteilung des vermeintlichen Wohlwollens, das einem der Partner entgegenbringt, darauf, ob es als wirklich echt gelten kann.

Zu Einsichten verhelfen hierzu „kritische Ereignisse". Holmes/Rempel (1989) sprechen von „diagnostischen Situationen", in denen es auf Vertrauen ankommt und in denen sich entscheidet, ob der Partner eher seine eigenen Interessen verfolgt oder aber auch die Interessen des Partners bzw. ganz allgemein die Beziehung im Auge behält. Eine positive Diagnose wäre beispielsweise zu stellen, wenn der Partner die Möglichkeit hätte, sich schadlos auf unsere Kosten zu bereichern, tatsächlich aber darauf verzichtet. Menschen achten aber nicht nur auf einzelne Ereignisse, sondern ganz generell darauf, ob der Partner *integer* ist, ob er sich also in seinem Verhalten von moralischen Prinzipien leiten lässt. Auch dies ist nicht immer einfach zu beurteilen und man ist letztlich auf Indizien angewiesen, die trügerisch sein können, weil sie unter Umständen vom Partner bewusst erzeugt werden, um einen guten Eindruck zu machen und um Vertrauen zu gewinnen.

### 3.2.2 Bewährung

Wie die letzten Bemerkungen deutlich machen, hat Vertrauenswürdigkeit „strategische" Bedeutung, weil sie dem Vertrauensempfänger Einfluss gibt und sie steht deswegen in der Gefahr, instrumentalisiert zu werden. Da dies die Interaktionspartner normalerweise wissen, kommt einzelnen Vertrauenshandlungen nur eine begrenzte Wirkung zu. Und aus diesem Grund ist Vertrauen nicht nur ein Interaktions-, sondern ganz zentral auch ein Beziehungsphänomen. Stabiles Vertrauen entsteht nur durch *Bewährung*, also dadurch, dass das in einer Beziehung unterstellte Vertrauen immer wieder bestätigt wird. Auch hierbei kommt es auf das Durchleben von (kritischen) Bewährungslagen an. Wenn man mit seinem Partner gemeinsam Gefahren besteht oder wenn man gemeinsam große Erfolge erringt, dann stärkt dies das wechselseitige Vertrauen sicher in einem erheblichen Maße. Meistens entwickelt sich Vertrauen aber weniger spektakulär. Der Normalfall der Vertrauensbildung ist dadurch gekennzeichnet, dass man schlichtweg positive Erfahrungen miteinander macht, sich gut versteht und reibungslos zusammenarbeitet. In einem gewissermaßen naturwüchsigen Prozess wird es mehr und mehr „selbstverständlich", dass man sich aufeinander verlässt und dass man sich aufeinander verlassen kann. Das Vertrauensthema selbst rückt immer mehr in den Hintergrund – ein untrügliches Zeichen dafür, dass das Vertrauen nicht verschwindet, sondern in jeder Handlung unmittelbar präsent ist.

### 3.2.3 Soziale Normierungen

Vertrauen ist aber nicht nur unmittelbar innerhalb der jeweils betrachteten Interaktionsbeziehung präsent (oder nicht präsent), auf das Vertrauen richten sich auch kulturelle Normierungen. In unserer Kultur besitzen Offenheit, Ehrlichkeit und Zuverlässigkeit eine hohe Wertschätzung. Wer diese Werte missachtet, muss mit sozialer Ächtung rechnen. Da diese Werte wichtige Grundlagen des Vertrauens darstellen, sollte man meinen, dass auch das Vertrauenshandeln selbst durch starke Sanktionen abgesichert wird. Diesbezüglich hat sich allerdings keine allzu strenge soziale Praxis durchgesetzt. Zwar leidet die Vertrauenswürdigkeit eines Menschen, der dem Vertrauen nicht gerecht wird, das in ihn gesetzt wird, Vertrauensbrecher werden aber nicht gebrandmarkt, ausgegrenzt oder sichtbar bestraft. Dies hat verschiedene Gründe, auf die ich hier nicht im Einzelnen eingehen kann. Ich will nur einen wichtigen Grund herausstellen, nämlich die schädliche Wirkung, die sich aus einer übergroßen Vertrauenserwartung ergeben kann. Die Forderung, ständig in aller Offenheit miteinander umzugehen und jedes Versprechen mit letzter Hingabe zu erfüllen, ist schlichtweg eine Überforderung. Vertrauensnormierung im Sinne der Erwartung, dass die Partner alle Beweggründe ihres Verhaltens offen legen, sie sich dem Partner rückhaltlos anvertrauen und auch ständig bereit sind, sich dem Partner zu widmen, wenn dieser den Wunsch nach einer Gemeinschaft verspürt, kann im Alltagsvollzug leicht zu „Vertrauensterror" führen. Wenn man Vertrauen zeigen *muss,* gedeihen unausweichlich Lüge und Heuchelei; man gerät unter einen als unbillig empfundenen Rechtfertigungszwang und wird dazu getrieben, sich von seinem Partner abzuwenden, um den übergroßen Verhaltensanforderungen auszuweichen. Im Ergebnis ergibt sich das genaue Gegenteil dessen, was das Vertrauen eigentlich ausmacht. Vertrauen ist – wie viele andere soziale Erscheinungen auch – ein durchaus widersprüchliches Phänomen, das nach einem klugen Umgang verlangt. So wie auf der individuellen Ebene zuviel und zuwenig Vertrauen gleichermaßen misslich sind, ist auf der sozialen Ebene ein großer Vertrauensdruck genauso schädlich wie eine geringe Wertschätzung des Vertrauens.

### 3.3 Theorien des Vertrauens

Eine Theorie des Vertrauens im Sinne eines logisch geschlossenen Aussagensystems, das in seinem Kern bewährte „Vertrauensgesetze" enthält, gibt es nicht. Was man findet, sind „Modelle" des Vertrauens. Damit sind mehr oder weniger lose aufeinander bezogene Auflistungen von Determinanten des Vertrauens gemeint, deren innerer Zusammenhang mehr oder weniger plausibel erläutert wird. Ein Beispiel ist das bereits oben erwähnte Modell von Mayer/Davis/Schoorman (1995). Ein anderes Beispiel ist das Modell von Elanvovan/Shapiro (1998), das die Vertrauensproblematik von ihrer unfreundlichen Seite, von der des Vertrauensbruches her, betrachtet. Danach resultiert ein Vertrauensbruch aus einer mehr oder weniger systematischen Abwägung der Konsequenzen, die aus einer vertrauenskonformen oder aber aus einer vertrauenswidrigen Handlung entstehen. Gewählt wird die Handlungsalternative, die den größeren Nettonutzen verspricht. Auf die einzelnen Determinanten dieses Modells (u.a. Wohlwollen, soziale Distanz, Motivation zum Betrug) kann an dieser Stelle leider nicht näher eingegangen werden. Festgehalten sei lediglich, dass auch Modellbetrachtungen ohne eine theoretische Argumentation nicht auskommen (im vorliegenden Fall werden – wie angeführt – vor allem entscheidungstheoretische Überlegungen angestellt). Das bedeutet nun aber nicht, dass man eine ganz spezielle „Vertrauenstheorie" braucht, um das Vertrauensphänomen erklären zu können. Man kann auch allgemeine Verhaltenstheorien „benutzen", um das Entstehen von Vertrauen bzw. Misstrauen zu erklären. Dabei zeigt sich, was bereits auch in Abschnitt 2 deutlich geworden ist: Je nachdem, aus welcher theoretischen Perspektive man das Vertrauen betrachtet, zeigt es sich in einem anderen Licht und gewinnt eine jeweils eigene Bedeutung. Dies sei an zwei Beispielen, der Anreiz-Beitrags-Theorie und der Theorie der sozialen Identität, illustriert.

Die *Anreiz-Beitrags-Theorie* (March/Simon 1958) ist eine Austauschtheorie und trägt damit dem Tatbestand Rechnung, dass soziales Verhalten immer wechselseitig aufeinander bezogenes Interaktionsverhalten ist. Dessen ungeachtet geht sie von der Vorstellung aus, Menschen orientierten sich primär an ihrem Eigeninteresse. Vertrauen zu haben, ist aus dieser Perspektive gesehen schlichtweg riskant. Man wird dieses Risiko nur eingehen, wenn man gute Gründe hat, dem Partner zu vertrauen, oder in der Sprache der Anreiz-Beitrags-Theorie, ihm „Kredit" zu gewähren. Der Kredit, den man einer anderen Person einräumt, zeigt sich vor allem darin, dass man nicht sofort die Beziehung abbricht, wenn der Partner einmal keine befriedigende (Gegen-) Leistung erbracht hat. Und dies ist ja durchaus der Normalfall. Wenn man jede Beziehung beenden würde, in der der Partner, aus welchen Gründen auch immer (Leistungsschwankungen, Vergesslichkeit, falsche Einschätzung der Situation usw.), einmal nicht das erwünschte Verhalten zeigt, dann gäbe es sehr schnell überhaupt keine Beziehungen mehr. Aus diesem Blickwinkel ist Kredit (oder „Vertrauen") etwas durchaus Alltägliches und es lässt sich auch leicht erklären, unter welchen Umständen man jemandem kein Vertrauen (mehr) schenkt. Wer keine „Sicherheiten" bietet, wer mehrfach seinen Kredit überzieht, wer den Eindruck erweckt, er könne den gewährten Kredit nicht wieder ausgleichen, der wird künftighin keinen Kredit (kein Vertrauen) mehr erhalten. Vertrauen ist – wie man sieht – in der Anreiz-Beitrags-Theorie ein rationaler, ein kühler Begriff. Er impliziert u.a., dass Menschen nicht blind vertrauen, sie verzichten – ganz im Gegensatz zum landläufigen Verständnis – auch dann nicht auf Kontrolle, wenn sie jemandem vertrauen.

Im Lichte der *Theorie der sozialen Identität* (Tajfel 1982b) stellt sich Vertrauensthematik gänzlich anders dar. Herausgestellt wird in dieser Theorie das Bedürfnis der Menschen nach einer positiven sozialen Identität. Die Zugehörigkeit zu einer sozialen Gruppe erschöpft sich danach nicht in dem Wunsch, konkrete Nutzenvorteile zu erzielen, die soziale Zugehörigkeit ist vielmehr Bestandteil des eigenen Selbstverständnisses und damit auch eine wichtige Quelle des Selbstwertgefühls. Menschen sind daher darum bemüht, die eigene Gruppe in einem möglichst positiven Licht zu sehen. Das gelingt am leichtesten durch eine Abgrenzung gegenüber („weniger wertvollen") Fremdgruppen. Daran orientiert sich auch die Vertrauensbereitschaft. Es fällt leichter, sich mit den Mitgliedern der eigenen Gruppe zu identifizieren als mit Mitgliedern von Fremdgruppen und man wird ihnen daher auch leichter vertrauen. Gegenüber den Mitgliedern von Fremdgruppen sind dagegen z.T. erhebliche Vorbehalte zu überwinden. Ein unhinterfragtes Vertrauen kann hier eigentlich nicht entstehen, weil damit ja auch die soziale Abgrenzung hinfällig würde, eine Abgrenzung, die zur Gewährleistung der sozialen Identität gebraucht wird. Gegenüber Personen, die von der eigenen Gruppe als „Fremde" definiert werden, wird aus diesem Grund allenfalls ein kalkulatives Vertrauen entstehen. Im andern Fall, also gegenüber Personen, die zur eigenen Gruppe gehören, existiert gewissermaßen ein Vertrauensvorschuss. Kommt es dann tatsächlich zu Vertrauenshandlungen, dann stärkt dies das Gruppenbewusstsein und fördert damit zusätzlich auch noch das Selbstwertgefühl. Zusammenfassend lässt sich also festhalten, dass der Vertrauensbegriff im Lichte verschiedener Theorien einen sehr unterschiedlichen Bedeutungsgehalt gewinnen kann. Für die Anreiz-Beitrags-Theorie ist das Schenken von Vertrauen nicht mehr und nicht weniger als ein nüchterner Akt der Kreditvergabe, für die soziale Identitätstheorie ist es dagegen primär ein Akt der Selbstvergewisserung.

## 4 Schlussbemerkungen

Von Karl Valentin ist der Satz überliefert: „Sicher is', dass nix sicher is', drum bin i' vorsichtshalber misstrauisch." Er hat wohl Recht. Aber seine Schlussfolgerung muss man nicht teilen. Also soll man seiner Mitwelt lieber vertrauensvoll entgegentreten? Eisenring fragt Biedermann: „Sie trauen uns nicht?" Biedermann weicht aus: „Ich frag ja nur." Biedermann will nicht misstrauisch sein. Am liebsten wäre ihm wohl, Eisenring versicherte ihm, er könne ihm voll und ganz vertrauen. Diesen Gefallen tut er ihm aber nicht. Das entspräche auch nicht der Vertrauenslogik. Jemandem zu vertrauen ist eine ganz persönliche Entscheidung, die man nicht delegieren kann und schon gar nicht an den, dem man vertrauen will oder soll. Vertrauenshandlungen sind unvermeidlich einseitig, riskant und nicht selten ambivalent. Und sie sperren sich gegen Berechnung. Aber sind sie deswegen notwendigerweise blind? Biedermann will an das Gute im Menschen glauben, er unterdrückt sein aufkeimendes Misstrauen, er verschließt die Augen vor der Realität – eine denkbar schlechte Ausgangslage für die Entwicklung von Vertrauen. Denn Vertrauen basiert nicht auf Blindheit, sondern auf Realismus. Dazu gehört einerseits die Einsicht, dass Vertrauen ausgenutzt werden kann und andererseits auch die Einsicht, dass es sich normalerweise lohnt, seinen Mitmenschen zu vertrauen, selbst wenn sie uns hin und wieder enttäuschen. Und außerdem folgt aus der Unmöglichkeit, Enttäuschungssicherheit zu erhalten, nicht, dass es überhaupt keine Möglichkeiten gibt, sich ein Bild von der Vertrauenswürdigkeit eines Partners zu machen. Was ist also vom Valentinschen Rat zu halten? Er ist schlecht, denn er bietet keine wirkliche Alternative: Wer könnte sich denn wirklich ernsthaft darauf einlassen, ständig auf der Hut (z.B. auch vor seinen Freunden) sein zu wollen? Allerdings und zu guter Letzt: auch die Biedermannsche Einstellung – die Auffassung, dass man doch niemandem etwas Böses unterstellen dürfe – ist inakzeptabel. Sie ist zwar bequem und liefert ein gutes Gewissen, sie ist aber gleichermaßen auch verlogen und feige.

# 5 Empfohlene Literatur

## Basisliteratur

Gabarro, J.J. 1978: The Development of Trust, Influence, and Expectation, in: Athos, A.G./Gabarro, J.J. (Hrsg.): Interpersonal Behavior, Englewood Cliffs, S. 290–303.
*Gabarro beschreibt auf der Basis von Fallbeobachtungen wichtige Teilaspekte in der Entwicklung von Vertrauen zwischen Vorgesetzten und ihren Mitarbeitern.*

## Weiterführende Literatur

Hartmann, M./Offe, C. 2001 (Hrsg.): Vertrauen, Frankfurt a.M./New York.
*Dieser Sammelband enthält Aufsätze zum Vertrauen aus philosophischer, soziologischer und politologischer Sicht.*
Laucken, U. 2001: Zwischenmenschliches Vertrauen, Oldenburg.
*Laucken beschreibt zahlreiche interessante Vertrauensphänomene. Er lokalisiert deren Ursachen in den Alltagstheorien der Akteure.*
Kramer, R.M. 2001: Organizational Paranoia, in: Staw, B.M./Sutton, R.I. (Hrsg.): Research in Organizational Behavior, 23, S. 1-42.
*Der Aufsatz von Kramer beschreibt extreme Formen des Misstrauens in Organisationen sowie mögliche Ursachen wie soziale Unsicherheit, übertriebene Sensibilität und eine inadäquate „mentale Buchführung".*

## Übersichtsdarstellungen

Kramer, R.M./Tyler, T.R. (Hrsg.): Trust in Organizations, Thousand Oaks u.a.
*Überblick über eine ganze Reihe von Fragestellungen und theoretischen Ansätzen zum Vertrauen in Organisationen.*
Dirks, K.T./Ferrin, D.L. 2001: The Role of Trust in Organizational Settings, in: Organization Science, 12, S. 450–467.
*Die Autoren geben einen Überblick über empirische Studien, die in den letzten 40 Jahren durchgeführt wurden und berichten über deren wichtigste Ergebnisse.*

## Exemplarische Forschungsarbeiten

Aryee, S./Budhwar, P.S./Chen, Z.X. 2002: Trust as a Mediator of the Relationship Between Organizational Justice and Work Outcomes, in: Journal of Organizational Behavior, 23, S. 267–285.
*Die Studie zeigt exemplarisch die Stärken und Schwächen auf, die quantitative Feldstudien haben können. Positiv zu beurteilen ist insbesondere die austauschtheoretische Einbettung der empirischen Analyse. Danach ist die wahrgenommene Fairness von entscheidender Bedeutung für die Entwicklung von Vertrauen und das hieraus resultierende Arbeitsverhalten (u.a. Zufriedenheit, Fluktuationsneigung, Leistungsverhalten, Organizational Citizenship Behaviour). Ein wesentliches Ergebnis der Studie ist, dass es sinnvoll erscheint, Fairness-Vertrauens-Beziehungen auf der Organisationsebene von der Fairness-Vertrauens-Beziehung auf der interaktiven Ebene zwischen Vorgesetzten und Mitarbeitern zu unterscheiden. Die Grenzen der Studie liegen in den Möglichkeiten zur Verallgemeinerung. Die Stichprobe (179 meist männliche Mitarbeiter des öffentlichen*

*Dienstes in Indien) ist sehr speziell. So lässt sich z.b. einwenden, der betrachtete Beschäftigungsbereich sei mit seiner hohen Arbeitsplatzsicherheit wenig typisch. Außerdem unterstellt das empirische Modell Kausalbeziehungen (also Veränderungen in der Zeit), die mit einer einmaligen Datenerhebung nicht – jedenfalls nicht direkt – geprüft werden können. Schließlich ist zwar sehr positiv hervorzuheben, dass die Studie mit bewährten Messinstrumenten arbeitet, diese aber nur begrenzt die tatsächlich interessierenden Größen abbilden, weil sie sich ausschließlich auf subjektive Einschätzungen der befragten Arbeitnehmer stützen.*

## Messinstrumente

Skalen zur Messung einer allgemeinen Einstellung zur Vertrauenswürdigkeit sind die „Faith in People Scale" von Rosenberg (12 Items) und die „Interpersonal Trust Scale" (25 Items) von Rotter, vgl. Rosenberg, M. 1957: Occupations and Values, Glencoe und Rotter, J.B. 1971: Generalized Expectancies for Interpersonal Trust, in: American Psychologist, 26, S. 443–452.

*Während diese Skalen eher eine allgemeine Bereitschaft, andern zu vertrauen, wiedergeben, befassen sich andere Skalen mit der Beurteilung spezifischer Beziehungen. Meistens werden hierbei enge persönliche Beziehungen betrachtet, vgl. z.B. Johnson-George, C./Swap, W.C. 1982: Measurement of Specific Interpersonal Trust, in: Journal of Personality and Social Psychology, 43, S. 1306–1317.*

Standardinstrumente zum Vertrauen in Organisationen, die in empirischen Studien regelmäßig Verwendung finden, gibt es bislang nicht. Die verwendeten Skalen sind meist nur für die jeweilige Studie konzipiert und nicht immer von bester Qualität. Zu einem Versuch, eine allgemein verwendbare Skala zu entwickeln vgl. Cook, J./Wall, T. 1980: New Work Attitude Measures of Trust, Organizational Commitment and Personal Need Non-Fulfilment, in: Journal of Occupational Psychology, 53, S. 39-52, zur Verwendung von Vertrauensitems in einer konkreten Studie vgl. Clark, M.C./Payne, R.L. 1997: The Nature and Structure of Workers' Trust in Management, in: Journal of Organizational Behavior, 18, S. 205–224.

## Anmerkungen

[1] Als Prototyp der geschilderten Kooperationssituation gilt das sogenannte Gefangenendilemma. Es ist Gegenstand zahlreicher logischer als auch empirischer Studien, auf die hier nur verwiesen werden soll, vgl. u.a. Axelrod 1996, Martin 2001b.

[2] Daneben behandelt Laucken außerdem noch das Kommunionsvertrauen. „Kommunionsvertrauen herrscht zwischen Menschen, die bereit sind, eine Gemeinschaft ... zu bilden, in der sie einander ... umfassend als ganze Personen vertrauen." (Laucken 2001, S. 270) Laucken verfolgt im Übrigen bei der Untersuchung des Vertrauens einen interessanten „sozialsemantischen" Ansatz, der von der Überlegung getragen ist, dass Vertrauenshandeln auf dem sprachlichen Verständnis der Beteiligten beruht. Die Sprachverwendung erzeugt gewissermaßen das, was als Vertrauen zu gelten hat. Hierauf kann an dieser Stelle nicht näher eingegangen werden.

[3] Eigene Auswertung. Unter der Adresse www.icpsr.umich.edu/GSS erhält man Zugriff auf die GSS-Datenbank und kann eigenständig Auswertungen vornehmen.

[4] Die konkreten Angaben wurden mir vom Verfasser persönlich mitgeteilt.

# Macht

*Werner Nienhüser*

*„[D]er Fundamentalbegriff in der Gesellschaftswissenschaft (heißt) Macht .. im gleichen Sinne, in dem die Energie den Fundamentalbegriff in der Physik darstellt. Wie die Energie hat die Macht viele Formen ...“ (Russell 1973, S. 10).*
*„Die Neue Goldene Regel: 'Wer das Gold besitzt, macht die Regeln'“ (Pfeffer 1981a, S. 101).[1]*
*„Die Neue Goldene Regel Nr. 2: Wer die Regeln macht, bekommt das Gold“ (Werner Nienhüser).*
*„Wenn Sie nicht wissen, was Macht ist, dann sollten Sie vielleicht ein anderes Buch lesen“ (Mintzberg 1983, S. 1).*

## 1 Einleitung

Selbst wenn wir den Begriff der Macht nicht ausdrücklich benutzen, greifen wir doch häufig im Alltagsdenken auf Machtvorstellungen zurück, um Verhalten zu erklären. Vor allem erklären wir uns damit Verhalten, von dem wir meinen, dass es „gegen den eigenen Willen" zustande kam. Wir sagen dann z.B.: „Sie hat es getan, weil ihr Vorgesetzter es so angeordnet hat, freiwillig hätte sie es nicht getan", „Er musste den Befehl ausführen, sonst wäre er bestraft worden". Wenn wir so argumentieren, betrachten wir die Anordnungen und Befehle des Vorgesetzten und die bei Nichtbefolgung zu erwartenden negativen Sanktionen als Ausdruck von Macht. Was heißt aber „gegen den eigenen Willen"? Und kann nicht auch dann Macht wirksam gewesen sein, wenn jemand freiwillig, also nicht gegen den eigenen Willen, gehandelt hat? Könnte man nicht sogar sagen: Macht drückt sich auch – vielleicht sogar vor allem – darin aus, dass jemand dazu gebracht wird, das zu *wollen*, was er *soll*? Ist nicht Macht umso „mächtiger", je weniger Befehle und negative Sanktionen zur Verhaltensbeeinflussung notwendig sind?
In unserem alltäglichen Bemühen um eine Erklärung, um ein Verstehen des Verhaltens anderer würden wir dann z.B. sagen: „Er will befördert werden, daher redet er seiner Vorgesetzten oft nach dem Munde"; „Sie ist ja schon ein Abbild ihrer Chefin, kein Wunder, dass sie sich so verhält", „Er denkt schon wie ein Unternehmer, deswegen nimmt er seine Rechte als Arbeitnehmer gar nicht mehr wahr und verhält sich unsolidarisch gegenüber seinen Kollegen" usw. Hier geht es nicht nur um Anordnungen, Befehle und negative Sanktionen, sondern um Belohnungen (z.B. in Form einer Beförderung), aber auch um die Beeinflussung des Fühlens und Denkens. Ist aber bei den Prozessen, die mit Hilfe der Beispiele verdeutlicht werden sollten, tatsächlich Macht im Spiel? Und müssen wir überhaupt machttheoretische Überlegungen bemühen? Was unterscheidet machttheoretische Erklärungen von anderen, wo liegen die Parallelen? Wir werden sehen, dass eine Machtperspektive zunächst nur eine spezifische Sichtweise darstellt, der ganz unterschiedliche Annahmen über menschliches Verhalten zugrunde liegen können. Das Besondere einer Machtperspektive besteht vor allem darin, dass sie *soziale Verhältnisse* in den Blick rückt. Was im einzelnen Menschen vor sich geht, ist aus dieser Sicht weniger relevant. Diese Besonderheit ist erläuterungs-

bedürftig – aber gehen wir Schritt für Schritt vor. Betrachten wir zunächst ein Beispiel aus dem Bereich der Mitarbeiterführung in einem Unternehmen: Warum befolgt, sagen wir, Herr Meier die Anweisung seines Vorgesetzten (den wir Vormann nennen wollen), eine ihm nicht so angenehme Arbeitsaufgabe X zu übernehmen und Arbeitsaufgabe Y, die Meier sehr viel mehr schätzt, aufzugeben?

In Anlehnung an Überlegungen des Soziologen Amitai Etzioni (1961) kann man das „Gehorchen" von Menschen auf dreierlei Art und Weise erklären: Menschen orientieren sich an Nutzenüberlegungen, sie folgen Normen (z.B. gesellschaftlich akzeptierten Wertvorstellungen) oder sie werden zu einem bestimmten Verhalten gezwungen. Diese drei Antworten schließen sich nicht aus, es kann durchaus sein, dass Meier sich so verhält, weil alle drei Ursachen wirksam werden.[2] Wenn wir nun annehmen, dass *Nutzenüberlegungen* die wichtigste Ursache sind, dann erklären wir Meiers Verhalten so: Der Nutzen, Arbeit X zu übernehmen und Y aufzugeben, ist größer als der Nutzen, Arbeit X nicht zu übernehmen und weiterhin Y zu erledigen. Weiter müssen wir fragen: Da ja *vor* der Anweisung von Vormann der Nutzen von X kleiner als der Nutzen von Y war ($N(X) < N(Y)$), wieso ist dies *nach* der Anweisung umgekehrt ($N(X) > N(Y)$)? Vielleicht deshalb, weil Vormann Meier eine Prämie für den Fall verspricht, dass er X übernimmt. Würde nun jemand, der eine Machtperspektive vertritt – kurz: ein Machttheoretiker – diesem Erklärungsversuch widersprechen? Nein, nicht unbedingt. Es gibt eine machttheoretische Perspektive, die unterstellt, dass sich menschliches Verhalten durch Nutzenüberlegungen erklären lässt.

Aus dieser Perspektive würde man davon ausgehen, dass zwar die Entscheidung des Untergebenen Meier auf Nutzenüberlegungen beruht, die Kalkulation von Meier aber dadurch beeinflusst wird, dass der Vorgesetzte Vormann mächtiger ist als Meier. Denn der Vorgesetzte kann seinen Untergebenen belohnen, ihn vielleicht sogar bestrafen; er entscheidet über seinen Aufstieg, er kann, für den Fall, dass Meier die Aufgabe nicht übernimmt, arbeitsrechtliche Konsequenzen bis hin zur Entlassung androhen usw. Aus dieser machttheoretischen Perspektive wird also nicht ohne weiteres von zwei gleich starken Verhandlungspartnern mit gleicher Ressourcenausstattung ausgegangen. Vielmehr wird die Ungleichheit des Tauschverhältnisses berücksichtigt. Dabei wird nicht unterstellt, dass der Untergebene vollständig machtlos ist: Es können durchaus Möglichkeiten für den Untergebenen bestehen, seinen Vorgesetzten zu belohnen und zu bestrafen, im Regelfall wird er aber über ein geringeres Sanktionspotenzial verfügen. Machttheorie interessiert sich also dafür, wie die Machtverteilung die – in diesem Fall nutzentheoretisch begründete – Entscheidungen der Menschen beeinflusst.

Kommen wir zu unserer zweiten Möglichkeit, das Verhalten von Meier zu erklären: zur Erklärung über *Normen.*

Wenn wir davon ausgehen, dass die Befolgung von Normen für das Verhalten von Meier verantwortlich ist, dann werden wir den „Fall" so aufklären: Wir könnten annehmen (und später überprüfen, ob unsere Annahmen mit der Realität übereinstimmen), dass sich Meier an einer Norm orientiert, die lautet: „Vorgesetzten muss man gehorchen." Die Befolgung der Norm beruht evtl. darauf, dass es Meier massiven Stress bereiten würde, von dieser Norm abzuweichen. Um diesen Stress zu vermeiden, befolgt er die Anweisung seines Vorgesetzten und übernimmt lieber Aufgabe X, obwohl sie unangenehmer ist als Aufgabe Y. Aus einer Machtperspektive wäre hier zu fragen: Woher kommen Normen wie „Vorgesetzten muss man gehorchen"? Verfügen Gruppen, die Vorgesetzte einsetzen, über die Macht, die Geltung solcher Normen durchzusetzen, die ihnen mehr nutzen als den Untergebenen? Jedenfalls haben Vorgesetzte – ob ihnen dies bewusst ist oder nicht – gesellschaftliche Normen auf ihrer Seite, die ihnen die Personalführung erleichtern und insofern ein Machtpotenzial darstellen. Wie sieht nun die dritte, auf die Ursache „Zwang" zurückgreifende Erklärung aus? Beispielsweise könnte der Vorgesetzte Vormann dem Untergebenen Meier Bestrafungen angedroht haben (zum Begriff der Drohung Paris/Sofsky 1987), falls dieser die Anweisung nicht befolgt. Zwar ließe sich dies auch nutzentheoretisch deuten: Vormann verteuert durch seine Sanktionsdrohung die Alternative, Aufgabe X abzulehnen. Von Zwang werden wir hier aber dennoch und vor allem dann sprechen wollen, wenn für Meier die Kosten der Gehorsamsverweigerung sehr hoch sind, wenn Meier auf Grund seiner Arbeitsverweigerung z.B. entlassen und arbeitslos würde oder mit Schikanen zu rechnen hätte.

Mit dieser Erklärung würde sich ein Machttheoretiker sofort anfreunden können: Zwang ist für ihn eine besonders gravierende Form der Machtausübung. Wenn man mit Zwang argumentiert, ist klar, dass es eben nicht (nur) um individuelle Nutzenüberlegungen geht, sondern um eine soziale Beziehung: Ein Mensch zwingt einen anderen. Aus einer Machtperspektive würde man fragen: Worauf beruhen die Möglichkeiten für Vormann, Meier zu zwingen? Wie sind die „Zwangsmittel" verteilt? Halten wir fest: Eine machttheoretische Perspektive ist mit sehr unterschiedlichen Erklärungsmechanismen vereinbar, nicht nur mit Zwang, sondern z.B. auch mit dem Streben nach Nutzenmehrung oder Normbefolgung. Machttheoretiker interessieren sich zwar einerseits für die Mechanismen, die das Verhalten des Einzelnen leiten (Nutzen, Normen, etc.), sie stellen andererseits aber vor allem die sozialen Verhältnisse in den Vordergrund: die Bedingungen und Verteilung der Möglichkeiten eines Akteurs A, das Verhalten und Denken eines anderen Akteurs B beeinflussen zu können. Darüber hinaus fragen sie nach dem Zustandekommen und nach den Wirkungen von unterschiedlichen Machtgrundlagen und -verteilungen. Nun beantwortet nicht jede Machttheorie das gesamte Spektrum machtrelevanter Fragen. Zudem unterscheiden sich die Theorien in ihren Antworten auf dieselben Fragen. Es gibt z.B. völlig unterschiedliche Auffassungen darüber, was unter Macht zu verstehen ist und warum und wie Macht wirksam wird.

Im Folgenden werden drei unterschiedliche theoretische Perspektiven behandelt. Stellen wir sie im Vorgriff kurz vor: Nach der *austauschtheoretisch begründeten Machttheorie* von *Emerson* hat A viel Macht über B, wenn B von A abhängig ist. Dies ist der Fall, wenn A zum einen über Ressourcen verfügt, die B unbedingt will, aber nirgendwo anders bekommen kann, und wenn A zum anderen nur wenige Ressourcen von B braucht. Hier schließt sich die Frage an, was denn Ressourcen sein können, die eine Machtgrundlage bilden. Antworten hierauf gibt die zweite hier behandelte Perspektive: die *Machtbasen-Theorie* von *French/Raven* (1959), deren Gewinn darin besteht, die wichtigsten Machtressourcen zu ordnen und die zudem relevante theoretische Elemente beinhaltet, die über eine austauschtheoretische Sicht hinausgehen. Im nächsten Schritt wird ein dritter, gänzlich anderer Zugang zum Phänomen der Macht skizziert: Dabei rückt der Gedanke in den Vordergrund, dass Macht weitgehend hinter unserem Rücken, für den Einzelnen oft kaum erkennbar, wirkt und unbemerkt unser Denken, Fühlen und damit unser Handeln beeinflusst. Diese Idee durchzieht den *machttheoretischen Ansatz des französischen Sozialphilosophen Michel Foucault*. In meiner Darstellung der drei Perspektiven werde ich zunächst auf den jeweiligen Machtbegriff und die Machtgrundlagen eingehen. Darüber hinaus werden die der jeweiligen Perspektive zugrunde liegenden Vorstellungen über individuelles Handeln und über das Zusammenwirken der Akteure herausgearbeitet, weil nur so zu begründen ist, warum bestimmte Machtgrundlagen wirksam werden. So mag die Uniform eines Polizisten eine Machtgrundlage sein, aber warum, über welche Mechanismen, wird diese Macht wirksam? Vor der Darstellung der drei Perspektiven werde ich jedoch zunächst einen ausgewählten *Machtbegriff* diskutieren, um zu klären, was gemeint ist, wenn man über Macht spricht.

## 2 Statt vieler ein einziger Machtbegriff – Oder: Wer nicht weiß, was Macht ist, sollte nicht weiterlesen!

Wir haben wohl alle eine intuitive Vorstellung davon, was „Macht" ist – eine Vorstellung, die uns ermöglicht, Macht zu erkennen, unser Handeln auf „Mächtige" auszurichten und mit anderen über „Macht" und über „Mächtige" zu sprechen. Etymologische Wörterbücher geben die historische Entwicklung der sprachlichen Repräsentation solcher Vorstellungen wieder. Danach geht der Begriff Macht auf das aus dem 8. Jahrhundert stammende, althochdeutsche *maht* zurück und bezeichnete ursprünglich „Vermögen, Körperkraft, Anstrengung, Gewalt, Vollmacht", aber auch „Menge, Fülle" (Pfeifer 1993, S. 821). So sehr intuitiv klar sein mag, was Macht ist, so schwierig ist es, eine breit akzeptierte, vor allem aber theoretisch begründbare Definition zu entwickeln. Dieses Spannungsverhältnis formuliert Henry Mintzberg in seinem Buch „Power in and around Organizations" in dem Satz: „Wenn Sie nicht wissen, was Macht ist, dann sollten Sie vielleicht ein anderes Buch lesen" (Mintzberg 1983, S. 1).

Pfeffer (1981a, S. 9) stellte bei einer empirischen Untersuchung zu den Bestimmungsgründen von Macht an Universitäten fest, dass die meisten Interviewpartner keine Probleme hatten, den Begriff der Macht zu verstehen. Den wenigen, die um eine Begriffsklärung baten, reichte es völlig aus, wenn man ihnen sagte, dass Macht mit Einfluss gleichzusetzen sei. Für die alltägliche Kommunikation mag es also gar nicht notwendig sein, eine weitergehende Definition als „Macht ist Einfluss" zu geben. Dies ist nicht verwunderlich. Schließlich kommen wir auch mit anderen, mindestens ebenso gehaltvollen Begriffen wie z.B. „Freundschaft", „Liebe", „Zeit" usw. gut zurecht, ohne dass wir eine explizite Definition benötigen. Anders als im Alltagsleben sind Definitionen für die Wissenschaft jedoch gerade deshalb sinnvoll, *weil* sie die Kommunikation *stören*: Wenn wir klarmachen müssen, was wir unter einem Begriff verstehen, nehmen wir dem Wort und den mit ihm assoziierten Vorstellungen ihre Selbstverständlichkeit. Wir werden dann gezwungen, uns und dem Gesprächspartner klarzumachen, welche theoretischen Vorstellungen unsere Begriffsverwendung leiten. Der Kern der meisten Definitionen von Macht besteht tatsächlich darin, dass Macht irgendeine Art der Beeinflussung von Menschen darstellt (vgl. zu Übersichten über Definitionen Neuberger 1995, S. 52-54; Crott 1994; Sandner 1990; Krüger 1976; s.a. Clegg/Hardy 1996; zu Analysen des Machtbegriffs Holm 1969; Zelger 1972; March 1990). Bereits die einfache Gleichsetzung von Macht = Einfluss schließt vieles aus, was andere vielleicht in ihrer Vorstellung von Macht nicht ausgeschlossen wissen wollen.

Im Folgenden werde ich nicht den Versuch unternehmen, einen Überblick über das gesamte Spektrum von Machtdefinitionen zu geben. Vielmehr will ich eine ausgewählte Definition näher analysieren – die des Soziologen Max Weber: *„Macht bedeutet jede Chance, innerhalb einer sozialen Beziehung den eigenen Willen auch gegen Widerstreben durchzusetzen, gleichviel worauf diese Chance beruht"* (Weber 1980, S. 28). Diese Begriffsbestimmung gehört zu Recht zu den am häufigsten zitierten, denn jedes ihrer Elemente grenzt auf sinnvolle Weise aus, klärt und erlaubt Anschluss an Machttheorien, das heißt an allgemeinere Aussagen über das Zustandekommen und das Wirken von Macht. Erstens bezeichnet der Begriff *potenzielle Macht*. Weber spricht von „Chance", also der Möglichkeit, Macht auszuüben, nicht davon, sie auch tatsächlich zu nutzen. Man muss also zwischen potenzieller und aktualisierter Macht trennen. Zweitens setzt die Vorstellung von Max Weber voraus, dass eine *soziale Beziehung* besteht. Mit einer sozialen Beziehung meint Weber ein aufeinander bezogenes, an einem gemeinsamen Sinn orientiertes Verhalten, etwa in Form der Ehe, der Freundschaft, der Feindschaft oder des Tausches auf einem Wochenmarkt (Weber 1980, S. 13). Es ist also nach *dieser* Definition ausgeschlossen, dass jemand Macht über einen anderen hat, mit dem er nicht in einer sozialen Beziehung steht. Es gibt aber durchaus Machtbegriffe, die diese Annahme nicht beinhalten. Michel Foucault etwa, auf dessen Ansatz später näher eingegangen wird, begreift Macht als etwas, was weit über einzelne soziale Beziehungen hinausgeht. Drittens setzt die Definition von Weber am *„eigenen Willen" des Machtausübenden* an. Dieses Definitionselement ist nicht so zu interpretieren, dass Macht immer nur gewollte Folgen hat und bewusst ausgeübt wird. Zum Beispiel beeinflusst ein Vorgesetzter allein durch seine Anwesenheit das Verhalten der Mitarbeiter (ähnlich French/Raven 1959, S. 260). Möglicherweise verkürzen sie ihre Kaffeepause, wenn sie wissen, dass ihr Vorgesetzter ihr Verhalten beobachten kann. Diese Folge der Macht des Vorgesetzten mag seinem Willen entsprechen, aber dies muss nicht für alle Folgen gelten: Die Mitarbeiter führen möglicherweise ein arbeitsbezogenes Gespräch nicht zu Ende, das auch für den Vorgesetzten wichtige Probleme hätte lösen können.

Daher ist auch die Definition von Russell (1973, S. 29) wenig sinnvoll, er sagt: „Macht kann als das Hervorbringen beabsichtigter Wirkungen definiert werden". Zu ergänzen wäre, dass Macht notwendig die Möglichkeit der Erzeugung beabsichtigter Wirkungen beinhaltet, sich aber nicht darauf reduziert. Den eigenen Willen durchsetzen heißt auch nicht, dass Macht bzw. ihre Ausübung dem „Machthaber" immer bewusst sein müssen. Das Erscheinen des Vorgesetzten wirkt unabhängig davon, ob ihm diese Wirkung bewusst ist oder nicht (s.a. hierzu auch Sandner 1990, S. 77-79). Das vierte Element, der Satzbestandteil *„auch gegen Widerstreben"* war und ist Gegenstand häufiger kritischer Diskussionen, bei denen es um die Frage geht, wie man feststellen kann, ob Macht ausgeübt wurde. Es gibt Machttheoretiker, die sagen, dass nur dann Macht am Werke sein kann, wenn sich Widerstand der Beeinflussten zeigt (vor allem Dahl 1957) bzw. dass ein Konflikt zwischen A und B eine unabdingbare Voraussetzung für die Ausübung von Macht bildet (z.B. Pfeffer 1981a, S. 69 f.). Andere haben dagegen eingewandt, dass Macht auch dann ausgeübt worden sein kann, wenn sich kein Widerstreben und keine Konflikte zeigen (vgl. die Diskussionen z.B. bei Lukes 1974; Krüger 1976; Sandner 1990, S. 74 ff.). Bei der Definition von Weber ist die Sache klar: Das *„auch* gegen Widerstreben" sagt uns, dass Widerstreben nach Weber *nicht* notwendig dafür ist, um behaupten zu können: A hat Macht über B bzw. A hat Macht über B ausgeübt. Mit der Definition ist also sehr wohl vereinbar, dass B im vorauseilenden Gehorsam oder in freiwilliger Unterwerfung das tut, was A will. B muss dies auch nicht bewusst sein. Schon gar nicht wird in der Definition von Weber unterstellt, dass es zwischen einem Machthaber A und einem Machtunterworfenen B zu einem (offenen) Konflikt kommen muss. Eine solche Voraussetzung ist auch nicht sinnvoll. Auch wenn Konflikte empirisch häufig zu Machtausübung führen oder umgekehrt: auch wenn Machtausübung Konflikte hervorruft, ist es dennoch theoretisch sinnvoll, Macht und Konflikt definitorisch zu entkoppeln denn Macht kann auch konfliktfrei ausgeübt werden (Sandner 1990, S. 77). Sie kann geradezu darauf ausgerichtet sein, offene Konflikte zu unterdrücken. Fünftens spricht Weber – an anderer Stelle – die *Machtgrundlagen* an: „Alle denkbaren Qualitäten eines Menschen und alle denkbaren Konstellationen können jemand in die Lage versetzen, seinen Willen in einer gegebenen Situation durchzusetzen" (Weber 1980, S. 28 f.).[3] Er benennt also keine konkreten Grundlagen der Machtausübung als Definitionsbestandteil. Damit wird sein Machtbegriff zwar einerseits sehr weit anwendbar, andererseits kommt man nicht umhin, bei konkreten Analysen die Machtgrundlagen näher zu bestimmen. Nachdem wir nun eine Vorstellung davon haben, was mit Macht gemeint ist, können wir uns den theoretischen Ansätzen bzw. Perspektiven (kurz: Machttheorien) zuwenden.

## 3 Machttheorien

Wie bei allen wichtigen wissenschaftlichen Fragen gibt es auch hinsichtlich der Analyse von Macht ganz unterschiedliche Sichtweisen. Im Folgenden werden drei in der Diskussion um Macht häufig herangezogene Perspektiven skizziert: die austauschtheoretisch begründetete Macht-Abhängigkeits-Theorie von R.M. Emerson, die feldtheoretisch begründete Typologie der Machtgrundlagen von J.R.P. French und B.H. Raven und die Machtperspektive von M. Foucault.

### Macht im Tausch: Die Macht-Abhängigkeits-Theorie von R.M. Emerson

Ein Großteil der austauschtheoretisch fundierten Arbeiten über Macht (vgl. z.B. Cook 1987; Coleman 1991; s.a. Matiaske 1998; 1999) greift auf die Macht-Abhängigkeits-Theorie von Emerson (1962; 1972a; b; 1976) zurück. Bevor ich ausführlicher auf die Hypothesen dieser Theorie eingehe, skizziere ich zum besseren Verständnis die grundsätzliche Idee des sozialen Tausches und den handlungstheoretischen Hintergrund der Macht-Abhängigkeits-Theorie.

### 3.1.1 Die Idee des sozialen Tausches und handlungstheoretische Basis von Tauschtheorien

Tauschtheoretische Ansätze zur Erklärung von Macht beruhen auf der Idee, dass soziale Beziehungen als Austauschbeziehungen verstanden werden können. Ein wesentlicher Gedanke besteht darin, dass Menschen nicht autonom sind, sondern bestimmter „Dinge" bedürfen, über die aber nicht sie selbst, sondern andere verfügen (z.B. Geld, Zuneigung, Anerkennung usw.). Deswegen treten Menschen in Austauschbeziehungen ein und bieten für das, was sie wollen, aber nicht haben, etwas, was sie haben und von dem sie hoffen, dass andere daran interessiert sind. Dies ist eine zunächst einfach erscheinende, gleichzeitig aber weitreichende theoretische Vorstellung über das Handeln von Menschen, über die Interaktion zwischen ihnen und über die mit den Interaktionen zusammenhängenden sozialen Strukturen. *Einfach* erscheint die Idee, weil sie an das Alltagsdenken anknüpft. Wir denken täglich wie Austauschtheoretiker, etwa: Der Kollege hat während meines Urlaubs meine Blumen am Arbeitsplatz gegossen; muss ich mich bzw. womit kann ich mich revanchieren? *Weitreichend* ist die Idee des Tausches, weil man sie auf alle möglichen Interaktionen anwenden kann. Nicht nur der Brötchenkauf oder das Geschehen auf Börsen und Basaren lassen sich austauschtheoretisch fassen, sondern auch Freundschaften und Ehen, Beziehungen zwischen Vorgesetzten und Untergebenen oder frisch Verliebten. Gegenstand des Tausches kann all das sein, was Menschen etwas wert ist: Brötchen, Zuneigung, sexuelle Handlungen, Geld, eine angenehme Arbeit usw. Aber nicht nur Positives kann getauscht werden. Der Ruf des Räubers „Geld oder Leben" signalisiert ein Tauschverhältnis, bei dem die Ausgeraubten ihr Geld für das von ihnen als wertvoller eingeschätzte Gut Leben hergeben. (An diesem Beispiel sieht man im Übrigen, dass Macht im Tausch berücksichtigt werden sollte, denn es ist wohl ein systematischer Unterschied, ob wir Geld gegen Brötchen oder aber Geld gegen Leben tauschen – der Revolver des Räubers macht nämlich den entscheidenden und „mächtigen" Unterschied, denn dieser lässt uns praktisch keine Alternative (vgl. zu einer Integration von Macht- und Tauschtheorie Matiaske 1998).

### 3.1.2 Die Hypothesen der Macht-Abhängigkeits-Theorie

Was besagt nun die Macht-Abhängigkeits-Theorie von R.M. Emerson im Einzelnen, und was hat Austausch überhaupt mit Macht zu tun? Ganz einfach: Wer in einer Austauschbeziehung z.B. etwas besitzt, was der andere unbedingt möchte, kann seinen Willen durchsetzen – genau diesen Aspekt der Willensdurchsetzung haben wir bei der Definition von Max Weber als konstitutiv für Macht kennen gelernt. Ein wichtiges konzeptionelles Bindeglied zwischen Tausch und Macht besteht in der Theorie von Emerson (1962) darin, dass Macht als Abhängigkeit *definiert* wird. A hat Macht über B, wenn B von A abhängig ist, A selbst aber von B unabhängig ist. Unabhängigkeit bzw. Abhängigkeit ist das Ergebnis von Ressourcenkontrolle und Ressourcenbedarf. Die Grundaussagen der Theorie lassen sich in drei Sätzen formulieren.

(1) Die Macht von Akteur A über Akteur B ist *definiert* als die Abhängigkeit des Akteurs B von Akteur A. Diese Aussage ist eine Definition. Sie hilft uns, die richtigen Fragen zu stellen. Wenn man nämlich für Macht den Begriff Abhängigkeit einsetzt, führt dies zu neuen bzw. anderen Antworten auf die Frage: Welche Bedingungen bestimmen den Grad der Abhängigkeit des B von A bzw. des A von B? Wir suchen nun weniger nach bestimmten Merkmalen von A, sondern beziehen ebenso B und die soziale Beziehung zwischen A und B mit ein. Die beiden folgenden *Hypothesen* nennen die Bestimmungsgründe der Abhängigkeit. *Hypothese 1* lautet:

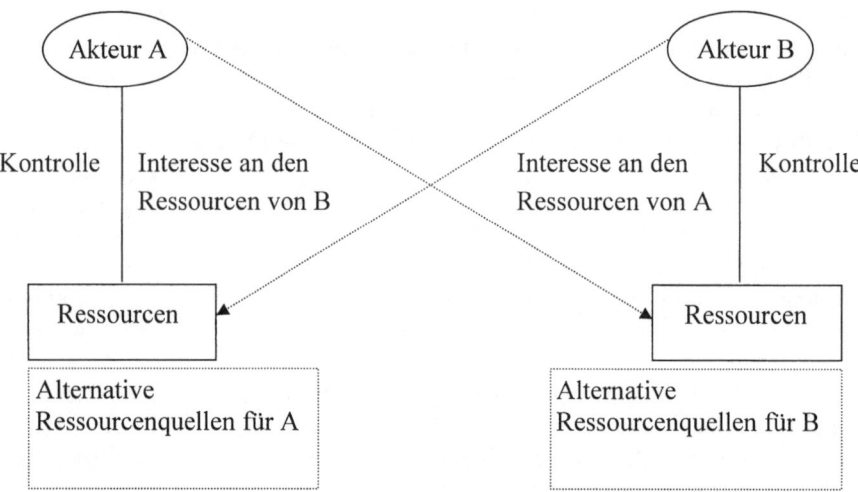

Abb. 1: Die wichtigsten Elemente der Macht-Abhängigkeits-Theorie

(2) Die Abhängigkeit eines Akteurs B von einem Akteur A ist umso größer, (i) je wichtiger B bestimmte Ressourcen sind, die A kontrolliert, und (ii) je weniger B die Möglichkeit hat, diese Ressourcen außerhalb der A-B-Beziehung zu erlangen. (Das Gleiche gilt entsprechend für A.) Ähnliche Aussagen finden sich auch in ökonomischen Theorien. Emerson (1962, S. 33) weist explizit auf den Bezug zum Marktmodell hin: Die Wichtigkeit (Emerson spricht von „motivational investment") eines Objekts für B ist als Nachfrage, die Verfügbarkeit der Ressource außerhalb der A-B-Relation als Angebot an Ressourcen zu sehen. Emerson will mit seiner von ökonomischen Theorien abweichenden Begrifflichkeit zum Ausdruck bringen, dass sein Konzept weit über im engeren Sinne ökonomische Fragestellungen hinaus anwendbar ist. Der Machttheorie von Emerson liegt trotz der inhaltlichen Parallelen zu ökonomischen Modellen nicht die Vorstellung des vollständig informierten und rational handelnden homo oeconomicus zugrunde. Sie unterstellt vielmehr lediglich eine Art Minimalrationalität des menschlichen Handelns, dass nämlich Menschen versuchen, ihre subjektiven Interessen zu realisieren (Emerson 1972a; b)[4]. *Hypothese 2* lautet:

(3) Je mehr B von A abhängig ist, desto mehr ist A in der Lage, den potenziellen Widerstand des B zu überwinden und für ihn vorteilhafte Ergebnisse zu erreichen (Emerson 1962, S. 32). Die wesentlichen Bestandteile der Theorie lassen sich in der Grafik von Abbildung 1 zusammenfassen. Damit wird auch der Machtbegriff von Emerson deutlicher. Die Macht von A über B wird verstanden als das Ausmaß der potenziellen Kosten, die A dem B auferlegen kann (Emerson 1972b, S. 64; s. ähnlich Weise u.a. 1991, S. 70). Die Auferlegung von Kosten muss keineswegs willentlich sein. Machthandlungen sind nach Emerson nicht notwendigerweise intendiert bzw. bewusst; A muss auch nicht notwendigerweise sein eigenes Machtpotenzial kennen.

### 3.1.3 Schlussfolgerungen auf Basis der Theorie: Balancierungsoperationen

Auf Basis dieser theoretischen Grundannahmen zieht Emerson Schlussfolgerungen. Vor allem will Emerson die Frage beantworten, *was geschieht, wenn Machtverteilungen unausgeglichen* sind. Seiner Theorie liegt die Annahme zugrunde, dass Menschen versuchen, ihre Interessen zu verwirklichen. Daraus folgt, dass Akteure ihre Abhängigkeit reduzieren (und damit ihre Macht vergrößern) wollen. Sie nehmen zu diesem Zweck *Balancierungsoperationen* vor, wie Emerson (1962) es nennt. Diese Operationen beschreiben die aus der Theorie folgenden Möglichkeiten, wie sich Machtverteilungen ändern können, sei es durch die Handlungen der Tauschparteien, sei es durch tauschexogene, von den Handlungen der Tauschenden unabhängige Veränderungen.

- *Balancierungsmöglichkeit 1*: Akteur B reduziert sein Streben nach den von A kontrollierten Ressourcen. Dies kann dadurch geschehen, dass B die Ressourcen subjektiv abwertet („so wichtig ist mir das, was A hat, doch nicht") oder aber seine Wünsche unterdrückt und auf die Ressourcen verzichtet.
- *Balancierungsmöglichkeit 2*: B erschließt sich alternative Quellen für die Ressourcen und macht sich so weniger abhängig von A. Es kann auch sein, dass für B unabhängig von seinen Bemühungen alternative Ressourcenquellen entstehen.
- *Balancierungsmöglichkeit 3*: Die Abhängigkeit des B von A reduziert sich weiterhin, wenn die Ressourcen, über die er verfügt, für A wichtiger werden bzw. wenn es ihm gelingt, diese als wichtiger erscheinen zu lassen.
- *Balancierungsmöglichkeit 4*: Die Abhängigkeit des B von A reduziert sich, wenn alternative Ressourcenquellen der Ressourcen, die A von B will, versiegen bzw. wenn es B gelingt, diese zum Versiegen zu bringen.

Diese Operationen bezeichnen – hier ist der Begriff von Emerson etwas irreführend – nicht nur Handlungsmöglichkeiten der tauschenden Akteure, sondern auch von ihren Handlungen unabhängige Ereignisse, die die Machtbalance verändern können. Insbesondere die Operationen 2 und 4 beinhalten auch die Möglichkeit, dass Ressourcen neu entstehen oder vergehen. Zum Beispiel könnten Gesetzesänderungen dazu führen, dass juristisches Wissen wichtiger wird, was wiederum die „Besitzer" derartigen Wissens bevorteilen würde. Die Theorie ist insgesamt einfach formuliert, gleichzeitig aber sehr abstrakt. Daher ist es hilfreich, ihre Aussagen an einem Beispiel noch weiter zu erläutern.

### 3.1.4 Eine Anwendung der Theorie am Beispiel der Vorgesetzten-Mitarbeiter Beziehung

Nehmen wir dazu das bereits zu Beginn angeführte Beispiel des Vorgesetzten Vormann und seines Untergebenen Meier. Nach der Macht-Abhängigkeits-Theorie kommt Meier der Aufforderung, die unangenehme Arbeit zu übernehmen, dann nach, wenn er von Vormann abhängig ist, Vormann aber nicht von ihm – wenn also Vormann Macht über Meier hat. Generell ist Macht ja nach dieser Theorie eine Funktion der Kontrolle über Ressourcen, des Ausmaßes alternativer Ressourcenquellen und der Interessen (der wahrgenommenen Wichtigkeit bestimmter Ressourcen). Um zu erklären, warum bzw. in welcher Weise Meier abhängig ist und es Vormann gelingt, seinen Willen durchzusetzen, müssen wir demnach fragen: Welche Ressourcen kontrolliert Vormann, die sein Mitarbeiter Meier will; welche Ressourcen kontrolliert Meier, die der Vorgesetzte möchte? Welche Ressourcenalternativen haben die beiden Tauschparteien? Wie stark sind die beiden Akteure motiviert, die jeweiligen Ressourcen zu bekommen? Und welche Balancierungsoperationen sind in diesem Fall (insbesondere für den Untergebenen) möglich bzw. zu erwarten?

Zunächst ist klar, dass die Ressourcenausstattung und die -alternativen, die Kontrolle und die Stärke des Interesses usw. von Fall zu Fall sehr unterschiedlich sein können. Wir nehmen daher an, dass eine Situation vorliegt, die *typisch* für viele Vorgesetzten-Untergebenen-Beziehungen ist. Wir können dann als Gedankenexperiment im nächsten Schritt die Situation variieren und die sich ergebenden Veränderungen für die Macht- und Abhängigkeitsbeziehung analysieren. Beginnen wir mit den *Interessen*. Man weiß empirisch, dass Menschen als Arbeitnehmer vor allem an einem sicheren Arbeitsplatz mit guten Verdienst- und Aufstiegsmöglichkeiten interessiert sind (siehe die Befunde des Wohlfahrtssurveys bei Schöb 2001[5]). Diese Interessen – so kann man annehmen – dürften grundsätzlich auch beim Vorgesetzten Vormann und seinem Untergebenen Meier bestehen. Wie sieht es nun mit der *Ressourcenkontrolle* aus? Der *Vorgesetzte* kontrolliert den Zugang zu Ressourcen, die für Meier wichtig sind. (Vormann selber ist wiederum abhängig von seinem eigenen Vorgesetzten, den wir jedoch aus der Tauschbeziehung der Einfachheit halber ausblenden.) Vormann entscheidet als Vorgesetzter von Meier über Beförderungen und Entgelthöhe oder beeinflusst diese z.B. über Personal- bzw. Leistungsbeurteilungen stark; er hat sogar Einfluss darauf, ob Meier versetzt wird oder seinen Arbeitsplatz verliert; er drückt ein Auge zu, wenn Meier gelegentlich ein paar Minuten zu spät kommt; er weist mehr oder weniger interessante Arbeit mit mehr oder weniger angenehmen Kolleginnen und Kollegen zu usw. Dies sind aber genau diejenigen Ressourcen, die Meier möchte, die er selber allerdings nicht kontrolliert. Der *Untergebene* ist jedoch nicht machtlos, denn er verfügt ebenfalls über Ressourcen – im Regelfall über seine Arbeitsleistung, an der sein Vorgesetzter auch ein Interesse hat. Unterstellen wir nun, dass die Menge und auch der Wert der Ressourcen, den beide Seiten – Vormann und Meier – kontrollieren, gleich sei: Dies würde ceteris paribus ein Machtgleichgewicht bedeuten. Unterschiede im Ausmaß der jeweiligen Macht können aber aus den *alternativen Ressourcenquellen* der beiden Akteure resultieren. Wenn Vormann dieselbe Arbeitsleistung auch von einem anderen

Mitarbeiter oder sogar von mehreren anderen „beziehen" könnte, Meier dagegen keine Alternative hätte, an die von ihm gewünschten und von Vormann kontrollierten Ressourcen (Einkommen, Aufstieg usw.) zu kommen, dann wäre Meier selbst bei gleichem Wert der Ressourcen abhängig von Vormann, und es bestünde ein Ungleichgewicht zu seinen Ungunsten.

Welche Möglichkeiten hätte Meier, sein typischerweise bestehendes Machtungleichgewicht zu reduzieren, in der Sprache der Theorie: Welche *Balancierungsoperationen* stehen ihm zur Verfügung? Eine erste Möglichkeit für Meier, das Machtverhältnis zu seinen Gunsten zu verändern, besteht darin, dass er sein *Interesse* an den von Vormann kontrollierten Ressourcen *reduziert*. Dies kann durch eine subjektive Abwertung der Ressourcen geschehen. Möglich wäre auch, dass Meier Aufstieg zwar nach wie vor hoch bewertet, aber in Kauf nimmt, dass Vormann ihm keine gute Beurteilung ausstellt und er deshalb nicht befördert wird. Grundsätzlich hat Meier auch eine zweite Balancierungsoption: die *Erschließung alternativer Ressourcenquellen*. Viele Möglichkeiten hat Meier vermutlich nicht, er kann zumindest im Betrieb seine Arbeitskraft ja nicht wie auf einem „freien" Markt anderen Vorgesetzten anbieten – die Vorgesetzten haben ihre Nachfrage nach Arbeitskraft und ihr Angebot an Ressourcen über organisationale Regeln und Struktur quasi kartelliert. Eine reale Möglichkeit könnte darin bestehen, dass Meier sich weiterbildet, um so die Voraussetzung dafür zu schaffen, den Arbeitsplatz zu wechseln. Allerdings sind die Kosten für eine solche Balancierungsoperation nicht unerheblich, zudem müssen alternative Arbeitsplätze zur Verfügung stehen. Eine dritte Balancierungsmöglichkeit für Meier, seine Abhängigkeit von Vormann zu reduzieren, besteht darin, dass er die von ihm kontrollierten und für Vormann wichtigen *Ressourcen aufwertet oder ausweitet*. Es dürfte für Meier zwar schwer, jedoch nicht unmöglich sein, Vormann gegenüber den Wert der erbrachten oder noch zu erbringenden Arbeitsleistung höher erscheinen zu lassen als er tatsächlich ist.

Dies ist im Übrigen eine Taktik, wie sie häufig in Publikationen zum Thema Mikropolitik erwähnt wird (vgl. z.B. Neuberger 1995). Vor allem bei komplexen, wenig strukturierten Arbeitsaufgaben, etwa im Bereich der Entwicklung von Software oder anderen neuen Produkten und in der Forschung (z.B. in Forschungsprojekten von Universitäten bzw. Instituten oder Unternehmensberatungen), könnte Meier bei Besprechungen signalisieren, dass sich seine Kenntnisse und Fähigkeiten für wichtige Projekte, die auch Vormann interessieren, einsetzen ließen. Meier könnte darüber hinaus seine Ressourcen nicht nur selbstdarstellerisch aufwerten, sondern auch ausweiten. Dies ist zum einen möglich, indem er sich z.B. Kenntnisse aneignet, die für Vormann wichtig sind und die andere Mitarbeiter nicht haben, etwa Kenntnisse über die Datenauswertung in wissenschaftlichen Forschungsprojekten oder über den Umgang mit einer neuen Software. Zum anderen kann er auch Ressourcen erwerben, die nichts oder nicht mittelbar etwas mit der Arbeitstätigkeit zu tun haben. Emerson formuliert die Hypothese, dass die stärker Abhängigen den weniger Abhängigen Status in Form von Anerkennung, von Unterwürfigkeitsgesten usw. zukommen lassen und dadurch Ressourcen generieren. Vorausgesetzt, solche Statusbekundungen von Meier wären Vormann wichtig und er hätte kaum Möglichkeiten, Anerkennung etc. aus anderen Quellen zu beziehen, dann würde sich das Machtverhältnis für Vormann verschlechtern und für Meier verbessern. (Vormann kann man also machiavellistisch nur raten, sich nicht auf diese Weise von seinen Untergebenen abhängig zu machen, und erst recht nicht von wenigen oder nur einem einzigen Untergebenen.)

Die vierte Möglichkeit für Meier, seine Abhängigkeit zu reduzieren, besteht darin, dass er *alternative Ressourcenquellen* von Vormann *zum Versiegen bringt*. In diesem Fall müsste sich Meier mit seinen „Konkurrenten" darauf einigen, Arbeitskraft sozusagen nur kollektiv zu denselben Bedingungen anzubieten. Erweitern wir unser Beispiel ein wenig und nehmen Folgendes an: Meier ist zwar bereit, die ihm unangenehme Arbeit zu übernehmen, aber nur im Tausch für eine Prämie. Vormann will ihm aber keine Prämie geben. Um Konkurrenz zu verhindern (das heißt, um alternative Ressourcenquellen zum Versiegen zu bringen), müsste Meier nun seine Kollegen dazu veranlassen, die entsprechende Arbeit ebenfalls nur unter der Bedingung der von ihm geforderten Prämie zu leisten. Wie sieht es nun für den *Vorgesetzten* aus? Auch er hat im Prinzip dieselben Balancierungsoperationen wie sein Untergebener zur Verfügung, und er wird diese höchstwahrscheinlich nutzen, wenn er wahrnimmt, dass sein Untergebener das Machtverhältnis verändert hat oder verändern will. Eine erste Möglichkeit der Abhängigkeitsreduktion (Machtausweitung) für den Vorgesetzten Vormann besteht darin, sein *Interesse* an der Arbeitsleistung bzw. dem Leistungspotenzial oder an der Anerkennung von Meier zu *reduzieren*. Er kann Meiers Ressourcen kognitiv abwerten oder auf sie verzichten (ohne auf gleichwertige Alternativen zurückzugreifen). Vormann kann – als zweite Balancierungsmöglichkeit – versuchen, sich *alternative Ressourcenquellen zu schaffen*, etwa, indem er dafür sorgt, dass immer mindestens ein weiterer Mitarbeiter als „Ersatz" für Meier vorhanden ist.

Eine dritte Balancierungsmöglichkeit für Vormann besteht darin, dass er die von ihm kontrollierten und für seinen Untergebenen Meier wichtigen *Ressourcen aufwertet oder ausweitet*. Vor allem die Ausweitung kommt hier in Frage. Vormann kann z.B. darauf hinarbeiten, dass Beförderungen oder Gehaltserhöhungen allein von seinen Beurteilungen abhängen. In diesem Fall ändern sich nicht die Menge und der Wert der für Meier wichtigen Ressourcen, Vormann bringt aber diese Ressourcen stärker unter seine Kontrolle. Die vierte Möglichkeit für den Vorgesetzten besteht darin, *alternative Ressourcenquellen zum Versiegen zu bringen*. Vormann müsste etwa dafür sorgen, dass Meier von niemand anderem Einkommen, Anerkennung usw. beziehen kann. Wenn Meier etwa gelegentlich in Projekten mitarbeitet, in denen nicht Vormann, sondern jemand anderes Projektmanager ist, dann kann dies für Vormann deswegen problematisch sein, weil dann alternative Quellen für Anerkennung (z.B. Lob durch den Projektmanager) bestehen. Die Machtrelation kann sich nicht nur durch Balancierungsbemühungen der am Tausch Beteiligten verschieben. Auch *exogene*, nicht durch Vormann oder Meier ausgelöste *Veränderungen* wirken möglicherweise auf das Tauschverhältnis ein und beeinflussen die Machtrelation, weil sich die Kontrolle über Ressourcen oder die Alternativen verändern. Beispielsweise würden organisatorische Veränderungen in Form von vermehrter Projektarbeit mit wechselnden

Fachvorgesetzten die Machtposition der Linienvorgesetzten – immer bezogen auf ihre Mitarbeiter – schwächen und die Position der Projektleiter stärken. Wenn man nämlich Beförderungen bzw. Gehaltserhöhungen nicht mehr nur von der Beurteilung des Linienvorgesetzten abhängig macht, sondern die Beurteilungen von Projektleitern, nächsthöheren Vorgesetzten, Kollegen und Untergebenen mit einbezieht, verschiebt sich die Ressourcenkontrolle und damit ändern sich auch die Machtrelationen. Oder es scheiden mehrere Mitarbeiter aus dem Unternehmen aus, die Meier ersetzen könnten, dann erhöht sich die Abhängigkeit Vormanns von Meier.

### 3.1.5 Kritik und Zwischenfazit

Das Kernstück der Theorie von Emerson bilden weniger die Ausgangshypothesen als vielmehr die daraus abgeleiteten Hypothesen über die Balancierungsoperationen. Der Ansatz dient erst in zweiter Linie der Erklärung individuellen Verhaltens, im Vordergrund steht vielmehr die Erklärung sozialer, überindividueller Sachverhalte, die als das Ergebnis von Machtbalancierungsbestrebungen verstanden werden. So lässt sich eine Vielzahl von sozialen Phänomenen mit Hilfe der Balancierungsoperationen erklären. Wenn man z.B. in die Geschichte der Arbeitsbeziehungen zurückblickt, dann kann man die Organisierung von „Kapital" und „Arbeit" als Mittel interpretieren, Konkurrenz, das heißt alternative Ressourcenquellen für die jeweils andere Partei zu reduzieren: Gewerkschaften versuchen z.b. ebenso wie Arbeitgeberorganisationen, ihre Ressourcen zu monopolisieren. Die „Maschinenstürmerei" der frühen Arbeiterbewegung kann als Versuch angesehen werden, alternative Ressourcenquellen zu zerstören: Aufgebrachte Arbeiter wollten die Arbeitgeber daran hindern, den „Faktor Arbeit" durch Kapital in Form von Maschinen (z.B. mechanisch betriebenen Webstühlen) zu substituieren und zerschlugen die Maschinen. Im Großbritannien des frühen 19. Jahrhunderts balancierte der Staat die daraus resultierenden Veränderungen im Machtverhältnis im Schulterschluss mit den Arbeitgebern wieder aus, indem er Maschinenstürmerei unter Todesstrafe stellte (Paulinyi 1983, S. 237). Die austauschtheoretische Machtperspektive weist allerdings zwei miteinander zusammenhängende, grundsätzliche Probleme auf: Sie verführt zu einer objektivistischen, zu sehr materialistischen Deutung, und sie blendet bestimmte Formen der Machtausübung aus.

### Ressourcen, Alternativen und Interessen sind nicht objektiv gegeben, sondern sozial konstruiert

Erstens: Die Macht-Abhängigkeits-Theorie greift zu kurz, wenn man sie zu materialistisch und objektivistisch interpretiert (vgl. zu den Möglichkeiten einer materialistischen Deutung Nienhüser 1998a). Einige Protagonisten der Macht-Abhängigkeits-Theorie beziehen daher Wahrnehmungs-, Interpretations- und Attributionsprozesse und deren Beeinflussung als Machthandeln mit ein (z.B. Pfeffer 1981b; Salancik/Cooper/Brindle 1997, S. 116). Sicher mögen Ressourcen auf der einen Seite „objektiv" existieren – kaum jemand würde den Revolver in der Hand des Straßenräubers als *nur* sozial konstruiert im Sinne von „nur gedacht" ansehen. Gleichwohl können wir uns nicht allein auf die objektive Seite beschränken, wenn wir Machtprozesse verstehen wollen. Denn die Interessen, die Werte und Einschätzungen der Akteure, aber auch die Ressourcen und die Ressourcenalternativen sind kognitiv repräsentiert und von sozialen Prozessen geprägt – sie sind „sozial konstruiert". Wir müssen deshalb diejenigen sozialen Prozesse und Strukturen berücksichtigen, die dafür sorgen, dass die Akteure bestimmte Vorstellungen davon haben, welche Ressourcen und Alternativen existieren und was sie als wertvoll oder wertlos ansehen. So ist die Legitimation des Vorgesetzten, sein Personal formal beurteilen zu dürfen, deswegen eine knappe und für die Mitarbeiter äußerst wichtige Ressource, weil die meisten Arbeitnehmer so sozialisiert sind, dass sie die Folgen der Personalbeurteilung in Form betrieblichen Aufstiegs als wichtig und erstrebenswert einschätzen. Die meisten Menschen sind auch so „erzogen", dass sie glauben, der Arbeitgeber bzw. der Vorgesetzte habe das Recht, einen Arbeitnehmer über die Ermöglichung oder Verweigerung von Aufstieg zu sanktionieren, ihn ggf. sogar zu entlassen. Vororganisationale Sozialisationsprozesse, aber auch die betriebliche Sozialisation sorgen dafür, dass diese Legitimation zustande kommt; sie beeinflussen die Wahrnehmungen und Bewertungen von Ressourcen, „konstruieren" sie damit erst und ermöglichen ihre Kontrolle und Nutzung. Sozialisationsprozesse sind für die Erklärung von Machtverhältnissen wichtig, weil Menschen sich *beschränkt rational* verhalten. Menschen wissen – im Gegensatz zum unrealistischen „homo oeconomicus" – eben nicht alles, und sie können die Informationen, die sie haben, nicht korrekt verarbeiten (Simon 1957). Da wir unsicher sind (und sein müssen), ob wir die Realität auch korrekt wahrnehmen, orientieren wir uns an anderen Menschen. Wir beobachten nicht nur, wie andere Personen sich verhalten und welche Folgen deren Handlungen haben (Bandura 1986), vielmehr entwickelt sich unsere Vorstellung über die Realität im Laufe unserer Erziehung, im Spiel mit anderen, in der Schule, durch unsere Arbeitstätigkeit, aber auch durch das, was wir lesen, hören oder in Filmen sehen (Berger/Luckmann 1994). So bilden sich unsere handlungsleitenden Wert-Wissens-Systeme, zu denen auch das *Anspruchsniveau* gehört, heraus (vgl. zum Begriff des Wert-Wissens-Systems insb. Martin 1989).

Was hat eine solche Handlungstheorie mit Macht zu tun? Aus ihren Annahmen folgt: Wir müssen in einer Tausch- und Abhängigkeitssituation die Ressourcen einschätzen und bewerten. Dies gilt für unsere eigenen Ressourcen, aber auch für die der Tauschpartner, ebenso für die alternativen Ressourcenquellen beider Parteien. Und diese Einschätzungen und Bewertungen beeinflussen wiederum das Machtverhältnis. Bleiben wir bei einem einfachen dyadischen Tausch und nehmen die Sicht von Arbeitnehmern ein. Erstens hat die *Wahrnehmung und Bewertung der eigenen und fremden Ressourcen* einen Einfluss auf die Abhängigkeit; Arbeitnehmer müssen ihre eigenen Ressourcen und die des Unternehmens einschätzen; Unterschätzungen der eigenen und Überschätzung der fremden Ressourcen führen zu erhöhter „wahrgenommener" Abhängigkeit und damit zu Machtvorteilen für den Arbeitgeber. Ein Arbeitnehmer, der z.B. meint, er verfüge über wenig Qualifikationen bzw. diese seien anderen nichts wert, wird weniger Forderungen stellen und kaum versuchen, seinen Willen auf Basis dieser Ressource durchzusetzen (eben sein Machtpotenzial nicht aktivieren). Mögen Aus-

152

maß und Wert der eigenen Ressourcen noch einigermaßen einfach einzuschätzen sein, bei den Ressourcen des Tauschpartners wird dies erheblich schwieriger. Verfügt ein Arbeitgeber tatsächlich über die von ihm versprochenen Aufstiegsmöglichkeiten als „Belohnung" für bestimmte dauerhaft erbrachte Arbeitsleistungen; wird der Vorgesetzte tatsächlich bei Leistungsrückgang eine schlechte Personalbeurteilung abgeben? Der Arbeitgeber hätte einen Machtvorteil, wenn es ihm z.B. gelänge, jedem Arbeitnehmer die Ressource Aufstieg zu versprechen, obwohl klar sein müsste, dass unmöglich alle Arbeitnehmer aufsteigen können. Eigentlich symbolisiert dies bereits die Pyramidenform, mit der die Struktur der betrieblichen Hierarchie dargestellt wird – an der Spitze ist lediglich Raum für wenige. In Verbindung mit einem verinnerlichten Leistungsprinzip „Die Besten werden aufsteigen" funktioniert aber die Vervielfältigung einer eigentlich beschränkten Ressource, woraus ein massives Machtpotenzial entsteht: Obwohl und weil nicht jeder der Beste sein kann, versucht es jeder zu sein und tut das, was der Arbeitgeber will.

Zweitens beeinflusst die *Einschätzung der eigenen und fremden alternativen Ressourcenquellen* die wahrgenommene Abhängigkeit. Wer kontrafaktisch *meint*, er selbst habe keine alternative Ressourcenquelle und gleichzeitig *glaubt*, der andere verfüge über viele alternative Möglichkeiten zur Ressourcenbeschaffung, der nimmt sich subjektiv als abhängig wahr und ist es damit tatsächlich auch, weil er sein Machtpotenzial nicht ausspielt. Wenn zum Beispiel Arbeitnehmer glauben, der Arbeitgeber könne sofort, ohne Transaktionskosten, auf andere Arbeitskräfte mit ähnlicher Qualifikation zurückgreifen, obwohl dies gar nicht so ist, berauben sie sich selbst eines Teils ihrer möglichen Macht. Arbeitnehmer, die annehmen, es gäbe durchaus Alternativen zu einem bestimmten Arbeitgeber oder zur Erwerbsarbeit überhaupt, sind weniger abhängig. Sie stellen eher Forderungen – die allerdings nur dann erfüllt werden, wenn die Alternativen tatsächlich bestehen bzw. der Arbeitgeber auch annimmt, dass die alternativen Ressourcen für den Arbeitnehmer vorhanden sind. Wenn aber unsicheres Wissen und in Sozialisationsprozessen vermittelte Werte so großen Einfluss darauf haben, ob Menschen sich als abhängig definieren und ihr Machtpotenzial brachliegen lassen, dann hätte derjenige Akteur einen Machtvorteil, dem es gelingt, das Wert-Wissens-System in seinem Sinne zu beeinflussen. Ein Beispiel für ein Wert-Wissens-System: „Das Überleben von Unternehmen erfordert Flexibilität auch der Arbeitnehmer" (Wissensaspekt); „Das Überleben von Unternehmen und Flexibilität sind gut" (Wertaspekt). Ein solches Wert-Wissens-System hat Machteffekte zugunsten der Arbeitgeberseite (siehe zu einer Analyse in Bezug auf die betriebliche Weiterbildung Nienhüser 1999): Wenn es von den Arbeitnehmern als selbstverständlich und „richtig" erachtet wird, dass sie einen Beitrag zur Flexibilitätssteigerung leisten, dann sind sie eher bereit, entsprechende Arbeitszeit- und Lohnregimes zu akzeptieren. Das Management kann den Einsatz von ressourcenverzehrenden Anreizen zur Erhöhung der Flexibilität beschränken und über die Ersparnis materieller Ressourcen seine Machtbasis stärken. Derartige Aussagen über die Kontrolle von Wert-Wissens-Systemen sind durchaus anschlussfähig an die Theorie von Emerson, denn diese thematisiert ebenfalls (wenn auch nur am Rande), dass eine Manipulation der wahrgenommenen Wichtigkeit von Ressourcen als Machtmittel eingesetzt werden kann. In der etwas technisch klingenden Theoriesprache der Austauschtheorie: Wenn Akteur A bei einem Akteur B die Vorstellung erzeugen kann, dass die von A kontrollierten Ressourcen besonders wichtig sind, und zudem B davon überzeugen kann, dass die von B kontrollierten Ressourcen für A unwichtig sind, dann steigt die (wahrgenommene und damit handlungsrelevante) Abhängigkeit des B von A. Im ersten Fall verändert A die Werte von B, im zweiten Fall das Wissen von B über die Werte von A (vgl. hierzu ähnlich Kirsch 1977, S. 184-239).

## Macht ist nicht immer „flüssig"

Die austauschtheoretische Vorstellung birgt ein weiteres Problem: Sie verführt dazu, Macht als etwas zu sehen, das im Prinzip immer und für jeden verhandelbar und damit „flüssig", veränderbar ist. Wir laufen damit Gefahr, zu ignorieren, dass Macht sehr viel stabilere Formen annehmen kann, die die Austauschbeziehungen ganz massiv beeinflussen und die Machtrelationen derart verfestigen (ähnlich Salancik/Cooper Brindle 1997), dass wir besser von Herrschaft im Sinne „geronnener" Macht (vgl. zu diesem Herrschaftsbegriff Bahrdt 1990, S. 166-168) statt pauschal von Macht sprechen sollten. Gesellschaftliche und betriebliche Normen, Organisationsstrukturen, aber auch gesetzliche Regelungen führen z.B. dazu, dass bestimmte Ressourcenverteilungen als legitim angesehen werden und damit schwer oder gar nicht mehr veränderbar sind. Bei Anwendungen der Macht-Abhängigkeits-Theorie ist daher unbedingt der Tauschkontext zu berücksichtigen. Halten wir fest: Insgesamt ist die Macht-Abhängigkeits-Theorie einfach, erklärungskräftig und offen für Erweiterungen und Verfeinerungen, die die oben skizzierten Kritikpunkte ausräumen können. Sie arbeitet mit sehr einfachen, „groben" Annahmen über menschliches Verhalten, weil sie eben keine psychologische Theorie ist und weniger individuelles Verhalten, sondern soziologische, sozialstrukturelle Sachverhalte (z.B. die Entstehung von machtbalancierenden Institutionen oder Koalitionen) erklären will. Je mehr sie allerdings angewendet wird, um Erklärungen für einzelne Austauschverhältnisse und für das Verhalten einzelner individueller Akteure zu entwickeln, umso mehr muss man stärker psychologisch fundierte und weniger einfache Annahmen über menschliches Verhalten und über Interaktionen zwischen wenigen Personen heranziehen. Ansatzpunkte bzw. Elemente für eine solche stärker (sozial-)psychologische Fundierung und zugleich auch einen Blick auf andere Formen der Macht – z.B. Legitimationsmacht – bietet die im Folgenden dargestellte Machtbasen-Theorie.

## 3.2 Was macht mächtig?
### Die Machtbasen-Theorie von J.R.P. French und B.H. Raven

Ein außerordentlich häufig referierter Beitrag zur Machttheorie stammt von French/Raven (1959). In der Sekundärliteratur wird vor allem auf die Typologie der Machtbasen Bezug genommen. Weitgehend außer Acht gelassen werden meist die interessanten theoretischen Aussagen, in die French/Raven ihre Typologie einbetten, und die Weiterentwicklungen der Machttypologie durch Raven. Im Mittelpunkt des Ansatzes von French und Raven steht die Frage: *Was ist die Grundlage dafür, dass sich durch den Einfluss eines sozialen Agenten A das Ver-*

*halten einer Person B verändert?* Agent A kann in dieser Theorie eine andere Person sein, aber auch eine Gruppe (oder – so meine ich: eine Organisation) (French/Raven 1959, S. 260). Die beiden Autoren haben ihre Theorie vor allem auf Phänomene aus dem betrieblichen Kontext angewandt; sie ziehen besonders häufig Beispiele aus den Bereichen Entlohnung und Personalführung heran. Im Folgenden werde ich zunächst den Machtbegriff von French/Raven skizzieren, dann die einzelnen Machtgrundlagen erläutern und dabei auch die von den Autoren herangezogenen handlungstheoretischen Grundlagen herausarbeiten.

### 3.2.1 Machtbegriff

Wie definieren French/Raven Macht? Macht bezeichnet die Fähigkeit (das Potenzial) eines Akteurs A, einen Akteur B beeinflussen zu können. Das Ausmaß der Macht von A über B ist dabei das Ergebnis zweier Kräfte: Das Ausmaß der potenziellen Kraft, mit der A B in Richtung x bewegt, *abzüglich* der Kraft, mit der B dem Einflussversuch des A in Richtung x widerstehen kann. Ist die Kraft von A größer als die Kraft von B, dann hat A Macht über B bzw. B negative Macht über A (French/Raven 1959, S. 261).

### 3.2.2 Machtbasen

Worauf basiert die „Kraft", die Macht eines Akteurs? French/Raven füllen aus, was in den Ausführungen von Weber und Emerson offen gelassen wird. Sie nennen fünf Grundlagen, auf denen Macht bzw. sozialer Einfluss beruhen kann: (1) auf der Fähigkeit, belohnen und (2) bestrafen zu können, (3) auf der Legitimation des A, (4) auf der Identifikation des B mit A und (5) auf dem Expertenwissen von A bzw. den Informationen, über die A verfügt.

| Machtgrundlage für A | Machtaktivierende Kommunikation von A an B (illustrierende Beispielaussage) |
|---|---|
| Belohnungsmacht | „Wenn Sie die Arbeitsaufgabe erfüllen, wird Ihr Arbeitsvertrag verlängert." |
| Bestrafungsmacht | „Wenn Sie die Arbeitsaufgabe nicht erfüllen, wird ihr Lohn gekürzt." |
| Legitimationsmacht<br>• Formale Legitimationsmacht | „Ich bin Ihr Vorgesetzter, und Sie sind verpflichtet, meine Anweisungen zu befolgen." |
| • Auf der Reziprozitätsnorm basierende Legitimationsmacht | „Ich habe etwas für Sie getan, nun müssen Sie etwas für mich tun." |
| • Auf Gerechtigkeitsnormen basierende Legitimationsmacht | „Ich habe hart gearbeitet und gelitten; nun habe ich das Recht, einen Ausgleich dafür zu bekommen." |
| • Auf Verantwortlichkeitsnormen basierende Legitimationsmacht | „Sie müssen mir helfen, weil ich mir nicht selbst helfen kann und von Ihnen abhängig bin". |

| Expertenmacht | „Auch wenn ich Ihnen das nicht im Einzelnen erklären kann: Sie sollten wissen, dass ich weiß, was man in solchen Situationen am besten tut" (ähnlich Raven 1993, S. 233). |
|---|---|
| Informationsmacht | „Folgendes Argument sollte Sie überzeugen ..." |
| Identifikationsmacht | „Wenn Sie auch einmal eine Position wie ich einnehmen wollen, wie ich sie innehabe (bzw. so werden wollen wie ich), dann sollten Sie die Sache folgendermaßen sehen bzw. erledigen ..." |

Abb. 2: Illustration der Machtbasen-Typologie von French/Raven (1959)

Abbildung 2 illustriert die jeweiligen Machtgrundlagen anhand von Aussagen, mit denen der Machthaber A die Person B zu beeinflussen versuchen könnte. Mit solchen Aussagen kann A B darauf hinweisen, dass er, A, über die jeweilige Machtgrundlage verfügt. Es wird sicher in vielen Fällen gar nicht nötig sein, dass A B explizit auf seine Machtgrundlagen hinweist, B wird in der Regel die Machtgrundlagen antizipieren bzw. sie an nichtsprachlichen Symbolen erkennen. So deutet die Uniform des Polizisten auf Legitimationsmacht hin, der weiße Kittel der Ärztin signalisiert Experten–, aber auch Legitimationsmacht usw.

### *Belohnungsmacht*

French/Raven (1959, S. 263 ff.) definieren Belohnungsmacht (reward power) als die Fähigkeit zu belohnen. Dies mag trivial klingen. Wenn man aber diese Definition im Zusammenhang liest, zeigt sich ihre Einbettung in interessante, theoretisch fundierte Hypothesen über menschliches Handeln. „Belohnungsmacht ist definiert als Macht, deren Basis die Fähigkeit zu belohnen ist. Die Stärke der Belohnungsmacht von A über B[6] nimmt zu mit der Mächtigkeit (magnitude) der Belohnungen, die B als von A vermittelt wahrnimmt. Belohnungsmacht hängt ab von der Fähigkeit des A, positive Werte hinzufügen und negative Werte entfernen oder reduzieren zu können. Die Stärke der Belohnungsmacht hängt auch von der durch B wahrgenommenen Wahrscheinlichkeit ab, dass A die Belohnung vermitteln kann" (French/Raven 1959, S. 263). Ein typisches Beispiel für auf positiven Werten beruhender Belohnungsmacht, so French/Raven (1959, S. 263), sei der Stückakkord in Fabriken. Er fördere die Produktivität, weil die Beschäftigten die Wahrscheinlichkeit einer Belohnung für Verhaltenskonformität (mehr pro Zeiteinheit zu produzieren) als hoch und für Nicht–Konformität als gering einschätzen. Die Definition von Belohnungsmacht (wie von Macht generell) ist „theoriegetränkt". Es wird vor allem auf handlungstheoretische Annahmen zurückgegriffen, die in der Feldtheorie von Kurt Lewin verankert sind (siehe French/Raven 1959, S. 260) und starke Parallelen zu Wert–Erwartungs–Theorien (Vroom 1964) aufweisen. Erstens muss B die Machtbasis von A wahrnehmen. Zweitens sind die Erwartungen wichtig. Macht hängt auch davon ab, für wie wahrscheinlich es B erachtet, dass A in der Lage ist, B zu belohnen. Drittens spielen die Werte von B eine Rolle. Nicht der Besitz einer bestimmten Ressource stellt schon Belohnungsmacht dar; vielmehr muss die Ressource für B wichtig sein, das heißt, mit einer positiven oder negativen Bewertung einhergehen. Man

156

sieht hier im Übrigen auch, dass diese Machttheorie sowohl in ihrer Fragestellung als auch in ihren Annahmen deutliche Überschneidungen mit Motivationstheorien aufweist.

## Bestrafungsmacht

„Bestrafungsmacht beruht auf der Erwartung von B, dass er durch A bestraft wird, wenn er sich nicht dem Einflussversuch von A entsprechend verhält ...“ (French/Raven 1959, S. 263). Die Stärke der Bestrafungsmacht beruht auf dem Wert der Bestrafung, multipliziert mit der Erwartung (der Wahrscheinlichkeit), für das nicht–konforme Verhalten bestraft zu werden. Mit anderen Worten: Die Geldstrafe für zu schnelles Autofahren mag noch so hoch sein, sie wirkt nicht, wenn die Autofahrer erwarten, dass die Geschwindigkeitsübertretung nicht bemerkt wird. Die Bestrafungsmacht der strafandrohenden Exekutive wäre in diesem Fall gering. French/Raven nennen lediglich Beispiele dafür, was genau Menschen als belohnend und bestrafend ansehen. Dies ist im Rahmen der *Theorie* auch nicht erforderlich. Bei *konkreten Erklärungsversuchen*, das heißt bei Anwendung der Theorie, muss jedoch geklärt werden, was konkrete Akteure als wertvoll ansehen und für wie wahrscheinlich sie es erachten, durch Verhaltenskonformität positive Werte zu erlangen bzw. bei Nicht–Konformität negativ sanktioniert zu werden.

## Legitimationsmacht

„Legitimationsmacht von A über B ist definiert als Macht, die auf den internalisierten Werten von B beruht, dass A das legitime Recht hat, B zu beeinflussen und dass B verpflichtet ist, diesen Einfluss zu akzeptieren“ (French/Raven 1959, S. 265). B hat also Werte verinnerlicht, auf Grund derer er A das Recht zubilligt, ihm Anweisungen zu erteilen bzw. ihm Sanktionen aufzuerlegen. Wer auf Grund von Legitimationsmacht eine Anweisung, z.B. eines Vorgesetzten, befolgt, wird sein Verhalten mit Ausdrücken wie „ich musste“, „ich war dazu verpflichtet“ und „er hat das Recht zu dieser Anweisung“ rechtfertigen. Gleichzeitig ist Legitimationsmacht mit dem Gefühl verbunden, dass nicht nur man selbst, sondern auch alle anderen sich ebenfalls so verhalten sollten, – „a feeling of oughtness“ (French/Raven 1959, S. 264) im Sinne von „*man muss ...*“. Woher kommen solche Verpflichtungsgefühle? Grundlage der Legitimationsmacht sind nach French/Raven kulturelle Werte, Akzeptanz der Sozialstruktur und die Designation des Machthabers durch einen legitimierten Agenten.
Zum ersten Punkt: Kulturelle Werte beinhalten Regeln, die A das Recht geben, B Verhalten vorzuschreiben, wenn A (relativ zu B) bestimmte Merkmale aufweist. Zum Beispiel könnte es auf Grund kultureller Werte als legitim erachtet werden, dass Jüngere auf Ältere „zu hören haben“. Zum zweiten Punkt: Wenn jemand die betriebliche Sozialstruktur, die Über- und Unterordnung generell, akzeptiert, dann wird er auch einer Person, die eine ihm übergeordnete Position innehat, das Recht zubilligen, ihm Anweisungen zu erteilen. Zum dritten Punkt: Designation meint, dass eine Person Legitimationsmacht erhält, wenn sie durch einen als legitim erachteten Agenten eingesetzt wird. Ein typisches Beispiel sind Wahlen. Wer von der Mehrheit gewählt wird, z.B. als Vorstandsvorsitzender, als Dekan einer

Fakultät oder ASTA-Vorsitzender, als Mitglied eines Aufsichtsrates oder Vorsitzender einer Bürgerinitiative, dem wächst durch diesen Vorgang Legitimationsmacht zu. Der internalisierte Wert besteht hier darin, dass jemand den Wertekomplex „Demokratie ist gut" verinnerlicht hat und darum gewählte Vertreter und ihre Einflusspotenziale und -versuche akzeptiert.

In späteren Veröffentlichungen differenziert Raven (1992; 1993; s.a. zu empirischen Befunden auch Raven/Schwarzwald/Koslowsky 1998) die Kategorie der Legitimationsmacht weiter aus. Er unterscheidet zwischen *formaler und normbasierter Legitimationsmacht. Formale Legitimationsmacht* resultiert aus Positionen in sozialen Systemen (z.B. aus der Position eines Vorgesetzten). Normbasierte Legitimationsmacht beruht dagegen auf allgemein akzeptierten Normen. Raven führt erstens die *Reziprozitätsnorm* an, wonach gilt, dass man dem zu helfen verpflichtet ist, der etwas für einen getan hat. Zweitens nennt er *Gerechtigkeitsnormen*, aus denen z.B. folgt, dass man einen fairen Lohn für harte Arbeit zahlen muss. Drittens unterscheidet Raven *Verantwortlichkeitsnormen*, wonach wir den Hilflosen und von uns Abhängigen helfen müssen. Verantwortlichkeitsnormen seien, so Raven (1993, S. 235), die Machtbasis der „Machtlosen". Meines Erachtens beruht allerdings auch die formale Legitimationsmacht auf Normen, z.B. auf der Norm, dass man Vorgesetztenanweisungen befolgen soll. Wer diese Norm nicht verinnerlicht hat, wird die Anweisungen eines hierarchisch Höherstehenden nicht befolgen oder ihnen nur auf Grund von Belohnungen oder Bestrafungen nachkommen.

### Identifikationsmacht bzw. Referenzmacht

„Referenzmacht von A über B hat ihre Basis in der Identifikation von B mit A. Mit Identifikation meinen wir ein Gefühl des Einsseins von B mit A bzw. den Wunsch nach einer solchen Identität" (French/Raven 1959, S. 266 f.). Je stärker B glaubt, wie A zu sein, bzw. je stärker er so sein möchte wie eine Referenzperson oder auch Referenzgruppe A, umso mehr übernimmt er das Wert-Wissens-System des Referenzobjekts und verhält er sich wie dieses. Eine solche Identifikation, so French/Raven (1959, S. 266), sei vor allem dann wahrscheinlich, wenn sich Menschen in mehrdeutigen Situationen befänden. Sie versuchten, das Problem der Unsicherheit dadurch zu reduzieren, dass sie sich am Verhalten und an den Weltsichten von Referenzindividuen oder -gruppen orientierten. Dies befriedige das Bedürfnis nach Orientierung ebenso wie das der Zugehörigkeit zu einer sozialen Gruppe. Wie wird aber aus dieser Identifikation Macht? Zum einen könnte ein Machthaber A versuchen, diese Identifikation hervorzurufen und damit B zu dem von A gewünschten Verhalten zu bewegen. Zum anderen kann man unter Rückgriff auf die Macht-Abhängigkeits-Theorie schlussfolgern, dass durch den Wunsch von B, mit einer Person A identisch zu sein oder einer spezifischen Gruppe A anzugehören, Ressourcen wie etwa die Möglichkeit des Kontaktes zu einer Person und der Zugang zur Gruppe für B wichtiger werden. Die Ermöglichung oder Versagung dieses Kontaktes oder Zugangs kann zielgerichtet zur Verhaltensbeeinflussung – über Belohnung und Bestrafung – von A eingesetzt werden.

### Experten- und Informationsmacht

„Die Stärke der Expertenmacht von A über B variiert mit dem Ausmaß des Wissens oder einer Wahrnehmungsfähigkeit, die B A in einem gegebenen Bereich zuschreibt" (French/Raven 1959, S. 267).[7] Dabei geht es immer um eine Zuschreibung von relativem Wissen. A hat umso mehr Macht über B, je größer B den Wissensvorsprung von A im Vergleich zum eigenen Wissen einschätzt. Das Ausmaß der Macht hängt auch davon ab, wie wichtig das Wissen von A für B ist. Für einen EDV-Experten ist Wissen über den Bau von Flaschenschiffen in der Regel unwichtig, der Flaschenschiffbauer wird dagegen am Wissen eines preisgekrönten Experten auf seinem Gebiet interessiert und für dessen Einflussversuche empfänglich sein, soweit der Erwerb dieses Wissens an Verhaltenskonformität gebunden ist. French und Raven unterscheiden zwei auf Wissen beruhende Machtbasen (French/Raven 1959, S. 268; Raven 1993, S. 233): Expertenmacht und Informationsmacht. *Expertenmacht* basiert auf Expertenwissen. Wir schreiben einer Person einen Wissensvorsprung in Form von Expertenwissen zu, wenn diese Person entweder eine bestimmte Position (z.B. als Ärztin, als Richter oder als EDV-Experte in einem Unternehmen) innehat oder wenn wir den Wissensvorsprung konkret erfahren haben (z.B. die kompetente Hilfe des Nachbarsjungen bei der Reparatur des Computers). *Informationsmacht* meint, dass jemand die Fähigkeit besitzt, geschickt zu argumentieren (Raven 1993, S. 233) . Das bedeutet, eine Person verfügt nicht nur über Wissen, sondern sie kann auch überzeugende Begründungen liefern (man könnte vielleicht besser von *Argumentationsmacht* sprechen). Damit ist natürlich nicht ausgeschlossen, dass ein Experte ebenfalls gut argumentieren kann – beide Wissensarten überschneiden sich offensichtlich und verstärken sich gegenseitig in ihren Wirkungen. Dies führen French und Raven aber nicht weiter aus. Problematisch ist, dass French/Raven nur das „gute" Wissen betrachten. Es ist jedoch sinnvoll, eine weitere Dimension der „Wissensmacht" zu berücksichtigen: Macht kann auch auf Wissen beruhen, bei dem es sich nicht um Expertenwissen oder Argumente handelt. Wenn ein Mitarbeiter z.B. Kenntnis über die ansonsten erfolgreich verborgene Alkoholsucht eines Kollegen erlangt, kann er die Nicht-Weitergabe dieses Wissens gegenüber diesem Kollegen machterweiternd einsetzen, indem er ihn darauf hinweist, dass er „sein Geheimnis" kennt, aber unter bestimmten Bedingungen bereit ist, die Sache für sich zu behalten (vgl. zu diesem Beispiel Nienhüser 1998b). Erpressung basiert auf dieser Art von Wissensmacht.

### 3.2.3 Kritik und Zwischenfazit

Wie sind die Typologie der Machtgrundlagen und ihre handlungstheoretische Fundierung einzuschätzen? *Erstens* erfasst die Typologie nicht alle Grundlagen der Macht. Raven (1993, S. 236) weist selbst darauf hin, dass sich nicht alle Mittel der Verhaltensbeeinflussung unter die Machtbasen-Typen subsumieren lassen. Vor allem würden Gewalt und Manipulation ausgeblendet. Diese beiden Formen unterschieden sich von den anderen dadurch, dass der Wille des Beeinflussten nicht erforderlich sei: „Die beeinflusste Person kann entscheiden, ob sie sich einer Bestrafung fügt oder sie akzeptiert, ob sie Belohnungen ablehnt oder auf sie verzichtet, ob sie dem Rat eines Experten oder der Logik der Information entspricht etc." (Raven 1993, S. 236). Insbesondere bei Gewalt wird deutlich, dass man gegen den eigenen Willen gezwungen, das heißt dazu gebracht werden kann, etwas zu tun, was man nicht will. Beispielsweise fesselt man den Rechtsbrecher und hindert ihn so daran, zu flüchten. Manipulation, die zweite nicht erfasste Machtgrundlage, besteht in der Veränderung des Handlungskontextes. Raven (1993, S. 236) spricht von „ecological or environmental manipulation". Die Umgebung, der Handlungskontext von B, wird von A so strukturiert, dass sich dadurch das Verhalten von B verändert, weil bestimmte Handlungsalternativen von vornherein ausgeschlossen sind. Zum Beispiel kann man das Anlegen von Sicherheitsgurten dadurch „erzwingen", dass ein Start nur bei angelegtem Gurt möglich ist (Raven 1993, S. 237).

Auch hier ist keine Entscheidung des Beeinflussten möglich. Daher meint Raven, dies sei ein systematischer Grund, diese beiden Formen nicht in die Typologie der Machtgrundlagen zu integrieren. Diese Begründung für die Ausblendung von Gewalt und Manipulation ist aber wenig überzeugend. Zum einen spielt der freie Wille auch bei der Legitimations- und Identifikationsmacht keine oder eine völlig andere Rolle als z.B. bei Belohnungsmacht. Menschen entscheiden nicht darüber, ob sie Werte verinnerlichen oder nicht. Gleichwohl sind diese beiden Formen in der Typologie mit erfasst. Im oben angeführten Zitat spart Raven Legitimations- und Identifikationsmacht auch aus, was wohl kein Zufall ist. Zum anderen zwingt die Begründung unter Rückgriff auf das Konstrukt des „freien Willens" Raven zu einer weiteren, wenig sinnvollen Unterscheidung. Er differenziert zwischen Gewaltausübung einerseits und der Androhung von Gewalt andererseits. Gewaltausübung würde nicht von der Typologie erfasst, wohl aber die Androhung von Gewalt, da es sich hier um Bestrafungsmacht handele. Hier entscheide man willentlich, z.B. darüber, ob man einem Straßenräuber tatsächlich seine Brieftasche aushändigt, wenn sie dieser mit einem Revolver in der Hand von einem fordert. *Zweitens* liegt der Machtbasen-Typologie keine durchgängige handlungstheoretische Basis zugrunde. Zwar wird bei Belohnungs- und Bestrafungsmacht sowie bei Experten- und Informationsmacht auf die Annahme zurückgegriffen, dass Menschen sich entscheiden, ob sie sich konform zu den Ansprüchen eines Machthabers verhalten oder nicht bzw. dessen Wissen und Argumente akzeptieren oder eben nicht. Bei der Identifikations- und Legitimationsmacht ist dies aber offenbar etwas anders, ohne dass gesagt würde, wie hier nun das der Wert-Erwartungs-Theorie ähnliche Entscheidungskalkül funktioniert oder auf welche anderen theoretischen Annahmen (z.B. aus der psychoanalytischen Theorietradition, vgl. Freud 1986; s.a. Weber 1971) man zurückgreifen könnte.

### 3.3 Die mächtigste Macht ist unsichtbar: Das Konzept der Disziplinarmacht von M. Foucault

Bei den vorherigen Machtperspektiven stellte sich immer die Frage nach den Akteuren, die Macht (über bestimmte andere) „besitzen". Der französische Philosoph und Sozialhistoriker Michel Foucault wendet sich ausdrücklich gegen eine solche Machtanalyse, die fragt: Wer hat Macht über wen? Er sieht Macht vielmehr als eine Art Netz, das sich über unser Handeln und über unser aller Denken legt, ohne dass wir (abgesehen von Foucault und seinen Anhängern) es selbst merken. Die Grundgedanken des Machkonzeptes von Foucault werden seit einiger Zeit in verschiedenen Wissenschaftsrichtungen rezipiert (vgl. für die Organisations- und Personalforschung insb. Ortmann 1984; Neuberger 1997; Townley 1993; 1994; Laske/Weiskopf 1996; McKinlay/Starkey 1998; für andere (Sozial-) Wissenschaften siehe den Sammelband von Keller u.a. 2001). Die Machttheorie von Foucault sperrt sich gegen eine systematische und knappe Darstellung: Präzise Begriffsdefinitionen oder gar systematische, miteinander verbundene Hypothesen sind Foucaults Sache nicht. Wie es Fink-Eitel (1997, S. 8) so schön ausdrückt: „Als inkohärenter Korso birgt Foucaults Werk viele Geheimnisse, die den interpretatorischen Bemächtigungswillen geradezu herausfordern." Die Arbeiten Foucaults enthalten gleichwohl wichtige, die Diskussion um Macht bereichernde Gedanken, die als Grundelemente einer systematischen Theorie angesehen werden können (siehe auch Jäger 2001). Der zentrale Gedanke besteht darin, dass Macht ausgeübt wird über *Disziplinarpraktiken* und *wissensbildende Diskurse*, die in sog. *Dispositiven* systematisch miteinander verbunden sind (vgl. Foucault 1978, S. 119 f.; s.a. Breuer 1987; Kögler 1994; Jäger 2001). Im Folgenden werde ich zunächst den Machtbegriff darstellen, dann klären, was unter Dispositiv, Disziplinarpraktiken und Diskursen zu verstehen ist und wie diese Sachverhalte zusammenhängen.

### 3.3.1 Machtbegriff

Der Machtbegriff bleibt sehr allgemein: Foucault versteht hierunter „Verhältnisse zwischen ‚Partnern'..., ein Ensemble von Handlungen, die sich gegenseitig hervorrufen und beantworten" (Foucault 1999, S. 188). Macht ist etwas, das Verhalten beeinflusst (Foucault 1976, S. 99 ff.). Im Unterschied zu anderen Konzepten siedelt Foucault Macht bewusst nicht ausschließlich bei Akteuren an; vor allem wehrt er sich gegen eine Analyse, die auf einzelne Herrschende fixiert ist. Er fragt daher nicht: Was ist Macht, wer hat Macht, woher kommt Macht?, sondern: *Wie* wird Macht ausgeübt? Macht soll quasi von unten, von den kleinsten Praktiken her, analysiert werden. Praktiken in Organisationen sind solche Elemente der Mikromacht, die es nach Foucault zu untersuchen gilt, um sich aus der Fixierung der Analyse auf die (staatlichen) Zentren der Macht zu lösen.

### 3.3.2 „Dispositive der Macht" – die Verkopplung von Diskurs und Disziplinarpraktiken

Macht wird ausgeübt über *Dispositive*, in denen *Disziplinarpraktiken* und *wissensbildende Diskurse* in einem wechselseitigen Zusammenhang verkoppelt sind (vgl. Foucault 1978, S. 119 f.; ähnlich Jäger 2001). Was ist mit diesen Begriffen gemeint, und wie hängen sie konzeptionell zusammen?

### Der Dispositivbegriff

Die Elemente des Dispositivs werden gebildet durch ein „... heterogenes Ensemble, das Diskurse, Institutionen, architekturale Einrichtungen, reglementierende Entscheidungen, Gesetze, administrative Maßnahmen, wissenschaftliche Aussagen, philosophische, moralische oder philanthropische Lehrsätze, kurz:

Gesagtes ebenso wohl wie Ungesagtes umfasst. Soweit die Elemente des Dispositivs. Das Dispositiv selbst ist das Netz, das zwischen diesen Elementen geknüpft werden kann" (Foucault 1978, S. 119 f.). Gemeint ist vermutlich, dass die Elemente und ihre Verknüpfungen zusammen das Dispositiv ergeben; gleichwohl bleibt die Begriffsbestimmung von Foucault unklar. Etwas klarer ist die Definition aus einem Einführungstext in das Werk von Foucault: „... Dispositive (sind) machtstrategische Verknüpfungen von Diskursen und Praktiken, Wissen und Macht" (Fink-Eitel 1997, S. 80; ähnlich Jäger 2001, S. 82). Vereinfacht und allgemein kann man (in Anlehnung an Marsden 1993, S. 110) sagen: Handeln (nicht-diskursive Praktiken) und Reden (diskursive Praktiken) sind in Dispositiven verknüpft und üben Macht aus, indem sie Verhalten beeinflussen und Menschen formen. Diese Formung oder Sozialisation (ein Begriff, den Foucault allerdings m.E. nicht verwendet) bildet ein wesentliches Element der Macht von Organisationen, die aber nicht nur in und von diesen allein durch ihre Praktiken ausgeübt wird, sondern bereits in früher Kindheit mit der Erziehung beginnt und auch mit dem Verlassen der Organisation nicht endet, sondern z.B. über Darstellungen in Medien fortgesetzt wird. Nehmen wir das Beispiel der Personalführung: Betriebliche Führungspraktiken und das „Reden" über Führung (in wissenschaftlichen Darstellungen, aber auch auf Seminaren oder unter Kollegen) sind, so verstehe ich Foucault, systematisch in Dispositiven verbunden. Und weil diese Machtausübung nicht ohne weiteres bei „Herrschern" oder sonstigen Zentren zu lokalisieren ist, bleibt sie vielfach unbemerkt und quasi unsichtbar. Betrachten wir als Nächstes die im Dispositiv verbundenen Elemente Disziplinarmacht (eine Form von Praktiken) und Diskurs.

### Disziplinarmacht und ihre Erscheinungsformen

Eine spezifische Form von Praktiken bilden Disziplinarpraktiken; Foucault spricht auch von *Disziplinarmacht* oder von Disziplin bzw. Disziplinen. Was ist damit gemeint? „Die Disziplin ist im Grunde der Machtmechanismus, durch den es uns gelingt, im sozialen Körper auch die winzigsten Elemente zu kontrollieren, durch die es uns gelingt, auch die sozialen Atome zu erreichen, das heißt auch die Individuen: Individualisierungstechniken der Macht. Wie jemanden überwachen, sein Verhalten kontrollieren, sein Betragen, seine Anlagen, wie seine Leistung steigern, seine Fähigkeiten vervielfältigen, ihn dorthin stellen, wo er nützlicher ist. Das ist, meiner Meinung nach, die Disziplin" (Foucault 1999, S. 182). Die Wissen erzeugenden und Ordnung schaffenden Mechanismen der Disziplinarmacht finden ihre höchste Vereinigungsform im *Panoptismus*, das heißt, hier verbinden sich die Disziplinartechniken und verstärken sich gegenseitig in ihrer Wirkung. Nach Foucault verkörpert sich Disziplinarmacht in Armeen, Schulen, Klöstern und Fabriken (vgl. auch Treiber/Steinert 1980), vor allem aber – sozusagen idealtypisch, in reiner Form – im Gefängnis. Das Gefängnis bildet ein panoptisches System, dessen Besonderheit darin besteht, dass es den Kontrolleuren ermöglicht, die Insassen zu „sehen", ohne selbst gesehen zu werden. Die Kontrolleure können die Insassen von diesen unbemerkt beobachten. Hiermit wird „... das automatische Funktionieren der Macht sichergestellt" (Foucault 1995, S. 258), denn durch die permanente Möglichkeit des Gesehenwerdens muss der Kontrolleur seine Kontrolle gar nicht mehr ausüben; die Insassen vergegenwärtigen die andauernde Kontrollmöglichkeit und verhalten sich danach. Im Wesentlichen beruhen die sich im panoptischen Modell kumulierenden Disziplinartechniken, die sich auch in Unternehmen finden, auf folgenden Prinzipien oder Mechanismen (vgl. zu etwas anderen Unterteilungen Neuberger 1997; Townley 1994; Fink-Eitel 1997):

*Teilung in räumlicher und zeitlicher Hinsicht.* Mit räumlicher Teilung meint Foucault (1995, S. 181 ff.) die „bauliche Abschließung eines Ortes von allen anderen Orten", z.B. durch eine Zelle im Kloster; aber auch durch die Ordnung eines Industriebetriebes in Form der Zuweisung von Personen zu bestimmten Funktionsstellen. In zeitlicher Hinsicht wird Zeit „geteilt", genau geplant und strukturiert, etwa in Form des streng normierten Tagesablaufes in Klöstern, Armeen, aber auch Unternehmen.

*Abstimmung zwischen Person, Fähigkeiten und Objekt.* Foucault (1995, S. 195) spricht zum einen von „Zusammenschaltung von Körper und Geste" und meint damit die Verbesserung bestimmter Fähigkeiten durch ständiges Üben (Beispiel: „Schönschreiben"). Zum anderen nennt er die „Zusammenschaltung von Körper und Objekt" (Foucault 1995, S. 196), z.B. die Abstimmung der Verhaltensweisen und Fähigkeiten auf die Bedienung einer Maschine.

*Hierarchische Kontrolle, Bewertung und Sanktionierung.* Foucault spricht plakativ-schaurig von den „Mitteln der guten Abrichtung" (1995, S. 220). Ein wesentliches Element bildet die hierarchische Überwachung durch das panoptische System, durch den „zwingenden Blick" (Foucault 1995, S. 221; siehe zur Anwendung auf Personalinformationssysteme Ortmann 1984). Aber nicht nur Überwachung allein kanalisiert Verhalten. Anhand von Bewertungssystemen werden Personen eingeteilt, z.B. in die Kategorien „gut/schlecht" oder auch in differenziertere Rangordnungen wie bei Personalauswahl- bzw. Personalbeurteilungsverfahren. Den Bewertungen sind Belohnungen und Bestrafungen zugeordnet. Foucault (1995, S. 229) spricht von „Subjustiz", die das Verhalten sanktioniert und normiert. Vervollständigt wird dieses Ensemble von Disziplinartechniken durch die „Prüfung": Foucault (1995, S. 238 ff.) zählt hierzu ärztliche Visiten in Krankenhäusern ebenso wie Überprüfungen von Arbeitskräften, Prüfungen in Schulen oder auch Inspektionen in der Armee.

*Erfassung, Beschreibung, Klassifizierung.* Eine wesentliche Voraussetzung der räumlichen und zeitlichen Zerlegung und Neuordnung bildet genaues Wissen über Abläufe, über Menschen und Strukturen. Hier zeigt sich die untrennbare Verbindung von Wissen und Macht: Einerseits schafft Wissen die Voraussetzungen für die Ausübung von Macht z.B. in Form von Funktions- und Rangordnungen, andererseits fördert diese Macht die Gewinnung von Wissen durch eine bessere Überwachung.

Sieht man einmal von den zum Teil sprachlich eigenwilligen Formulierungen ab, ähneln diese Prinzipien wohl nicht zufällig denjenigen der Wissenschaftlichen Betriebsführung (vgl. Taylor 1917) und der mechanistischen betriebswirtschaftlichen Organisationslehre (z.B. Kosiol 1962). Ein wichtiger Bestandteil dieser Lehren ist die Systematisierung von Praktiken, mit deren Hilfe das Verhalten von Menschen organisiert und zielgerichtet gesteuert werden kann. Genau um eine solche systematische Beschreibung derartiger Praktiken geht es Foucault, allerdings in kritischer Absicht.

## Diskurse

Was ist mit Diskurs als weiteres wesentliches Element von Dispositiven gemeint? Diskurse sind *institutionell verfestigte Redeweisen* (Link 1983, S. 60; Jäger 2001, S. 82). Diskurse reproduzieren Weltbilder, unsere Sicht der Wirklichkeit. Damit bestimmen Diskurse Handeln. Wer macht die Diskurse? „Das Individuum macht den Diskurs nicht, eher ist das Umgekehrte der Fall" (Jäger 2001, S. 86). Diskurse sind nicht von Einzelnen zielgenau zugeschnitten, sie sind (u.U. ein ungewolltes) Ergebnis eines kollektiven Prozesses, das dem Einzelnen gleichsam vergegenständlicht, nämlich in Symbolen (sprachlich, bildlich usw.) gegenübertritt. So vermitteln z.B. Kino- oder Fernsehfilme, Zeitungsberichte, aber auch Wissenschaft und Werbung (als Elemente von Diskursen) ein Bild des Arbeitnehmers und der Arbeitswelt, das mit dazu beiträgt, Menschen zu „Arbeitnehmern" zu machen, die den Ansprüchen der Unternehmen genügen. Ein Diskurs ist abgrenzbar über bestimmte Kollektivsymbole (Link 1982; Jäger 2001; s.a. Foucault 1971).

Hierzu zwei Beispiele: Begriffe wie „Blaumacher" bzw. „Blaumachen" dürften wichtige Kollektivsymbole im Diskurs über betriebliche Fehlzeiten sein. An solchen Symbolen, die auch in bildlichen Darstellungen, etwa in Karikaturen etc. zum Ausdruck kommen können, kristallisieren sich Debatten, hier schließen sich andere Begriffe wie „Edelabsentist" (Nieder 1987) und „Krankfeiern" an, und man verbindet diese Begriffe bzw. Symbole mit Statistiken, die einen Zusammenhang zwischen Arbeitslosenquote und (krankheitsbedingten) Fehlzeiten suggerieren. Damit wird ein bestimmter Blick auf die Realität geworfen und diese dadurch in gewisser Weise erst geschaffen: Man interpretiert Fehlzeiten aller Art als vom Arbeitnehmer zu seinen Gunsten gewollt und als vom Arbeitgeber nicht verursacht und unerwünscht (detaillierter hierzu Ortlieb 2002). Die aus solchen Diskursen entstehenden Deutungsmuster haben eine verhaltensbeeinflussende Funktion – die Ausforschung von länger fehlenden Beschäftigten über sog. „Rückkehrgespräche" wird dadurch legitimiert, und man ist eher geneigt, auch krank zur Arbeit zu gehen, denn wer möchte schon gern als „Blaumacher" angesehen werden. Da solche Diskurse Verhalten beeinflussen, die zugleich vorrangig den Interessen der Arbeitgeber dienen und ihren Machtvorteil gegenüber den Arbeitnehmern stabilisieren, kann man Diskursen Machtwirkung zusprechen. Ein zweites Beispiel: Auch in Diskussionen um „Personalführung" lassen sich Diskurse, verfestigte, subjektformende und machtausübende Redeweisen, finden. Führungstheorien etwa, die die Überlegenheit des „Führers" herausstellen, sei es in Form bestimmter Eigenschaften wie Körpergröße oder (neuerdings: sozialer) Intelligenz, sei es in Form von Charisma, das ihm auf Grund bestimmter Merkmale zugeschrieben wird, legitimieren Über- und Unterordnung und erleichtern Führung (Machtausübung) für die Vorgesetzten. Solche Theorien mögen zwar wissenschaftlich nicht haltbar sein, sie sind aber doch in den Alltagstheorien nach wie vor subjektiv gültig und weit verbreitet. Reproduziert werden derartige „great man"-Theorien nicht nur über die wissenschaftliche Diskussion und im

164

Kontext der betrieblichen Personalführung; auch in den Medien werden politisches Geschehen, wirtschaftliche Veränderungen oder die Lösung von Kriminalfällen sehr häufig mit „großen Männern" in Verbindung gebracht, die Dinge vorantreiben, verhindern, Probleme lösen, kurz: die Welt bewegen; WahlkampfstrategInnen, WirtschaftsjournalistInnen, RomanautorInnen und FilmemacherInnen bedienen sich dieser Sichtweise und verstärken sie damit.

### 3.3.3 Zusammenhänge zwischen Macht und Wissen

Disziplinarmacht geht mit Wissensproduktion untrennbar einher. Sie ist mit Diskursen verkoppelt. Erstens werden Disziplinarpraktiken über Diskurse gestützt: Führungstechniken, Instrumente der Personalführung werden durch Rückgriff z.B. auf die Diskussion der Führungstheorie abgesichert. Zweitens produzieren Disziplinarpraktiken Wissen, das wiederum in Diskurse einfließt. So erzeugen betriebliche Disziplinarpraktiken nicht nur Wissen über die Mitarbeiter, das vom Management zu Machtzwecken genutzt werden kann – Disziplinarpraktiken erzeugen auch ein bestimmtes „Bild" von erwünschten Arbeitnehmern und von der Arbeitswelt und verstärken es immer wieder. Nehmen wir das Beispiel der Personalbeurteilung. Diese Disziplinartechnik dient zum einen der Erzeugung von Wissen über die Mitarbeiter, das vom Management eingesetzt werden kann, um Mitarbeiter Stellen zuzuordnen, Verhalten zu sanktionieren usw.; zum anderen wird auch bei den Beurteilten verhaltensbeeinflussendes Wissen erzeugt: Die Beurteilungsergebnisse werden den Mitarbeitern mitgeteilt, um ihnen so zu vermitteln, welches Verhalten erwünscht und welches unerwünscht ist.

### 3.3.4 Handlungstheoretischer Hintergrund

Eine theoretisch fundierte Sicht der Macht verlangt nach einer systematischen Begründung dafür, warum bestimmte Dispositive entstehen und warum man vermuten kann, dass Machtpraktiken (Diskurse und Disziplinarmacht) wirkungsvoll sind. *Warum entstehen Dispositive?* Dispositive kommen zustande bzw. verändern sich, wenn ein vorhandenes Dispositiv prekär wird, das heißt, den Zweck der Handlungsbeeinflussung nicht mehr erfüllt: „... der Sozius oder die hegemonialen Kräfte, die damit konfrontiert sind, sammeln die Elemente zusammen, die sie bekommen können, um diesem Notstand zu begegnen, also Reden, Menschen, Messer, Kanonen, Institutionen etc., um die entstandenen 'Lecks' – den Notstand – wieder abzudichten ..." (Jäger 2001, S. 90). In diesem Zitat eines Foucault-Interpreten werden Subjekte unterstellt, die sich bestimmter Machtmittel bedienen. Foucaults Ansatz ist wohl auch nicht akteurslos konzipiert (wie Honneth 1986 meint), sondern eher akteursfern. Diese Deutung korrespondiert auch mit den Ausführungen von Foucault dazu, warum sich die indirekt wirkende Disziplinarmacht erst in der modernen Gesellschaft entwickelt hat, während früher die Macht stärker direkt über den staatlichen Souverän (den König) und sichtbarer ausgeübt wurde. Die Ursachen der Verbreitung der Disziplinarmacht lägen allgemein vor allem in der raschen „Vergrößerung der zu kontrollierenden und zu manipulierenden Gruppen" und speziell auf Unternehmen bezogen im „Anwachsen des Produktionsapparates" (Foucault 1995, S. 280). Direktere Formen der Kontrolle wären bei großen Betrieben und einer großen Menge von zu

Kontrollierenden zu kostspielig und riefen zu leicht Widerstand hervor (Foucault 1995, S. 281). Foucault (1999, S. 183) weist zudem darauf hin, dass Disziplinarmacht erst relevant wurde, als Armeen und Betriebe (auf Grund des technischen Fortschritts) gut ausgebildete Menschen benötigten; erst die gut Ausgebildeten galt es so zu führen, dass sie sich selbst führten – dass sie solche Einstellungen, Werte und Ziele verinnerlichten, die systemkonformes Verhalten sicherstellten. Meiner Meinung nach kommt auch diese Theorie nicht ohne (implizite) Annahmen über Akteure aus. Ohne die Unterstellung, dass es Akteure sind, die mit ihren Disziplinartechniken bestimmte Interessen verfolgen, Diskurs initiieren und sich zu Nutze zu machen versuchen, ergäbe die Foucaultsche Perspektive wenig Sinn. Eine explizite Akteurstheorie bzw. ein expliziter Rückgriff auf eine solche Theorie fehlt allerdings bei Foucault. Auch finden sich wenig systematische Ausführungen zu der – natürlich sehr schwer zu beantwortenden – Frage danach, wie genau und unter welchen Bedingungen welche Diskurse entstehen.

Nicht nur die Entstehung, sondern auch die *Wirkungsweise von Dispositiven* lässt sich nur mit akteurstheoretischen Annahmen begründen. Bei Foucault finden sich Hinweise darauf, dass Mechanismen bzw. Prozesse wie Sozialisation und die Verinnerlichung von Werten eine wichtige Rolle spielen. Menschen verinnerlichen Fremdzwänge, nehmen die daraus resultierenden Selbstzwänge nicht mehr wahr und reagieren nicht mehr mit Passivität, Reaktanz und erst recht nicht mit Widerstand. Aber auch Legitimationsprozesse, ökologische Kontrolle und Zwang (wie sie insb. von French/Raven 1959 angeführt werden) spricht Foucault vor allem im Zusammenhang mit den Disziplinartechniken an. Insofern findet sich hier so viel Neues nicht. Positiv gewendet: Foucaults Machtperspektive ist wenigstens teilweise anschlussfähig an konventionellere Ansätze. Versuchen wir uns am Beispiel klarzumachen, wie Dispositive wirken. Von Vertretern des foucaultianischen Ansatzes werden Personalauswahl- und Personalbeurteilungsverfahren als Disziplinartechnik interpretiert (Laske/Weiskopf 1996; Neuberger 1997; Kompa 1999). Wie formen Auswahlpraktiken die Subjekte, und das mit ihrer eigenen Beteiligung? Zum einen: Wer auf der Bühne des Assessment Centers (AC) den Selbstbewussten, den Durchsetzungs- oder Teamfähigen spielt und als solcher klassifiziert wird, wird auch weiterhin diese Persönlichkeit darstellen müssen und sie dann irgendwann werden. Bei Foucault und auch bei Laske/Weiskopf findet man zwar kaum etwas zu den theoretischen Mechanismen, die hier wirksam werden, aber die Überlegungen dürften durch die Theorie der Kognitiven Dissonanz (Festinger 1957) fundierbar sein. Man gibt durch ein „öffentlich" dargestelltes Verhalten ein kognitionserzeugendes Commitment ab, ein späteres, dieser Kognition zuwiderlaufendes Verhalten würde Dissonanz erzeugen, die in der Regel vermieden wird – hier durch Orientierung an der einmal gespielten Rolle. Das AC-Verfahren wirkt zum anderen sanktionierend. Ausgewählt zu werden ist zugleich ein Ansporn, und wer ein AC-Verfahren erfolgreich absolviert hat, wird kaum noch die Trennung zwischen „Sehenden" (den Beurteilern) und den „Gesehenen" (den Beurteilten) in Frage stellen. Insgesamt verkörpert sich im AC-Verfahren eine Disziplinartechnik, deren Machtgehalt gerade deswegen leicht übersehen werden kann, weil sie über einen Diskurs abgesichert ist – über den wissenschaftlichen Diskurs, in dem man dieser Technik eine hohe

Validität zuschreibt (Laske/Weiskopf 1996, S. 312; ähnlich Neuberger 1997, S. 515). In der Managementdiagnostik und erst recht in der Personallehre nimmt man an, dass die Methode des AC gut geeignet ist, die „Besten" zu identifizieren (siehe z.b. Jeserich 1995; kritisch Kompa 1999). Damit hat dieser Diskurs eine machtsichernde Funktion – völlig unabhängig davon, ob nun tatsächlich über das AC die „Besten" gefunden werden. Allerdings ist Personalauswahl und erst recht das AC nur ein einziges Element eines umfassenderen, mächtigen personalwirtschaftlichen Dispositivs.

### 3.3.5 Kritik und Zwischenfazit

In gewisser Weise attraktiv und problematisch zugleich ist die Art und Weise, wie Foucault seine Argumente präsentiert. Seine Sprache ist eigenartig und blumig, seine Texte sind eher essayistisch; der Mühe, präzise Definitionen oder gar empirisch prüfbare Hypothesen zu formulieren, unterwirft sich Foucault nicht; ein Anschluss an die zeitgenössische Theoriebildung wird von ihm nicht versucht. Hinzu kommt, dass Foucault häufig seine theoretischen Positionen gewechselt (Neuberger 1997, S. 506; Fink-Eitel 1997, S. 20) und sich nicht selten selbst widersprochen hat. Vielleicht ist es gerade dies, was Foucault interessant macht. Seine Arbeiten bieten der Suche nach Analogien und „neuen Ordnungen" gehörigen Raum – er fordert auch dazu auf, seine Arbeiten als „Werkzeugkasten" zu nutzen. Zudem sind seine Begriffe und Formulierungen eigenwillig genug, um die Bildung einer wissenschaftlichen Schule zu fördern.

Das Machtkonzept wirft jedoch auch inhaltliche Schwierigkeiten auf. Vor allem bleibt unscharf, was genau der Erklärungsgegenstand der Machttheorie von Foucault ist. Meines Erachtens überlagern sich in den Arbeiten von Foucault und seinen Interpreten zwei unterschiedliche, wenn auch nicht ganz unabhängige Erklärungssachverhalte: einerseits geht es um Macht und Abhängigkeit als Dimension sozialer Beziehungen, andererseits um Macht im Sinne der Formung von Menschen in Sozialsystemen. Die Unterschiede und Verbindungen dieser beiden Aspekte werden nicht konsequent genug herausgearbeitet. Sehen wir uns diese beiden Fassungen von Macht näher an, denn beide sind mit einigen Problemen verbunden. *Erstens* geht es bei Foucault – ähnlich wie in den Ansätzen von Emerson und von French/Raven auch – um *Macht und Abhängigkeit als Merkmal sozialer Beziehungen*. Dies kommt darin zum Ausdruck, dass Foucault besonders die Disziplinarpraktiken als Mittel der Durchsetzung der Interessen bestimmter Akteure hervorhebt. Zwar sagt Foucault mehrfach, dass er eine Sichtweise von Macht im Sinne von: Wer hat Macht über wen? ablehnt, ohne diese Ablehnung aber konsequent durchzuhalten. Denn weder Foucault noch seine Interpreten können es vermeiden, mächtige Akteure zu benennen, Ziele und Interessen, die diese mit ihren Disziplinarpraktiken verfolgen, zu unterstellen und die Interessengegensätze und Konflikte zwischen mächtigen und weniger mächtigen Akteuren zu thematisieren. Damit argumentieren sie wenigstens *implizit* akteurstheoretisch. Es fehlen aber *explizite*, in allgemeineren Theorien verankerte Annahmen über die Akteure, über ihre Beweggründe und Beziehungen. Zudem ist das sehr weite und zu unspezifische Machtkonzept problematisch: Wenn alles Macht ist – vom Assessment Center bis hin zur Personalplanung, von der autoritären bis hin zur partizipativen Personalführung, von der Mitbestimmung über den Betriebsrat bis hin zur Arbeiterselbstverwaltung –, dann sind keine Differenzen zu Nicht-Macht und auch nicht zwischen mehr oder weniger Macht erkennbar (Alvesson/Sköldberg 2000, S. 230 f.; Fink-Eitel 1997, S. 88; Breuer 1987, S. 330; Honneth 1986). Zudem werden auch in Foucaults Theorie Macht und Herrschaft analytisch nicht getrennt. Zwar mag Macht „überall", in jeder sozialen Beziehung sein, aber Herrschaft ist etwas anderes, nämlich verfestigte, institutionalisierte Macht (Bahrdt 1990, s.a. Jermier/Knights/Nord 1994).

Zentral ist in den Arbeiten Foucaults jedoch eine *zweite*, sehr weitgreifende Sichtweise von Macht. Es geht ihm vorrangig darum zu untersuchen, *wie Sozialsysteme ihre Mitglieder formen, sie individuieren und sozialisieren.* Interessengegensätze zwischen Akteuren, ihre möglicherweise ungleichen Machtpotenziale sind für Foucault in diesem Zusammenhang offenbar weniger von Bedeutung. Aber auch hier fehlen meiner Meinung nach akteurstheoretische Begründungen. Bei vielen Argumenten Foucaults wäre z.B. ein Rückgriff auf Sozialisationstheorien sinnvoll, etwa um zu begründen, warum und auf welche Weise bestimmte Praktiken Psyche und Verhalten formen. Das Machtkonzept Foucaults kann die eher „traditionelle" Machtperspektive erweitern. Es zeigt, dass bei der Analyse von Macht nicht nur darauf zu schauen ist, wer welche objektiv gegebenen Ressourcen kontrolliert. Subjektive Weltbilder (Wert-Wissens-Systeme) und Interessen werden durch Machtverteilungen beeinflusst und stabilisieren sie gleichzeitig. Deswegen darf sich die Analyse von Macht nicht allein auf gegebene Austauschbeziehungen, gegebene Interessen und scheinbar objektiv vorhandene Ressourcen beschränken. So ist z.B. Personalführung in unserem Vormann-Meier-Beispiel nicht nur als ein Element in einem Ensemble von Machttechniken zu sehen; unter Rückgriff auf Foucaults Überlegungen wird analysierbar, dass Diskurse über Führung unser Denken prägen und unter Umständen Führung im Sinne der Einflussnahme des Vorgesetzten weitgehend überflüssig machen können (s.a. Türk 1981). Die „Machtgeladenheit" etwa des Assessment Center-Verfahrens ist mit dem tauschtheoretischen Ansatz von Emerson allein oder mit der Machtbasen-Theorie von French/Raven schwerlich zu erkennen. Insofern kann Foucaults mikroanalytische Sicht andere macht- und politikorientierte Analysen zumindest ergänzen.

## 4 Statt einer Zusammenfassung: ein Theorievergleich

Die wichtigsten Unterschiede zwischen der Macht-Abhängigkeits-Theorie von Emerson, der Machtbasen-Theorie von French/Raven und dem Ansatz von Foucault lassen sich am Beispiel des Vorgesetzten Vormann und seines Untergebenen Meier zeigen. Sehen wir uns die Antworten der drei Theorien auf zwei Fragen an. Die *erste* Frage lautet: Warum verhält sich Meier verhaltenskonform? Nach der Macht-Abhängigkeits-Theorie zeigt der Untergebene Meier Verhaltenskonformität, wenn die Abhängigkeit von Meier von Vormann größer ist als umgekehrt die Abhängigkeit des Vorgesetzten Vormann von seinem Untergebenen Meier. Die Machtbasen-Theorie von French/Raven sagt Verhaltenskonformität von Meier voraus, falls die „Kraft" bzw. das Machtpotenzial von Vormann größer ist als die von Meier. In dieser Hinsicht ähneln sich die Auffassungen der beiden Theorien sehr stark. Der dritte Ansatz, von Foucault, ist im Grunde nicht auf die Mikroperspektive eines Austauschverhältnisses angelegt. Man würde hiernach eher fragen, warum sich Meier *und* Vormann konform verhalten, warum sich der eine als Untergebener, der andere als Vorgesetzter in seine jeweilige Rolle fügt. Die *zweite* Frage, an der wir die Unterschiede zwischen den Theorien zeigen können, lautet: Worauf beruht die Macht der Akteure bzw. woraus resultiert die (ungleiche) Machtverteilung? Hier sind die Unterschiede in den Antworten deutlicher als bei der ersten Frage. Bei der Macht-Abhängigkeits-Theorie ist Abhängigkeit eine Funktion der Interessen an bestimmten Ressourcen, der Kontrolle über Ressourcen und der alternativen Möglichkeiten der Ressourcenbeschaffung. Die Wahrscheinlichkeit, mit der man bestimmte Ressourcen erlangen kann, wird nicht systematisch einbezogen. Nach der Machtbasen-Theorie hängt die Macht von Vormann ab von dem wahrgenommenem Wert der Belohnungen und Bestrafungen bzw. des Wissens, also auch von Ressourcen, die Vormann für Meier kontrolliert, gewichtet allerdings mit der von Meier subjektiven geschätzten Wahrscheinlichkeit dafür, dass er bei Verhaltenskonformität das von ihm gewünschte Ergebnis erhält. Unterschiede zwischen den beiden Theorien bestehen darüber hinaus darin, dass die Machtbasen-Theorie über Ressourcenkontrolle hinaus Prozesse wie Identifikation und Legitimation in den Vordergrund rückt, die von Emerson nicht berücksichtigt werden. Dagegen lässt die Machtbasen-Theorie außer Acht, dass für die Machtrelation – für das Kräfteverhältnis, so würden es French und Raven nennen – die alternativen Ressourcenquellen eine wesentliche Rolle spielen: Sie vernachlässigt, dass die Macht des Vorgesetzten ceteris paribus umso höher ist, je mehr er auf alternative Ressourcen, z.B. auf alternative Wissensquellen in Form von Expertenwissen, zurückgreifen kann. Anders ist die Perspektive der Foucaultschen Theorie. Hier sind es erstens die „kleinen" Machttechniken, die sowohl bei dem Geführten als auch beim „Führer" Konformität erzeugen: die räumliche Trennung (stellen wir uns vor: Vormann hat ein eigenes Büro, Meier arbeitet dagegen mit anderen Untergebenen im Großraumbüro), die „Übung" (die Gewöhnung an die Vorgesetzten- oder Untergebenensituation), die Verinnerlichung der Selektion, Kontrolle und Beobachtung durch Personalauswahl und Personalbeurteilungen, die Sanktionierung über Aufstieg und Gehaltserhöhungen. Diese Techniken sind verkoppelt mit wahrnehmungsprägenden und handlungsbeeinflussenden (also machtausübenden) Diskursen über das „richtige Vorgesetztenverhalten" und das „richtige Mitarbeiterverhalten". Sicher gibt es zwischen den Theorien weitere Unterschiede. Diese sollen hier aber nicht mehr dargestellt werden. Zum Schluss will der Autor den Lesern eine Variation des eingangs verwendeten Zitats von Mintzberg zumuten: „Wer jetzt weiß, was Macht ist, sollte anderswo weiterlesen."

## 5 Empfohlene Literatur

### Basisliteratur

Pfeffer, J. 1981: Power in Organizations, Cambridge.
*Dieses Buch über Macht in Organisationen ist zwar schon etliche Jahre alt, aber immer noch das umfassendste und am besten lesbare.*

Neuberger, O. 1995: Mikropolitik. Der alltägliche Aufbau und Einsatz von Macht in Organisationen, Stuttgart.
*Der Untertitel des Buches sagt treffend, worum es geht: „um den alltäglichen Aufbau und Einsatz von Macht in Organisationen". Zum einen wird das Phänomen der Mikropolitik ausführlich und detailliert beschrieben. Zum anderen stellt Oswald Neuberger vier unterschiedliche theoretische Zugänge zur Erklärung des Zustandekommens, des Einsatzes und z.T. auch der Wirkungen von Macht dar.*

## Weiterführende Literatur

Pfeffer, J. 1992: Power-Management, Wien.
*Jeffrey Pfeffer demonstriert an einer Vielzahl von anschaulichen Beispielen, wie Macht entsteht, erfolgreich (aber auch erfolglos) eingesetzt wird und wie Macht wieder verloren geht. Pfeffer folgt der Grundstruktur seines Buches von 1981 und reichert seine Ausführungen mit vielen fallstudienartigen Beispielen an.*
Elsîk, W. 1998: Personalmanagement als Spiel, Stuttgart.
*Der umfassendste Überblick über Macht im Bereich des Personalmanagements. Sämtliche Felder des Personalmanagements (Personalauswahl und -beurteilung, Entlohnung etc.) werden aus einer mikropolitischen und durch Giddens inspirierten strukturationstheoretischen Perspektive analysiert. Wer sich für die „Machthaltigkeit" von Personalmanagement interessiert, muss dieses Buch von Wolfgang Elšik lesen!*
Mintzberg, H. 1983: Power in and around Organizations, Englewood Cliffs.
*Die Grundidee von Mintzberg ist sehr innovativ, bisher jedoch wenig in empirische Forschung umgesetzt worden: Das Handeln und die Struktur von Organisationen sind durch unterschiedliche Kombinationen (Henry Mintzberg spricht von Machtkonfigurationen) interner und externer Koalitionen beeinflusst. Wenn z.B. eine dominante, starke externe und eine bürokratische interne Koalition zusammen auftreten, dann liegt eine Machtkonfiguration vor, die Mintzberg als „instrumentalisierte Organisation" bezeichnet. Eine Kurzfassung und Illustration dieses Konzepts findet sich bei Martin, A./Bartscher, S. 1993: Macht und Konflikte in Unternehmungen, in: Bartscher, S./Bomke, P. (Hrsg.): Einführung in die Unternehmungspolitik, Stuttgart, S. 323-376.*
Townley, B. 1994: Reframing Human Resource Management. Power, Ethics and the Subject at Work, London u.a.
*In diesem Buch wird der Ansatz von Michel Foucault auf das Feld des Personalmanagements angewandt. Barbara Townley durchleuchtet sämtliche Bereiche der Personalarbeit mit Hilfe eines Wissen/Macht-Konzepts – Personallehre anders „gerahmt".*

## Übersichtsdarstellungen

Sandner, K. 1990: Prozesse der Macht, Berlin u.a.
*Karl Sandner gibt nicht nur einen umfassenden Überblick über die wichtigsten Machttheorien und die Diskussionen um die Konzeptionalisierung von Macht, sondern führt Theoriestränge konstruktiv zusammen und entwickelt damit die Machtperspektive weiter.*

Hardy, C./Clegg, S.R. 1996: Some Dare Call it Power, in: Clegg, S.R./Hardy, C./Nord, W.R. (Hrsg.): Handbook of Organization Studies, London/New Delhi, S. 622-641.

*Cynthia Hardy und Stewart Clegg geben in diesem Handbuchartikel einen kritischen Überblick über die wichtigsten und immer noch andauernden Debatten zum Problem der Macht in Organisationen.*

### Exemplarische Forschungsarbeiten

Hinings, D.J./Hickson, D.J./Pennings, J.M./Schneck, R.E. 1974: Structural Conditions of Intraorganizational Power, in: Administrative Science Quarterly, 19, S. 22-43.

*In dieser Untersuchung werden die Bestimmungsgründe von Macht unter Rückgriff auf austauschtheoretische Überlegungen von Emerson in 28 Abteilungen in sieben Organisationen untersucht. Die Macht einer Abteilung ist, so zeigt sich, eine Funktion von drei Einflussgrößen: Die Macht ist umso höher, je mehr die Abteilung in der Lage ist, für die Organisation wichtige Unsicherheiten zu bewältigen, je weniger sie ersetzbar und je zentraler die Abteilung für die Erfüllung der Arbeitsaufgaben der Organisation ist.*

Pfeffer, J./Moore, W.L. 1980: Power in University Budgeting: A Replication and Extension, in: Administrative Science Quarterly, 25, S. 637-653.

*Jeffrey Pfeffer und William Moore untersuchen die Bestimmungsgründe und die Wirkungen von Macht an insgesamt 40 Departments (Fachbereichen) an zwei Universitäten. Die Macht von Fachbereichen (gemessen über Befragungen und über die Repräsentation der Fachbereiche in wichtigen Gremien) ist umso größer, je mehr sie Ressourcen für die Universität akquirieren, zudem steigt mit zunehmender Macht der Anteil der Fachbereiche am Gesamtbudget unabhängig von der Anzahl der Studierenden.*

Sofsky, W./Paris, R. 1994: Figurationen sozialer Macht, Frankfurt a.M.; Ortmann, G./Windeler, A./Becker, A./Schulz, H.J. 1990: Computer und Macht in Organisationen. Mikropolitische Analysen, Opladen.

*Diese beiden Arbeiten sind nicht quantitativ wie die zwei vorstehend genannten angelegt. Vielmehr zeigen sie in tiefgehenden qualitativen Fallstudien die Prozesse der Entstehung und Anwendung von Macht – wissenschaftliche Berichte mitten aus dem „Leben in Organisationen".*

### Messinstrumente

Raven, B.H./Schwarzwald, J./Koslowsky, M. 1998: Conceptualizing and Measuring a Power/Interaction Model of Interpersonal Influence, in: Journal of Applied Social Psychology, 28, S. 307-332.

*Wer die Machtbasen von French und Raven empirisch erfassen will, findet in diesem Aufsatz einen entsprechenden Fragebogen.*

Blickle, G. 1995: Wie beeinflussen Personen erfolgreich Vorgesetzte, KollegInnen und Untergebene? Skalenentwicklung und -validierung, in: Diagnostica, 41, S. 245-260.

*In dieser Untersuchung wird eine im Aufsatz abgedruckte Selbsteinschätzungsskala verwendet, um unterschiedliche Strategien der Einflussnahme zu erfassen.*

171

*Es zeigt sich, dass sich die Strategien über vier Faktoren beschreiben lassen: Druck machen, übergeordnete Instanzen einschalten, Einschmeicheln, rationales Überzeugen.*

## Anmerkungen

[1] Falls nicht anders angegeben, sind alle Zitate aus englischsprachigen Quellen von mir übersetzt worden.

[2] Außerdem sollte man diese drei Antworten auf eine allgemeine theoretische Grundlage zurückführen. Dass dies durchaus möglich ist, zeigt Esser (1999) – aber dies ist hier nicht unser Thema.

[3] Weber präzisiert diese sehr weite Fassung der Machtgrundlagen, wenn er auf Herrschaft als spezifische Form der Macht zu sprechen kommt (1980, S. 122 ff.).

[4] Damit unterscheidet sich die handlungstheoretische Basis der Perspektive von Emerson erheblich von der Colemans (z.B. 1991), der zwar Emersons Machttheorie aufgegriffen hat, aber vom Handlungsmodell des homo oeconomicus ausgeht. In Emersons früherem Aufsatz von 1962 sind allerdings Annahmen enthalten, die dem Konzept der beschränkten Rationalität deutlicher näherkommen als in späteren Arbeiten.

[5] Einen groben Indikator für das Interesse erhält man, wenn man die Einschätzungen der Befragten hinsichtlich der Wichtigkeit mit der Unzufriedenheit multipliziert (auf Basis der Prozentwerte für Wichtigkeit und Unzufriedenheit). Ein besonders hoher Wert kommt zustande, wenn einem Befragten ein Aspekt der Arbeitstätigkeit besonders wichtig ist und er mit diesem Aspekt gleichzeitig sehr unzufrieden ist. Die oben genannten drei Aspekte weisen dann die höchsten Werte auf. Dies gilt sowohl in West- als auch in Ostdeutschland, die Reihenfolge unterscheidet sich allerdings.

[6] French/Raven verwenden statt A und B die Kürzel O und P. Ich bleibe hier bei den bereits oben benutzten Symbolen A und B.

[7] Auf die Wahrnehmungsfähigkeit gehen French und Raven nicht näher ein. Man kann Wahrnehmungsfähigkeit als das Potenzial, Wissen zu generieren, ansehen. Insofern können wir unter den Begriff „Wissen" sowohl faktisch vorhandenes als auch potenzielles Wissen fassen und benötigen keine weitere Differenzierung.

# Gruppendynamik

*Wolfgang Elšik*

*„Nach wie vor erstreckt sich die Dimension der Gruppendynamik zwischen privatistischer Nestwärmevermittlung, anonymer Sozialisationstechnik in den Händen der Macher und pseudopolitischer Agitation" (Hansen 1981, S. 9).*

*„Die gesellschaftlich entscheidende Herausforderung des Sensitivity-Trainings kann in dem systematischen Versuch gesehen werden, den imperativen Führungsstil durch einen kooperativen zu ersetzen bzw. den historisch etablierten Autokraten-Typ durch den neuen Typ eines gruppenorientierten Synkraten abzulösen. An diesem epochalen Wandel der Autoritätsstruktur wird niemand vorbeikommen" (Däumling 2001, S. 38).*

## 1 Einleitung

Man ist daran vorbeigekommen. Auch wenn der überhöhte, „emanzipatorische"[1] Anspruch der Sechziger- und Siebzigerjahre nicht eingelöst wurde, so ist Gruppendynamik heute trotzdem (oder gerade deswegen) keine überkommene Modeerscheinung der 68er-Generation, sondern eine – im Laufe der Zeit veränderte – weitverbreitete Form der Aus- und Weiterbildung und der Beratung. Mit Gruppendynamik werden die unterschiedlichsten Assoziationen verbunden: Individuelle Heilung, schmerzhafte Konfrontation mit eigenen Problemen oder die ermüdenden Erfahrungen des „Ich bin K.O., Du bist K.O." (Geißler 1981, S. 33) am Ende eines (Marathon)Trainings, gesellschaftliche Veränderung, auflockernde Spiele und Übungen oder auch die Mystifizierung, „daß, was sie sei, nicht auszusprechen, sondern bestenfalls durch die Teilnahme in gruppendynamischen Selbsterfahrungslaboratorien zu erfahren sei" (Huber 1977, S. 26). Auch in der Fachdiskussion wird mit Gruppendynamik Unterschiedliches bezeichnet: (1) der Prozess in Gruppen; (2) die Wissenschaft, die sich mit Gruppenprozessen beschäftigt, (3) eine Methode zur Gestaltung von Lernprozessen in Gruppen (Lück 1972, S. 123 f.; Teutsch/Pölzl 1999, S. 28). Letzteres wird oft als „angewandte Gruppendynamik" bezeichnet, während man für Punkt 2 auch den Begriff Kleingruppenforschung verwenden kann. Im vorliegenden Text ist mit Gruppendynamik immer angewandte Gruppendynamik gemeint. „Gruppendynamik beschäftigt sich damit, das Miteinander von Menschen als einen dynamischen Prozess zu analysieren, zu beschreiben, zu begreifen und zu verändern ... Gruppendynamik ist die methodische Anleitung zur Überprüfung von Erfahrungszusammenhängen in sozialen Situationen. Das bestimmt den Selbsterfahrungsanteil der angewandten Gruppendynamik" (Dorst 2001, S. 301).

## 2 Historische Entwicklung[2]

Die „Gründungsväter" der Gruppendynamik sind zwei jüdische Emigranten aus dem deutschen Sprachraum: Kurt Lewin und Jacob L. Moreno. Lewin (1890-1947) lehrte Psychologie und Philosophie an der Universität Berlin und war dort vor allem von der Gestalttheorie der sog. Berliner Schule (Köhler, Koffka, Wertheimer) beeinflusst. Geprägt durch seine Bedrohung im Nazi-Deutschland widmete er sich nach seiner Emigration in die USA 1933 verstärkt sozialpsychologischen Themen, insbesondere der Kleingruppenforschung (Kommunikation, Führung, Wahrnehmung in und zwischen Gruppen). Legendär sind seine Experimente zur Auswirkung des autoritären, demokratischen und laissez-faire Führungsstils (Lewin/Lippitt/White 1939). Obwohl es sich dabei um Gruppen von 10-jährigen Kindern handelte, die unter verschiedenen Führungsstilen Bastelarbeiten zu verrichten hatten, werden die Ergebnisse bis heute regelmäßig im Zusammenhang mit Führung in Organisationen zitiert. Lewin gründete 1945 das Research Center for Group Dynamics am Massachusetts Institute of Technology (MIT) und leitete 1946 das sog. Connecticut Seminar, das als Geburtsstunde der Gruppendynamik gilt. Lewin starb unerwartet kurz vor einem von ihm federführend mitgeplanten Laboratorium (einer gruppendynamischen Veranstaltung) in Bethel, Maine, das zum Startschuss für die berühmten National Training Laboratories wurde. Moreno (1889-1974) arbeitete als Psychiater in Wien. Er gilt als Begründer der Gruppenpsychotherapie, des Psychodramas, dessen Anfänge in das von ihm 1922 ins Leben gerufene Stegreiftheater zurückgehen sowie der Soziometrie, einer Methode zur Analyse von affektiven Beziehungen in Gruppen. Moreno war in Österreich als Betreuer in Flüchtlings- und Resozialisierungsprogrammen sowie als Werksarzt tätig. 1925 wanderte er in die USA aus und gründete 1935 eine an der Methode des Psychodramas orientierte Klinik in Beacon, wo er 1974 verstarb. Mitte der dreißiger Jahre traf Moreno mit Lewin zusammen, der seine soziometrischen Methoden übernahm und in seinen Seminaren einsetzte (s. a. Šubik 1977, S. 17 f.).

Sowohl Lewin als auch Moreno sind, wenn auch mit unterschiedlichen Nuancierungen, Proponenten der sog. Aktionsforschung, einer Forschungs- und Veränderungsmethode, die eine wesentliche Voraussetzung für das Entstehen der angewandten Gruppendynamik darstellt. Zentrales Merkmal der Aktionsforschung ist die Kombination von Forschen und Verändern. Die zugrunde liegende Erkenntnis, dass in der sozialwissenschaftlichen Forschung jede Diagnose zugleich auch eine Intervention darstellt, wird nicht als ein zu minimierender Schönheitsfehler im Forschungsprozess betrachtet, sondern zu tragendem Prinzip erhoben. Im Unterschied zu dem herkömmlichen Forschungsdesign mit seiner klaren Trennung in Forscher (Subjekt) und Forschungsgegenstand (Objekt) werden in der Aktionsforschung die „Beforschten" in den Forschungsprozess eingebunden, d.h. vom Objekt zum (Mit-)Subjekt der Forschung gemacht. Auch der emanzipatorische Anspruch wird deutlich: Wenn Forschung schon immer auch Veränderung bedeutet, so sollen die Betroffenen der forschenden Veränderung bzw. verändernden Forschung auch gleichberechtigte Mitwirkungsmöglichkeiten erhalten. Der Prozess gliedert sich in drei Phasen: (1) Sammlung von Daten, (2) Feedback der erhobenen Daten an die Beforschten und (3) gemeinsame Analyse der Daten und Planung der weiteren Vorgehensweise durch Forscher und Beforschte (French/Bell 1982, S. 110).

Im Jahr 1946 fand in New Britain/Connecticut eine Weiterbildungsveranstaltung für Angehörige von Sozialberufen mit dem Ziel statt, sie als Meinungsführer bei der Umsetzung von Sozialgesetzen, bspw. zur Bekämpfung von rassistischen und religiösen Vorurteilen, zu unterstützen. Durch die ungeplante Anwesenheit von Seminarteilnehmern bei einer abendlichen Trainerbesprechung wurde die Wirkung des Feedbacks „entdeckt": „Zu Beginn einer der Beobachtersitzungen am frühen Abend baten drei der Teilnehmer darum, anwesend sein zu dürfen. Sehr zum Ärger des Trainerstabes stimmte Lewin diesem ungewöhnlichen Ersuchen zu. Als die Beobachter ihre Berichte austauschten, widersprach einer der drei Teilnehmer – eine Frau – der Interpretation ihres Verhaltens an diesem Tag durch den Beobachter. Ein anderer Teilnehmer stimmte ihrer Behauptung zu, und es folgte eine lebhafte Diskussion über Verhaltensweisen und deren Interpretation. Diese Sitzung sprach sich schnell herum, und schon am darauf folgenden Abend nahm mehr als die Hälfte der sechzig Teilnehmer an den Feedbackrunden teil, die in der Tat zum Schwerpunkt der Veranstaltung wurden. Gegen Ende der Veranstaltung besuchte die überwiegende Mehrheit der Teilnehmer diese Beobachtersitzungen, die bis weit in die Nacht hinein dauerten" (NTL Institute 2002). In einer Reihe von weiteren Veranstaltungen wurde dann Feedback gezielt eingesetzt, was schließlich zur Entstehung der National Training Laboratories und anderen Trainingsinstitutionen mit einer breiten Palette an unterschiedlichen Trainingsformen führte (Rechtien 2001, S. 48 f.).

Das erste gruppendynamische Laboratorium fand 1954 in Wien unter der Leitung von vier amerikanischen Trainern und mit Traugott Lindner „als so eine Art teilnehmender Organisator" (Schwarz 1993, S. 20) statt. Knapp zehn Jahre später war die Gruppendynamikpremiere in der Bundesrepublik Deutschland (in Schliersee). In der Folge breitete sich die Gruppendynamik im deutschen Sprachraum, wenn auch von wissenschaftlicher Seite mit deutlicher Skepsis beobachtet, zunehmend aus und fand Ende der Sechziger-/Anfang der Siebzigerjahre im sog. Psychoboom ihren Höhepunkt (Rechtien 2001, S. 50 ff.). Ende der Siebziger-/Anfang der Achtzigerjahre ist eine Veränderung in der methodischen Vorgehensweise und damit auch (zumindest implizit) der zugrunde liegenden Ziel- und Wertvorstellungen eingetreten, die auch unter Gruppendynamikern unter der Überschrift „reflexiv vs. instrumentell" Gegenstand der Reflexion und Diskussion ist. Zunächst würde Gruppendynamik „reflexiv" in Sensitivity-Trainings betrieben, wo die Teilnehmer über den Gruppenprozess, den sie gerade erlebten, reflektierten, mit dem Ziel der „Überprüfung der Verhaltensmuster im Hier-und-Jetzt im Hinblick auf ihre Relevanz und Veränderungsbedürftigkeit für Alltags- und Berufssituationen" (Dorst 2001, S. 301). Die Teilnehmer sollen sich dabei mit Themen wie Konkurrenz, Rivalität, Interessendivergenz, Status, Hierarchie, Abhängigkeit und Gegenabhängigkeit, Konflikten etc. auseinandersetzen (Edding 2001, S. 90 f.).

Eine so verstandene „unspezifische" Gruppendynamik erhebt einen hohen Anspruch. „Die großen Ziele hießen Emanzipation, Selbstverwirklichung und Veränderung der Gesellschaft" (Schmidt 1989, S. 299). Grundlage für diesen Zugang ist ein Konfliktmodell, in dem „Konfrontation" (der Teilnehmer mit ihren Problemen; der Teilnehmer untereinander, zwischen Gruppe und Trainer) einen hohen Stellenwert hat. Die Wende in Richtung „instrumenteller" Gruppendynamik in Form von Veranstaltungen für Wirtschafts- und Verwaltungsorganisationen lässt sich an einer anderen methodischen Vorgangsweise erkennen: Seminardauer von drei bis fünf Tagen statt ein bis zwei Wochen; Erarbeitung von Problemlösungen für konkrete Fälle statt Reflexion; Authentizität und Empathie statt

Konfrontation und Konflikt; (Vor)Strukturierung von Problemen und Konflikten in unbedrohliche, „homöopathische" Dosen statt (anfängliche) Unstrukturiertheit des Seminars (Nellessen 2001, S. 68 ff.). Die Gründe für diesen Wandel der Gruppendynamik sind sowohl interner als auch externer Natur. Intern waren manche Trainer ihrer Rolle als Projektionsfläche in jenen Phasen, in denen die Teilnehmer die Trainer heftig und in zum Teil kränkender Weise attackierten, auf Dauer nicht genügend gewachsen, während andere Trainer ihre Macht und Autorität überschätzten, gering strukturierte Trainings durchführen zu können. Externe Gründe waren: die größer gewordene Konkurrenz auf dem Seminarmarkt, wo bspw. Encounter-Gruppen ein „wärmeres" und freundlicheres Lernklima boten; die weitaus höheren Honorare, die (Industrie)Unternehmen im Unterschied zu sozialen und kirchlichen Organisationen zahlten; der Import von „fremden" Methoden in Gruppendynamiktrainings durch die Zusatzausbildung, die viele Trainer in verschiedenen Beratungs- und Therapieansätzen hatten (Nellessen 2001, S. 65 ff.).

## 3 Gruppendynamisches Training

Im Folgenden werden, zum Teil exemplarisch, verschiedene Aspekte wie Ziele, Prinzipien, Formen und Techniken gruppendynamischer Trainings beschrieben.

### 3.1 Ziele und Arbeitsprinzipien

Ziele geben an, wie sich das Training auf die Teilnehmer auswirken soll. Dabei werden neben der normativen Postulierung (Was soll erreicht werden?) auch empirische Ergebnisse (Was wurde erreicht?) referiert. Mit Arbeitsprinzipien sind jene Grundregeln gemeint, an denen sich die Konzeption und Durchführung eines Trainings orientiert.

### Ziele

In gruppendynamischen Trainings, in denen die Selbsterfahrung eine Rolle spielt, sollen sowohl das Bewusstsein erweitert als auch Verhalten verändert werden. Im Einzelnen nennt Däumling (2001, S. 34 ff.) vier Ziele. (1) *Reifung durch Selbstkonfrontierung*: Menschen bilden im Laufe ihrer Persönlichkeitsentwicklung in Auseinandersetzung mit ihrer Umwelt typische, habituelle Verhaltensweisen aus, wie sie mit ihren eigenen Gefühlen und mit ihren Mitmenschen umgehen. Im Training werden sie mit ihren eingefahrenen Verhaltensweisen, Abwehrmechanismen und blinden Flecken durch Fokussierung und Feedback konfrontiert. Damit sollen sie eine größere Erlebens- und Verhaltensflexibilität lernen und so den oft stagnierenden Prozess ihrer emotionalen und sozialen Reifung vorantreiben. (2) *Verbesserung der Sozialwahrnehmung*: Niemand kann die anderen „vollständig" wahrnehmen, aber der Grad der Wahrnehmungsbeschränkung und -verzerrung kann und soll vermindert werden. Im Training sollen die Teilnehmer lernen, zunächst mit beiden Ohren zuzuhören und nicht schon die eigene Antwort oder das Gegenargument vorzubereiten, während der andere noch spricht. Darüber hinaus soll auch das „Hören mit dem dritten Ohr" eingeübt werden, womit nicht nur die Äußerungen der anderen, sondern auch der dahinterstehende, gemeinte Sinn erfasst und so die Mitmenschen besser verstanden (und nicht nur gesehen oder gehört) werden. (3) *Fundierung der Kooperation*: Kooperation ist nicht nur im Beruf, sondern auch im Privatleben (Familie, Freundeskreis, etc.) erforderlich. Im Training werden keine Ratschläge für größere Verständlichkeit in der Kommunikation (bspw. Schulz von Thun 1981, S. 140 ff.) oder Regeln für das Aushandeln tragfähiger Vereinbarungen (bspw. Fisher/Ury/Patton 1995) präsentiert, sondern die Teilnehmer sollen ihre Frustrationstoleranz erweitern, ihre Fähigkeit des Aufeinander-Eingehens steigern und annehmbare Formen der Konfliktaustragung entwickeln. Auf dem Weg dorthin müssen sie durch Erfahrung herausfinden, welche Möglichkeiten der Einflussnahme auf andere ihnen offen stehen, die von den anderen auch akzeptiert werden. (4) *Neubegründung von Autorität*: Außerhalb des Trainings sind viele Autoritätsbeziehungen strukturell vorgegeben (bspw. durch Hierarchie in Unternehmen) und die entsprechenden Rollen werden von den Rolleninhabern übernommen und mehr oder weniger gut gespielt. Im Training soll den Teilnehmern die – in der Praxis höchst riskante – Gelegenheit zum Experimentieren mit und Wechseln zwischen unterschiedlichen Rollen geboten werden. „So können Verhaltensweisen wie Sich-Durchsetzen und Nachgeben, Helfen und Sich-Helfen-Lassen, Recht-Behalten und Fehler-Zugeben mit ihren Vorzügen und Schattenseiten erfahren werden" (Däumling 2001, S. 37). Der Beginn des Trainings ist wenig strukturiert, insbesondere lehnt der Trainer die erwartete Übernahme der Führungsrolle (Autorität) ab. Die Gruppe ist damit gezwungen, das Entstehen, die Verleihung und auch den Entzug von Autorität selbst zu erfahren und zu entwickeln.

## *Empirie*

Empirische Untersuchungen zur Gruppendynamik, die etwa überprüfen, ob die postulierten Ziele und Ansprüche in der Praxis auch eingelöst werden, sind absolute Mangelware. Die vergleichende empirische Erforschung gruppendynamischer Prozesse und Evaluationsstudien stehen nach wie vor auf der Agenda der Gruppendynamik (Rechtien 1999, S. 83). Im Folgenden werden zwei methodisch recht unterschiedliche, empirische Forschungsprojekte zur Gruppendynamik vorgestellt. In einer Evaluationsstudie von Lasogga/Kretschmann (1985) wurden die Teilnehmer an drei gruppendynamischen Veranstaltungen darum gebeten, sich vor der Veranstaltung, einen Tag danach und 5 Monate danach selbst einzuschätzen. Außerdem sollte jeder Teilnehmer zu diesen drei Zeitpunkten auch von einem Sozialpartner eingeschätzt werden, der ihn gut kennt. Umgekehrt sollten auch die Teilnehmer 3-mal ihre Sozialpartner per Fragebogen einschätzen. Neben dieser Versuchsgruppe gab es auch eine Kontrollgruppe, d.h. Personen, die weder selbst noch deren Sozialpartner an den Gruppendynamikseminaren teilnahmen.

Mit diesem Design wurden folgende Fragen geprüft: (1) Inwieweit verändert sich die Selbstwahrnehmung der Teilnehmer durch die Veranstaltung? (2) Inwieweit werden die Teilnehmer von anderen verändert wahrgenommen? (3) Inwieweit nehmen die Teilnehmer andere Menschen verändert wahr? (4) Inwieweit nehmen sich die Sozialpartner verändert wahr? Der Fragebogen bestand aus 100 Items. Insgesamt lagen 616 auswertbare Fragebögen vor, je die Hälfte Selbst- und Fremdeinschätzungen. Eine Faktorenanalyse ergab 5 Faktoren von Einschätzungen: (1) *Gefühl sozialer Kompetenz* (bspw. „Im Umgang mit anderen Menschen bin ich ungeschickt") oder „Es kommt oft vor, daß mir andere Menschen ihre Probleme anvertrauen"; (2) *Offenheit, Unbekümmertheit im sozialen Umgang* (z.B. „Es fällt mir schwer, anderen meine Gefühle zu zeigen" oder „Ich glaube, ich habe zu anderen Menschen viel Vertrauen"); (3) *Selbstsicherheit* (bspw. „Ich bin im Grunde eher ein ängstlicher Mensch" oder „Mein Selbstvertrauen ist nicht so leicht zu erschüttern"), (4) *Dominanzwunsch* (bspw. „Ich übernehme bei gemeinsamen Unternehmungen gern die Führung" oder „Ich habe fast immer eine schlagfertige Antwort bereit"); (5) *Gelassenheit* (z.B. „Ich kann oft Wut und Ärger nicht unterdrücken" oder „Im allgemeinen bin ich ruhig und nicht leicht aufzuregen").

Die Varianzanalyse ergab signifikante Ergebnisse nur bei den Faktoren Selbstsicherheit und Gefühl sozialer Kompetenz. Die Veranstaltungsteilnehmer stellten die am wenigsten selbstsichere Gruppe dar. Sie schätzten sich selbst weniger selbstsicher als ihre Sozialpartner ein, was von diesen auch so gesehen wurde, und sie nahmen ihre Sozialpartner als selbstsicherer wahr, als in der Kontrollgruppe die Sozialpartner eingeschätzt wurden. Eine mögliche Erklärung dafür ist, dass die Teilnehmer an gruppendynamischen Veranstaltungen im Schnitt weniger selbstsicher sind als andere und dies u.a. eines der Motive zum Veranstaltungsbesuch ist (latente Therapiewünsche). Alle Befragten nahmen sich mit jedem Befragungszeitpunkt selbstsicherer wahr, dies wurde von ihren Sozialpartnern jedoch nicht registriert. Hinsichtlich des Gefühls sozialer Kompetenz gab es keine Unterschiede zwischen den Veranstaltungsteilnehmern und den übrigen Befragten.

Erstaunlicherweise nahm das Gefühl sozialer Kompetenz bei der Kontrollgruppe, von denen niemand eine Veranstaltung besucht hatte, mit jeder Befragung ab. Eine Erklärung dafür wäre, dass die Befragten durch die wiederholte Auseinandersetzung mit der eigenen sozialen Kompetenz zunehmend Defizite entdeckten. Während die Teilnehmer dies durch den Besuch der Veranstaltung und ihre Sozialpartner durch intensivere emotionale Kommunikation mit den Teilnehmern in ihrer Wahrnehmung kompensieren konnten, fehlte der Kontrollgruppe dieses Korrektiv. Ein letztes Ergebnis der Studie stellt der Befund dar, dass es keine signifikanten Unterschiede zwischen der Befragung am Tag nach der Veranstaltung und der nach fünf Monaten gab. Damit kann die gelegentlich aufgestellte Behauptung, dass manche Lern- und Veränderungseffekte erst einige Zeit nach der Veranstaltung wirksam würden, durch diese Untersuchung nicht gestützt werden.

Im Unterschied zu Lasogga/Kretschmann (1985) haben Antons u.a. (2001) einen qualitativen Zugang zur empirischen Erforschung der Gruppendynamik gewählt. Ziel der Untersuchung war, Gruppenprozesse empirisch abzubilden und damit besser verstehen zu können (wer macht was aufgrund welcher Annahmen und Wahrnehmungen?). Bei zwei gruppendynamischen Fortbildungsgruppen (Gruppenleiterkurse), deren Curriculum sich über eineinhalb Jahre erstreckte, wurden dazu jeweils zwei Gruppeninterviews durchgeführt. Es handelte sich dabei um selbstreflexive Gruppen im Sinne eines klassischen Sensitivity-Trainings. Bei einem dieser Kurse sowie drei weiteren gruppendynamischen Veranstaltungen wurden Nachbefragungen durchgeführt. Außerdem wurden die ersten Sitzungen einer der beiden Kurse vollständig transkribiert, d.h. sie wurden auf Band aufgenommen und danach abgeschrieben und einer Analyse im Sinne der objektiven Hermeneutik[3] unterzogen. Als Hauptergebnisse der Untersuchung können genannt werden:

(1) Der „gruppendynamische Raum" wird durch die drei Dimensionen *Macht* („oben – unten", formal zwischen Trainer und Gruppe oder in Bezug auf informale Statushierarchie innerhalb der Gruppe), *Intimität* („nah – fern", Nähe und Distanz) und *Zugehörigkeit* („drinnen – draußen", Durchlässigkeit der Grenzen der Gesamtgruppe oder der Untergruppen) aufgespannt. Mit diesen drei Themen müssen sich die Teilnehmer jedes gruppendynamischen Seminars auseinandersetzen, wobei das Thema der Zugehörigkeit insbesondere in der Anfangsphase als besonders relevant erlebt wird („Welche Untergruppen gibt es und zu welcher gehöre ich dazu?").

(2) „In gruppendynamisch orientierten Lernprozessen ist es eigentlich unmöglich, nichts zu lernen ... Eine andere Frage ist, ob die TeilnehmerInnen ... mit dem Gelernten etwas anfangen können" (Antons u.a. 2001, S. 349 f.). In den untersuchten Gruppen haben sich unterschiedliche Lernergebnisse gezeigt.

(3) Die Teilnehmer haben die grundlegenden Konzepte und Begriffe der Gruppendynamik übernommen und sich in diesem Sinn ihren Trainern angeglichen, d.h. sie verwenden in ihren Analysen dieselben Begriffe und Konzepte: die Unterscheidung zwischen Individuen und dem sozialen System Gruppe als eigenständige Emergenzebene; die Unterscheidung zwischen Sach- und Beziehungsebene in Gruppenprozessen; die Unterscheidung zwischen manifesten und latenten Themen (Kräften, Konflikten) in der Gruppe sowie die Betonung des Prozess- und Entwicklungscharakters von Gruppen.

(4) Enttäuscht zeigten sich die befragten Gruppenmitglieder, dass sie auch nach dem Kurs keine absolute Souveränität im Umgang mit Gruppen und nicht alles im Griff haben, dass der Sprung ihrer persönlichen Entwicklung durch den Besuch der Veranstaltung nicht so groß war wie erhofft, dass sich der Transfer der im Seminar gemachten Erfahrungen und Erkenntnisse in die formalisierte und hierarchische Arbeitswelt schwieriger gestaltete als erwartet und dass die theoretische Fundierung des im Seminar Erlebten zu kurz kam.

## *Arbeitsprinzipien*

Gruppendynamische Trainings werden nach bestimmten Grundregeln geplant und durchgeführt. Drei dieser Arbeitsprinzipien sind relative Unstrukturiertheit, Hier-und-Jetzt sowie Auftauen – Verändern – Stabilisieren (Rechtien 1999, S. 161 ff.).

## *Relative Unstrukturiertheit*

„Den Mitgliedern [der Trainingsgruppe] wird gewöhnlich gesagt, dass sie aus der kontinuierlichen Beobachtung und Analyse ihrer Erfahrungen in der Gruppe viel über ihr eigenes Verhalten sowie das Verhalten anderer lernen können. Der Trainer weigert sich, als Diskussionsleiter zu fungieren, bietet jedoch an, den Teilnehmern bei der Suche nach Wegen, wie sie ihre Erfahrungen zum Lernen nutzen können, behilflich zu sein. Im Wesentlichen wird eine Art soziales Vakuum erzeugt. Führung, Tagesordnung, Verfahrensweisen und Erwartungen wie sie gewöhnlich von irgendeiner Autorität vorgegeben werden, sind unklar oder fehlen ganz" (Benne/Bradford/Lippitt 1972, S. 64). Um die dadurch entstehende Spannung abzubauen, versuchen die Teilnehmer im Training, das Vakuum selbst zu füllen und entwickeln so ihre eigenen Gruppenstrukturen wie Führungs- und andere Rollen, Macht- und Autoritätsverhältnisse, Zielsetzungen, Entscheidungsregeln und andere Gruppennormen. Damit werden diese Prozesse wahrnehmbar und bearbeitbar. Relativ ist die Unstrukturiertheit des Seminarbeginns deshalb, weil sie durch ein hohes Maß an Struktur auf einer anderen Ebene erst ermöglicht wird. So mag der Trainer zwar die Rollenerwartungen der Teilnehmer (anfangs) nicht erfüllen, seine Position steht aber dennoch fest. Auch die äußeren Rahmenbedingungen wie Ort und Zeit stehen im Seminar üblicherweise nicht zur Disposition. Auch wenn er eine ganze Arbeitseinheit geschwiegen hat, verlässt der Trainer nach 90 Minuten verlässlich den Gruppenraum und signalisiert damit den Beginn der Pause. Das Prinzip der relativen Unstrukturiertheit ist vor allem in berufsbezogenen Trainings, wie z.B. Führungs-, Kommunikations- oder Teamtrainings, bedeutsam. Erstens sollen in diesen Trainings konkrete Probleme bearbeitet werden, die damit eine inhaltliche Strukturierung des Seminars im Sinne von Ziel- und Ergebniserwartungen darstellen. Zweitens fördert die relative Unstrukturiertheit möglicherweise bei den Teilnehmern die Illusion, dass Gruppenprozesse und -strukturen ohne Einfluss von außen, bspw. Statusunterschieden zwischen den Teilnehmern, entstünden (Rechtien 1999, S. 168 ff.).

### Hier-und-Jetzt

„Unmittelbare Erfahrungen der Teilnehmer bilden die Grundelemente des Laboratoriumslernens" (Benne/Bradford/Lippitt 1972, S. 68). Nur die gegenwärtige Situation in der Gruppe, das Handeln und Erleben der Gruppenmitglieder (Aktionen, Reaktionen, Machtverhältnisse, Koalitionen, Entscheidungsprozesse etc.) soll betrachtet und bearbeitet werden. Ereignisse aus dem Dort-und-Damals sind nur insofern zugelassen, als ihr Bezug zur Gegenwart hergestellt wird. Im Unterschied zu einer tiefenpsychologischen Vorgangsweise werden in der Gruppendynamik vergangene Erfahrungen dahingehend thematisiert, wie sie sich in den Verhaltensmustern und Abwehrmechanismen der Gruppenmitglieder im Seminar niederschlagen. Das Hier-und-Jetzt-Prinzip ist aus praktischen und „politischen" Gründen und nicht aufgrund theoretischer Überlegungen entstanden, und es wird auch in unterschiedlichem Ausmaß praktiziert. In praktischer Hinsicht war das Hier-und-Jetzt-Prinzip eine Reaktion auf die Überforderung der Teilnehmer an den ersten Gruppendynamikseminaren und diente sozusagen der Komplexitätsreduktion. In politischer Hinsicht soll das Hier-und-Jetzt- Prinzip dazu beitragen, die von „außen" mitgebrachten Statusdifferenzen zwischen den Teilnehmern abzubauen und durch diese Statusentkleidung zur „Primitivierung des Mitgliederverhaltens" (Benne 1972, S. 257) beitragen, wodurch bislang gewohnte Handlungs-, Wahrnehmungs- und Bewertungsmuster verloren gehen und im Training neu gelernt werden müssen. Die strenge Einhaltung des Hier-und-Jetzt-

Prinzips ist, ähnlich wie die relative Unstrukturiertheit, nur in den klassischen Sensitivitytrainings zu finden. In berufsbezogenen Trainings, bei denen auch konkrete Probleme aus dem Berufsalltag bearbeitet werden sollen, werden auch Themen (Fälle, Probleme, Ereignisse) aus dem Dort-und-Dann zur Bearbeitung zugelassen (Rechtien 1999, S. 164 ff.).

## Auftauen – Verändern – Stabilisieren

Das Umlernen von Verhaltens- und Erlebnisweisen wird in gruppendynamischen Trainings als dreistufiger Prozess konzipiert. In der ersten Phase, dem *Auftauen* (Unfreezing), werden den Teilnehmern ihre gewohnten Verhaltensweisen und Bewältigungsstrategien bewusst gemacht und für die Gruppe sichtbar. Dabei geht es noch nicht um Veränderung, sondern um Wahrnehmung. Durch die relative Unstrukturiertheit des Seminaranfangs und die dadurch ausgelösten Frustrationen greifen die Teilnehmer auf ihre üblichen im Sinne von stereotypen und nicht weiter hinterfragten Reaktionsformen zurück. Durch Fokussieren (bspw. durch Hinweise des Trainers) werden diese Verhaltensweisen bewusst und können damit im nächsten Schritt bearbeitet und verändert werden. In der zweiten Phase, dem *Verändern* (Change), werden neue Verhaltensweisen entwickelt und erprobt. Zentrales Hilfsmittel dafür ist das *Feedback*. Dadurch erhalten die Teilnehmer Rückmeldungen darüber, wie ihre alten und neuen Verhaltensweisen auf andere wirken und können auf Basis dieser Informationen ihr Verhalten weiter verändern und „optimieren". In der dritten Phase, dem *Stabilisieren* (Refreezing), werden die neu (um)gelernten Verhaltensweisen gefestigt. Um nicht bloß alte gegen neue Stereotypen auszutauschen, erfolgt die Stabilisierung durch Einüben und Erproben unter wechselnden Bedingungen, was im Idealfall zu einem flexibleren, situationsangepassten Umgang mit unterschiedlichen Rollenanforderungen führt. Außerdem geht es in dieser Phase für die Teilnehmer auch darum, ihre (Lern)Erfahrungen aus dem Training auf deren Übertragbarkeit in den Alltag (back home) zu überprüfen (Rechtien 1999, S. 161 ff.).

## 3.2 Trainingsformen

Gruppendynamik wird mittlerweile in einer Vielzahl unterschiedlichster Trainingsformen praktiziert, wie bspw. Encountergruppen, Marathon-Trainings, Themenzentrierte Interaktion, Kommunikations- und Interaktionstrainings etc. (Rechtien 1999, S. 87 ff.). Das Sensitivity-Training galt lange Zeit als *die* Form eines gruppendynamischen Trainings. Auch wenn es mittlerweile in der praktischen Arbeit an Bedeutung verloren hat (Rechtien 1999, S. 103), so macht eine eingehendere Darstellung hier aus zwei Gründen trotzdem Sinn. Erstens lässt sich daran die Philosophie (und auch die Ansatzpunkte z.T. heftiger Kritik) der Gruppendynamik gut veranschaulichen und zweitens sind die heute üblicheren Formen der Gruppendynamik (Interaktions-, Kommunikations-, Führungs-, Teamentwicklungstrainings etc.) vor dem Hintergrund des „Originals" besser verstehbar. Mit „Sensitivity" ist die Empfindsamkeit, Feinfühligkeit und Anpassungsfähigkeit beim Informationsaustausch (ausdrücken und empfangen von Eindrücken) in direkter zwischenmenschlicher Kommunikation gemeint. Sie umfasst drei Bereiche: wie andere wahrgenommen und beurteilt werden (sozialkognitiver Bereich), wie und welche Motive der anderen wahrgenommen und verstanden werden (motivationaler Bereich) und wie die eigenen Äußerungen so an die anderen angepasst werden, dass sie zwar anschlussfähig sind, aber auch authentisch bleiben (expressiver Bereich). Der Begriff „Training" verweist auf eine Lernform, in der Erleben, Erfahrungen machen und Ausprobieren zulasten der Vermittlung von abstraktem Wissen im Vordergrund stehen. Allerdings geht es – anders als der Begriff Training dies suggeriert – auch nicht um die Einübung bestimmter Techniken (wie bspw. beim Autogenen Training) (Däumling 2001, S. 18 ff.). Ein Sensitivity-Training dauert zwischen einer und drei Wochen und umfasst ein bis drei Trainingsgruppen mit 6-15 Teilnehmern. Auch wenn diese manchmal mit (unbewussten) Therapiewünschen an einem Sensitivity-Training teilnehmen, so bestehen doch beachtliche Unterschiede zwischen Therapie- und Trainingsgruppen (vgl. Abbildung 1).

| Merkmal | Therapie-Gruppe | Trainingsgruppe |
|---|---|---|
| Teilnehmer | Patienten, leidend, gehemmt, verletzbar | Lernende, nicht-leidend, motiviert |
| Ziele | Heilung, Kontaktherstellung | Geschicklichkeit (skills), Verbesserung der Kooperation |
| Leiter-Status | Therapeut, kein Gruppenmitglied, da nicht Patient, Prestige automatisch | Trainer, kein Rangunterschied, aber Spezialkenntnisse, Prestige muss erworben werden |
| Leiter-Verhalten | beschützend, lenkend, interpretierend | passiv, angstregulierend, fokussierend |
| Abfolge | monatelang wöchentlich einzelne Stunden | 1-3 Wochen permanent in „Klausur" |
| Aufgabe | unbegrenzt, alte „patterns" abbauen | funktional begrenzt neue „patterns" erlernen |
| Gruppe | unterschiedlich strukturiert, subsidiär | unstrukturiert, selbst Gegenstand, Aktions-Feld |

Abb. 1: Therapie-Gruppe vs. Trainingsgruppe (Däumling 2001, S. 22)

Zur näheren inhaltlichen Charakterisierung von Sensitivity-Trainings nennt Däumling (2001, S. 25 ff.) zehn „typische und umstrittene Merkmale":
(1) *Initiale Unstrukturiertheit mit frustrierender bzw. evozierender Wirkung*: Diese Unstrukturiertheit wird im Wesentlichen vom Trainer hervorgerufen, der die Erwartungen der Teilnehmer in seine Führungsfunktion enttäuscht und sich weigert, Normen vorzugeben, Ziele zu setzen oder Aufgaben zu stellen. In diesem „Vakuum" greifen die Teilnehmer jeweils auf ihre typischen Strategien zur Bewältigung von Angst- und Konfliktsituationen zurück (sich zurückziehen, schweigen, Initiative ergreifen etc.).
(2) *Fokussieren auf stereotype Verhaltensweisen*: Der Trainer macht auf immer wiederkehrende Verhaltensweisen der Teilnehmer aufmerksam, die zunächst noch zu sehr mit sich und der Bewältigung der anfänglichen Stress-Situation

beschäftigt sind, um den eigenen und fremden Verhaltensmustern besondere Aufmerksamkeit zu schenken. Fokussierung ist von psychologischer Interpretation zu unterscheiden, bei der Begründungen und damit zumindest implizit Bewertungen der thematisierten Verhaltensstereotype geboten werden. Idealerweise übernimmt die Gruppe in zunehmendem Maße die Aufgabe der Fokussierung und gegebenenfalls auch Interpretation.

(3) *Sich-Exponieren*: Das eigene Engagement durch die Teilnehmer ist Voraussetzung, um Hilfe durch Feedback von den anderen zu erhalten. Dieses Sich-Einbringen birgt jedoch das Risiko in sich, dass relativ ungeschützt die eigenen Schwächen sichtbar gemacht und kritisiert werden, was eine nicht zu unterschätzende emotionale Belastung darstellt.

(4) *Laboratoriumsbedingungen*: Die Arbeit in den Trainingsgruppen ist gekennzeichnet durch relativ enges Zusammenleben über einen längeren Zeitraum, Auseinandersetzungen unter psychologisch kontrollierten Bedingungen, Vielfalt der Beziehungen innerhalb der Gruppe und das Hier-und-Jetzt-Prinzip der Verhaltenserörterung. Diese Bedingungen werden von den meisten Teilnehmern als „sehr eindrucksvoll" (Däumling 2001, S. 27) erlebt, ihre Distanz zur Alltagsrealität kann aber auch die Quelle von Frustrationen „back home" sein.

(5) *Homogene und heterogene Gruppen*: Die meisten Trainingsgruppen sind heterogen zusammengesetzt, da die Teilnehmer vor Fremden eher bereit sind, Risiken einzugehen, neue Verhaltensweisen auszuprobieren, eigene Abhängigkeiten zu ergründen oder Aggressionen auszuleben. Bei homogenen Gruppen wie bspw. Mitgliedern eines Unternehmensbereichs oder Mitwirkenden an einer Bürgerinitiative liegt der Fokus auf der Einübung von Kooperations-, Problemlösungs- und Aufgabenbewältigungsformen (Rechtien 1999, S. 100).

(6) *Trainingsbelastung*: Die Teilnahme an einem Sensitivity Training sollte für seelisch und körperlich normal Belastbare kein Problem darstellen. Bestimmte körperliche, insbesondere psychosomatische Beschwerden wie bspw. Migräne oder Schlafstörungen sowie über das alltägliche Maß hinausgehende neurotische Störungen lassen die Teilnahme nur nach Rücksprache mit dem Arzt ratsam erscheinen. Eindeutig abzulehnen sind Teilnehmer mit Psychose- oder Suizid-Gefährdung.

(7) *Lernbereitschaft und Ausweichen*: Die Bereitschaft der Teilnehmer zu einem aktiven Engagement im Training kann auf zwei Faktoren beruhen. Zum einen auf dissonanzreduzierenden Mechanismen, wenn die nicht unerheblichen Kosten selbst getragen werden (müssen), und zum anderen in die motivationsfördernde Wirkung des gruppendynamischen Settings. Dem stehen diverse Formen von Widerstand gegenüber, bspw. als Ausweichen in Überaktivität oder Resignation, in Projektionen eigener unbewusster Anteile auf den Trainer oder auf andere Gruppenmitglieder oder in Regressionen in das Verhalten aus einer früheren Entwicklungsphase, in analytische Aktivitäten außerhalb der Gruppensitzungen beim abendlichen Bier oder gar als vorzeitiger Ausstieg und Heimreise. Widerstand gegen Veränderungen ist jedoch keineswegs als möglichst auszumerzendes Übel abzuqualifizieren,

sondern dient der Stabilisierung der persönlichen Identität (Rechtien 1999, S. 101).

(8) *Normen-Setzen und Rollen-Erproben*: Idealerweise werden die Gruppennormen durch die Gruppe selbst entwickelt. Zeitdruck und die Belastung durch diesen Prozess führen dazu, dass manche Regeln frühzeitig vom Trainer gesetzt werden: Gefühle dürfen ausgedrückt, Aggressionen sollen geäußert, Feedbackregeln sollen eingehalten, die Inhalte sollen aus dem Hier-und-Jetzt stammen, etc. Die Gratwanderung für den Trainer besteht dabei darin, die Gruppe bei der Entwicklung und Beachtung von Normen zu unterstützen und ihr nicht nur Regeln zur Übernahme vorzugeben. Im Zuge der Gruppenentwicklung differenzieren sich spontan verschiedene Rollen aus. Das Einnehmen von unterschiedlichen Rollen macht für die Teilnehmer erfahrbar, was es kognitiv und emotional heißt, die Führungs- oder Außenseiterrolle einzunehmen und erhöht damit ihre Rollenflexibilität.

(9) *Verhaltensänderungen und Sensitivität*: Die Trainingsziele, andere differenziert wahrzunehmen und „sich etwas sagen zu lassen" (Däumling 2001, S. 32), werden in erster Linie durch den Einsatz von Feedback angestrebt, das sowohl im Plenum, als auch in Kleingruppen oder Dyaden durchgeführt werden kann. Hilfreich ist auch hier der Rollenwechsel zwischen Feedbackgeber und -nehmer. Die Grenzen der Veränderbarkeit von Verhalten durch Feedback liegen darin, dass die eigenen Verhaltensweisen oft fest in den eigenen Werthaltungen verankert sind und sich nicht (automatisch oder ohne Widerstand) ändern lassen, nur weil andere (wenn auch noch so „objektiv") darauf hinweisen (Rechtien 1999, S. 103).

(10) *Transfer*: Soll das Sensitivity-Training nicht zum Selbstzweck werden, so stellt sich die Frage der Übertragbarkeit des dort Gelernten auf die (berufliche) Anwendungssituation. Back-Home Rollenspiele können diesen Prozess unterstützen. Die Intensität der Erfahrungen der Teilnehmer im Training allein ist noch kein hinreichender Erfolgsindikator.

## 3.3 Interventionen

Mit Interventionen werden alle bewussten, geplanten oder auch spontanen Handlungen (oder Unterlassungen) des Trainers bezeichnet, die sich verändernd auf den Gruppenprozess und/oder die Teilnehmer auswirken (sollen) (Rechtien 1999, S. 179). Dabei werden im Folgenden die Ziele, Arten, Ebenen und Intensität von Interventionen unterschieden.

### Interventionsziele

Die Summe aller Interventionen des Trainers sind gemäß der expliziten oder impliziten Vereinbarung mit der Gruppe auf eines von vier Zielkategorien gerichtet, die das Kontinuum zwischen Sach- und Prozessorientierung abstecken. Entscheidend ist, welchen Stellenwert die Selbsterfahrung der Teilnehmer, die Bearbeitung von Interaktionen und Beziehungen hat. (1) Beides ist Ziel und Zweck der Gruppe. Diese reine Prozessorientierung ist bei T-, Encounter-, Selbsterfahrungs- oder Therapiegruppen gegeben. (2) Prozesse und Beziehungen werden nur soweit betrachtet und bearbeitet, wie sie zum Sachthema gehören. Beispiele dafür sind Supervisionsgruppen, Kommunikations- und Verhaltenstrainings oder Fortbildungsseminare für Sozialarbeiter, Pädagogen, Berater und Therapeuten. (3) Die Thematisierung von Beziehungen und Prozessen ist nur dann legitim, wenn damit Störungen bei der Bearbeitung der Sachaufgabe beseitigt werden. Sobald dies erreicht ist, steht die Sachebene eindeutig im Vordergrund und prozessorientierte Interventionen wären nicht erwünscht. Gruppen im Rahmen der Themenzentrierten Interaktion sind ein typisches Beispiel. (4) Schließlich kann auch *die Sache* das einzig legitime Ziel von Interventionen sein, während Beziehungen und Prozesse tabu sind. So können bspw. in „normalen" Gremien und Arbeitsgruppen in Unternehmen allfällige Beziehungsprobleme zwischen den Gruppenmitgliedern nicht thematisiert und bearbeitet werden, und diesbezügliche Interventionen würden wohl auch zurückgewiesen werden (Voigt/Antons 2001, S. 230 f.).

## *Interventionsarten*

Interventionen können auch danach unterschieden werden, ob sie an der Struktur, am Prozess oder an der Person ansetzen und ob sie der Auswertung von im Gruppenprozess erhobenen Daten (durch Feedback oder Beobachtung) dienen oder nicht[2]. *Struktursetzende Interventionen* betreffen die Umsetzung des Seminardesigns wie Zeiteinteilung, Gruppenaufteilung, Wechsel von Sacharbeits- und Reflexionsphase sowie Einführung spezifischer Spielregeln. *Prozessinterventionen* greifen direkt in den Gruppenprozess ein, bspw. durch Feedback, Deutungen, Interpretationen, mitgeteilten Eindrücken, Analysen etc. *Personenbezogene Interventionen* richten sich an einzelne Gruppenmitglieder und damit indirekt auf den Gruppenprozess. Der Trainer konfrontiert die Teilnehmer mit ihren Verhaltensweisen, gibt ihnen persönliche Rückmeldung, hilft, stützt und schützt sie oder initiiert die Beziehungsklärung zwischen einzelnen Gruppenmitgliedern, die von der Gruppe selbst nicht angestoßen werden kann oder will. *Auswertungsinterventionen* helfen der Gruppe bei der Analyse und Reflexion von Arbeitsschritten oder Prozessphasen, indem einerseits dafür bewusst Zeitraum geschaffen wird (z.B. „Blitzlicht"), andererseits durch Deutungen, Metakommunikation und Fokussierung auf bestimmte Aspekte die inhaltliche Auswertung des Geschehenen unterstützt wird (Voigt/Antons 2001, S. 231 ff.).

## *Interventionsebenen*

Je nach Zielsetzung wirken Interventionen unterschiedlich tief, angefangen von der manifesten Organisationsstruktur bis hin zu einer existenziellen Ebene. Voigt/Antons (2001, S. 234 ff.) unterscheiden fünf Ebenen. Interventionen auf *struktureller Ebene* rücken Faktoren, die „von außen" auf den Prozess und die Befindlichkeit der Teilnehmer auswirken, in den Blick: hierarchische Rollen, explizite und implizite Normen und Regeln, Ablauforganisation der Veranstaltung etc. sollen wahrgenommen und in ihren Auswirkungen auf das Hier-und-Jetzt der Gruppe reflektiert werden. Interventionen auf der *Sachebene* sind Themenformulierung, Rückführung zur Aufgabenstellung, Initiativensetzung, das Geben und Erbitten von Informationen, Orientierungen, Meinungen, Vorschläge, die Koordination unterschiedlicher Leistungsbeiträge sowie Zusammenfassungen. Wenn von gruppendynamischen Interventionen die Rede ist, dann denken die meisten an Interventionen auf der *Beziehungsebene*: Beziehungen, Konflikte, Widerstände, aktuelle Gruppenprozesse werden sichtbar gemacht und können damit reflektiert werden. Darunter liegt die *Ebene der Übertragung/Gegenübertragung* zwischen Trainer und Gruppe. In der Psychoanalyse bezeichnet Übertragung die emotionale Reaktion des Patienten auf den Therapeuten, den er unbewusst mit einer wichtigen Person seiner Kindheit identifiziert. Die mit dieser Person erlebten emotionalen Konflikte (oder auch die mit dieser Person verbundenen positiven und negativen Gefühle) werden auf den Therapeuten übertragen. Gegenübertragung stellt dann das Pendant aus Sicht des Therapeuten dar, der ebenfalls positive oder negative Gefühle gegenüber dem Patienten aufgrund der wahrgenommenen Ähnlichkeit mit für ihn wichtigen Bezugspersonen entwickelt (Zimbardo 1983, S. 554). Solche (Gegen-) Übertragungsphänomene finden auch zwischen Trainer und Gruppenmitgliedern statt und ihr Ansprechen stellt eine Intervention auf dieser Ebene dar. Auf der grundlegendsten, *archaisch-symbolischen Ebene* geht es nicht mehr um Übertragungen, sondern um menschliche Grunderfahrungen wie Geburt, Tod, Einsamkeit, Glück, etc., wobei oft die Kommunikationsmittel wie Märchen, Träume oder Symbole verwendet werden. Diese Ebene wird zumeist nur in tiefenpsychologisch orientierten Selbsterfahrungsgruppen berührt (Voigt/Antons 2001, S. 234 ff.).

### Interventionsintensität

Interventionen können unterschiedlich „dosiert" sein. *Tangentiales Ansprechen* beabsichtigt keine Unterbrechung des laufenden Prozesses, sondern soll verdeutlichen, aufhellen oder Bestehendes verstärken. Dies kann bspw. durch nickend-unterstützendes „Hm" oder die klassische Frage „um was geht es denn hier eigentlich?" erfolgen. *Direktes Ansprechen* bedeutet einen gezielten Eingriff in den Gruppenprozess durch den Trainer, der ihm eine Wendung geben möchte und sich damit auch (verstärkt) exponiert. Verdrängtes soll bewusst gemacht, eingefahrene Interaktionsmuster verändert werden. Davon nur graduell zu unterscheiden ist die *Konfrontation*. Hier spricht der Trainer sehr deutlich einen bestimmten Sachverhalt an und besteht auf dessen Bearbeitung durch die Gruppe. Er konfrontiert entweder verschiedene Verhaltensweisen der Gruppenmitglieder (einander widersprechende Aussagen, aktuelles und früheres Verhalten, verbales und nonverbales Verhalten) oder Verhaltensweisen der Gruppe mit seinen Reaktionen, indem er seine Assoziationen, Gefühle und andere Wahrnehmungen mitteilt. Bei einer zu hohen Dosierung der Konfrontation kann es leicht geschehen, dass der Trainer damit jene Abwehr und Blockaden selbst schafft, auf deren Bearbeitung er dann zielt (Voigt/Antons 2001, S. 237 ff.).

### 3.4 Methoden

Aus dem Spektrum der gruppendynamischen Methoden seien exemplarisch zwei herausgegriffen: das Feedback als klassische Technik insbesondere in reflexiven (Sensitivity)Trainings und Übungen als vielfach eingesetzte Technik in arbeitsfeldbezogenen Veranstaltungen.

## Feedback

Die Geschichte über die Geburtsstunde der Gruppendynamik im sog. Connecticut Seminar wird, wie viele Ursprungsmythen, in unterschiedlichen Versionen erzählt (Schwarz 1993, S. 27). Ein zentrales Element aller Erzählungen ist die „Entdeckung" des Feedback als zentrales methodisches Element der Datengewinnung (und damit letztlich der sozialen Wirklichkeitskonstruktion) im gruppendynamischen Prozess. Verbales Feedback besteht aus den Elementen Verhaltensbeobachtung und -beschreibung, Gefühlsresonanz und Selbstmitteilung sowie Handlungsimpuls: „Man beschreibt, was am anderen auffällt, in für ihn annehmbarer Form, macht ihm Vorschläge, die im Bereich seiner Möglichkeiten liegen, kennzeichnet auch den eigenen Anlaß für die Mitteilung und verdeutlicht, welche Spielräume man selbst in der Beziehungsgestaltung hat" (Fengler 2001a, S. 200). Dabei empfiehlt es sich, eine Reihe von Regeln zu beachten. Konstruktives Feedback ist demnach durch die folgenden Aspekte gekennzeichnet (Antons 1976, S. 109; Schwäbisch/Siems 1974, S. 76 ff.):

- *Beschreibend*: nicht bewerten, interpretieren, den anderen analysieren
- Mitteilung der *eigenen Reaktion*: nicht „objektive" Konsequenzen
- *Konkret*: nicht allgemein
- *Angemessen*: Kanonen können Spatzen zerstören
- *Brauchbar*: Empfänger muss etwas ändern können
- *Erbeten*: nicht aufgezwungen, am besten als Antwort auf Frage
- *Aktuell*: nicht irgendwann später, es gibt aber auch Unzeit
- *Klar* und *genau* formuliert: nicht schwammig und mehrdeutig
- *Korrekt*: nicht übertreiben, verfälschen etc.
- *Umkehrbar*: nicht Asymmetrie zwischen Feedbackgeber und -nehmer
- *Auch positiv*: nicht nur negative Punkte ansprechen

Für den Feedbacknehmer ist es hilfreich, die anderen möglichst oft und konkret um Rückmeldung zu bitten, die Bedeutung dieser Informationen zu überprüfen und bei Unklarheit nachzufragen, sich dabei aber nicht zu verteidigen oder mit Argumenten dagegen zu halten. Auch sollte er dem Feedbackgeber mitteilen, wie das Feedback angekommen ist und welche Reaktionen es ausgelöst hat (Kirsten/Müller-Schwarz 1976, S. 138). Im sogenannten Johari-Fenster (siehe Abbildung 2), einem „Klassiker" der gruppendynamischen Konzepte, lässt sich die Wirkung von Feedback verdeutlichen. Durch Feedback soll im Laufe eines Gruppenprozesses insbesondere der Bereich des blinden Flecks, „wo andere Dinge in uns sehen können, von denen wir selbst nichts wissen" (Luft 1977, S. 23), verkleinert und damit der Bereich der freien Aktivität (die „öffentliche" Person) vergrößert werden.

| | Dem Selbst bekannt | Dem Selbst nicht bekannt |
|---|---|---|
| Anderen bekannt | I<br>Bereich der<br>freien<br>Aktivität | II<br>Bereich des<br>blinden<br>Flecks |
| Anderen nicht bekannt | III<br>Bereich des<br>Vermeidens oder<br>Verbergens | IV<br>Bereich der<br>unbekannten<br>Aktivität |

Abb. 2.: Das Johari-Fenster (Luft 1977, S. 22)

## *Übungen*

„Gruppendynamische Übungen sind „strukturierte Gruppensituationen ... in denen durch den Gruppenleiter ... simulierte Probleme und Konflikte vorgegeben werden. Im Durchspielen dieser Modellsituationen werden die Teilnehmer provoziert, sich selbst und ihre aufeinander bezogenen Verhaltensweisen wahrzunehmen und sich selbst und die anderen in neuen Verhaltensweisen zu erfahren" (Anton 1976, S. 12). Im Unterschied zu den klassischen Sensitivity-Trainings, „die durch Sitzen und Reden gekennzeichnet sind", ist die gruppendynamische Übung „konstituierender Bestandteil von Lernprozessen in der neueren Gruppenpädagogik und Erwachsenenbildung ..." (Fengler 2001b, S. 247). Das bedeutet aber nicht, dass solche Übungen immer und überall eingesetzt werden sollen. Der Einsatz gruppendynamischer Übungen ist u.a. dann angezeigt, wenn gruppendynamisches Wissen vermittelt werden soll, wenn bspw. in Ausbildung befindliche Gruppenleiter die Übungen, die sie später einsetzen werden, zunächst am eigenen Leib erfahren; wenn mit der Übung etwas sichtbar gemacht werden kann, das sonst verloren geht, z.B. die Strukturiertheit von scheinbar unstrukturierten Gruppen zu Beginn des Trainings (unterschiedliche Ziele, Erwartungen, Erfahrungen der Teilnehmer); wenn die Übung etwas aufgreift und verdeutlicht, was sich schon im Gruppenprozess angedeutet hat; wenn die Übung einen wichtigen, aber von den Teilnehmern verleugneten Aspekt des Gruppenprozesses hervorhebt wie bspw. Rivalität zwischen Untergruppen; wenn mit der Übung eine Blockade der Gruppe (Schweigen, Sprachlosigkeit, Friedhofsruhe) aufgehoben werden kann, bspw. durch Paarinterviews, in denen die Teilnehmer ihre momentanen Gefühle ausdrücken und sich gegenseitig Feedback geben; wenn die Übung zur Konfliktklärung beiträgt, die sonst nicht so leicht möglich wäre; wenn die Übung möglichst nahe am Alltagsleben der Teilnehmer angesiedelt ist und Themen und Probleme aus der Berufssituation aufgreift; wenn die Übung auf ein konkretes Lernziel ausgerichtet ist und nicht einfach eingesetzt wird, weil sie „da" ist; wenn dem Gruppenleiter die unstrukturierte, prozessbezogene Arbeitsweise (noch) nicht liegt; wenn die Kontaktzeit der Gruppe relativ gering ist (bspw. ein Halbtag) und die Teilnehmer einander fremd sind; wenn der Erfolg des Seminars sichergestellt werden muss, weil der Auftraggeber und/oder die Teilnehmer gegenüber der Gruppendynamik skeptisch sind (Fengler 2001b).

Sie gehören einer Raumfahrergruppe (5 Personen) an. Sie hatten den Auftrag, sich mit dem Mutterschiff auf der beleuchteten Mondoberfläche zu treffen. Wegen technischer Schwierigkeiten musste Ihr Raumschiff 300 km entfernt vom Mutterschiff landen. Während der Landung ist viel von der Bordausrüstung zerstört worden. **Ihr Überleben hängt davon ab, dass Sie das Mutterschiff zu Fuß erreichen.** Sie dürfen nur das Allernotwendigste mitnehmen, um diese Strecke bewältigen zu können. Nachstehend ist eine Aufzählung von 15 unzerstört gebliebenen Dingen. Ihre Aufgabe besteht darin, eine Rangordnung der aufgezählten Gegenstände zu machen, die für die Mitnahme durch die Besatzung mehr oder weniger wichtig sind. Ordnen Sie 1 der allerwichtigsten Position zu, 2 der nächst wichtigen usw., bis alle 15 Positionen entsprechend ihrer Wichtigkeit gereiht sind.

1 Schachtel Streichhölzer
1 Dose Lebensmittelkonzentrat
20 Meter Nylonseil
30 m$^2$ Fallschirmseide
1 tragbarer Kocher
2 Pistolen, 7,65 mm
1 Dose Trockenmilch
2 Sauerstofftanks à 50 l
1 Sternkarte (Mondkonstellation)
1 Schlauchboot mit $CO_2$-Flaschen
1 Magnetkompass
20 Liter Wasser
Signalpatronen (brennen auch im luftleeren Raum)
1 Erste-Hilfe-Koffer mit Injektionsspritze
1 FM-Empfänger und Sender, mit Sonnenenergie betrieben
Das ist eine Entscheidungsübung für die Herbeiführung von realitätsnahen Beschlüssen. Ihre Gruppe soll mit Einstimmigkeit beschließen. Das bedeutet, dass der Rangplatz für jede einzelne Position einstimmig festgelegt werden muss. Einstimmigkeit ist schwer zu erzielen. Deshalb wird nicht jeder Rangplatz jeden Einzelnen voll befriedigen. Versuchen Sie trotzdem, die Rangordnung so zu erstellen, das alle einigermaßen damit einverstanden sein können. Hier einige Richtlinien:
- Vermeiden Sie, Ihre persönliche Entscheidung den anderen aufzuzwingen. Argumentieren Sie mit Logik.
- Vermeiden Sie nachzugeben, bloß um Einstimmigkeit zu erzielen oder Konflikten auszuweichen. Unterstützen Sie nur dann andere Ansichten, wenn Sie mit Ihren wenigstens teilweise übereinstimmen.
- Vermeiden Sie Konfliktlösungstechniken wie Mehrheitswahl, Mittelwertberechnung oder Kuhhandel (wenn du mir, dann ich dir).
- Betrachten Sie abweichende Meinungen eher als einen nützlichen Beitrag, statt sie als störend zu empfinden.
Nehmen Sie sich so viel Zeit, als Sie benötigen, um eine echte Gruppenmeinung zu finden!

Abb. 3: NASA-Übung (Antons 1976, S. 156)

Abzuraten ist vom Einsatz gruppendynamischer Übungen u.a. dann, wenn sie nur der Unterhaltung dienen; wenn sie der Gruppe ein neues Thema aufzwingen; wenn das Thema auch direkt angesprochen und bearbeitet werden kann; wenn eine Blockierung im Gruppenprozess durch die Übung verschleiert oder durch Wechsel der Ebene umgangen wird; wenn die Übung die Teilnehmer weit weg führt (bspw. auf den Mond) und damit ein beträchtliches Transferproblem schafft; wenn die Übung schon verbraucht und allen bekannt ist, oder wenn sie undurchdacht oder gar peinlich ist. Ähnliches gilt, wenn der Gruppenleiter auch in strukturierten Situationen Gruppenprozesse nicht steuern kann; wenn sie nur nett, Konflikte verharmlosend und damit wenig lernträchtig sind (Fengler 2001b). Zur Veranschaulichung zeigt Abbildung 3 beispielhaft eine weitverbreitete gruppendynamische Übung, die sogenannte NASA-Übung. Sie wird eingesetzt, um den Leistungsvorteil der Gruppe und der Konsensusentscheidung zu demonstrieren (Antons 1976, S. 155).

## 4 Trainer

Kritische Berichte über nutzlose bis schädigende Erfahrungen der Teilnehmer in gruppendynamischen Veranstaltungen (bspw. Giere 1970; Sichrovsky 1988) lenken die Aufmerksamkeit auf Verhalten, Qualifikation und Qualifikationserwerb von Gruppendynamiktrainern.

### 4.1 Trainerverhalten

Der Prozess gruppendynamischer Veranstaltungen wird natürlich vom Verhalten des Trainers maßgeblich mitbeeinflusst. Auf Basis seiner langjährigen (Selbst-) Beobachtungen charakterisiert Fengler (1993) eine Reihe z.T. höchst unterschiedlicher Trainerstile. Diese Stile liegen auf verschiedenen Ebenen, sodass manche tiefverwurzelt und personengebunden, andere wiederum oberflächlicher und damit situativ einsetz- und kombinierbar sind. Hier sind einige Beispiele:
*Autoritätsspieler* provozieren lustvoll den Autoritätskonflikt in der Gruppe, indem sie beharrlich schweigen, auch auf vernünftige Fragen keine (vernünftigen) Antworten geben, jede Äußerung auf sich beziehen oder gar Späße auf Kosten der Teilnehmer machen. Dieser Typus war früher häufiger zu beobachten als in der Gegenwart. „Von der Gruppe ziemlich lang gehaßt und am Ende doch geliebt zu werden, war unter Trainern damals sehr prestigehaltig" (Fengler 1993, S. 95).
*Intimitäts-Freunde* kommen gehäuft in Encountergruppen vor. Sie wollen ein intensives und freundliches Arbeitsklima ohne Rivalitäten, Konflikte oder Machtkämpfe schaffen, in dem sich alle lieben und wohlfühlen.
*Gütige Mütter und Väter* haben schon viel in ihrem (Trainer-)Leben gesehen und auch erlitten. Sie wirken klug, bescheiden und umsichtig. Ihre Interventionen scheinen sie auf der Grundlage ihrer reichhaltigen Erfahrung und weniger als Ausdruck einer Technik zu setzen. Dieser Trainerstil ist von jüngeren nur um den Preis der Peinlichkeit imitierbar.
*Strenge Psychoanalytiker* deuten alles und jedes. Es gibt kein Verhalten, keinen Gesichtsausdruck, kein Räuspern, das nicht Gegenstand einer Deutung würde. Die Gruppe besteht bald aus lauter Mit-Analytikern, für Spontanität ist kein Platz. Es werden Deutungen von Deutungen ausgetauscht. Der strenge Psycho-

analytiker kann und soll seine analytische Aufmerksamkeit nicht abstellen, es wäre aber geholfen, wenn er gelegentlich seine Deutungen für sich behielte. *Gefühlsverbalisierer* bringen die Emotionen der Teilnehmer zum Ausdruck, wie sie es oftmals in der personenzentrierten Psychotherapie (kennen-)gelernt haben. Dabei werden die Aussagen der Gruppenmitglieder sinngemäß wiederholt (paraphrasiert) und um eine Beschreibung der dahinterstehenden Gefühle ergänzt. Diese schwierige Aufgabe wird bei Ungeübten rasch als Masche („Nachplappern") entlarvt.

*Animateure* verfügen über einen schier unerschöpflichen Vorrat an Übungen und Spielen für praktisch jedes Thema. Damit ermöglichen sie den Teilnehmern in kurzer Zeit problembezogene Aha-Erlebnisse und vertiefte Einsichten. Manchen Gruppen wird aber das Feuerwerk an Aktivitäten und Übungen zuviel und sie verfallen dann plötzlich in (dem Trainer unerklärliche) Apathie.

*Soziologische Gesellschaftskritiker* mach(t)en (insbesondere Anfang der 70er Jahre) den Teilnehmern mit einer brillanten Analyse eloquent und unentrinnbar klar, wie gesamtgesellschaftliche Widersprüche in diese Gruppe hineinwirken, und leisten damit einen Beitrag zur Aufklärung. Da aber die Gesellschaft im Rahmen eines Gruppendynamikseminars nicht verändert werden kann, fehlt der Handlungsimpuls und es bleibt bei einer analytischen Übung.

*Abstinenzler* meiden jeden Kontakt mit der Gruppe, um ihr möglichst uneingeschränkt als Projektionsfläche zur Verfügung stehen zu können. Sie antworten einsilbig oder mit einer Gegenfrage, gehen Blickkontakten aus dem Weg, verlassen am Ende der Sitzungen sofort den Raum und nehmen ihre Mahlzeit an einem separaten Tisch oder zumindest wortlos ein.

*Sprachkünstler* brillieren mit eloquenten, treffsicheren Formulierungen sowie humorvollen, bildhaften Vergleichen.

*Alleskönner* haben Gestalttherapie ebenso in ihrem Angebot wie Rhetorikkurse, OE-Beratung ebenso wie Zeitmanagement-Seminare, Führungs-Coaching ebenso wie Urschrei-Wochenenden. Dies nährt den Verdacht, dass manches aus der Angebotspalette nicht genügend fundiert sein kann.

## 4.2 Trainerqualifikationen

Nicht nur die eben angeführten, stärker in der Person des Trainers gelegenen Rollen und Trainerstile weisen ein breites Spektrum auf. Auch die Anforderungen an die Trainer divergieren wegen der unterschiedlichen Anwendungsbereiche der Gruppendynamik (Sensitivity-Trainings, Beratung von Arbeitsteams, Organisationsentwicklungsseminare, Lehrveranstaltungen an Universitäten etc.) stark. Deshalb fällt es schwer, ein klar abgegrenztes Qualifikationsprofil zu erstellen. „Faßt man die Ausführungen über die Qualifikation eines Trainers zusammen, so läßt sich insgesamt lediglich ein unpräzises und allgemeines, wenn auch recht komplexes Bild vermitteln" (Dorst 2001, S. 307). Vopel (1992, S. 83 ff.) nennt Kenntnisse und Einstellungen als Qualifikationen effektiver Gruppenleiter. Zu den erforderlichen Kenntnissen zählen allgemeine Kenntnisse der Gruppendynamik, genügend Einsichten in die individuelle Psychodynamik (um Angstreaktionen erkennen und Schäden für die Teilnehmer vermeiden zu können), Spezialkenntnisse bspw. über die Bedingungen im Arbeitsfeld der Teilnehmer

bei homogenen Gruppen sowie eigene Erfahrungen als Teilnehmer von Grup-
pendynamikveranstaltungen. Wichtige Einstellungen und Haltungen sind u.a.
Engagement und Interesse für alle Teilnehmer, Sensitivität für die Sichtweise der
Teilnehmer, Optimismus, ein ausgewogenes Verhältnis von Kunst (persönliche
Begabung) und Technik (theoretische und methodische Kenntnis), Partizipatives
Verhalten, Toleranz, Mut usw. Auch wenn diese Liste wie ein Wunschkonzert
anmutet, so verweist sie zumindest auf die Notwendigkeit einer gründlichen und
umfassenden Ausbildung zum Gruppendynamiktrainer. Die Institutionalisierung
der Gruppendynamik in Interessenverbänden wie dem Österreichischen Arbeitskreis für Gruppentherapie und Gruppendynamik (ÖAGG) oder dem Deutschen
Arbeitskreis für Gruppenpsychotherapie und Gruppendynamik (DAGG) hat sich
unter anderem in formalen Curricula für die Ausbildung zum Gruppendynamiktrainer niedergeschlagen. Dabei werden unterschiedliche, aufeinander aufbauen-
de Ausbildungsstufen unterschieden. Als Beispiel sind unten die
Ausbildungsrichtlinien des ÖAGG zum Groupworker abgedruckt, der Vorstufe
zur Ausbildung zum Gruppentrainer.

---

**1. Tätigkeitsbereich**
Die Ausbildung zum Groupworker soll befähigen, mit der Hilfe von gruppendynami-
schen Methoden, Techniken und Kenntnis der eigenen Wirksamkeit die Entwicklung
von Gruppen und ihren einzelnen Mitgliedern einzuleiten und zu fördern mit dem Ziel,
die Kommunikation und Interaktion sowie die Zusammenarbeit in Organisationen und
Gruppen zu verbessern. Der Groupworker ist in der Leitung von Gruppen und in der
Mitarbeit in Gruppen und Teams, insbesondere in folgenden Arbeitsfeldern praxisori-
entiert und kontinuierlich tätig:
- Pädagogik, Lehre und Forschung,
- Organisations- und Personalentwicklung,
- Feldarbeit in sozialen Institutionen.
**2. Voraussetzungen für den Beginn der Ausbildung**
2.1.   Mindestalter: 21 Jahre.
2.2.   Abgeschlossene Schul- und Berufsausbildung bzw. Arbeitserfahrung in einem
       Feld. Mindestens zwei Jahre Berufserfahrung bzw. Felderfahrung.
2.3.   Deklaration des Status als AusbildungskandidatIn an den/die regionalen Aus-
       bildungsberaterIn der Fachsektion.
**3. Fähigkeiten**
Der/die GraduierungsbewerberIn hat folgende Tätigkeiten und Kenntnisse nachzuwei-
sen:
3.1.   Entwicklung eines für den Gruppenleiter/die Gruppenleiterin unbedingt erfor-
       derlichen Ausmaßes an persönlicher Reife.
       Psychologische und soziologische Grundkenntnisse und ihre system- und
       gruppenfördernde Anwendung.
3.2.   Gruppendynamische Kenntnisse in feldbezogenen Situationen anwenden kön-
       nen.
3.3.   Ausgehend vom systemtheoretischen Wissen Systeme erkennen und in weite-
       rer Folge entwickeln können.
3.4.   Prozesse beobachten und Kommunikationen klar erkennen und durch situati-
       onsgerechtes Intervenieren verdeutlichen können.
3.5.   Über Kreativität verfügen, um Entwicklungen einzuleiten.

**4.    Ausbildungsgang**
4.1.    Theorie:
4.1.1.  Grundlegende Kenntnisse der Gruppendynamik (15 Std.)
4.1.2.  Methodik und Technik des Intervenierens in Gruppen (15 Std.)
4.1.3.  Literaturstudium
4.2.    Praxis

Stufe I: Selbsterfahrung und Gruppenprozesse
4.2.1.  Eine Jahresgruppe mit Abschlussgespräch und Teilnehmer-Protokoll (gemäß
        4.2.9 wird die Verlängerung um ein weiteres Jahr empfohlen) (60 Std.)
4.2.2.  Drei Laborgruppen (T-Gruppen), davon eine gegen Ende der Ausbildungszeit
        (120 Std.)

Stufe II: Methoden
4.2.3.  Vier Trainings: Schwerpunktsetzung je nach Berufsfeld, wobei
        Kombinationen möglich sind (160 Std.)
        a.) Organisationsentwicklung
        b.) Pädagogik
        c.) Institutionelle soziale Arbeit
        d.) Prävention
4.2.4.  Empfehlung: Bildung von regionalen Peergroups
        (selbstverantwortliche Erarbeitung praktischer und theoretischer Inhalte).

Stufe III: Transfer
4.2.5.  Eine Gruppenbeobachtung mit Protokoll oder ein Beobachter-Coaching mit
        Abschlussgespräch und Teilnehmer-Protokoll (40 Std.)
4.2.6.  Ein Skill-Training mit Abschlussgespräch und Teilnehmer-Protokoll (40 Std.)
4.2.7.  Ein Co-Training (40 Std.)
4.2.8.  Supervision mit Abschlussgespräch und Teilnehmer-Protokoll (40 Std.)
4.2.9.  Empfehlung: ein weiteres Jahr Jahresgruppe.
        Gesamtsumme: mindestens (530 Std.)

Abb. 4: Ausbildungsrichtlinien für Groupworker (ÖAGG 2002)


## 5 Kritik und Ausblick

Gruppendynamik war im Laufe ihrer Entwicklung immer wieder Gegenstand der Kritik von innen und außen. Häufig genannte Kritikpunkte sind die Theorieabstinenz und der damit verbundene Interventionseklektizismus (König 2001, S. 16; Rechtien 2001, S. 61). Auch die Kommerzialisierung der Gruppendynamik zwischen „Kompetenz zu Höchstpreisen" und „Beutelschneiderei" (Dorst 2001, S. 302) sorgt für kritische Diskussion, denn „die gruppendynamischen Praktiker waren mehr damit beschäftigt, der Verwertbarkeit und Ökonomisierung ihres Wissens und ihrer Kompetenz nachzugehen als der theoretischen Grundlagenarbeit" (Weigand 1998, S. 75). Dass Gruppendynamik auch religiöse Bedürfnisse abdecken kann, lässt nicht nur die scharfe Fundamentalkritik von Konkurrenzreligionen vermuten (Gassmann 2000), sondern ist auch durch Bemühungen zur Legitimierung ihrer humanistischen Orientierung außerdem zum Teil hausgemacht. „Und zum Leidwesen der Gruppendynamik sind die lesbaren Ausführungen dieser humanistischen Psychologen zur Rechtfertigung eher dazu angetan, eine Kirche zu gründen, als die Gruppendynamik von ihren Rechtfertigungsproblemen zu entlasten" (Geißler 1981, S. 31). Nicht zuletzt als Reaktion auf solche Kritiken wird seit Ende der Achtzigerjahre versucht – teilweise in lebhaften Auseinandersetzungen – mit dem Systemansatz zur theoretischen Fundierung der Gruppendynamik beizutragen (vgl. Heft 1/1990 der Zeitschrift Gruppendynamik; Schattenhofer/Weigand 1998). Weigand (1998, S. 87 f.) sieht dies durch etliche Gemeinsamkeiten zwischen Gruppendynamik und Systemansatz gerechtfertigt:

- Das Ganze (die Gruppe, das System) ist etwas anderes als die Summe seiner Teile, es bildet emergente Qualitäten aus.
- Die Komplexität der Situation übersteigt die individuelle und kollektive Wahrnehmungsfähigkeit. Trotz der damit entstehenden Ambivalenz und Relativität muss irgendwann entschieden und gehandelt werden.
- Das Geschehen in Gruppen und anderen sozialen Systemen lässt sich nicht befriedigend in linearen Ursache-Wirkungszusammenhängen erklären.
- Gruppen entwickeln ihre Prozesse und Strukturen autopoietisch gemäß ihrer eigenen (System)Logik.
- Gruppen/Systeme sind dann handlungs- und veränderungsfähig, wenn sie zwischen Aktion und Reflexion (Selbstthematisierung) wechseln können.

So sind aus nicht wenigen Gruppendynamikern Systemiker, die sich mit der Logik von Organisationsprozessen beschäftigen, geworden. Dies ist nur folgerichtig, denn „um Teams und Gruppen richtig zu führen, bedarf es gruppendynamischer Kenntnisse und Fertigkeiten. Organisationsprobleme jedoch sind nicht mit gruppendynamischen Methoden zu lösen" (Pesendorfer 1993, S. 227).

## 6 Empfohlene Literatur

### Basisliteratur

Rechtien, W. 1999: Angewandte Gruppendynamik, 3. Auflage, Weinheim.
*Ein informatives Lehrbuch zu verschiedenen Facetten der Gruppendynamik. Das besonders ausführliche Kapitel zur historischen Entwicklung der Gruppendynamik verschafft dem Leser das entsprechende Kontextwissen, um Grundanliegen, Streitpunkte und Entwicklungen der Gruppendynamik besser verstehen und einordnen zu können.*
Antons, K. 2000: Praxis der Gruppendynamik, 8. Auflage, Göttingen u.a.
*Seit 30 Jahren der Klassiker der gruppendynamischen Übungen im deutschen Sprachraum! Er enthält zahlreiche Übungen mit Umsetzungshinweisen und kleinere Papers als Theoriehintergrund zu immer wiederkehrenden Themen wie bspw. Feedback, Wahrnehmung, Kommunikation etc.*

### Weiterführende Literatur (Übersichtsdarstellungen)

Schwarz, G. u.a. 1993 (Hrsg.): Gruppendynamik. Geschichte und Zukunft, Wien, S. 17–34.

*In der Festschrift für Traugott Lindner, den Pionier der Gruppendynamik im deutschen Sprachraum, wird unter starker Beteiligung österreichischer Autoren ein breite Palette an Fragen der Gruppendynamik behandelt. Besonders lebendig werden die Ausführungen, wenn man das Interview mit T. Lindner liest.*

König, O. 2001 (Hrsg.): Gruppendynamik. Geschichte, Theorien, Methoden, Anwendungen, Ausbildung, 4. Auflage, Wien, S. 301–313.

*Das „deutsche" Pendant zum „österreichischen" Buch (s.o.). Es enthält die wichtigsten Publikationen zur Gruppendynamik aus drei Jahrzehnten praktisch aller einschlägigen, namhaften Autoren.*

### Exemplarische Forschungsarbeiten

Antons, K./Amann, A./Clausen, G./König, O./Schattenhofer, K. 2001: Gruppenprozesse verstehen. Gruppendynamische Forschung und Praxis, Opladen.

*Da Forschung und Theoriebildung in der Gruppendynamik ein Schattendasein fristen, ist dieses Buch ein seltenes und dazu auch noch aktuelles Exemplar dieser Spezies. Mithilfe qualitativer Sozialforschung wird hier eine Fülle von Daten narrativ ebenso präsentiert wie die Probleme, Gruppendynamik angemessen zu „beforschen".*

### Anmerkungen

[1] „Das Wort emanzipatorisch trat an die Stelle, die bislang dem Wort gut vorbehalten war, und das ist etwas, das noch keinem Wort gut bekommen ist" (Rechtien 2001, S. 57).

[2] Die folgenden Ausführungen beziehen sich, wenn nicht anders angegebenen, auf Rechtien (1999, S. 20 ff.).

[3] Die objektive Hermeneutik ist eine theoretisch begründete Methodologie und zugleich eine forschungspraktische Kunstlehre für die systematische Auswertung jeglichen Datentyps innerhalb des Ensembles der Sozial-, Kultur- und Geisteswissenschaften, also der Erfahrungswissenschaften von der sinnstrukturierten Gegenstandswelt. Das Attribut »objektiv« soll besagen, dass sowohl der Gegenstand dieser Verfahren als auch die Verfahren selbst sich dem Objektivitätskriterium erfahrungswissenschaftlicher Erkenntnis fügen, wie es in den Naturwissenschaften gebräuchlich ist, aber in den Sozial-, Kultur- und Geisteswissenschaften irrtümlich allzu häufig als unkritisch angesehen und dann durch den Bezug auf einen »subjektiven Faktor« oder einen »subjektiv gemeinten Sinn« ersetzt wird" (Arbeitsgemeinschaft objektive Hermeneutik 2002).

# Gruppenidentität

## Wolfgang Mayrhofer/Guido Strunk/Michael Meyer

## 1 Ein Fallbeispiel: Das Project Management Team bei Ring-Mobile

Christine Major ist ratlos. Was sich in ihrem Team in der Ring-Mobile, einem großen Mobilfunkbetreiber, in den letzten Monaten getan hat, hat sie so nie erwartet, nicht einmal in ihren schlimmsten Befürchtungen. Zwei ihrer besten und langjährigen Mitarbeiter, nebenbei auch privat ihre guten Freunde, Ralf Renckenschmid und Heinz Hübner, sprechen überhaupt nicht mehr miteinander – und mit ihr auch nur mehr über das Notwendigste. Die gemeinsamen Stunden, in denen sie abends bei gutem Essen und Rotwein die Geschicke der Project-Management (PM) Gruppe besprochen haben, sind Vergangenheit. Nicht nur das, insgesamt haben sich innerhalb ihres zwölfköpfigen Teams Gräben aufgetan, die sie sich tiefer nicht vorstellen konnte. Was war passiert? Die zwölf Leute der PM verstanden sich als Eliteeinheit innerhalb der Ring-Mobile. Lauter Akademiker, großteils Betriebswirte. Sechs von ihnen waren schon beim Start-Up vor sieben Jahren dabei. Oft kursierten die Geschichten von den ersten Wochen in jenem viel zu kleinen Innenstadt-Büro, wo unter heftigem Zeitdruck nächtelang die Strategien und Maßnahmen für den Markteintritt der Ring-Mobile geplant wurden. Kaum jemand in der gesamten Company war so lang dabei wie jene sechs von PM: Major, Renckenschmid und Hübner, Sabine Klein, Günther Maler und Barbara Flug. Sie waren dafür zuständig, bei den vielen Projekten, die in der rasant wachsenden Company umzusetzen waren, auf die Einhaltung der Ring–Mobile–PM–Standards zu achten. Damit waren sie maßgeblich an der Steuerung der Prozesse der vielen Projektgruppen des Mobilfunkanbieters beteiligt.
Dass das Unternehmen in dieser Expansionsphase zusammengehalten werden konnte, lag nicht zuletzt an dem unermüdlichen Einsatz der PM. Tagsüber waren sie in unterschiedlichen Meetings im ganzen Unternehmen verstreut, um sechs Uhr abends trafen sie einander zur Lagebesprechung, die nicht selten in der Osteria bei Mario nach Mitternacht endete. Sie arbeiteten viel und hatten viel Freude daran. Sukzessive integrierten sie neue Mitarbeiter in ihr Team. Dabei gingen sie sehr sorgsam um, jeder Junior bekam einen Senior zur Seite gestellt und wuchs in verantwortungsvollere Aufgaben hinein. Christine Major und Heinz Hübner war es ein besonderes Anliegen, einmal im Halbjahr zwei Tage nur dem PM-Team zu widmen: Strategie und Teambuilding waren angesagt, die PM-Leute gingen gemeinsam Klettern und Laufen, Schifahren und Wandern, Fischen und Segeln. Rückblickend begann das Unheil mit dem Angebot des CEO, das PM-Team zusätzlich mit Organizational Development (OD) zu betrauen. Die PM-Leute fühlten sich in ihrem Stellenwert für die Company gewürdigt, allen voran Major, Flug und Maler freuten sich auch über die inhaltlich interessanten neuen Aufgaben. Major sah darin eine verstärkte Einbindung in wirklich zentrale Unternehmensentscheidungen. Was folgte, war aber eine Teilung der Gruppe. Barbara Flug und Günther Maler übernahmen gemeinsam mit drei Juniors die OD-

Agenden, Renckenschmid, Klein und Hübner blieben mit den anderen Juniors bei den PM-Aufgaben, die nicht weniger wurden. An Personalaufstockungen war nach dem Ende der euphorischen Wachstumsjahre nicht mehr zu denken. Kleine Sticheleien zwischen den „Projektvagabunden" und den „OD-Eggheads" begannen. Erstere bejammerten ihre Überlastung, Letztere verwiesen auf ihre Bedeutung. Noch gelang es Christine Major, die Konflikte auszugleichen und das Team zusammenzuhalten.

Beim Outdoor-Training war es aber schon ganz klar, wer mit wem im selben Rafting-Boot saß. In den darauf folgenden Wochen zeigte sich eine zunehmende Spaltung zwischen den beiden Gruppen. Bei den gemeinsamen Planungsgesprächen reichte es bald aus, dass einer aus der OD-Gruppe einen Vorschlag unterbreitete, um lautstarke Proteste aus der PM-Gruppe zu provozieren. Umgekehrt war es jedoch nicht besser. Wortmeldungen aus der PM-Gruppe führten zwangsläufig zu einer ablehnenden Haltung im OD-Team. Den „Projektlern" fehle eindeutig der Blick für die Gesamtzusammenhänge des Unternehmens, tönte es bald von der einen Seite, während die andere den „OD-Eggheads" weltfremde Arroganz vorwarf. Beim letzten gemeinsamen Abendessen kam es dann beinahe zu Handgreiflichkeiten zwischen Renckenschmid und Hübner. Im Nachhinein ist es nicht mehr ganz klar, ob Renckenschmid die OD-Gruppe zuerst als arrogante Schleimer und Speichellecker der Firmenleitung bezeichnete oder ob Hübner anfing, indem er die „Projektvagabunden" als engstirnige Hinterwäldler beschimpfte. Nun sitzt Christine Major alleine bei einem Glas Wein in der Osteria und versteht die Management-Welt nicht mehr. Wie konnte es passieren, dass diese verschworene Gemeinschaft auseinander gebrochen ist?

## 2 Sind Gruppen anders?

Wie konnte diese einstmals verschworene Gemeinschaft auseinander brechen, fragt sich Christine Major im oben stehenden Fallbeispiel. Wie kann bei befreundeten Menschen allein durch die Zuweisung zu verschiedenen Arbeitsgruppen eine Rivalität entstehen, die eine weitere Zusammenarbeit unmöglich macht? Dass Menschen sich in Gruppen anscheinend ganz anders verhalten, als es aufgrund ihrer Persönlichkeit zu erwarten wäre, war schon Sigmund Freud aufgefallen. Bereits 1921 schrieb er: „Wenn die Psychologie, welche die Anlagen, Triebregungen, Motive, Absichten eines einzelnen Menschen bis zu seinen Handlungen und den Beziehungen zu seinen Nächsten verfolgt, ihre Aufgabe restlos gelöst und alle diese Zusammenhänge restlos durchsichtig gemacht hätte, dann fände sie sich plötzlich vor einer neuen Aufgabe, die sich ungelöst vor ihr erhebt. Sie müsste die überraschende Tatsache erklären, dass dies ihr verständlich gewordene Individuum unter einer bestimmten Bedingung ganz anders fühlt, denkt und handelt, als von ihm zu erwarten stand, und diese Bedingung ist die Einreihung in eine Menschenmenge." (zitiert nach Benesch u.a. 1990, S. 264) Auffällig ist, dass Freud nicht von einer „Einreihung in eine *Gruppe*", sondern von der „Einreihung in eine *Menschenmenge*" schreibt. Der Begriff *Gruppe*, wie er heute in der Sozialpsychologie Verwendung findet, ist relativ jung (siehe zum Gruppenbegriff: Schneider 1975; Tajfel 1982a). Während nämlich die Vorläufer der Psychologie des Individuums weit, nämlich bis auf antike Philosophen zurückreichen, existiert die Gruppenforschung erst seit dem 20. Jahrhundert, als zunächst wenig beachteter Ableger der Persönlichkeitspsychologie. Für die europäische Sozialpsychologie waren die Franzosen Emile Durkheim und Gustave Le Bon von größter Bedeutung. Bis in die 30er Jahre des 20. Jahrhunderts bestimmte vor allem Le Bons „*Massenpsychologie*" die europäische Sozialforschung (LeBon 1961/1895).

Analogien zur Hypnose (Massensuggestion) und zur damals entdeckten bakteriellen Verbreitung von Krankheiten erlangten bei der Erklärung von Massenphänomenen wie Aufständen, Streiks oder Revolutionen zentrale Bedeutung (psychische Ansteckung). Massenphänomene erhielten dadurch eine pathologische Konnotation nach dem Motto: „Menschen, die sich in eine Menschenmenge einreihen, stecken sich mit dem Virus der Dummheit an". Massenphänomenen wurde die Macht zugeschrieben, die Kritik und Urteilsfähigkeit des einzelnen Menschen auszuschalten. Aus heutiger Sicht und vor dem Hintergrund des Fallbeispieles scheint diese Argumentation jedoch wenig stichhaltig. Sollten sich die Mitglieder der beiden Arbeitsgruppen plötzlich, d.h. ausgelöst durch die Gruppenbildung, mit dem „Virus der Dummheit" angesteckt haben? Das scheint wenig wahrscheinlich. Dennoch scheinen in und zwischen Gruppen Phänomene aufzutreten, die zeigen, dass dort ganz spezifische Spielregeln gelten.

Eine ganze Reihe solcher Phänomene, zu denen es in Gruppen kommen kann, werden z.B. im Rahmen des von Janis (Janis/Mann 1977; Janis 1982) vorgeschlagenen „*Groupthink-Konzeptes*" beschrieben. Janis beschreibt in seinen Arbeiten eine Reihe politischer und militärischer Entscheidungsprozesse, die trotz der „überlegenen Intelligenz" der Gruppenmitglieder auf dramatische Art Zeugnis für die unglaubliche Unvernunft von Gruppen ablegen. Das beste Beispiel in diesem Zusammenhang ist sicherlich die sog. „Schweinebucht-Affäre", die darauf zurückging, dass Präsident Kennedy und eine kleine Gruppe von Beratern 1961 beschlossen, eine Invasion in der Schweinebucht Kubas zu starten. Innerhalb weniger Tage waren die Invasoren tot oder gefangen genommen. Solche und ähnlich unvernünftige Entscheidungen finden sich besonders häufig in isolierten Gruppen, die einsam Entscheidungen fällen und sich damit im Verlauf des Gruppenprozesses gegenseitig aufschaukeln und dabei jeden Sinn für die Realität verlieren. Obwohl sich Beschreibungen zum Groupthink-Phänomen in beinahe jedem Lehrbuch finden, scheint es für den vorliegenden Fall keine Bedeutung zu haben. Was im Fallbeispiel zu beobachten ist, ist mehr eine wachsende Feindschaft zwischen Gruppen als ein gestörtes Entscheidungsverhalten. Die für Gruppen im Allgemeinen beschriebenen Prinzipien und Phänomene (für einen umfassenden Überblick siehe Sader 2002) gelten auch für Arbeitsgruppen. Auch bei ihnen kommt es zu Phänomenen, die sich nicht aus den Eigenschaften und Verhaltensweisen der einzelnen Arbeitsgruppenmitglieder erklären lassen.

Eine der spannendsten Fragen aber zielt auf das Bedingungsgefüge für das Auftreten solcher gruppenspezifischen Erscheinungsformen: Ab wann zeigen sich solche Phänomene? Hinter dieser Frage steht die Überlegung, dass es sehr unterschiedliche Arten von Gruppen in sehr unterschiedlichen Phasen ihrer Entwicklung gibt (s.a. den Beitrag zur Teamentwicklung in diesem Band). Ist es notwendig, dass eine Gruppe bereits viele Stadien der Entwicklung durchlaufen hat, bevor Gruppenphänomene einsetzen, ist es erforderlich, dass ein bestimmtes Maß an Zusammenhalt gegeben ist, sind spezifische Gruppenrollen und -situationen dafür notwendig? Mit diesen und ähnlichen Fragen beschäftigt sich insbesondere die *Social Identity Theory*, auf die im Folgenden etwas näher eingegangen werden soll. Sie hat die Beobachtung zum Ausgangspunkt, dass Gruppeneffekte keine „voll entwickelten" Gruppen benötigen. Höchst erstaunliche Arbeiten innerhalb des sogenannten Minimal Group Paradigm zeigen, dass bereits minimale Gemeinsamkeiten und Unterschiede ausreichen, um fehlerhafte Beurteilungen und Diskriminierungen auszulösen. Ein typisches Beispiel ist das Verhalten von Anhängern verschiedener Fußballklubs: „Ein Fußballfan verhöhnt den anderen, besonders wenn beide Schals mit den Farben verschiedener Fußballklubs tragen, und übersieht dabei völlig die vielen individuellen Merkmale, die sie möglicherweise gemeinsam haben." (Brown/Turner 1981, S. 45) Ist das nur bei Fußballfans so?

## 3 Minimale Gruppe (Minimal Group Paradigm)

Die Gemeinsamkeiten, die aus der Sicht des Minimal Group Paradigm zwischen Fußballfans und den beiden Gruppen der Ring-Mobile bestehen, liegen zunächst in äußeren Merkmalen, die es den jeweiligen Gruppenmitgliedern erlauben, „Freunde" von „Feinden" zu unterscheiden. Tajfel u.a. (1971) stellten zur Überraschung vieler ihrer Kollegen fest, dass solche äußeren Merkmale, anhand derer verschiedene Personen unterschieden werden können, eine weit größere Rolle bei der Entstehung von diskriminierendem Verhalten spielen, als bisher angenommen worden war. In den Arbeiten von Tajfel u.a. (für einen knappen Überblick siehe Brown 1990) zeigte sich, dass es genügt, beliebige, einander völlig unbekannte Personen anhand eines ebenso beliebigen Merkmales in Gruppen einzuteilen, um zwischen diesen Gruppen diskriminierende Beurteilungen und entsprechendes Verhalten zu erzeugen.

Ein solches Verhalten entsteht also, ohne dass die Gruppenmitglieder einander oder die der jeweils anderen Gruppe kennen, bzw. sich eine Meinung über sich selbst und die anderen gebildet haben. Diese erstaunlichen Ergebnisse erwiesen sich in der Folge als außergewöhnlich robust. Mehr als zwei Dutzend unabhängige Studien, die im Anschluss an die Originalarbeit in verschiedenen Ländern mit unterschiedlichsten Versuchsteilnehmern – von kleinen Kindern bis zu Erwachsenen – durchgeführt wurden, hatten im Wesentlichen immer das gleiche Ergebnis. Kernstück dieser Forschungsarbeiten sind sozialpsychologische Experimente zur sog. minimalen Gruppe (Minimal Group), die zwar je nach Forschungsinteresse an unterschiedliche Bedingungen angepasst werden, im Wesentlichen jedoch dem gleichen Aufbau, dem gleichen Paradigma folgen. Die Besonderheit dieser Experimente liegt darin begründet, dass keinesfalls reale Gruppen mit einer längeren gemeinsamen Geschichte, ausgeprägtem „Wir-Gefühl" und klar definierten Gruppenzielen untersucht werden, sondern „minimale" Gruppen, die im Rahmen des Experimentes wahllos aus beliebigen Personen gebildet werden und denen daher die Merkmale realer gewachsener Gruppen fehlen. Im Rahmen des inzwischen klassischen Experimentes zur minimalen Gruppe ordneten Tajfel u.a. Schüler höchst willkürlich zwei verschiedenen Gruppen zu, nämlich aufgrund ihrer Präferenz für die abstrakten Maler Paul Klee und Wassilij Kandinsky (Tajfel u.a. 1971). Den Versuchsteilnehmern war während des Experimentes nur bekannt, welcher Gruppe sie zugeteilt worden waren, sie wussten jedoch nicht, welche Personen sich in ihrer eigenen Gruppe befanden bzw. welche zur anderen Gruppe gehörten. Da den Versuchsteilnehmern gesagt wurde, es handle sich um eine Untersuchung über Entscheidungsprozesse, wurden die Versuchspersonen nach Abschluss der Gruppenzuordnung gebeten, verschiedenen Empfängern bestimmte Geldbeträge zuzuweisen.

Die Zuweisung erfolgte durch das Ausfüllen von vorgegebenen Entscheidungsmatrizen. Eine solche Entscheidungsmatrix enthielt jeweils 13 Möglichkeiten, einem bestimmten Mitglied – angegeben als anonyme Nummer – der einen Gruppe und einem bestimmten Mitglied der anderen Gruppe einen Geldbetrag zuzuweisen. Dabei waren die beiden Zuweisungen jeweils aneinander gebunden, sodass die Auswahl einer der 13 Möglichkeiten über den Betrag für beide Gruppenmitglieder gleichzeitig entschied. Um Eigeninteressen auszuschließen, konnte sich keine der Versuchspersonen selbst Geld zuweisen, d.h. dass keine Versuchsperson eine Entscheidungsmatrix vorgelegt bekam, in der ihre eigene Nummer auftauchte. Die Ergebnisse waren überraschend und eindeutig. Obwohl um Fairness bemüht, zeigten die Zuteilungen eine klare Tendenz, den Gruppenmitgliedern der eigenen Gruppe mehr Geld zuzuweisen als denen der anderen Gruppe. Eine für diese Experimente typische Entscheidungsmatrix ist in Abb. 1 wiedergegeben. Die meisten Mitglieder der Kandinsky-Gruppe wählen hier die Möglichkeit G. Schaut man sich die Option G genau an, so könnte sich die Ansicht einstellen, dass gerade diese Option eine besonders „faire" Wahl ist, da beiden Gruppen der gleiche Betrag zugeteilt wird. Gegen diese Interpretation spricht jedoch, dass bestimmte andere Möglichkeiten bewusst ausgelassen werden.

Bitte weisen Sie dem Mitglied Nr. 74 der Klee-Gruppe und dem Mitglied Nr. 44 der Kandisky-Gruppe Geld zu!
Sie selbst sind Mitglied Nr. 2 der Kandinsky-Gruppe.

Wählen Sie eine der folgenden Möglichkeiten!

| Möglichkeiten | A | B | C | D | E | F | G | H | I | J | K | L | M |
|---|---|---|---|---|---|---|---|---|---|---|---|---|---|
| Nr. 74 der Klee-Gruppe bekommt: | 25 | 23 | 21 | 19 | 15 | 17 | 13 | 11 | 9 | 7 | 5 | 3 | 1 |
| Nr. 44 der Kandinsky-Gruppe bekommt: | 19 | 18 | 17 | 16 | 14 | 15 | 13 | 12 | 11 | 10 | 9 | 8 | 7 |

Ich wähle die Möglichkeit: _G_

Abb. 1: Typische Entscheidungsmatrix im Rahmen eines Minimal Group Experimentes (modifiziert in Anlehnung an Brown 1990, S. 414)(Auszahlung in Euro)

Obwohl alle Möglichkeiten von A bis F einem Mitglied der eigenen Gruppe (Kandinsky-Gruppe) mehr Geld eingebracht hätten als die Option G, wird auf diese Möglichkeiten verzichtet. Der Grund für die Zuweisung der schlechteren Option an die eigenen Gruppenmitglieder liegt darin, dass bei jeder der Möglichkeiten gleichzeitig einem Mitglied der anderen Gruppe (Klee-Gruppe) mehr Geld zugewiesen würde als dem Mitglied der eigenen Gruppe. Es wird also in Kauf genommen, dass beide weniger bekommen als sie eigentlich bekommen könnten, wenn nur das Mitglied der eigenen Gruppe nicht schlechter abschneidet als das der anderen. Bei allen Experimenten zum Minimal Group Paradigm zeigten sich Unterschiede in (a) der Wahrnehmung der eigenen und der fremden Gruppe, (b) der Bewertung der beiden Gruppen und (c) dem Verhalten gegenüber der eigenen und der fremden Gruppe. Die Ergebnisse der Experimente zum Minimal Group Paradigm werden in Abbildung 2 wiedergegeben.

| Verhaltens-aspekt | Eigene Gruppe | Fremde Gruppe |
|---|---|---|
| Wahrnehmung | Differenzierte Sicht der eigenen Gruppe: *„ Wir sind Individuen. Jeder hat eine eigene Meinung. "* | Undifferenzierte Sicht der anderen Gruppe: *„Die anderen sind alle gleich. "* |
| Bewertung | Favorisierung der eigenen Gruppe: *„ Wir sind die Besseren. "* | Diskriminierung der anderen Gruppe: *„Die anderen sind schlechter. "* |
| Verhalten | Bevorzugung der eigenen Gruppe. | Benachteiligung der anderen Gruppe. |

Abb. 2: Typische Ergebnisse aus Experimenten zum Minimal Group Paradigm

Erstaunlich an diesen Befunden ist jedoch nicht so sehr, dass die Phänomene überhaupt auftreten, sondern dass sie scheinbar ohne Grund zu Stande kommen. Es können keine Groupthink-Phänomene (siehe oben) vorliegen, da die einzelnen Gruppenmitglieder im Rahmen der Experimente gar nicht miteinander interagierten, Entscheidungen also jeweils einzeln gefällt werden. Es können keine gewachsenen Vorurteile zwischen den Gruppen vorliegen, da die Gruppen anhand unbedeutender Merkmale wahllos zusammengesetzt werden. Auch persönliche Feindschaften zwischen einzelnen Gruppenmitgliedern fallen als Erklärung aus, da die vorgesehene Interaktion über anonyme Nummern abläuft.

## 4 Social Identity Theory

Die genannten Befunde werden von Tajfel und Turner im Rahmen der Social Identity Theory (SIT; Tajfel 1978, Tajfel/Turner 1979, Tajfel/Turner 1986) als Folge sozialer Kategorisierungsprozesse (Tajfel 1975) interpretiert. Menschen, so die Grundannahme der Theorie, sind prinzipiell nur sehr begrenzt in der Lage, die Informationen aus ihrer Umwelt differenziert zu verarbeiten. Sowohl in der Gedächtnisforschung als auch in der Wahrnehmungsforschung zeigt sich, dass Menschen Informationen verdichten, zusammenfassen, verzerren und im Wesentlichen vereinfachen. Anders gesagt neigen Menschen dazu, in „Schubladen" zu denken – zu etwas anderem sind sie aufgrund ihrer begrenzten Wahrnehmungskapazität gar nicht in der Lage. Betreffen diese „Schubladen" andere Menschen, so spricht man umgangssprachlich von Vorurteilen. Die Social Identity Theory geht davon aus, dass Menschen nicht anders können, als beständig solche Vorurteile zu bilden. Vorurteile sind ein grundlegender Wesenszug jeglichen menschlichen Handelns, Denkens und Fühlens. Jeder Mensch ordnet demnach andere und auch sich selbst in relativ unscharfe Kategorien ein. Da man sich selbst besser kennt, fallen die Kategorien, in die man sich selber einordnet, differenzierter aus als die für andere Personen. Zudem neigen Menschen dazu, Kategorien zu bewerten, wobei die Bewertung der eigenen Kategorie grundsätzlich positiv ausfällt. Der Effekt, der im Minimal Group Paradigm zu beobachten ist, beruht auf der Versuchsanordnung, die dafür sorgt, dass für jeden Beteiligten klar erkennbare Kategorien gebildet werden. Anhand eines beliebigen Merkmals teilt der Versuchsleiter im beschriebenen sozialpsychologischen Experiment die Gruppen ein und bildet damit zwei Schubladen (Klee und Kandinsky – wir und die anderen).

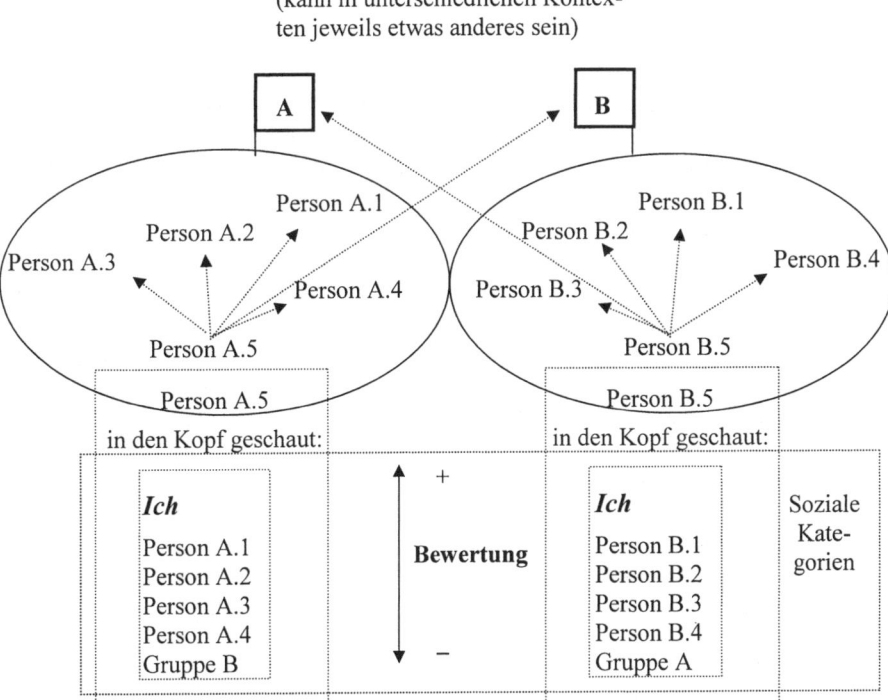

Abb. 3: Schematische Darstellung der Social Identity Theory

Abbildung 3 fasst die Grundelemente und Mechanismen der Social Identity Theory schematisch zusammen. Als Grundelemente der Theorie können gelten: (a) ein beliebiges Erkennungsmerkmal für die Zugehörigkeit einer Person zu (b) einer bestimmten sozialen Kategorie, die (c) einer Bewertung unterworfen wird. Dabei fällt für jeden Einzelnen die Bewertung der eigenen Person in der Regel am positivsten aus, gefolgt von den Mitgliedern, die zur selben Kategorie gehören wie man selbst (Favorisierung der eigenen Kategorie). Da die Wahrnehmungskapazität des Menschen begrenzt ist, nimmt er die Personen der eigenen Kategorie, die ihm durch soziale Kontakte näher stehen, jeweils als Einzelne, als Individuen wahr (differenzierte Sicht der eigenen Kategorie), wohingegen Personen, die nicht zur eigenen Kategorie gehören, stereotyp wahrgenommen werden (undifferenzierte Sicht der anderen Kategorie). Diese auf nur eine Kategorie zusammengefassten anderen Personen zeichnen sich aber gerade dadurch aus, dass sie das Erkennungsmerkmal der eigenen Kategorie eben nicht besitzen bzw. ein ganz anderes besitzen. Daher werden die anderen in der Regel negativer bewertet (Diskriminierung der anderen Kategorie).

Im Laufe einer alltäglichen Kommunikation werden beständig wechselnde Merkmale und Kategorien angesprochen, die zu Missverständnissen und vorurteilsbehafteten Zuweisungen von mehr oder weniger schmeichelhaften Eigenschaften führen. Daraus resultierten allerdings nicht notwendigerweise gleich handfeste Auseinandersetzungen. Unbewusst und unausweichlich sind jedoch die aus den Kategorisierungsprozessen resultierenden Verzerrungen der Wahrnehmung und der Bewertung als handlungsleitende Vorurteile allgegenwärtig. Die Social Identity Theory ist für die Analyse und das Verstehen von Vorurteilsbildungen zwischen Angehörigen verschiedener sozialer Kategorien überaus hilfreich. Sie konzentriert sich im Wesentlichen auf die Wahrnehmung der sozialen Umwelt von Individuen und die Bewertungen durch diese Individuen. Damit stellt sie eine Verbindung zwischen Gruppenprozessen auf der einen und Individuen auf der anderen Seite her.

Wenn Menschen den Eindruck gewinnen, von ihren Interaktionspartnern in eine negativ bewertete Kategorie eingeordnet zu werden, dann sagt die SIT Folgendes voraus: Entweder versuchen sie, die fragliche Kategorie aufzuwerten und zu verteidigen, oder sie weisen auf Merkmale hin, die eindeutig belegen, dass sie eben nicht zu dieser Kategorie gehören. Bedeutsam ist dies auch beim Versuch, Vorurteile abzubauen. So einfach das klingen mag, so kompliziert kann es im Einzelfall sein. Am Beispiel der Rolle von Frauen im Management lässt sich etwa zeigen, wie komplex die Folgerungen aus der SIT sein können. Der Versuch von Frauen, gegen den Widerstand der Männer in die Kategorie von Führungskräften zu gelangen, kann dazu führen, dass z.B. die Männer die Kategorie „Führungskraft" mit dem Merkmal „Männlichkeit" identifiziert sehen möchten; das kann dazu führen, dass einige Frauen versuchen, die besseren Männer zu sein, was wiederum zu abwertenden Kategorisierungen durch die Männer führen kann („Mannweib"); darauf könnten Frauen versuchen, die Kategorie „Frau als Führungskraft" als besonders positiv zu etablieren usw. Dieses Beispiel zeigt auch die Grenzen der SIT als Werkzeug zur Erklärung der Entstehung von Vorurteilen auf. Sind die genannten Vorurteile gegenüber Frauen in Führungsfunktionen allein das Ergebnis unausweichlich ablaufender Kategorisierungsprozesse? Die Ergebnisse aus Experimenten zum Minimal Group Paradigm weisen eindeutig in diese Richtung. Die künstlich herbeigeführte Experimentalsituation zeigt, dass

Kategorisierungsprozesse unser Handeln bestimmen. Sie unterschlägt aber, dass in einem realen Interaktionsgeschehen noch weitere Mechanismen wirksam werden. Kritiker des Minimal Group Paradigm verweisen daher vornehmlich auf das Fehlen einer „echten Gruppensituation".

Tatsächlich sprechen die Autoren der SIT in ihrer Theorie nicht mehr von Gruppen, sondern von sozialen Kategorien. Damit sich typische Gruppen-Merkmale wie z.B. das Ausbilden einer Gruppenkohäsion überhaupt zeigen können, brauchen sie eine gemeinsame Geschichte, die ihnen im Minimal Group Paradigm eindeutig fehlt. Inwieweit jedoch solche gruppenspezifischen Phänomene Prozesse des sozialen Kategorisierens beeinflussen, ist empirisch nicht eindeutig geklärt (für einen Überblick über die Kritikpunkte an der SIT und dem Minimal Group Paradigm siehe Brown 1990). Unabhängig von diesen Einschränkungen liefert die SIT wertvolle Hinweise zum Verständnis von sozialen Prozessen und damit auch zur Analyse unseres eingangs geschilderten Fallbeispiels. Durch die Einführung von Agenden zum Organizational Development für einige Teammitglieder wird die Kategorie der Gruppenzugehörigkeit – hier das OD-Team, dort das PM-Team – hervorgehoben. Unabhängig vom Kontext wird nun aber ganz automatisch die Kategorie, zu der man selbst gehört, aufgewertet und die andere abgewertet, die eigene differenziert wahrgenommen und die andere stereotyp. Wie man am Beispiel von Ring-Mobile sieht, kann ein solcher Kategorisierungsprozess zu kompetitivem Verhalten mit negativen Auswirkungen führen. Was lässt sich nun aus dem Minimal Group Paradigm und der Social Identity Theory lernen? Was tragen diese Ansätze zur Erklärung und Handhabung von Intergruppenkonflikten bei? Zwei aufeinander bezogene Aspekte, die Herausbildung von sozialen Kategorisierungen und die Entstehung von Gruppenkonflikten, seien im Folgenden besonders herausgestellt.

## 5 Determinanten der Entwicklung von Gruppenidentität

### 5.1 Symbole, Unterschiede und Beziehungen zwischen Gruppen

Die Arbeiten zur Social Identity Theory und zum Minimal Group Paradigm haben, aufbauend auf dem Konzept des sozialen Kategorisierens, die Bedeutung von äußeren Erkennungsmerkmalen von Gruppen als wesentliche Determinante für deren interaktionelles Verhalten eindrücklich belegt. Die Interaktion zwischen Gruppen bzw. einzelner Gruppenmitglieder mit den Mitgliedern einer anderen Gruppe setzt zumindest voraus, dass die beteiligten Personen jeweils die Gruppenzugehörigkeit des anderen erkennen können. Bei den Fußballfans erfüllt der Schal mit den Farben des Fußballklubs diese Funktion. Solche Symbole, wie z.B. auch Firmenembleme, Wappen, akademische Titel etc. erfüllen eine Reihe von gruppenrelevanten Funktionen:

(1) Gruppenkohäsion

Symbole erhöhen den Zusammenhalt innerhalb der Gruppen, d.h. sie stärken die Gruppenkohäsion. Durch die Sammlung der Gruppenmitglieder hinter den gemeinsamen Symbolen haben sie eine nicht unbeträchtliche Wirkung nach innen.

(2)   Repräsentation
Symbole repräsentieren Ziele, Ideale oder Normen von Gruppen. Durch ihre Gestaltung und ihr Design repräsentieren sich Gruppen nach außen und zeigen damit bewusst oder unbewusst, wofür sie stehen.

(3)   Identifikation
Symbole haben nach außen einen hohen Wiedererkennungswert und ermöglichen es, die Gruppenmitglieder als solche zu identifizieren. Personen, die bewusst oder unbewusst ein Symbol nach außen hin zeigen, können von anderen als Mitglieder einer bestimmten Gruppe erkannt werden.

(4)   Abgrenzung
Symbole grenzen verschiedene Gruppen von anderen ab. Auch wenn dem Träger eines Symbols nicht immer bewusst sein muss, dass er ein solches trägt (z.B. eine bestimmte Kleidung), kann es ihm passieren, dass er von anderen als Angehöriger einer bestimmten Gruppe identifiziert wird. Symbole haben dadurch, dass es immer nur die beiden Möglichkeiten gibt, nämlich es zu tragen oder nicht, einen dichotomen Charakter, der es erlaubt, eine Person eindeutig einer Gruppe zuzuordnen.

## 5.2 Konflikte zwischen Gruppen

Die Möglichkeit des Erkennens von Gruppenmitgliedern an äußeren Merkmalen und Symbolen ist eine meist notwendige, aber noch keine hinreichende Bedingung für einen Konflikt. Konflikte zwischen Gruppen setzen, so die weithin vorherrschende Meinung (vgl. auch Sherif 1966), üblicherweise mindestens eine der drei folgenden Bedingungen in der Beziehung zwischen den Gruppen voraus:

(1)   Unterschiede in den Zielen
Insbesondere dann, wenn die Ziele zweier Gruppen miteinander unvereinbar scheinen, kann es zu konkurrenzierendem Verhalten im Sinne des *Highlanderprinzips* („es kann nur Einen geben") kommen.

(2)   Unterschiede in den Werten
Auch wenn zwei Gruppen nicht unbedingt unterschiedliche bzw. einander ausschließende Zielvorstellungen verfolgen, können sie sich doch hinsichtlich ihrer Ansichten über moralische Normen und Werte unterscheiden. Was eine Gruppe für wertvoll und ehrbar hält, kann einer anderen als verächtlich und verdammenswert erscheinen.

(3)   Unterschiede in den Normen
Verhaltensnormen können auch für Gruppen, die eigentlich gleiche Ziele und Werte verfolgen, unterschiedlich sein; das Verhalten der jeweils anderen Gruppe erscheint als sonderbar, lächerlich, geheimnisvoll, beängstigend etc.

Unabhängig davon, welche der drei genannten Bedingungen an einem Intergruppen-Konflikt auslösend oder aufrechterhaltend beteiligt ist, setzen sie doch alle voraus, dass die Gruppen zumindest ansatzweise Vorstellungen über die eigenen Ziele, Werte oder Normen und die der anderen Gruppe besitzen. Auch wenn die Einschätzung der jeweils anderen Gruppe auf Vorurteilen hinsichtlich der Ziele, Werte oder Normen beruht, benötigen die Gruppen eine gewisse gemeinsame Geschichte, damit sich solche Vorurteile bilden können. Die Annahme, dass Vorurteile sich zunächst bilden müssen, und deren Wurzeln nicht selten bis in die

Tiefen der Persönlichkeitsentwicklung eines Menschen reichen, bildet den Kern vieler wissenschaftlicher Untersuchungen. Die Untersuchungen von Tajfel und die darauf aufbauenden Ergebnisse spitzen jedoch die Erklärung von Intergruppenkonflikten aus einem ganz anderen Blickwinkel zu. Entgegen der Auffassung, dass Intergruppenkonflikte auf Vorurteilen über Ziel-, Wert- oder Normenunterschiede zwischen Gruppen beruhen, konnten sie – s.o. – beinahe das genaue Gegenteil feststellen. Bereits das Schaffen von minimalen und bedeutungslosen Unterschieden führt zu Wahrnehmungsverzerrungen, fehlerhaften Beurteilungen und diskriminierendem Verhalten.

Das eingangs geschilderte Fallbeispiel zeigt diese Mechanismen sehr deutlich. Wenn sich Christine Major ungläubig fragt, wie es möglich sein konnte, dass die eingeschworene Gemeinschaft der Project-Management Gruppe auseinandergebrochen ist, dann spricht sie damit die gemeinsame Geschichte dieser Gruppe an. Vor dem Hintergrund dieser gemeinsamen Geschichte und der sowohl beruflich als auch privat getragenen Ziele, Werte und Normen erscheinen ihr die Vorgänge völlig unbegreiflich. Dass zwei ihrer besten und langjährigen Mitarbeiter nicht mehr miteinander sprechen geht also nicht auf mit der Zeit gewachsene Unterschiede in deren Ziel-, Wert- und Normvorstellungen zurück, sondern auf die Schaffung von Unterschieden. Der eine gehört nun der OD-Gruppe an und der andere der PM-Gruppe.

## 6 Praktische Konsequenzen

Die Ergebnisse des Minimal Group Paradigm und der Social Identity Theory sind durchaus praktisch.

- Unvermeidbarkeit der Gruppenbildung:
  Wenn bereits die Einführung minimaler Unterschiede ausreicht, um Gruppeneffekte auszulösen, so ist in der Arbeitswelt davon auszugehen, dass solche Effekte allgegenwärtig sind – auch bzw. gerade dort, wo es keine engen Berührungspunkte zwischen verschiedenen Gruppierungen gibt. Die Differenzierung nach Stockwerken („die da oben, wir da unten"), Kohorten („Wir Jungen, ihr Alten") oder Sportleidenschaft („Ihr Sportkrüppel, wir no sports") sind nur drei kleine Beispiele für die alltäglichen, unvermeidlichen Grenzziehungen. Sobald aber Unterschiede eingeführt sind, strukturieren diese in einem nicht unerheblichen Ausmaß die Interaktion zwischen den spontan gebildeten Gruppen.

- Allgegenwart sozialer Kategorisierungsprozesse:
  Wenn Gruppenbildung unvermeidbar ist, dann sind es auch soziale Kategorisierungsprozesse, die im Arbeitsalltag permanent mitlaufen. Dazu kommt, dass jeder Einzelne sehr vielen unterschiedlichen „minimalen Gruppen" angehört und damit mit einer Fülle sozialer Kategorisierungen versehen ist. Die Kategorisierung nach „jungen" und „alten" Mitarbeitern kann im Verlauf einer Diskussion plötzlich umschlagen in „die aus der Zentrale" und „wir aus der Niederlassung" und ebenso plötzlich finden sich dann einige der „Jungen" mit einigen der „Alten" in der Gruppe der „Niederlassung" wieder. Argumente, die dann eben noch vernünftig klangen, verlieren vor dem neuen Hintergrund an Bedeutung. Damit wird deutlich, dass sich die soziale Reali-

tät weitaus vielschichtiger darstellt, als es eine an rational handelnden und der Sachlogik folgenden Akteuren orientierte Sichtweise vorsieht.

- Notwendigkeit des reflektierten Umgangs mit sozialen Kategorisierungsprozessen:

  Wenn Gruppenbildung unvermeidlich und soziale Kategorisierungsprozesse allgegenwärtig sind, dann ist es auch hilfreich, Gruppeneffekte zu kennen und mit sozialen Kategorisierungsprozessen sehr bewusst umzugehen. Wissen um Ausgrenzungen, Abwertungen etc. garantiert zwar noch keine bessere Praxis. Es ist aber wohl notwendig, um zu einer solchen zu gelangen. Daher sind Trainings- und Entwicklungsmaßnahmen, die Beschäftigte für diese Dimension sensibilisieren und ihnen helfen, ihr praktisches Verhalten in solchen Situationen erfahrbar und reflektierbar zu machen, besonders wichtig.

- Relevanz von Symbolen:

  Auch scheinbar „unwichtige" Handlungen, Gegenstände etc. erhalten aus dieser Sichtweise erhebliche Relevanz. Auf der symbolischen Ebene bringen sie wesentliche Differenzierungen zum Ausdruck und machen sie auch ansprechbar. Für das praktische Handeln in Arbeitsgruppen heißt das u.a., dass gerade die symbolische Ebene zu einem wesentlichen Ansatzpunkt für die Einflussnahme auf und in Gruppen wird.

## 7 Empfohlene Literatur

### Basisliteratur

Sader, M. 2002: Psychologie der Gruppe, München.
*Gut lesbare und engagierte Darstellung der wichtigsten Grundfragen zur Psychologie der Gruppe. Umfassende Darstellung der wichtigsten Forschungsansätze (Strukturen und Prozesse in Gruppen, Informationsprozesse, Entscheidungsprozesse, Führungsverhalten) und empirischen Befunde zu Gruppenphänomenen und deren Bedeutung für die Praxis.*

### Weiterführende Literatur

Stroebe, W./Hewston, M./Stephenson, G.M. (Hrsg.) 2002: Sozialpsychologie. Eine Einführung. Teil IV: Soziale Gruppen, Berlin.
*Der Teil IV des Lehrbuches zur Sozialpsychologie umfasst insgesamt drei größere Kapitel zu den Bereichen Gruppenleistung, sozialer Einfluss in Kleingruppen (Einfluss von Majoritäten und Minoritäten), Beziehungen zwischen Gruppen. Obwohl als Einführung konzipiert, gehen die Beiträge jedoch weit über einen einfachen Einführungstext hinaus. Grundlegende Konzepte werden umfassend und auf hohem Niveau behandelt. Sowohl als Nachschlagewerk als auch zur vertieften Erarbeitung des Themenbereiches geeignet.*

### Exemplarische Forschungsarbeiten

Sherif, M. 1966: Group Conflict and Cooperation, London.
*In dem 1966 herausgegebenen Buch stellt Sherif die Befunde von Feldexperimenten vor, die zu den Klassikern der Gruppenforschung gehören. In den fünfziger*

*Jahren hatten Sherif und Mitarbeiter mehrere großangelegte Studien in Ferien-
lagern von Jugendlichen durchgeführt (Dauer eines Experimentes jeweils 3 Wochen). Als Experiment konzipiert wurde die Gestaltung der Aktivitäten der
Jugendlichen bewusst auf Gruppenbildungsprozesse hin ausgelegt, bei denen
sich Konflikte zwischen zwei benachbarten Ferienlagergruppen ergaben. Sherif
beschreibt die Entstehung dieser Konflikte sehr anschaulich über die Herausbildung unterschiedlicher Gruppenziele (sportliche Wettkämpfe zwischen den
Gruppen führten später zu Konflikten). Ebenso demonstriert Sherif die Auflösung
solcher Konflikte, wenn im späteren Verlauf des Ferienlagers gemeinsame Ziele
(der liegengebliebene Lieferwagen für die Verpflegung beider Gruppen wird gemeinsam ins Lager geschoben) verwirklicht werden können.*

Tajfel, H./Flament, C./Billig, M.G./Bundy, R.P. 1971: Social categorization and
intergroup behaviour, in: European Journal of Social Psychology (1), S. 149–
178.

*Das im vorliegenden Kapitel beschriebene Minimal Group Experiment wurde
erstmals in dieser Arbeit vorgestellt. Die Interpretation der Ergebnisse widerspricht in mehrerlei Hinsicht der Interpretation für die Entstehung von Gruppenkonflikten von Sherif (1966). Das Experiment von Tajfel u.a. wurde
bahnbrechend für eine große Anzahl an Folgestudien.*

# Teamentwicklung

*Wolfgang Mayrhofer*

*„ Work teams are becoming very big business. Recently, 82 percent of companies with 100 or more employees reported using team structures ..., and 68 percent of Fortune 1000 companies were reportedly using self-managing teams ... . Research has been encouraging in that the use of teams has led to desirable performance improvements for numerous organizations in a variety of industries ..., although teams obviously do not always work well ... .“ (Offermann/Spiros 2001, S. 376)*
*„ 'We'd lost our edge,' CEO Jim Shea says. '... We decided we could make the biggest improvement by improving the human capital. ... To begin that process, the executive team decided to shift from a strictly hierarchical management structure to a team-based approach. Now the company is organized with two types of teams: standing teams that exist on an ongoing basis and project teams that dissolve when a specific task is completed.'“ (Stromberg 2002, S. 61)*

## 1 Teamentwicklung?

Die beiden obigen Zitate weisen auf zwei wichtige Fragen hin: „Was meint der Begriff Team eigentlich?" und „Welche zentralen Elemente umfasst Teamentwicklung?" Die erste Frage stellt sich nicht zuletzt wegen der vielfältigen Verwendung des Teambegriffs: Unternehmen wünschen sich Hochleistungsteams mit starkem Teamgeist, Radfans schöne Teamtrikots ihrer Equipe, Sozialarbeiterinnen und Sozialarbeiter produktive Teamsitzungen, Lehrende[1] das Studieren im Team, Quizmaster (nicht zu) intelligente Kandidatenteams, Feuerwehren rasch einsetzbare Teams, Nationen erfolgreiche Teams im olympischen Wettstreit – die Liste ließe sich noch lange fortsetzen. Sind das alles Teams oder verkommt hier der Teambegriff zu einem Gemeinplatz? Die zweite Frage ist deutlich umfassender. Sie zielt darauf ab, zentrale Bausteine herauszuarbeiten, aus denen sich Teamentwicklung zusammensetzt. Hier gilt es wohl wenigstens zu klären, wie sich Teams formen, welche Entwicklungsschritte notwendig für den Weiterbestand von Teams erforderlich sind und welche Rolle Personen und Strukturen bei der Entwicklung von Teams spielen. Diese Überlegungen sind mit Bezug auf die Arbeitswelt immer verbunden mit einer impliziten Annahme: dem Interesse an funktionierenden, Leistung abliefernden Teams. Anders als in der sozialpsychologischen Gruppenforschung, in denen ganz verschiedene Arten von Gruppen ihren Platz haben, haben Überlegungen zur Teamentwicklung direkt oder indirekt einen Bezug zum ökonomischen Kontext. Der vorliegende Beitrag klärt zunächst kurz den Teambegriff, um sich im Kern nach der Vorstellung eines konzeptionellen Rahmens wichtigen Aspekten bei der Entstehung und laufenden Arbeit von Teams zu widmen. Eine kritische Reflexion und ein Quasi-Schluss beenden den Beitrag. Praxisbezogene Schlussfolgerungen finden sich in Form von kurzen Praxisblitzlichtern in den jeweiligen Kapiteln.

## 2 Was heißt denn hier Teams?

Gruppen lassen sich nach vielen Merkmalen beschreiben, etwa Funktion oder Alter der Mitglieder, Größe und Aufgabe, Zusammensetzung etc. Trotz unterschiedlicher Auffassungen gibt es in der Literatur eine relative Einigkeit darüber, wann von einer Gruppe und nicht bloß von einer Ansammlung von Personen zu sprechen ist (vgl. dazu etwa die Übersicht bei Heinrich 2002, S. 299 ff.).

- Größe:
  Zentraler Einflussfaktor hier ist die Möglichkeit von persönlichen oder sogenannten face-to-face-Beziehungen. Häufig genannte Zahlen umfassen hier den Bereich zwischen 3 und rd. 20 Mitgliedern.

- Gemeinsame Zielsetzungen:
  In einer Gruppe gibt es bei aller Unterschiedlichkeit doch Vorstellungen über wenigstens teilweise gemeinsame, relativ dauerhafte Zielsetzungen und Werte.

- Häufiger Kontakt miteinander:
  Gruppen können nicht existieren, wenn es nicht regelmäßigen und auch häufigen Kontakt der Gruppenmitglieder gibt. Dieser Kontakt muss nicht notwendigerweise persönlich sein, sondern kann auch über andere Medien wie etwa Telefon oder E-Mail vermittelt werden.

- Wir-Gefühl:
  Gruppenmitglieder können zwischen dem Ich und dem Wir unterscheiden. Neben die Einzelidentität tritt eine von den Einzelnen losgelöste Vorstellung eines Gemeinsamen, das sich u.a. in einem Mindestmaß an Wir-Gefühl ausdrückt.

- Rollendifferenzierung
  In Gruppen passiert nicht alles ständig durch alle. Im Sinne einer Rollendifferenzierung werden unterschiedliche Aufgaben auf verschiedenen Ebenen durch verschiedene Personen – durchaus im Zeitablauf wechselnd – erledigt.

Gibt es nun einen Unterschied zwischen Team und Gruppe? Vielfach werden diese Begriffe synonym verwendet und insbesondere in der Praxis keine Unterschiede gemacht. Team ist in dieser Lesart lediglich der „modernere" Begriff, der entsprechende Erwartungshaltungen hinsichtlich Dynamik, Kooperation oder Engagement weckt. Gruppenarbeit mutiert dann rhetorisch etwa zur Teamarbeit, ohne dass sich inhaltlich etwas ändert. Andere sehen jedoch Unterschiede im Hinblick auf einige der oben genannten Kernelemente von Gruppen. So formuliert etwa Forster (1978, zit. n. Staehle): „Ein Team ist eine kleine, funktionsgegliederte Arbeitsgruppe, mit gemeinsamer Zielsetzung, mit relativ intensiven, wechselseitigen Beziehungen und einer spezifischen Arbeitsform (teamwork). Weitere Kennzeichen sind ein ausgeprägter Gemeinschaftsgeist (teamspirit) und eine relativ starke Gruppenkohäsion."[2] Eine solche Sichtweise spannt ein Kontinuum auf, die nicht scharf zwischen Teams und Gruppen unterscheidet, sondern hinsichtlich verschiedener Dimensionen tendenzielle Unterschiede erlaubt. Abbildung 1 zeigt im Überblick mögliche Unterscheidungen.

Gemeinsame
Aufgabenorientierung

Gemeinsame Mission
Geteilte Ziele
Gleiche Verantwortung für
Resultate und Prozesse

Kohäsion
Funktionale Interdependenz durch
einander ergänzende Fähigkeiten

**Gruppe** ←——————————————————→ **Team**

gering                      hoch

Abb. 1: Unterschiede zwischen Gruppen und Teams (im Anschluss an: Katzenbach/Smith 1993). Im Folgenden werden Teams als besondere Arten von Gruppen im Arbeitskontext aufgefasst, die sich auf den in Abb. 1 genannten Dimensionen tendenziell im Bereich des Teampools befinden.

## 3 Zum Verankern – ein konzeptioneller Rahmen

Die zweite der eingangs gestellten Fragen – „welche zentralen Elemente umfasst Teamentwicklung?" – lässt sich aus sehr unterschiedlichen Perspektiven beantworten. Eine psychoanalytisch dominierte Sicht würde etwa vor allem auf bewusste und unbewusste individuell-psychische Prozesse abstellen; bestimmte gruppendynamische Konzepte (s.a. den Beitrag von Elšik in diesem Band) sehen Gruppenprozesse wesentlich im Licht der Beziehung zwischen Gruppenmitgliedern und betrachten Abhängigkeit („ich mache, was du willst"), Gegenabhängigkeit („ich mache sicher nicht bzw. das Gegenteil von dem, was du willst") und Interdependenz („„was wir machen, hängt von der Beziehung zwischen uns beiden ab") als zentrale Quellen der Individual- und Gruppenentwicklung; aus der Sicht der Theorie sozialer Systeme steht die Autopoiesis, die in Selbstorganisation ablaufende Herstellung von Anschlussfähigkeit zur Aufrechterhaltung weiterer Kommunikationen im Zentrum (vgl. Schiepek/Manteufel/Strunk u.a. 1995; Müller 2000); einzelne sozialpsychologische Ansätze heben das Wechselspiel von Individualität und Konformität und ihre Bedeutung für die Entstehung, den Bestand und die Leistung von Gruppen hervor (vgl. Wilke/van Knippenberg 1996).

Der konzeptionelle Rahmen, den dieser Beitrag zugrunde legt, ist am ehesten einer funktionalistischen Sichtweise verpflichtet. Dahinter steht die Überlegung, dass ein System wie etwa eine Gruppe nur dann „lebt", wenn bestimmte Funktionen ausgefüllt werden. Wie etwa die lebenswichtigen Funktionen in einem Organismus, identifiziert eine solche Sichtweise zentrale Gruppenfunktionen. Auf der Basis bisheriger Forschungsergebnisse und unter Bezugnahme auf die Zeitdimension definiert der konzeptionelle Rahmen drei Gruppen von Prozessen als zentrale Funktionen (vgl. Marks/Mathieu/Zaccaro 2001): Entstehung bzw. Übergang, Aktivitäten und interpersonale Prozesse (vgl. Abbildung 2). Entstehung und Übergang bezieht sich auf die Phasen in Teams, in denen der Schwerpunkt der Gruppenprozesse auf der Planung bzw. Evaluierung gemeinsamer Aktivitäten zur Zielerreichung liegt. Aktivitäten bezeichnet die Phasen bzw. Prozesse, die unmittelbar auf die Zielerreichung gerichtet sind. Interpersonale Prozesse schließlich sind mit den beiden anderen Phasen verknüpft. Sie beziehen sich auf die verschiedenen, durch die Zusammenarbeit zwischen Personen entstehenden Prozesse und sind für die Ergebnisse der anderen beiden Phasen zentral. An einem Beispiel verdeutlicht: Arbeitsteams gibt es nicht von vornherein, sondern sie werden für eine spezielle Aufgabe eingerichtet, nach deren Erfüllung wieder aufgelöst bzw. auf eine andere Aufgabe ausgerichtet. Damit sind Prozesse verbunden, die sich auf Entstehung und Übergang richten wie etwa Zieldiskussionen. Aktivitäten bezeichnen all die Prozesse, die durchgängig beim Streben nach Zielerreichung ablaufen, z.B. Koordinationsprozesse oder laufende Kontrollen, inwieweit der tatsächliche Ist-Zustand mit dem Soll-Zustand, etwa laut Plan, übereinstimmt. Sowohl bei Entstehung/Übergang als auch während der Aktivitäten gibt es wichtige interpersonelle Prozesse, so aus den Bereichen Emotionen, Konflikte oder Motivation, die gehandhabt werden müssen.

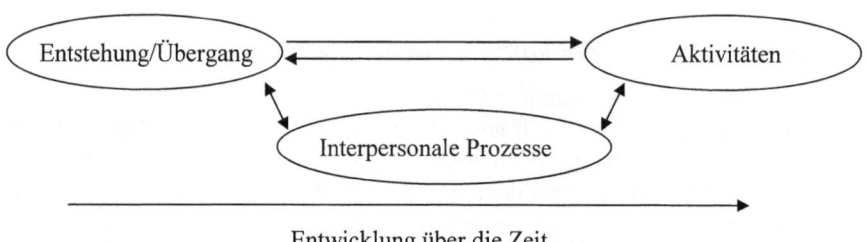

Abb. 2: Kernprozesse in Teams
   (Quelle: im Anschluss an Marks/Mathieu/Zaccaro 2001, S. 363)

Teams sind nicht nur dadurch gekennzeichnet, wie sie diese Prozessgruppen jeweils gestalten. Sie entwickeln auch eine spezifische Charakteristik des zeitlichen Wechselspiels zwischen Entstehung/Übergang einerseits und Aktivitäten andererseits. Daraus ergibt sich so etwas wie eine typische Teamrhythmik. Neben diesem Wechselspiel zwischen Entstehung/Übergang, Aktivitäten und interpersonalen Prozessen gibt es noch eine zweite, zeitbezogene Komponente. Im Verlauf der Zeit können sich Teamrhythmiken, Prozesse und deren Ergebnisse ändern. Damit wandelt sich auch die Grundcharakteristik von Teams. Ähnlich wie in anderen Lebenszyklusmodellen auf individueller und organisationaler Ebene wird hier davon ausgegangen, dass Teams unterschiedliche Phasen bzw. Zustände durchlaufen. Da der Kern dieses Beitrags auf Team*entwicklung* liegt, sollen die beiden besonders entwicklungslastigen Komponenten des präsentierten konzeptionellen Rahmens näher betrachtet werden: Entstehung/Übergang und Entwicklung über die Zeit. Die interpersonalen Prozesse werden stärker in den Beiträgen zur Gruppendynamik und den Gruppendilemmata in diesem Band angesprochen. Dazu wird die Zeitdimension im Rahmen der Teamentwicklung angesprochen.

# 4 Es werde Team – Entstehung und Übergang

Bei der Entstehung von Teams und auch – sinngemäß verändert – bei zentralen Übergängen stellen sich bezüglich Teamentwicklung wenigstens drei Fragen: Ist ein Team erforderlich? Was soll das Team erreichen? Wer soll dazugehören und was tun? Diese drei Fragen gliedern dieses Kapitel.

## 4.1 Sein oder Nicht-Sein – das ist auch hier die Frage

Aus der Forschung gibt es relativ klare Ergebnisse, bei welcher Art von Aufgaben Teams bzw. Gruppen leistungsmäßig Individuen übertreffen. Betrachtet von der Aufgabe her haben Teams nur bei einer additiven Aufgabenstruktur, d.h. wenn sich das Gesamtergebnis aus der Summe der Einzelergebnisse ergibt, deutliche Vorteile. Ein Beispiel für eine solche additive Aufgabenstruktur ist etwa das Seilziehen. Hier ist unmittelbar einsichtig, dass eine Einzelperson keine Chance hat, gegen ein Team von 10 Personen zu bestehen.

Selbst wenn die Teamleistung nicht die Summe der Einzelleistungen, sondern aufgrund von Reibungsverlusten oder Leistungszurückhaltung („Trittbrettfahren") weniger ist, übersteigt sie doch die Leistung des Einzelnen auf der anderen Seite des Seils. In allen anderen Fällen ist es rein von der Aufgabenkonstellation so, dass die Teamleistung allenfalls so gut wie die beste, in manchen Fällen allerdings auch gerade noch so gut wie die schlechteste Einzelleistung ist (vgl. Wilke/van Knippenberg 1996). Allerdings ist an die Wirkung von Teams nicht nur von der Aufgabenstruktur her zu denken. Jenseits der Aufgabenstruktur liegen im Miteinander positive Effekte. Durch gemeinsames Nachdenken, durch den überspringenden Funken, durch Ausgleichseffekte ergeben sich Synergien. Das Ganze ist in diesem Fall mehr als die Teile, das Ergebnis nicht einfach eine Addition, sondern 1+1 ist in diesem Fall mehr als 2. In Organisationen wie Unternehmen, Nonprofit Organisationen oder öffentlichen Verwaltungen wäre aufgrund ihrer scheinbaren Zielgerichtetheit zu erwarten, dass Teams nur dann etabliert werden, wenn sie einen positiven Beitrag zur Zielerreichung leisten. Trotzdem lässt sich beobachten, dass in Unternehmen, Nonprofit Organisationen etc. häufig Teams zur Aufgabenerfüllung eingesetzt werden, bei denen absehbar ist, dass rein von der gestellten Aufgabe dies sachlich nicht erforderlich wäre. Vielfach scheint es sogar so, dass Aufgaben schneller und besser erledigt würden, wenn nicht Teams, sondern kompetente Einzelne daran arbeiten würden. Konflikte, Reibungsverluste durch die Vielfalt von Meinungen, kulturellen Prägungen, stillschweigenden Annahmen oder diffuse Verantwortungsverteilung sind nur ein paar der häufig genannten Argumente gegen Teams. Warum dann trotzdem so häufig Teams?

Neben die sachliche Komponente treten weitere Effekte von Gruppen- bzw. Teamarbeit jenseits der sachlichen Aufgabenerfüllung. Dazu gehören z.B. mögliche Motivationswirkungen durch gemeinsame Arbeit. Damit ist gemeint, dass oft die gemeinsame Arbeit an einer Aufgabe den Einzelnen über Durchhänger hinweghilft, ihnen die Wichtigkeit der Aufgabe deutlicher wird oder sie der Gruppe zuliebe mehr Energie einsetzen als sie sonst alleine aufwenden würden. Ebenfalls zu den Effekten jenseits der sachlichen Aufgabenerfüllung gehört eine bessere mikropolitische Absicherung der Akzeptanz der Ergebnisse durch breitere Einbindung von Betroffenen oder symbolische Signale im Hinblick auf die Wichtigkeit der Aufgabe. Hinzu kommen oft auch mikropolitisch durchaus gefinkelte Absichten, Teams gerade zur Schlechtererfüllung oder Verzögerung der Aufgabenerfüllung einzusetzen.

*Praxisblitzlicht 1: Rein sachlich machen Teams nur in ganz bestimmten Aufgabenkonstellationen Sinn. Daher gilt es, genau zu überlegen, aus welchen Gründen ein Teamentwicklungsprozess gestartet werden soll!*

### 4.2 Warum nur und womit?

Die Entscheidung zur Verwendung eines Teams zur Aufgabenerfüllung bringt noch kein funktionsfähiges Team mit sich. Zwischen der Ausgangsentscheidung und dem Funktionieren eines Teams liegt ein oft langer zeitlicher und inhaltlicher Weg. Dahinter stehen zwei Grundannahmen. Erstens ist die Entstehung eines arbeitsfähigen Teams ein – oft mühseliger – Entwicklungsprozess. Dieser braucht Zeit, Einsatz der unmittelbar Beteiligten und von Personen bzw. Ressourcen rundherum und verläuft kaum geradlinig, sondern mit Höhen und Tiefen. Zweitens ist die Begleitung und aktive Unterstützung dieses Prozesses eine wesentliche Managementaufgabe. Die völlige Übergabe an die Selbstverantwortung ist oft nur ein schönes Etikett für mangelnde Bereitschaft seitens der Verantwortlichen, in diesen Entwicklungsprozess Zeit, Geld, Energie etc. zu investieren (zur Teamentwicklung s. insgesamt auch aus unterschiedlichen Perspektiven Martin 2000; Senge 1996).
Ein „Ja" zu Teams ist daher wohl sinnvollerweise auch ein „Ja" zur Einleitung eines Teamentwicklungsprozesses. Ein erster Schritt dabei ist die Klärung von Mission und Ziel des Teams sowie die Vereinbarungen über die seitens der Organisation bereitzustellenden Ressourcen für das Team. Teammitglieder haben regelmäßig ein durchaus unterschiedliches Verständnis des gemeinsamen Auftrags, der Mission. Dabei handelt es sich nicht nur um sachlich unterschiedliche Interpretationen. Auch die mikropolitische Ebene spielt eine Rolle: Die Bewertung etwa, welchen Interessen eine positive Aufgabenerfüllung oder ein Scheitern des Teams dient, kann sehr unterschiedlich sein und entsprechend zu jeweils differierenden Verhaltensweisen führen. Im Hinblick auf die konkreten Zielsetzungen – die sich im Zeitablauf durchaus ändern können – gilt Ähnliches wie für die Mission. Zusätzlich gilt für Ziele, dass sich durch bestimmte Merkmale die Wahrscheinlichkeit der Zielerreichung deutlich erhöht. Häufig werden diese mit dem Akronym SMART bezeichnet. Ziele müssen aus dieser Sicht spezifisch, motivierend, akzeptiert, erreichbar (reachable) und zeitlich bestimmt (time limited) sein. Können Ziele so formuliert werden, dann erhöht sich die Chance der Zielerreichung. Einen Teamentwicklungsprozess ohne Bereitstellung der erforderlichen Ressourcen zu starten, ist wenig sinnvoll. Neben einer klaren Mission ist es notwendig, seitens der Organisation weitere Ressourcen bereitzustellen. Als Ressource in diesem Sinne ist alles zu verstehen, worauf das Team bei der Aufgabenerfüllung zugreifen kann bzw. was es dafür benötigt. Dazu gehören sowohl materielle als auch immaterielle Ressourcen. Zu nennen sind hier technische und prozessuale Hilfestellungen, wie etwa Software, Coaching, Sekretariatskapazität

oder technische Unterstützung, verlässliche Informationen während des gesamten Prozesses über eventuelle Veränderungen der Rahmenbedingungen, geänderte Mission oder Entwicklungen in von der Teamarbeit betroffenen anderen organisationalen Einheiten, Training und prozessuale Unterstützung wie etwa Coaching, Schließung einer Qualifikationslücke; Projektbudgets; Sonderausstattungen o.Ä.

*Praxisblitzlicht 2: SMARTe Ziele auf der Basis einer klaren Mission und mit ausreichendem Zugriff auf Ressourcen sind unerlässlich für erfolgreiche Teamentwicklung und -arbeit!*

### 4.3 Dabei sein ist alles?

Sind die Rahmenbedingungen für Teamentwicklung – ein Ja zur Einrichtung bzw. zum Weiterbestand des Teams und die Festlegung von Mission, Zielen und Ressourcennutzung – geschaffen, dann stellt sich die Frage nach der Mitgliedschaft im Team. Basis für eine Teammitgliedschaft im Arbeitskontext sind fachliche Qualifikationen zur Aufgabenerfüllung. Darüber hinaus ist allerdings zu beachten, dass nicht direkt aufgabenbezogene Aspekte ebenfalls eine Rolle spielen. Anders formuliert: Wer soll welche Rollen im Team ausfüllen? Dabei ist zwischen Rollen einerseits und konkreten Personen, die diese Rollen ausfüllen andererseits zu unterscheiden. Hintergrund dieser Vorstellung ist wiederum eine funktionalistische: für eine erfolgreiche Weiterentwicklung und Arbeit des Teams ist das Ausfüllen bestimmter Rollen hilfreich bzw. erforderlich. Das heißt nicht, dass jeweils nur eine Person eine Rolle ausfüllen kann. Mehrere Personen können eine Rolle ausfüllen oder auch eine Person kann mehrere Rollen ausfüllen – nicht beliebig viele, aber auch nicht auf eine beschränkt. Die folgende Abbildung gibt einen Überblick über wesentliche Rollen in Teams und „typische" Charakteristika von Personen, welche diese Rollen ausfüllen können (vgl. Abbildung 3). Diese Rollen geben idealtypische, häufig vorkommende Erwartungsbündel bzw. Verhaltensmuster an. Dahinter verbergen sich recht starke normative Annahmen darüber, was für das erfolgreiche Funktionieren von Gruppen erforderlich ist. Jede dieser Rollen verweist auf eine solche Funktion. Wenn etwa in dieser Vorstellung die Rolle eines Radikalen definiert wird, dann verweist das auf die Notwendigkeit des Verlassens von „ausgetretenen Pfaden", in Frage stellen von scheinbaren Selbstverständlichkeiten etc. für neue und kreative Problemlösungen. Die Stärken dieser groben, holzschnittartigen Beschreibungen von Teamrollen und personalen Merkmalen der dafür geeigneten Teammitglieder liegen in einer ersten Orientierung für den erforderlichen Rollen-Mix in Teams. Auch führt das situationsangepasste und abgestimmte Ausfüllen dieser Rollen – so die Annahme – zu besserer Teamleistung. Das macht aber auch die Begrenzungen einer solchen Sichtweise deutlich. Die situativen Bedingungen bei der Rollenerfüllung und das Zusammenwirken der Rollen wird nicht angesprochen.

*Praxisblitzlicht 3: Unterschiedliche Rollen sind für eine erfolgreiche Teamentwicklung erforderlich – und das braucht den richtigen Mix von Personen mit unterschiedlichen Qualifikations- und Persönlichkeitsprofilen!*

| Rolle | Rollenerwartungen | Personenmerkmale |
|---|---|---|
| Prozess-Manager | Kanalisieren von Teamaktivitäten und Ressourcen zur Aufgabenerfüllung; Formung von Teams; Zielsetzung; Strukturierung von Treffen; Verteilung von Rollen; Verfolgen einer guten „Mischung" im Team | Kontrolliert, selbstbewusst, ruhig, geschulter Zuhörer und Kommunikator, organisiert |
| Konzeptentwickler | Entwicklung und Bewertung von Ideen sicherstellen; Potenzial von Ideen sehen, diese aufgreifen und testen; Analyse möglicher Folgen von unterschiedlichen Richtungen, die eingeschlagen werden; Spiel mit neuen Ideen | Phantasiereich, interessiert, springt von Idee zu Idee, wenig Interesse an tatsächlicher Umsetzung |
| Radikaler | Einbringen unerwarteter, innovativer und unkonventioneller Zugänge; Querdenken | Starke Intuition, kreativ, positiver Zugang zu komplexen Problemen, kein Problem mit Generalisierungen und Simplifizierungen |
| Harmonisierer | Aufbau anderer durch Beziehungsbildung; Beitrag zu einer positiven Atmosphäre, die Commitment und Kooperation fördert; Interesse an Konfliktlösung | Sorgend, unterstützend, ermutigend, verstehend, extrovertiert |
| Experte | Beitrag von sachlicher Information und Expertise | Fundiertes und relevantes Wissen durch gute Ausbildung und Erfahrung erworben |
| Ergebnisorientierer | Sicherstellen der Aufgabenerfüllung innerhalb des Zeitrahmens mit entsprechender Qualität; Organisation erforderlicher Ressourcen; Zielsetzungen vornehmen und einhalten | Hohe Gewissenhaftigkeit, starkes Pflichtbewusstsein aufgrund persönlicher Standards, intolerant gegenüber Fehlern |
| Kritiker | Einbringen „objektiver" Standpunkte und ausgewogener Meinungen in Entscheidungsfindung; Distanz zur „Alltagshektik"; Einbringen von Urteilen, Warnungen und Vorsichtsmaßnahmen; advocatus diaboli | Nüchtern, wenig mitreißend-enthusiastisch, skeptisch, stabil |
| Zusammenarbeiter | Bereitschaft zur Zusammenarbeit und „Mädchen für Alles"-Existenz; Übernahme unangenehmer Aufgaben; Ausfüllen von Lücken als Springer | Guter Beobachter, großzügig, achtet wenig auf die Etikette, weites Spektrum an Qualifikationen |

| Politiker | Formung des gemeinsamen Standpunkts; Definitionen von „richtig–falsch"; Ausrichtung der Team-Mitglieder auf eine gemeinsame Richtung („Magnetfunktion") | Machtbewusst, machiavellistisch, hoch identifiziert mit Erfolg |
|---|---|---|
| Promotor | Herstellung einer Verbindung zwischen Team und Umwelt, z.B. anderen Teams; Stakeholdern; Herstellung und Aufrechterhaltung von Kontakten; Grenzüberschreitung („boundary spanning") | Extrovertiert, beziehungsorientiert, tolerant, kontextsensitiv, kooperativ, hohe Ambiguitätstoleranz |

Abb. 3: Teamrollen und Charakteristika von Teammitgliedern
(Quelle: modifiziert aus Francis/Young 1992)

Damit ist aber ein aus praktischer Erfahrung wesentliches Element erfolgreicher Teams – die zeitlich und inhaltlich fein abgestimmte Übernahme verschiedener Funktionen in Abhängigkeit von der jeweiligen Gruppensituation – ausgeklammert. Das begrenzt auch den Wert der genannten oder ähnlicher Vorstellungen zu Teamrollen.

## 5 Alles fließt – Entwicklungen über die Zeit

Teamentwicklung hat nicht nur einen Schwerpunkt bei der Entstehung und den Übergängen von Teams. Eine weitere, noch stärker zeitbezogene Komponente ist hier zu beachten: Entwicklungen über die Zeit. Hier sind wiederum vor allem zwei teilweise miteinander verwandte Aspekte hervorzuheben: Überlegungen zum Lebenszyklus von Teams und die Frage der Entwicklung von der Gruppe zum Team.

### 5.1 Von der Wiege bis zur Bahre – Lebenszyklus eines Teams

Auf der individuellen Ebene ist die Vorstellung einer Lebenszyklus-Perspektive durchaus unmittelbar eingängig. Menschen werden geboren, durchlaufen sozial und biologisch stark geprägte Entwicklungsphasen und sterben. Ähnliche Überlegungen gibt es auch für den Lebenszyklus von Organisationen. Ist eine ähnliche Betrachtungsweise fruchtbar bei Teams? Eine bejahende Antwort darauf gibt Tuckman (1965). Aufbauend auf seiner Arbeit lassen sich fünf Phasen identifizieren, die Gruppen bzw. Teams im Laufe ihrer Existenz durchlaufen. Die folgende Abbildung zeigt diese Phasen und die grundsätzlichen Probleme, die in diesen Phasen von Gruppen zu lösen sind (vgl. Abbildung 4). In diesen Phasen, die Gruppen idealtypisch durchlaufen, gibt es wiederum jeweils typische Konstellationen bezüglich der Gruppenstruktur und des Aufgabenverhaltens (s.a. Heinrich 2002, S. 360).

- Forming
  Die Teamstruktur ist dadurch gekennzeichnet, dass Unsicherheit und Abhängigkeit gegeben ist. Die Teammitglieder probieren aus, welches Verhalten wann akzeptabel ist. Hinsichtlich der Aufgabe versuchen die Mitglieder zu

definieren, was überhaupt die Teamaufgabe – Mission, Ziele, Spielregeln – ist und wie vorgegangen werden soll.

- Storming
Im Zuge des Aushandelns kommt es bezüglich der Teamaufgabe und der ersten Arbeitsschritte zu Konflikten, Aufständen und Polarisierung der Meinungen. Kontrolle wird abgelehnt, die Führung in Frage gestellt. Die Gründe für eine solche Entwicklung können vielfältig sein. Einige Beispiele: Gruppenmitglieder greifen die offiziell bestellte Führungsperson wegen mangelnder Qualifikation oder eigenen enttäuschten Erwartungen („Eigentlich sollte ich diese Gruppe führen") an; im Sinne des Minimal Group Paradigm (s. den Beitrag von Mayrhofer/Meyer/Strunk in diesem Band) können bereits kleine Meinungsunterschiede oder unterschiedliche Konfliktstile zu Gruppenphänomenen, insbesondere Ausgrenzung und Abwertung der „anderen" führen; aus Profilierungsgründen spielen sich einzelne Personen in den Vordergrund, was wiederum heftige Reaktionen anderer Gruppenmitglieder auslöst und eine Spirale der Eskalation in Gang setzt. Solche Entwicklungen führen hinsichtlich der Aufgabenstellung oft zu einer emotionalen Ablehnung der Anforderungen. Diese Phase ist eine kritische in der Teamentwicklung. Wenn ein Team die in dieser Phase erforderlichen Entwicklungsschritte nicht erfolgreich durchläuft, dann ist eine erfolgreiche Weiterarbeit nicht oder nur eingeschränkt möglich. Entweder das Team zerfällt oder die für die inhaltliche Arbeit notwendigen Schritte des Norming (s.u.) werden nicht getan, das Team verharrt in einer hoch konfliktären Phase.

- Norming
Bei positiver Bewältigung der vorlaufenden Phase kommt es hier zur Entwicklung von Kohäsion und gemeinsamer Normen. Das Durcharbeiten von Konflikten, die Entdeckung der positiven, für die Leistungserstellung funktionalen Seiten von Andersartigkeit bei anderen Teammitgliedern und die Herausbildung gegenseitiger Unterstützung werden als Erfolgserlebnisse kategorisiert. Gemeinsam bewältigte Aufgaben wiederum tragen wesentlich dazu bei, die Mitgliedschaft im Team positiv zu bewerten und positive Beziehungen zu anderen aufzubauen (steigende Kohäsion). Gleichzeitig werden individuelle und gruppenbezogene Verhaltensweisen bzw. die dahinterliegenden Annahmen, die zu diesen ersten Erfolgen geführt haben, als wichtig und wertvoll erlebt. Sie dienen damit als Richtschnur für das zukünftige Handeln („wir bei uns machen das üblicherweise so") – Gruppennormen für verschiedene aufgaben- und beziehungsorientierte Bereiche entstehen. Im Hinblick auf die Aufgabe kommt es zu einer positiven Grundhaltung.

- Performing
Das Durcharbeiten von konfliktreichen Phasen im Storming, die positive Bewältigung dieser Phase, erste Erfolgserlebnisse, die Herausbildung von Teamnormen bezüglich der Art der Zusammenarbeit, der Einnahme von Teamrollen und des Umgangs miteinander schafft aus mehreren Gründen für die Teammitglieder die Voraussetzung für eine erfolgreiche Aufgabenerfüllung. Sie haben eine Orientierung über die Art des von ihnen erwarteten Leistungsbeitrags, sie verfügen über erste Erfahrungswerte für das Lösen von

aufgaben- und personenbezogenen Konflikten und sie haben Vertrauen in die eigene und gruppenbezogene Problemlösungskapazität. Das setzt einerseits Kapazität für die eigentliche Aufgabenerfüllung frei und macht andererseits das Arbeiten insofern effektiver, als die dafür notwendigen Rahmenbedingungen nicht dauernd grundsätzlich neu vereinbart und ausgehandelt werden müssen.

• Adjourning
In dieser Phase, die in etwa dem Übergang im eingangs vorgestellten konzeptionellen Rahmen entspricht, kommt es zum Abschied vom Team oder zu einer grundsätzlichen Neuorientierung. Es stellen sich Fragen nach dem Gelernten und den symbolischen Formen des Abschiednehmens bei Auflösung des Teams wegen Zielerreichung, Projektabschluss, Zeitablauf o.Ä. bzw. bei Übergang des Teams zu einem neuen Projekt. Eine von den Teammitgliedern positiv bewertete Adjourning-Phase ist vor allem dann zu erwarten, wenn das Team insgesamt und auch seine Mitglieder die Teamarbeit persönlich und für das Team als Erfolg definieren. Typische Aktivitäten in dieser Phase sind etwa die Räumung von Projektbüros, das Formulieren von Abschlussberichten, die Vorbereitung von Schlusspräsentationen, gemeinsame Abschlussheurige[3], Schlussbesprechungen o.Ä. Diese Phase kann zyklisch wieder zur ersten Phase des Forming führen.

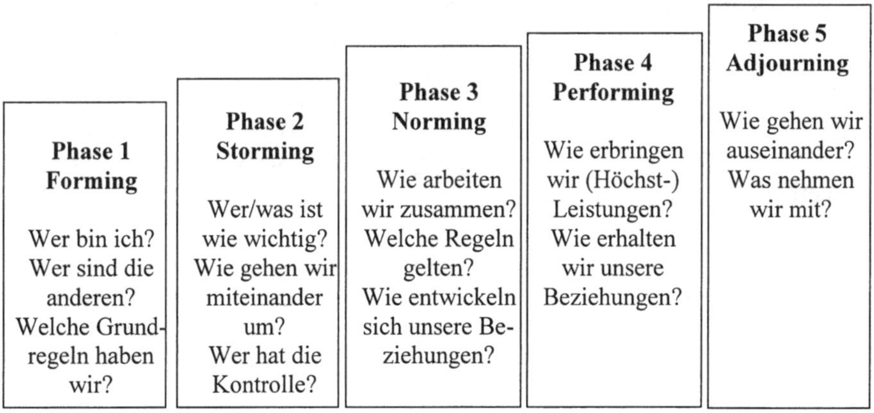

| Phase 1 Forming | Phase 2 Storming | Phase 3 Norming | Phase 4 Performing | Phase 5 Adjourning |
|---|---|---|---|---|
| Wer bin ich? Wer sind die anderen? Welche Grundregeln haben wir? | Wer/was ist wie wichtig? Wie gehen wir miteinander um? Wer hat die Kontrolle? | Wie arbeiten wir zusammen? Welche Regeln gelten? Wie entwickeln sich unsere Beziehungen? | Wie erbringen wir (Höchst-) Leistungen? Wie erhalten wir unsere Beziehungen? | Wie gehen wir auseinander? Was nehmen wir mit? |

Abb. 4: Phasen der Teamentwicklung

Der Ablauf der Teamentwicklung nach diesen Phasen ist nicht als streng aufeinanderfolgend zu sehen, wenngleich dies durch ein Phasenschema fast verführerisch nahegelegt wird. Realistischerweise ist davon auszugehen, dass zu jedem Zeitpunkt der Teamentwicklung alle Themen der jeweiligen Phasen präsent sind, allerdings mit einer unterschiedlichen Gewichtung. Dazu kommt, dass nicht von einer linearen Entwicklung auszugehen ist. Teams können sehr schnell zwischen unterschiedlichen Teamzuständen mit einem jeweils spezifischen „Phasen-Mix" hin- und herwechseln. Die Stärke dieses Zugangs liegt sicherlich in der Sensibilisierung für die auch zeitlich notwendigen Voraussetzungen gelungener Teamarbeit. Mit Bezug auf Gruppen: „Keine Gruppe ist sofort arbeitsfähig, sondern benötigt Zeit für das gegenseitige Abtasten und Orientieren; Konflikte sind erforderlich, damit sich die Gruppe konstituieren und ein Zusammengehörigkeitsgefühl und Vertrauen für die Zusammenarbeit entwickeln kann. Konflikte nicht zu bearbeiten kann sich zu einem späteren Zeitpunkt folgenreich rächen, wenn interpersonelle Konflikte plötzlich auf der Sachebene auftauchen. Dies ist daran erkennbar, dass auch nach Austausch aller rationalen Argumente keine Einigung erzielt werden kann und Positionen von Gruppenmitgliedern mit nebensächlichen Sachargumenten abgeblockt werden." (Heinrich 2002, S. 272). Für Teams gilt wohl Gleiches.

*Praxisblitzlicht 4: Teamentwicklung braucht Zeit und verläuft – nicht unähnlich der individuellen Entwicklung – wenigstens teilweise in typischen Phasen. Kein Team kommt als solches zur Welt, sondern entwickelt sich durch „Höhen und Tiefen" hindurch.*

### 5.2 Metamorphosis? – Von der Gruppe zum Team

Wie eingangs erwähnt, wird teilweise scharf oder – wie auch in diesem Beitrag – wenigstens tendenziell zwischen Gruppen und Teams unterschieden. Das wirft die Frage nach der Transition, dem Übergang von der Arbeitsgruppe zum Arbeitsteam auf. Auch wenn die in Kapitel 2 erläuterten Dimensionen eine Unterscheidung zwischen Gruppe und Team ermöglichen, bleibt doch der Übergang noch ungeklärt. Ein Vorschlag zur Beleuchtung dieses Übergangs geht davon aus, dass es kein plötzliches „Kippen" einer Gruppe in ein Team, sondern über verschiedene Zwischenstufen einen stufenweisen Wandel gibt. Diese Überlegung ist kompatibel mit Ergebnissen aus der Forschung zu Rollenübergängen, Statuspassagen oder Übergangsriten. Auch dort kommt „Zwischenstufen" wesentliche Bedeutung zu. Die folgende Abbildung zeigt den in dieser Vorstellung angedachten Verlauf des Übergangs.

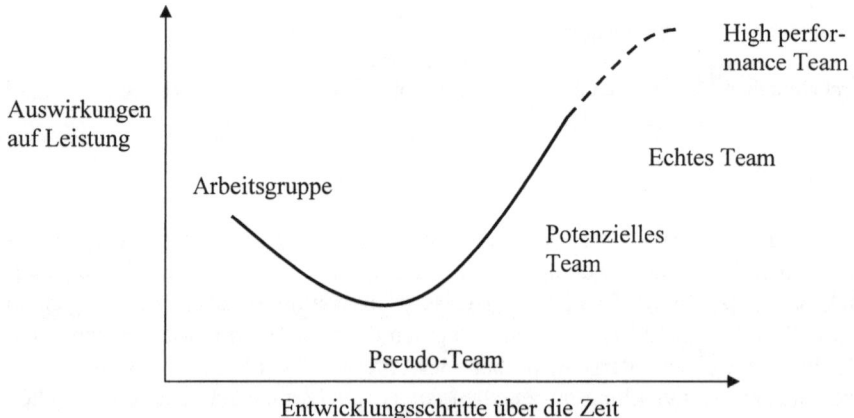

Abb. 5: Von der Gruppe zum Team (Quelle: Katzenbach/Smith 1993)

Ausgangspunkt ist eine bestehende Arbeitsgruppe, die über die Schritte Pseudo-Team und Potenzielles Team zu einem echten bzw. sogar zu einem sog. High Performance Team wird. Die Vorstellung dahinter ist die Unterscheidung zwischen Gruppe und Team in relevanten Entwicklungsschritten in Richtung auf den Teampool.

- Das erste Stadium ist das Pseudo-Team. Die Teamrhetorik hat bereits Eingang in den gemeinsamen Sprachgebrauch gefunden. Gruppen sprechen von engem Zusammenhalt, motivierenden gemeinsamen Zielsetzungen oder einer hohen Kohäsion. Allerdings passt diese Sprache nicht mit den tatsächlichen Handlungen zusammen. Auf dieser Ebene hat sich nichts verändert, die Orientierung an Mission und Zielen, die Intensität der Beziehungen und der Aufgabenerfüllung bleibt gering.

- Wenn sich die „offiziell" geäußerte und die tatsächlich gelebte Realität stärker annähern, entwickelt sich der Zustand des potenziellen Teams. Ähnlich der Phase des Norming ist hier ein Zwischenzustand erreicht: Nicht mehr „nur" Arbeitsgruppe, aber noch nicht funktionierendes Team. Allerdings sind die Grundlagen bereits gelegt. Individuelle Anpassungen an die gegenüber „früher" veränderte Ausprägung im Bereich gemeinsamer Aufgabenorientierung, Mission und Zielen, geteilter Verantwortung für Resultate und Prozess, der Kohäsion und der funktionalen Interdependenz wurden vorgenommen. Ebenso haben sich auch die darauf bezogenen Prozesse innerhalb des Teams verändert.

- Bei einer weitgehenden und authentischen Deckung von „erwünschter" und gelebter Realität ist von einem echten Team zu sprechen. Hier laufen individuelle und gruppenbezogene Prozesse vor dem Hintergrund einer gemeinsamen Definition als Team ab. Hochleistungsteams im Sinne obiger Abbildung sind Teams, die in zweifacher Weise auf Spitzenniveau agieren. Auf der Inputseite sind die Mitglieder solcher Teams ausgesprochene Spezialisten bzw. hochqualifizierte Experten in einem breiteren Bereich, welche die Schwierigkeiten von fachübergreifendem Dialog und gemeinsamer Problemlösung zusätzlich zu den immer anfallenden Aufgaben im Rahmen von Teamentwicklung und Aufgabenerfüllung erfolgreich bewältigen. Auf der Outputseite erbringen Hochleistungsteams vom Ergebnis her Spitzenleistungen (zu Indikatoren für erfolgreiche Teams vgl. Hackman 1990).

*Praxisblitzlicht 5: Nicht alles, was auf dem Team steht, ist auch Team drin. Echte Teams brauchen Zeit und unterscheiden sich hinsichtlich gemeinsamer Aufgabenorientierung, Mission und Zielen, geteilter Verantwortung für Resultate und Prozess, der Kohäsion und der funktionalen Interdependenz von Pseudo-Teams und Potenziellen Teams!*

## 6 Einwand, Euer Ehren: Alles Oberfläche, Rhetorik und Ideologie!

Der bisherige Text singt das hohe Lied des Teams. Gruppen sind schon gut, aber Teams noch besser. Mit Teams verbinden sich hohe Erwartungen hinsichtlich eines verbesserten Beitrags zur organisationalen Leistungserstellung. Ebenso bricht in Teams die schöne neue Arbeitswelt an, in der selbstmotivierte Individu-

en mit hohem sozialen Zusammenhalt an einer von allen akzeptierten Aufgabenstellung arbeiten und Konflikte sozial kompetent lösen. Ist das nicht alles Oberfläche, Praxisrhetorik und Ideologie? Dazu kommt, dass hier wissenschaftliche
Scheingenauigkeit vorgespiegelt wird, die so bei näherem Hinsehen gar nicht
existiert. So oder ähnlich könnten Vorwürfe an diesen Text und auch die dahinter
liegenden Konzepte lauten. Nochmals verschärft: Liegt hinter den ganzen Bemühungen um Propagierung der Teamarbeit nicht ein folgenschwerer Irrtum, auf der
Mikro-Ebene aufzuheben bzw. zu propagieren, was „in Wahrheit" auf der Makroebene festgeschrieben bleibt? An einem Beispiel illustriert: Ist es nicht in hohem Maße heuchlerisch und gleichzeitig unrealistisch, auf der Mikro-Ebene in
einem aus Deutschen, Türken, Serben, Kroaten und Albanern bestehenden In-
standhaltungsteam der Deutschen Bahn den Teamgedanken, mit offener und ehr-
licher Austragung von Konflikten, mit Betonung der Gemeinsamkeit statt der
Unterschiede etc., hervorzuheben, wenn gleichzeitig auf der Makro-Ebene tief-
greifende Konflikte und Widersprüche existieren? Sind nicht Bemühungen zum
Scheitern verurteilt, auf der Mikro-Ebene des Teams die Chancengleichheit aller
Teammitglieder für den Aufstieg zu betonen, wenn gleichzeitig völlig klar ist,
dass soziale Herkunftsschicht und Geschlecht auf der Makro-Ebene wesentliche
Ungleichheiten für eben diesen Aufstieg schaffen?
Tatsächlich macht das Theoretisieren und praktische Handeln in Verbindung mit
Teams das Spannungsfeld bewusst(er), in dem sich diese Form der Leistungs-
erbringung im – meist formal organisierten – Sozialsystem innerhalb des ökono-
mischen Systems befindet. Die Situation scheint relativ klar. Arbeitsteams sind
Teil des Wirtschaftssystems und damit zwingend an die dominierende Logik des
Zahlens, der Erwirtschaftung von Gewinn u.ä. gebunden. Gleichzeitig gibt es im
Reden über Teams und in der Binnenkommunikation von Teams einen kräftigen
Schuss an von der dominierenden Logik abweichender Rede und Handlung. Da
geht es um Zuneigung, da wird emotionale Gemeinsamkeit demonstriert und
gleichzeitig gefordert, da werden Anleihen bei der familiären – „Wir sind alle
eine große Familie!" – und religiösen – „Unsere Mission ist es, ..." – Terminologie genommen. Ein Widerspruch, der nicht nur teilweise, sondern grundsätzlich
bzw. wohl noch schärfer: prinzipiell da und auch nicht aufhebbar ist. Und trotzdem: Aus Sicht der betriebswirtschaftlich orientierten Auseinandersetzung mit
einschlägigen Objektbereichen – hier Teams und Teamentwicklung – scheint es
durchaus legitim und im Sinne des Erhalts praktischer Handlungsfähigkeit gerade
zu geboten, gespalten vorzugehen. Auf der einen Seite Aufzeigen der Widersprüche, weißen Flecken, ungelösten Probleme etc., die mit dem jeweiligen Objekt-
bereich verbunden sind. Beispiele dafür sind: Widersprüche zwischen Mikro-
und Makroebene im Hinblick auf die geltenden Grundannahmen, z.B. „wir haben
alle die gleichen Chancen" vs. „wir haben aufgrund von sozialer Herkunft, Geschlecht, Persönlichkeitsmerkmalen etc. nicht alle die gleichen Chancen"; wie ist
das Verhältnis von emotionaler, bei Teams besonders betonter Ebene und der im
ökonomischen Kontext dominierenden Ebene der Aufgabenerfüllung und der
Sachlogik zu denken; wie lassen sich jenseits von sehr groben Vorstellungen die
feinen Unterschiede fassen, die für erfolgreiche Teamarbeit im Hinblick auf
Kommunikation, Selbstdarstellung, Rollenerfüllung, Timing von eigenem Han-

deln, Taktung der Gruppenprozesse etc. notwendig sind. Damit geht der Versuch der Sensibilisierung von Studierenden und Praktikern für eine solche Sicht der scheinbar vertrauten Welt einher. Auf der anderen Seite steht die Kunst, trotz solcher Widersprüche, einer unzureichend definierten Situation und unklarer Handlungsfolgen den Einzelnen, Teams und Organisationen Deutungsangebote zu machen, die sie in ihrer praktischen Situation nicht im Stich lassen, sondern es ihnen ermöglichen, besser als bisher zu handeln. Und besser ist hier klar definiert: genauer zu wissen, was man tut und wohin das möglicherweise führt. Teile der Betriebswirtschaftslehre verstehen sich so – ebenso wie dieser Beitrag.

## 7 Statt eines Schlusses

Nicht alle singen das Hohelied des Teams: „... Erinnert euch daran, sie waren zwölfe: Den dreizehnten, den haben sie eiskalt verraten und verhökert an die Wölfe. Man merke: Im Verein wird keiner alt! Worum es geht, ist mir schnuppe: Mehr als zwei sind eine Gruppe. Jeder dritte hat ein and'res Ziel, der nagelt mit Engelsmiene beiden ein Ei auf die Schiene! Nein, bei drei'n ist einer schon zuviel!!..." (Mey, Reinhard: Bevor ich mit den Wölfen heule, auf: Mein Achtel Lorbeerblatt, Intercord 1972) Und stärker österreichisch: „Zeast kumm i, dann kumm i, und wos dann kummt, kummt nie." (Qualtinger, Helmut: public domain). Auch Standpunkte zu Teamentwicklung – nicht die Schlechtesten.

## 8 Empfohlene Literatur

### Basisliteratur

Francis, D./Young, D. 1992: Improving Work Groups: A Practical Manual for Team Building (Revised), Amsterdam u.a.
*In dieser sehr praxisnahen und auch für die Umsetzung gedachten Einführung werden wesentliche Elemente und Prozesse im Rahmen von Teambuilding beschrieben. Die Stärke dieses Werks liegt vor allem darin, dass für die besprochenen Gebiete auch sehr gut einsetzbare Checklisten, Übungen, Diagnosetools etc. verfügbar sind.*

### Weiterführende Literatur und empirische Studien

Hackman, J. R. (Hrsg.) 1990: Groups That Work (And Those That Don't), San Francisco/Oxford.
*In diesem Sammelband werden theoretische und empirische Befunde sowohl zu Teamentwicklung im engeren Sinne als auch umfassender zu Gruppenprozessen und zur Bedeutung von Gruppen in Organisationen zusammengefasst. Dabei ist besonders hervorzuheben, dass Befunde aus sehr unterschiedlichen Branchen bzw. Organisationsformen hier berücksichtigt werden.*

### Anmerkungen

[1] Große I-Lösungen ablehnend und skeptisch gegenüber Schrägstrichkonventionen o.Ä. zur scheinbaren Vermeidung geschlechtsspezifischer Verbalausgrenzungen bevorzuge ich allen österreich-ministerialen Anweisungen zum Trotz neben dem Bemühen um eine alle Personen einschließende Schreibweise den in den Augen mancher Wächte-

rinnen und Wächter schreiberischen Wohlverhaltens möglicherweise noch stärker mängelbehafteten generalklauselartigen Hinweis auf den steten Einschluss beider Geschlechter in den „üblichen" unpersönlichen Aufzählungen etc. – eine einschlägige Sozialisation und Streben nach Einfachheit sind wesentliche Gründe dafür.

[2] Staehle 1999, S. 270

[3] Heurig: aus dem althochdeutschen hiu jaru: in diesem Jahr; heute: diesjähriger Wein, Eigenbau-Ausschank des Wiener Winzers, im weiteren und obigen Sinn: Gaststätte(nbesuch) in den Weinbezirken Wiens (vgl. Wehle 1980, Nr. 4641, S. 29; 166)

# Betriebsklima

*Florian Schramm*

*Wenn Sie einem früheren Arbeitskollegen oder einer früheren Arbeitskollegin begegnen, wird die Sprache meist auch auf den neuen Arbeitsplatz kommen. Während die schrecklich interessanten Fragen zur Vergütung aus Diskretion zumindest vorläufig ausgespart werden, werden Sie sich wohl zuerst über ihre/seine oder Ihre Arbeitsaufgabe unterhalten. Anschließend werden Sie sich vermutlich über die Stimmung, Lage, den Umgangston, die Atmosphäre, die neue Vorgesetzte, die neuen Kollegen etc. verständigen. Evtl. verwenden Sie auch das Wort Betriebsklima. Umgangssprachlich werden die Arbeitsbedingungen, die Arbeitszufriedenheit oder das Verhältnis zu Vorgesetzten und Kollegen als zentrale Bestandteile des Betriebsklimas verstanden, wobei allerdings nicht ganz klar wird, was nun genau mit dem Betriebsklima gemeint ist[1]. Auch in der Wissenschaft verbleibt eine gewisse Unschärfe bei der Verwendung dieses Begriffs. In manchen Fällen werden vorrangig die sozialen Beziehungen der Arbeitnehmer, in anderen Fällen auch die Beurteilung der Arbeitsbedingungen zum Betriebsklima gerechnet. In jedem Fall beziehen sich die Definitionen auf die subjektive Abbildung der Situation in der Organisation. Unter dem Klima werden überdauernde, von Menschen wahrgenommene Merkmale der Arbeit und der „Arbeitsumgebung" verstanden.*

## 1 Konzeptionelle Grundlagen

### 1.1 Betriebsklima und Organisationsklima

In der Literatur findet man zwei sehr ähnliche „Klima"-Begriffe. Sie unterscheiden sich nicht grundsätzlich, setzen aber jeweils etwas andere Akzente. Im wissenschaftlichen Kontext wird in der Regel das Wort Organisationsklima bevorzugt (vgl. Gebert 1992, Sp. 1500)[2]. Erwartungsgemäß wird das "Organisationsklima" nicht einheitlich definiert. In einer umfassenden Analyse der Literatur ordnen Conrad und Sydow Definitionen nach den Kriterien Untersuchungseinheit, Untersuchungsansatz, nach Beschreibung versus Beurteilung, nach der Stabilität des Konstrukts und schließlich nach den Einflussfaktoren und Wirkungen des Organisationsklimas (Conrad/Sydow 1984, S. 7). In der Regel ist die Untersuchungseinheit die Organisation und der Untersuchungsansatz ist subjektiv ausgerichtet. Auch wird der Beschreibung gegenüber der unmittelbaren Bewertung der Vorzug gegeben, wiewohl auch Beschreibungen eines Maßstabs bedürfen. In den Wirkungen steht vor allem das Verhalten der Beschäftigten im Vordergrund. Conrad und Sydow (1984, S. 11) definieren Organisationsklima folgendermaßen: „Organisationsklima als hypothetisches Konstrukt ist ein auf die gesamte Organisation oder eines ihrer Subsysteme bezogenes, differenzierendes, relativ überdauerndes und mehrdimensionales Aggregat subjektiver Wahrnehmung und kognitiver Verarbeitung von situationalen Reizen, das sich in der Beschreibung von Organisationsumwelten, -strukturen und Verhalten in der Organisation bzw. einem ihrer Subsysteme durch das Individuum widerspiegelt und die Bildung von Arbeitseinstellungen sowie individuelles Verhalten beeinflusst." Die die obige Regel bestätigende Ausnahme sind Rosenstiel u.a. (1983), die sich den Sprachgewohnheiten der Wirtschaftspraxis anpassen und dem Begriff Betriebsklima den Vorzug gaben. Hierunter verstehen sie die übereinstimmende Beschreibung und Bewertung bestimmter Dimensionen eines Betriebes durch die Beschäftigten. Es geht dabei um das soziale Gebilde, nicht um den einzelnen Arbeitsplatz. Die Dimensionen, die über Raum und Zeit nicht stabil sein müssen, sind der allgemeine Eindruck des Betriebes, die Kollegen, die Vorgesetzten, die Organisationsstruktur, Information und Mitsprache, Interessenvertretung und die betrieblichen Leistungen (vgl. Rosenstiel u.a. 1982, S. 109 f.). Inwiefern weisen die Definitionen von Betriebs- oder Organisationsklima einen unterschiedlichen Inhalt auf?

In zweierlei Hinsicht werden die Begriffe unterschiedlich akzentuiert: Erstens wird die soziale Dimension bei dem Konzept des Betriebsklimas vergleichsweise stark betont (vgl. Conrad/Sydow 1984, S. 13). Zweitens wird in der Praxis das Betriebsklima-Konzept im Sinne eines betrieblichen Verwertungskonzepts (die Herstellung eines guten Betriebsklimas gilt als leistungsfördernd) verwendet. In den diesbezüglichen Abhandlungen kommt die theoretische Fundierung oft zu kurz. Außerdem wird nicht selten ein harmonisches Bild von der betrieblichen Wirklichkeit gezeichnet, das wenig Realitätsgehalt hat.

Was nun den Begriff des Organisationsklimas angeht, so findet man hier drei sehr unterschiedliche Zugänge: eine strukturelle, eine individualistische und eine beziehungsorientierte Konzeption (vgl. Moran/Volkwein 1992, S. 22 f.). Innerhalb der strukturellen Interpretation wird das Organisationsklima als ein Merkmal der Organisation verstanden, welches unabhängig von der Wahrnehmung der Beschäftigten existiert. Zwar werden in empirischen Studien, die dieser Sichtweise folgen, häufig auch die subjektiven Wahrnehmungen der Organisationsmitglieder erfasst, diese gelten aber nur als Indikatoren für die unabhängig von diesen Wahrnehmungen bestehenden objektiven klimatischen Gegebenheiten. Konträr hierzu steht die zweite Forschungsperspektive, die das Organisationsklima als pures Konstrukt der individuellen Verarbeitung der Beschäftigten betrachtet. Mit dieser Perspektive wird die Interaktion der Individuen untereinander vernachlässigt, aus der heraus sich das „kollektive" Organisationsklima formiert. Die interaktive Interpretation schließlich vermittelt zwischen diesen beiden Positionen: Das Interagieren der Beschäftigten untereinander, die jeweils ihre individuellen Situationen verarbeiten, führt zu übereinstimmenden Vorstellungen hinsichtlich der Organisation. Diese Auffassung räumt psychischen und sozialen Prozessen sowie organisationalen Begebenheiten gleichermaßen einen hohen Stellenwert ein.

### 1.2 Arbeitszufriedenheit und Organisationskultur

Inwiefern ist das Organisationsklima ein eigenständiges Konstrukt? Mit der Arbeitszufriedenheit und der Organisationskultur bestehen schließlich zwei verwandte Konstrukte, die auf eine beachtliche Forschungstradition zurückblicken können (vgl. die Beiträge von Behrends und Martin in diesem Band). Auf den ersten Blick sind Arbeitszufriedenheit und Organisationsklima klar zu unterscheiden: Beim einen geht es um die kollektive Beschreibung der Organisation, beim anderen um die individuelle Bewertung des einzelnen Arbeitsplatzes. Zur präziseren Abgrenzung zu Arbeitszufriedenheit und Organisationsklima können die bereits oben angeführten „Facetten der Arbeitshaltungen" (vgl. Payne/Pugh 1976) verwendet werden. Durch Kombination der Facetten Analyseeinheit (Individuum oder Gruppe), Analyseelement (Arbeitsplatz oder Organisation als Ganzes) und Art der Messung (Beschreibung oder Bewertung) lassen sich acht Kombinationen bilden. Die Arbeitszufriedenheit unterscheidet sich danach deutlich vom Organisationsklima: Auf der einen Seite bewertet das Individuum seinen Arbeitsplatz, auf der anderen Seite beschreibt das Kollektiv der Organisationsmitglieder die Gesamtorganisation. Jedoch bestehen auch Zweifel an dieser scheinbar klaren Unterscheidung, die bis zur Behauptung einer faktischen Identität der Konzepte gehen (Sydow/Conrad 1982, S. 205). Diese Vermutung wird z.B. dadurch gestützt, dass Items der Fragebögen zum Organisationsklima Fragebögen zur Arbeitszufriedenheit entlehnt sind (vgl. Sydow/Conrad 1982, S. 213). Beispielsweise ähneln sich die Dimensionen der Arbeitszufriedenheit des Arbeitsbeschreibungsbogens (ABB) von Neuberger und die Dimensionen des Erhebungsbogen zur Erfassung des Betriebsklimas (EEB) von Lutz von Rosenstiel. Beim ABB sind es die sieben Skalen Kollegen, Vorgesetzter, Tätigkeit, Arbeitsbedingungen, Organisation und Leitung, Entwicklung und Bezahlung. Beim EEB lauten die sechs Skalen soziale Beziehungen zu den Kollegen, Vorgesetzte, Organisation, Information und Mitsprache, Interessenvertretung und betriebliche Leistungen. Auch bestehen empirisch begründete Zweifel an der Trennung der verwendeten Items in deskriptive und evaluative Items. So sind zwar Organisationsklima und Arbeitszufriedenheit konzeptionell klar zu unterscheiden, in empirischen Studien hängen diese Größen faktisch jedoch eng zusammen.

| Analyseeinheit | Analyse-Element | Messung | Konstrukt |
|---|---|---|---|
| Individuum | Arbeitsplatz | Beschreiben | Wahrgenommene Arbeitssituation |
| Individuum | Arbeitsplatz | Bewerten | Arbeitszufriedenheit |
| Individuum | Organisation | Beschreibung | Wahrgenommene Organisation |
| Individuum | Organisation | Bewertung | Organisations-Zufriedenheit |
| Gruppe | Arbeitsplatz | Beschreibung | Rollenklima |
| Gruppe | Arbeitsplatz | Bewertung | Rollenmoral |
| Gruppe | Organisation | Beschreibung | Organisations-Klima |
| Gruppe | Organisation | Bewertung | Organisations-Moral |

Abb. 1: Facetten des Organisationsklimas und verwandter Begriffe nach Payne/Pugh (1976)

In welchem Verhältnis stehen Klima und Kultur von Organisationen zueinander? Ein Blick in die Literatur zeigt, wie schwer sich die Forschung damit tut, hier eine eindeutige Linie zu finden. Denison (1996) spricht diesbezüglich sogar von paradigmatischen Grabenkämpfen. Zum Verhältnis von Organisationsklima und Organisationskultur findet man im Wesentlichen vier Antworten. Erstens wird behauptet, es handele sich zwar um zwei Begriffe, die aber letztlich das Gleiche bezeichnen. Ein Beispiel für diese Auffassung findet sich in einem Klassiker der Organisationspsychologie: „*Organizational Climate* reflects also the history of internal and external struggles, the types of people the organization attracts, its work processes and physical layout, the modes of communication, and the exercise of authority within the system. Just as a society has a *cultural heritage,* so social organizations possess distinctive patterns of collective feeling and beliefs passed along to new group members." (Katz/Kahn 1978, S. 50) Insgesamt kann eine solche Gleichsetzung nicht befriedigen. Zweitens wird behauptet, dass die Organisationsforscher letztlich das gleiche Phänomen betrachten, sich aber in ihren Perspektiven, ihren Methoden, ihren Herangehensweisen voneinander unterscheiden (vgl. Moran/Volkwein 1992; Denison 1996). Für diese Position spricht, dass sowohl in der Forschung zum Organisationsklima als auch in der Forschung zur Organisationskultur mit einer „objektivistischen", einer „subjektivistischen" und einer „integrativen" Perspektive drei (sich jeweils ähnelnde) Positionen vertreten werden (vgl. Gontard 2002).

Vorherrschend wird drittens die Auffassung vertreten, dass diese Konstrukte zwar in einem empirischen Zusammenhang stehen, jedoch analytisch zu unterscheiden sind. Die vierte mögliche Antwort lautet, dass es sich bei dem einen, namentlich dem Organisationsklima, um einen Bestandteil des umfassenderen Teils, der Organisationskultur, handelt (vgl. Gontard 2002, S. 62 ff.). Wie immer man diese begrifflichen Fragen nun genau lösen will, ein Unterschied zwischen dem Konzept der Organisationskultur und dem Konzept des Organisationsklimas verdient besondere Beachtung. Die Organisationskultur umfasst zu einem erheblichen Teil dem Bewusstsein und der Reflektion wenig zugängliche Tatbestände wie etwa die Loyalität zu vermeintlichen Werten von „Helden" (Gründern etc.) aus der Geschichte der Organisation, wohingegen das Organisationsklima normalerweise aus der bewussteren Wahrnehmung von positiven und negativen Erlebnisaspekten der Arbeit erwächst (vgl. Müller 1999, S. 195).

## 2 Die Messung des Organisationsklimas

### 2.1 Messverfahren: Ein Beispiel

Gewiss ist dem Thema nicht der Vorwurf zu machen, dass es praxisfern ist. Das Organisationsklima wird in der Praxis mit der Absicht der Bestandsaufnahme und Veränderung oftmals untersucht. Beachtliche Probleme tauchen bei der Operationalisierung auf. Davon ausgehend, dass das Organisationsklima nicht direkt beobachtbar ist, ist die Mitarbeiterbefragung das naheliegende Instrument. Hierfür stehen standardisierte Instrumente zur Verfügung, die auch über eine gewisse Güte bezüglich Objektivität, Reliabilität und Validität verfügen (vgl. Bögel 1988). Ein Beispiel für einen standardisierten Fragebogen ist der Erhebungsbogen zur Erfassung des Betriebsklimas (EEB), der von Rosenstiel u.a. in den achtziger Jahren im Rahmen einer aufwändigen Studie entwickelt wurde (Rosenstiel u.a. 1983). Er besteht in seinem Kern aus 60 Statements, auf die mit Hilfe einer fünfstufigen Skala Stellung zu nehmen ist.

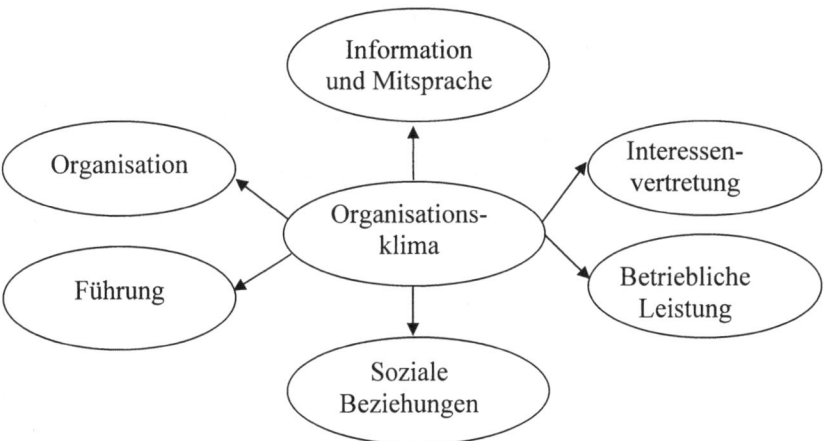

Abb. 2: Dimensionen und ausgewählte Indikatoren des Organisationsklimas nach Rosenstiel u.a.

Beispiele für die einzelnen Items sind:

- Bereich Kollegen (12 Statements): „Wenn jemand Schwierigkeiten bei der Arbeit hat, wird ihm ganz sicher von den Kollegen geholfen."
- Bereich Vorgesetzte (14 Statements): „Wenn man mit etwas unzufrieden ist, kann man hier mit den Vorgesetzten ganz offen darüber sprechen."
- Bereich Organisation (10 Statements): „In unserem Betrieb geht es sehr bürokratisch zu."
- Bereich Information und Mitsprache (10 Statements): „Die Leitung unseres Betriebs ist bereit, die Ideen und Vorschläge der Arbeitnehmer zu berücksichtigen."
- Bereich Interessenvertretung (8 Statements): „Für die Durchsetzung der eigenen Interessen muss sich bei uns jeder selbst einsetzen."
- Bereich Betriebliche Leistungen (6 Statements): „In dieser Firma werden Leistungen gerecht beurteilt."

Obwohl dieses noch immer genutzte (z.B. Nerdinger 1997; Ohnesorg 2001) Instrument nach den Regeln der empirischen Sozialforschung im Rahmen einer groß angelegten Studie entwickelt wurde, ist auch auf Grenzen dieses Instruments hinzuweisen. Auf der Ebene der Indikatoren lässt sich Kritik im Einzelnen festmachen, was an zwei Beispielen fragwürdiger Validität illustriert sei. „In unserem Betrieb ist es unwahrscheinlich, dass in den nächsten Jahren mit einer größeren Anzahl von Entlassungen gerechnet werden muss." Dieses ist eines von acht Statements zur Messung der Subdimension Interessenvertretung. Aber wird damit wirklich eine gültige Aussage über die Qualität der Interessenvertretung und die Bewertung dieser Qualität getroffen, zumal in Zeiten einer allgemein schlechten wirtschaftlichen Lage? Anders ausgedrückt: Zwar dürfte das Betriebsklima besser sein, wenn nicht mit Entlassungen gerechnet werden muss; das angeführte Item ist jedoch insoweit „verschmutzt", als es sich nicht eignet, die Bewertung der Interessenvertretung – zumal in wirtschaftlich weniger erfreulichen Zeiten – hinreichend abzubilden. „Ohne die Gewerkschaft hätten wir heute noch in unserem Betrieb die gleichen Löhne und Gehälter wie vor zehn Jahren." lautet ein weiteres Statement zur betrieblichen Interessenvertretung. Während in vergangenen Zeiten eine Zustimmung eine positive Rolle der gewerkschaftlichen Tarifpolitik indiziert, ist heutzutage nicht auszuschließen, dass eine Zustimmung eher die Wirkungslosigkeit der Tarifpolitik zur Lohnsicherung konstatiert.

Die empirisch-induktive Vorgehensweise der Forschungsgruppe um Lutz von Rosenstiel ist typisch für die Forschung zum Organisationsklima: Ausgehend vom empirisch geprägten Forschungsstand wird im Rahmen eines mehr oder weniger anspruchsvollen Forschungsdesigns ein Fragebogen entworfen und hinsichtlich seiner Güte geprüft und verbessert, um schließlich „im Feld" zum Einsatz zu kommen. Die Ergebnisse können bei späteren Konstruktionen Eingang finden. Ein solches Verfahren ist schnell dem Vorwurf des blinden Empirismus ausgesetzt, die „Theorie" rückt leicht in den Hintergrund. Wäre es nicht gediegener, von einer allgemein gültigen Theorie aus die Konzeption des Organisationsklimas deduktiv zu entwickeln? Leichter gesagt als getan. Leider existiert in der Forschung zum Organisationsklima keine tragfähige Brücke zwischen einer „richtigen" Theorie und der Empirie.

## 2.2 Das Aggregationsproblem

Die Vorstellung eines einheitlichen Klimas steht der praktischen Erhebungssituation gegenüber, in der in der Regel mit Hilfe standardisierter Fragebögen Informationen von Organisationsmitgliedern erfragt werden. Erfasst werden demnach nur die Wahrnehmungen und Beurteilungen von einzelnen Mitarbeitern. Es werden mehrere, relativ unabhängige Subdimensionen mit Hilfe mehrerer Fragen gemessen. Die Fragebögen zur Erfassung des Betriebsklimas richten sich also mitnichten auf das "objektive" Organisationsklima selbst, sondern auf eine durch subjektive Komponenten modifizierte Wahrnehmung desselben. Es handelt sich um ein auf das Individuum bezogenes "Psychologisches Klima". Das Organisationsklima wird durch eine Aggregation der individuellen "Psychologischen Klimata" ermittelt. Faktisch geschieht dies durch die Bildung von Mittelwerten, die durch die Streuung der Angaben der Befragten zu den einzelnen Fragen ergänzt werden.

Spätestens bei der konkreten Ermittlung des Organisationsklimas wird ersichtlich, dass letztlich nur auf subjektive Einschätzungen Einzelner zurückgegriffen werden kann. Kann durch das Zusammenfassen einzelner Angaben und das Bilden von Durchschnittswerten das auf der organisationalen Ebene zu identifizierende Klima ermittelt werden? Möglich ist dies dann, wenn die Urteile der einzelnen Organisationsmitglieder unabhängig voneinander sind und wenn die Antworten auf die einzelnen Items ähnliche Häufigkeitsverteilungen aufweisen. Eine Streuung der Antworten ist ja durchaus zu erwarten. Wie sind diese Streuungen zu interpretieren? Zwei sich nicht ausschließende Erklärungen sind denkbar: Zum einen könnte es sich um methodische Probleme handeln. Schließlich handelt es sich bei Fragebögen um unscharfe Messinstrumente; ihr Wert kann dadurch beeinträchtigt sein, dass sich die Befragungspersonen zu wenig Zeit für ihre Urteilsbildung nehmen, Aussagen unterschiedlich interpretieren etc. Zum anderen können die Streuungen auf substanziellen Unterschieden beruhen. So können die Befragten jeweils unterschiedliche Ausschnitte der Organisation betrachten. Die Beschäftigten in der Produktion nehmen ein anderes Organisationsklima wahr als die Beschäftigten in der Verwaltung. Diejenigen im Vertrieb oder in der Forschung und Entwicklung berichten wiederum anderes. Faktisch mag gar kein einheitliches Organisationsklima existieren; stattdessen finden sich in sich homogene, untereinander aber heterogene Klimata von Betriebsteilen. Die Streuung der Angaben kann auch durch die Selektion und Sozialisation der Beschäftigten beeinflusst sein. Beschäftigte bevorzugen bestimmte Betriebe und sie lernen die Verhaltensregeln in der neuen Organisation, geben also ähnliche Antworten wie ihre Kollegen, weil sie entsprechende Erwartungshaltungen wahrnehmen.

Ein geringer Konsens bei den Fragen zum Organisationsklima kann also darauf hindeuten, dass kein deutlich strukturiertes Organisationsklima existiert, er kann sich aber auch daraus erklären, dass zwar in sich homogene, gleichzeitig aber untereinander heterogene Teilgruppen aggregiert wurden. Interessant ist außerdem, dass nicht nur von der „Qualität" des Betriebsklimas (der Zahl positiver Aussagen z.B. zum Verhältnis unter den Kollegen) ein Effekt auf das Arbeitsverhalten ausgeht, sondern dass auch die Tatsache einer hohen Meinungshomogenität Verhaltenswirkungen zeigt. Die Ursachen dafür liegen darin begründet, dass Ähnlichkeiten in den Wahrnehmungen und Verhaltensweisen dazu beitragen können, gegenseitige Frustrationen und Konflikte zu reduzieren (vgl. Lindell/Brandt 2000, S. 332).

Aus statistischer Sicht ist schließlich zu vermerken, dass Qualität und Konsens nicht unabhängig voneinander sind. Verdeutlicht sei dies an folgendem vereinfachten Beispiel: Eine binäre Variable des Klimas hat den Erwartungswert p (gutes Klima: p=1; schlechtes Klima: p=0) und die Varianz p(1-p). Der Erwartungswert spiegelt die Qualität des Klimas wider, während die Varianz mit dem Konsens korrespondiert. Der Konsens ist somit eine Funktion des Erwartungswerts. In anderen Worten: Eine sehr hohe oder sehr niedrige Qualität des Organisationsklimas geht notwendigerweise mit einem hohen Konsens einher.

## 3 Korrelate des Organisationsklimas

### 3.1 Korrelate im Überblick

Welche Größen wirken auf das Organisationsklima ein? Welche Größen werden durch das Organisationsklima wiederum beeinflusst? Bevor typische Korrelate des Organisationsklimas genannt werden, wird zur Sichtung – ohne theoretische Verortung – ein Überblick darüber gegeben, wie sich das Organisationsklima im Groben verteilt: In welchen Betrieben, Branchen, Größenklassen findet sich summa summarum ein besonders günstiges Klima? Hinsichtlich der Beschäftigten stellt sich die gleiche Frage: Sind nach Alter, Geschlecht, Berufsgruppe etc. markante Unterschiede hinsichtlich des wahrgenommenen Organisationsklimas auszumachen? Zur Illustration dient die folgende Tabelle, in der nach ausgewählten Merkmalen differenziert zwei Indikatoren dargestellt sind, die mit zwei Dimensionen des Organisationsklimas – dem Verhältnis zu den Kollegen und dem Verhältnis zu den Vorgesetzten – korrespondieren. Diese aus dem Sozioökonomischen Panel stammenden Daten können für 1995 Repräsentativität beanspruchen und vermitteln zumindest im Ansatz eine empirische Vorstellung von der Qualität des Organisationsklimas.

Zu berücksichtigen sind jedoch folgende Punkte: Die im Folgenden tabellierten Indikatoren entstammen nicht einer Skala zur Messung zum Organisationsklima, ihnen ist im besten Fall „Inhaltsvalidität" – augenscheinlich handelt es sich nach Experteneinschätzung um geeignete Instrumente – zu bescheinigen; selbst diese ist fraglich, da die Fragen an die Interviewten so formuliert sind, dass die individuelle Wahrnehmung der eigenen Situation, nicht jedoch die Beschreibung der Situation im Betrieb im Allgemeinen erfragt wird. Trotz dieser Einschränkungen sind der Abbildung 3 einige interessante Informationen zu entnehmen.

| In Prozent | Gutes Verhältnis zu Kollegen | Gutes Verhältnis zu Vorgesetzten |
|---|---|---|
| Insgesamt | 75 | 78 |
| Männlich | 75 | 75 |
| Weiblich | 76 | 81 |
| Bis 34 Jahre | 75 | 80 |
| 35-49 Jahre | 73 | 75 |
| 50 Jahre und älter | 78 | 77 |
| Bis zu 5 Beschäftigte | 73 | 85 |
| 5 bis 19 Beschäftigte | 78 | 81 |
| 20 bis 199 Beschäftigte | 76 | 76 |
| 200 bis 1999 Beschäftigte | 77 | 76 |
| 2000 und mehr Beschäftigte | 79 | 74 |
| Bis zu 3 Jahre Betriebszugehörigkeit | 75 | 80 |
| 4 bis 10 Jahre Betriebszugehörigkeit | 73 | 75 |
| Mehr als 10 Jahre Betriebszugehörigkeit | 78 | 77 |

Abb. 3: Indikatoren des Organisationsklimas nach ausgewählten Merkmalen 1995[3]

Erstens bescheinigen große Mehrheiten ein gutes Verhältnis zu Kollegen und Vorgesetzten. Solch positive Äußerungen sind in Studien zum Organisationsklima durchaus üblich. Zweitens zeigt die Übersicht, dass die Ergebnisse nicht wesentlich differieren, wenn man unterschiedliche Personengruppen betrachtet. Männer und Frauen, Jüngere wie Ältere, Beschäftigte in größeren und Beschäftigte in kleineren Betrieben äußern sich vergleichsweise ähnlich. Auch dies steht im Einklang mit anderen Untersuchungen. Drittens zeigt die Abbildung, dass der in der Literatur häufig erwähnte Zusammenhang von Organisationsklima und Dauer der Betriebszugehörigkeit – zumindest auf der hier erfassten oberflächlichen Ebene – nicht zum Tragen kommt. Durch welche Faktoren wird das Organisationsklima beeinflusst? Hier werden als situationale Faktoren die Umwelt, die Größe und die Struktur der Organisation genannt (vgl. Conrad/Sydow 1984, S. 210 ff.). Die Befunde hierzu sind uneinheitlich. Die Größe der Organisation wirkt sich in manchen Studien negativ auf das Organisationsklima aus, in anderen Fällen sind diese Größen nicht korreliert (vgl. Conrad/Sydow 1984, S. 213 ff.). Die Korrelationen von Klima und Strukturen sind uneinheitlich, sie variieren stark von Untersuchung zu Untersuchung (vgl. Conrad/Sydow 1984, S. 215 ff.). Ebenfalls wird regelmäßig die Rolle des Führungsverhaltens für das Organisationsklima herausgestellt. Die Heterogenität der Studien und die Komplexität der zu analysierenden Konstrukte wie Führungsverhalten lassen pauschale Aussagen hierzu kaum zu (vgl. Conrad/Sydow 1984, S. 226 ff.). Als persönliche Faktoren gilt neben Persönlichkeitsmerkmalen der Organisationsmitglieder deren Zugehörigkeit zur Organisation: Mit wachsender Zugehörigkeitsdauer zum Betrieb wird das Organisationsklima – entgegen dem Befund von Abbildung 3 – normalerweise positiver eingeschätzt (vgl. Sydow/Conrad 1982, S. 205 ff.). Als „Folgen" eines positiv ausgeprägten Organisationsklimas werden mit großer Regelmäßigkeit auf der individuellen Ebene gemeinhin positiv bewertete Aspekte wie hohe Motivation, hohe Zufriedenheit, hohes Commitment sowie niedrige Fluktuation und niedriger Absentismus aufgeführt (vgl. etwa Lindell/Brandt 2000). Auf der organisationalen Ebene sind Zusammenhänge festgestellt worden mit der Effizienz, technischen Leistung, Unfallverhütung etc. (vgl. Lindell/Brandt 2000, S. 331). Bei einer Verbesserung des Organisationsklimas – bzw. des "Psychologischen Klimas" (vgl. Conrad/Sydow 1984, S. 92 ff.) – wird dementsprechend eine leistungs- und schließlich produktivitätssteigernde Wirkung erwartet[4], die sich auch experimentell nachweisen ließ (vgl. Litwin/Stringer 1968). Auch für Organisationsexterne – seien es potentielle Beschäftigte oder Kunden – wird das Organisationsklima als relevant erachtet (vgl. Florek 1986, S. 87 ff.). Organisationsklima hat somit einen Einfluss auf Ergebnisvariablen von Individuum und Organisation. Dieser Einfluss hängt jedoch vom Einzelfall ab, ist oftmals schwach und ggf. nicht unmittelbar zu deuten, sodass Generalisierungen hinsichtlich der Folgen des Organisationsklimas nur in einer trivialen Fassung – ein gutes Organisationsklima ist für Betrieb wie Beschäftigte besser als ein schlechtes – zutreffen dürften.

### 3.2 Gesamtwirtschaft, Arbeitsplatzunsicherheit und Organisationsklima

Der Stand der Forschung zur Rolle der Arbeitsmarktlage für das Organisationsklima ist noch immer recht dürftig (vgl. schon Conrad/Sydow 1984, S. 211). Die Vernachlässigung dieses Themas dürfte darin begründet sein, dass im Fokus von Studien zum Organisationsklima die vermeintlich gestaltbaren, innerorganisatorischen Komponenten wie Führungsverhalten, Arbeitsbedingungen, Verhalten der Kollegen, Organisationsstruktur etc. stehen (vgl. Rosenstiel u.a. 1983, S. 155 f.).

### Gesamtwirtschaft und Organisationsklima: ein Modell

Aus einer verhaltensorientierten Perspektive lässt sich der Zusammenhang von gesamtwirtschaftlicher Lage und Organisationsklima folgendermaßen darstellen (vgl. Abbildung 4): Auf der Makro-Ebene vollziehen sich Veränderungen, wobei insbesondere an die gesamtwirtschaftliche Entwicklung zu denken ist. Die konjunkturelle Entwicklung der Gesamtwirtschaft oder der speziellen Branche wirkt sich auf der Meso-Ebene auf die Lage der Organisation aus. Diese Wirkung wird wiederum auf der Mikro-Ebene von den einzelnen Organisationsmitgliedern wahrgenommen, wie auch die gesamtwirtschaftliche Lage etwa über Massenmedien vermittelt wird. Als individuelle Reaktion auf veränderte Bedingungen, insbesondere eine Gefährdung des Arbeitsplatzes, kommen drei sich nicht ausschließende Varianten in Frage. Erstens können die Organisationsmitglieder ihre Präferenzen der Situation anpassen, „die Trauben sind sauer", immer und gerade dann, wenn sie nicht erreichbar sind. Zweitens kann eine Veränderung der Lage auch zu einer entsprechend veränderten Bewertung der Arbeitssituation führen. So würde eine Gefährdung der Arbeitsplätze zu Unzufriedenheit führen. Drittens schließlich können sich Verhaltensweisen verändern. Die Beschäftigten können aus der Organisation ausscheiden (Fluktuation), sich innerhalb der Organisation zurückziehen oder sich in der Organisation individuell oder kollektiv engagieren, um ihre Arbeitssituation zu verbessern. Die veränderten Verhaltensweisen prägen wiederum das Verhalten in den Organisationen insgesamt. Dies bezieht sich auf organisationale Zielgrößen wie Effizienz und Innovationskraft und auch parallel hierzu auf das Organisationsklima, auch in der Wahrnehmung der Organisationsmitglieder. Das Kreislaufmodell von gesamtwirtschaftlicher Entwicklung, betrieblichem Verhalten und individuellem Verhalten schließt sich mit der Aggregation der betrieblichen Verhaltensweisen zu einem gesamtwirtschaftlichen Aggregat.

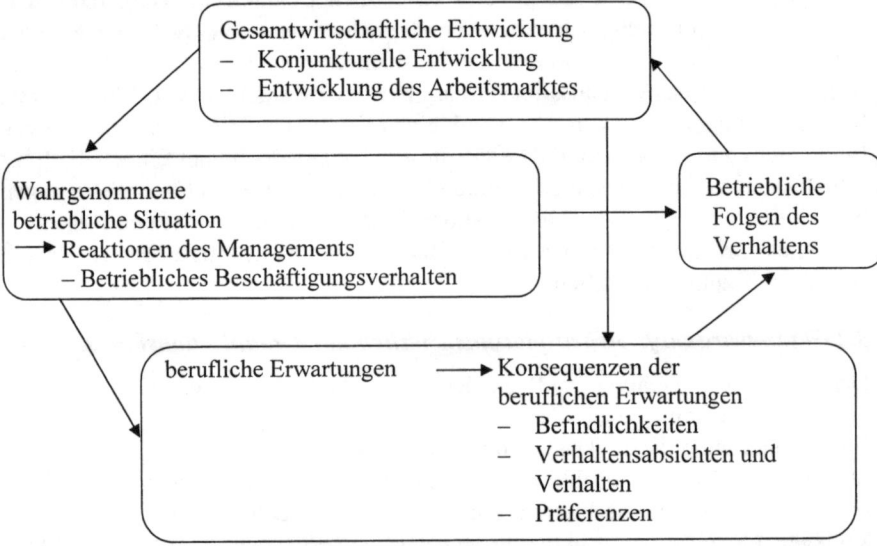

Abb. 4: Ein verhaltensorientiertes Mehr-Ebenen-Modell

### 3.3 Gesamtwirtschaft und Organisationsklima: ausgewählte Ergebnisse

Nach Kenntnis des Autors liegt keine aktuelle, umfassende und mit repräsentativem Anspruch versehene Studie vor, die das Zusammenwirken der gesamtwirtschaftlichen Ebene, dem zur betrieblichen Ebene gehörenden Organisationsklima und den Einstellungen und Verhaltensweisen der Beschäftigten (individuelle

Ebene) betrachtet. Jedoch lässt sich auf diverse, eher qualitativ ausgerichtete Studien zurückgreifen, deren Ergebnisse den typischen Subdimensionen des Organisationsklimas zugeordnet werden können. Die Verallgemeinerung dieser oftmals spezifischen Befunde – wie etwa die Lage in ostdeutschen Betrieben zu Beginn der neunziger Jahre – muss dabei mit Bedacht erfolgen. Für die prominenteste Dimension des Organisationsklimas – das Verhältnis der Beschäftigten untereinander – wird dies exemplarisch im Folgenden ausgeführt. Welche Auswirkungen hat die innerbetriebliche Verarbeitung der wirtschaftlichen Entwicklung auf die zentrale Subdimension des Organisationsklimas, dem Verhältnis der Beschäftigten untereinander? Greenhalgh konstatiert, dass sich das Klima der Beziehungen auf der Arbeitsplatzebene verschlechtert, wenn eine Organisation in wirtschaftliche Schwierigkeiten gerät (vgl. Greenhalgh 1991, S. 169 ff.). Es ändern sich nicht nur die Themen der Konversation zwischen den Mitarbeitern, sondern auch die Perspektive derselben. Die Arbeitnehmer besinnen sich zunehmend auf ihr eigenes Überleben in der Organisation, ein gemeinsam erlebtes Klima existiert nicht mehr. Aufgrund des Wettbewerbs um knappe Arbeitsplätze verschwindet auch das gegenseitige Vertrauen der Arbeitnehmer. Verschiedentlich verfolgen Beschäftigte aufgrund der Bedrohung ihres Arbeitsplatzes eine sehr strikte individuelle Anpassungsstrategie. So wird von einer Leistungskonkurrenz und dem Melden des Fehlverhaltens anderer bei den Vorgesetzten berichtet (vgl. Zoll 1981, S. 203).

Über starke betriebliche Unterschiede in den kollegialen Beziehungen berichten Schumann u.a. (1982). Wenn die betrachteten Arbeiter eine Chance sahen, durch ihr individuelles Arbeitsverhalten ihre Beschäftigungschancen zu erhöhen, kam es zu einer erhöhten Konkurrenz zwischen den Arbeitern. Auch die Einstellungen gegenüber den Kollegen leiden in einer schlechten wirtschaftlichen Lage (vgl. Flodell 1989). Bei zunehmender Bedrohung des Arbeitsplatzes zeigte sich eine (wenn auch nur leichte) Beeinträchtigung solidarischer Haltungen (vgl. Flodell 1989, S. 199). Dieses Ergebnis stützt jedenfalls nicht die – durchaus Hoffnung vermittelnde – Marxsche These der Solidarisierung aufgrund der gemeinsamen Bedrohung (vgl. Marx 1988, S. 526). Bestätigt werden diese Befunde durch Studien zu Einstellungen und Verhaltensweisen von Beschäftigten, die im Osten Deutschlands von Arbeitslosigkeit bedroht sind, wodurch die Konkurrenzorientierung eines Beschäftigten tendenziell steigt. Für den Beschäftigungsbetrieb kann dies kostspielig sein. Die dem Betrieb entstehenden Kosten durch fehlende Kooperation beschleunigen evtl. sogar dessen Niedergang (vgl. Greenhalgh/Sutton 1991). Die empirischen Befunde sollten aber auch nicht überbewertet werden, weil eine monokausale, situativ begründete Erklärung für die Solidaritätsbereitschaft nicht hinreichend im Einklang mit der empirischen Evidenz steht. So ist auch festzuhalten, dass die Arbeitsplatzunsicherheit die Neigung zu kollektiven Aktionen zum Erhalt des Arbeitsplatzes nur bedingt fördert (vgl. Vuuren u.a. 1991, S. 84), obgleich erhöhte Bereitschaften der vom Arbeitsplatzverlust Bedrohten für Betriebsbesetzungen und Streiks ermittelt wurden (vgl. Vuuren u.a. 1991, S. 85). Offensichtlich kompensieren sich hier gegenläufige Effekte: Zwar sind einerseits in Zeiten hoher Arbeitslosigkeit die Gewerkschaften und die betriebliche Interessenvertretung als ein Instrument des Erhalts von Arbeitsplätzen besonders erwünscht, andererseits werden in diesen Zeiten den Gewerkschaften auch wenig Chancen zur Durchsetzung dieses Zieles eingeräumt (vgl. Hartley 1991, S. 112). Die Bereitschaft, an kollektiven Maßnahmen teilzunehmen, wird insbesondere vom wahrgenommenen Nutzen und von sozialen Normen beeinflusst. Wer nicht daran glaubt, dass er durch seine Teilnahme an einer kollektiven Aktion etwas für sich bewirken kann, wird darauf wohl eher verzichten. Doch unabhängig davon wird sein Verhalten auch sehr stark von den Erwartungen der sozialen Umwelt, von seinen Kollegen, Freunden und Verwandten geprägt (vgl. Vuuren u.a. 1991, S. 96 f.). Ein weiterer Prädiktor für die Bereitschaft zur Teilnahme an kollektiven Aktionen ist die Ursachenzuschreibung. Wer glaubt, die Gefährdung des Arbeitsplatzes wäre durch Ursachen bewirkt, die nicht beeinflusst werden können (Konjunktur, Weltwirtschaft), wird kaum aktiv werden, wer die Ursache dagegen im Verhalten des Managements sieht, wird dagegen eher bereit sein, sich kollektiven Aktionen anzuschließen.

## 4 Abschließende Bemerkungen

In wissenschaftlicher Hinsicht ist es nach der Aufmerksamkeit in den 70er- und 80er-Jahren[5] um das Organisationsklima vergleichsweise still geworden. Intensive Recherchen im internationalen Kontext fördern nur vereinzelt Hinweise auf kürzlich erschienene – kaum erhältliche – Monographien zu Tage. Arbeitszufriedenheit und Organisationskultur finden heutzutage mehr Beachtung. Für die Zukunft ist eine Ergänzung der bislang vorwiegend empirisch-induktiv geprägten Forschung durch eine verstärkt theorieorientierte Perspektive wünschenswert und zwar schon allein deswegen, weil vom „Organisationsklima" beträchtliche Verhaltenswirkungen ausgehen. Konzeptionell ist zu wünschen, dass es gelingt, die Abgrenzung zu den Begriffen Organisationskultur und Arbeitszufriedenheit schärfer zu fassen. In Abgrenzung zur Arbeitszufriedenheit geht es beim Organisationsklima um die Ebene der Organisation als Ganzes, ein Aspekt, der bei der Forschung zur Arbeitszufriedenheit leicht zu kurz kommt. Im Vergleich zur Organisationskulturforschung kann die Forschung zum Organisationsklima nicht zuletzt methodisch profitieren, indem die quantifizierende Vorgehensweise durch eher qualitative Verfahren ergänzt wird. Der Diskurs in der Praxis ist anders gelagert. Hier wird unter dem Begriff des Betriebsklimas – sei es aus Pragmatismus, sei es aus Unkenntnis – wenig Rücksicht auf theoretisch begründete Differenzierungen genommen. Diesbezüglich wünschte man sich schlichtweg mehr substanzwissenschaftliches und methodisches Bewusstsein[6].

## 5 Empfohlene Literatur

*Übersichtsdarstellungen, exemplarische Forschungsarbeiten, Messinstrumente*

Conrad, P./Sydow, J. 1984: Organisationsklima, Berlin/New York.
Friedeburg, L.v. 1963: Soziologie des Betriebsklimas, Frankfurt a.M.
Litwin, G.H./Stringer, R.A. 1968: Motivation and Organizational Climate, Cambridge.

Ohnesorg, S. 2001: Betriebsklima und Unternehmenskultur in saarländischen Betrieben und Behörden, AK-Beitrag 1/01 der Arbeitskammer des Saarlandes, Saarbrücken.

Rosenstiel, L.v./Falkenberg, T./Hehn, W./Henschel, E./Warns, I. 1983: Betriebsklima heute, München (Bayrisches Staatsministerium für Arbeit und Sozialordnung).

## *Anmerkungen*

[1] Der 1976 erschienene „Büroroman" von Walter E. Richartz zeigt sehr kurzweilig und mit analytischer Tiefenschärfe, wie grauenhaft Büroalltag inklusive Betriebsklima sein kann.

[2] Die größte Aufmerksamkeit hat das Organisationsklima bzw. das Betriebsklima in den 80er- und wohl schon in den 70er-Jahren erfahren. Früher erschienen als klassisch geltende Studien wie Friedeburg (1963) und Litwin/Stringer 1968.

[3] Fragen: Haben Sie öfter Ärger oder Konflikte mit Vorgesetzten? Antwortkategorien lauten „trifft voll zu", „trifft teilweise zu", „trifft nicht zu". Tabelliert ist „trifft nicht zu." Kommen Sie gut mit Ihren Arbeitskollegen aus? Antwortkategorien lauten „trifft voll zu", „trifft teilweise zu", „trifft nicht zu". Tabelliert ist „trifft voll zu". (Quelle: Sozioökonomisches Panel, eigene Berechnungen, gewichteter Querschnitt 1995)

[4] Die Erwartung, dass ein entsprechender Eingriff die Folgen zeitigt, die die bisherigen Forschungsbeiträge dokumentieren, ist voraussetzungsvoll, wenn nicht kühn.

[5] Im deutschsprachigen Raum sind in dieser Zeit diverse Forschungsarbeiten (vgl. Rosenstiel u.a. 1983, Conrad/Sydow 1984, Florek 1986) und kurze Überblicksbeiträge (vgl. Brändli 1975; Brändli 1976; Albers 1980; Sydow/Conrad 1982; Rosenstiel 1986; Bögel 1988) publiziert worden.

[6] Als Beispiel für angewandte Forschung mit ihren Untiefen kann die dankenswerter Weise publizierte Studie von Kossakowski/Winkler (1995) dienen.

# Organisationskultur

*Thomas Behrends*

*Das Leben eines Gemeinwesens bedarf nicht nur der Wasserversorgung, der Zufuhr von Nahrung, der Wege, Plätze, Häfen; es braucht nicht nur einen Markt und die Zuverlässigkeit von Gewichten und Münzen. Es müssen in ihm nicht nur öffentliche Sicherheit, angemessene Regelungen von Rechtsstreitigkeiten, Tempel und die Garantie eines gebührenden Umgangs mit den Göttern gegeben sein. Um von anderen Bedürfnissen zu schweigen. Sondern es beruht auch auf bestimmten mentalen Voraussetzungen; Sitten und Gebräuche, Übereinstimmung in gewissen Anschauungen, in Regeln, in einer Sprache, die es erlaubt, sich über anstehende Fragen, auch über Gegensätze zu verständigen. Und es gehören gewisse Grundlagen des Zusammenhalts dazu, vielleicht gar eine Solidarität, die zumindest in Krisensituationen bewusst – und mobilisiert – werden kann. (Christian Meier, Athen – Ein Neubeginn der Weltgeschichte, Berlin 1993, S. 383, zitiert in Beyer/Fehr/Nutzinger 1995).*

## 1 Einleitung

Aus einer gewissen Distanz besehen weisen Unternehmen eine ganze Reihe grundlegender Gemeinsamkeiten auf: Sie verfügen über hierarchische Strukturen sowie ein mehr oder weniger ausdifferenziertes Gefüge von Abteilungen bzw. Aufgaben; sie verfolgen bestimmte Zielsetzungen (Fortbestand, Umsatz, Gewinn etc.), sehen sich dabei vergleichbaren Problemen gegenüber und greifen bei ihren Bemühungen, diese Probleme zu bewältigen, in der Regel auf ähnliche Lösungsalternativen, Instrumente und Maßnahmen zurück. Wenn wir uns aber vor dem Hintergrund dieser elementaren Gemeinsamkeiten das konkrete Geschehen in verschiedenen Organisationen einmal aus der Nähe betrachten, so tritt augenblicklich eine Vielzahl von unternehmensspezifischen Eigenheiten zutage, die uns den jeweiligen „organisationalen Alltag" stets auch als etwas Einzigartiges erleben lassen. In jedem Unternehmen können wir beispielsweise bestimmte Regeln, Tabus oder ungeschriebene Gesetze identifizieren. Wir treffen auf charakteristische Muster bzgl. der Art und Weise, wie die Organisationsmitglieder ihre Aufgaben wahrnehmen, sich miteinander verständigen und koordinieren, ihre Streitigkeiten austragen usw. Und wir stellen fest, dass den verschiedenen Zielen und Maßnahmen oder z.B. auch den zahlreichen Symbolen für Macht und Status (Dienstwagen, Parkplätze, Büroräume, Titel etc.) von Unternehmen zu Unternehmen oftmals eine völlig unterschiedliche Bedeutung beigemessen wird.
Offensichtlich bildet sich also in jeder Organisation auch so etwas wie ein Geflecht von Überzeugungen, Prinzipien und Normen – kurz: eine Kultur – heraus, an der die Akteure ihr individuelles und soziales Handeln ausrichten. Dies ist im Grunde auch keineswegs verwunderlich. Denn Organisationen sind weit mehr als lediglich ein Gefüge unpersönlicher Geschäftsfelder, Regelungen und Abläufe. Wir tauschen dort eben nicht bloß unsere Arbeitskraft gegen eine bestimmte Entlohnung und gehen dann nach Hause, um anschließend unser „eigentliches Leben" zu führen. Organisationen sind immer auch „Lebenswelten", aus denen wir Sinn, Selbstwert, Ansehen und Status, Motivation und Frustration, Erfahrungen und vieles mehr beziehen. Kurzum, Organisationen bzw. Unternehmen lassen

sich in gewisser Weise auch als „Mini-Gesellschaften" auffassen, die im Grunde alle charakteristischen Merkmale sozialer Systeme (Sprache, Gesetze, Regeln, Normen etc.) aufweisen (Morgan 1997). Will man das Verhalten von Organisationen erklären, dann muss man auch die besondere Bedeutung dieser „sozialen Kräfte" beachten und ergründen. Dies ist das Ziel der Organisationskulturforschung.

## 2 Das Kulturkonzept in der Managementforschung

Aufgrund seiner breiten sozialwissenschaftlichen Verankerung einerseits sowie seiner vielfältigen und komplexen Auswirkungen auf das organisationale (Leistungs-)Verhalten andererseits beschäftigen sich Wissenschaftler aus den unterschiedlichsten Disziplinen mit dem Thema *Organisationskultur*. Ausgehend von ihrer jeweiligen wissenschaftlichen Perspektive versuchen nicht nur Managementforscher und Ökonomen, sondern z.B. auch Soziologen, Psychologen und Anthropologen, über die Erforschung kultureller Phänomene einen tieferen Einblick in die Funktionszusammenhänge von Organisationen zu gewinnen. Es ist daher nicht verwunderlich, dass sich innerhalb der Organisationskulturforschung verschiedene Schulen bzw. Forschungsrichtungen herausgebildet haben, die hinsichtlich ihres theoretischen Grundverständnisses, ihres primären Erkenntnisinteresses oder auch bei ihrer Wahl eines angemessenen empirischen Zugangs zum Phänomen „Organisationskultur" recht deutliche Unterschiede aufweisen. Folgt man einer in der einschlägigen Literatur weit verbreiteten Systematisierung, so lassen sich die zahlreichen wissenschaftlichen Publikationen zum Thema *Organisationskultur* im Wesentlichen zwei Hauptforschungsrichtungen zuordnen: dem *Variablen-* oder aber dem *root metaphor-Ansatz* (Allaire/Firsirotu 1984; Smircich, 1983).

### 2.1 Kultur als Erfolgsfaktor: Die Variablen-Perspektive

Folgt man dem Grundverständnis des so genannten *Variablen-Ansatzes*, so handelt es sich bei der Kultur eines Unternehmens um eines von mehreren wichtigen Subsystemen des Gesamtsystems „Organisation" (Prätorius/Tiebler 1993, S. 59). Wie der Name bereits andeutet, betrachten die Vertreter dieser Forschungsperspektive die Organisationskultur in erster Linie als eine (weitere) wichtige Einfluss*variable* des wirtschaftlichen Erfolgs (Deal/Kennedy 1982; Peters/Waterman 1982; O'Reilly/Tushman 1997). Dementsprechend wird das „kulturelle Subsystem" – gleichsam unabhängig – *neben* anderen bedeutsamen Organisationsparametern wie der Strategie, der Struktur etc. eingeordnet (Beyer/Fehr/Nutzinger 1984, S. 57; Kobi/Wüthrich 1986). Es umfasst je nach Definition verschiedene psychologische Konzepte (z.B. Ideale, Wertvorstellungen, Normen) und/oder symbolische Ausdrucksformen der informalen Struktur (Mythen, Legenden, Rituale etc.), denen aufgrund ihres Einflusses auf das Denken, Fühlen und Handeln der einzelnen Organisationsmitglieder auch im Hinblick auf das jeweilige Organisationsverhalten eine prägende Wirkung beigemessen wird (Kaschube 1993; Martin 2002).

Organisation/
Organisationserfolg

Strategie                                        .....

Struktur                    Technologie

Organisationskultur
(Normen, Werte, Ideale, Legenden, Rituale)

Abb.1: Der *Variablen-Ansatz*: Kultur als ein organisationales Subsystem

Das zentrale Anliegen der entsprechenden, oftmals eher populärwissenschaftli-
chen Forschungsarbeiten besteht in der Ableitung mehr oder weniger konkreter
Handlungsempfehlungen für die betriebliche Praxis. Den Ausgangspunkt bildet
hier die Überlegung, dass ein erfolgreiches Organisationshandeln im Sinne der
übergeordneten Unternehmensziele nur dann zu erwarten ist, wenn sich diese
auch in der charakteristischen Beschaffenheit der jeweiligen organisationalen
Subsysteme widerspiegeln (Denison 1990 u. 1995; Wilkins/Ouchi 1983). Über
die zusätzliche Berücksichtigung des „weichen" Faktors Kultur löst sich der *Variablen-Ansatz* dabei von der Vorstellung einer ausschließlich durch die techno-
kratische Steuerung „harter" Gestaltungsparameter zu leistenden Kontrolle des
Organisationsverhaltens. So betonen die einschlägigen Konzepte und Forschungsansätze des *Variablen-Ansatzes* ausdrücklich nicht nur die Möglichkeit,
sondern geradezu die Notwendigkeit einer *aktiven und zielgerichteten Beeinflussung der Kultur* durch das Management (Berger 1993; Hinterhuber/Winter
1991). In diesem Zusammenhang gilt vielen Autoren die Schaffung einer „starken" Unternehmenskultur, deren Werte von allen Organisationsmitgliedern geteilt werden, als zentraler Ansatzpunkt für die gewünschte Ausrichtung des
individuellen Verhaltens auf die jeweiligen Zielsetzungen des Unternehmens
(Deal/Kennedy 1982). Die verbindliche Vermittlung der entsprechenden Werthaltungen vollzieht sich dabei in erster Linie anhand einer bewussten Gestaltung
kultureller „Artefakte" (Symbole, Legenden, Rituale etc.).
Über die Vergabe von besonderen Auszeichnungen, die Ausgestaltung von Büro-
räumen, das Gewähren oder Abschaffen bestimmter Privilegien (z.B. Dienstwagen, Parkplätze) usw. bieten sich der Unternehmensführung zahlreiche
Möglichkeiten, ihre normativen Vorstellungen in sicht- bzw. erlebbarer Form im
Organisationsgeschehen zu verankern. Ein solches „Symbolic Management" soll
die Motivation und emotionale Verbundenheit der Organisationsmitglieder untereinander (und vor allem mit ihrem Unternehmen) fördern, die Anstrengung
jedes Einzelnen auf die Unternehmensziele ausrichten und so letztendlich den
wirtschaftlichen Erfolg sichern (Deal/Kennedy 1982; Neuberger/Kompa 1987;
Tichy 1982). Das hier skizzierte Kulturverständnis des *Variablen-Ansatzes* ist in
der Organisationsforschung nicht ohne Widerspruch geblieben (Barney 1986;
Saffold 1988). Die geäußerte Kritik bezieht sich dabei schwerpunktmäßig auf die
Vorstellung eines von den anderen organisationalen Subsystemen *unabhängigen*,

243

für die Belange des Top-Managements *instrumentalisierbaren* kulturellen Systems und findet ihren Niederschlag in einer zweiten grundlegenden Perspektive der Organisationskulturforschung, dem *root metaphor-Ansatz*.

## 2.2 Kultur als erkenntnisleitender Organisationsbegriff: Die root metaphor-Perspektive

Die Vertreter des *root metaphor-Ansatzes* sehen in der Organisationskultur keine Variable beziehungsweise kein organisationales „Subsystem". Sie betrachten Organisationen gewissermaßen durch eine „kulturtheoretische Brille", verwenden also den Kulturbegriff als die erkenntnisleitende *Kernmetapher* für eine angemessene Erklärung des organisationalen Geschehens (Allaire/Firsirotu 1984; Prätorius/Tiebler 1993, S. 61 f.; Smircich 1983). Gemäß einer solchen Sichtweise *haben* Organisationen also keine Kultur, sie *sind* Kulturen (Neuberger/Kompa 1987). Das Denken, Fühlen und Handeln der organisationalen Akteure beruht ganz wesentlich auf (kultur-)spezifischen, kollektiven Wahrnehmungs-, Interpretations- und Handlungsmustern, die sich im Laufe der Zeit und Zusammenarbeit herausgebildet haben. Folgerichtig entwickeln sich gemäß einer solchen Sichtweise auch die elementaren Charakteristika von Organisationen (ihre Strukturen, Prozesse, Strategien usw.) keineswegs *unabhängig* von den organisationskulturellen Gegebenheiten, sondern gehen überhaupt erst aus diesen hervor – sind also immer schon „kulturell geprägt" (Martin/Behrends 1999, S. 2).

Abb. 2: Der *root metaphor-Ansatz*: Kultur als erkenntnisleitende Metapher

Anders als im Falle des *Variablen-Ansatzes* beschränken sich die entsprechenden Forschungsarbeiten dabei nicht von vornherein auf die Einnahme einer „Management"-Perspektive. Das Ziel der *root metaphor-Forschung* besteht letztendlich in einer – kulturalistischen – Erklärung *sämtlicher* Aspekte des Organisationsgeschehens (Berger 1993, S. 12 f.). Dementsprechend kommt hier den kulturellen Artefakten auch eher die Bedeutung von oberflächlichen „Indizien" zu. Sie beinhalten zwar Hinweise auf die Beschaffenheit einer Kultur, um diese Hinweise aber in angemessener Form interpretieren zu können, bedarf es der Offenlegung der gleichsam „dahinter" wirkenden Überzeugungen, Wertvorstellungen etc. Denn in diesen gedanklichen Mustern und Dispositionen ist das eigentliche Wesen einer Kultur (die „kulturelle Substanz") verortet (Kaschube 1993, S. 97 f.; Sackmann 1991; Schein 1995). Ein Hauptaugenmerk der entsprechenden Forschungsarbeiten der *root metaphor-Perspektive* liegt daher im Bereich der (Weiter-)Entwicklung theoretischer Ansätze und Einsichten zur Beschreibung dieser „tiefenstrukturellen Wurzeln" organisationaler Kulturen. Während die Organisationskultur also im *Variablen-Ansatz* mehr oder weniger problemlos in die bestehenden Überlegungen und Konzeptionen einer primär auf das Problem der erfolgreichen Unternehmenssteuerung ausgerichteten Managementforschung *integriert* werden kann, ergibt sich aus dem fundamentalen Kulturverständnis des *root metaphor-Ansatzes* streng genommen ein eigenständiges organisationstheoretisches Paradigma: *Organisations*forschung ist hier zu allererst *Kultur*forschung (Ebers 1985 u. 1991; Smircich 1985).

## 3 Theorie

Die Organisationskulturforschung ist durch eine große Unübersichtlichkeit gekennzeichnet. Zahlreiche Kulturdefinitionen und Theorieansätze, in denen immer wieder andere Dimensionen und Merkmale zur Charakterisierung organisationaler Kulturen herangezogen werden, machen es nahezu unmöglich, die vorliegenden Einsichten und Forschungsergebnisse in systematischer Weise zu einem Überblick über den Stand der Forschung zusammenzufassen. Auch die im voranstehenden Abschnitt vorgenommene Unterscheidung zwischen *Variablen-* und *root metaphor-Perspektive* erlaubt lediglich eine vorläufige Einordnung. Anstelle eines umfassenden (und doch nie vollständigen) Überblicks möchte ich in diesem Kapitel drei ausgewählte Organisationskulturkonzepte vorstellen: die Überlegungen von Trice/Beyer zur Bedeutung organisationaler Rituale und Zeremonien, das *Drei-Ebenen-Modell* von Edgar Schein sowie den von Albert Martin und mir selbst entwickelten *Sozialgrammatik-Ansatz* von Organisationskultur. Zuvor ist es aber sinnvoll, noch einige allgemeine Überlegungen zum Kulturphänomen voranzustellen, die es dem Leser hoffentlich erleichtern, die Argumentation der einzelnen Autoren nachzuvollziehen und kritisch zu würdigen.

### 3.1 Theoretische Vorüberlegungen zum Kulturphänomen

Nahezu jeder von uns dürfte wohl eine vage, intuitive Vorstellung davon haben, was mit Kultur gemeint ist. Denn wie viele andere sozialwissenschaftliche Begriffe ist auch der schillernde Kulturbegriff fest in unserer Alltagssprache verankert. Dies hat auf den ersten Blick auch durchaus seine Vorzüge, erleichtert es doch den Einstieg in das Thema und die Diskussion, ohne dass zunächst eine langwierige Verständigung auf eine bestimmte Begriffsdefinition erforderlich wäre. Ähnliches gilt im Prinzip auch für die *Organisations*kultur. Ziemlich schnell sind wir beispielsweise in der Lage, auf der Basis unserer persönlichen Erfahrungen (vermeintlich) typische Eigenheiten und Charakteristika derjenigen Organisationen bzw. Unternehmen, in denen wir uns bewegen und engagieren, mit Attributen wie bürokratisch, chaotisch, konservativ o.ä. zu versehen und dazu noch zahlreiche Beispiele oder Anekdoten gleichsam als Beleg unseres jeweiligen Eindrucks anzuführen. Derartige Erfahrungsberichte gründen normalerweise auf einem ausgesprochen weiten Begriffsverständnis, demzufolge die Kultur einer Organisation alle möglichen Erscheinungsformen – von den Werthaltungen der Organisationsmitglieder bis hin zu den eingesetzten Techniken und Verfahren, Einrichtungsgegenständen, Dresscodes, Firmenlogos usw. – beinhaltet (zu den verschiedenen Definitionen von „Organisationskultur" vgl. Martin 2002, S. 55 ff.). Angesichts der zweifelsohne umgreifenden und allgegenwärtigen Präsenz kultureller Kräfte mag ein derart ausuferndes Kulturverständnis, welches praktisch alle Aspekte des organisationalen Geschehens mit einschließt, zwar auf den ersten Blick nachvollziehbar erscheinen. Als Ausgangspunkt für die Entwicklung einer tragfähigen theoretischen Konzeption von *Organisationskultur* ist es allerdings – eben, weil es nichts ausschließt und damit den Unterschied zwischen der eigentlichen Kultur und ihren auf vielfältige Weise im Organisationsalltag zutage tretenden Manifestationen verwischt – ungeeignet (Martin/Behrends 1999, S. 28). Aus (sozial-)wissenschaftlicher Perspektive reicht es nicht aus, die Kultur einer Organisation lediglich unpräzise als den spezifischen „Stil" eines Unternehmens zu konzipieren, dessen Eigenheiten sich dem interessierten Forscher von Fall zu Fall quasi intuitiv und unsystematisch erschließen. Um das Organisationskultur-Konzept in allgemeine sozial- und organisationstheoretische Überlegungen einzubinden und so einer wissenschaftlich gehaltvollen Analyse und Verwendung zugänglich zu machen, ist es erforderlich, sich zunächst mit einigen elementaren Aspekten des Kulturphänomens auseinanderzusetzen. Mit Blick auf die gegenwärtig in der Organisationskulturforschung dominierenden Theorieentwürfe erscheinen mir dabei drei grundlegende Aspekte besonders wichtig.

### *Kultur ist ein soziales Phänomen*

Fragt man sich nach der eigentlichen „Substanz" sozialer Systeme, so lässt sich zunächst feststellen, dass diese im Grunde aus nichts anderem bestehen als aus ihren Mitgliedern (mit ihren jeweiligen Überzeugungen, Werthaltungen, Motivationen und Fähigkeiten). Sie sind es, die die innerhalb des Systems anfallenden Aufgaben und Probleme bearbeiten und so das organisationale Geschehen mit Leben füllen. Sind die Mitglieder einer Organisation nicht länger bereit, sich für diese zu engagieren (und finden sich auch keine neuen), dann löst sich die Organisation auf. Auf der anderen Seite existiert aber in jeder Organisation auch ein mehr oder weniger komplexes Gefüge *überindividueller Wirkkräfte*, die das organisationale Geschehen maßgeblich prägen und ihm so das erforderliche Maß an Kontinuität und Stabilität verleihen: Die innerhalb eines Sozialsystems etablierten Institutionen, Regeln und Rollenerwartungen regulieren die Handhabung einer Vielzahl regelmäßig auftretender Probleme und unterziehen auf diese Weise die individuellen Handlungs- und Interpretationsspielräume der Systemmitglieder einer „sozialen bzw. organisationalen Kontrolle". Auf diese Weise kanalisieren sie das Verhalten der Akteure und bleiben auch dann wirksam, wenn einzelne Mitglieder das Unternehmen verlassen oder ausgetauscht werden (Giddens 1988; Thompson/Ellis/Wildavsky 1990).

Organisationen verfügen also gewissermaßen über eine „Doppelnatur" aus *individuellen* und *sozialen* Elementen (Behrends 2001, S. 25 ff.; Martin/Behrends 1999, S. 29 ff.). Diese sind auf vielfältige Weise miteinander verzahnt und konstituieren durch die besondere Form ihres Ineinandergreifens ein Netz von organisationsspezifischen Verhaltensmustern und Handlungsprinzipien (Keesing 1974). So verfügen etwa Behörden oder Ämter über weitgehend einheitliche Re-

geln und Vorschriften, die das Organisationsgeschehen in weiten Teilen verbind-
lich „vorstrukturieren". Und doch hat wohl jeder von uns schon einmal erfahren,
welch maßgeblichen Einfluss die dort arbeitenden Menschen (und ihre jeweilige
Art der Rollenausführung) auf Aspekte wie z.B. Arbeitsklima, Kundenzufrieden-
heit oder auch Service-Qualität haben können – trotz aller Regulierung. Wir halten daher fest: Versuche, zu einem angemessenen Verständnis
organisationskultureller Entstehungs- und Wirkungszusammenhänge zu gelangen, sollten die *personale* Seite von Organisationen ebenso berücksichtigen wie
die spezifische Gestalt der *sozialen* Elemente (Ortmann/Sydow/Windeler 2000;
Saffold 1988, S. 550 f.).

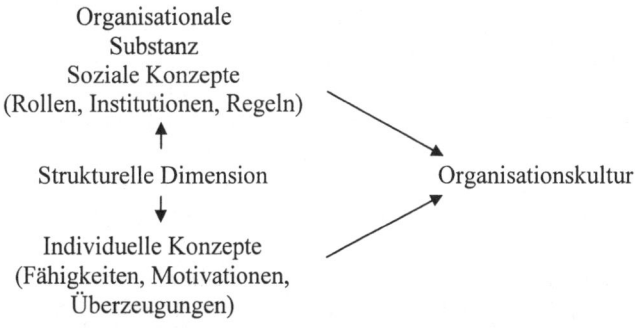

Abb. 3: Konstitutive Kernkonzepte organisationaler Kulturen

Ausdrücklich hervorgehoben ist in Abbildung 3 die besondere Bedeutung der
„strukturellen Dimension" der angeführten Organisationselemente. Dies ist deshalb wichtig, weil es für ein angemessenes Verständnis organisationaler Funktionszusammenhänge nicht hinreicht, die Beschaffenheit der einzelnen Elemente
zu kennen. So lässt sich etwa aus der Beantwortung der Frage, ob eine bestimmte
Rolle im Unternehmen vorhanden ist (etwa die eines Betriebsrates), noch kein
brauchbarer Rückschluss auf die spezifische Bedeutung dieser Rolle für das soziale Geschehen ziehen. Entscheidend sind vielmehr die aus der gemeinsamen Präsenz der verschiedenen Elemente jeweils resultierenden Handlungsstrukturen,
hier also z.B. die Frage nach der gegebenen *Rollenstruktur,* nach dem Zusammenspiel der Betriebsratsrolle mit den Rollen des Managements etc. (Mar-
tin/Behrends 1999).

### Kultur hat eine Gestalt

Kulturen sind *Gestalt*phänomene. Genauso wenig, wie eine bloße Auflistung bestimmter Eigenschaften die Persönlichkeit eines Individuums angemessen widerspiegelt, genauso wenig erschließt sich auch eine spezifische Kultur aus der
bloßen „Addition" der sie konstituierenden Einzelelemente (Martin/Behrends
1999; Martin 1992). Dieser Gedanke sei an einem stark vereinfachten Beispiel
veranschaulicht. In Abbildung 4 sind zwei organisationale Kulturen anhand von
zwei Merkmalen skizziert, die sich – auf den ersten Blick – aber nur hinsichtlich
eines dieser Merkmale zu unterscheiden scheinen:

| | Organisationskultur 1 | Organisationskultur 2 |
|---|---|---|
| Werthaltung | Leistungsorientierung | Leistungsorientierung |
| Soziales Prinzip | Kollektivismus | Individualismus |

Abb. 4: Kulturmerkmale und kulturelle Gestalt – Ein Beispiel

Bedeutet dies nun auch, dass sich diese beiden Kulturen „ähnlich" sind? Mitnichten. Isoliert betrachtet verbindet die beiden Kulturen zwar ihre in der hohen *Leistungsorientierung* begründete Wertschätzung von Engagement und Erfolg. Ihre tatsächliche Wirkung entfaltet ein kulturelles Merkmal aber immer erst vor dem Hintergrund des kulturellen *Gesamtsystems*. Dieser Gedanke sei noch etwas näher erläutert. *Kollektivistische* Systeme sind durch eine wechselseitige Verbundenheit der Organisationsmitglieder sowie eine Dominanz gemeinschaftlich vertretener Zielsetzungen gekennzeichnet. Aus diesem Grund richtet sich im ersten Fall die Aufmerksamkeit der Akteure vorrangig auf den übergeordneten Erfolg der Gesamtorganisation. Dies spiegelt sich üblicherweise in einem relativ reibungslosen wechselseitigen Austausch von Informationen und Know-how, einer hohen Bereitschaft zum Extra-Rollen-Verhalten oder auch in der nachhaltigen Würdigung vergangener Verdienste für das „gemeinsame Projekt" wider. Die aus einer extremen *Leistungsorientierung* hervorgehende Forcierung des „internen Wettbewerbs" unter den Organisationsmitgliedern wird also im ersten Fall durch die *kollektivistisch* geprägte Sozialordnung ein Stück weit abgefedert. Demgegenüber erfährt diese „interne Konkurrenz" zwischen den einzelnen Organisationsmitgliedern im zweiten Fall – angesichts der nunmehr *individualistisch* ausgerichteten Handlungsstrukturen – sogar noch eine zusätzliche Verstärkung. Sofern in einer solchen Kultur das erforderliche Maß an Zusammenhalt und Kooperation auch über andere kulturelle Prinzipien nicht im System verankert wird, erhöht dies zwangsläufig die Gefahr einer mit Bereichsegoismen und Ressourcenkonflikten einhergehenden „Politisierung" des organisationalen Geschehens. Die Wirkungs*intensität* einzelner kultureller Kernelemente ist somit stets auch von möglichen „Interaktionseffekten" *zwischen* diesen Elementen abhängig. Aus dem Gestaltcharakter des Kulturphänomens ergibt sich aber auch noch ein anderer, *inhaltlicher* Einfluss auf die Wirkungsweise der verschiedenen Kulturbestandteile. In unserem Beispiel bedeutet dies etwa: *Leistungsorientierung* ist nicht immer gleich *Leistungsorientierung*. Vor dem Hintergrund einer *gemeinschaftlich* ausgelegten Sozialordnung ist beispielsweise zu erwarten, dass die Leistungsfähigkeit der Organisation durch spezifische Selektionsprozesse abgesichert wird, die in starkem Maße auch die sozialen Kompetenzen sowie die Verträglichkeit der potenziellen Neuzugänge mit ihren zukünftigen Kollegen berücksichtigen. Demgegenüber erfolgt im Falle *individualistisch* geprägter Handlungsorientierungen nicht nur eine größere Gewichtung fachlicher Auswahlkriterien, auch die differenzierte Kontrolle der individuellen Leistungsbeiträge sowie eine daran anknüpfende Anreizgestaltung (z.B. über die Vergabe von Individualprämien) bringen hier deutlich ein „individualistisches Leistungsverständnis" zum Ausdruck. Die elementaren Charakteristika einer Kultur erfahren also durch ihr gestalthaftes Zusammenwirken stets auch eine spezifische „Bedeutungsverschiebung". Das Resultat ist letztendlich eine völlig andere Kultur, ein grundlegend anderes kulturelles *Wesen*. Zur Erlangung eines tieferen Einblicks in die Wirkungsmechanismen einer Kultur genügt es somit nicht, einzelne Kulturmerkmale aufzuzählen (z.B. die Werthaltungen der Unternehmensmitglieder), entscheidend ist die spezifische *kulturelle Gestalt* (die „Konfiguration"), die sich erst aus dem komplexen Zusammenwirken der verschiedenen kulturellen Elemente ergibt (Saffold 1988, S. 549).

### Kultur hat einen generativen Charakter

Auch wenn uns ihre Präsenz oftmals nicht bewusst wird – Kultur ist allgegenwärtig. Vergleichbar einer gemeinsamen Sprache ermöglicht erst die Bezugnahme auf einen gemeinsamen kulturellen „Code" eine reibungslose Interaktion und wechselseitige Verständigung (Goodenough 1957, Keesing 1998).[1] Diese „kulturelle Unterstützung" bleibt in vielen Situationen völlig unbemerkt, denn ein Großteil unserer alltäglichen sozialen Begegnungen verläuft in stark routinisierten Bahnen, ohne dass wir uns über das jeweils dahinter liegende „kulturelle Skript" größere Gedanken machen müssten. Deutlich spürbar tritt die regulierende Wirkung kultureller Regeln dann zutage, wenn diese verletzt werden, oder wenn man beispielsweise auf Angehörige fremder Kulturen trifft. Und obwohl uns in diesen ungewohnten bzw. unerwarteten Situationen eine Verständigung unter Umständen recht schwierig und mühsam erscheinen mag, völlig hilf- bzw. *kultur*los stehen wir derartigen Herausforderungen nicht gegenüber: Auch für die Begegnung mit Fremden (und Fremdem) verfügen wir über kulturspezifische „Basisprogramme", die gewährleisten, dass wir uns (zumindest einigermaßen) zurechtfinden. Hierin offenbart sich sehr deutlich eine dritte wesentliche Eigenschaft von Kultur: ihr *konstruktiver* Charakter. Denn Kulturen sind offene Systeme, die ihren Angehörigen nicht etwa für jede erdenkliche Situation ein ganz bestimmtes Verhalten unmittelbar vorschreiben (Martin/Behrends 1999, S. 26). Stattdessen geben sie uns lediglich die elementaren Werkzeuge an die Hand, die uns in die Lage versetzen, selbstständig (und unter Berücksichtigung unserer persönlichen Empfindungen!) ein jeweils situationsadäquates Verhalten zu wählen. Oder, um noch einmal die Analogie zur menschlichen Sprache zu bemühen: Der Kern einer Kultur besteht in erster Linie nicht aus konkreten Zeichen oder Sätzen, sondern aus grundlegenden grammatischen Regeln, deren Verwendung es uns ermöglicht, je nach Situation immer wieder auch neue Gedanken zu formulieren. Die jeweiligen Kulturregeln fungieren also gewissermaßen als „tiefenstrukturelle Konstruktionsprinzipien" für die Generierung eines angemessenen Verhaltens (Behrends 2001; Martin/Behrends 1999; Weber 1985). Auf diese Weise kanalisieren sie das Handeln der Akteure innerhalb bestimmter – kulturverträglicher – Bahnen, ohne es jedoch zu determinieren. Kultur legt somit nicht fest was *ist*, sondern *wie etwas entsteht*.

### Fazit

Die drei angeführten Charakteristika von Kultur – ihr *sozialer Ursprung*, ihr *Gestaltcharakter* und ihre *generative Kraft* – beschreiben elementare Merkmale *aller* kulturellen Systeme, und sie sollten daher auch in einem theoretisch befriedigenden Entwurf von *Organisationskultur* Berücksichtigung finden. Allerdings bleibt das Kulturphänomen vor dem Hintergrund dieser Merkmale zunächst noch sehr abstrakt. Insbesondere enthalten sie noch keinerlei Hinweise für die *inhaltliche* Ausgestaltung entsprechender Kulturkonzeptionen. Anhand der Skizzierung dreier ausgewählter Ansätze werden wir im Folgenden sehen, dass diesbezüglich in der Organisationskulturforschung durchaus unterschiedliche Vorstellungen bestehen.

## 3.2 Konzeptionen von Organisationskultur

### 3.2.1 Rituale und Zeremonien in Organisationen (Trice/Beyer)

Mit Blick auf die Kultur unterscheiden die amerikanischen Organisationsforscher Harrison M. Trice und Janice M. Beyer zunächst zwei so genannte „Basiskomponenten" von Kultur (Trice/Beyer 1984): zum einen die eigentliche kulturelle *Substanz* (bestehend aus den jeweils geltenden Werten, Normen und Ideologien), zum anderen die daraus hervorgehenden – und gewissermaßen an der organisationalen „Oberfläche" zutage tretenden – kulturellen *Manifestationen* (die beobachtbaren Praktiken, Verhaltens- und Interpretationsmuster etc.). Da diese beiden Komponenten ihrer Ansicht nach eng miteinander verknüpft sind, gehen die Autoren davon aus, dass eine differenzierte Analyse der beobachtbaren Kulturmanifestationen den zweckmäßigen Ansatzpunkt darstellt, auch die dahinter verborgene kulturelle Substanz zu entschlüsseln. Um diesen Zusammenhang sichtbar zu machen, plädieren sie dafür, bei der Untersuchung organisationaler Kulturen den Blick in erster Linie auf die unterschwellige Bedeutung der jeweiligen *Rituale* bzw. *Zeremonien* zu richten, die innerhalb einer Organisation ablaufen. In loser Anlehnung an die Ergebnisse der ethnologischen Forschung verstehen Trice/Beyer hierunter bestimmte sich wiederholende Handlungsmuster, denen im Hinblick auf die Ausgestaltung des sozialen Geschehens in Unternehmen (auch) eine starke symbolische Komponente innewohnt (vgl. hierzu auch Helmers 1993, S. 153 f.). So dient beispielsweise die Einarbeitung neuer Mitarbeiter vordergründig dem Erwerb betriebsspezifischer Kenntnisse und Fertigkeiten. Im Zuge derartiger Sozialisationsmaßnahmen werden aber stets auch bestimmte Elemente der Kultur (z.B. organisationsspezifische Regeln oder Rollenerwartungen) vermittelt, deren Kenntnis eine mehr oder weniger notwendige Bedingung darstellt, um sich innerhalb der Organisation zurechtzufinden. Neben ihren mehr oder weniger vordergründigen *technischen* Funktionen erfüllen derartige „soziale Inszenierungen" also bei näherer Betrachtung oftmals auch bestimmte *latente* und *manifeste* Funktionen, die sich vor allem auf die Etablierung bzw. den Erhalt der sozialen Ordnung richten, die aufgrund ihres informalen Charakters aber erheblich schwieriger eindeutig zu bestimmen sind. So besteht etwa eine zentrale *technische* Funktion von Managementmeetings in der gemeinsamen Diskussion und Lösung anstehender Entscheidungsprobleme. Darüber hinaus kommt derartigen Zusammenkünften auch die (manifeste) Funktion zu, mögliche Interessenkonflikte innerhalb des Unternehmens zu entschärfen bzw. auszugleichen. Während diese „oberflächlichen" Funktionen derartiger Arbeitssitzungen gleichsam über alle Organisationen hinweg Gültigkeit besitzen (und insofern auch noch nichts über die jeweilige Kultur aussagt), offenbart sich ihre

„kulturelle Färbung" erst in der spezifischen Ausgestaltung im jeweiligen Unternehmen. Stellt man nach eingehender Analyse beispielsweise fest, dass dort im Grunde keine offene Kritik geäußert, sondern lediglich „brav" den Vorschlägen des Geschäftsführers zugestimmt wird, so mag dies ein erstes Indiz für eine in starkem Maße „hierarchische Kultur" darstellen. Dementsprechend bestünde eine wesentliche *latente* Funktion der Managementmeetings hier in einer regelmäßigen Demonstration und Bestätigung der bestehenden Machtverhältnisse. In einer auf Sachkompetenz und Gleichberechtigung gründenden Kultur hingegen dürften die entsprechenden Sitzungen über einen gänzlich anderen Charakter verfügen. Hier wären eher kontrovers geführte Debatten oder scharfe Auseinandersetzungen zu erwarten, in denen ohne Umschweife und höfliche Plänkeleien um die Lösung der diskutierten Probleme gerungen wird. Insofern wohnt diesen Sitzungen (oder genauer: diesen „Sitzungsritualen") auch eine andere *latente* Funktion inne: Neben der Bearbeitung der eigentlichen Entscheidungsprobleme wird den Akteuren hier über ihre Teilnahme auch die kulturspezifische Vorstellung vom offenen und sachlichen Umgang mit Konflikten und Kritik vermittelt – und auf diese Weise die Kultur bekräftigt. Die Autoren gehen also davon aus, dass die kulturelle Substanz von Organisationen primär in den *latenten* Funktionen organisationaler Rituale und Zeremonien ihren Niederschlag findet und versprechen sich insbesondere von deren vergleichender Analyse einen tieferen Einblick in das eigentliche Wesen organisationaler Kulturen. Im Hinblick auf die Ableitung entsprechender Handlungs- und Gestaltungsempfehlungen für die betriebliche Praxis beschränken sie sich auf den Hinweis, dass in der bewussten und charismatischen Inszenierung von Organisationsritualen eine zentrale Aufgabe des Managements zu sehen sei.[2] Mit ihrem Vorschlag, aus der Beobachtung von Ritualen und Zeremonien Rückschlüsse auf die kulturelle Substanz einer Organisation zu ziehen, richten Trice/Beyer ihre Aufmerksamkeit in erster Linie auf die „symbolische Ladung" organisationaler Handlungsmuster, also auf die Art und Weise, wie sich Kultur im beobachtbaren Organisationsgeschehen verdinglicht. Die sich hieraus beinahe zwangsläufig ergebende Frage, worin nun das eigentlich Substanzielle einer Kultur letztendlich besteht, wird von den Autoren selbst allerdings nicht eingehender behandelt. Sie steht im Mittelpunkt der nächsten Konzeption, des *Drei-Ebenen-Modells* von Schein.

### 3.2.2 Das Drei-Ebenen-Modell (Schein)

Ende der achtziger/Anfang der neunziger Jahre entwickelte der amerikanische Organisationsforscher Edgar Schein – in Anlehnung an die Arbeiten der Anthropologen Kluckhohn und Strodtbeck (1961) – eine theoretische Konzeption von *Organisationskultur*, die bis heute aufgrund ihrer Rezeption und Verbreitung innerhalb der Organisationsforschung sowie durch ihre konzeptionelle Vorbildfunktion für zahlreiche andere Kulturentwürfe sicherlich das wichtigste Kernmodell (zumindest) des „organizational culture"-Mainstreams darstellt (Schein 1991 u. 1995). Scheins Arbeiten sind vor allem durch das Bemühen um eine systematische und differenzierte Verknüpfung der vielfältigen *materiellen Ausdrucksformen* von Kultur mit den gleichsam dahinter wirkenden *mentalen* bzw. *psychologischen Tiefenkräften* kultureller Systeme gekennzeichnet. Zu diesem Zweck hat er ein dreigliedriges Schichtenmodell von Organisationskultur formuliert, dessen Ebenen sich – je nach Lesart – durch eine *zunehmende Plastizität* resp. *abnehmende Klarheit* der in ihnen enthaltenen Kulturelemente voneinander abgrenzen (Abbildung 5). Den Ausgangspunkt seiner Argumentation bildet dabei die Überlegung, dass die Herausbildung kultureller Spezifika einen organisationsweiten Lernprozess markiert, welcher sich über „... sämtliche verhaltensmäßigen, emotionalen und kognitiven Elemente der psychologischen Arbeitsweise aller Gruppenmitglieder erstreckt" (Schein 1995, S. 23). Insofern spiegelt sich die jeweilige Kultur einer Organisation zwar durchaus in den konkreten Umgangsformen, Kommunikations- und Verhaltensmustern ihrer Mitglieder wider. Die eigentliche Substanz einer Organisationskultur aber verortet Schein im jeweiligen „... Muster gemeinsamer Grundprämissen, das die Gruppe bei der Bewältigung ihrer Probleme externer Anpassung und interner Integration erlernt hat, das sich bewährt hat und somit als bindend gilt" (Schein 1995, S. 25).

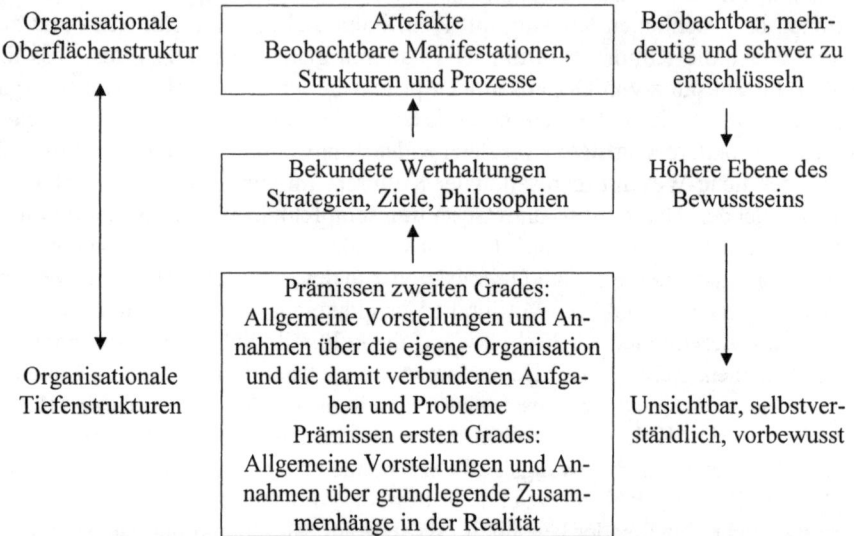

Abb. 5: Das Drei-Ebenen-Modell der Organisationskultur von Schein

Diese Grundprämissen sind als vorbewusste, kaum noch zu hinterfragende *Annahmen über die Realität* (sowie die darin bestehenden *Ursache-Wirkungs-Beziehungen*) tief in der psychischen Struktur jedes einzelnen Organisationsmitglieds verankert und entfalten über diese individuelle Internalisierung eine das gesamte Organisationsgeschehen durchdringende, verhaltenskanalisierende Kraft. In einem ersten Schritt unterscheidet Schein sechs elementare Grundprämissen, welche gewissermaßen die Basisdimensionen organisationaler Kulturen darstellen (vgl. Abbildung 6). Das konkrete Organisationshandeln (die verwendeten Praktiken, Verfahren usw.) erklärt sich somit letztendlich aus der jeweiligen Beschaffenheit eben dieser Basisdimensionen: So resultiert etwa ein ausgeprägt *partizipativer* Führungsstil üblicherweise aus einem positiven Menschenbild sowie einer kooperativen Grundhaltung in Bezug auf die Zusammenarbeit zwi-

schen Menschen, wohingegen eine „skeptische" bzw. „misstrauische" Ausprägung der gleichen Prämissen eher die Herausbildung *autoritärer* Kooperations-
formen begünstigt.

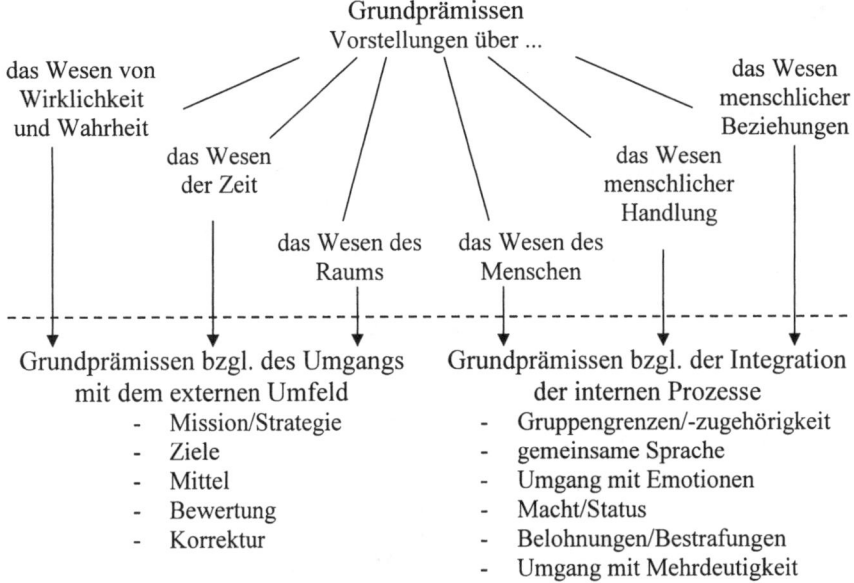

Abb. 6: Kulturelle Grundprämissen nach Schein

Aus den abstrakten Basisprämissen heraus entwickeln die Organisationsmitglieder im Laufe ihrer Zusammenarbeit aber auch noch einige grundlegende Vorstellungen und Annahmen, die sich konkreter auf die mit ihrem Unternehmen bzw.
ihrer Tätigkeit verbundenen Probleme und Aufgaben beziehen. Diese sog. Prämissen zweiten Grades bilden das Fundament für den Umgang mit bzw. die Anpassung an das externe Umfeld sowie die Integration bzw. Koordination der
internen Organisationsprozesse. Eine zwischen den kulturellen Basisprämissen
und ihrer Verdinglichung an der organisationalen Oberfläche vermittelnde Funktion kommt im Drei-Ebenen-Modell schließlich den innerhalb eines Unternehmens propagierten *Wertvorstellungen* zu. Schein geht davon aus, dass die im
Zuge der Bewältigung neuer bzw. neuartiger Entscheidungsprobleme von den
Organisationsmitgliedern eingebrachten Lösungsvorschläge zwar einerseits auf
den individuell internalisierten, kulturellen Grundprämissen aufsetzen, zum anderen aber immer auch bestimmte Werturteile ihrer Urheber zum Ausdruck bringen, die (noch) keinen selbstverständlichen, kollektiv getragenen Bestandteil der
Organisationskultur darstellen. Diese Wertungen bleiben daher zunächst einmal
noch „diskussionsfähig", d.h. sie müssen sich in den kollektiven Entscheidungsgelegenheiten erst gegen andere Handlungsalternativen durchsetzen. Ob und inwieweit diejenigen normativen Vorstellungen, die dann – gewissermaßen „auf
Probe" – das konkrete Organisationsverhalten bestimmen, schließlich den Status
organisationsweit akzeptierter, nicht länger zu hinterfragender Prämissen erlan-

gen, ist maßgeblich davon abhängig, wie diese sich anschließend bei der Lösung der anstehenden Probleme und Herausforderungen bewähren. Insofern ergeben sich aus der Kenntnis der innerhalb einer Organisation vertretenen Werthaltungen zwar präzisere Hinweise auf die Beschaffenheit des jeweiligen kulturellen Systems als durch die bloße Beobachtung der organisationalen „Oberflächenphänomene". Eindeutige Schlussfolgerungen bzgl. der eigentlichen kulturellen Substanz sind hier aber – eben aufgrund des vorläufigen Charakters der aktuell handlungsleitenden Wertvorstellungen – stets mit einem erheblichen Maß an Unsicherheit behaftet. Nur über eine schrittweise Analyse aller drei kulturellen Schichten (sowie ihrer wechselseitigen Vernetzung) ist es nach Scheins Auffassung möglich, zu einem angemessenen Verständnis der kulturellen Eigenheiten von Unternehmen zu gelangen. So führt er etwa die auf den ersten Blick überraschend aggressive bis feindselige Atmosphäre in den Meetings eines ansonsten eher „offen" und „freundlich" wirkenden Hightech-Unternehmens auf die dort anzutreffende Kombination von vier grundlegenden Prämissen zurück (vgl. Abbildung 7).

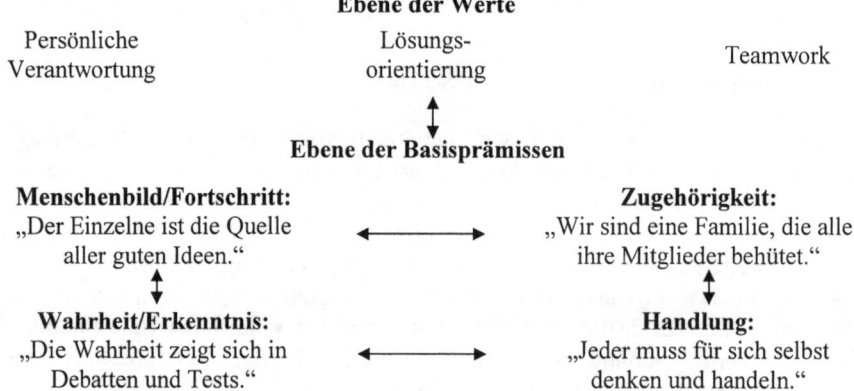

**Ebene der Artefakte**
Beispiel: Häufige intensiv und emotional geführte Kontroversen und Auseinandersetzungen zwischen den Mitgliedern des Managements.

**Ebene der Werte**

Persönliche
Verantwortung

Lösungs-
orientierung

Teamwork

**Ebene der Basisprämissen**

**Menschenbild/Fortschritt:**
„Der Einzelne ist die Quelle
aller guten Ideen."

**Zugehörigkeit:**
„Wir sind eine Familie, die alle
ihre Mitglieder behütet."

**Wahrheit/Erkenntnis:**
„Die Wahrheit zeigt sich in
Debatten und Tests."

**Handlung:**
„Jeder muss für sich selbst
denken und handeln."

Abb. 7: Der Zusammenhang zwischen den drei kulturellen Schichten

Zu den teilweise *individualistisch*, zum Teil aber auch eher *kollektivistisch* geprägten Grundannahmen der Organisationsmitglieder zählt seiner Meinung nach die unternehmensweite Überzeugung, dass zwar jeder Einzelne angehalten ist, eigenverantwortlich nach Problemlösungen zu suchen, „… dass die Wahrheit [aber] nicht durch willkürliche Einschätzungen, sondern nur mit Hilfe von Diskussionen gefunden werden kann" (Schein 1995, S. 43 f.). Jede neue Idee muss sich daher vor ihrer Umsetzung zunächst einer kritischen Begutachtung durch andere Organisationsmitglieder stellen. Das hohe Maß wechselseitiger Verbundenheit zwischen den Akteuren (ihr „Wir-Gefühl") ermöglicht einerseits eine nahe ans Verletzende reichende Direktheit und Schärfe in der Auseinandersetzung, andererseits bildet sie aber auch die notwendige Grundlage dafür, dass derartige Kontroversen nicht zu strukturellen Konflikten ausufern, sondern stets innerhalb bestimmter zeitlicher und sachlicher Grenzen verbleiben. Nach Scheins Auffassung resultieren also die Unterschiede zwischen verschiedenen Unternehmenskulturen in erster Linie aus *unterschiedlichen* Vorstellungen über die *gleichen* Dinge. Die von ihm benannten Basisprämissen fungieren somit als ein allgemeiner Bezugsrahmen, anhand dessen sich grundlegende Wesensmerkmale von Kulturen oder z.B. auch Gegensätze bzw. Konflikte zwischen verschiedenen kulturellen Systemen (auch zwischen verschiedenen Subkulturen innerhalb eines Unternehmens; Schein 1996) identifizieren und beschreiben lassen. Dabei stützen sich seine Erklärungen kultureller Phänomene und Zusammenhänge in erster Linie auf *individuelle* bzw. *individualpsychologische Konzepte* (Grundüberzeugungen, Werthaltungen, Einstellungen etc.), während die soziale Komponente der bereits angesprochenen organisationalen Doppelnatur weitgehend ausgeblendet bleibt. Abschließend möchte ich daher noch einen dritten Kulturansatz vorstellen, der gerade der *sozialen Dimension* des Kulturphänomens besondere Beachtung schenkt.

### 3.2.3 Organisationskulturen als soziale Handlungsgrammatik (Martin/Behrends)

Einen zentralen Ausgangspunkt des *Sozialgrammatik-Ansatzes* bildet die Überlegung, dass sich die Herausbildung organisationaler Handlungsstrukturen nicht willkürlich oder zufällig vollzieht, sondern stets (auch) an die dauerhafte Erfüllung grundlegender Funktionsanforderungen (*Leistung, Kooperation* und *Lernen*) gebunden ist (Parsons 1976 u. 1991). Diese Grundfunktionen bilden gewissermaßen notwendige Voraussetzungen zur Sicherung der Überlebensfähigkeit *eines jeden* Sozialsystems und eignen sich daher auch in besonderer Weise als Bezugsrahmen für eine systematische (und vergleichende) Analyse organisationaler Kulturen. Die Organisationskultur lässt sich in diesem Zusammenhang als eine Art *generative Handlungsgrammatik* verstehen, die – in den organisationalen Tiefenstrukturen verankert – der systemspezifischen Handhabung dieser elementaren Funktionsprobleme zugrunde liegt (Behrends 2001, S. 53 f., Kirsch 1992, S. 133 f, Salancik/Leblebici 1988). Entsprechend seiner strukturfunktionalistischen Perspektive verzichtet der *Sozialgrammatik-Ansatz* – im Gegensatz zur Mehrzahl organisationstheoretischer Kulturkonzepte – auf die zwingende Annahme einer breiten Basis *konsentierter* Grundüberzeugungen oder Werte und stellt stattdessen das Konzept der sozialen Regel in den Mittelpunkt der Betrachtung (vgl. auch Hofstede 1998). Ausgehend von drei kulturellen Kerndimensionen (*Handlungsrationalität, soziale Einbindung* und *Erkenntnisorientierung*) beinhaltet das sozialgrammatische Grundmodell neun sog. Basisregeln, anhand derer die jeweiligen Eigenheiten der organisationalen Funktionserfüllung näher skizziert und analysiert werden können (vgl. Abbildung 8).[3] Ihre konkrete Wirkung hängt dabei maßgeblich davon ab, ob und inwieweit der ursprüngliche Impuls einzelner sozialgrammatischer Prinzipien durch weitere Kulturregeln verstärkt, verändert oder z.B. auch abgeschwächt bzw. begrenzt wird. Die organisationale „Handlungslogik" ist somit das Ergebnis eines komplexen Zusammenwirkens verschiedener kultureller Prinzipien, während die gewissermaßen an der Oberfläche eines Sozialsystems zutage tretenden Strukturen, Prozesse und Verhaltensweisen spezifische Problemlösungen darstellen, die unter Anwendung eben dieser tiefenstrukturellen Regeln generiert wurden. Ähnlich wie schon in der Konzeption von Schein wird das Wesen einer Kultur also auch im *Sozialgrammatik-Ansatz* nicht anhand beliebiger oder von Fall zu Fall wechselnder Kulturdimensionen, sondern aus der spezifischen Beschaffenheit von über alle sozialen Systeme hinweg stets gleichen sozialgrammatischen Kernprinzipien beschrieben. Allerdings birgt der *Sozialgrammatik-Ansatz* auch einige grundlegende Unterschiede zur Argumentationslogik des *Drei-Ebenen-Modells*.

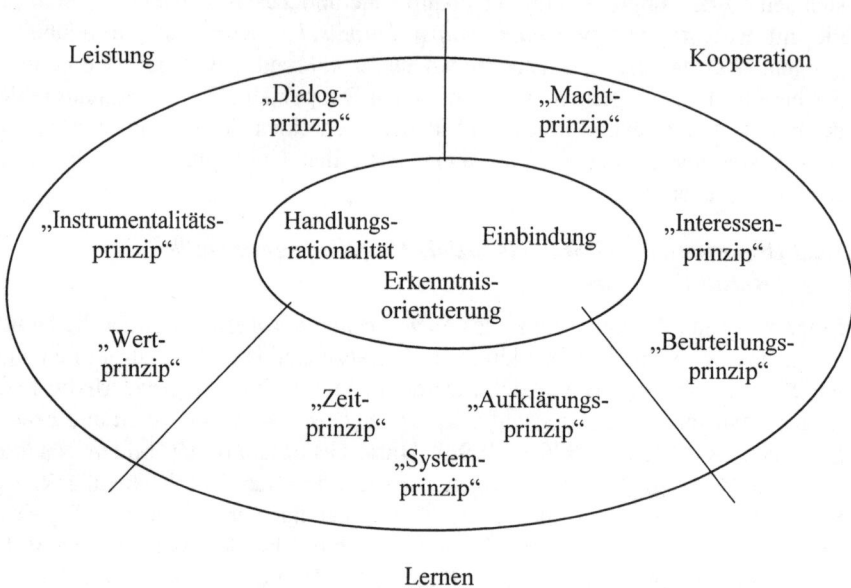

Abb. 8: Das sozialgrammatische Kernmodell

Wie bereits dargelegt führt Schein die Herausbildung kultureller Muster letztendlich immer auf bestimmte gemeinsame Grundüberzeugungen zurück, die von den Organisationsmitgliedern verinnerlicht wurden und so das individuelle – und damit schließlich auch das kollektive – Verhalten steuern. Er beschreibt eine Kultur also im Wesentlichen anhand der Übereinstimmungen in den *psychischen Strukturen* der einzelnen Akteure. Finden sich innerhalb einer Organisation keine derartigen Gemeinsamkeiten, so hat man es daher seiner Ansicht nach mit „...einer noch nicht entwickelten Kultur oder aber mit einem Konflikt zwischen mehreren Kulturen oder Subkulturen zu tun" (Schein 1995, S. 132). Dieser zentralen Überlegung des *Drei-Ebenen-Modells* folgt der *Sozialgrammatik-Ansatz* nicht, im Gegenteil: Er geht weder davon aus, dass die Vorstellung einer breiten Übereinstimmung im Hinblick auf einzelne Werte oder Überzeugungen die betriebliche Realität angemessen abbildet, noch dass ein solcher „Prämissenkon-

256

sens" tatsächlich eine notwendige Bedingung für die Entstehung organisations-kultureller Funktionsprinzipien darstellt (hierzu auch Berger 1993, S. 22 ff.). Insofern wird im *Sozialgrammatik-Ansatz* zwar nicht die kulturprägende Wirkung individueller Handlungsdispositionen (Überzeugungen, Werthaltungen etc.) bestritten, wohl aber die Annahme, dass die eigentliche kulturelle Substanz von Organisationen primär aus bestimmten Überzeugungen besteht, die zudem von allen (?!) Organisationsmitgliedern geteilt werden. Stattdessen richtet sich hier die Aufmerksamkeit deutlich stärker auf die besonderen *sozialen Systemkräfte*, die aus dem Aufeinandertreffen der verschiedenen *individuellen* und *überindividuellen* Organisationselemente erzeugt werden. Um diesen Unterschied zu veranschaulichen, sei nochmals das Beispiel der kontrovers geführten Manager-Meetings aus dem vorigen Abschnitt aufgegriffen. In Abbildung 9 ist beispielhaft eine Kombination von sozialgrammatischen Kulturregeln angegeben, anhand derer sich die Generierung der von Schein beschriebenen „Streitkultur" im Sinne des *Sozialgrammatik-Ansatzes* vollziehen könnte. Im Einzelnen sind dies:

a) Ein *normorientiertes Dialogprinzip*, d.h. innerhalb des Unternehmens existieren bestimmte verbindliche Kommunikationsnormen, an denen sich die organisationalen Akteure bei der Ausgestaltung ihrer Abstimmungsprozesse orientieren müssen.

b) Ein *partizipatives Machtprinzip*, d.h. die Organisationsmitglieder haben grundsätzlich das Recht (genau genommen sogar die Pflicht), ihre jeweiligen Interessen, Überlegungen und Bedenken in die entsprechenden Entscheidungsgelegenheiten des Unternehmens einzubringen.

c) Ein *kollektivistisches Interessenprinzip*, d.h. das Denken und Handeln der Akteure orientiert sich primär an den übergeordneten Belangen des Unternehmens und weniger an individuellen bzw. bereichsspezifischen Zielen und Präferenzen.

d) Ein *prinzipiell-rationales Aufklärungsprinzip*, d.h. innerhalb des Unternehmens haben sich allgemeine Anforderungskriterien für die Beurteilung der Qualität und Vorzugswürdigkeit von Handlungsalternativen etabliert, an denen sich auch alle neuen Vorschläge, Ideen und Lösungen messen lassen müssen.

Entsprechend der Argumentation des Sozialgrammatik-Ansatzes schlägt sich die Gültigkeit dieser kulturellen Basisregeln zwangsläufig auch in einer entsprechenden Ausgestaltung verschiedener sozialer Organisationselemente nieder und entfaltet auf diese Weise eine das Verhalten der Organisationsmitglieder kanalisierende Kraft. So sieht sich angesichts von *Partizipation, Kollektivismus* und *prinzipieller Rationalität* jeder Entscheidungträger der Erwartung gegenüber, dass er über seinen eigenen Verantwortungsbereich hinaus auch den Problemen bzw. Aktivitäten des Gesamtunternehmens mit Aufmerksamkeit und Interesse begegnet. Darüber hinaus „zwingt" die *kommunikative Normierung* im vorliegenden Fall die Organisationsmitglieder, ihre Vorstellungen und Ideen stets in die dafür vorgesehenen, institutionalisierten Entscheidungsgelegenheiten einzubringen und dort gegen eventuelle kritische Einwände zu verteidigen. Der hier beobachtbare „raue, unfreundliche Ton" ergibt sich zum einen aus der für kollektivistische Sozialsysteme charakteristischen emotionalen Nähe der Akteure, er ist zum anderen aber auch noch durch seine Überführung in entsprechende Kommunikationsnormen abgesichert. Man erwartet von den Sitzungsteilnehmern also geradezu, dass diese bei der Formulierung ihrer Kritikpunkte „kein Blatt vor den Mund" nehmen.

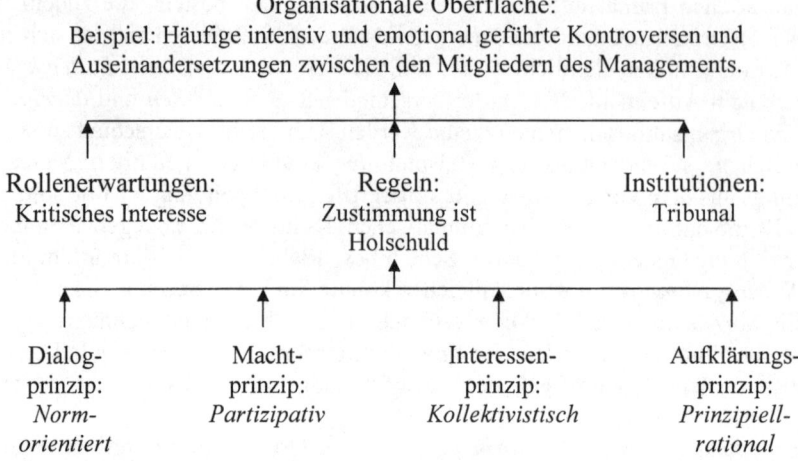

Organisationale Oberfläche:
Beispiel: Häufige intensiv und emotional geführte Kontroversen und Auseinandersetzungen zwischen den Mitgliedern des Managements.

| Rollenerwartungen: | Regeln: | Institutionen: |
|---|---|---|
| Kritisches Interesse | Zustimmung ist Holschuld | Tribunal |

| Dialog-prinzip: | Macht-prinzip: | Interessen-prinzip: | Aufklärungs-prinzip: |
|---|---|---|---|
| *Norm-orientiert* | *Partizipativ* | *Kollektivistisch* | *Prinzipiell-rational* |

Abb. 9: Beispiel einer konfrontativen Sozialgrammatik

Der Versuch, diesem „Tribunal" beispielsweise durch ein Ausweichen auf informelle Kommunikationswege zu entgehen, käme hier einem Verstoß sowohl gegen die geltenden Regeln der Verständigung als auch gegen den allgemeinen Partizipationsanspruch gleich und würde daher vom System nicht geduldet. Die Durchsetzung ins Auge gefasster Problemlösungen ist schließlich davon abhängig, inwieweit es dem Einzelnen jeweils gelingt, etwaige Bedenken der anderen Entscheidungsträger (der „Jury") unter Bezugnahme auf die allgemeingültigen Rationalitätsstandards auszuräumen und sich so deren Zustimmung zu sichern. Das vorliegende Beispiel macht deutlich, dass der *Sozialgrammatik-Ansatz* bei seiner Erklärung kultureller Merkmale und Wirkungsmechanismen den Schwerpunkt auf den *sozialen Charakter* des Kulturphänomens legt.

Die grundlegenden Prinzipien einer Kultur sind gemäß dieser Betrachtungsweise nahezu unauflöslich in die verschiedenen überindividuellen Organisationselemente „eingewoben". Sie sind gewissermaßen ein konstitutiver Bestandteil der jeweiligen Strukturen, Institutionen, Regeln und Rollenerwartungen und lassen sich nicht ohne weiteres ändern bzw. ignorieren. Insofern sind auch diejenigen Organisationsmitglieder, die die geltenden kulturellen Standards möglicherweise nicht verinnerlicht haben oder sogar ablehnen, bei der Verfolgung ihrer jeweiligen Interessen und Ziele zu weitgehend kulturkonformem Verhalten gezwungen. Vor dem Hintergrund dieser strukturellen Verankerung der Organisationskultur erscheint die gezielte Manipulation einzelner „störender" Kulturelemente, wie sie in zahlreichen Kulturmanagement-Konzepten propagiert und gefordert wird, als kaum zu bewältigendes Unterfangen (Behrends 2001, S. 203 f.). Denn angesichts der Allgegenwärtigkeit und Vernetztheit kultureller Prinzipien bedeutet eine *andere* Kultur hier im Grunde eine *neue* Organisation.

# 4 Schlussbemerkung und Ausblick

Resümiert man den gegenwärtigen Stand der Organisationskulturforschung, so ergibt sich ein verhältnismäßig uneinheitliches Bild. Knapp zwanzig Jahre nach dem „corporate culture-Boom" kann zwar zumindest die übertriebene Annahme einiger Manager und Berater, mit der Organisationskultur die entscheidende Steuerungsgröße des Unternehmenserfolgs gefunden zu haben, als widerlegt angesehen werden. Unzählige Kulturdefinitionen, zahlreiche theoretische Ansätze und eine Fülle ausgesprochen verschiedenartiger quantitativer und qualitativer Erhebungen zeichnen aber insgesamt nach wie vor das Bild eines vergleichsweise „unreifen" Forschungsprogramms. Pessimismus ist dennoch unangebracht. Ungeachtet ihres frühen Entwicklungsstadiums trägt die Organisationskulturforschung mit ihren Thesen und Ergebnissen zweifellos zu einer Belebung der organisationstheoretischen Diskussion bei: So werden durch die besondere Aufmerksamkeit, die (auch) das Kulturthema den psychologischen und soziologischen Fundamenten des Organisationsgeschehens entgegenbringt, immer wieder die „blinden Flecken" einer einseitig rationalistischen, auf (vermeintlich) ökonomischer Logik und wissenschaftlicher Betriebsführung basierenden Managementlehre offen gelegt und in Frage gestellt. Als Grundbegriff einer allgemeinen Organisationstheorie kann sich die Organisationskultur in diesem Zusammenhang als eine tragfähige Plattform für die systematische Integration zahlreicher sozial- bzw. verhaltenswissenschaftlicher Einsichten und Erkenntnisse erweisen.

# 5 Empfohlene Literatur

## Basisliteratur

Martin, J. 2002: Organizational Culture. Mapping the Terrain, Thousand Oaks/ London/New Delhi.
*In diesem neuen Buch gibt Joanne Martin einen verständlichen und leicht lesbaren Überblick über die Organisationskulturforschung. Es eignet sich besonders gut als Einstieg in das Thema.*
Neuberger, O./Kompa, A. 1987: Wir, die Firma. Der Kult um die Unternehmenskultur, Weinheim/Basel.
*Verfasst gegen Ende des „corporate culture"-Booms resümieren die Autoren in gewohnt kritischer Manier sowohl die theoretischen Grundlagen als auch Möglichkeiten und Grenzen der empirischen Erfassung von Organisationskultur.*
Smircich, L. 1983: Concepts of Culture and Organizational Analysis, in: Administrative Science Quarterly, 28, S. 339-358.
*Linda Smircich untersucht die Bedeutung des Kulturkonzepts für verschiedene Strömungen innerhalb der Organisationsforschung. Gute Darstellung des Variablen- bzw. root metaphor-Ansatzes.*

*Weiterführende Literatur*

Keesing, R.M./Strathern, A.J. 1998: Cultural Anthropology. A Contemporary Perspective, 3. Auflage, Fort Worth u.a.
*Eine ausgesprochen anregende Einführung in die Welt der kulturanthropologischen Forschung. Mit zahlreichen Fallbeispielen.*
Schein, E.H. 1995: Unternehmenskultur. Ein Handbuch für Führungskräfte, Frankfurt a.M./New York.
*Das Basiswerk zum Drei-Ebenen-Modell.*
Behrends, T. 2001: Organisationskultur und Innovativität. Eine kulturtheoretische Analyse des Zusammenhangs zwischen sozialer Handlungsgrammatik und innovativem Organisationsverhalten, München/Mering.
*Diese Dissertation enthält eine ausführliche Darstellung der Argumentationslogik des Sozialgrammatik-Ansatzes.*
Saffold III, G.S. 1988: Culture Traits, Strength, and Organizational Performance: Moving beyond „Strong Culture“, in Academy of Management Review, Vol. 13, No. 4, S. 546-558.
*In knapper und präziser Form unterzieht Saffold hier den weit verbreiteten Mythos von der „starken Erfolgskultur“ einer kritischen Würdigung.*

*Übersichtsdarstellungen*

Allaire, Y./Firsirotu, M.E. 1984: Theories of Organizational Culture, in: Organization Studies, Vol. 5, No. 3, S. 193-226.
*Beinahe schon „klassischer“ Übersichtsartikel, in dem verschiedene kulturtheoretische Grundperspektiven vorgestellt und hinsichtlich ihrer Rezeption in der Organisationsforschung diskutiert werden.*
Kasper, H. 1987: Organisationskultur: über den Stand der Forschung, Wien.
*Studentenfreundliche Erläuterung der zentralen Begriffe und theoretischen Grundlagen.*

*Exemplarische Forschungsarbeiten*

Hofstede, G. 1994: Cultures and Organizations, London.
*Eine der wohl umfangreichsten empirischen Untersuchungen zur Beschaffenheit kulturell geprägter Werthaltungen in internationalen Unternehmen.*
Denison, D.R. 1990: Corporate Culture and Organizational Effectiveness, New York u.a.
*Anhand von Fallstudien und schriftlichen Befragungen untersucht Denison die Bedeutung von vier ausgewählten Kulturmerkmalen auf die klassischen Indikatoren des Organisationserfolgs.*
Kunda, G. 1992: Engineering Culture. Control and Commitment in a High-Tech Corporation, Philadelphia.
*Dichte ethnographische Studie eines amerikanischen Unternehmens, in der der Autor versucht, die verborgenen kulturellen Mechanismen des Organisationsalltags zu entziffern.*

Kotthoff, H./Reindl, J. 1990: Die soziale Welt kleiner Betriebe. Wirtschaften, Arbeiten und Leben im mittelständischen Industriebetrieb, Göttingen.

*Auch wenn die Autoren selbst hier eher von „betrieblicher Sozialordnung" als von „Organisationskultur" sprechen: Die überaus anschaulichen und lebendigen Fallstudien von Kotthoff/Reindl gehören zweifellos zum Besten, was die deutschsprachige Industriesoziologie im Hinblick auf die Erforschung des „Sozialen Geschehens" in Unternehmen hervorgebracht hat.*

## Anmerkungen

[1] Mit „reibungslos" ist hier keineswegs „konfliktfrei" gemeint. Vielmehr stützt sich auch die Handhabung von Konflikten stets auf bestimmte kulturspezifische Handlungsprinzipien.

[2] Der hier zum Ausdruck kommenden Auffassung, organisationale Kulturen seien durch zielgerichtete manipulative Eingriffe einzelner (wenn auch mächtiger) Akteure auf die strategischen Zielsetzungen des Unternehmens auszurichten, wird allerdings von einigen Autoren – unter Verweis auf einschlägige ethnologische und kulturanthropologische Einsichten bzgl. der komplexen und langwierigen Entstehungs- und Wirkungszusammenhänge gesellschaftlicher Rituale und Zeremonien – heftig widersprochen. (Vgl. z.B. Helmers 1993)

[3] Die einzelnen Kerndimensionen bzw. Basisregeln knüpfen dabei an zentrale sozialwissenschaftliche Paradigmen bzw. Theorieperspektiven an und greifen die dort diskutierten bzw. als wesentlich erachteten Problemaspekte sozialer Systeme auf.

# Persönlichkeit und Arbeitsverhalten

*Christian Gade*

*„Warum bekommt man immer einen ganzen Menschen, wenn man eigentlich nur ein Paar Hände braucht?" (Henry Ford)*
*„Eine Persönlichkeit ist der Ausgangs- und Fluchtpunkt alles dessen, was gesagt wird, und dessen, wie es gesagt wird." (Robert Musil)*
*„Über nichts wird flüchtiger geurteilt als über die Charaktere der Menschen, und doch sollte man in nichts behutsamer sein. Bei keiner Sache wartet man weniger das Ganze ab, das doch eigentlich den Charakter ausmacht, als hier. Ich habe immer gefunden, die sogenannten schlechten Leute gewinnen, wenn man sie genauer kennen lernt, und die guten verlieren." (Georg Christoph Lichtenberg)*
*"People are always blaming their circumstances for what they are. I don`t believe in circumstances. The people who get on in the world are the people who get up and look for the circumstances they want, and, if they can`t find them, make them." (George Bernard Shaw)*

## 1 Vom Wunsch, die Persönlichkeit zu erfassen und Arbeitsverhalten vorherzusagen

Das Interesse an individuellen Unterschieden und deren Auswirkungen auf die Arbeit sowie die Erforschung dieses Zusammenhangs haben eine lange Tradition. Schon um 2200 v. Chr. wurden in China zur Auswahl hoher Staatsbeamter (Mandarine) standardisierte Tests eingesetzt. Ebenso wird im Buch der Richter des Alten Testaments auf die Berücksichtigung individueller Unterschiede bei der Personalauswahl hingewiesen. In der jüngeren Geschichte war der Naturforscher Sir Francis Galton (1822-1911) ein wichtiger Wegbereiter wissenschaftlich-empirischer psychologischer Diagnostik. Er bemühte sich um eine exakte Quantifizierung intellektueller Fähigkeiten und Persönlichkeitseigenschaften. Ab 1884 konnten sich Interessierte bei ihm hinsichtlich ihrer Persönlichkeit untersuchen lassen. Das erste Persönlichkeitsinventar (The Woodworth Personal Data Sheet (PDS), Woodworth 1919) wurde während des Ersten Weltkrieges entwickelt – in erster Linie, um Rekruten, die dem Stress des Krieges nicht standhalten würden, zu selektieren. Im Unterschied zu angloamerikanischen Ländern ist der Einsatz von Persönlichkeitstests in der betrieblichen Praxis in Deutschland eher zurückhaltend. Seit einigen Jahren lässt sich ein verstärktes Forschungsinteresse am Einfluss der Persönlichkeit auf das Arbeitsverhalten beobachten. Dieses wurde maßgeblich durch das Konzept der sog. „Big Five" (Goldberg 1981; Costa/McCrae 1985) stimuliert, das eine große Beachtung gefunden hat.

### Warum setzen Unternehmen Persönlichkeitstests ein?

Worin ist das auf die Arbeitswelt bezogene Interesse an individuellen Unterschieden begründet? Warum setzen zahlreiche Unternehmen Persönlichkeitstests ein? Der zentrale Zweck liegt auf der Hand: die Selektion des am besten passenden Personals (vgl. Buss 1996, S. 181-185 sowie zum Konzept des „Fit" und „Misfit", Holland 1973). Strebt ein Unternehmen bspw. die Erhöhung seines

Umsatzes an und soll daher der Verkauf gefördert werden, dann ist es nahe liegend, das Personal einzustellen, das am besten verkaufen kann. Da es in den meisten Fällen nur schwer möglich ist, Bewerber einfach auf Verkaufstour zu schicken, versucht man, sich auf eine weniger umständliche Art, Klarheit über die Leistungsfähigkeit einer Person zu verschaffen – durch die Analyse ihrer Persönlichkeit. Aus dem Vorliegen bestimmter Persönlichkeitseigenschaften schließt man auf das zu erwartende Arbeitsverhalten. Inwieweit dieser Schluss gerechtfertigt ist, ist Gegenstand der folgenden Ausführungen. Wie sich dabei herausstellt, ist dabei immer auch die Situation zu beachten, die die Beziehung zwischen Persönlichkeitseigenschaften und Arbeitsverhalten „moderiert" (siehe Abbildung 1).[1]

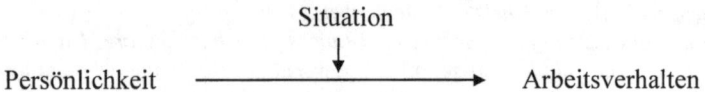

Abb. 1: Der Schluss von der Persönlichkeit auf das Arbeitsverhalten

Näher betrachtet wird ein Ansatz, der in den letzten Jahren sowohl in der diagnostischen Praxis als auch in der Wissenschaft eine große Beachtung gefunden hat: das Konzept der „Big Five". Untersucht werden die folgenden Fragen:
- Besteht ein Zusammenhang von Persönlichkeit und Arbeitsverhalten?
- Wie wirken Persönlichkeitseigenschaften auf Aspekte des Arbeitsverhaltens?
- Wirken Persönlichkeitseigenschaften immer gleich oder wird der Zusammenhang moderiert?
- Wenn eine Moderation des Zusammenhangs vorliegt: Welches sind die zentralen Moderatoren und wie wirken sie?

## 2 Zugänge zur Erforschung von Persönlichkeit und Arbeitsverhalten

### 2.1 Was ist Persönlichkeit?

Aber was ist überhaupt Persönlichkeit? Welche Ausprägungen kann sie haben und wie kann man diese messen? Diese Fragen sind nicht ganz einfach zu beantworten, weil es sehr verschiedene wissenschaftliche Ansätze zur Erforschung der Persönlichkeit gibt. Auf einem relativ hohen Abstraktionsniveau lässt sich jedoch eine begriffliche Annäherung finden. Danach ist Persönlichkeit die „intrinsic organization of an individual's mental world that is stable over time and consistent over situations" (Piedmont 1998, S. 2). Ganz bewusst wird keine Konsistenz des Verhaltens gefordert. Denn das konkrete Verhalten kann in Abhängigkeit von Situationen durchaus variieren. Die Stabilität der Persönlichkeit zeigt sich nicht im veränderlichen äußeren Verhalten, sondern in der Wahrnehmung der Situation und der Verfolgung grundlegender Ziele (vgl. Piedmont 1998, S. 2 f.; Ewen 1998, S. 3; Furnham/Heaven 1999, S. 9 f.). Die Erforschung der Persönlichkeit ist durch drei grundsätzlich verschiedene Zugänge gekennzeichnet: den klinischen, den experimentellen und den korrelativen Ansatz (vgl. Pervin 1996,

S. 2-28). Der klinische Ansatz zeichnet sich durch eine sehr intensive Beobachtung von Individuen aus, welche die Diagnose einer großen Vielfalt von Phänomenen ermöglicht. Berühmte Vertreter dieser Forschungsrichtung sind Murray, Freud und Kelly. Henry A. Murray (1883-1988) entwickelte den Thematischen Apperzeptionstest (TAT). Bei diesem wird von einer Geschichte, die eine Untersuchungsperson – stimuliert durch eine auf einem Bild mehrdeutig dargestellte Szene – erzählt, auf die Motivstruktur der Person geschlossen. Sigmund Freud (1856-1939) untersuchte Personen sehr intensiv über mehrere Jahre und fand heraus, dass sich die Persönlichkeit im Durchlaufen einer Serie psychosexueller Stadien entwickle und als Art und Weise des Umgangs mit grundlegenden Trieben – einem Kampf von Es, Über-Ich und Ich – zu verstehen sei.

Untersuchungsgegenstände von George A. Kelly's (1905-1966) Persönlichkeitskonstrukttheorie sind die „Art, in der das Individuum Stimuli wahrnimmt, interpretiert und diese in Abhängigkeit von anderen Strukturen transformiert" (Pervin 2000, S. 333), sowie die sich aus diesen Interpretationen und Transformationen ableitenden Verhaltensweisen. Persönlichkeit versteht Kelly als einzigartiges Konstruktsystem – als bestimmte Art und Weise, die Welt zu interpretieren. Kelly geht es hierbei um die ganzheitliche Erfahrung, das heißt nicht um einzelne Konstrukte (z.B. Leistung, Autonomiestreben), sondern um das System von Konstrukten. Wird einer Person bspw. die Verantwortung für eine schwierige neue Aufgabe übertragen, so stellt sich nach Kelly die Frage, ob die beiden hier beispielhaft genannten Konstrukte überhaupt eine Bedeutung in der Vorstellungswelt der Person haben und welche anderen Konstrukte mit der geschilderten Situation verbunden werden (z.B. allein gelassen werden, beobachtet werden). Schwierig stellt sich die Beurteilung der Situation deswegen dar, weil nicht einzelne Konstrukte für das Erleben und Verhalten einer Person bedeutsam sind, sondern immer das gesamte Konstruktsystem. Weiß man z.B., dass eine Person eine hohe Leistungsorientierung besitzt, dann hilft einem dies nur bedingt weiter, weil die weiteren Persönlichkeitseigenschaften einer Person dem Leistungsstreben eine ganz spezielle Prägung geben. Eine Person, die mit wenig strukturierten Aufgaben wenig anfangen kann, wird z.B. anders auf hohe Leistungsanforderung reagieren als eine Person, für die zu einer interessanten Aufgabe ganz wesentlich ein großer Gestaltungsspielraum gehört (vgl. Kelly 1991, insb. S. 74-127).

Während der klinische Ansatz von der Beobachtung von Einzelfällen ausgeht, um zu allgemeinen Erkenntnissen zu gelangen, versucht die experimentelle Forschung, gesetzesartige Aussagen direkt unter Laborbedingungen zu prüfen. Begründet wurde dieser Ansatz insbesondere durch die Arbeiten von Wilhelm M. Wundt (1832-1920), der die Sinnesempfindung als grundlegenden Prozess des komplexen Erlebens, der bewusst erlebten Erfahrungen, untersuchte. Hermann Ebbinghaus (1850-1909) beschäftigte sich mit dem Vergessen von wahrgenommenen Informationen und entwickelte eine sog. „Vergessenskurve". Zudem setzte er zur Messung der verbalen Intelligenz einen sog. „Lückentest" ein. Burrhus Frederic Skinner (1904-1990) untersuchte, inwiefern das Verhalten von der Art und Weise von Feedback (sog. „Verstärkungsplänen") abhängt. Das „operante Konditionieren" unterscheidet sich vom „klassischen Konditionieren" bei Watson und Hull dadurch, dass Verhalten nicht durch bestimmte Reize ausgelöst wird, sondern durch die Manipulation von Konsequenzen eines zuvor gezeigten Verhaltens. Hinsichtlich des obigen Beispiels der Übertragung der Verantwortung für eine schwierige neue Aufgabe hängt das Verhalten des Mitarbeiters nach Skinner von den Erfolgs- und Misserfolgserfahrungen mit ähnlichen Aufgaben, mit ähnlichen Situationen, ab (vgl. Skinner 1978, insb. S. 43-84; 199 f.). Der dritte Zugang zur Erforschung der Persönlichkeit, der korrelative Ansatz, zeichnet sich durch den Einsatz statistischer Verfahren zur Untersuchung von Zusammenhängen aus. Berühmte Vertreter dieser Vorgehensweise sind Galton, Spearman sowie Cattell und Eysenck. Galton (s.o.), der Individuen hinsichtlich einer großen Varietät physischer und psychologischer Merkmale untersuchte, analysierte die mit Tests, Ratingskalen und Fragebögen gewonnenen Daten mit Hilfe des von ihm entwickelten Korrelationskoeffizienten, der seine Weiterentwicklung in den Arbeiten von Karl Pearson (1857-1936) fand. Charles Spearman (1863-1945) untersuchte die Intelligenz von Individuen und entwickelte zur Datenanalyse die Faktorenanalyse, die es ermöglicht, die zentralen, „latenten", hinter einer großen Anzahl von „manifesten" Merkmalen stehenden Faktoren zu identifizieren. Mit Hilfe dieser Methode identifizierte Raymond Bernard Cattell (1905-1998), ein Mitarbeiter von Spearman, zwölf und später sechzehn Persönlichkeitsfaktoren (Grundwesenszüge), auf die ich weiter unten noch etwas näher eingehen will.

### 2.2 Was ist Arbeitsverhalten?

Was ist gemeint, wenn von Arbeitsverhalten gesprochen wird? Während eine klassische Betrachtungsweise Arbeitsverhalten ausschließlich auf das „zur Erfüllung der formell übertragenen Verpflichtungen" (Neuberger, 1974a, S. 49) gezeigte Verhalten der Organisationsmitglieder bezieht, versteht Nick (1972) Arbeitsverhalten in einem weiten Sinne als „hinter dem Werkstor" oder „in der Arbeitssphäre"[2] gezeigtes Verhalten (vgl. Nick 1972, S. 16-20; Neuberger 1974a, S. 49-51). Häufig untersuchte Verhaltensvariablen sind Produktivität, Fehlzeiten, Fluktuation, Arbeitszufriedenheit und Organizational Citizenship Behavior. Ein besonderer Schwerpunkt liegt auf der Untersuchung von Bestimmungsgründen von Verhalten, das aus dem Blickwinkel eines Arbeitgebers als „wünschenswert" gilt. Daneben werden aber auch Verhaltensweisen untersucht, die nicht in einem unmittelbaren praktischen Zweckbezug stehen (bspw. Entscheiden und Sozialverhalten).

### 2.3 Ein Beispiel für einen umfassenden Ansatz

Als einer der bekanntesten Vertreter des Eigenschaftsansatzes gilt Gordon W. Allport (1897-1967). Seine Arbeiten bilden den Ausgangspunkt für den Ansatz von Cattell, auf den in diesem Abschnitt etwas näher eingegangen wird. Allport begann seine Forschung zu Persönlichkeitswesenszügen (Traits) oder Persönlichkeitseigenschaften mit einer gemeinsam mit H. S. Odbert erarbeiteten Sammlung von insgesamt 17.953 Wörtern der englischen Sprache, die sich auf Eigenschaften von Personen beziehen. Allport bemühte sich, diese zu kategorisieren und differenzierte drei Typen von Eigenschaften, welche die Struktur der Persönlichkeit festlegen: Kardinaleigenschaften sowie zentrale und sekundäre Eigenschaften. Nach Allport sind zentrale Eigenschaften die wichtigen Persönlichkeitsmerkmale einer Person (z.B. Ehrlichkeit, Freundlichkeit), während es sich bei sekundären Eigenschaften um weniger wesentliche Merkmale handelt, die nicht so auffällig, konsistent und generalisierbar sind wie Zentraleigenschaften. Sekundäre Eigenschaften decken nur wenige Situationen ab (z.B. Missgünstigkeit, Empathie). Zudem kann eine Person über Kardinaleigenschaften verfügen – über besonders hervorstechende Charakterzüge, die sich in nahezu jeder Situation zeigen. Solche hervorstechenden Züge, die einen Menschen in der Weise auszeichnen, dass sie untrennbar mit der Person verknüpft sind, sind bspw. Machiavellis Cleverness, Don Juans Verführungskünste und schottischer Geiz (vgl. Allport 1949, S. 341-347; Ewen 1998, S. 290 f.). Basierend auf den von Allport und Odbert gesammelten Wörtern zur Beschreibung von Persönlichkeitsmerkmalen und inspiriert durch die Arbeiten von Spearman zur Faktorenanalyse entwickelte Raymond Bernard Cattell (1905-1998) ein mehrdimensionales Persönlichkeitsinventar zur Erfassung individueller Unterschiede. Als studierter Chemiker sowie promovierter Psychologe verfolgte Cattell das Ziel, eine Taxonomie von Persönlichkeitseigenschaften zu erstellen, ähnlich dem Periodensystem der chemischen Elemente.

## Struktur der Persönlichkeit

Die fundamentale Struktureinheit der Persönlichkeit bildet bei Cattell der Persönlichkeitswesenszug als eine Prädisposition. Cattell unterscheidet Fähigkeitswesenszüge oder Begabungen (abilities), Temperamentswesenszüge (temperament traits) und dynamische Wesenszüge (dynamic traits). Fähigkeitswesenszüge bestimmen, inwiefern es einem gelingt, gezielt zu agieren und Schwierigkeiten zu meistern. Sie beziehen sich auf Fähigkeiten und Fertigkeiten einer Person. Temperamentswesenszüge bestimmen bspw., ob eine Person eher überlegt oder impulsiv handelt. Sie beziehen sich auf das Gefühlsleben und den Verhaltensstil (stylistic quality of behavior), den Stil, den eine Person wählt, um ein bestimmtes Ziel zu erreichen. Während Fähigkeits- und Temperamentswesenszüge die Art und Weise, wie Personen etwas tun und wie gut sie es tun, bestimmen, beziehen sich dynamische Wesenszüge auf die Gründe des Strebens von Personen: auf Motive und Ziele, die einem wichtig sind. Nach Cattell handelt es sich bei diesen drei Typen von Wesenszügen um die für die Persönlichkeit maßgeblichen, stabilen Elemente.

Neben dieser Differenzierung unterscheidet Cattell Oberflächenwesenszüge (surface traits) und Grundwesenszüge (source traits). Die Oberflächenwesenszüge beziehen sich auf Verhaltensweisen, die zwar oberflächlich zusammenpassen und auch gemeinsam auftreten können, sich jedoch nicht zwingend auf eine gemeinsame Ursache zurückführen lassen und sich auch unabhängig voneinander verändern. So können bspw. Gesprächigkeit, Impulsivität und eine geringere Selbstbeherrschung gemeinsam auftreten und sich auch gemeinsam steigern, obwohl die Ursache hierfür u.a. ein manisches Temperament, Alkohol oder Fieber sein können (vgl. Cattell 1973, S. 10 f.). Hingegen beziehen sich Grundwesenszüge auf eine Einheit bildende Verhaltensweisen, die eine gemeinsame Ursache haben und auch gemeinsam auftreten. Grundwesenszüge sind als voneinander unabhängige Persönlichkeitsdimensionen zu verstehen. Bei ihnen handelt es sich um die Grundbausteine der Persönlichkeit, die Cattell auch als Primärdimensionen bezeichnet. Oberflächenwesenszüge sind lediglich das Ergebnis einer Kombination von Grundwesenszügen (vgl. Cattell 1950, insb. S. 1-44; Cattell 1965, insb. S. 26-28, 211 f.; Cattell 1978, insb. S. 29-32, 149 f.).

| Bezeichnung der Primärdimension | | Inhaltliche Beschreibung der Dimension |
|---|---|---|
| A | Wärme | Warmherzig, aufmerksam für die Gefühle und Bedürfnisse anderer vs. reserviert, unpersönlich distanziert |
| B | Logisches Schlussfolgern | Hohe vs. niedrige Intelligenz |
| C | Emotionale Stabilität | Emotional stabil, ausgeglichen vs. stimmungslabil |
| E | Dominanz | Dominant, durchsetzungsfähig, sich selbst behauptend vs. nachgiebig, kooperativ, konfliktvermeidend |
| F | Lebhaftigkeit | Lebhaft, spontan, gesellig vs. ernst, zurückhaltend, bedacht |
| G | Regelbewusstsein | Regelbewusst, pflichtbewusst vs. unangepasst, nonkonformistisch |
| H | Soziale Kompetenz | Sozial kompetent, kontaktfreudig vs. scheu, schüchtern |
| I | Empfindsamkeit | Empfindsam, gefühlvoll, sentimental vs. sachlich, unsentimental, robust |
| L | Wachsamkeit | Wachsam, misstrauisch, skeptisch vs. vertrauensvoll, arglos |
| M | Abgehobenheit | Abgehoben, träumerisch, phantasievoll, ideenreich vs. lösungsorientiert, praktisch, auf dem Boden der Tatsachen stehend |
| N | Privatheit | Verschlossen, diskret vs. offen, geradeheraus, natürlich |
| O | Besorgtheit | Besorgt, selbstzweifelnd, verletzlich vs. selbstsicher, selbstzufrieden, selbstbejahend |
| Q1 | Offenheit für Veränderungen | Offen für Veränderungen, experimentierfreudig, aufgeschlossen für Neues vs. am Gewohnten haftend, traditionalistisch |
| Q2 | Selbstgenügsamkeit | Selbstgenügsam, einzelgängerisch, zurückgezogen vs. sozial orientiert, anschlussfreudig |
| Q3 | Perfektionismus | Perfektionistisch, planvoll selbstdiszipliniert, ordentlich vs. flexibel, wenig Wert auf Ordnung/Perfektion/Disziplin legend |
| Q4 | Anspannung | Angespannt, reizbar, nervös, getrieben vs. entspannt, ruhig, gelassen, geduldig |

Abb. 2: Sechzehn Grundwesenszüge oder Primärdimensionen der Persönlichkeit nach Cattell (in Anlehnung an Brück/Schwarz 2002, S. 394 f.)

Bei den fünfzehn Temperamentswesenszügen in Abbildung 2 und einem Fähigkeitswesenszug („B: Logisches Schlussfolgern" oder „Intelligenz") handelt es sich um die von Cattell mit Hilfe der Faktorenanalyse identifizierten sechzehn voneinander relativ unabhängigen Grundwesenszüge der Persönlichkeit (vgl. Schneewind/Schröder/Cattell 1994, S. 29-35; Schneewind/Graf 1998, S. 7).[3]

## Datenquellen und Messung der Persönlichkeitsfaktoren

Zur Messung von Wesenszügen unterscheidet Cattell drei Datenquellen: L-Daten, T-Daten und Q-Daten. Bei L-Daten handelt es sich um quantitative Angaben über die Lebensgeschichte, wie „Häufigkeitswerte für Verhaltensweisen in natürlichen Lebenssituationen" (Cattell 1978, S. 332) – bspw. bzgl. des Umgangs mit Gleichaltrigen. Unter T-Daten versteht Cattell „quantitative Angaben, die man mit objektiven Tests erhält" (Cattell 1978, S. 335), bei denen die Probanden nicht einschätzen können, was gemessen wird. Hingegen handelt es sich bei Q-Daten (oder F-Daten) um mit Hilfe von Fragebögen direkt abgefragte Angaben zur eigenen Persönlichkeit. Bei den letzten vier Primärdimensionen handelt es sich um solche mit Q-Daten ermittelten Eigenschaften (vgl. Cattell 1965, S. 373-375; Cattell 1978, S. 332-335). Mit Hilfe der Faktorenanalyse gelang es Cattell, die in Abbildung 2 aufgeführten sechzehn Persönlichkeitsfaktoren zu identifizieren und den „Sixteen Personality Factor (16 PF) Questionnaire" zur Messung individueller Unterschiede zu entwickeln. Seit seiner ersten Auflage im Jahre 1949 wurde das Instrument viermal überarbeitet (1956, 1962, 1968 und 1993) und liegt nun in seiner fünften Auflage (Cattell/Cattell/Cattell 1993; Russell/Karol 1993) – auch in einer deutschsprachigen Version (Schneewind/Graf 1998) – vor.

## Entstehung und Veränderung der Persönlichkeit

Weitere besonders hervorzuhebende Beiträge von Cattell zur Entwicklung der Persönlichkeitsforschung sind seine Untersuchungen der Determinanten von Persönlichkeit und der Entwicklung von Persönlichkeit im Zeitverlauf. Cattell stellt fest, dass die Persönlichkeit zu einem Drittel vererbt und zu zwei Dritteln das Resultat der sozialen Umgebung sei. Zentrale Einflussfaktoren der Umgebung seien emotionale Reaktionen und das Verhalten der Eltern. So könne bspw. ein Überbehüten durch die Eltern zu einer verschlossenen Persönlichkeit des Kindes führen und Ablehnung antisoziales Verhalten begünstigen (vgl. Cattell 1950, S. 382). Allerdings variieren genetische und umweltbedingte Einflüsse bei den einzelnen Wesenszügen. So erkläre z.B. der Erbeinfluss achtzig bis neunzig Prozent der Varianz des Grundwesenszuges „B: Logisches Schlussfolgern", während bspw. der genetische Einfluss auf den Wesenszug „O: Besorgtheit" nur halb so groß ist (vgl. Cattell 1950; Hundleby/Pawlik/Cattell 1965; Hundleby/Cattell 1968; Cattell 1973, S. 144-178).

## Moderation der Wirkung von Persönlichkeitsfaktoren

Cattell betrachtet die Persönlichkeit von Individuen zwar als zentrale Determinante ihres Verhaltens, geht jedoch nicht von einer Stabiliät des Verhaltens in allen unterschiedlichen Situationen aus. Vielmehr berücksichtigt er ebenso den Einfluss motivationaler und situationaler Gegebenheiten (vgl. Pervin 1996, S. 37 f.).

269

## 3 Die "Big Five" der Persönlichkeit

Licht in die Dunkelheit der Vielfalt von Eigenschaftskonzepten und auf den Weg hin zu einer weithin akzeptierten Taxonomie von Persönlichkeitseigenschaften bringt das Konzept der sog. „Big Five" oder „Five-Factor Model" (FFM). Das Konzept ist maßgeblich mit den Arbeiten von Goldberg (1981, 1990) und Costa/McCrae (1985, 1989) sowie McCrae/Costa (1990) verbunden. Zahlreiche – ganz in der Tradition des korrelativen Ansatzes durchgeführte – Untersuchungen weisen auf die Existenz von fünf die Persönlichkeit ausmachenden Faktoren hin (vgl. Barrick/Mount 1991 sowie zu einer Übersicht dieser Untersuchungen John 1990 und Mount/Barrick 1995).

### 3.1 Fünf breite Persönlichkeitsfaktoren

Goldberg (1981) hat die fünf Persönlichkeitsfaktoren als „big" bezeichnet, weil sie die Persönlichkeit sehr „breit" abdecken. Jede dieser voneinander unabhängigen Dimensionen umfasst eine große Anzahl von Charakteristika der Persönlichkeit (vgl. Goldberg 1981, S. 159). Die Big Five sind Neuroticism (N), Extraversion (E), Openness (O), Agreeableness (A) und Conscientiousness (C). In der Literatur zur eigenschaftsorientierten Personalforschung besteht hinsichtlich der Benennung der Dimensionen und hinsichtlich der ihnen zugeordneten Eigenschaften weitgehend Einigkeit (vgl. Barrick/Mount 1991, S. 3-5; John/Srivastava 1999, S. 105, 120-123). Hier wird der Bezeichnung der deutschen Fassung des NEO-Fünf-Faktoren Inventars nach Cost und McCrae (vgl. Borkenau/Ostendorf 1993) gefolgt.

#### Neurotizismus (Neuroticism (N))

Der Faktor „Neurotizismus" oder „Emotionalität" bezieht sich auf die Art und Weise, wie Personen Emotionen, insbesondere negative, erleben. Pole der Dimension sind emotionale Labilität (Neurotizismus) und emotionale Stabilität. Personen mit einer hohen Ausprägung dieses Faktors geben an, häufiger negative Gefühlszustände zu erleben und leichter aus dem seelischen Gleichgewicht zu bringen zu sein. Zudem berichten sie, häufiger betroffen, unsicher, nervös, ängstlich und traurig zu sein sowie viele Sorgen zu haben. Sie sind weniger in der Lage, ihre Bedürfnisse zu kontrollieren und neigen zu unrealistischen Ideen. Während emotional labile Personen in Stresssituationen eher gelähmt sind, lassen sich emotional stabile Menschen durch nichts so schnell aus der Ruhe bringen – sie bleiben gelassen und unbeeindruckt. Emotional stabile Personen beschreiben sich als ausgeglichen und sorgenfrei (vgl. auch zu den folgenden Dimensionen Barrick/Mount 1991, S. 3-7; Borkenau/Ostendorf 1993; Howard/Howard 2002).

#### Extraversion (E)

Diese Persönlichkeitsdimension bezieht sich auf die Souveränität im Umgang mit anderen Menschen. Extravertierte Personen sind kontaktfreudig, durchsetzungsfähig und gesellig. Während es extravertierte Menschen lieben, mitten im Geschehen zu sein, halten sich introvertierte Personen lieber abseits von Lärm und Tumult auf. Sie sind zurückhaltend und schüchtern. Aspekte dieser Dimension sind der soziale Umgang und die Ambitioniertheit. So zeichnen sich extravertierte Personen dadurch aus, dass sie optimistisch, aktiv und energisch sind. Introvertierten fehlt zwar die überschäumende Lebhaftigkeit der Extravertierten, dennoch sind sie weder unsicher noch phlegmatisch.

## Offenheit für Erfahrung (Openness (O))

Der Faktor „Offenheit für Erfahrung", „Kreativität" oder „Intellekt" bezieht sich auf die Interessen einer Person und den Umgang mit allem Neuen: mit neuen Erfahrungen, Erlebnissen und Eindrücken. Offene Personen verfügen über breite Interessen. Alles Neue reizt sie. Sie beschreiben sich als wissbegierig, intellektuell, experimentierfreudig, phantasievoll, kreativ und künstlerisch interessiert. Während offene Personen bestehende Normen kritisch hinterfragen und neue Handlungsweisen erproben, sind weniger offene Menschen eher konventionell eingestellt. Sie halten sich lieber an Vertrautes.

## Verträglichkeit (Agreeableness (A))

„Verträglichkeit", „Anpassung" oder „Freundlichkeit" bezieht sich – wie auch Extraversion – primär auf interpersonales Verhalten. Verträgliche Personen sind warmherzig und haben ein ausgeprägtes Harmoniebedürfnis. Sie zeichnen sich durch Kooperationsverhalten aus, entwickeln zwischenmenschliches Vertrauen und neigen zur Nachgiebigkeit. Verträgliche Personen begegnen ihren Mitmenschen mit Verständnis, Wohlwollen sowie Mitgefühl und sind bemüht, anderen zu helfen. Hingegen zeigen sich Personen mit niedrigen Faktorwerten wenig altruistisch. Vielmehr sind sie eher egozentrisch, antagonistisch. Sie stehen den Absichten anderer skeptisch gegenüber.

## Gewissenhaftigkeit (Conscientiousness (C))

Die Dimension „Gewissenhaftigkeit" oder „Leistungswille" beschreibt die individuelle Zielverfolgung und Aufgabenbearbeitung. Gewissenhafte Personen sind verantwortungsbewusst, ordentlich und zuverlässig. Zudem wird Personen mit hohen Skalenwerten auch Leistungsorientierung und Beharrlichkeit zugeschrieben. Sie beschreiben sich als zielstrebig, ehrgeizig, fleißig, willensstark und diszipliniert sowie genau und penibel. Hingegen verfolgen Personen mit niedrigen Werten ihre Ziele mit geringerem Engagement. Sie lassen sich leicht ablenken und beschreiben sich eher als nachlässig, gleichgültig und unbeständig. Darüber hinaus sind sie tendenziell unordentlich und unzuverlässig.

| Dimension | Subskalen des NEO-PI-R |
|---|---|
| Neuroticism (N) | Anxiety, Angry Hostility, Depression, Self-Consciousness, Impulsiveness, Vulnerability |
| Extraversion (E) | Warmth, Gregariousness, Assertiveness, Activity, Excitement-Seeking, Positive Emotions |
| Openness to Experience (O) | Fantasy, Aesthetics, Feelings, Actions, Ideas, Values |
| Agreeableness (A) | Trust, Straightforwardness, Altruism, Compliance, Modesty, Tender-Mindedness |
| Conscientiousness (C) | Competence, Order, Dutifulness, Achievement Striving, Self-Discipline, Deliberation |

Abb. 3:  Dimensionen und Subskalen des NEO Personality Inventory, Revised, von Costa/McCrae (in Anlehnung an Piedmont 1998, S. 36, vgl. Piedmont 1998, S. 84-92)

Abbildung 3 zeigt die fünf im NEO Personality Inventory, Revised (NEO PI-R, Costa/McCrae 1992) berücksichtigten Persönlichkeitsdimensionen mit ihren jeweils sechs Subskalen/Facetten (vgl. Costa 1996; Piedmont 1998).

### 3.2 Entwicklung der Persönlichkeitsfaktoren

Wie Persönlichkeitsfaktoren entstehen, ob sie primär genetisch bedingt oder vielmehr das Ergebnis situativer Gegebenheiten sind, und ob bzw. wie sie sich im Zeitablauf verändern, ist Gegenstand diverser Studien (vgl. McCrae/Costa 1990, S. 52-73). Die Forschung zeigt, dass zwischen dem zwanzigsten und dem dreißigsten Lebensjahr die Werte der Faktoren N, E und O abund die der Faktoren A und C zunehmen. Das heißt, dass Menschen in diesem Lebensabschnitt tendenziell emotional stabiler, introvertierter und weniger interessiert an Neuem werden. Sie werden angenehmer im Umgang mit anderen sowie gewissenhafter und willensstärker (vgl. Howard/Howard 2002, S. 27). Ab einem Alter von ungefähr dreißig Jahren sind Persönlichkeitseigenschaften voll ausgebildet und weisen eine sehr hohe zeitüberdauernde Stabilität auf (vgl. McCrae/Costa 1990, S. 84-89; McCrae/Costa 1996, S. 72-76). Der erbliche Einfluss auf die Faktoren variiert zwischen 28% (Verträglichkeit und Gewissenhaftigkeit), 31% (Neurotizismus), 36% (Extraversion) und 46% (Offenheit für Erfahrung) (vgl. Pervin 1996, S. 145-149; Piedmont 1998, S. 72).
Eine Vielzahl von Untersuchungen bestätigt die Existenz der Big Five und ihre Bedeutung für die Beschreibung von Persönlichkeit sowie die Güte der von Costa/McCrae entwickelten Messinstrumente (vgl. bspw. Goldberg 1981; John 1990; Mount/Barrick 1995). Zudem belegen Studien einen Zusammenhang von Persönlichkeitseigenschaften und Motiven. So werden es bspw. dominante Personen anstreben, andere zu führen (vgl. Costa/McCrae 1988; Pervin 1996, S. 45 f.).

# 4 Empirische Ergebnisse zum Zusammenhang der Big Five und Arbeitsverhalten

## 4.1 Persönlichkeitsfaktoren und zentrale Aspekte des Arbeitsverhaltens

Seit den 90er Jahren liegen zunehmend empirische Erkenntnisse zum Zusammenhang von Persönlichkeit und Arbeitsverhalten vor. Diese wurden besonders durch das Interesse an der Struktur der Persönlichkeit und der Validität von Persönlichkeitstests im beruflichen Kontext stimuliert (vgl. Furnham/Heaven 1999, S. 188).

## Zur Stärke des Zusammenhangs

Eine erste viel beachtete Untersuchung stellt diesbezüglich die Meta-Analyse von Barrick/Mount (1991) dar, die für diverse Berufsgruppen den Zusammenhang der Big Five Persönlichkeitsfaktoren mit Arbeitsleistung untersuchten. Ihrer Analyse liegen 117 Untersuchungen mit insgesamt knapp 24.000 Fällen zugrunde. Barrick und Mount können einen Zusammenhang von Persönlichkeit und Arbeitsverhalten feststellen, der jedoch von Faktor zu Faktor erheblich variiert. Zusammenhänge mittlerer Stärke ergeben sich lediglich für die Faktoren Gewissenhaftigkeit und Extraversion. Mit berufsspezifischen Korrelationen von r=0,20 bis r=0,23 und einer durchschnittlichen Korrelation von r=0,22 kann Gewissenhaftigkeit als konsistenter Prädiktor für die Arbeitsleistung aller betrachteten Berufsgruppen gelten. Bezogen auf Tätigkeiten, bei denen es auf interpersonelles Verhalten ankommt, lässt auch Extraversion eine Vorhersage auf die Arbeitsleitung zu.

Die entsprechenden Korrelationen von Extraversion und Arbeitsleistung liegen bei r=0,18 (Manager) und r=0,15 (Verkäufer). Zudem gelten Extraversion (r=0,26) und Offenheit für Erfahrung (r=0,25) über alle Berufsgruppen als Prädiktoren für Trainingserfolg. Zu berücksichtigen ist hierbei jedoch, dass es sich bei den der Studie zugrunde liegenden Trainings um sehr interaktive Weiterbildungsveranstaltungen handelt (bspw. Verkaufstrainings, Polizeischulungen) und bezogen auf weniger interaktive Maßnahmen geringere Korrelationen zu erwarten sind. Für die Dimensionen Neurotizismus und Verträglichkeit weist diese Studie keine hervorzuhebenden Korrelationen aus (vgl. Barrick/Mount 1991). Die Ergebnisse der Studie von Barrick/Mount (1991) werden im Wesentlichen durch die Meta-Analysen von Tett/Jackson/Rothstein (1991) und Salgado (1997) gestützt. Tett/Jackson/Rothstein (1991) bezogen in ihre Analyse 494 Studien mit 13.521 Fällen ein und ermittelten für den Zusammenhang der Persönlichkeit mit individuellen Leistungsgrößen eine durchschnittliche Korrelation von r=0,24.[4] Im Unterschied zu Barrick/Mount (1991) erzielten die Big Five Dimensionen Offenheit für Erfahrung und Verträglichkeit die höchsten Korrelationen mit Arbeitsleistung (vgl. Tett/Jackson/Rothstein 1991; Tett u.a. 1994). Salgado (1997) bezieht seine Meta-Analyse ausschließlich auf 36 in der EU durchgeführte Studien. Wie auch Barrick/Mount (1991) identifiziert er Gewissenhaftigkeit (r=0,25), unabhängig von der Berufsgruppe als den stärksten Indikator für Arbeitsleistung. Emotionale Stabilität erzielt mit r=0,19 die zweitstärkste Korrelation, ebenfalls über alle Berufsgruppen mit Ausnahme des Verkaufs. Hingegen stellt Salgado einen Zusammenhang von Extraversion und Arbeitsleistung nur in bestimmten Berufsgruppen fest. Offenheit (r=0,26) und Verträglichkeit (r=0,31) korrelierten positiv mit Trainingserfolg (vgl. Salgado 1997). Über Arbeitsleistung hinaus bestätigen diverse Untersuchungen Zusammenhänge der Big Five Dimensionen mit weiteren Aspekten des Arbeitsverhaltens, wie bspw. mit Absentismus (vgl. Judge/Martocchio/Thoresen 1997), Karriereerfolg (vgl. Judge u.a. 1999), Führungserfolg (vgl. Silverthorne 2001) und Arbeitszufriedenheit (vgl. Judge/Heller/Mount 2002).

### Auswirkungen des Untersuchungsdesigns auf den Zusammenhang

Tett/Jackson/Rothstein (1991) und Tett u.a. (1994) weisen darauf hin, dass die theoretische Fundierung des Konstrukts Persönlichkeit einen signifikanten Einfluss auf die Stärke des Zusammenhangs von Persönlichkeit und Arbeitsverhalten hat. So ergeben sich für Studien, die keine theoretische Verankerung aufweisen können, deutlich geringere durchschnittliche Korrelationen (r=0,04) von Persönlichkeit und Arbeitsverhalten als für theoriegestützte (r=0,24), die bspw. auf dem Konzept der Big Five basieren (vgl. Tett/Jackson/Rothstein 1991; Tett u.a. 1994, S. 168). Zudem lassen sich stärkere Korrelationen durch die Fokussierung auf bestimmte Berufsgruppen und konkreteres Arbeitsverhalten erzielen (vgl. Barrick/Mount 1991, S. 13). Ein weiterer Aspekt, der Einfluss auf die Güte des Zusammenhangs hat, ist die Breite der berücksichtigten Persönlichkeitsdimensionen. Paunonen/Ashton (2001) konnten für engere Persönlichkeitseigenschaften und ein Set, bestehend aus den Big Five und den engeren Eigenschaften, deutlich höhere Korrelationen feststellen als für die (breiten) Big Five. Bspw. wurde für den Zusammenhang zwischen den Big Five und einer mathematischen Leistungsgröße eine Korrelation von r=0,08 ermittelt. Dieser Effekt erhöhte sich durch die Ergänzung weiterer Prädiktoren (u.a. Bedächtigkeit, Kompetenz) auf r=0,34 (vgl. Paunonen/Ashton 2001, insb. S. 530-535; Paunonen 1998). Begründen lässt sich dies zum einen mit der spezifischen Erklärungsleistung der einzelnen Eigenschaft, die über das, was sie mit den anderen, derselben Persönlichkeitsdimension zugeordneten Eigenschaften gemein hat, hinausgeht. Zum anderen ermöglicht ein solches Vorgehen, genau die Eigenschaft zu betrachten, die primär für ein spezifisches Arbeitsverhalten relevant ist (vgl. Paunonen/Ashton 2001, insb. S. 531 f.).

### Die Vorhersagekraft von Gewissenhaftigkeit

Diese vorangegangenen Überlegungen werden von der Meta-Analyse von Mount/Barrick (1995) berücksichtigt. Sie stützt sich auf das Konzept der Big Five und hierbei auf die Persönlichkeitsdimension, die in vorangegangenen Meta-Analysen die größten Korrelationen aufwies: Gewissenhaftigkeit. Als Subdimensionen dieses Faktors werden Zielstrebigkeit (achievement) und Verlässlichkeit (dependability) berücksichtigt, die unter Heranziehung der Ergebnisse vorhandener Analysen gewichtet in das Konstrukt Gewissenhaftigkeit eingehen. Nicht nur auf Seiten der Persönlichkeit, sondern ebenso bzgl. des Arbeitsverhaltens nehmen Mount und Barrick eine differenzierte Betrachtung vor. So berücksichtigen sie neben einer globalen Leistungsgröße (bestehend aus Arbeits- und Trainingserfolg) spezifische Größen wie Qualitätsverhalten, Kooperation und Kreativität. Ihrer Analyse liegt ein gegenüber der Untersuchung von 1991 (vgl. Barrick/Mount 1991) auf 173 Studien und knapp 38.000 Fälle erweiterter Datensatz zugrunde. Auch in dieser Untersuchung stellten sie einen signifikanten Zusammenhang von Gewissenhaftigkeit und Arbeitsverhalten fest. Eine sehr hohe Korrelation (r=0,44) wird z.B. zwischen Gewissenhaftigkeit und dem Bemühen, qualitativ wertvolle Arbeit zu leisten, erzielt. Zudem verzeichnet die Gewissenhaftigkeit auf motivationale Größen (Zuverlässigkeit, Anstrengung, Qualitätsverhalten, Selbstorganisation und Überlebensverhalten (gemeint ist Verhalten in lebensgefährlichen Situationen, z.B. bei Polizei und Militär)) stärkere Effekte als auf Fähigkeitsgrößen (bspw. fachlicher Erfolg und Kreativität) (vgl. Abbildung 4). Andeutungsweise zeigt sich, dass es sinnvoll sein kann, sich nicht auf das Gesamtkonstrukt Gewissenhaftigkeit, sondern auf die Teildimensionen des Konstrukts zu beziehen. So beträgt die Korrelation zwischen der Zielstrebigkeit und dem Qualitätsverhalten „nur" r=0,38. Zwischen der Verlässlichkeit und dem Qualitätsverhalten beträgt die Korrelation dagegen r=0,48 (vgl. Mount/Barrick 1995, S. 170-175). Dieser engere Zusammenhang ist leicht nachzuvollziehen, erfordert doch die Einhaltung von Qualitätsstandards ein gewisses Maß an Umsicht, Bedacht und Sorgfalt, das verlässlichen Personen zugeschrieben wird. Empfiehlt es sich nun, zur Vorhersage von Arbeitsverhalten grundsätzlich auf Facetten statt auf die Big Five zurückzugreifen? Für Aussagen über spezifisches Arbeitsverhalten sollten für das jeweilige Verhalten relevante Facetten genutzt werden. Aussagen über die Arbeitsleistung allgemein lassen sich mit den breiten Dimensionen treffen (vgl. Mount/Barrick 1995, S. 174).

| Aspekt des Arbeitsverhaltens | Persönlichkeitsfaktor bzw. Facette | | |
| --- | --- | --- | --- |
| | Gewissen-haftigkeit (r) | Zielstrebigkeit (r) | Verlässlichkeit (r) |
| Arbeitserfolg | 0,31 | 0,33 | 0,30 |
| Trainingserfolg | 0,30 | 0,35 | 0,36 |
| Fachlicher Erfolg | 0,22 | 0,22 | 0,21 |
| Zuverlässigkeit | 0,41 | 0,33 | 0,47 |
| Anstrengung | 0,51 | 0,58 | 0,43 |
| Qualitätsverhalten | 0,44 | 0,38 | 0,48 |
| Selbstorganisation | 0,35 | 0,28 | 0,36 |
| Kooperation | 0,25 | 0,11 | 0,28 |
| Kreativität | 0,13 | 0,19 | -0,04 |
| Überlebensverhalten | 0,47 | 0,45 | 0,34 |
| Leistung, global | 0,31 | 0,33 | 0,30 |
| Leistung, spezifisch | 0,40 | 0,38 | 0,38 |
| Fähigkeitsgrößen | 0,22 | 0,12 | 0,20 |
| Motivationale Größen | 0,45 | 0,44 | 0,42 |

Abb. 4: Zusammenhang von Gewissenhaftigkeit und Aspekten des Arbeitsverhaltens (in Anlehnung an Mount/Barrick 1995, S. 172)

## Moderation des Zusammenhangs

Wirken Persönlichkeitseigenschaften immer gleich oder hängt ihre Wirksamkeit von weiteren Größen („Moderatoren") ab? Weiter oben habe ich schon darauf hingewiesen, dass die Berufsgruppe Einfluss auf den Zusammenhang von Persönlichkeit und (spezifischem) Arbeitsverhalten hat. Differenzierter betrachten z.B. Barrick/Mount (1993) Moderationseffekte. So zeigt sich bei Personen, die eine Tätigkeit mit großem Entscheidungsspielraum ausüben, ein deutlicher Einfluss von Gewissenhaftigkeit und Extraversion auf die Arbeitsleistung: Gewissenhafte oder extravertierte Manager, die Tätigkeiten mit einem größeren Gestaltungsspielraum nachgehen, erzielen bessere Arbeitsergebnisse als solche, deren Arbeit durch weniger Autonomie geprägt ist. Umgekehrt verhält es sich mit Managern, die sehr verlässlich sind. Sie erzielen eine höhere Arbeitsleistung, wenn ihre Tätigkeit durch weniger Autonomie geprägt ist. Dieses könnte daran liegen, dass sie aufgrund ihrer Normkonformität und ihres Kooperationsverhaltens von anderen vorstrukturierte Arbeitssituationen bevorzugen (vgl. Barrick/Mount 1993, S. 116 f.).

### 4.2 Gewissenhaftigkeit und Organizational Citizenship Behavior

### Das Konzept „Organizational Citizenship Behavior" (OCB)

Ein zunehmendes Forschungsinteresse erfährt das sog. „Organizational Citizenship Behavior" (OCB). OCB ist das wohl bekannteste Konzept des sog. Extra-Rollenverhaltens. Personen zeigen Extra-Rollenverhalten, wenn sie – wie es der Name schon verrät – mehr als das leisten, was von ihrer Rolle „eigentlich" verlangt wird (vgl. den Beitrag von Matiaske/Weller in diesem Buch). OCB ist ein multidimensionales Konzept. Zwei Dimensionen sind von besonderer Bedeutung: Eine auf Individuen bezogene Komponente wird als Altruismus (altruism) oder OCB-I bezeichnet. Sie findet ihren Ausdruck in einem helfenden Verhalten, das sich in der Regel unmittelbar gegenüber Kollegen zeigt, aber ebenso auf Kunden oder Zulieferer gerichtet sein kann. Die zweite Komponente wird als Zuverlässigkeit (generalized compliance) oder OCB-O bezeichnet. Mit ihr ist ein auf Kollegen, Vorgesetzte und Untergebene bezogenes Verhalten verbunden, das der Organisation als Ganzes zugute kommt und von dem der Einzelne nur in einer indirekteren Weise profitiert. OCB-O zeigt sich bspw. in Pünktlichkeit oder rechtzeitiger Information über Abwesenheiten. Es liegt dicht am Rollenverhalten. Erst die besondere Güte des Verhaltens lässt es zum Extra-Rollenverhalten werden (vgl. Podsakoff u.a. 2000).

### Zur Stärke des Zusammenhangs

Wie wirkt sich die Persönlichkeit auf Organizational Citizenship Behavior aus? Da der Persönlichkeitsfaktor Gewissenhaftigkeit in den einschlägigen Meta-Analysen über alle Berufsgruppen als guter Prädiktor für Arbeitsleistung gilt (vgl. Barrick/Mount 1991; Mount/Barrick 1995; Salgado 1997), sei dieser hier näher betrachtet. Gewissenhafte Personen sind zielstrebig und diszipliniert sowie verantwortungsbewusst, ordentlich und zuverlässig, sodass ein positiver Zusammenhang von Gewissenhaftigkeit und der auf die Organisation als Ganzes bezogenen Komponente von OCB „Zuverlässigkeit" (OCB-O) zu erwarten ist. Diese Vermutung wird von empirischen Ergebnissen gestützt. So ermitteln LePine/Erez/Johnson (2002) in ihrer Meta-Analyse für Gewissenhaftigkeit und OCB eine Korrelation von r=0,23 (vgl. LePine/Erez/Johnson (2002), S. 58 f.). Organ/Ryan (1995) stellen in ihrer Meta-Analyse einen Effekt von Gewissenhaftigkeit auf Zuverlässigkeit (OCB-O) von r=0,23 fest. Die Korrelation von Gewissenhaftigkeit und Altruismus (OCB-I) liegt bei lediglich r=0,04 (vgl. Organ/Ryan 1995 sowie Organ 1994; Organ/Lingl 1995, S. 347 f.; siehe auch Nikolaou/Robertson 2001, S. 167 f.).[5]

### *Zur Art des Effektes*

Organ/Ryan (1995) befassen sich in ihrer Analyse im Übrigen mit einem interessanten, weiterführenden Problem. Sie fragen, ob das Arbeitsverhalten eher von Persönlichkeitsdispositionen beeinflusst wird oder von der Bewertung der jeweiligen Arbeitssituation (wahrgenommene Arbeitszufriedenheit/Fairness). Diese Frage lässt sich nicht einheitlich beantworten. Bezüglich der Persönlichkeitsdimension „Positive Affektivität" ergibt sich nämlich ein anderes Muster der Zusammenhänge als bezüglich der Persönlichkeitsdimension „Gewissenhaftigkeit". Personen, die sich durch eine hohe Positive Affektivität auszeichnen, sind tendenziell aktiv, optimistisch, enthusiastisch und freudig. Es zeigt sich, dass die Positive Affektivität das Arbeitsverhalten nicht direkt beeinflusst – d.h. genauer: keinen direkten Effekt auf das OCB besitzt (auf andere Dimensionen des Arbeitsverhalten hat die Positive Affektivität durchaus einen Einfluss, worauf an dieser Stelle aber nicht eingegangen werden kann). Anders verhält sich dies mit den Variablen zur Bewertung der Arbeitssituation. Wer unzufrieden ist bzw. wer die Arbeitssituation als ungerecht empfindet, wird weniger geneigt sein, Extra-Rollenverhalten (im Sinne von Zuverlässigkeit (OCB-O)) zu zeigen als Personen, die zufrieden sind bzw. die ihre Arbeitssituation als gerecht empfinden. Dennoch kommt der Positiven Affektivität eine Bedeutung für zuverlässiges Arbeitsverhalten zu, weil sie Einfluss auf die Bewertung der Arbeitssituation hat (vgl. Abbildung 5).

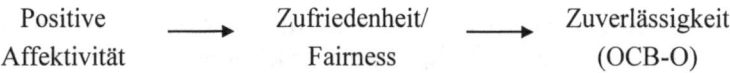

Abb. 5: Einfluss Positiver Affektivität auf Zuverlässigkeit (OCB-O)

Diese Ergebnisse besitzen einiges an Plausibilität. Die Bewertung der Situation (Zufriedenheit/Fairness) ist wesentlich enger mit der unmittelbaren Arbeitserfahrung verknüpft, als es eine Persönlichkeitsdisposition sein kann. Bewertungen schlagen sich also unmittelbarer als Persönlichkeitseigenschaften im Arbeitsverhalten nieder. Die Gewissenhaftigkeit macht diesbezüglich aber eine Ausnahme (vgl. Abbildung 6).

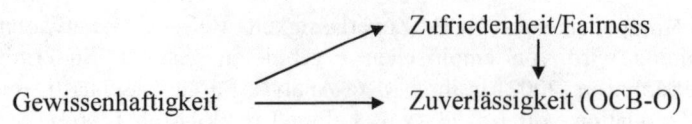

Abb. 6: Einfluss von Gewissenhaftigkeit auf Zuverlässigkeit (OCB-O)

Die Analyse von Organ und Ryan zeigt, dass die Gewissenhaftigkeit – anders als die Positive Affektivität – durchaus einen gewissen statistisch bedeutsamen Zusammenhang mit dem OCB aufweist. Auch dies ist plausibel, wenn man bedenkt, welche Eigenschaften eine Person mit einer hohen Gewissenhaftigkeit auszeichnen: Sie sind diszipliniert, ordentlich und verantwortungsbewusst. In Abbildung 7 sind die berichteten Ergebnisse der Meta-Analyse von Organ/Ryan (1995) nochmals zusammengestellt. Außerdem sind die Zusammenhänge zwischen der Gewissenhaftigkeit und der Bewertung der Arbeitssituation (Zufriedenheit/Fairness) auf einen zweiten Aspekt des OCB, den „Altruismus" (OCB-I), wiedergegeben. Hier zeigt sich nun kein Effekt der Gewissenhaftigkeit. Auch dieses Ergebnis fügt sich gut in die theoretischen Überlegungen ein. Gewissenhaftigkeit besitzt zwar eine hohe „natürliche" Affinität zu einem Arbeitsverhalten, das von hoher Zuverlässigkeit, von einer Beachtung organisationaler Regeln und Verfahrensschritte geprägt ist, ein unmittelbar auf andere Personen gerichtetes altruistisches Verhalten (also z.B. persönliche Hilfe) wird davon aber nicht stimuliert.

| | Altruismus (OCB-I) | Zuverlässigkeit (OCB-O) |
|---|---|---|
| Gewissenhaftigkeit | r=0,04 | r=0,23 |
| Positive Affektivität | 0,08 | 0,07 |
| Zufriedenheit | 0,26 | 0,24 |
| Fairness | 0,24 | 0,24 |

Abb. 7:  Einfluss von Gewissenhaftigkeit auf Zuverlässigkeit (OCB-O)
(vgl. Organ/Ryan 1995, S. 787, 790)

## 5 Abschließende Bemerkungen

Welche Schlussfolgerungen lassen sich aus diesen Ausführungen ziehen, und welche Implikationen ergeben sich für die Arbeitswelt bzw. für die Personalarbeit? Um auf das Eingangszitat von Henry Ford zurückzukommen: Ja, es ist wahr, *man bekommt immer einen ganzen Menschen (wenn man eigentlich nur ein Paar Hände braucht)!* Und dieser ganze Mensch lässt sich weder durch Kardinaleigenschaften, zentrale und sekundäre Eigenschaften noch durch sechzehn Primärdimensionen oder Big Five Persönlichkeitsfaktoren abbilden. Dennoch können bspw. das Konzept der Big Five und die mit ihm verbundene (empirische) Forschung einen Beitrag dazu leisten, das Verhalten in Organisationen besser zu verstehen. Das Konzept bietet einen Rahmen, der hilft, individuelle Unterschiede zu erfassen und ihren Einfluss auf das Arbeitsverhalten zu untersuchen. Hierbei können und sollten die vorliegenden Erkenntnisse genutzt werden,

Personen ihren Dispositionen entsprechend einzusetzen. (Nur) wenn dieses gelingt, werden sie ihren Rollenerwartungen und sich selbst gerecht. Zu einem solchen „Fit" kann aber nicht nur die Auswahl geeigneter Mitarbeiter, sondern ebenso die präventive verantwortungsbewusste Information über Anforderungen sowie die gezielte Aufgabengestaltung und Personalentwicklung beitragen.

## 6 Empfohlene Literatur

### Basisliteratur

Furnham, A. 1992: Personality at Work. The Role of Individual Differences in the Workplace, London/New York.

Furnham, A. 1997: The Psychology of Behaviour at Work – The Individual in the Organization, Hove.

Furnham, A./Heaven, P. 1999: Personality and Social Behaviour, London u.a.

*Möchte man sich mit Persönlichkeit und Arbeitsverhalten beschäftigen, kommt man an Furnham nicht vorbei. Der Autor liefert viele Ansatzpunkte für eine tiefgehende Auseinandersetzung.*

### Weiterführende Literatur

McCrae, R.R./Costa, P.T. 1990: Personality in Adulthood, New York.

Piedmont, R. L. 1998: The Revised NEO Personality Inventory. Clinical and Research Applications, New York/London.

*Beide Monographien erlauben eine intensive Beschäftigung mit den „Big Five". Während McCrae und Costa primär auf das Konzept eingehen, beschäftigt sich Piedmont mit den Möglichkeiten der Messung der Persönlichkeitsfaktoren.*

### Übersichtsdarstellungen

Amelang, M./Zielinski, W. 2002: Psychologische Diagnostik und Intervention, 3. Auflage, Berlin u.a., S. 274-379.

*Dieses Werk bietet einen aktuellen und prägnant aufbereiteten Überblick über Verfahren zur Erfassung von Persönlichkeitsmerkmalen. Neben einer exemplarischen Darstellung von Items erstreckt sich die Information auch auf die Güte und die Normierung der Testverfahren.*

Kaplan, R.M./Saccuzzo, D.P. 2001: Psychological Testing. Principles, Applications, and Issues, 5. Auflage, Belmont u.a.

*Einen ebenfalls guten Überblick bietet dieses bereits seit 1982 erscheinende und in seiner fünften Auflage vorliegende Werk zu psychologischen Testverfahren.*

Ewen, R.B. 1998: An Introduction to Theories of Personality, 5. Auflage, Mahwah/London.

Pervin, L.A. 2000: Persönlichkeitstheorien, 4. Auflage, München/Basel.

*Beide Werke vermitteln einen fundierten Überblick über zentrale Persönlichkeitstheorien – angereichert um Ausführungen zum Leben der Wissenschaftler.*

Pervin, L.A./John, O.P. (Hrsg.) 1999: Handbook of Personality. Theory and Research, 2. Auflage, New York/London.
*Dieses Herausgeberwerk bietet einen aktuellen und fundierten Zugang zu zentralen Persönlichkeitsansätzen.*

## Exemplarische Forschungsarbeiten

Mount, M.K./Barrick, M.R. 1995: The Big Five Personality Dimensions: Implications for Research and Practice in Human Resources Management, in: Research in Personnel and Human Resources Management, 13, S. 153-200.

Organ, D.W./Ryan, K. 1995: A Meta-Analytic Review of Attitutional and Dispositional Predictors of Organizational Citizenship Behavior, in: Personnel Psychology, 48, S. 775-802.
*Diese Meta-Analysen fassen die Ergebnisse der empirischen Forschung zu den Big Five Persönlichkeitsfaktoren und Arbeitsverhalten bzw. Organizational Citizenship Behavior zusammen.*

## Messinstrumente

Schneewind, K.A./Graf, J. 1998: Der 16-Persönlichkeits-Faktoren-Test. Revidierte Fassung. 16 PF-R – deutsche Ausgabe des 16 PF Fifth Edition – Testmanual, Bern u.a.
*Bei diesem Test handelt es sich um die deutsche Übersetzung des mittlerweile in der fünften Auflage vorliegenden Tests zur mehrdimensionalen Persönlichkeitsdiagnostik im Erwachsenenalter. Er zählt zu den am häufigsten eingesetzten Persönlichkeitsinventaren. Der Test besteht aus 184 Aussagen zur eigenen Persönlichkeit. Zur Bewertung der Aussagen steht eine dreifach abgestufte Skala zur Verfügung.*

Ruch, W. 2003: Deutsche Standard- (EPQ-R) und Kurzfassung (EPQ-RK) des Eysenck Personality Questionnaire Revised (EPQ-R), http://www.uni-duesseldorf.de/WWW/MathNat/Ruch/Research/epq.html, entnommen am 15.02.2003.
*Mit diesen Skalen liegt eine deutsche Version des viel beachteten Eysenck Personality Questionnaire Revised (EPQ-R) von Eysenck/Eysenck (1991) vor. Der Test dient der Erfassung der drei Eysenck'schen Superfaktoren: Extraversion, Psychotizismus und Neurotizismus. Er umfasst 102 Items in der Standardversion und 50 Items in der Kurzversion. Zur Beantwortung der Fragen stehen zwei Kategorien (Ja oder Nein) zur Verfügung. Der Test ist für den Einsatz bei Personen ab dem Alter von 16 Jahren ausgelegt.*

Eysenck, H.J./Wilson, C.D./Jackson, C.J. 1998: Eysenck Personality Profiler EPP-D. Manual, Frankfurt a.M. u.a.
*Bei diesem Test handelt es sich um die deutsche Version des neuesten von Eysenck auf der Basis seiner drei Superfaktoren entwickelten Persönlichkeitstests. Der für ältere Jugendliche und Erwachsene konzipierte Test umfasst in der Langfassung 440 und in der Kurzfassung 176 Items. Den Probanden stehen drei Antwortkategorien zur Verfügung.*

Borkenau, P./Ostendorf, F. 1993: NEO-Fünf-Faktoren Inventar (NEO-FFI) nach Costa und McCrae. Handanweisung, Göttingen u.a.

*Diese deutsche Version des Fünf-Faktoren-Inventars basiert auf dem NEO-FFI von Costa/McCrae (1989) und erfährt eine stark zunehmende Bedeutung. Auch dieser Test ist auf die Persönlichkeitsdiagnostik im Erwachsenenalter zugeschnitten. Der Test umfasst 60 Aussagen zur Beschreibung der eigenen Person. Die Bewertung der Aussagen erfolgt mittels einer fünffach abgestuften Skala.*

### Anmerkungen

[1] Zu alternativen Kausalitäten von Persönlichkeit und Arbeitsverhalten siehe Furnham (1992), S. 19 f.

[2] Nick (1972, S. 16-20) versteht die „Arbeitssphäre" als den der Arbeit gewidmeten Lebensbereich und die „Privatsphäre" als „Inbegriff des außerbetrieblichen Lebens" (Nick 1972, S. 17).

[3] Je nach zugrunde liegender Quelle unterscheiden sich die Bezeichnungen der Faktoren. Bei der hier betrachteten aktuellen deutschen Version des 16-Persönlichkeits-Faktoren-Tests (16 PF-R) von Schneewind/Graf 1998 handelt es sich um eine revidierte Version der ersten deutschen Version von Schneewind/Schröder/Cattell (1994) (vgl. kritisch zur Neuentwicklung des 16 PF Amelang/Zielinski 2002, S. 294-302 sowie zu einer Übersicht verschiedener Benennungen der Primärdimensionen Schneewind/Graf 1998, S. 10). Über die sechzehn Grundwesenszüge hinaus berücksichtigt der 16 PF fünf Faktoren höherer Ordnung, sog. Sekundärdimensionen oder Globalfaktoren, die globalere Persönlichkeitsdimensionen beschreiben: Selbstkontrolle, Extraversion, Unabhängigkeit, Ängstlichkeit und Unnachgiebigkeit. Auf sie laden die ihnen zugeordneten Primärfaktoren. Die Ergänzung um Faktoren höherer Ordnung war erforderlich geworden, weil empirische Untersuchungen ergaben, dass die Primärdimensionen nicht unabhängig voneinander sind, sondern zum Teil bis zu r=0,75 miteinander korrelieren (vgl. Cattell 1965, S. 117-122; Cattell 1973, S. 102-143; Schneewind/Graf 1998, S. 7-22; Kaplan/Saccuzzo 2001, S. 427).

[4] Die Korrelation von r=0,24 für den Zusammenhang von Persönlichkeit und Arbeitsleistung bezieht sich auf theoriegestützte Untersuchungen (N=9.054). Für die ebenfalls untersuchten explorativen Studien (N=4.467) ergab sich lediglich eine Korrelation von r=0,04 (vgl. Tett u.a. 1994, S. 158 f., 168).

[5] Konovsky/Organ (1996) ermitteln einen Effekt von Gewissenhaftigkeit auf Zuverlässigkeit (OCB-O) von r=0,15. Hingegen beträgt der Effekt von Gewissenhaftigkeit auf Altruismus (OCB-I) nur r=0,08 (vgl. Konovsky/Organ 1996, S. 258).

# Tausch

## Wenzel Matiaske

*„So gastfrei ist keiner und zum Geben geneigt,*
*daß er Geschenke verschmäht,*
*oder so wenig auf Erwerb bedacht,*
*daß er Gegengabe hasst ...*
*Dem Freunde sollst du Freundschaft bewahren,*
*Gabe mit Gabe vergilt!*
*Doch Hohn soll man mit Hohn erwidern*
*und die Täuschung mit Trug ...*
*Im Unmaß opfern ist ärger als gar nicht beten,*
*Gabe schielt stets nach Entgelt;*
*verschwendet ist schlimmer als nicht geschlachtet*
*(Eitel manch Opfer bleibt)"*
*Aus der Edda (Hávámal) zitiert nach Marcel Mauss (1984, S. 15 ff.)*

*„Denn ohne Austausch gäbe es keine Gemeinschaft, ohne Gleichheit keinen Austausch*
*und ohne Meßbarkeit keine Gleichheit." Aristoteles (1960, V.8, S. 107)*

*„Sancho Pansa, der sich übrigens dessen nie gerühmt hat, gelang es im Laufe der Jah-*
*re, durch Beistellung einer Menge Ritter- und Räuberromane in den Abend und Nacht-*
*stunden seinen Teufel, dem er später den Namen Don Quixote gab, derart von sich*
*abzulenken, daß dieser dann haltlos die verrücktesten Taten aufführte, die aber mangels*
*eines vorbestimmten Gegenstandes, der eben Sancho Pansa hätte sein sollen, nieman-*
*den schadeten. Sancho Pansa, ein freier Mann, folgte gleichmütig, vielleicht aus einem*
*gewissen Verantwortlichkeitsgefühl, dem Don Quixote auf seinen Zügen und hatte da-*
*von eine große und nützliche Unterhaltung bis an sein Ende." Franz Kafka (Die Wahr-*
*heit über Sancho Pansa)*

*„And in the end*
*the love you take*
*is equal to the love*
*you make."*
*John Lennon, Paul McCartney*


## 1 Sozialer Tausch, ökonomischer Tausch

Man tauscht einen Gruß, einen Scherz, Freundlichkeiten – einen Blick, Aufmerksamkeit, Zärtlichkeiten. Man tauscht Geschenke. Man lädt ein zum Gedanken-
austausch, zum Essen und tauscht die Positionen. Wechselt heftige Worte,
tauscht Boshaftigkeiten und kreuzt die Klingen. Man tauscht die Wimpel, empfängt mit Ehren und wird zeremoniell empfangen, tauscht die Ringe. Man tauscht
Biber gegen Hirsch, Geld gegen Brötchen, Aktienpakete – es geht schließlich um
Ökonomie. In dieser Sphäre tauscht man auch Geld gegen Arbeit, Ansprüche
gegen Leistung, Verpflichtung gegen Anerkennung. Tausch ist wie Kommunikation ein Universalphänomen des Sozialen. Entsprechend gehören Tauschtheorien

zum Grundstock der Sozialwissenschaften, auf denen Theoriegebäude errichtet werden, die gelegentlich eine ganze Disziplin charakterisieren. Wir finden Tauschtheorien in der Psychologie, der Soziologie, der Ökonomie, der Philosophie. Möglicherweise ließe sich auch das Thema der Kommunikation nahtlos in eine verallgemeinerte Theorie des symbolischen Austausches integrieren. Die Trennung zwischen Tausch und Kommunikation gilt jedoch als paradigmatische Grenzlinie zwischen Handlungs- und Systemtheorie (Luhmann 1988, S. 206 f.). Weil diese Diskussion hier zu weit führen würde, will ich mich im Folgenden auf die Kategorie des sozialen bzw. ökonomischen Tausches und die entsprechenden Theorien konzentrieren.

Für den weiteren Gang bedeutet dies zweierlei: Zum einen werde ich mich im Folgenden auf die Diskussion ausgewählter soziologischer und sozioökonomischer Theorien beschränken und sowohl (sozial)psychologische als auch philosophische Überlegungen vernachlässigen. Die Einschränkung der Darstellung lässt sich nicht allein mit dem üblichen Hinweis auf Platzmangel rechtfertigen. Zugegebenermaßen hat sie mit disziplinären Vorlieben des Verfassers zu tun. Die Konzentration hat auch didaktische Vorteile. Ich meine, dass man auf Grundlage der vorgestellten Argumentation die Querverbindungen zwischen den Theorien (und den Disziplinen) und deren Beschränkungen leicht erkennen kann. Denn als gemeinsames Thema verbindet der Tausch Soziologie und Ökonomie ebenso wie er die Disziplinen trennt. Zum anderen will ich eine ökonomische Formulierung der Tauschtheorie in den Mittelpunkt stellen und in der Diskussion der expliziten Annahmen dieser Theorie sukzessive einige Theorievarianten erläutern.

Diese Argumentationslinie gleicht dem Verlauf der Diskussion innerhalb der ökonomischen Disziplin, die sich mit der (Wieder)entdeckung der institutionellen Grundlagen der allgemeinen Gleichgewichtstheorie im Diskurs der Sozialwissenschaften nachdrücklich zurückgemeldet hat. Die hier gewählte Argumentationslinie gleicht dem Verlauf der ökonomischen Diskussion, ohne ihr zu folgen. Denn dem neuen Institutionalismus zum Trotz ist die ökonomische Kerndisziplin ungeachtet ihrer Dominanz im „Mainstream" vom Erkenntnisstand anderer sozialwissenschaftlicher Disziplinen weit entfernt. Man mache sich klar, dass Nobelpreise für die alltagsweltliche ebenso wie die – sagen wir mal – entscheidungstheoretische Banalität vergeben werden, dass auf bestimmten Märkten wie dem für Gebrauchtwagen keineswegs vollständige Transparenz herrscht, sondern asymmetrische Information (Akerlof 1970). Selbstverständlich kennen die Anbieter die Tücken ihrer Fahrzeuge besser als die potenziellen Käufer, weshalb diese ebenso selbstverständlich einen Vertrauten zum Gebrauchtwagenkauf hinzuziehen, der fachkundig gegen die Räder tritt. Nicht, dass ich diesen Nobelpreis für ungerechtfertigt hielte: Das Gegenteil ist der Fall.

Doch die Ehrung sagt möglicherweise mehr über die Dominanz der allgemeinen Gleichgewichtstheorie als über den Erklärungsbeitrag der ökonomischen Kerndisziplin zum Verhalten von Individuen und Institutionen aus. Im Anschluss an eine Übersicht klassischer tauschtheoretischer Positionen wird ein Modell im Mittelpunkt stehen, das in der soziologischen Diskussion Aufsehen erregt hat. Die Tauschtheorie James S. Colemans (1973, 1991) kann als Grundelement der zeitgenössischen Sozialtheorie – also nicht nur der Soziologie, sondern auch der

Ökonomie – auf Basis einer Theorie „rationaler Wahlhandlungen" (auch als „rational choice" oder kurz als „RC-Theorie" bezeichnet) angesehen werden. Einige Implikationen dieses Modells werden wir im Folgenden näher erkunden und dabei feststellen, dass es dem Marktmodell der mikroökonomischen Theorie erstaunlich ähnlich ist. Im Unterschied zur traditionellen Mikroökonomie analysiert die moderne Sozialtheorie individuelle Wahlhandlungen jedoch grundsätzlich als soziales Handeln und bezieht den Handlungskontext in die Theoriebildung ein. Entsprechend kann dieses Tauschmodell im Rahmen der Sozialtheorie sukzessive erweitert werden, um realitätsnähere Beschreibungen und Erklärungen zu gewinnen. Auf diesem Weg stoßen wir auf die Themen des Vertrauens und des Sozialkapitals, deren Bedeutung für das Funktionieren ökonomischer Tauschbeziehungen erst in jüngerer Zeit erkannt wird. Im Fall des sozialen Tauschs sind Vertrauen und soziales Kapital jedoch grundlegend. Weil reale Märkte notorisch unvollständig sind – ihre Unvollständigkeit ist der Grund dafür, warum es überhaupt sinnvoll ist, sich über betriebswirtschaftliches Handeln Gedanken zu machen – sind diese Überlegungen grundlegend für unsere Disziplin.

## 2 Klassische Positionen der Tauschtheorie

Es gibt nicht *die* Tauschtheorie, sondern – in mehr oder weniger strenger Abgrenzung von der Ökonomie – unterschiedliche tauschtheoretische Positionen. Die Abgrenzung vom Gegenstandsbereich der ökonomischen Theorie können wir vorläufig mit George C. Homans (1974, S. 74 f.) vornehmen. Er verweist zur Grenzziehung auf die Annahme der klassischen Ökonomie, dass kein Nachfrager einen Grund hat, wiederholt mit einem ganz bestimmten Anbieter zu handeln. „Die Soziologie dagegen beschäftigt sich gerade mit *wiederholten Interaktionen* zwischen denselben Personen, d.h. mit zwischenmenschlichen Beziehungen, die von gewisser Dauer sind." Eine Abgrenzung, die auch für sozialpsychologische Ansätze zutreffend ist. Jenseits der Einigkeit über die Abgrenzung des Gegenstandsbereiches zur Ökonomie bestehen zwischen den tauschtheoretischen Positionen jedoch erhebliche Differenzen. Peter Ekeh (1974) hat in einer wichtigen Übersichtsarbeit zwei Theorietraditionen unterschieden: die kollektivistische und die individualistische bzw. die französische und die angelsächsische Richtung. Dieses Gliederungsprinzip ist sicherlich zu grob und gibt daher, so die Kritik an diesem Buch, die Besonderheiten der theoretischen Perspektiven nur ungenügend wieder. Hier soll die individualistische Sichtweise noch in eine lerntheoretische und damit psychologisch fundierte sowie eine handlungstheoretische, ökonomisch orientierte Richtung unterschieden werden. Trotz dieser Kritik ist die Betonung der französischen Denktradition durch Ekeh wichtig, macht sie doch auf einen Klassiker der Tauschtheorie aufmerksam, dessen Werk synonym für das Besondere des Sozialtausches steht: Marcel Mauss' Essay über „Die Gabe" (1984). Mit einer kurzen Skizze dieses Essays möchte ich diese Übersicht beginnen, um anschließend mit der strukturalistischen Anthropologie des Claude Lévi-Strauss (1993) eine weitere wichtige Position zu beschreiben. Die lerntheoretisch basierte Tauschtheorie Homans' (1958, 1974) und die handlungstheoretisch angelegte Argumentation Peter Blaus (1986a) stehen exemplarisch für die individualistischen Ansätze der Tauschtheorie.

## 2.1 Die Normen der Gabe

Die Gabe ist eines jener großen Werke der Sozialwissenschaft, die weite Schatten geworfen haben und die noch immer, und sei es auch aus der Ferne, glänzen. Mauss stellt in seinem Essay eine Vielzahl verstreuter Forschungsarbeiten über den Geschenkeaustausch in primitiven Gemeinschaften vor. Den unterschiedlichen Formen des Gabentausches sind die Verpflichtungen des Gebens, des Nehmens und des Erwiderns gemeinsam. Mauss untersucht an verschiedenen Formen des Gabentausches, wie diese sozialen Normen das soziale Handeln leiten, warum sie eingehalten werden und analysiert die Wirkung des Austausches für die soziale Ordnung der Gesellschaften. Diese Vorgehensweise entspricht dem Standpunkt der klassischen französischen Soziologie, die, Durkheim (1976) folgend, die Regeln sozialen Handelns auf die Wirksamkeit sozialer Normen zurückführte.

Besonders fasziniert war Mauss von der Institution des Potlatsch. Der Potlatsch ist ein Sammelbegriff für Systeme des Gabentauschs, die vor allem bei indianischen Stämmen an der Nordwestküste Nordamerikas verbreitet waren. Ähnliche Systeme finden sich jedoch auch in anderen primitiven Gesellschaften (Harris 1995, S. 91 ff.). Die Gaben bestehen aus großen Festlichkeiten, zu denen geladen wird, oder wertvollen Gegenständen wie Kupferplatten oder Wolldecken. Die Gebenden sind i.d.R. „große Männer", also beispielsweise Stammeshäuptlinge. Diese Form des Gabentausches beschreibt Mauss mit den Worten von Franz Boas als Kreditsystem, um Freunde und Verbündete für eigene Unternehmen zu gewinnen und für die geleisteten Hilfen zu einem späteren Zeitpunkt zu zahlen. „Das wirtschaftliche System der Indianer der britischen Kolonie basiert weitgehend auf dem Kredit, ebenso sehr wie das der zivilisierten Völker. Bei all seinen Unternehmungen verläßt sich der Indianer auf die Hilfe seiner Freunde. Er verspricht, sie für diese Hilfe zu einem späteren Zeitpunkt zu bezahlen... Der Indianer hat kein Buchhaltungssystem; folglich wird die Transaktion öffentlich vollzogen, um ihr Sicherheit zu geben. Schulden machen und Schulden begleichen – das ist der Potlatsch... Man muß sich deutlich klarmachen, daß ein Indianer, der alle seine Freunde zu einem großen Potlatsch einlädt und dem Anschein nach alle in jahrelanger Arbeit angehäuften Güter verschleudert, zwei Dinge im Auge hat, die wir nur für weise und lobenswert erachten können. Sein erstes Ziel ist es, seine Schulden zu bezahlen. Dies geschieht öffentlich und mit viel Zeremoniell, in der Art eines notariellen Aktes. Sein zweites Ziel besteht darin, die Früchte seiner Arbeit so anzulegen, daß er sowohl für sich wie für seine Kinder den größtmöglichen Nutzen daraus zieht. Diejenigen, die bei einem solchen Fest Geschenke erhalten, nehmen sie als Darlehen, welches sie bei ihren laufenden Unternehmungen verwenden; doch nach einigen Jahren müssen sie es dem Geber oder seinen Erben mit Zinsen zurückgeben" (Boas 1890/99, zit. nach Mauss 1984, S. 82).

Mauss findet in der Analyse des Potlatsch eine Antwort auf die Frage, warum gegeben wird. Die Hypothese lautet, dass die Pflicht der Gabe verpflichtet. Sie schafft Gefolgschaft und sichert Freundschaft. Er stimmt der Beschreibung des Potlatsch durch Boas insofern ganz entschieden zu, mit der Ausnahme, dass er Ausdrücke wie Schulden, Zahlung, Rückzahlung und Darlehen durch die Begriffe Geschenk und Gegengeschenk ersetzt wissen will (Mauss 1984, S. 82). Der Grund für die Zurückweisung der Analogie liegt in der Analyse der zweiten Verpflichtung des Gabentausches, der des Nehmens. Die Pflicht der Entgegennahme eines Geschenkes wird man nur übernehmen wollen, wenn man bereit sein wird, diese zu erwidern. Insofern schafft der Geschenketausch im Sinne von Mauss nicht nur Beziehungen, sondern setzt ein persönliches Verhältnis zwischen demjenigen, der gibt, und demjenigen, der empfängt, voraus, und zwar bevor Ersterer Letzterem etwas gibt (Godelier 1999, S. 24). Wegen der Verpflichtung, die mit der Annahme eines Geschenkes verbunden ist, werden Geschenke nicht immer gern genommen.

Turnbull (1977, zit. nach Coleman 1991, S. 401 f.) berichtet einen Fall aus seinen Untersuchungen über den Stamm der Ik, der in großer Armut lebt. „Ein Mann kommt nach Hause und sieht, wie seine Nachbarn ungefragt das Dach seines Hauses reparieren. Obwohl er ihre Hilfe nicht will, kann er sie nicht davon abbringen." In dieser Situation geht es um die bewusste Schaffung von Verpflichtungen, die der Empfänger dem Zwang der Norm folgend möglicherweise erwidert, ohne dass er dem Tauschgeschäft beipflichtet. Die mit der Annahme eingegangene Verpflichtung motiviert die alltagsweltliche Regel, nicht von jedem Geschenke anzunehmen. Die beispielhafte Beschreibung des Potlatsch deutet bereits an, warum die Verpflichtung der Gegengabe eingehalten wird. Das Gegengeschenk löst die Verpflichtung. Ihre Verweigerung schließt aus dem System des Gabentausches aus. Die Analyse der Institution des Potlatsch enthüllt jedoch nicht nur die zugrunde liegende Norm der Reziprozität (Gouldner 1960), sondern auch warum die Gegengabe der Gabe angemessen sein soll oder, ökonomisch formuliert, warum sich auch in Systemen des Gabentausches Preisäquivalente herausbilden.

Bezüglich des Potlatsch-Systems der nordamerikanischen Indianer wird berichtet, dass sich bisweilen Gabe und Gegengabe nicht die Waage hielten, sondern die Geber sich wechselseitig zu übertrumpfen suchten. Mauss interpretiert diese Situation dahingehend, dass derjenige, der seinen Reichtum am verschwenderischsten ausgibt, an Prestige gewinnt (Mauss 1984, S. 85). Anerkennung und Statuszuweisung können also materielle Ungleichgewichte im Sozialtausch ausgleichen. Gelegentlich wurden die Gegengaben sogar zerstört, was Mauss dahingehend interpretiert, dass die demonstrative Geste der Zerstörung den Verzicht auf Rückgabe signalisiert. Nicht demonstrativer Konsum (Veblen 1981), sondern demonstrativer Konsumverzicht schafft also in diesem System Statusgewinn.[1] Mauss war sich seiner Deutungen sicher, was die Antworten auf die Fragen nach dem Geben und dem Nehmen im Sozialtausch betraf. Doch seine Antwort auf die Frage nach dem Warum des Erwiderns bleibt letztlich mysteriös. Nicht was die Erkenntnis angeht, dass ungleiche materielle Äquivalente durch Statuszuweisung ausgeglichen werden können, diese Einsicht ist vielmehr eine bleibende Errungenschaft der Tauschtheorie, sondern warum nicht nur in gleicher Höhe, sondern häufig auch eine Gabe mit den gleichen Dingen erwidert werden muss. Das Rätsel, vor dem Mauss stand, lässt sich besser verstehen, wenn wir neben dem Potlatsch noch ein anderes System des Gabentausches betrachten: den Kula. Der Kula ist ein zeremonieller Tauschhandel zwischen den Trobriand-Inseln, einer ringförmig angeordneten Inselgruppe im westlichen Pazifik, den Borislaw Malinowski (1979) beschrieben hat. Bei diesem Tauschhandel werden nicht Gebrauchs-, sondern Wertgegenstände – Malinowski vergleicht ihre Bedeutung für die Trobriander mit der der Kronjuwelen für die europäischen Königshäuser – in zwei Richtungen entlang der Inseln ausgetauscht. Im Uhrzeigersinn von Westen nach Osten wandern die „soulava", aus rotem Perlmutt hergestellte Halsketten. In entgegengesetzter Richtung reisen aus weißen Muscheln gefertigte Armreifen, „mwali" genannt. Auch hier bleibt der zeremonielle Handel den Häuptlingen vorbehalten, obwohl die Expeditionen zur jeweiligen Nachbarinsel das gesamte soziale Leben für eine gewisse Zeit prägen und diese viele Personen umfassen.

Der Austausch beginnt mit dem Bau von seetauglichen Kanus für eine gefährliche Expedition zur Nachbarinsel, um dem Nachbarvolk unter großem Zeremoniell eine Eröffnungsgabe zu überbringen. Die Gegengabe erfolgt zeitversetzt, etwa nach einem Jahr und einer ebenso gefahrsamen Expedition der Nachbarn. Lokal oder dyadisch ausgeglichen wird der Handel durch den verzögerten Austausch von „soulava" gegen „mwali". Der ausgleichende Austausch gelingt jedoch nur, wenn die Kette über die Inselgruppe hinweg, entlang der Route des Kula, nicht unterbrochen wird. Funktioniert der globale Zyklus nicht, so leidet der Ruf des Gebers – auch in diesem Austausch steht der Status auf dem Spiel. Gegebenenfalls kann jemand, der nicht in der Lage ist, seine Tauschverpflichtungen zu erfüllen, eine tröstende Gabe, d.h. materielle Güter wie Yams oder andere Gartenfrüchte, anbieten, die ihn aber nicht endgültig von seiner Pflicht entbindet. Auch der Kula-Tausch stiftet langfristig stabile Beziehungen; Freunde in der Nähe und freundlich gesonnene Verbündete auf entfernteren Inseln (Malinovski 1979, S. 115 ff.). Darüber hinaus ist der Kula von einem einfachen ökonomischen Warentausch begleitet. Jedoch ist dieser „Handel mit Feilschen" strikt vom zeremoniellen Kula getrennt.[2]

Heute liegen einige Versuche vor, das Rätsel des Kula, der diese überaus komplizierte Figur des Sozialtauschs impliziert, auf strikter Basis der RC-Theorie zu lösen. Ziegler (1986) modelliert beispielsweise die Tauschsituation des Kulas als Kette iterierter Gefangenendilemmata, um die Route kooperativer Tauschbeziehungen auf der Grundlage eigeninteressierter Akteure verständlich zu machen. Mauss fehlten diese Einsichten in die moderne Spieltheorie, und es fällt uns nicht schwer zu verstehen, warum er stattdessen eine andere Lösung für das Problem der Gegengabe suchte. Mauss begründet die Pflicht zur Erwiderung mit einer moralischen Ökonomie, deren Grundlage er in der Interpretation der Erzählung eines Maori-Informanten findet. Das „hau" einer in den rituellen Austausch einbezogenen Sache, eine geistige Macht, die mit dieser Sache verbunden ist, verpflichtet letztlich zur Gegengabe. Die Sache, die der Geber gibt, ist kein lebloses Gut. Sie bleibt mit dem Geber verbunden, bleibt durch das „hau" ein Stück von ihm. „Durch sie hat er Macht über den Empfänger, so wie er durch sie, als ihr Eigentümer, Macht über den Dieb hat" (Mauss 1984, S. 33). So fremd unseren aufgeklärten Ohren diese Erklärung der ritualisierten Gegengabe auch klingt, wir sollten sie nicht ohne weiteres auf den Haufen verworfener sozialwissenschaftlicher Hypothesen werfen. Einer meiner Kollegen, ein mit beiden wissenschaftlichen Beinen fest in der rationalen Ökonomie verwurzelter Volkswirt, erzählte in seiner Weihnachtsvorlesung, dass er ein Weihnachtsgeschenk seiner Großmutter – ein Paar handgestrickte Socken, die es in ähnlicher Qualität und zu einem angemessenen Preis in vielen Läden zu kaufen gibt – seit langen Jahren und über viele Umzüge hinweg mit sich schleppe, aber selbstverständlich nicht trage. Wir nennen es nicht „hau", sondern Erinnerung und Gefühl: Im Verständnis des Maori-Informanten ist es die nicht erwiderte Gegengabe an die verstorbene Großmutter, die dieser Macht über meinen Kollegen verleiht.[3]

Nun habe ich den Leser, der etwas über das Verhalten in Organisationen erfahren möchte, Mauss folgend in ferne Lebenswelten entführt. Lösen wir uns einen Moment aus den Assoziationsketten, die zum Topos des „edlen Wilden" führen, und übertragen die Institutionen des Potlatch und des Kula auf das Verhalten „eigennütziger Zivilisierter" im Berufsleben moderner Organisationen. Spielen normativ geregelte Sozialtauschbeziehungen in unseren Organisationen überhaupt eine Rolle? Als Standardbeispiel der Tauschtheorie, wir werden es im weiteren Verlauf genauer kennen lernen, gelten informelle Sozialtauschbeziehungen zwischen Kollegen. Man tauscht beispielsweise Informationen, Ratschläge oder hilft anderen. Die Verpflichtung, anderen zu helfen, beruht auch in diesen Beziehungen auf Gegenseitigkeit. Wer anderen grundsätzlich nicht zur Seite steht, wird in schwieriger Lage sehen, wie er selbst zurechtkommt. Doch nicht immer kann in gleicher Weise zurückgegeben werden. In solchen Situationen erweist sich wie im Potlatch die Vergabe von Anerkennung als mögliche Gegengabe, die insbesondere derjenige erhält, der sich als großzügig erweist. Der erfahrene Kollege, der dem Neuen mit Rat und Tat zur Seite steht, wird von diesem durch Anerkennung entschädigt. Möglicherweise schafft er durch seine Hilfe auch langfristige Gefolgschaft: Verpflichtungen sind die Grundlage von Netzwerken und Seilschaften in Organisationen. Informelle Normen regeln, in welchen Situationen die Bitte um Hilfestellung gerechtfertigt ist und in welchen man sich selbst zu kümmern hat. Schließlich finden wir in modernen Organisationen wie im Kula ritualisierte Tauschhandlungen, die der Beziehungspflege dienen. Geschenke zu Geburtstagen und Einladungen zum Frühstück gehören ebenso dazu wie der Austausch von Scherzen und Freundlichkeiten. Das wohl bekannteste Beispiel einer innerbetrieblichen Scherzbeziehung ist die zwischen Miss Moneypenny und Mr. James Bond. Von diesem erfolgreichen Geheimagenten lernen wir, dass Scherzbeziehungen nicht nur zum Spaß gepflegt werden, denn Ms. Moneypenny ist die Sekretärin des Chefs.

## 2.2 Die Strukturen der Verwandtschaft

Für seine Deutung, dass die in den Gabentausch einbezogenen Sachen eine Seele besitzen und die Seele der Dinge Verbindungen stiftet, hat Mauss Essay fachwissenschaftliche Kritik erfahren.[4] Einer der schärfsten Kritiker der von Mauss vertretenen These, dass das „hau" die Verbindung zwischen Beschenktem und Schenkendem stiftet, ist Lévi-Strauss. In einer „Einleitung in das Werk von Marcel Mauss" notiert er, dass der Glaube, die Auffassungen der Menschen von der sozialen Realität – also Mauss' Aussagen des Maori-Informanten – als Erklärung eines sozialen Phänomens zu akzeptieren, die Sozialwissenschaften auf einen gefährlichen Pfad führt, der ihren Untergang bedeuten könnte. „Die Ethnographie würde sich dann in eine wortreiche Phänomenologie auflösen, in ein fälschlich naives Gemisch, in welchem die anscheinende Dunkelheit des Denkens der Eingeborenen nur hervorgehoben würde, um die ansonsten allzu greifbare Verworrenheit des Denkens des Ethnographen zu verdecken" (Lévi-Strauss 1989, S. 36 f.). Vielmehr ist aus seiner Sicht das „hau" nicht der Grund des Austausches, sondern nur die bewusste Form einer Begründung, in der die Menschen eine unbewusste Notwendigkeit ausdrücken. Das „hau" ist dann also nichts anderes als Mythos oder Ideologie.

Diese Kritik ist eng mit der theoretischen Position verbunden, die Lévi-Strauss in seinem frühen Hauptwerk mit dem Titel „Die elementaren Strukturen der Verwandtschaft" erarbeitet hat. Der von ihm vertretene Strukturalismus soll durch Übernahme der Verfahrensweisen der modernen Linguistik die Grammatik des Sozialen erschließen. Die kollektiven Vorstellungen, die Erzählungen über das Soziale – also auch die Vorstellung eines „hau" – sind in dieser Sichtweise lediglich Bezeichnungen (Signifikanten), die mit dem Bezeichneten (Signifikat), der wirklichen Welt, nur lose verknüpft sind. Diese Verbindung zu entschlüsseln und die den Erzählungen zugrunde liegenden Strukturen zu enthüllen, ist die Aufgabe der strukturalistischen Sozialwissenschaft.[5] Hier muss es bei diesem Hinweis auf die Kernidee des Strukturalismus verbleiben; zur Einführung in diese Variante der Sozialtheorie sei auf das Buch von Schiwy (1984) verwiesen.

In unserem Zusammenhang sind lediglich einige zentrale Ergebnisse Lévi-Strauss' über die elementaren Strukturen der Verwandtschaft von Interesse. In diesem Werk erweist sich Lévi-Strauss (1993, S. 18) als entschiedener Verfechter einer Tauschtheorie, der wie Mauss davon überzeugt ist, dass der Austausch als „totales" soziales Phänomen das soziale Leben insgesamt prägt. Er geht soweit, dass er die Verwandtschaft als Ergebnis eines Austauschs interpretiert, nämlich dem des Tausches von Frauen zwischen Männern. Die grundlegenden Strukturen des Austausches von Frauen gilt es zu entschlüsseln, um komplexe soziale Systeme auf Basis der Verwandtschaft zu verstehen. Das Material, aus dem Lévi-Strauss die Grammatik der Verwandtschaft erschließt, sind eine Vielzahl, auf den ersten Blick unterschiedlicher Heiratsregeln. Als elementare Strukturen bezeichnet Lévi-Strauss solche Systeme von Heiratsregeln, die die Mitglieder einer Verwandtschaftsgruppe in verbotene und mögliche Gatten einteilen.

Diese Systeme unterteilt er in sogenannte eingeschränkte oder wechselseitige und verallgemeinerte oder einseitige Tauschsysteme. Die Systeme unterscheiden sich in der Spezifikation der Exogamieregel. Im einfachen Fall der sogenannten *bilateralen* Kreuzkusinenheirat, in der als Heiratspartnerinnen die Töchter des Mutterbruders und die Töchter der Vaterschwester in Betracht kommen, sind zwei Abstammungsgruppen direkt wechselseitig miteinander verbunden. Eine Abstammungsgruppe gibt bzw. empfängt eine Frau. Diese Konstellation führt zu eingeschränkten, direkt reziproken Tauschzyklen, die Lévi-Strauss auch als System der dualen Organisation charakterisiert. Längere Tauschzyklen, die durch einseitige Geber und Empfängerbeziehungen gekennzeichnet sind, bilden sich dagegen auf Basis der *matrilinearen* Kreuzkusinenheirat. In diesem Fall ist die

Heiratsklasse auf die Töchter des Mutterbruders begrenzt und es bedarf zumindest einer Triade von drei Abstammungsgruppen, um den Tauschzyklus auszugleichen. Es empfängt also nicht eine Abstammungsgruppe A eine Frau aus der Gruppe B und umgekehrt, sondern wie im Kula kann der Tauschzyklus nur durch einseitiges Geben von A an B, von B an C und von C an A ausgeglichen werden. Die Details dieser Heiratsregeln brauchen uns hier nicht weiter zu interessieren. Deutlich sollte jedoch geworden sein, warum Lévi-Strauss Heiratssysteme vom Typus der dualen Organisation als solche charakterisiert, die auf „Barzahlung" bestehen, und Systeme des verallgemeinerten Austauschs in ökonomischer Analogie als solche beschreibt, die aufgeschobenen Austausch im Sinne von „Termingeschäften" praktizieren (Lévi-Strauss 1993, S. 596 ff.). Mit der Unterscheidung in reziproke und generalisierte Tauschsysteme hat Lévi-Strauss zwei fundamentale Kategorien entwickelt, die in der weiteren Entwicklung der Tauschtheorie immer wieder aufgegriffen worden sind. Wir werden diesem Begriffspaar in der Diskussion der modernen Tauschtheorie wieder begegnen.

Auch eine zweite Thematik, die ein Leitmotiv der tauschtheoretischen Literatur geworden ist, geht auf Lévi-Strauss zurück: Die Stabilisierung der sozialen Gemeinschaft durch Tauschbeziehungen. Im Fall verwandtschaftlicher Bande aufgrund spezifischer Heiratsregeln ist diese Thematik offenkundig. Lévi-Strauss ist in diesem Zusammenhang der Meinung, dass beide Systeme auf unterschiedliche Weise zur Entwicklung der Solidarität zwischen den Abstammungsgruppen führen. Sind aber nicht stabile Beziehungen bereits Voraussetzung für das Gelingen des Austauschs? Und ist generalisierter Austausch in dieser Hinsicht nicht voraussetzungsvoller als direkt reziproke Beziehungen? Selbstverständlich hilft man einander unter Kollegen in der eigenen Arbeitsgruppe. Auch wenn der direkt Begünstigte die empfangene Leistung nicht erwidern kann: Die eigene Großzügigkeit zahlt sich aus, weil das „Wir-Gefühl", das sich mit jeder Hilfsleistung verstärkt, dazu beiträgt, dass beizeiten dem Großzügigen von anderer Seite geholfen wird.

Sollte man aber Fremden, also Kollegen aus anderen Arbeitsgruppen oder Unternehmen so selbstverständlich zur Seite stehen? Weil man nicht wissen kann, ob man sich mit Sicherheit zweimal sieht, besteht man vorsichtshalber auf Gegenleistung. Außerhalb der durch strikte Abstammungsregeln regierten Welt des Frauentausches geht Großzügigkeit mit sozialer Nähe einher und verliert sich mit wachsender sozialer Distanz. Im Nahbereich der direkten Nachbarn gilt der Modus generalisierter Tauschsysteme, doch gegenüber entfernten Bekannten besteht man auf direkter Einlösung einer Schuld (Matiaske 1999, S. 136 ff.); insofern unterscheiden sich moderne Sozialsysteme nicht von primitiven Gesellschaften. Die enge Korrelation von sozialer und räumlicher Nähe hat sich in modernen Organisationen jedoch aufgrund sozialer Differenzierung gelockert, weshalb Experten gelegentlich eher mit Fachkollegen in anderen Organisationen Sozialtauschbeziehungen pflegen als mit den Kollegen im benachbarten Büro. Ein wirksamer Mechanismus, um Sozialsysteme zu stabilisieren, ist der Austausch von Personal. Man gewinnt zwar keinen Schwager als mithelfenden Verwandten wie im Heiratstausch von Frauen zwischen Clans, wenn man einen Vertreter der

Hausbank in den eigenen Aufsichtsrat einbindet, jedoch eine verlässliche Beziehung zum Finanzkapital. Auch bei Fusionen oder der Gründung von Gemeinschaftsunternehmen hilft der Austausch von Personal, um generalisierte Tauschsysteme – eine gemeinsame Unternehmenskultur – unter den Mitarbeitern der beteiligten Organisationen zu etablieren.

## 2.3 Wechselseitige Konditionierung

In der angelsächsischen Soziologie ist zunächst die Position George Casper Homans' vorzustellen, dessen eigene Entwicklung einer tauschtheoretischen Position nicht zuletzt aus der kritischen Auseinandersetzung mit der Analyse sozialer Tauschsysteme durch Lévi-Strauss motiviert ist (Homans/Schneider 1962). Im Anschluss an diese Auseinandersetzung und einen programmatischen Artikel (Homans 1958) baut er die bereits in der Theorie der sozialen Gruppe (Homans 1978) angelegte Tauschtheorie in einem Buch über die Elementarformen des sozialen Verhaltens (Homans 1974) systematisch aus. Homans Tauschtheorie basiert auf der reduktionistischen Programmatik seiner Soziologie folgend, auf der Psychologie, genauer auf der Skinner'schen Lerntheorie des operanten Konditionierens. Die Übertragung der in der Skinner-Box gewonnenen Erkenntnisse auf soziales Verhalten verlangt Homans folgend lediglich, dass die Verstärkung eines Verhaltens nicht mehr durch einen externen Experimentator erfolgt, sondern durch die in der sozialen Situation agierenden Menschen selbst. Lächeln, freundliche Gesten und eröffnende Gaben bzw. grimmige Mienen, Drohgebärden und Abbruch der Tauschhandlungen ersetzen Futtergabe bzw. Stromschlag. Wie die Tauben in der Skinner-Box, die das unwahrscheinliche vollbringen und einen über Leuchtsignale vermittelten Dialog führen, stabilisiert sich die soziale Situation der „doppelten Kontingenz"[6] in wechselseitigen Tauschhandlungen, denen die Belohnung oder Bestrafung inhärent ist.

Homans (1974, S. 26) ist jedenfalls der festen Überzeugung, dass jenseits der Theorie operanten Konditionierens keinerlei neue Sätze notwendig sind, um soziales Verhalten oder Tauschverhalten zu beschreiben und zu erklären. Um die Grundfragen der Tauschtheorie – das Geben, das Nehmen und das Erwidern (in gleichem Ausmaß) – lerntheoretisch zu beantworten, leitet Homans aus der Theorie des operanten Konditionierens die Prinzipien der Verstärkung, der Generalisierung, der Sättigung und der Gerechtigkeit ab. Anhand eines Fallbeispiels – der von Peter M. Blau (1955, S. 49 ff.) untersuchten informellen Austauschbeziehungen in einer Behörde – erläutert Homans diese Prinzipien. Kollegen helfen einander bei der Arbeit, wobei sie Hilfestellungen gegen soziale Anerkennung austauschen. Die Analyseeinheit ist prinzipiell der dyadische Tausch zwischen Ego und Alter. Nur gelegentlich wird noch ein weiterer Kollege, der „Dritte Mann", in die Betrachtung einbezogen. Die beteiligten Personen lernen in wechselseitiger Beeinflussung Anerkennung gegen Hilfe bei der Arbeit auszutauschen und dieses Verhalten auf andere Situationen zu übertragen. Meines Erachtens ist die Argumentation in strikter Anlehnung an die allgemeinen Regeln operanten Konditionierens allerdings an zwei Stellen nicht bruchlos zu führen. Der erste Punkt betrifft das Prinzip der Sättigung. Dieses trifft für soziale Interaktionen nur bedingt zu. Positiv verlaufende Interaktionen führen zur Entwicklung von Zuneigung und weitergehend zu einer Verstärkung der zwischen den Personen vorhandenen Freundschaftsgefühlen. Personen, die Gefühle der Zuneigung füreinander hegen, werden diese Gefühle in Aktivitäten, also Interaktionen oder, nun genauer, Tauschhandlungen ausdrücken. Daraus resultiert eine sich selbst verstärkende Rückkopplungsstruktur.

In seinem Buch zur „Theorie der sozialen Gruppe" liefert Homans mit der Reanalyse der Hawthorne-Untersuchungen ein anschauliches Beispiel. Aus den arbeitsbezogenen Hilfsbeziehungen der Arbeiter im Bank-Wiring-Room entwickelten sich freundschaftliche Bindungen. Die positive Rückkopplungsstruktur führte zur Ausdehnung der Interaktionen auch auf gemeinsame Aktivitäten in der Freizeit (Homans 1978, S. 146). Der Austausch genügt insofern nicht dem Prinzip der Sättigung, sondern erschließt sich neue Felder, auf denen weitere wiederholte Tauschhandlungen wahrscheinlich sind. Die Figuration wechselseitiger positiver Verstärkung markiert allerdings eine Trennungslinie zwischen extrinsisch und intrinsisch motivierten Formen des sozialen Austauschs. Bei extrinsisch motiviertem Sozialtausch richtet sich das Interesse wie im ökonomischen Tausch auf die Güter des Anderen (Hilfestellung, Anerkennung). Beim intrinsischen sozialen Tausch dagegen werden gemeinsame Aktivitäten wegen des Interesses an der Beziehung zur anderen Person unternommen. Die zweite Bruchstelle ist die Annahme der Verteilungsgerechtigkeit, wie in der kommentierenden Literatur regelmäßig angemerkt wird (Ekeh 1978). Nach Homans hängt es von der wahrgenommenen Gerechtigkeit ab, ob in bestimmter Höhe zurückgegeben wird. Das Gerechtigkeitsprinzip lässt sich aber nicht aus der Skinner'schen Lerntheorie ableiten. Die wahrgenommene Gerechtigkeit ist Ergebnis einer Abwägung der eigenen Leistungen und der empfangenen Belohnungen im Vergleich zu denen einer Bezugsgruppe (Adams 1963). Die subjektive Fragestellung lautet, wie es anderen in ähnlicher Lage ergeht. In diesen Analysen Homans' taucht folgerichtig der „Dritte Mann" wieder auf, der den Bezugspunkt des Vergleichs repräsentiert und stellvertretend die Einhaltung der Fairness im Austausch sichert. Ganz ohne normativen Bezugspunkt gelingt Homans die Konstruktion der verhaltenstheoretischen Tauschtheorie also nicht.

## 2.4 Interaktionen rationaler Akteure

Der Einfluss der frühen Arbeiten Blaus auf die Homans'sche Tauschtheorie ist reziprok von ihm aufgenommen worden. In seinem Buch „Power and Exchange in Social Life" nimmt Blau (1986a) die Anregungen Homans' auf und entwickelt eine eigenständige Variante der Theorie des Sozialtausches. Der zentrale Unterschied zum Homans'schen Reduktionismus, also der zurückführenden Erklärung sozialen Handelns auf psychologische Gesetzmäßigkeiten, ist im Rückblick Blaus auf die eigene Arbeit prononciert zu benennen: Er erweist sich in seiner Formulierung der Tauschtheorie als entschiedener Verfechter eines Antireduktionismus, denn nach seiner Auffassung ist in den Sozialwissenschaften nicht nur das zu Erklärende (das Explanandum), sondern auch das Erklärende (das Explanans) sozialen Ursprungs (Blau 1986b). Mit dieser Auffassung – Soziales durch Soziales zu erklären – stellt sich Blau in die Tradition Durkheims. Anders als die klassische französische Soziologie, deren Erklärungsprinzip wir hier mit Mauss'

Überlegungen zur Gabe kennen gelernt haben, basiert Blau seine Analyse des Sozialtauschs nicht auf dem Konzept normativer Standards. Er teilt jedoch, und in diesem Sinne zitiert er Durkheims Formel, die Skepsis gegenüber einer Erklärung sozialer Phänomene allein auf der Basis psychologischer Erkenntnisse. Blau distanziert sich damit von Homans' verhaltenstheoretischem Versuch und basiert seine Tauschtheorie auf der Vorstellung voluntaristischer rationaler Akteure. Diese mikrosoziologische Sichtweise[7] geht davon aus, dass die Handelnden grundsätzlich eine Wahl haben. Sie entscheiden bei diesen Wahlhandlungen nach dem Prinzip des größten Nutzens. Ein Handeln mit Bezug auf einen Anderen, also soziales Handeln und hier eben Austausch, kommt nur dann zustande, wenn beide Tauschpartner davon profitieren. Diese Sicht ist einer ökonomischen Formulierung schon recht ähnlich. Blau nähert sich der Ökonomie durch Übernahme des Marginalprinzips in das Konzept der Rationalität noch weiter an und verwendet darüber hinaus Techniken der ökonomischen Analyse wie Indifferenzkurven oder die Edgeworth-Box. Schließlich reformuliert er die Minimalsituation sozialen Handelns, also die Situation der doppelten Kontingenz, als spieltheoretisches Gefangenendilemma. Versuchen sich die Akteure wechselseitig zu übervorteilen, also vom Anderen etwas zu bekommen, ohne den Tausch zu erwidern, stehen am Ende beide schlechter da, denn keine Seite wird in den Tausch einwilligen. Der Sozialtausch, der beide Seiten besser stellt, kommt nur zustande, weil sich die Akteure wieder begegnen können oder internalisierte soziale Normen wie die der Reziprozität Verlässlichkeit signalisieren (Blau 1986a, S. 255 ff.).

Sind sozialer Tausch und soziale Tauschtheorie also nichts anderes als krude Ökonomie? So scheint es und wir werden im Folgenden sehen, dass die moderne Tauschtheorie in der von Blau aufgezeigten Richtung weitergegangen und der Ökonomie noch näher gekommen ist. Dabei greift sie drei Themen auf, die Blau bereits ebenfalls ausgearbeitet hatte: Macht, Vertrauen und die Emergenz sozialer Beziehungen. Weil uns diese Themen auch im Folgenden begegnen, können wir diesen wichtigen Vorläufer der modernen Tauschtheorie nun verlassen.

## 3 Sozialer Tausch in ökonomischer Perspektive

Während sich frühe Formulierungen der soziologischen Tauschtheorie um strikte Abgrenzung von der Ökonomie bemühten, gilt dies für zeitgenössische Positionen nicht in gleicher Weise. Die Annäherung ist nicht nur in den Inhalten abzulesen – bereits Homans und Blau thematisieren vor allem organisationssoziologische Themen – sondern auch an den theoretischen Annahmen und der Methodik. Namentlich sind es vor allem Richard M. Emerson (1962) und James S. Coleman (1973, 1991), die für die Annäherung der Disziplinen stehen. Emerson erarbeitet in seiner dyadisch angelegten Tauschtheorie die Verbindung zur Thematik der Macht (vgl. den Beitrag von Nienhüser in diesem Band). Diese ist letztlich ein Spezialfall der allgemeineren Tauschtheorie Colemans (Matiaske 1998). Dessen Tauschmodell wird im Folgenden im Mittelpunkt stehen, und wir werden sehen, wie die zuvor erarbeiteten Themen die zeitgenössische Tauschtheorie begleiten.

### 3.1 Sozialer Markttausch

Für Colemans (1991) Sozialtheorie ist eine strikte mikrosoziologische Ausrichtung, ganz ähnlich der Mikroökonomie der Volkswirtschaftslehre, charakteristisch. Der Grundbaustein dieser Sichtweise sind rational handelnde, d.h. im Normalfall ihren eigenen Nutzen maximierende Akteure. Die zu erklärenden Phänomene sind jedoch nicht diese Handlungen auf der Mikroebene, sondern kollektive Effekte dieses Handelns. Weil die Handlungseffekte gleichsam auf höherer Ebene liegen und aus dem Zusammenwirken der Einzelhandlungen entstehen, spricht man von den kollektiven Effekten auch als der sogenannten Makro-Ebene. Der methodologische Individualismus, so bezeichnet man das allgemeine Prinzip der Erklärung in derartigen Theorien, strebt eine Mikro-Makro-Verbindung an, um kollektive Phänomene zu erklären. So kommt es beispielsweise zu einer Feuerfluchtpanik mit möglicherweise vielen Opfern, wenn die Individuen in einem brennenden Gebäude – individuell betrachtet rational, aber kollektiv gesehen planlos und ungeordnet – zum Ausgang stürmen. Die Makroeffekte sind also nicht notwendig von den Einzelnen intendiert, sondern ein emergenter Verbundeffekt ihrer Handlungen.

Auf Coleman geht die Systematisierung zurück, dass die Handlungen der Akteure nicht im sozialfreien Raum stattfinden, sondern Rand- oder Kontextbedingungen der individuellen Handlungen in derartigen mikrosoziologischen Erklärungen berücksichtigt werden. Diese Kontexte sind in aller Regel wiederum auf der Makro-Ebene angesiedelt, weshalb man auch von Makro-Mikro-Makro-Erklärungen spricht (Esser 1993). Analysiert man beispielsweise die Effekte des Weiterbildungsverhaltens von Mitarbeitern für eine Organisation als Übergang von der Mikro- zur Makro-Ebene, sind die Randbedingungen der individuellen Weiterbildungsentscheidungen zu berücksichtigen. Eine Randbedingung auf der Makro-Ebene ist die betriebliche Altersstruktur und die mit ihr verbundenen Chancen, das erworbene Wissen individuell zu nutzen. Verhindert ein Bewerbungsstau den Aufstieg der jüngeren Arbeitnehmer, wird man nicht nur die Weiterbildungsabstinenz älterer Mitarbeiter erklären können, die in den verbleibenden Berufsjahren wenig Chancen sehen, ihre Weiterbildungsinvestitionen zu amortisieren, sondern auch das Verhalten der jüngeren Mitarbeiter, die zumindest in dieser Organisation kaum Möglichkeiten erkennen, Weiterbildung in Karrierechancen ummünzen zu können. Der Effekt auf der Makro-Ebene der Organisation wäre in diesem Fall ihre geringe Innovationsfähigkeit.

Von zentraler Bedeutung für mikrosoziologische Erklärungen dieses Typs sind allgemeine oder prototypische Modelle, die geeignet sind, eine Klasse von Verbundeffekten im Mikro-Makro-Übergang zu erklären und die gegebenenfalls für ein spezifisches Problem zugeschnitten werden können. In seinen „Grundlagen der Sozialtheorie" entwirft Coleman eine Reihe solcher prototypischer Modelle. Hervorheben möchte ich Modelle, die Herrschaftsbeziehungen behandeln, soziale Beziehungen also, in denen Akteure freiwillig oder unfreiwillig Handlungsrechte an einen übergeordneten (kollektiven) Akteur abgeben. Ein zentrales Erklärungsmuster im Zusammenhang mit der Gründung kollektiver Akteure ist das der „Ressourcenzusammenlegung". Die Handelnden geben Ressourcen an einen kollektiven Akteur ab und vereinbaren Regeln, wie über die Verwendung des Ressourcenpools zu entscheiden und mögliche Erträge zu verteilen sind. Sozialversicherungssysteme, die Gründung von Gemeinschaftsunternehmen, aber auch viele Phänomene des Sozialtausches fallen unter diesen Erklärungstyp. Wenn beispielsweise Jagdgemeinschaften die Beute unabhängig vom Erfolg der Jäger untereinander aufteilen und das individuelle Jagdglück durch Gerechtigkeit ausgleichen, um eine gleichmäßige Versorgung der Gemeinschaft zu sichern, so handelt es sich um ein typisches Phänomen der Ressourcenzusammenlegung. Die Sozialanthropologie bezeichnet diesen Typus des Tausches mit dem Terminus der Redistribution (Polanyi 1959), und einige der oben diskutierten Fälle, insbesondere der Potlatsch, werden als Systeme der Ressourcenzusammenlegung klassifiziert. Colemans Tauschmodell, obwohl ursprünglich zur Analyse kollektiver Entscheidungsprozesse entwickelt (Coleman 1964), ist dagegen ein Erklärungsmuster, das für den direkten Austausch unter Gleichgestellten, also für Kooperationen ohne die Übertragung von Handlungsrechten an einen kollektiven Akteur, zugeschnitten ist. In späteren Ausarbeitungen wird dessen allgemeinere Verwendbarkeit deutlich (Coleman 1973, 1991).[8] Das Grundmodell beschreibt den Austausch von Ressourcen, Coleman spricht von Ereignissen zwischen Akteuren auf einem vollkommenen Markt.

Die Akteure, wir nehmen im Weiteren der Einfachheit halber Personen an, werden im Normalfall wie schon bei Blau als rationale Egoisten beschrieben. Egoisten sind sie, insofern sie sich weder durch das Leid anderer zu uneigennützigen Taten verpflichtet fühlen noch gegenüber anderen, die besser gestellt sind als sie selbst, Neid empfinden. Rational sind sie emotionslose Geschöpfe, weil sie ihren eigenen Nutzen verfolgen und wenn möglich maximieren. Eine zugegebenermaßen recht weltfremde Vorstellung vom Menschen, die aber nur dem Zweck dient, möglichst einfach kollektive Phänomene zu erklären. Sie ist also gegebenenfalls realitätsnäher auszugestalten (Lindenberg 1996). Insbesondere ist die Auffassung vom Nutzen genauer zu bestimmen, bevor wir eine Erklärung in Angriff nehmen (Matiaske 1999). Denn wenn nicht zuvor bestimmt wird, was die Akteure anstreben, können wir ebenso wie Menschen im wirklichen Leben nach einer beobachteten Handlung immer behaupten, dass die Handlung den eigentlichen Zweck verfolgte und mithin der Hypothese der Rationalität genügt, wenn wir ein dem Handlungszweck geeignetes Motiv unterstellen. Der Fuchs, der die Trauben wegen seiner kurzen Beine nicht erreichen konnte, behauptete im Nachhinein auch, dass er sie nicht wollte, weil sie sauer seien (Elster 1987).

Nehmen wir im Folgenden also an, dass menschliche Akteure in Übereinstimmung mit Inhaltstheorien der Motivation neben materiellem Wohlbefinden auch soziale Anerkennung anstreben (Becker 1993, Lindenberg 1990), um die Nutzenannahme zu füllen. Die Ressourcen, über die die Akteure im Tauschsystem verfügen, stiften also Nutzen, weil sie zum materiellen oder sozialen Wohlbefinden beitragen. Coleman nimmt in seinem Modell ferner an, dass diese Ressourcen im Standardfall teilbar und gegeneinander austauschbar sind. Dieses ist im sozialen Leben nicht immer der Fall, der oben diskutierte Frauentausch des Lévi-Strauss ist ein beredtes Beispiel, was ebenfalls in Modifikationen des Grundmodells berücksichtigt werden kann. Nehmen wir auch diese Annahmen, dass die Ressourcen abzählbar und unter den Beteiligten anteilig aufteilbar sind, als gegeben hin. Stellen wir uns nun noch vor, dass nicht alle Tauschpartner über Ressourcen verfügen, die sie gerne hätten, sondern von denen sie einen Teil lieber abgeben würden, um anderes zu bekommen. Wenn die Beteiligten nun noch in Erfahrung bringen können, über welche Ressourcen die Anderen verfügen, setzt Tauschhandel ein. Dabei bildet sich sowohl ein Preis als auch ein Machtgleichgewicht heraus. Wertvoll sind knappe Güter, die auf eine große und zahlungskräftige Nachfrage stoßen. Mächtig sind Akteure, die über wertvolle Ressourcen verfügen. Am Ende des Austauschs hat ein jeder etwas mehr von dem, was er lieber wollte, und etwas weniger von dem, was er entbehren konnte. In ökonomischer Terminologie handelt es sich bei dem skizzierten Tauschmodell um einen vollkommenen Markt. D.h. alle Ressourcen sind teilbar und die Rechte an diesen Ressourcen sind genau spezifiziert. Ferner herrscht Markttransparenz. Es sind viele Akteure und Ressourcen im Spiel, d.h. es gibt keine Angebots- oder Nachfragemonopole.[9] Die Akteure handeln entsprechend ihrer jeweiligen Präferenzordnung. Genauer nimmt Coleman einen Nutzen vom Typus einer Cobb-Douglas-Funktion an, die möglicherweise noch aus einer Mikroökonomie-Vorlesung als Produktionsfunktion in Erinnerung ist. Schließlich genügt das Tauschergebnis dem Pareto-Kriterium.

Übersetzt man das Coleman-Modell in diese Terminologie, wird deutlich, dass es sich bei dieser Tauschtheorie gleichsam um eine soziologische Wiederentdeckung des Walrasianischen Marktmodells handelt.[10] Aus der Sicht des Coleman-Modells besteht die Besonderheit des Sozialtauschs darin, dass es sich um einen Tausch von Ressource gegen Ressource handelt, der auf das vermittelnde Medium des Geldes verzichtet. Während im ökonomischen Tausch Halbtransaktionen, d.h. der Austausch von Ware gegen Geld, den Austausch abschließen, ist dies im Sozialtausch nicht der Fall. Nur dann, wenn ein Anbieter auf einen Nachfrager trifft, dem er in gleicher Weise als Nachfrager seines Angebotes gegenübersteht, kann eine Transaktion Zug um Zug erfolgen.

Wenn also ein Kollege, sagen wir im öffentlichen Dienst, in seiner Erstausstattung einen Locher vermisst, stattdessen aber über zwei Scheren verfügt, kann er diesen Mangel an elementarer Büroausstattung nur ausgleichen, wenn er im kollegialen Austausch einen anderen findet, der über mehr als einen Locher verfügt und Bedarf an einer Schere hat. Längere Transaktionsketten und damit einseitige Transfers sind bei Abwesenheit des Transaktionsmediums Geld nur dann zu beobachten, wenn vollkommene Transparenz das Spiel bestimmt oder die Akteure darauf vertrauen können, dass sich die Konten langfristig ausgleichen. Wenn beispielsweise der Kollege, der über die Locher verfügt, einen Dritten kennt, dem es an einer Schere mangelt, und dieser wiederum über ein Gut verfügt, dass er selbst gut gebrauchen oder an anderer Stelle eintauschen könnte, dann würde ein rationales Behördenmitglied in die Halbtransaktion einwilligen und die Schere im Austausch gegen einen Locher akzeptieren. Eine andere Möglichkeit ist, dass der Kollege einen Locher hergibt und auf das Versprechen vertraut, beim nächsten Treffen die wegen der Haushaltssperre dringend benötigten Disketten zu erhalten. Ob dieses Beispiel den Behördenalltag, beispielsweise in einer Universität, zutreffend karikiert oder im Absurdistan der Modellwelten von Tauschtheoretikern angesiedelt ist, möchte ich der Beobachtungsgabe des Lesers überlassen.

Die Schwierigkeiten eines Sozialtauschs ohne vermittelndes Medium, das die Halbtransaktionen schließt, sollten jedenfalls deutlich geworden sein. Man könnte argumentieren, dass aufgrund der Annahme, auch soziale Anerkennung stifte Nutzen, die Vergabe von Anerkennung oder Status wie Geld als allgemeines Medium fungieren und die Halbtransaktionen abschließen könnte. Soziale Anerkennung ist jedoch nur ein schlechter Ersatz für das Geld. Der Wert der Anerkennung ist im Unterschied zum Geld vom Status des Gebers abhängig. Die Anerkennung, die wir von einem anerkannten Geber erhalten, zählt mehr als die Anerkennung, die uns ein wenig anerkannter Geber entgegenbringt. Darüber hinaus ist soziale Anerkennung nur in Maßen fungibel, d.h. sie ist nicht in gleicher Weise übertragbar wie das Geld. Der Wettbewerb um Reputation und Ehre kleidet zwar viele Tauschhandlungen ein, der Wettbewerb im Wissenschaftssystem ist ein Beispiel, jedoch ist die Vergabe sozialer Anerkennung sicherlich kein allgemeines Transaktionsmedium. Die jüngere Diskussion um den Sozialtausch verfolgt daher mit der Thematik des Vertrauens und dem Sozialkapital eine andere Richtung.

## 3.2 Vertrauen und Sozialkapital

Die Diskussion des Coleman'schen Tauschmodells hat gezeigt, dass es eines generellen Mediums bedarf, wenn Tauschsysteme über eine „duale Organisation", also die Barzahlung von Ware gegen Ware, hinaus Wirkung entfalten und weitere Kreise einbeziehen sollen. Polanyi (1959) charakterisiert solche einfachen Tauschsysteme mit dem Terminus der „direkten Reziprozität". Systeme der „generalisierten Reziprozität" setzen dagegen, wie schon im Zusammenhang der Analyse von Verwandtschaftsstrukturen durch Lévi-Strauss gesehen, auf einen langfristigen Ausgleich der Konten, d.h. den Teilnehmern in solchen Austauschsystemen wird Kredit gewährt. In Gemeinschaften basieren Systeme der generalisierten Reziprozität auf der sozialen Nähe, die den Akteuren die Sicherheit gibt, dass sie einander wieder begegnen. Der Kollege im Nachbarbüro, dem wir heute bei einer Arbeit helfen, wird morgen einem anderen hilfreich zur Seite stehen und dieser oder ein anderer wird wiederum irgendwann uns unterstützen. Was aber ersetzt die Erwartung, dass Menschen einander wieder begegnen, um ihre Verpflichtungen einzulösen, in moderneren Sozialsystemen?

Aus der Sicht Colemans ist es Vertrauen, auf dem der Sozialtausch basiert. Er konzipiert das theoretische Konstrukt des Vertrauens dabei in Analogie zum Medium Geld. Als Tauschmittel kann man Geld als Versprechen betrachten, dass der Wert eines gegebenen materiellen Gutes an anderer Stelle und in Form eines anderen Gutes wieder erlangt werden kann. Auch in Bezug auf das Geld ist Vertrauen im Spiel. Das Vertrauen gilt dem Wert des Geldes, der für den Zeitraum zwischen dem Geben und dem Nehmen erhalten bleiben muss. Frühe Währungen garantieren dies durch den intrinsischen Wert des Geldes, also beispielsweise eines Edelmetalls, und sichern den Edelmetallgehalt durch Prägung. Moderne Währungen tradieren diese symbolische Form, sind aber wie das Muschelgeld der Trobiander nur mehr Zahlungsversprechen, deren Gehalt durch die von der Zentralbank gesicherte Geldwertstabilität garantiert wird. Das Vertrauen der Teilnehmer wird also auf die Zentralbank übertragen (Coleman 1991, S. 153 ff.):

Es gilt dem Währungssystem, weshalb man auch von systemischem Vertrauen spricht.[11] Im Sozialtausch gilt das Vertrauen nicht einer Währung. In Analogie zum intrinsischen Geldstandard wird Vertrauen bestimmten Personen gegeben. Das Vertrauen sucht Anhaltspunkte, um die Unsicherheit, bei einem einseitigen Transfer einen Verlust zu erleiden, zu reduzieren und gewichtet die Wahrscheinlichkeit, der Wert-Erwartungs-Theorie folgend, mit der Chance eines Gewinns (Coleman 1991). Solche Anhaltspunkte können feste gemeinschaftliche Bindungen sein. Über die Gemeinschaft der jüdischen Diamantenhändler in New York wird beispielsweise erzählt, dass ihnen zur Besiegelung von Geschäften immer noch der Handschlag genügt, weil die Beteiligten aus dieser Gemeinschaft nicht ausscheren können.

Eine andere Möglichkeit ist, dass die Tauschpartner zur tatsächlichen Verwandtschaft gehören oder untereinander befreundet sind (Ben-Porath 1980). Neben diesen in die Moderne tradierten gemeinschaftlichen Formen der Vertrauenssicherung kann Vertrauen in Fremde, nicht zur Gemeinschaft gehörende Personen gesetzt werden. Vertrauen wird in Tauschbeziehungen erprobt, indem einem interessanten, jedoch bezüglich seiner Vertrauenswürdigkeit unbekannten Tauschpartner zunächst kleinere Gaben übermittelt werden, bevor sich eine Partnerschaft entwickelt, in der Vertrauen auch für größere einseitige Transfers vergeben wird (Blau 1964, S. 93 ff.; Coleman 1991, S. 123 ff.). Schließlich kann Vertrauen in einer Tauschbeziehung institutionell, beispielsweise durch Einschaltung einer Gewährsperson oder durch Hinterlegung eines Pfandes, abgesichert werden. In diesen Fällen direkter Reziprozität werden vorhandene Beziehungen vertieft oder neue aufgebaut. Es entsteht Beziehungskapital, eine bestimmte Form des Sozialkapitals, das ich an anderer Stelle als individuelles Sozialkapital bezeichnet habe (Matiaske 1999, S. 173). Das Beziehungsnetzwerk strukturiert den Sozialtausch und hat Rückwirkungen für die Modellierung derartiger Märkte. Vollkommene Marktmodelle implizieren, dass jeder Marktteilnehmer mit jedem potentiellen Tauschpartner in Kontakt treten kann. Die Strukturierung des Sozialtauschs durch das individuelle Sozialkapital erleichtert bzw. erschwert die Nutzung bestimmter Beziehungen. Es kommt also nicht mehr nur darauf an, über welche Ressourcen, sondern auch über welche Bezugs- und Absatzkanäle man verfügt. Die Beziehungen erhalten einen Wert, sie werden in dieser Sicht zum Kapital, das die Teilnehmer des Tauschsystems nutzen können. Die Strukturierung der Tauschbeziehungen kann darüber hinaus strategisch genutzt werden, indem Schnittstellen in Netzwerken besetzt werden. Makler verbinden beispielsweise verschiedene Netzwerke und beziehen eine Arbitrage für die Vermittlung. Weil im Sozialtausch die Beziehungen zu anderen intrinsisch wertvoll sind, ist die moderne Tauschtheorie eine Liaison mit der sozialen Netzwerkanalyse eingegangen, die hilfreich ist, um die festen Beziehungen in Sozialtauschbeziehungen aufzudecken.

In der Diskussion um das Sozialkapital wird häufiger dessen kollektive Variante hervorgehoben, die das Vertrauen in bestimmte Tauschpartner durch Etablierung einer Norm auf eine Gesellschaft verallgemeinert. Soziale Normen, wie die Regel der Reziprozität, ermöglichen generalisierte Austauschbeziehungen.[12] Es kann gegeben werden, beispielsweise einer Person in schwieriger sozialer oder ökonomischer Lage, ohne dass der Geber den Rückfluss der Ressource vom Empfangenden erwartet, weil das langfristige Vertrauen besteht, dass auch der Spender in die schwierige Lage des Nehmers geraten kann und sich dann ein anderer findet, der genauso großzügig handelt. Diese Orientierung gebenden Normen werden im Prozess der Sozialisation erlernt und verinnerlicht (Coleman 1988). Auch rationale Egoisten werden, das Interesse am Wohlergehen des Nachwuchses vorausgesetzt, ihren Kindern Normen der Solidarität vermitteln, wenn sie nicht sicher sein können, dass diese nicht irgendwann der Hilfe anderer bedürfen. Aktualisiert und generalisiert werden die Normen durch gemeinschaftliche Aktivitäten in Verbänden, Vereinen oder informellen Gruppen, wie insbesondere Putnam (2000) in seiner Analyse des Niederganges des traditionellen amerikanischen Gemeinschaftslebens herausgearbeitet hat.[13]

Die Verinnerlichung und Generalisierung dieser Normen des sozialen Tauschs erklärt das Phänomen, warum wir beispielsweise einem Taxifahrer ganz selbstverständlich auch dann Trinkgeld geben, wenn wir in einer fremden Stadt oder in einem fremden Land sind und kaum in Gefahr laufen, dieser Person wieder zu begegnen (Kubon-Gilke 1997). Der Sozialtausch nutzt vorhandene Verbindungen und verstärkt diese. Damit strukturiert der Sozialtausch das Netzwerk der sozialen Beziehungen. Seine Institutionen ermöglichen das Vertrauen in andere und stiften neue Verbindungen. Vertrauen in Tauschpartner wird erlernt, als soziale Norm internalisiert und basiert auf Institutionen, die das Vertrauen in andere aktualisieren und generalisieren.

Auch in der zeitgenössischen, ökonomischen Theorie des Sozialtauschs begegnen uns also die klassischen Themen. Selbst das Mauss'sche „hau", die Seele des Sozialtausches, wird im rationalistischen Paradigma aufgehoben. Nicht, weil der Sozialtausch sich vom ökonomischen Tausch durch intrinsische soziale Motivation vom ökonomischen Tausch unterscheidet. Dies kann der Fall sein. Jedoch ist auch ein Tausch, bei dem das Gegenüber instrumentalisiert wird, um eine Sache oder eine Beziehung zu erlangen ein sozialer Tausch, wenn die Tauschpartner auf das Medium des Geldes verzichten. Das Vertrauen ist das „hau" der modernen Theorie des Sozialtauschs, der sich durch den Gebrauch dieses Mediums vom ökonomischen Tausch unterscheidet. Aus Sicht der zeitgenössischen Tauschtheorie hat also auch im Sozialtausch alles seinen Preis, doch nicht alles kann mit Geld erworben werden. Im sozialen Tausch erhält das Gegenüber vielmehr ein Gesicht. Es ist eine Sache, für einen sozialen Zweck, beispielsweise für die Unterstützung von Obdachlosen, zu spenden, und eine andere, ein Essen zu organisieren oder selbst für Obdachlose zu kochen.

Das Medium des Geldes reduziert auch im Sozialen die Transaktionskosten, verhindert aber auch, dass der Tausch Beziehungen stiftet oder vertieft. Spezielle soziale Normen errichten Währungsgrenzen zwischen ökonomischem und sozialem Tausch, die verhindern sollen, dass sich alles gegen Geld tauschen lässt (Matiaske 1999, S. 194). So lässt sich Freundschaft nicht kaufen, sondern nur in Sozialtauschbeziehungen erarbeiten. Die Macht des Geldes kann im Transaktionskostenvorteil dieses Mediums gegenüber dem Vertrauen gesehen werden. Häufig wird aufgrund der Transaktionskostenvorteile des Mediums Geld befürchtet, dass der ökonomische Tausch nicht nur den Sozialtausch verdrängt, sondern weitergehend, dass ungezügelter Markttausch das soziale Kapital einer Gesellschaft untergräbt. Diese These, die in der Sozialtheorie eine lange Tradition hat und in verschiedener Form vertreten wird, lässt sich nicht mit einigen Bemerkungen entkräften.

Doch ich möchte zumindest abschließend darauf aufmerksam machen, dass man diese Beziehung zwischen dem Ökonomischen und dem Sozialen auch andersherum betrachten kann. Eine Lehre, die aus dem Coase-Theorem (Coase 1960) gezogen werden kann, ist, dass vollkommene Märkte nur auf Tafeln in Ökonomie- und, wie wir oben gesehen haben, Soziologievorlesungen existieren. Für reale ökonomische Märkte hätte es dagegen in vielen Fällen verheerende Folgen, so formulieren Richter/Furubotn (1996, S. 341) eine zentrale Erkenntnis der modernen Institutionenökonomie, wenn die Bedingungen des theoretisch idealen Marktes in der Wirklichkeit zuträfen, denn in einer Welt positiver Transaktionskosten ist Vertrauen unabdingbar, um ökonomische Transaktionen zu bewältigen. Insofern ist ökonomisches Handeln in soziale Strukturen eingebettet (Granovetter 1985) oder, anders formuliert, entfaltet der Marktausch eine Nachfrage nach Sozialkapital. Der Soziologe Baurmann (1996) untersucht in seinem Werk „Der Markt der Tugend" die Bedingungen, die erforderlich sind, damit soziale Tauschsysteme entstehen, die diese Nachfrage decken können.

## 4 Zum Schluss

Dieser Ausflug in die Welt des Sozialtauschs zeigt, dass die verschiedenen Tauschtheorien den Anspruch erheben, soziales Handeln zu erklären. Daher sind sie in den Feldern Personal und Organisation immer dann zur Erklärung geeignet, wenn Interaktionen zur Diskussion stehen, also beispielsweise die Beziehungen zwischen Arbeitgebern und Arbeitnehmern, von Führungskräften und Mitarbeitern, die informellen Beziehungen der Mitarbeiter untereinander oder auch Kooperationen zwischen Organisationen. Direkt zugeschnitten auf Themen in unserem Forschungsfeld sind die Theorien des Sozialtauschs bislang eher selten. Wichtige Ausnahmen finden sich auf den Gebieten der Kooperations- und Netzwerkforschung sowie der Führungstheorie. In der Regel wird man daher selbst Brückenannahmen konstruieren müssen, die von einer allgemeineren Tauschtheorie zur Erklärung eines konkreten Phänomens führen.

Es ist also im jeweiligen Anwendungsfall zu klären, welche Tauschgüter, Interessen und Gelegenheiten des Austausches im Spiel sind. Weil die klassischen Tauschtheorien unterschiedliche Aspekte der sozialen Beziehungen – die Normen des Austauschs, die Struktur der Beziehungen oder ihre Entwicklung – betonen, wird man auch Verschiedenes entdecken, je nachdem, welche dieser Theorien man wählt. Die zeitgenössische Sozialtauschtheorie Colemans beginnt im Unterschied zu den klassischen Vorbildern nicht mit einer Abgrenzung von der Ökonomie, sondern mit einem „Null-Modell" des Sozialen, dem Modell eines vollkommenen Marktes. In der Konkretisierung dieses abstrakten Modells erschließt die Theorie des Sozialtausches die klassischen Themen mit der Kategorie des Sozialkapitals: Die Netzwerke, die den Sozialtausch strukturieren, das Vertrauen, welches in diesen Beziehungen gelernt wird und die Normen, die den Tausch orientieren. Vielleicht musste sich die Theorie erst von den klassischen

Themen lösen, um ihre Bedeutung besser erkennen zu können. Mit der Kategorie des Sozialkapitals begegnen wir jedenfalls erneut der These von den sozialen Voraussetzungen ökonomischen Handelns, die der Soziologe Durkheim bereits vor einem Jahrhundert formuliert hat. Diese These formulierte er auch in Abgrenzung der Soziologie von der Ökonomie, die sich nun wieder der Ökonomie annähert. Oder ist es andersherum? Es hat lange gedauert, bis die Ökonomie die Tragweite der Tatsache erkannt hat, dass der Auktionator im vollständigen Marktmodell von Walras ehrenamtlich tätig ist. Die neue Institutionenökonomie definiert jedenfalls den Markt als eine *„soziale Einrichtung sich wiederholenden Tauschs"* (Richter/Furubotn 1996, S. 310; Hervorhebung von mir).

## 5 Empfohlene Literatur

Turner, J.H. 1978: The Structure of Sociological Theory, Homewood.

Wallace, R.A./Wolf A. 1980: Contemporary Sociological Theory, Englewood Cliffs.

*Diese Monographien können neben dem im Text erwähnten Buch von Ekeh (1974) als lehrbuchartige Übersichten zur Tauschtheorie empfohlen werden.*

Emerson, E.M. 1976: Social Exchange Theory, in: Annual Review of Sociology, 2, S. 335-362.

Esser, H. 2000: Soziologie: Spezielle Grundlagen, Bd. 3: Soziales Handeln, Frankfurt a.M.

Kappelhoff, P. 1993: Soziale Tauschsysteme: Strukturelle und dynamische Erweiterungen des Marktmodells, München/Wien.

*Emersons Artikel gibt eine knappe Übersicht. In Kappelhoffs Buch zur Tauschtheorie sind neben dem Einleitungskapitel, das eine gute Übersicht tauschtheoretischer Positionen bietet, insbesondere die Kapitel 3 und 4 zu empfehlen, die das Coleman-Modell behandeln. Die Darstellung in Kapitel 4 folgt der mathematischen Formulierung des Modells. Essers Text ist ebenfalls eng an Colemans Tauschtheorie orientiert, liefert aber eine weniger technisch orientierte Darstellung und darüber hinaus eine systematische Diskussion der klassischen Positionen.*

Gehlen, A. 1968: Die Sozialstrukturen primitiver Gesellschaften, in: Gehlen, A./Schelsky, H. (Hrsg.): Soziologie, Düsseldorf/Köln, S. 13-45.

*Dieser ältere Beitrag von Arnold Gehlen gibt dem interessierten Leser eine Einführung in die Tauschsysteme primitiver Gesellschaften. Für neuere Zusammenfassungen wird auf die Texte von Marvin Harris hingewiesen.*

Putnam, R.D. 2000: Bowling Alone, New York.

*Putnams Buch über das Sozialkapital gilt schon jetzt als moderner Klassiker. Das Buch diskutiert auf umfassender empirischer Grundlage verschiedene Aspekte und Folgen des Sozialkapitals. In der empirischen Arbeit sind Vorschläge zur Messung des Sozialkapitals enthalten.*

### Anmerkungen

[1] Das Dumping im Wettbewerb um den Status entsprach jedoch, so vermutet der zeitgenössische Sozialanthropologe Marvin Harris (1997), nicht dem ursprünglichen System des Potlatsch. Dieser hatte vielmehr seine Bedeutung Mitte des vorigen Jahrhunderts

verloren, nachdem Epidemien aufgrund des Kontaktes zu Europäern ausbrachen und die Bevölkerung erheblich zurückging. Um Gefolgsleute in die entleerten Dörfer zu locken, zerstörten die Häuptlinge Besitztümer. „Aber das waren Veranstaltungen einer sterbenden Kultur, die sich um Anpassung an ein System neuer politischer und ökonomischer Verhältnisse bemühte; sie hatten wenig Ähnlichkeit mit dem Potlatsch der alten Eingeborenenzeit" (Harris 1997, S. 127).

[2] Die neuere Forschung zum Kula fasst Godelier (1999, S. 113) zusammen. Bemerkenswert ist, dass schon zu Zeiten Malinovskis neben dem beschriebenen zeremoniellen Kula-Ring die Möglichkeit bestand, einen Prestigegegenstand in den Kula zu werfen, der dann von Hand zu Hand ging und möglicherweise von irgendwem, der einen äquivalenten Wertgegenstand besaß, erwidert wurde. Die Person, die heute diese Institution beherrscht, ist ein Europäer, der in seinen Werkstätten Andenken für Touristen fertigen lässt. Gelegentlich wirft er manche dieser Gegenstände in den Kula „und zieht Gewinn aus allen zusätzlichen Gaben, die traditionell die Zirkulation der Armreifen und Halsketten begleiten. Sein Ziel ist überhaupt nicht mehr das des traditionellen Kula, der Erwerb von Renommee, es ist viel einfacher die Akkumulation von Profit, das Streben nach Reichtum ..." (Godelier 1999, S. 138).

[3] Was aber, wenn die Großmutter die Socken nicht selbst angefertigt, sondern gekaufte Socken geschenkt hätte? Würden diese in gleicher Weise die Erinnerung an die Großmutter bewahren? Allgemeiner gefragt, stiften (Weihnachts-)Geschenke überhaupt einen Nutzen? Wie hoch ist ihr Wert? Joel Waldfogel (1993) ermittelte auf der Basis von Befragungsdaten bei Studierenden, dass diese den Preis von Geschenken systematisch unterschätzten oder, anders formuliert, ihnen einen geringeren Wert beimaßen. Die Differenz betrug zwischen 10 Prozent und rund einem Drittel des Preises. Waldfogel berechnet daraus einen Wertverlust zwischen 4 und 16 Milliarden Dollar allein für die USA auf Grundlage von Daten für 1992 und er empfiehlt Geld- statt Sachgeschenke, um diesen Verlust zu vermeiden. Bereits in Waldfogels Daten zeigen sich Differenzen in Abhängigkeit von der Beziehung zum Schenkenden. Ein Grund, warum seine Ergebnisse angezweifelt worden sind. Mittlerweile liegen eine Reihe weiterer Studien vor, die im Unterschied zu Waldfogel belegen wollen, dass der Wert von Geschenken höher eingeschätzt wird als ihr Marktpreis (beispielsweise Solnick/Hemenway 1996). Doch wovon hängt diese Differenz zwischen subjektivem Wert und Marktpreis ab? Von der Altersdifferenz zwischen Schenkendem und Beschenktem? Vom Alter des Beschenkten? Von der Beziehungsqualität? Die Diskussion ist keineswegs abgeschlossen und die American Economic Review veröffentlicht in loser Folge in der jährlichen Dezemberausgabe neue Befunde und Kommentare zu dieser Frage. Persönlich hoffe ich, dass eine Antwort gefunden ist, bevor mein Kind geschäftsfähig ist und sich die erzieherische Frage des Überganges von Sach- auf Geldgeschenke stellt.

[4] Diese Erklärung ist es nicht, warum sein Buch zu den klassischen Texten nicht nur der Tauschtheorie, deren Fundus er zusammengestellt hat, sondern der Sozialtheorie insgesamt zählt. Die Abhandlung über die Gabe war nicht nur ein sozialanthropologischer Text, sondern ein erstes Plädoyer für einen dritten Weg; zu Mauss' Zeiten noch zwischen entfaltetem Kapitalismus und Bolschewismus. Mauss hat aus seiner Arbeit dahingehend praxeologische Schlussfolgerungen gezogen, dass weder der Staat die Freiwilligkeit der Solidarität suspendieren, noch der Mensch im Kapitalismus auf eine kaltherzige Rechenmaschine reduziert werden sollte. Vielmehr mahnt er an, dass die erfolgreichen Kaufleute, Bankiers und Kapitalisten soziale Verantwortung haben und dieser – wie die „großen Männer" der von ihm untersuchten primitiven Gesellschaften – gerecht werden sollten. Dieses Plädoyer nicht nur für die staatsbürgerlichen, sondern

darüber hinaus für die zivilen Pflichten, für die Gemeinschaft in der Gesellschaft, machen das Buch über die Gabe zu einem immer noch zeitgenössischen Text.

[5] Die grundlegende Denkfigur des Strukturalismus gleicht dem der Psychoanalyse. Wie Sigmund Freud (2002) in der Traumdeutung von erzählten Traumbildern auf eine grundlegende psychologische Konstellation schließt, soll die strukturalistische Soziologie die sozialen Strukturen hinter den sozialen Erzählungen erkennbar machen. In späteren Ausarbeitungen der strukturalistischen Position wird diese Verbindung zur Psychoanalyse verstärkt und ausgearbeitet (vgl. Huber 1986).

[6] Als doppelte Kontingenz hat Parsons (1951, S. 36 ff.) diese minimale Situation sozialen Handelns bezeichnet, in der Ego und Alter aufeinander bezogen handeln und beide Akteure über alternative Handlungsmöglichkeiten verfügen, weshalb ihr Handeln wechselseitig kontingent ist. Das Problem der doppelten Kontingenz besteht nun darin, wie soziales Handeln in dieser Situation entsteht. Sozialwissenschaftliche Theorien unterscheiden sich letztlich darin, welche Antworten sie auf diese Problemstellung, das Kernproblem der sozialen Ordnung, formulieren. Die Tauschtheorien formulieren eine dieser Lösungen. Andere Theorien setzen auf Zwang, normative Orientierung, kommunikative Verständigung oder wechselseitiges Lernen, um soziales Handeln zu erklären.

[7] Blau distanziert sich in späteren Arbeiten entschieden von dieser Sichtweise und fokussiert eine makrosoziologische, strukturalistische Position. In seiner mikrosoziologischen Periode geht Blau davon aus, das die Erklärung makrosoziologischer Effekte auf der Annahme individuellen Entscheidungsverhaltens basieren sollte. Später vertritt er ein konsequent makrosoziologisches Programm, d.h. er setzt in der Erklärung auf die Strukturen oder die sozialen Randbedingungen des Handelns statt auf das Handeln individueller Akteure. Dieser Umschwung ist sicherlich ein Grund, warum seine bahnbrechende Arbeit zur Tauschtheorie nicht die gleiche Aufmerksamkeit erfahren hat wie die anderer Vertreter dieser Sichtweise.

[8] Es handelt sich dabei um ein Modell im strikten Sinne, denn Coleman liefert nicht nur eine verbale Ausarbeitung seiner Theorie, sondern darüber hinaus eine mathematische Formulierung, die direkt zur Analyse empirischer Phänomene genutzt werden kann.

[9] Dies ist am Rande bemerkt aus ökonomischer Sicht eine der Schwierigkeiten mit der Tauschtheorie Emersons, die auf den dyadischen Austausch, also auf ein bilaterales Angebots- und Nachfragemonopol, fixiert ist.

[10] Diese Parallele blieb lange Zeit unentdeckt. Zum einen, weil die Rezeptionsgewohnheiten von Sozialwissenschaftlern allen Rufen nach Interdisziplinarität zum Trotz fachgebunden sind, zum anderen, weil sich Coleman statt der in der Ökonomie gebräuchlichen Analysis der linearen Algebra bedient, um sein Modell mathematisch zu formulieren. Die Verwendung des Matrizenkalküls anstelle von Differentialgleichungen bietet den Vorzug, dass durch die Verwendung von Markov-Ketten nachvollzogen werden kann, über welche Zwischenstufen das Tauschgleichgewicht erreicht wird. Eine Vorstellung, die uns aus der Ökonomie befremdlich erscheint, jedoch in der Welt des Sozialtauschs von elementarer Bedeutung ist.

[11] Moderne Sozialtauschsysteme, so genannte Tauschringe, die in vielen deutschen Städten, insbesondere aber in Österreich und der Schweiz zu finden sind, veranschaulichen die Funktionsweise des Tauschmediums recht anschaulich. In Tauschringen werden in der Regel Arbeitsleistungen getauscht, die den Teilnehmern eines Tauschringes gutgeschrieben werden. Die angebotenen und nachgefragten Leistungen werden häufig in einer Datenbankplattform gesammelt. Diese verwaltet auch die Gutschriften, sofern sie nicht als Symbolgeld zirkulieren. Vertreter der Tauschringe beziehen ihre theoretische Rechtfertigung häufig aus der Freigeldtheorie Silvio Gesells (1984), der der

Überzeugung war, dass die Übel kapitalistischer Wirtschaft wie zyklische Krisen und Arbeitslosigkeit durch zinsloses Geld beseitigt werden könnten, also Geld seine zweite Funktion eines Wertaufbewahrungsmittels verliert. Jenseits dieser Theorie können Tauschringe vor allem deshalb nicht auf staatlich garantierte Währungen zurückgreifen, weil sie dem Zugriff des Staates und insbesondere dem des Fiskus entzogen werden sollen. Darüber hinaus ist eine Abschottung des Schwarztausches von der regulären Ökonomie notwendig. Daher die komplizierte organisatorische Mischung zwischen zentraler Verwaltung und Zirkulation der Gutschriften statt einer einfacheren intrinsischen Währung. Künstlerisch gestaltetes Geld, wie das Knochengeld im Tauschring des Berliner Stadtteils Prenzlauer Berg vor einigen Jahren, würde beispielsweise dem Tauschring entzogen und in den Vitrinen der Sammler landen, weil es außerhalb des Tauschringes größeren Wert besitzt.

[12]Der Kürze wegen habe ich die Diskussion der Transaktionsmedien hier auf die analogen Medien Geld und Vertrauen beschränkt und die zweite Parallele zwischen der sozialen Norm, die den Sozialtausch abstützt, und dem Recht, das grundlegend für den ökonomischen Tausch ist, nur implizit behandelt. Vgl. dazu ausführlicher Matiaske (1999, S. 154 ff.).

[13]An Putnams (2000) herausragender empirischen Studie entzünden sich viele Fragen. Insbesondere erscheint es mir wichtig zu analysieren, ob nicht zeitgenössische Formen der Gemeinschaft und des Engagements bessere Generalisierungen des Vertrauens leisten als tradierte Institutionen. Der drastische Mitgliederschwund im „American Bowling Congress" und anderer Institutionen zeigt vor allem, dass tradierte formale Organisationen des Sozialen Schwierigkeiten haben, Interesse zu wecken. Möglicherweise stiften aber moderne „Street Corner Societies", um im Beispiel des Sports zu bleiben, wie Fußball-Thekenmannschaften oder Kinder, die sich zu Scateboard-Treffen verabreden, ebenso soziale Gemeinschaft wie angestammte Vereine. Möglicherweise sind diese flüchtigeren Formen des Gemeinschaftserlebens und -einlebens dem regional weniger verwurzelten gesellschaftlichen Leben schlicht angemessener. Für Deutschland ist das ehrenamtliche Engagement in empirischen Untersuchungen besser dokumentiert als andere Institutionen der Gemeinschaft. Für diesen Ausschnitt gilt, dass das traditionelle, vereinsgebundene Ehrenamt ebenfalls mit Nachwuchssorgen zu kämpfen hat (Krause/Resch 2002). Dennoch waren in Deutschland im Jahr 1996 mehr als ein Viertel der Bevölkerung ehrenamtlich tätig und diese Zahl ist, allen Vorurteilen zum Trotz, seit den 80er Jahren kontinuierlich gestiegen (Erlinghagen u.a. 1999).

# Literatur

Adams, J.S. 1965: Inequity in Social Exchange, in: Berkowitz, L. (Hrsg.): Advances in Experimental Psychology, 2, New York u.a., S. 267-299

Ajzen, I. 1988: Attitudes, Personality and Behavior, Milton Keynes

Akerlof, G.A. 1970: The Market for „Lemons", in: Quarterly Journal of Economics, 84, S. 488-500

Albers, H.-J. 1980: Das Betriebsklima, in: Zeitschrift für Arbeitswissenschaft, 3, S. 142-148

Allaire, Y./Firsirotu, M.E. 1984: Theories of Organizational Culture, in: Organization Studies, 5, S. 193-226

Allen, N.J./Meyer, J.P. 1990: The Measurement and Antecedents of Affective, Continuance and Normative Commitment to the Organization, in: Journal of Occupational Psychology, 63, S. 1-18

Allen, N.J./Meyer, J.P. 1996: Affective, Continuance, and Normative Commitment to the Organization: An Examination of Construct Validity, in: Journal of Vocational Behavior, 49, S. 252-276

Allport, G.W. 1935: Attitudes, in: Murchison, C. (Hrsg.): A Handbook of Social Psychology, Worcester, S. 798-844

Allport, G.W. 1949: Persönlichkeit, Stuttgart

Amelang, M./Zielinski, W. 2002: Psychologische Diagnostik und Intervention, 3. Auflage, Berlin u.a.

Antons, K. 1976: Praxis der Gruppendynamik, 4. Auflage, Göttingen u.a.

Antons, K. u.a. 2001: Gruppenprozesse verstehen. Gruppendynamische Forschung und Praxis, Opladen

Antons, K./Voigt, B. 2001: Transferprobleme oder: Wie finde ich die selbst versteckten Ostereier? in: König, O. (Hrsg.): Gruppendynamik, 4. Auflage, Wien, S. 174-182

Arbeitsgemeinschaft objektive Hermeneutik (2002): http://www.objektivehermeneutik.de/index.htm

Ardelt-Gattinger, E./Lechner, H./Schlögl, W. 1998 (Hrsg.): Gruppendynamik, Göttingen

Arvey, R.D. u.a. 1989: Job Satisfaction, in: Journal of Applied Psychology, 74, S. 187-192

Aryee, S./Budhwar, P.S./Chen, Z.X. 2002: Trust as a Mediator of the Relationship Between Organizational Justice and Work Outcomes, in: Journal of Organizational Behavior, 23, S. 267-285

Ashford, S.J./Black, J.S. 1996: Proactivity During Organizational Entry, in: Journal of Applied Psychology, 81, S. 199-214

Ashforth, B.E./Mael, F. 1989: Social Identity Theory and the Organization, in: Academy of Management Review, 14, S. 20-39

Bagozzi, R.P./Burnkrant, R.E. 1985: Attitude Organization and the Attitude-Behavior Relationship, in: Journal of Personality and Social Psychology, 49, S. 47-57

Bahrdt, H. P. 1990: Schlüsselbegriffe der Soziologie, 4. Auflage, München

Bandura, A. 1986: Social Foundations of Thought and Action, Englewood Cliffs

Bandura, A. 1991a: Social Cognitive Theory of Moral Thought and Action, in: Kurtines, W.M./Gewirtz, J.L. (Hrsg.): Handbook of Moral Behavior and Development, Band 1, Theory, Hillsdale , S. 45-103

Bandura, A. 1991b: Social Cognitive Theory of Self-Regulation, in: Organizational Behavior and Human Decision Processes, 50, S. 248-287

Barnard, C.I. 1938: The Functions of the Executive, Cambridge

Barney, J.B. 1986: Organizational Culture, in Academy of Management Review, 11, S. 656-665

Baron, R.M./Kenny, D.A. 1986: The Moderator/Mediator Variable Distinction in Social Psychological Research, in: Journal of Personality and Social Psychology, 51, S. 1173-1182

Barrick, M.R./Mount, M.K. 1991: The Big Five Personality Dimensions and Job Performance, in: Personnel Psychology, 44, S. 1-26

Barrick, M.R./Mount, M.K. 1993: Autonomy as a Moderator of the Relationships Between the Big Five Personality Dimensions and Job Performance, in: Journal of Applied Psychology, 78, S. 111-118

Bateman, T.S./Organ, D.W. 1983: Job Satisfaction and the Good Soldier, in: Academy of Management Journal, 26, S. 587-595

Bauer, T.N./Morrison, E.W./Callister, R.R. 1996: Organizational Socialization, in: Research in Personnel and Human Resources Management, 16, S. 149-214

Baurmann, M. 1996: Der Markt der Tugend, Tübingen

Becker, G.S. 1993: Der ökonomische Ansatz zur Erklärung menschlichen Verhaltens, 2. Auflage, Tübingen

Becker, H.S. 1960: Notes on the Concept of Commitment, in: American Journal of Sociology, 66, S. 32-40

Becker, T.E. u.a. 1996: Foci and Bases of Employee Commitment, in: Academy of Management Journal, 39, S. 464-482

Behrends, T. 2001: Organisationskultur und Innovativität, München/Mering

Benesch, H. u.a. 1990 (Hrsg.): Psychologie-Lesebuch, Frankfurt a.M.

Benkhoff, B. 1996: Disentangling Organizational Commitment, in: Personnel Review, 26, S. 114-131

Benne, K.D. 1972: Von der Polarisierung zur Paradoxie, in: Bradford, L.P./Gibb, J.R/Benne, K.D. (Hrsg.): Gruppen–Training, Stuttgart, S. 235-269

Benne, K.D./Bradford, L.P./Lippitt, R. 1972: Die Laboratoriumsmethode, in: Bradford, L.P./Gibb, J.R./Benne, K.D. (Hrsg.): Gruppen-Training, Stuttgart, S. 35-67

Ben-Porath, Y. 1980: The F-Connection, in: Population and Development Review, 6, S. 1-29

Berger, P. L./Luckmann, T. 1994: Die gesellschaftliche Konstruktion der Wirklichkeit, Frankfurt a.M.

Berger, U. 1993: Organisationskultur und der Mythos der kulturellen Integration, in: Müller-Jentsch, W. (Hrsg.): Profitable Ethik - effiziente Kultur, München, S. 11-38

Beyer, H./Fehr, U./Nutzinger, H.G. 1995: Unternehmenskultur und innerbetriebliche Kooperation, Wiesbaden

Bierhoff, H.W./Müller, G.F./Küpper, B. 2000: Prosoziales Arbeitsverhalten, in: Gruppendynamik, 31, S. 141-153

Bies, R.J./Nord, W.R. 1989: Organizational Citizenship Behavior, in: Academy of Management Review, 14, S. 294-297

Blau, P.M. 1955: The Dynamics of Bureaucracy, Chicago

Blau, P.M. 1986a: Exchange and Power in Social Life, Brunswick/London

Blau, P.M. 1986b: Introduction to the Transaction Edition, in: Blau, P.M.: Exchange and Power in Social Life, Brunswick/London, S. VI-XVII

Blickle, G. 1995: Wie beeinflussen Personen erfolgreich Vorgesetzte, KollegInnen und Untergebene? in: Diagnostica, 41, S. 245-260

Boas, F. 1890/99: 5th, 7th, 9th, 12th Report of the Committee on the North-Western Tribes of the Dominion of Canada. British Association for the Advancement of Science, London

Bögel, R. 1988: Das Konzept des Betriebs– bzw. Organisationsklimas und seine Anwendung in der betrieblichen Praxis, in: Zeitschrift für Personalforschung, 4, S. 275-284

Bohner, G. 1995: Stimmung und Einstellungsänderung, in: Witte, E.H. (Hrsg.): Soziale Kognition und empirische Ethikforschung, Lengerich, S. 46-76

Bohner, G. 2001: Einstellungen, in: Stroebe, W./Jonas, K./Hewstone, M. (Hrsg.): Sozialpsychologie, 4. Auflage, Berlin u.a., S. 265 -315

Bokranz, R./Landau, K. 1991: Einführung in die Arbeitswissenschaft, Stuttgart

Bolino, M.C. 1999: Citizenship and Impression Management? in: Academy of Management Review, 24, S. 82-98

Borkenau, P./Ostendorf, F. 1993: NEO-Fünf-Faktoren Inventar (NEO-FFI) nach Costa und McCrae, Handanweisung, Göttingen u.a.

Borman, W.C./Motowidlo, S.J. 1993: Expanding the Criterion Domain to Include Elements of Contextual Performance, in: Schmitt, N./Borman, W.C. (Hrsg.): Personnel Selection, San Francisco, S. 71-98

Bozeman, D.P./Perrewé P.L. 2001: The Effect of Item Content Overlap on Organizational Commitment Questionnaire-Turnover Cognitions Relationships, in: Journal of Applied Psychology, 86, S. 161-173

Bradburn, N.M./Caplovitz, D. 1965: Reports on Happiness, Chicago

Brändli, L. 1975: Was bestimmt eigentlich das Betriebsklima? in: Der Organisator, 2, S. 21-25

Brändli, L. 1976: Betriebsklima – wie analysieren? in: Der Organisator, 12, S. 17-21

Brayfield, A.H./Rothe, H.F. 1951: An Index of Job Satisfaction, in: Journal of Applied Psychology, 35, S. 307-311

Breisig, T. 1990: Betriebliche Sozialtechniken, Neuwied/Frankfurt a.M.

Breuer, S.1987: Foucaults Theorie der Disziplinargesellschaft, in: Leviathan, 15, S. 319-337

Brief, A. P. 1998: Attitudes In and Around Organizations, Thousand Oaks/London/New Delhi

Brief, A.P./Motowidlo, S.J. 1986: Prosocial Organizational Behaviors, in: Academy of Management Review, 11, S. 710-725

Brockner, J. 1992: The Escalation of Commitment to a Failing Course of Action, in: Academy of Management Review, 17, S. 39-61

Brown, R. 1990: Beziehungen zwischen Gruppen, in: Stroebe, W. u.a. (Hrsg.): Sozialpsychologie, Berlin, S. 400-429

Brown, R.J./Turner, J.C. 1981: Interpersonal and Intergroup Behavior, in: Turner, J.C./Giles, H. (Hrsg.): Intergroup Behavior, Oxford, S. 33-65

Brück, S./Schwarz, C. 2002: 16-Persönlichkeits-Faktoren-Test (16 PF-R), in: Kanning, U.P./Holling, H. (Hrsg.) 2000: Handbuch personaldiagnostischer Instrumente, Göttingen u.a., S. 392-401

Bruggemann, A. 1974: Zur Unterscheidung verschiedener Formen von „Arbeitszufriedenheit", in: Arbeit und Leistung, 28, S. 281-284

Buchanan, B. 1974: Building Organizational Commitment, in: Administrative Science Quarterly, 19, S. 533-546

Buchstein, H. 1996: Die Zumutungen der Demokratie. Von der normativen Theorie des Bürgers zur institutionell vermittelten Präferenzkompetenz, in: Beyme, K.v./Offe, C. (Hrsg.): Politische Theorien in der Ära der Transformation, Opladen, S. 295-324

Burger, J.M. 1992: Desire for Control, New York

Burns, T./Stalker G.M. 1961: The Management of Innovation, London

Buss, D.M. 1996: Social Adaptation and Five Factors of Personality, in: Wiggins, J.S. (Hrsg.) 1996: The Five-Factor Model of Personality, New York/London, S. 180-207

Cattell, R.B. 1950: Personality, New York/Toronto/London

Cattell, R.B. 1965: The Scientific Analysis of Personality, Harmondsworth/Baltimore/Ringwood

Cattell, R.B. 1973: Personality and Mood by Questionnaire, San Francisco/Washington/London

Cattell, R.B. 1978: Die empirische Erforschung der Persönlichkeit, 2. Auflage, Weinheim/Basel

Cattell, R.B./Cattell, A.K./Cattell, H.E.P. 1993: Sixteen Personality Factor Questionnaire, 5. Auflage, Champaign

Chaiken, S. 1979: Communicator Physical Attractiveness and Persuasion, in: Journal of Personality and Social Psychology 37, S. 1387 - 1397

Chao, G.T. u.a. 1994: Organizational Socialization, in: Journal of Applied Psychology, 79, S. 730-749

Chen, S./Chaiken, S. 1999: The Heuristic-Systematic Model in its Broader Context, in: Chaiken,S./Trope, Y. (Hrsg.): Dual-Process Theories in Social Psychology, S. 73-96, New York/London, S. 73-96

Clark, M.C./Payne, R.L. 1997: The Nature and Structure of Workers' Trust in Management, in: Journal of Organizational Behavior, 18, S. 205-224

Coase, R.H. 1960: The Problem of Social Costs, in: Journal of Law and Economics, 3, S. 1-44

Cohen, A. 1993: Work Commitment in Relation to Withdrawal Intentions and Union Effectiveness, in: Journal of Business Research, 26, S. 75-90

Cohn, R. 1975: Von der Psychoanalyse zur Themenzentrierten Interaktion, Stuttgart

Coleman, J.S. 1964: Collective Decisions, in: Sociological Inquiry, 34, S. 166-181

Coleman, J.S. 1977: The Mathematics of Collective Action, London

Coleman, J.S. 1988: Social Capital in the Creation of Human Capital, in: American Journal of Sociology, 94 (Supplement), S. 95-120

Coleman, J.S. 1991: Grundlagen der Sozialtheorie, Band 1: Handlungen und Handlungssysteme, München/Wien

Connolly, J.J./Viswesvaran, C. 2000: The Role of Affectivity in Job Satisfaction, in: Personality and Individual Differences, 29, S. 265-281

Conrad, P./Sneikus, A. 2000: Organizational Citizenship Behavior, Discussion Papers des Instituts für Personalmanagement der Universität der Bundeswehr Hamburg, 2. Auflage, Nr. 5/2000

Conrad, P./Sydow, J. 1984: Organisationsklima, Berlin/New York

Cook, J./Wall, T. 1980: New Work Attitude Measures of Trust, Organizational Commitment and Personal Need Non-Fulfilment, in: Journal of Occupational Psychology, 53, S. 39-52

Cook, J.D. u.a. 1981: The Experience of Work, London/New York

Cook, K.S. 1987: Emerson's Contribution to Social Exchange Theory, in: Cook, K.S. (Hrsg.): Social Exchange Theory, Newbury Park u.a., S. 209-222

Costa, P.T./McCrae, R.R. 1985: The NEO Personality Inventory Manual, Odessa

Costa, P.T./McCrae, R.R. 1988: From Catalog to Classification, in: Journal of Personality and Social Psychology, 55, S. 258-265

Costa, P.T./McCrae, R.R. 1989: The NEO PI/FFI Manual Supplement, Odessa

Costa, P.T./McCrae, R.R. 1992: Revised NEO Personality Inventory (NEO PI-R) and NEO Five Factor Inventory. Professional Manual, Odessa

Costa., P.T. 1996: Work and Personality, in: Applied Psychology, 45, S. 225-241

Coyle-Shapiro, J./Kessler, I. 2000: Consequences of the Psychological Contract for the Employment Relationship, in: Journal of Management Studies, 37, S. 903-930

Crott, H.W. 1994: Macht, in: Frey, D./Greif, S. (Hrsg.): Sozialpsychologie, 3. Auflage, Weinheim, S. 231-238

Dahl, R.A. 1957: The Concept of Power, in: Behavioral Science, 2, S. 201-215

Dahrendorf, R. 1977: Homo Sociologicus, 15. Auflage, Opladen

Däumling, A. 2001: Sensitivity Training, in: König, O. (Hrsg.): Gruppendynamik, 4. Auflage, Wien, S. 18-38

Deal, T./Kennedy, A. 1982: Corporate Cultures, Reading

DeMan, H. 1927: Der Kampf um die Arbeitsfreude, Jena

Denison, D.R. 1990: Corporate Culture and Organizational Effectiveness, New York u.a.

Denison, D.R. 1995: Toward a Theory of Organizational Culture and Effectiveness, in: Organization Science, 6, S. 204-223

Denison, D.R. 1996: What is the Difference Between Organizational Culture and Organizational Climate? A Native's Point of View on a Decade of Paradigm Wars, in: Academy of Management Review, 3, S. 1-36

Dirks, K.T./Ferrin,D.L. 2001: The Role of Trust in Organizational Settings, in: Organization Science, 12, S. 450-467

Dormann, C./Zapf, D. 2001: Job Satisfaction, in: Journal of Organizational Behavior, 22, S. 483-504

Dörner, D. 1999: Bauplan für eine Seele, Reinbek

Dorst, B. 2001: Das Problem der Qualifikation und der Kompetenz in der Gruppendynamik, in: König, O. (Hrsg.): Gruppendynamik, 4. Auflage, Wien, S. 301-313

Dozier, J.B./Miceli, M.P. 1985: Potential Predictors of Whistle-Blowing, in: Academy of Management Review, 10, S. 823-836

Dreitzel, H.P. 1980: Die gesellschaftlichen Leiden und das Leiden an der Gesellschaft, 3. Auflage, Stuttgart

Durkheim, E. 1976: Regeln der soziologischen Methode, 3. Auflage, Darmstadt/Neuwied (erstmals 1895)

Durkheim, E. 1992: Über soziale Arbeitsteilung, Frankfurt a.M. (erstmals 1893)

Eagly, A.H./Chaiken, S. 1993: The Psychology of Attitudes, Orlando

310

Eagly. A.H./Chaiken, S. 1998: Attitude Structure and Function, in: Gilbert, D./Fiske, S./Lindzey, G. (Hrsg.): The Handbook of Social Psychology, 4. Auflage, Band 1, New York, S. 269-322

Ebers, M. 1985: Organisationskultur, Wiesbaden

Ebers, M. 1991: Der Aufstieg des Themas „Organisationskultur" in problem- und disziplingeschichtlicher Perspektive, in: Dülfer, E. (Hrsg.): Organisationskultur, 2. Auflage, Stuttgart, S. 39-63

Eckes, T/Six, B. 1994: Fakten und Fiktionen in der Einstellungs-Verhaltens-Forschung, in: Zeitschrift für Sozialpsychologie, 25, 253-271

Edding, C. 2001: Die Domestizierung der Gruppendynamik, in: König, O. (Hrsg.): Gruppendynamik, 4. Auflage, Wien, S. 77-94

Eisenberger, R. u.a. 2001: Reciprocation of Perceived Organizational Support, in: Journal of Applied Psychology, 86, S. 42-51

Ekeh, P. 1974: Social Exchange Theory: The Two Traditions, London

Elangovan, A.R./Shapiro, D.L. 1998: Betrayal of Trust in Organizations, in: Academy of Management Review, 23, S. 547-566

Elsîk, W. 1998: Personalmanagement als Spiel, Stuttgart

Elster, J. 1987: Subversion der Rationalität, Frankfurt a.M./New York

Emerson, E.M. 1976: Social Exchange Theory, in: Annual Review of Sociology, 2, S. 335-362

Emerson, R.M. 1962: Power Dependence Relations, in: American Sociological Review, 27, S. 31-40

Emerson, R.M. 1972a: Exchange Theory, Part I: A Psychological Basis for Social Exchange, in: Berger, J./Zelditch, M./Anderson, B. (Hrsg.): Sociological Theories in Progress. Band 2, New York u.a., S. 38-57

Emerson, R.M. 1972b: Exchange Theory, Part II: Exchange Relations and Network Structures, in: Berger, J./Zelditch, M./Anderson, B. (Hrsg.): Sociological Theories in Progress, Band 2, New York u.a., S. 58-87

Emerson, R.M. 1976: Social Exchange Theory, in: Annual Review of Sociology, 2, S. 335-362

Epstein, S. 1998: Cognitive-Experiential Self-Theory, in: Barone, D.F./Hersen, M./Van Hasselt, V.B. (Hrsg.): Advanced Personality, New York, S. 211-238

Erlinghagen, M./Rinne, K./Schwarze, J. 1999: Ehrenamt statt Arbeitsamt? in: WSI Mitteilungen, S. 246-255

Esser, H. 1993: Soziologie: Allgemeine Grundlagen, Frankfurt a.M.

Esser, H. 1999: Soziologie. Spezielle Grundlagen. Band 1: Situationslogik und Handeln, Frankfurt a.M./New York

Esser, H. 2000: Soziologie: Spezielle Grundlagen, Band 3: Soziales Handeln, Frankfurt a.M.

Etzioni, A. 1961: A Comparative Analysis of Complex Organizations, Glencoe/New York

Ewen, R.B. 1998: An Introduction to Theories of Personality, 5. Auflage, Mahwah/London

Eysenck, H.J./Eysenck, S.G.B. 1991: Manual of the Eysenck Personality Scales (EPS Adult), London

Eysenck, H.J./Wilson, C.D./Jackson, C.J. 1998: Eysenck Personality Profiler EPP-D Manual, Frankfurt a.M. u.a.

Fazio, R.H. u.a. 1982: Attitude Accessibility, Attitude-Behavior Consistency and the Strength of the Object-Evaluation Association, in: Journal of Experimental Social Psychology, 18, S. 339-357

Feather, N.T. 1982: Human Values and the Prediction of Action, in: Feather, N.T. (Hrsg.): Expectations and Actions, Hillsdale, S. 263-289

Feldman, D.C. 1981: The Multiple Socialization of Organization Members, in: Academy of Management Review, 6, S. 309-318

Fengler, J. 1993: Funktionen, Rollen, Posen, in: Schwarz, G. u.a. (Hrsg.): Gruppendynamik, Wien, S. 95-103

Fengler, J. 2001a: Feedback als Interventionsmethode, in: König, O. (Hrsg.): Gruppendynamik, 4. Auflage, Wien, S. 197-223

Fengler, J. 2001b: Indikation und Kontraindikation für den Einsatz gruppendynamischer Übungen, in: König, O. (Hrsg.): Gruppendynamik, 4. Auflage, Wien, S. 247-262

Ferber, von C. 1959: Arbeitsfreude, Stuttgart

Fernandez, D.R. u.a. 1997: Hofstede´s Country Classifikation 25 Years Later, in: The Journal of Social Psychology, 137, S. 43-54

Festinger, L. 1954: A Theory of Cognitive Dissonance, Stanford

Fink-Eitel, H. 1997: Michel Foucault zur Einführung, 3. Auflage, Hamburg

Fischer, L. 1991 (Hrsg.): Arbeitszufriedenheit, Stuttgart

Fishbein, M./Ajzen, J. 1975: Belief, Attitude, Intention and Behavior, London

Fisher, C.D./Locke E.A. 1992: The New Look in Job Satisfaction Research and Theory, in: Cranny, C.J./Smith, P.C./Stone, E.F. (Hrsg.): Job Satisfaction, New York, S. 165-194

Fisher, R./Ury, W./Patton, B. 1995: Das Harvard–Konzept, 13. Auflage, Frankfurt a.M.

Flodell, C. 1989: Miteinander oder Gegeneinander, Wiesbaden

Florek, T. 1986: Das Organisationsklima als Einflussfaktor auf ausgewählte personalwirtschaftliche Aspekte, München

Fogarty, G.J. u.a. 1999: Predicting Occuptional Strain and Job Satisfaction, in: Journal of Vocational Behavior, 54, S. 429-452

Foucault, M. 1971: Die Ordnung der Dinge, Frankfurt a.M.

Foucault, M. 1974: Von der Subversion des Wissens, München

Foucault, M. 1976: Mikrophysik der Macht, Berlin

Foucault, M. 1978: Dispositive der Macht, Berlin

Foucault, M. 1995: Überwachen und Strafen, Frankfurt a.M.

Foucault, M. 1999: In Verteidigung der Gesellschaft, Frankfurt a.M.

Francis, D./Young, D. 1992: Improving Work Groups, Amsterdam

Frank, R.H. 1997: Microeconomics and Behavior, 3. Auflage, New York

Frankfurter Allgemeine Zeitung 2001: Großes Interesse für das neue Geld, S. 1, Frankfurt

Frederick, W.C/Weber, J. 1990: The Values of Corporate Managers and their Critics, in: Frederick, W.C./Preston, L.E. (Hrsg.): Business Ethics, London, S. 123-144

French, J.R.P./Raven, B.H. 1959: The Bases of Social Power, in: Cartwright, D. (Hrsg.): Studies in Social Power, Ann Abor, S. 150-167

French, W.L./Bell, C.H. 1982: Organisationsentwicklung, 2. Auflage, Bern/Stuttgart

Frese, M. u.a. 1994: „Mir ist es lieber, wenn ich genau gesagt bekomme, was ich tun muss", in: Zeitschrift für Arbeits- und Organisationspsychologie, 38, S. 22-33

Frese, M. u.a. 1996: Personal Initiative at Work, in: Academy of Management Journal, 39, S. 37-63

Freud, S. 1986: Kulturtheoretische Schriften, Frankfurt a.M.

Freud, S. 2002: Die Traumdeutung, Frankfurt a.M. (erstmals 1900)

Friedeburg, L.v. 1963: Soziologie des Betriebsklimas, Frankfurt a.M.

Furnham, A. 1992: Personality at Work, London/New York

Furnham, A. 1997: The Psychology of Behaviour at Work, Hove

Furnham, A./Heaven, P. 1999: Personality and Social Behaviour, London u.a.

Gabarro, J.J. 1978: The Development of Trust, Influence, and Expectation, in: Athos, A.G./ Gabarro, J.J. (Hrsg.): Interpersonal Behavior, Englewood Cliffs, S. 290-303

Gassmann, L. 2000: Was bewirkt Gruppendynamik? 2. Auflage, Lage

Gaugler, E. u.a. 1985: Ausländerintegration in deutschen Industriebetrieben, Frankfurt a.M.

Gebert, D. 1992: Organisationsklima, in: Gaugler, E./Weber, W. (Hrsg.): Handwörterbuch des Personalwesens, 2. Auflage, Sp. 1498-1509

Gehlen, A. 1968: Die Sozialstrukturen primitiver Gesellschaften, in: Gehlen, A./Schelsky, H. (Hrsg.): Soziologie, Düsseldorf/Köln, S. 13-45

Geißler, K.A. 1981: Gruppendynamik: Ende einer Hoffnung oder Hoffnung ohne Ende? in: Gruppendynamik, 12, S. 30-35

George, J.M./Brief, A.P. 1990: Feeling Good – Doing Good, in: Psychological Bulletin, 112, S. 310-329

Gesell, S. 1984: Die Natürliche Wirtschaftsordnung durch Freiland und Freigeld, 10. Auflage, Lauf (erstmals 1916)

Giddens, A. 1988: Die Konstitution der Gesellschaft, Frankfurt a.M./New York

Giere, W. 1970: Gruppendynamik – ein Spiel ohne Folgen, in: Gruppendynamik, 1, S. 282-304

Gille, G. u.a. 1979: Betriebliche Integration ausländischer Arbeitnehmer als Frage der Problemhandhabung und Zufriedenheit, in: Esser, H. u.a.: Arbeitsmigration und Integration, Königstein/Ts., S. 167-266

Glaeser, E.L. 2000: Measuring Trust, in: Quarterly Journal of Economics, 115, S. 811-846

Godelier, M. 1999: Das Rätsel der Gabe, München

Goffman, E. 1983: Wir alle spielen Theater, 3. Auflage, München

Goldberg, L.R. 1981: Language and Individual Differences, in: Wheeler, L. (Hrsg.) 1981: Review of Personality and Social Psychology, 2, Beverly Hills/London, S. 141-165

Goldberg, L.R. 1990: An Alternative „Description of Personality", in: Journal of Personality and Social Psychology, 59, S. 1216-1229

Gollwitzer, P.M. 1991: Abwägen und Planen, Göttingen

Gontard, M. 2002: Unternehmenskultur und Organisationsklima, München

Goodenough, W.H. 1957: Cultural Anthropology and Linguistics, in: Garvin, P. (Hrsg.): Report of the Seventh Annual Round Table Meeting on Linguistics and Language Study, Washington, S. 167-177

Gouldner, A.W. 1960: The Norm of Reciprocity, in: American Sociological Review, 25, S. 161-178

Graeff, P. 1997: Vertrauen zum Vorgesetzten und zum Unternehmen, Berlin

Graham, J.W. 1986: Principled Organizational Dissent, in: Research in Organizational Behavior, 8, S. 1-52

Granovetter, M.S. 1985: Economic Action and Social Structure, in: American Journal of Sociology, 91, S. 481-510

Graumann, C-F. 1965: Die Dynamik von Interessen, Wertungen und Einstellungen, in: Thomae, H.(Hrsg.): Handbuch der Psychologie, 2. Band, Göttingen, S.272-305

Greenhalgh, L. 1991: Organizational Coping Strategies, in: Hartley, J. u.a. (Hrsg.): Job Insecurity, London, S. 172-198

Greenhalgh, L./Sutton, R. 1991: Organizational Effectiveness and Job Insecurity, in: Hartley, J. u.a. (Hrsg.): Job Insecurity, London, S. 151-171

Hackman, J. R. 1990: Creating More Effective Work Groups in Organizations, in: Hackman, J.R. (Hrsg.): Groups That Work (and Those That Don't), San Francisco/Oxford, S. 479-504

Hackman, J.R./Oldham, G.R. 1980: Job Redesign, Reading u.a.

Hansen, K. 1981: Colloquium „Gruppendynamik", in: Gruppendynamik, 12, S. 9-10

Hardy, C./Clegg, S.R. 1996: Some Dare Call it Power, in: Clegg, S.R./Hardy, C./Nord, W.R. (Hrsg.): Handbook of Organization Studies, London/New Delhi, S. 622-641

Harris, M. 1995: Kannibalen und Könige, Stuttgart/München

Harris, M. 1997: Fauler Zauber, Stuttgart/München

Harrison, D.A./Marocchio, J.J. 1998: Time for Absenteeism, in: Journal of Management, 24, S. 305-350

Hartley, J. 1991: Industrial Relations and Job Insecurity, in: Hartley, J. u.a. (Hrsg.): Job Insecurity, London, S. 123-150

Hartmann, M./Offe, C. 2001 (Hrsg.): Vertrauen, Frankfurt/New York

Heckhausen, H. 1987: Intentionsgeleitetes Handeln und seine Fehler, in: Heckhausen, H./Gollwitzer, P.M./Weinert, F.E. (Hrsg.): Jenseits des Rubikon, Berlin, S. 143-175

Heinrich, M. 2002: Gruppenarbeit, in: Kasper, H./Mayrhofer, W. (Hrsg.): Personalmanagement – Führung – Organisation. 3. Auflage Wien, S. 289-335

Helmers, S. 1993: Beiträge der Ethnologie zur Unternehmenskulturforschung, in: Dierkes, M./von Rosenstiel, L./Steger, U. (Hrsg.): Unternehmenskultur in Theorie und Praxis, Frankfurt a.M., S. 147-187

Hertel, G./Bretz, E./Moser, K. 2000: Freiwilliges Arbeitsengagement, in: Gruppendynamik, 31, S. 121-140

Hinings, D. J. u.a. 1974: Structural Conditions of Intraorganizational Power, in: Administrative Science Quarterly, 19, S. 22-43

Hinterhuber, H.H./Winter, L.G. 1991: Unternehmungskultur und Corporate Identity, in: Dülfer, E. (Hrsg.): Organisationskultur, 2. Auflage, Stuttgart, S. 189-200

Hofstätter, P.R. 1986: Bedingungen der Zufriedenheit, Zürich/Osnabrück

313

Hofstede, G. 1980: Culture's Consequences, Beverly Hills/London

Hofstede, G. 1994: Cultures and Organizations, London

Hofstede, G. 1998: Attitudes, Values and Organizational Culture, in: Organization Studies, 19, S. 477-492

Holland, J.L. 1973: Making Vocational Choices, Englewood Cliffs

Holm, K. 1969: Zum Begriff der Macht, in: Kölner Zeitschrift für Soziologie und Sozialpsychologie, 21, S. 269-288

Holmes, J.G./Rempel, J.K. 1989: Trust in Close Relationships, in: Hendrick, C. (Hrsg.): Review of Personality and Social Psychology, London, S. 187-220

Homans, G.C. 1958: Social Behavior as Exchange, in: American Journal of Sociology, 63, S. 597-606

Homans, G.C. 1974: Elementarformen sozialen Verhaltens, 2. Auflage, Opladen (erstmals 1961)

Homans, G.C. 1978: Theorie der sozialen Gruppe, 7. Auflage, Opladen (erstmals 1950)

Homans, G.C./Schneider, D.M. 1962: Marriage, Authority, and Final Causes, in: Homans, G.C.: Sentiments and Activities, Glencoe, S. 202-256 (erstmals 1955)

Hondrich, K.O. 1978: Bedürfnisse, Werte und Soziale Steuerung, in: Werkstatthefte für Zukunftsforschung: Werteinstellung und Wertwandel, S. 23-52, Berlin/Paderborn

Honneth, A. 1986: Kritik der Macht, Frankfurt a.M.

Hoppock, R.L. 1935: Job Satisfaction, New York/London

Howard, P.J./Howard, J.M. 2002: Führen mit dem Big-Five-Persönlichkeitsmodell, Frankfurt a.M./New York

Hrebiniak, L.G./Alutto, J.A. 1972: Personal and Role-Related Factors in the Development of Organizational Commitment, in: Administrative Science Quarterly, 17, S. 555-573

Huber, G. 1986: Sigmund Freud und Claude Lévi-Strauss, Wien

Huber, J. 1977: Gruppendynamik als Wissenschaft, in: Heintel, P. (Hrsg.): Das ist Gruppendynamik, 2. Auflage, München, S. 26-37

Hundleby, J.D./Cattell, R.B. 1968: Personality Structure in Middle Childhood and the Prediction of School Achievement and Adjustment, in: Monographs of the Society for Research in Child Development, 33, S. 1-61

Hundleby, J.D./Pawlik, K./Cattell, R.B. 1965: Personality Factors in Objective Test Devices, San Diego

Iaffaldano, M.T./Muchinsky, P.M. 1985: Job Satisfaction and Job Performance: A Meta–Analysis, in: Psychological Bulletin, 97, S. 251-273

Insko, C.A. 1965: Verbal Reinforcement of Attitude, in: Journal of Personality and Social Psychology, 2, S. 621-623

Ironson, G.H. u.a. 1989: Constitution of a Job in General Scale, in: Journal of Applied Psychology, 74, S. 193-200

Jäger, S. 2001: Diskurs und Wissen, in: Keller, R. u.a. (Hrsg.): Handbuch Sozialwissenschaftliche Diskursanalyse Band 1: Theorien und Methoden, Opladen, S. 81-112

James, L.R./Jones, A.P. 1974: Organizational Climate, in: Psychological Bulletin, 12, S. 1096-1112

Janis, I.L. 1982: Groupthink, Dallas u.a.

Janis, I.L./Mann, L. 1977: Decision Making, London

Jeserich, W. 1995: Assessment Center, in: Sarges, W. (Hrsg.): Management-Diagnostik, 2. Auflage, Göttingen u. a., S. 718-728

John, O.P. 1990: The „Big Five" Factor Taxonomy, in: Pervin, L.A. (Hrsg.): Handbook of Personality, New York/London, S. 66-100

John, O.P./Srivastava, S. 1999: The Big Five Trait Taxonomy, in: Pervin, L.A./John, O.P. (Hrsg.): Handbook of Personality, 2. Auflage, New York/London, S. 102-138

Johnson-George, C./Swap, W.C. 1982: Measurement of Specific Interpersonal Trust, in: Journal of Personality and Social Psychology, 43, S. 1306-1317

Jones, G.R. 1986: Socialization Tactics, Self-Efficacy, and Newcomers' Adjustments to Organizations, in: Academy of Management Journal, 29, S. 262-279

Joyce, W.F./Slocum, J.W. 1984: Collective Climate, in: Academy of Management Journal, 4, S. 721-742

Judge, T.A. u.a. 1999: The Big Five Personality Traits, General Mental Ability, and Career Success across the Life Span, in: Personnel Psychology, 52, S. 621-652

Judge, T.A. u.a. 2001: The Job Satisfaction-Job Performance Relationship, in: Psychological Bulletin, 127, S. 376-407

Judge, T.A./Heller, D./Mount, M.K. 2002: Five-Factor Model of Personality and Job Satisfaction, in: Journal of Applied Psychology, 87, S. 530-541

Judge, T.A./Larsen, R.J. 2001: Dispositional Affect and Job Satisfaction, in: Organizational Behavior and Human Decision Processes, 86, S. 67-98

Judge, T.A./Martocchio, J.J./Thoresen, C.J. 1997: Five-Factor Model of Personality and Employee Absence, in: Journal of Applied Psychology, 82, S. 745-755

Kaplan, R.M./Saccuzzo, D.P. 2001: Psychological Testing, 5. Auflage, Belmont u.a.

Kappelhoff, P. 1993: Soziale Tauschsysteme, München/Wien

Kaschube, J. 1993: Betrachtung der Unternehmens- und Organisationskulturforschung aus (organisations-)psychologischer Sicht, in: Dierkes, M./von Rosenstiel, L./ Steger, U. (Hrsg.): Unternehmenskultur in Theorie und Praxis, Frankfurt a.M., S. 90-146

Kasper, H. 1987: Organisationskultur, Wien

Katz, D 1967: The Functional Approach to the Study of Attitude, in: Fishbein, M. (Hrsg.): Readings in Attitude Theory and Measurement, New York, S. 457-468

Katz, D. 1964: The Motivational Basis of Organizational Behavior, in: Behavioral Science, 9, S. 131-146

Katz, D./Kahn, R.L. 1978: The Social Psychology of Organizations, 2. Auflage, New York

Katzell, R.A./Thompson, D.E. 1990: An Integrative Model of Work Attitudes, Motivation, and Performance, in: Human Performance, 3, S. 63-85

Katzenbach, J. R./Smith, D. K. 1993: The Wisdom of Teams, Boston

Keesing, R.M. 1974: Theories of Culture, in: Annual Review of Anthropology, 3, S. 73-97

Keesing, R.M./Strathern, A.J. 1998: Cultural Anthropology, 3. Auflage, Fort Worth u.a.

Keller, R. u.a. (Hrsg.) 2001: Handbuch Sozialwissenschaftliche Diskursanalyse, Band 1: Theorien und Methoden, Opladen

Kelly, G.A. 1991: The Psychology of Personal Constructs, Band 1, London/New York

Kieser, A. u.a. 1990: Die Einführung neuer Mitarbeiter in das Unternehmen, 2. Auflage, Neuwied

Kiesler, C.A. 1971: The Psychology of Commitment, New York u.a.

Kirsch, W. 1977: Einführung in die Theorie der Entscheidungsprozesse, 2. Auflage, Wiesbaden

Kirsch, W. 1992: Kommunikatives Handeln, Autopoiese, Rationalität, München

Kirsten, R.E./Müller–Schwarz, J. 1976: Gruppen Training, Reinbek

Kline, C.J./Peters, L.H. 1991: Behavioral Commitment and Tenure of New Employees, in: Academy of Management Journal, 34, S. 194-204

Kluckhohn, C. 1951: Values and Value-Orientations in the Theory of Action, in: Parsons, T./Shils, E. (Hrsg.): Toward a General Theory of Action, Cambridge, S. 388-433

Kluckhohn, F.R./ Strodtbeck, F.L. 1961: Variations in Value Orientations, New York

Kmieciak, P. 1976: Wertstrukturen und Wertwandel in der Bundesrepublik Deutschland, Göttingen

Knack, S./Keefer, P. 1997: Does Social Capital Have an Economy Payoff? in: Quarterly Journal of Economics, 112, S. 1251-1288

Knights, D./Vurdubakis, T. 1994: Foucault, Power, Resistance and all that, in: Jermier, J.M./Knights, D./Nord, W.R. (Hrsg.): Power and Resistance in Organizations, London, S. 167-198

Kobi, J.M./Wüthrich, H.A. 1986: Unternehmenskultur, Landsberg/Lech

Kögler, H.H. 1994: Michel Foucault, Stuttgart/Weimar

Kompa, A. 1999: Assessment Center, München/Mering

König, O. 2001: Einführung und Überblick, in: König, O. (Hrsg.): Gruppendynamik, 4. Auflage, Wien, S. 11-17

Konovsky, M.A./Organ, D.W. 1996: Dispositional and Contextual Determinants of Organizational Citizenship Behavior, in: Journal of Organizational Behavior, 17, S. 253-266

Kosiol, E. 1962: Organisation der Unternehmung, Wiesbaden

Kossakowski, M./Winkler, K. 1995: Betriebsklimauntersuchungen in den jungen Bundesländern, in: Freimuth, J./Kiefer, B.U. (Hrsg.): Geschäftsberichte von unten, Göttingen, S. 209-228

Kotthoff, H./Reindl, J. 1990: Die soziale Welt kleiner Betrieb, Göttingen

Kramer, R.M. 2001: Organizational Paranoia, in: Research in Organizational Behavior, 23, S. 1-42

Kramer, R.M./Tyler, T.R. 1996 (Hrsg.): Trust in Organizations, Thousand Oaks u.a.

Kraus, S.J. 1995: Attitudes and the Prediction of Behavior, in: Personality and Social Psychology Bulletin, 21, S. 58-75

Krause, A./Resch, M. 2002: Ehrenamtliches Engagement in Flensburg, Discussion Paper Nr. 2 des Internationalen Institutes für Management der Universität Flensburg

Kroeber, A.L./Kluckhohn, C. 1952: Culture, Cambridge

Krüger, W. 1976: Macht in der Unternehmung, Stuttgart

Kubon-Gilke, G. 1997: Verhaltensbindung und die Evolution ökonomischer Institutionen, Marburg

Kunda, G. 1992: Engineering Culture, Philadelphia

Laske, S./Weiskopf, R. 1996: Personalauswahl - Was wird denn da gespielt? in: Zeitschrift für Personalforschung, 10, S. 295-332

Lassoga, F.; Kretschmann, R. 1985: Effekte von drei Veranstaltungen der angewandten Gruppendynamik, in: Gruppendynamik, 16, S. 65-75

Laucken, U. 2001: Zwischenmenschliches Vertrauen, Oldenburg

Lawler, E.J. 1992: Affective Attachments to Nested Groups, in: American Sociological Review, 57, S. 327-339

Lazear, E.P. 1995: Personnel Economics, Cambridge

LeBon, G. 1961: Psychologie der Massen (Original: Psychologie des foules - 1895), Stuttgart

Leonard, N.H./Beauvais, L.L./Scholl, R.W. 1999: Work Motivation, in: Human Relations, 52, S. 969-998

LePine, J.A./Erez, A./Johnson, D.E. 2002: The Nature and Dimensionality of Organizational Citizenship Behavior, in: Journal of Applied Psychology, 87, S. 52-65

LePine, J.A./van Dyne, L. 2001: Peer Responses to Low Performers, in: Academy of Management Review, 26, S. 67-84

Levenstein, A. 1912: Die Arbeiterfrage, München

Lévi-Strauss, C. 1993: Die elementaren Strukturen der Verwandtschaft, Frankfurt a.M. (erstmals 1949)

Lewicki, R.J./Bunker, B.B. 1995: Developing and Maintaining Trust in Work Relationships, in: Kramer, R.M./Tyler, T.R. (Hrsg.): Trust in Organizations, Thousand Oaks u.a., S. 114-139

Lewicki, R.J./McAllister, D.J./Bies, R.J. 1998: Trust and Distrust, in: Academy of Management Review, 23, S. 438-458

Lindell, M. K./Brandt, C.J. 2000: Climate Quality and Climate Consensus as Mediators of the Relationship Between Organizational Antecedents and Outcomes, in: Journal of Applied Psychology, 3, S. 331-348

Lindenberg, S. 1990: Homo Socio-Economicus, in: Journal of Institutional and Theoretical Economics, 146, S. 727-748

Lindenberg, S. 1996: Die Relevanz theoriereicher Brückenannahmen, in: Kölner Zeitschrift für Soziologie und Sozialpsychologie, 48, S. 126-140

Link, J. 1982: Kollektivsymbolik und Mediendiskurse, in: kultuRRevolution, 1, S. 6-21

Link, J. 1983: Was ist und was bringt Diskurstaktik? in: kultuRRevolution, 2, S. 60-66

Litwin, G.H./Stringer, R.A. 1968: Motivation and Organizational Climate, Cambridge

Locke, E.A. 1976: The Nature and Causes of Job Satisfaction, in: Dunnette, M.D. (Hrsg.): Handbook of Industrial and Organizational Psychology, Chicago, S. 1297-1349

Locke, E.A./Latham, G.P. 1990: A Theory of Goal Setting and Task Performance, Englewood Cliffs

Lück, H.E. 1972: Zum Begriff der Gruppendynamik, in: Gruppendynamik, 3, S. 123-126

Luft, J. 1977: Einführung in die Gruppendynamik, Stuttgart

Luhmann, N. 1988: Soziale Systeme, 2. Auflage, Frankfurt a.m.

Lukes, S. 1974: Power, London/Basingstoke

Macneil, I.R. 1985: Relational Contract, in: Wisconsin Law Review, 84, S. 483-525

Mael, F.A./Ashforth, B.E. 1995: Loyal from Day One, in: Personnel Psychology, 48, S. 309-333

Maio, G.R./Olson, J.M. 1995: Relations between Values, Attitudes, and Behavioral Intentions, in: Journal of Experimental Social Psychology, 31, S. 166-285

Malinowski, B. 1979: Argonauten des westlichen Pazifik, Frankfurt a.M. (erstmals 1922)

March, J.G. 1990: Entscheidung und Organisation, Wiesbaden, S. 131-167

March, J.G./Simon, H.A. 1958: Organizations, New York

Marks, M. A./Mathieu, J. E./Zaccaro, S. J. 2001: A Temporally Based Framework and Taxonomy of Team Processes, in: Academy of Management Review 26, S. 356-376

Marsden, R. 1993: The Politics of Organizational Analysis, in: Organization Studies, 14, S. 93-124

Martin, A. 1989: Die empirische Forschung in der Betriebswirtschaftslehre, Stuttgart

Martin, A. 1992: Arbeitszufriedenheit, in: Gaugler, E./Weber, W. (Hrsg.): Handwörterbuch des Personalwesens, 2. Auflage, Stuttgart, Sp. 482-493

Martin, A. 1994: Personalforschung, 2. Auflage, München/Wien

Martin, A. 2000: Teams und ihre Entwicklung, in: Universitas, 55, S. 895-910

Martin, A. 2001: Personal, Stuttgart

Martin, A. u.a. 1995: Macht und Konflikte in Unternehmungen, in: Bartscher, S./ Bomke, P. (Hrsg.): Einführung in die Unternehmungspolitik, 2. Auflage, Stuttgart, S. 325-378

Martin, A./Behrends, T. 1999: Die Innovative Organisation aus kulturtheoretischer Perspektive, Schriften aus dem Institut für Mittelstandsforschung, Heft 10, Lüneburg

Martin, J. 1992: Cultures in Organizations, New York

Martin, J. 2002: Organizational Culture, Thousand Oaks/London/New Delhi

Marx, K. 1988/1890: Das Kapital, 17. Auflage, Berlin

Mathieu, J.E./Hamel, K. 1989: A Causal Model of the Antecedents of Organizational Commitment among Professionals and Nonprofessionals, in: Journal of Vocational Behavior, 34, S. 299-317

Mathieu, J.E./Zajac, D.M. 1990: A Review and Meta-Analysis of the Antecedents, Correlates, and Consequences of Organizational Commitment, in: Psychological Bulletin, 108, S. 171-194

Matiaske, W. 1992: Wertorientierungen und Führungsstil, Frankfurt a.M. u.a.

Matiaske, W. 1998: Zur Integration von Tausch- und Machttheorie, in: Berthel, J. (Hrsg.): Unternehmen im Wandel, München/Mering, S. 45-82

Matiaske, W. 1999: Soziales Kapital in Organisationen, München/Mering

Matiaske, W./Mellewigt, T. 2001: Arbeitszufriedenheit: Quo vadis? in: Die Betriebswirtschaft, 61, S. 7-23

Mauss, M. 1984: Die Gabe, 2. Auflage, Frankfurt a.M. (erstmals 1923/24)

Mayer, C.R./Davis, J./Schoorman, F.D. 1995: An Integrative Model of Organizational Trust, in: Academy of Management Review, 20, S. 709-734

Mayer, R.C./Schoorman, F.D. 1992: Predicting Participation and Production Outcomes Through a Two-Dimensional Model of Organizational Commitment, in: Academy of Management Journal, 35, S. 671-684

McCrae, R.R./Costa, P.T. 1990: Personality in Adulthood, New York

McCrae, R.R./Costa, P.T. 1996: Toward a New Generation of Personality Theories, in: Wiggins, J.S. (Hrsg.) 1996: The Five-Factor Model of Personality, New York/London, S. 51-87

McKinlay, A./Starkey, K. 1998 (Hrsg.): Foucault, Management and Organization Theory, London u.a.

McNeely, B.L./Meglino, B.M. 1994: The Role of Dispositional and Situational Antecedents in Prosocial Organizational Behavior, in: Journal of Applied Psychology, 79, S. 836-844

317

Merton, R.K. 1973: Der Rollen-Set, in: Hartmann, H. (Hrsg.): Moderne amerikanische Soziologie, 2. Auflage, München, S. 316-333

Merton, R.K. 1995: Soziologische Theorie und soziale Struktur, Berlin u.a.

Meyer, J.P. u.a. 1989: Organizational Commitment and Job Performance, in: Journal of Applied Psychology, 74, S. 152-156

Meyer, J.P. u.a. 2001: Affective, Continuance, and Normative Commitment to the Organization, in: Journal of Vocational Behavior, 36, S. 1-33

Meyer, J.P./Allen, N.J. 1984: Testing the „Side-Bet Theory" of Organizational Commitment, in: Journal of Applied Psychology, 69, S. 372-378

Meyer, J.P./Allen, N.J. 1991: A Three-Component Conceptualization of Organizational Commitment, in: Human Resource Management Review, 1, S. 61-89

Meyer, J.P./Allen, N.J. 1997: Commitment in the Workplace, Thousand Oaks u.a.

Meyer, J.P./Smith, C.A. 2000: HRM Practices and Organizational Commitment, in: Canadian Journal of Administrative Sciences, 17, S. 319-331

Mintzberg, H. 1983: Power in and around Organizations, Englewood Cliffs

Mitra, A./Jenkins, G.D./Gupta, N. 1992: A Meta-Analytic Review of the Relationship Between Absence and Turnover, in: Journal of Applied Psychology, 77, S. 879-889

Moorman, R.H. 1993: The Influence of Cognitive and Affective Based Job Satisfaction Measures on the Relationship between Satisfaction and Organizational Citizenship Behavior, in: Human Relations, 46, S. 759-776

Moran, E.T./Volkwein, J.F. 1992: The Cultural Approach to the Formation of Organizational Climate, in: Human Relations, 45, S. 19-47

Moreland, R.L./Levine, J.M. 1982: Socialization in Small Groups, in: Berkowitz, L. (Hrsg.): Advances in Experimental Social Psychology, 15, S. 137-192

Morgan, G. 1997: Bilder der Organisation, Stuttgart

Morrow, P.C. 1983: Concept Redundancy in Organizational Research, in: Academy of Management Review, 8, S. 486-500

Morrow, P.C. 1993: The Theory and Measurement of Work Commitment, Greenwich/London

Moser, K. 1996: Commitment in Organisationen, Bern u.a.

Moser, K. u.a. 1998: Persönlichkeitsmerkmale und kontraproduktives Verhalten in Organisationen, in: Zeitschrift für Arbeits– und Organisationspsychologie, 42, S. 89-99

Mount, M.K./Barrick, M.R. 1995: The Big Five Personality Dimensions, in: Research in Personnel and Human Resources Management, 13, S. 153-200

Mowday, R.T./Porter, L.W./Steers, R.M. 1982: Employee-Organization Linkages, New York u.a.

Mowday, R.T./Steers, R.M./Porter, L.W. 1979: The Measurement of Organizational Commitment, in: Journal of Vocational Behavior, 14, S. 224-247

Müller, C. 2000: Grenzen ernst nehmen – und ihnen den Ernst nehmen, Heidelberg

Müller, G.F. 1999: Organisationskultur, Organisationsklima und Befriedigungsquellen der Arbeit, in: Zeitschrift für Arbeits– und Organisationspsychologie, 4, S. 193-201

Müller, G.F./Bierhoff, H.W. 1994: Arbeitsengagement aus freien Stücken, in: Zeitschrift für Personalforschung, 8, S. 367-379

Nagl, L. 1977: T–Gruppe, Organisation, Institution, in: Heintel, P. (Hrsg.): Das ist Gruppendynamik, 2. Auflage, München, S. 38-59

Near, J.P./Miceli, M.P. 1987: Whistle–Blowers in Organizations, in: Research in Organizational Behavior, 8, S. 321-368

Near, J.P./Miceli, M.P. 1996: Whistle–Blowing, in: Journal of Management, 22, S. 507-526

Necowitz, L.B./Roznowski, M. 1994: Negative Affectivity and Job Satisfaction, in: Journal of Vocational Behavior, 45, S. 270-294

Neilsen, E.H. 1986: Empowerment Strategies, in: Shrivastva, S. u.a. (Hrsg.): Executive Power, San Francisco/London, S. 78-110

Nellessen, L. 2001a: Der Preis der Konsolidierung, in: König, O. (Hrsg.): Gruppendynamik, 4. Auflage, Wien, S. 63-76

Nellessen, L. 2001b: Problembearbeitung im Training, in: König, O. (Hrsg.): Gruppendynamik, 4. Auflage, Wien, S. 263-286

318

Nerdinger, F.W. 1995: Motivation und Handeln in Organisationen, Stuttgart u.a.

Nerdinger, F.W. 1997: Wohlbefinden im Betrieb, in: Traditio et Innovatio, 1, S. 25-28

Nerdinger, F.W. 1998: Extra–Rollenverhalten in Organisationen. in: Arbeit, 7, S. 21-38

Neuberger, O. 1974a: Theorien der Arbeitszufriedenheit, Stuttgart u.a.

Neuberger, O. 1974b: Messung der Arbeitszufriedenheit, Stuttgart u.a.

Neuberger, O. 1995: Mikropolitik, Stuttgart

Neuberger, O. 1997: Individualisierung und Organisierung, in: Ortmann, G./Sydow, J./ Türk, K. (Hrsg.): Theorien der Organisation, Opladen, S. 487-522

Neuberger, O./Allerbeck, M. 1978: Messung und Analyse von Arbeitszufriedenheit, Bern u.a.

Neuberger, O./Kompa, A. 1987: Wir, die Firma, Weinheim/Basel

Nick, Franz R. 1972: Motivation und Arbeitsverhalten, Dissertation Universität Mannheim

Nieder, P. 1987: Fehlzeiten als Signale, in: Personalführung, 20, S. 36-37

Nienhüser, W. 1993: Rolle, in: Weber, W./Mayrhofer, W./Nienhüser, W. (Hrsg.): Grundbegriffe der Personalwirtschaft, Stuttgart, S. 239

Nienhüser, W. 1998a: Macht bestimmt die Personalpolitik! in: Martin, A./Nienhüser, W. (Hrsg.): Personalpolitik, München/Mering, S. 239-264

Nienhüser, W. 1998b: „Wissen", in: Heinrich, P./Schulz zur Wiesch, J. (Hrsg.): Wörterbuch der Mikropolitik, Opladen, S. 297-300

Nienhüser, W. 1999: Weiterbildung als Macht - Macht macht Weiterbildung? in: Martin, A./Mayrhofer, W./Nienhüser, W. (Hrsg.): Die Bildungsgesellschaft im Unternehmen, München/Mering, S. 131-161

Nikolaou, I./Robertson, I.T. 2001: The Five-Factor Model of Personality and Work Behaviour in Greece, in: European Journal of Work and Organizational Psychology, 10, S. 161-186

NTL Institute 2002: About the Institute, http://www.ntl.org/about-history.html, am 19. November 2002

O'Reilly, C./Tushman, M.L. 1997: Using Culture for Strategic Advantage, in: Tushman, M.L./Anderson, P. (Hrsg.): Managing Strategic Innovation and Change, Oxford/New York, S. 200-216

O'Reilly, C.A./Chatman, J.A. 1986: Organizational Commitment and Psychological Attachment, in: Journal of Applied Psychology, 71, S. 492-499

ÖAGG 2002: Ausbildungsrichtlinien für Groupworker, http://www.oeagg.at/a_groupworker.htm

Offermann, L. R./Spiros, R. K. 2001: The Science and Practice of Team Development, in: Academy of Management Journal, 44, S. 376-392

Ohnesorg, S. 2001: Betriebsklima und Unternehmenskultur in saarländischen Betrieben und Behörden, AK–Beitrag 1/01 der Arbeitskammer des Saarlandes, Saarbrücken

Organ, D.W. 1977: A Reappraisal and Reinterpretation of the Satisfaction–Causes–Performance Hypothesis, in: Academy of Management Review, 2, S. 46-53

Organ, D.W. 1988a: A Restatement of the Satisfaction–Performance Hypothesis, in: Journal of Management, 14, S. 547-557

Organ, D.W. 1988b: Organizational Citizenship Behavior, Lexington

Organ, D.W. 1994: Personality and Organizational Citizenship Behavior, in: Journal of Management, 20, S. 465-478

Organ, D.W. 1997: Organizational Citizenship Behavior, in: Human Performance, 10, S. 85-97

Organ, D.W./Konovsky, M. 1989: Cognitive versus Affective Determinants of Organizational Citizenship Behavior, in: Journal of Applied Psychology, 74, S. 157-164

Organ, D.W./Lingl, A. 1995: Personality, Satisfaction, and Organizational Citizenship Behavior, in: Journal of Social Psychology, 135, S. 339-350

Organ, D.W./Paine, J.B. 1999: A New Kind of Performance for Industrial and Organizational Psychology, in: International Review of Industrial and Organizational Psychology, 14, S. 337-368

Organ, D.W./Ryan, K. 1995: A Meta-Analytic Review of Attitutional and Dispositional Predictors of Organizational Citizenship Behavior, in: Personnel Psychology, 48, S. 775-802

Ortlieb, R. 2002: Betrieblicher Krankenstand als Arena, Wiesbaden

Ortmann, G. 1984: Der zwingende Blick, Frankfurt a.M./New York

Ortmann, G. u.a. 1990: Computer und Macht in Organisationen, Opladen

Ortmann, G./Sydow, J./Windeler, A. 2000: Organisation als reflexive Strukturation, in: Ortmann, G./Sydow, J./Türk, K. (Hrsg.): Theorien der Organisation, Wiesbaden, S. 315-354

Ouchi, W.G. 1980: Markets, Bureaucracies, and Clans, in: Administrative Science Quarterly, 25, S. 129-141

Paris, R./Sofsky, W. 1987: Drohungen, in: Kölner Zeitschrift für Soziologie und Sozialpsychologie, 39, S. 15-39

Parsons, T. 1951: The Social System, Glencoe

Parsons, T. 1976: Grundzüge des Sozialsystems, in: Parsons, T. (Hrsg.): Zur Theorie sozialer Systeme, Opladen, S. 161-274

Parsons, T. 1991: The Social System, 2. Auflage, London

Parsons, T./Shils, E.A. 1951: Values, Motives, and Systems of Action, in: Parsons, T./Shils, E.A. (Hrsg): Toward a General Theory of Action, Cambridge, S. 47-275

Paulinyi, A. 1983: Die Industrielle Revolution, in: Schneider, H. (Hrsg.): Geschichte der Arbeit, Frankfurt a.M. u.a., S. 193-242

Paunonen, S.V. 1998: Hierarchical Organization of Personality and Prediction of Behavior, in: Journal of Personality and Social Psychology, 74, S. 538-556

Paunonen, S.V./Ashton, M.C. 2001: Big Five Factors and Facets and the Prediction of Behavior, in: Journal of Personality and Social Psychology, 81, S. 524-539

Payne, R.L./Pugh, D.S. 1976: Organizational Structure and Climate, in: Dunnette, M.D. (Hrsg.): Handbook of Industrial and Organizational Psychology, Chicago, S. 1125-1173

Pervin, L.A. 1993: Persönlichkeitstheorien, 3. Auflage, München/Basel

Pervin, L.A. 1996: The Science of Personality, New York u.a.

Pervin, L.A. 2000: Persönlichkeitstheorien, 4. Auflage, München

Pervin, L.A./John, O.P. 1999 (Hrsg.): Handbook of Personality, 2. Auflage, New York/London

Pesendorfer, B. 1993: Organisationsdynamik, in: Schwarz, G. u.a. (Hrsg.): Gruppendynamik, Wien, S. 197-230

Peters, T./Waterman, R. 1982: In Search of Excellence, New York

Petty, M.M./McGee, G.W./Cavender, J.W. 1984: A Meta–Analysis of the Relationship Between Individual Job Satisfaction and Individual Performance, in: Academy of Management Review, 9, S. 712-721

Petty, R.E./Cacioppo, J.T. 1986: Communication and Persuasion, London/Paris/Tokyo

Petty, R.E./Wegener, D.T. 1998: Attitude Change: Mulitple Roles for Persuasion Variables, in: Gilbert, D. /Fiske, S./ Lindzey, G.(Hrsg.): The Handbook of Social Psychology, 4. Auflage, Band 1, New York, S. 323-390

Pfeffer, J. 1981a: Power in Organizations, Cambridge

Pfeffer, J. 1981b: Management as Symbolic Action, in: Research in Organizational Behavior, 3, S. 1-52

Pfeffer, J. 1992: Power-Management, Wien

Pfeffer, J./Moore, W.L. 1980: Power in University Budgeting, in: Administrative Science Quarterly, 25, S. 637-653

Pfeifer, W. (Hrsg.) 1997: Etymologisches Wörterbuch des Deutschen, München

Piedmont, R.L. 1998: The Revised NEO Personality Inventory, New York/London

Podsakoff, P.M. u.a. 1990: Transformational Leader Behaviors and their Effects on Followers' Trust in Leader, Satisfaction, and Organizational Citizenship Behaviors, in: Leadership Quarterly, 1, S. 107-142

Podsakoff, P.M. u.a. 2000: Organizational Citizenship Behaviors, in: Journal of Management, 26, S. 513-563

Polanyi, K. 1959: Anthropology and Economic Theory, in: Fried, M.H. (Hrsg.): Readings in Anthropology, 2. Auflage, New York, S. 161-184

Porter, L.W. u.a. 1974: Organizational Commitment, Job Satisfaction and Turnover among Psychiatric Technicians, in: Journal of Applied Psychology, 59, S. 603-609

Porter, L.W./Lawler, E.E. 1968: Managerial Attitudes and Performance, Homewood

Prätorius, G./Tiebler, P. 1993: Ökonomische Literatur zum Thema „Unternehmenskultur", in: Dierkes, M./von Rosenstiel, L./ Steger, U. (Hrsg.): Unternehmenskultur in Theorie und Praxis, Frankfurt a.M., S. 23-89

Presthus, R. 1966: Individuum und Organisation, Frankfurt a.M

Putnam, R.D. 2000: Bowling Alone, New York

Raven, B.H. 1992: A Power-Interaction Model of Interpersonal Influence, in: Journal of Social Behavior and Personality, 7, S. 217-244

Raven, B.H. 1993: The Bases of Power, in: Journal of Social Issues, 49, S. 227-251

Raven, B.H./Schwarzwald, J./Koslowsky, M. 1998: Conceptualizing and Measuring a Power-Interaction Model of Interpersonal Influence, in: Journal of Applied Social Psychology, 28, S. 307-332

Rechtien, W. 1999: Angewandte Gruppendynamik, 3. Auflage, Weinheim

Regan, D.T./Fazio, R.H. 1977: On the Consistency between Attitudes and Behavior, in: Journal of Experimental Social Pschology, 13, S. 28-45

Rehn, M.L. 1990: Die Eingliederung neuer Mitarbeiter, München/Mering

Reichardt, R. 1978: Wertstrukturen im Gesellschaftssystem, in: Werkstatthefte für Zukunftsforschung: Werteinstellung und Wertwandel, S. 2-22, Berlin/Paderborn

Reichers, A.E. 1985: A Review and Reconceptualization of Organizational Commitment, in: Academy of Management Review, 10, S. 465-476

Reichers, A.E. 1987: An Interactionist Perspective on Newcomer Socialization Rates, in: Academy of Management Review, 12, S. 336-353

Richartz, W.E. 1976: Büroroman, Zürich

Richter, H.-E. 1999: Die Gruppe im Wandel des Zeitgeistes, in: Gruppenpsychotherapie und Gruppendynamik, 35, S. 175-187

Richter, R./Furubotn, E. 1996: Neue Institutionenökonomik, Tübingen

Roberts, B.W./Donahue, E.M. 1994: One Personality, Multiple Selves, in: Journal of Personality, 62, S. 199-218

Robinson, S.L./Kraatz, M.S./Rousseau, D.M: 1994: Changing Obligations and the Psychological Contract, in: Academy of Management Journal, 37, S. 137-152

Robinson, S.L./Wolfe M.E. 1995: Psychological Contracts and OCB, in: Journal of Organizational Behavior, 16, S. 289-298

Roethlisberger, F.J./Dickson, D.J. 1949: Management and the Worker, Cambridge

Rokeach, M. 1973: The Nature of Human Values, New York

Rosen, M. 1988: You Asked For It, in: Journal of Management Studies, 25, S. 463-480

Rosenberg, M. 1957: Occupations and Values, Glencoe

Rosenberg, M.J./Hovland, C.I. 1960: Cognitive, Affective, and Behavioral Components of Attitudes, in: Hovland, C.I./Rosenberg, M.J. (Hrsg.): Attitude Organization and Change, New Haven, S. 1-14

Rosenstiel, L.v. 1986: Das Betriebsklima, in: Wirtschaftsstudium, 2, S. 83-89

Rosenstiel, L.v. u.a. 1983: Betriebsklima heute, München

Rotter, J.B. 1966: Generalized Expectancies for Internal Versus External Control of Reinforcement, Psychological Monographs, 60, Washington

Rotter, J.B. 1971: Generalized Expectancies for Interpersonal Trust, in: American Psychologist, 26, S. 443-452.

Rousseau, D.M. 1995: Psychological Contracts in Organizations, Thousand Oaks u.a.

Rousseau, D.M. 1998: The „Problem" of the Psychological Contract Considered, in: Journal of Organisational Behavior, 19, S. 665-671

Ruch, W. 2003: Deutsche Standard- (EPQ-R) und Kurzfassung (EPQ-RK) des Eysenck Personality Questionnaire Revised (EPQ-R), http://www.uni-duesseldorf.de/WWW/MathNat/Ruch/Research/epq.html

Russel, M.T./Karol, D.L. 1993: The 16PF Fifth Edition Administrators Manual, Champaign

Russell, B. 1974: Macht, Wien

Sackmann, S. 1991: Cultural Knowledge in Organizations, Newbury Park

Sader, M. 2002: Psychologie der Gruppe, 8. Auflage, München

Saffold, G.S. 1988: Culture Traits, Strength, and Organizational Performance, in Academy of Management Review, 13, S. 546-558

Salancik, G.R. 1977: Commitment and the Control of Organizational Behavior and Belief, in: Staw, B.M./Salancik, G.R. (Hrsg.): New Directions in Organizational Behavior, Malabar, S. 1-54

Salancik, G.R./Cooper B.M. 1997: The Social Ideologies of Power in Organizational Decisions, in: Shapira, Z. (Hrsg.): Organizational Decision Making, New York, S. 111-132

Salancik, G.R./Leblebici, H. 1988: Variety and Forms in Organizing Transactions, in: Research in the Sociology of Organizations, 6, S. 1-31

Salgado, J.F. 1997: The Five Factor Model of Personality and Job Performance in the European Community, in: Journal of Applied Psychology, 82, S. 30-43

Sandner, K. 1990: Prozesse der Macht, Berlin u.a.

Schattenhofer, K./Weigand, W. 1998 (Hrsg.): Die Dynamik der Selbststeuerung, Opladen

Schein, E. 1991: Organisationskultur, in: Dülfer, E. (Hrsg.): Organisationskultur, 2. Auflage, Stuttgart, S. 23-37

Schein, E.H. 1995: Unternehmenskultur, Frankfurt a.M./New York

Schein, E.H. 1996: Three Cultures of Management, in: Sloan Management Review, Fall, S. 9-20

Schiepek, G. u.a. 1995: Kooperationsdynamik in Systemspielen, in: Langtahler, W./ Schiepek, G. (Hrsg.): Selbstorganisation und Dynamik in Gruppen, Münster, S. 123-162

Schiwy, G. 1984: Der französische Strukturalismus, Reinbek

Schlenker, B.R. 1980: Impression Management, Belmont

Schlenker, B.R. 1985: Identity and Self-Identification, in: Schlenker, B.R. (Hrsg.): The Self and Social Life, New York u.a., S. 65-99

Schmidt, J. 1989: Unspezifische Gruppendynamik. Zur Evolution eines Paradigmas, in: Gruppendynamik, 20, S. 297-312

Schmidt, K.H./Hollmann, S./Sodenkamp, D. 1998: Psychometrische Eigenschaften und Validität einer deutschen Fassung des „Commitment"-Fragebogens von Allen und Meyer (1990), in: Zeitschrift für Differentielle und Diagnostische Psychologie, 19, S. 93-106

Schnake, M. 1991: Organizational Citizenship, in: Human Relations, 44, S. 735-759

Schneewind, K.A./Graf, J. 1998: Der 16-Persönlichkeits-Faktoren-Test. Revidierte Fassung. 16 PF-R – deutsche Ausgabe des 16 PF Fifth Edition – Testmanual, Bern u.a.

Schneewind, K.A./Schröder, G./Cattell, R.B. 1994: Der 16-Persönlichkeits-Faktoren-Test (16 PF). Testmanual, 3. Auflage, Bern u.a.

Schneider, H.D. 1975: Kleingruppenforschung, Stuttgart

Schöb, A. 2001: Die Wohlfahrtssurveys 1978 bis 1998, Mannheim

Scholl, R.W. 1981: Differentiating Organizational Commitment from Expentancy as a Motivating Force, in: Academy of Management Review, 6, S. 589-599

Scholl-Schaaf, M. 1975: Werthaltung und Wertsystem, Bonn

Schuller, A. 1975: Das Legitimationsproblem in der Gruppendynamik, in: Gruppendynamik, 6, S. 332-348

Schulz von Thun, F. 1981: Miteinander reden, Reinbek

Schumann, M. u.a. 1982: Rationalisierung, Krise, Arbeiter, Frankfurt a.M.

Schwäbisch, L./Siems, M. 1974: Anleitung zum sozialen Lernen für Paare, Gruppen und Erzieher, Reinbek

Schwartz, S.H. 1992: Universals in the Content and Structure of Values, in: Advances in Experimental Social Psychology, 25, S. 1-65

Schwarz, G. 1993: Interview mit Traugott Lindner, in: Schwarz, G. u.a. (Hrsg.): Gruppendynamik, Wien, S. 17-34

Schwarz, G. u.a. 1993 (Hrsg.): Gruppendynamik, Wien, S. 17-34

Senge, P. 1996: Die fünfte Disziplin, Stuttgart

Shamir, B. 1990: Calculations, Values, and Identities, in: Human Relations, 43, S. 313-332

Shamir, B. 1991: Meaning, Self and Motivation in Organizations, in: Organization Studies, 12, S. 405-424

Shamir, B. 1996: Meaning, Self and Motivation in Organizations, in: Steers, R.M./Porter, L.W./Bigley, G.A. (Hrsg.): Motivation and Leadership at Work, 6. Auflage, New York u.a., S. 149-165

Sheppard, B.H./Sherman, D.M. 1998: The Grammars of Trust, in: Academy of Management Review, 23, S. 422-437

Sherif, M. 1966: Group Conflict and Cooperation, London

Sherif, M. 1977: Crisis in Social Psychology, in: Personality and Social Psychology Bulletin, 3, S. 368-382

Shore, L.M./Wayne, S.J. 1993: Commitment and Employee Behavior, in: Journal of Applied Psychology, 78, S. 774-780

Sichrovsky, P. 1988: Seelentraining, Reinbek

Silverthorne, C. 2001: Leadership Effectiveness and Personality, in: Personality and Individual Differences, 30, S. 303-309

Simon, H.A. 1957: Models of Man, New York

Six, B./Eckes, A. 1991: Der Zusammenhang von Arbeitszufriedenheit und Arbeitsleistung, in: Fischer, L. (Hrsg.): Arbeitszufriedenheit, Stuttgart, S. 21-46

Skinner, B.F. 1978: Was ist Behaviorismus? Reinbek

Smircich, L. 1983: Concepts of Culture and Organizational Analysis, in: Administrative Science Quarterly, 28, S. 339-358

Smircich, L. 1985: Is the Concept of Culture a Paradigm for Understanding Organizations and Ourselves?, in: Frost, P.J. u.a. (Hrsg.): Organizational Culture, Newbury Park/London/ New Delhi, S. 55-72

Smith, C.A./Organ, D.W./Near, J.P 1983: Organizational Citizenship Behavior, in: Journal of Applied Psychology, 68, S. 653-663

Smith, P.C., 1992: In Pursuit of Happiness, in: Cranny, C.J./Smith, P.C./Stone, E.F. (Hrsg.): Job Satisfaction, New York u.a, S. 5-20

Smith, P.C./Kendall, L.M./Hulin, C.L. 1969: Measurement of Satisfaction in Work and in Retirement, Chicago

Snyder, M. /Swann, W.B. 1976: When Actions Reflect Attitudes, in: Journal of Personality and Social Psychology, 34, S. 1034-1042

Snyder, M. 1979: Self-Monitoring Process, in: Berkowitz, L. (Hrsg.): Advances in Experimental Social Psychology, Band 12, New York, S. 85-128

Sofsky, W./Paris, R. 1994: Figurationen sozialer Macht, Frankfurt a.M.

Solnick, S.J./Hemenway, D. 1996: The Deadweight Loss of Christmas: Comment, in: American Economic Review, 86, S. 1299-1305

Spector, P.E. 1997: Job Satisfaction, Thousand Oaks u.a.

Staats, A.W./Staats, C.K. 1958: Attitudes Established by Classical Conditioning, in: The Journal of Abnormal and Social Psychology, 57, 37-40

Staufenbiel, T. 2000: Antezedentien und Konsequenzen freiwilligen Arbeitsengagements, in: Gruppendynamik, 31, S. 169-183

Staufenbiel, T./Hartz, C. 2000: Organizational Citizenship Behavior, in: Diagnostica, 46, S. 73-83

Stroebe, W./Hewston, M./Stephenson, G.M. (Hrsg.) 2002: Sozialpsychologie, Berlin

Stromberg, M. 2002: Capitalizing on People, in: Professional Builder 67(10), S. 60-62

Stryker, S. 1987: Identity Theory, in: Yardley, K./Honess, T. (Hrsg.): Self and Identity, Chichester u.a., S. 89-103

Stryker, S./Serpe, R.T. 1982: Commitment, Identity Salience, and Role Behavior, in: Ickes, W./Knowles, E.S. (Hrsg.): Personality, Roles, and Social Behavior, New York u.a., S. 199-218

Šubik, C. 1977: Gruppendynamik, in: Heintel, P. (Hrsg.): Das ist Gruppendynamik, 2. Auflage, München, S. 9-25

Sydow, J./Conrad, P. 1982: Organisationsklima und Arbeitszufriedenheit, in: Die Unternehmung, 3, S. 203-225

Tajfel, H. 1975: Soziales Kategorisieren, in: Moscovici, S. (Hrsg.): Forschungsgebiete der Sozialpsychologie, Frankfurt a.M., S. 345-380

Tajfel, H. 1978: Intergroup Behaviour, in: Tajfel, H./Fraser, C. (Hrsg.): Introducing Social Psychology, Harmondsworth, S. 423-445

Tajfel, H. 1982a: Gruppenkonflikt und Vorurteil, Bern

Tajfel, H. 1982b: Social Identity and Intergroup Relations, Cambridge

Tajfel, H. u.a. 1971: Social Categorization and Intergroup Behaviour, in: European Journal of Social Psychology, 1, S. 149-178

Tajfel, H./Turner, J.C. 1979: An Integrative Theory of Intergroup Conflict, in: Austin, W.C./Worchel, S. (Hrsg.): The Social Psychology of Intergroup Relations, Monterey, S. 33-47

Tajfel, H./Turner, J.C. 1986: The Social-Identity Theory of Intergroup Behaviour, in: Worchel, S./Austin, W.C. (Hrsg.): Psychology of Intergroup Relations, Chicago, S. 7-24

Taylor, F.W. 1917: Die Grundsätze der wissenschaftlichen Betriebsführung, Berlin/München

Tenbruck, F.H. 1961: Zur deutschen Rezeption der Rollentheorie, in: Kölner Zeitschrift für Soziologie und Sozialpsychologie, 13, S. 1-40

Tett, R.P. u.a. 1994: Meta-Analysis of Personality-Job Performance Relations, in: Personnel Psychology, 47, S. 157-172

Tett, R.P./Jackson, D.N./Rothstein, M. 1991: Personality Measures as Predictors of Job Performance, in: Personnel Psychology, 44, S. 703-742

Tett, R.P./Meyer, J.P. 1993: Job Satisfaction, Organizational Commitment, Turnover Intention, and Turnover, in: Personnel Psychology, 45, S. 259-293

Teutsch, H.R./Pölzl, G. 1999: Sozialpsychologische Wurzeln und Aspekte der Methode, in: Majce-Egger, M. (Hrsg.): Gruppentherapie und Gruppendynamik, Wien, S. 17-34

Thompson, M./Ellis, R./Wildavsky, A. 1990: Cultural Theory, Boulder/San Francisco/Oxford

Thurstone, L.L. 1931: The Measurement of Social Attitudes, in: Journal of Abnormal and Social Psychology, 26, S. 249-269

Tichy, N.M. 1982: Managing Change Strategically, in: Organizational Dynamics, Autumn, S. 59-80

Townley, B. 1993: Foucault, Power-Knowledge, and its Relevance for Human Resource Management, in: Academy of Management Review, 18, S. 518-545

Townley, B. 1994: Reframing Human Resource Management, London u.a.

Treiber, H./Steinert, H. 1980: Die Fabrikation des zuverlässigen Menschen, München

Triandis, H.C. 1975: Einstellungen und Einstellungsänderungen, Weinheim/Basel

Trice, H.M./Beyer, J.M. 1984: Studying Organizational Cultures Through Rites and Ceremonials, in: Academy of Management Review, 9, S. 653-669

Tuckman, B.W. 1965: Development Sequence in Small Groups, in: Psychological Bulletin, S. 369-384

Türk, K. 1981: Personalführung und soziale Kontrolle, Stuttgart

Turnbull, C. 1972: The Mountain People, New York

Turner, J.H. 1978: The Structure of Sociological Theory, Homewood

Tyler, T.R./Kramer, R.M. 1995: Wither Trust? in: Kramer, R.M./Tyler, T.R. (Hrsg.): Trust in Organizations, Thousand Oaks u.a., S. 1-16

Van Dyne, L./Cummings, L.L./McLean P.J. 1995: Extra–Role Behaviors, in: Research in Organizational Behavior, 17, S. 215-285

Van Maanen, J./Schein, E. 1979: Toward a Theory of Organizational Socialization, in: Research in Organisational Behavior, 1, S. 209-264

Van Scotter, J.R./Motowidlo, S.J 1996: Interpersonal Facilitation and Job Dedication as Separate Facets of Contextual Performance, in: Journal of Applied Psychology, 81, S. 525-531

Veblen, T. 1981: Theorie der feinen Leute, München (erstmals 1934)

Voigt, B./Antons, K. 2001: Systematische Anmerkungen zur Intervention in Gruppen, in: König, O. (Hrsg.): Gruppendynamik, 4. Auflage, Wien, S. 224-246

Vopel, K.W. 1992: Handbuch für Gruppenleiter/innen, 6. Auflage, Hamburg

Vroom, V.H. 1964: Work and Motivation, New York

Vuuren, T. u.a. 1991: Employees' Reactions to Job Insecurity, in: Hartley, J. u.a. (Hrsg.): Job Insecurity, London, S. 79-103

Waldfogel, J. 1993: The Deadweight Loss of Christmas, in: American Economic Review, 83, S. 1328-1336

Wallace, R.A./Wolf A. 1980: Contemporary Sociological Theory, Englewood Cliffs

Wanous, J.P. 1980: Organizational Entry, Reading

Weber, J. 1985: Unternehmensidentität und unternehmenspolitische Rahmenplanung, München

Weber, M. 1980: Wirtschaft und Gesellschaft, 5. Auflage, Tübingen

Weber, W. 1971: Das Identifikationsphänomen und seine Bedeutung als Determinante menschlichen Verhaltens in Organisationen, Dissertation Mannheim

Weigand, W. (1998): Was fragwürdig ist und ambivalent macht, in: Schattenhofer, K./ Weigand, W. (Hrsg.): Die Dynamik der Selbststeuerung, Opladen, S. 75-99

Weinert, A.B. 1998: Organisationspsychologie, Weinheim

Weise, P./Brandes, W./Eger, T./Kraft, M. 1991: Neue Mikroökonomie, 2. Auflage, Heidelberg

Weiss, H.M./Cropanzano, R. 1996: Affective Events Theory, in: Research in Organizational Behavior, 18, S. 1-74

Weller, I./Matiaske, W. 2003: Commitment als Ressource, in: Moldaschl, M. (Hrsg.): WAR – Nachhaltigkeit von Arbeit und Rationalisierung, Tagungsband (im Druck)

Wicker, A.W. 1969: Attitude Versus Action, in: Journal of Social Issues, 25, S. 41-78

Wiener, Y. 1982: Commitment in Organizations, in: Academy of Management Review, 7, S. 418-428

Wieringa, C.F. 1971: Problematik des gruppendynamischen Seminars, in: Gruppendynamik, 2, S. 86-93

Wilke, H./Knippenberg, A.v. 1996: Gruppenleistung, in: Stroebe,W./Hewstone, M./Stephenson, G.M. (Hrsg.): Sozialpsychologie, 3. Auflage, Heidelberg u.a., S. 455-502

Wilkins, A.L./Ouchi, W.G. 1983: Efficient Cultures, in: Administrative Science Quarterly, 28, S. 468-481

Wiselquist, J. u.a. 1999: Commitment, Pro-Relationship Behavior, and Trust in Close Relationships, in: Journal of Personality and Social Psychology, 77, S. 942-966

Wolfe M.E. 1994: Role Definitions and Organizational Citizenship Behavior, in: Academy of Management Journal, 37, S. 1543-1567

Woodworth, R.S. 1919: Examination of Emotional Fitness for Warfare, in: Psychological Bulletin, 16, S. 59 f.

Worth, L.T./Mackie, D.M. 1987: Cognitive Mediation of Positive Affect in Persuasion, in: Social Cognition, 5, S. 76-94

Wunderer, R./Grunwald, W. 1980: Führungslehre, Band 1, Berlin/New York

Yoon, J./Baker, M.R./Ko, J.-W. 1994: Interpersonal Attachment and Organizational Commitment, in: Human Relations, 47, S. 329-351

Zelger, J. 1972: 17 Vorschriften zur Vermeidung der ärgsten Verwirrungen beim Gebrauch des Wortes „Macht", in: Conceptus, 6, S. 51-68

Ziegler, R. 1986: Das Rätsel des Kula-Rings, in: Ohe, W.v.d. (Hrsg.): Kulturanthropologie, Berlin, S. 421-442

Zimbardo, P.G. 1983: Psychologie, 4. Auflage, Berlin u.a.

Zoll, R. 1981: Arbeiterbewusstsein in der Wirtschaftskrise, Köln

# Stichwortverzeichnis

# *Autoren*

Bartscher-Finzer, Susanne, Prof. Dr., Fachhochschule Kaiserslautern, Standort Zweibrücken, Professur für Personal und Organisation

Behrends, Thomas, JP Dr., Universität Lüneburg, Institut für Mittelstands-forschung

Elšik, Wolfgang, Prof. Dr., Wirtschaftsuniversität Wien, Abteilung für Personal-management

Gade, Christian, Dipl.-Kfm., Universität Lüneburg, Institut für Betriebswirt-schaftslehre, Abteilung Personal und Führung

Martin, Albert, Prof. Dr., Universität Lüneburg, Institut für Betriebswirt-schaftslehre, Abteilung Personal und Führung

Matiaske, Wenzel, Prof. Dr., Universität Flensburg, Professur für Allgemeine Betriebswirtschaftslehre, insbesondere Personal und Organisation

Mayrhofer, Wolfgang, Prof. Dr., Wirtschaftsuniversität Wien, Interdisziplinäre Abteilung für Verhaltenswissenschaftlich orientiertes Management

Meyer, Michael, Prof. Dr., Wirtschaftsuniversität Wien, Interdisziplinäre Abteilung für Verhaltenswissenschaftlich orientiertes Management

Nienhüser, Werner, Prof. Dr., Universität Duisburg-Essen, Lehrstuhl für Allgemeine Betriebswirtschaftslehre, insbesondere Personalwirtschaft

Schramm, Florian, Prof. Dr., Hochschule für Wirtschaft und Politik Hamburg, Professur für Betriebswirtschaftslehre

Strunk, Guido, Dipl.-Psych., Wirtschaftsuniversität Wien, Interdisziplinäre Abteilung für Verhaltenswissenschaftlich orientiertes Management

Thomas, Simone, Dipl.-Kffr., Personalreferentin bei der Ruhrgas AG, Essen

Weller, Ingo, Dipl.-Kfm., Universität Flensburg, Professur für Allgemeine Betriebswirtschaftslehre, insbesondere Personal und Organisation

# ORGANISATION & FÜHRUNG

Herausgegeben von
Dietrich von der Oelsnitz und Jürgen Weibler

DIETRICH VON DER OELSNITZ
MARTIN HAHMANN
**Wissensmanagement**
*Strategie und Lernen in*
*wissensbasierten Unternehmen*
2003. 244 Seiten. Kart.
€ 25,–
ISBN 3-17-017239-5

Wissensmanagement erlangt in einer von Informations-
flut geprägten Welt eine immer größere Bedeutung für den Unternehmenserfolg.
In diesem Buch werden anschaulich die Ziele und Instrumente des modernen
Wissensmanagements dargelegt.

AUTOREN:

Prof. Dr. **Dietrich von der Oelsnitz** ist Leiter des Fachgebiets Unternehmensführung an der Technischen Universität Ilmenau.

Dr. **Martin Hahmann** ist dort Wissenschaftlicher Assistent.

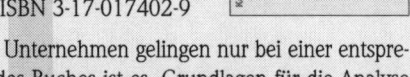

WALTER NEUBAUER
**Organisationskultur**
2003. 196 Seiten. Kart.
€ 25,–
ISBN 3-17-017402-9

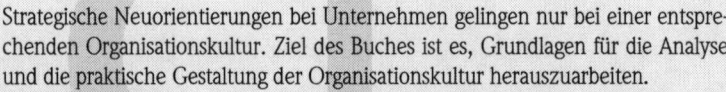

Strategische Neuorientierungen bei Unternehmen gelingen nur bei einer entsprechenden Organisationskultur. Ziel des Buches ist es, Grundlagen für die Analyse
und die praktische Gestaltung der Organisationskultur herauszuarbeiten.

AUTOR:

Prof. Dr. **Walter Neubauer** lehrt Wirtschafts- und Organisationspsychologie an
der Universität Bonn.

W. Kohlhammer GmbH
70549 Stuttgart · Tel. 0711/7863 - 7280 · Fax 0711/7863 - 8430

Albert Martin

**Personal –
Theorie, Politik,
Gestaltung**

Albert Martin

**Personal –
Theorie, Politik,
Gestaltung**

2001. 373 Seiten. Kart.
€ 22,50
ISBN 3-17-016997-1

Die Wissenschaft vom Personalwesen ist eine angewandte Wissenschaft. Die Anwendungsorientierung zeigt sich in dem Bemühen, praxisrelevante Instrumente zu entwickeln; die Wissenschaftlichkeit erweist sich im theoretischen Fundament der Gestaltungsansätze. Die praktische Kunst besteht darin, theoretische Einsichten in konkrete Handlungsbezüge einzubringen.

Um diese Zusammenhänge geht es im vorliegenden Buch. Es behandelt daher sowohl theoretische als auch praktische Fragen sowie die Möglichkeiten der „Vermittlung" von Theorie und Praxis. Behandelt werden bewährte und neue wissenschaftliche Theorien, personalwirtschaftliche Instrumente und typische „Strategiemuster" der Personalarbeit. Neben Überblicksdarstellungen findet sich eine vertiefende Erörterung spezifischer Ansätze in drei Funktionsbereichen des Personalwesens: der Selektion, der Arbeitsgestaltung und der Anreizgestaltung.

**Autor:**

Prof. Dr. **Albert Martin** lehrt am Fachbereich Wirtschafts- und Sozialwissenschaften der Universität Lüneburg Personal und Führung.

W. Kohlhammer GmbH
70549 Stuttgart · Tel. 0711/7863 - 7280 · Fax 0711/7863 - 8430